SpringerWienNewYork

Wolfgang Müller-Funk

Die Kultur und ihre Narrative

Eine Einführung

Zweite, überarbeitete und erweiterte Auflage

SpringerWienNewYork

Professor Dr. Wolfgang Müller-Funk
Institut für Germanistik, Universität Wien, Wien, Österreich

Gedruckt mit Unterstützung des Bundesministeriums für Wissenschaft und Forschung in Wien, des Magistrats der Stadt Wien, MA 7 – Kultur, Wissenschafts- und Forschungsförderung, sowie des Amts der Niederösterreichischen Landesregierung

Printed in Austria

SpringerWienNewYork ist ein Unternehmen von Springer Science + Business Media
springer.at

Lektorat und Erstellung der Personen- und Sachverzeichnisse: Ingo Lauggas
Textkonvertierung und Umbruch: Grafik Rödl, Pottendorf, Österreich
Druck und Bindearbeiten: Ferdinand Berger & Söhne Gesellschaft m.b.H., Horn, Österreich
Umschlagbild: Heinz Gappmayr, Quadrat, 1981

Gedruckt auf säurefreiem, chlorfrei gebleichtem Papier – TCF

SPIN 11908708

Bibliografische Informationen der Deutschen Nationalbibliothek
Die Deutsche Nationalbibliothek verzeichnet diese Publikation in der Deutschen Nationalbibliografie; detaillierte bibliografische Daten sind im Internet über http://dnb.d-nb.de abrufbar.

ISBN 978-3-211-47686-4 SpringerWienNewYork

Für Lea,
die das Erzählen liebt

„... the all-informing process of narrative"
is „the central function or instance of human kind"
(Frederic Jameson)

„Die Erzählung schert sich nicht um
gute oder schlechte Literatur: sie ist
international, transhistorisch, transkulturell,
und damit einfach da, wie das Leben."
(Roland Barthes)

„Frage mich nicht, wer ich bin
und fordere nicht von mir, der gleiche
zu bleiben: überlasse es unseren Bürokraten
und unserer Polizei darauf zu achten,
daß unsere Papiere in Ordnung sind."
(Michel Foucault)

Vorwort

Dieses Buch ist die erweiterte Version einer 2002 zum ersten Mal erschienenen Studie, die im Anschluß an eine Machbarkeitsstudie zum Thema Kulturwissenschaften und im Gefolge der Einrichtung eines Forschungsschwerpunktes Kulturwissenschaften/Cultural Studies des BMWK in Auftrag gegeben und im Juni 2001 fertiggestellt wurde. Ziel und Auftrag war eine methodisch orientierte Einführung in die Kulturwissenschaften. Der Autor hat hierfür einen narratologischen Ansatz in den Vordergrund gestellt, der insbesondere in den angelsächsischen *cultural studies* und *humanities* weit verbreitet ist.

Bekanntlich gehört die Erzähltheorie zu den Kernbeständen der modernen Literaturwissenschaften und sie hat auch in jüngster Zeit immer neuere Nuancierungen und Differenzierungen erfahren.[1] Die hier vorgelegte und aktualisierte Theorie des Narrativen, die ohne diesen literaturwissenschaftlichen Forschungsbereich undenkbar wäre, greift indes über diesen hinaus und stellt die Frage nach Wesen, Bedeutung und Funktion des Erzählens für den Gesamtzusammenhang einer so gelebten wie elaborierten ‚Kultur' in den Mittelpunkt der Überlegungen. Sie kommt zu dem Schluß, daß Erzählen nicht nur universal ist, sondern auch – im Sinne von Kant und Cassirer – eine transzendentale Voraussetzung für „Kultur" darstellt.

Erstaunlich bleibt, trotz des regen Zuspruchs, den das Buch erfahren hat, wie wenig das Thema des Narrativen Eingang in die kulturwissenschaftliche Diskussion gefunden hat. So fehlt in den beiden neueren Einführungen von Aleida Assmann[2] und Doris Bachmann-Medick[3] jeglicher Hinweis auf die Bedeutung von Erzählmustern für Phänomene wie Gedächtnis und Erinnerung, Identität und Differenz. Das ist umso erstaunlicher, als beide für die deutschen Kulturwissenschaften repräsentativen Theoretikerinnen aus der Literaturwissenschaft kommen. Eine narrative Wende der Kulturwissenschaften würde zudem eine kulturwissenschaftliche Verortung der Literatur im Geflecht einer intermedial gewordenen Kultur enorm erleichtern.

Diese methodische Vernachlässigung des Narrativen mag auch mit jenem *turn*, mit jener Wende zusammenhängen, die in Bachmann-Medicks Buch einen breiten Raum einnimmt, der spatialen Wende, der neuen theoretischen Aufmerksamkeit für räumliche Phänomene. Bekanntlich hat bereits Michel Foucault in seinem Aufsatz

---

1 Matias Martinez/Michael Scheffel, Einführung in die Erzähltheorie, München: Beck 1999.

2 Aleida Assmann, Einführung in die Kulturwissenschaft. Grundbegriffe, Themen, Fragestellungen, Berlin: Erich Schmidt 2006.

3 Doris Bachmann-Medick, Cultural Turns. Neuorientierungen in den Kulturwissenschaften, Reinbek: Rowohlt 2006, S. 284–328.

über Heterotope und Heterotopien vom 19. Jahrhundert als einem Jahrhundert der Geschichte und im Hinblick auf das 20. Jahrhundert von einem Jahrhundert des Raumes gesprochen.[4] Theoretiker wie Michel de Certeau oder Edward Soja sind ihm darin weithin gefolgt. Dem stehen im Diskurs über die Neuen Medien freilich Theoreme entgegen, die die Hypermoderne vor allem durch Deplacierung und Deterritorialisierung charakterisiert sehen. Umgekehrt hat ein philosophisch wirkungsvolles und einflussreiches Werk wie jenes von Paul Ricœur noch einmal eindrucksvoll auf die Bedeutung temporaler Aspekte hingewiesen, die auch im Zusammenhang mit kulturellen Phänomenen von Belang sind: Identität, Anerkennung, Erinnerung, Vertrauen, Alterität.

Anstatt also linear von einer Ablösung des Zeitlichen durch das Räumliche zu sprechen, liegt es näher, im Hinblick auf die Phänomene von Raum und Zeit davon auszugehen, dass sich beide unter dem Druck der mundan gewordenen gesellschaftlichen und kulturellen Verhältnisse wandeln, ja sich sogar stärker als je miteinander verschränken. Insofern tritt an die Stelle eines statischen Raumes und einer linearen Zeit eine Raumzeit, wie sie Michail Bachtin für die Konstruktion des Romans des 20. Jahrhunderts als charakteristisch angesehen hat; vermutlich gilt dies auch für viele Gattungen im Bereich des Films.

„Erzählungen", schreibt Michel de Certeau,

> führen also eine Arbeit aus, die unaufhörlich Orte in Räume und Räume in Orte verwandelt. Sie organisieren auch das Spiel der wechselnden Beziehungen, die die einen zu den anderen haben. Diese Spiele sind zahlreich. Sie reichen von der Errichtung einer unbeweglichen und quasi mineralogischen Ordnung (nichts bewegt sich hier, außer dem Diskurs selbst der wie beim *travelling* das Panorama durchläuft), bis zur beschleunigten Aufeinanderfolge von Handlungen, die die Räume vervielfältigen (wie im Kriminalroman oder in bestimmten Volksmärchen, aber dieser Rausch der Raumbildung bleibt dennoch durch den Ort des Textes begrenzt).[5]

Das Narrative haben wir in diesem Buch nicht zuletzt durch die Referenz charakterisiert, daß Menschen handelnd in der Welt sind. In der narrativ konstruierten Handlung findet gleichsam eine Synthesis zwischen dem binären Raum und der dreidimensional erfahrenen Zeit statt: Handlungen sind durch eine lineare Zeitordnung immer auch dadurch bestimmt, dass sie eines Ortes bedürfen. Es kann also nur darum gehen, in welcher Form diese Verschränkung stattfindet. Erzählung und Histori(zi)smus fallen nicht zusammen. Es gibt – und die literarische Moderne ist voll von Beispielen – ein Erzählen nach dem klassischen Erzählen. Nichts, außer den geschriebenen und ungeschriebenen Gesetzen der jeweiligen Disziplin, hindert die Historiographie samt ihrer Unterabteilungen – Kunstgeschichte, Literaturgeschichte, Geschichte der Epistemologie – daran, diese Geschichten anders zu erzählen, Ungleichzeitigkeiten zuzulassen, aus dem Gegenwartshorizont heraus zu erzählen und Formen der Montage und der Polyphonie in ihre Darstellung einzubeziehen.

---

4 Michel Foucault, Andere Räume, in: Ders., Botschaften der Macht, hrsg. von Jan Engelmann, Stuttgart: DVA 1999, S. 145–157.

5 Michel de Certeau, Praktiken im Raum, in: Jörg Dünne/Stephan Günzel (Hrsg.), Raumtheorie. Grundlagentexte aus Philosophie und Kulturwissenschaften, Frankfurt/Main: Suhrkamp 2006, S. 346 f.

Einige Überlegungen zu einer narrativen Theorie der Kulturwissenschaften, insbesondere im angewandten Teil, hat der Verfasser im Verlauf seiner Forschung (1998–2001) an verschiedenen Orten vorgetragen und teilweise publiziert. Soweit sie in den vorliegenden Band aufgenommen wurden, wurden sie umgearbeitet und neu konzipiert. Für die Neuauflage wurde das erste Kapitel überarbeitet und aktualisiert. Zudem wurden dem Buch zwei weitere Kapitel hinzugefügt, die sich mit dem Zusammenhang von Narrativität und Gedächtnis sowie mit dem Zusammenhang zwischen Narration, Identität und Geschlechterkonstruktion beschäftigen.

Bücher entstehen nicht nur in der Einsamkeit des Lesens und Schreibens, sondern stets in dialogischen Situationen, im Gespräch und in Seminaren. Die wichtigsten Bezüge waren neben meinen Diplomanden- und Dissertandenkolloquien ein kollegialer Arbeitskreis an der Universität Wien, der sich die Verankerung von Kulturwissenschaften im dritten Studienabschnitt zur Aufgabe gestellt und sich über einen längeren Zeitraum mit dem Thema „Narrationen im medialen Wandel“ beschäftigt hat, sowie die Vorbereitung und Durchführung dreier interdisziplinärer Forschungsprojekte im Zeitraum von 1999–2006 über die Romantik in Wien und die Kulturen in der Habsburger Monarchie 1867–1918 im Rahmen des österreichischen Forschungsfonds FWF.

Seit 2002 waren – neben den Aktivitäten der Arbeitsgruppe „Kulturwissenschaften/Cultural Studies“, den einschlägigen Vorlesungen sowie den Diplom- und Doktoratskolloquien – internationale Graduiertenkonferenzen und zahlreiche Gastaufenthalte im Ausland, etwa in Szeged, Tallinn, New Delhi, Mumbai und Zagreb bestimmend für die Weiterentwicklung dieses Buches. Zahlreich sind die Kolleginnen und Kollegen, darunter auch viele Studierende und die Mitarbeiterinnen und Mitarbeiter der oben erwähnten Forschungsprojekte, die diese Arbeit direkt oder indirekt, absichtlich oder unabsichtlich begleitet haben. Zu groß die Gefahr, daß ich einen oder eine zu erwähnen vergessen könnte. Namentlich nennen möchte ich indes Clemens Ruthner, Ursula Reber, die die erste Auflage redigiert hat, Christina Lutter, der zuständigen Kollegin im BMWFK, Birgit Wagner, die die erste Auflage einer kritischen Lektüre unterworfen und dabei einige Errata gefunden hat, sowie Ingo Lauggas, Anna Müller-Funk und Lea Müller-Funk, die das Manuskript durchgesehen haben.

Widmen möchte ich dieses Buch meiner Tochter Lea, die schon sehr früh die Lust des Erzählens entdeckt hat.

Wolfgang Müller-Funk
Wien/Drosendorf und Zagreb 2007

Vorwort zur ersten Auflage

Dieses Buch ist die gedruckte Fassung eines Forschungsberichtes, der im Anschluß an meine *feasability*-Studie zum Thema Kulturwissenschaften und im Gefolge der Einrichtung eines Forschungsschwerpunktes Kulturwissenschaften/Cultural Studies des BMBWK in Auftrag gegeben und im Mai 2001 fertiggestellt wurde. Ziel und Auftrag war eine methodisch orientierte Einführung in die Kulturwissenschaften. Der Autor hat hierfür einen Ansatz in den Vordergrund gestellt, der insbesondere in den angelsächsischen *cultural studies* und *humanities* weit verbreitet ist: einen narratologischen. Der Verfasser konnte seinerzeit noch nicht wissen, daß ihn seine Lehrtätigkeit einmal nach Birmingham, in die Geburtsstätte der *cultural studies*, verschlagen würde. Aufmerksame Leser werden die Spuren dieses Aufenthaltes verfolgen können.

Einige Überlegungen zu einer narrativen Theorie der Kulturwissenschaften insbesondere im angewandten Teil, hat der Verfasser im Verlauf seiner Forschung (1998–2001) an verschiedenen Orten vorgetragen und teilweise publiziert. Soweit sie in den vorliegenden Band aufgenommen wurden, wurden sie umgearbeitet und neu konzipiert.

Bücher entstehen nicht nur in der Einsamkeit des Lesens und Schreibens, sondern stets in dialogischen Situationen, im Gespräch und in Seminaren.

Die wichtigsten Bezüge waren neben meinen Diplomanden- und Dissertandenkolloquien ein kollegialer Arbeitskreis an der Universität Wien, der sich die Verankerung von Kulturwissenschaften im dritten Studienabschnitt zur Aufgabe gestellt und sich über einen längeren Zeitraum mit dem Thema „Narrationen im medialen Wandel“ beschäftigt hat, sowie die Vorbereitung und Durchführung zweier interdisziplinärer Forschungsprojekte im Rahmen des FWF („Die Spuren der Romantik in Wien“, „Herrschaft, ethnische Differenzierung und Literarizität“) seit 1999 bzw. 2001. Von zentraler Bedeutung für meine theoretischen Erfahrungen ist die seit Jahren meine akademische, Natur- und Kulturwissenschaften verbindende Zusammenarbeit mit Kolleginnen und Kollegen im Rahmen des IFF zum Thema „Wissenschaft und Entscheidung“. In diesem Netzwerk ist gleichfalls ein Forschungsprojekt entstanden, das die diversen Wissenschaften selbst als Kulturen begreift („Science as Culture“). Und nicht zuletzt hat mir meine Tätigkeit als Research Professor for Cultural Studies in Birmingham viele Anregungen gegeben.

Bei folgenden Freunden, Kolleginnen und Kollegen möchte ich mich persönlich bedanken: Markus Arnold, Christian Aspalter, Edit Baranyai, Roger Bromley, John Breuilly, Karl Brunner, Michael G. Butler, Hanna Burger, Moritz Csáky, Hubert-

Christian Ehalt, Franz Eybl, Roland Fischer, Marie Antoinette Glaser, Andrea Griesebner, Waltraud Heindl, Adolf Holl, Charlie Jeffery, Amalia Kerekes, Cornelia Klinger, Christa Könne, Elisabeth List, Christina Lutter, Manfred Moser, Lutz Musner, Hans-Georg Nicklaus, Vivienne Orchard, Peter Plener, Irena Samide, Neva Slibar, Corey Ross, Clemens Ruthner, Klaus R. Scherpe, Wendelin Schmidt-Dengler, Franz Schuh, Johann Sonnleitner, Malcom Spencer, Ron Speirs, Erhard Stölting, Anton Tantner, Birgit Wagner, Frank Webster, Manfried Welan, Harald Wilfing, Wilfried van der Will, Christiane Zintzen.

Usha Reber hat mich mit Geduld und Umsicht beim Lektorat und bei der Erstellung der Bibliographie unterstützt. Dem Verlag und den Kolleginnen und Kollegen des BMBWK danke ich für eine gute Zusammenarbeit.

Widmen möchte ich dieses Buch meiner Tochter Lea, die schon sehr früh die Lust des Erzählens entdeckt hat.

Wolfgang Müller-Funk
Wien/Drosendorf/Birmingham, im Sommer 2001

Inhalt

Teil I
Theoretische Grundlagen

1. *Culture and culture.* Anmerkungen zu den Antinomien eines zeitgemäßen Kulturbegriffes

Die Frage, womit sich Kulturwissenschaft – im Singular oder im Plural – zu befassen hat, liegt auf der Hand, ist banal oder – vornehmer gesprochen – evident. Weniger evident indes ist die Frage, was denn unter „Kultur" zu verstehen sei. Die Tücke des Begriffes, könnte man sagen, macht zu einem guten Teil seine gegenwärtige Attraktivität aus. Der englische Literaturtheoretiker Terry Eagleton hat im Anschluß an Raymond Williams davon gesprochen, daß *Culture* einer der kompliziertesten Begriffe in der englischen Sprache sei[6]; dies läßt sich getrost und womöglich noch mit größerem Recht vom Begriff der deutschen „Kultur" behaupten.[7]

Wissenschaftlich wie außerwissenschaftlich ist „Kultur" ein überaus vielschichtiger, mehrdeutig schillernder Begriff. Dem hat jede theoretische Annäherung Rechnung zu tragen. Im Gegensatz zu den historisch gewordenen Versuchen der analytischen Philosophie, eine eindeutige Terminologie zu generieren, die den Begriff „Kultur" womöglich zum Verschwinden brächte, soll es im vorliegenden darum gehen, diese Vielfalt der Analyse zugänglich zu machen. Man mag das Modische des gegenwärtigen Disputs über Kultur, Kulturwissenschaft und *Cultural Studies* beanstanden und auch auf mögliche Gefahren eines rigorosen Kulturalismus hinweisen, abweisen läßt sich der Großbegriff „Kultur", der gesellschaftspolitisch die Diskussion um Natur und Ökologie in den Hintergrund gedrängt hat, schwerlich. Daß Kultur heute über die engen akademischen *claims* hinaus zum Thema wird, hat damit zu tun, daß gerade jene Bereiche, die wir traditionell als im engeren oder auch weiteren Sinn als „kulturell" begreifen, radikalen Veränderungen unterworfen sind: Ich denke zum Beispiel an die Veränderung der Geschlechterbeziehungen, der sexuellen Orientierungen und generell an die Auflösung traditioneller Identitätsmuster.

Hinzuweisen ist auch auf die fortwährende Dynamik einer demokratischen Massenkultur, an die Revolution im Bereich der Medien und technischen Kommunikation,

---

6 Terry Eagleton, Was ist Kultur? Eine Einführung (aus dem Englischen von Holger Fliessbach), München: Beck 2001, S. 7.

7 Vgl. Claus-Michael Ort, Kulturbegriffe und Kulturtheorien, in: Ansgar Nünning/Vera Nünning (Hrsg.), Konzepte der Kulturwissenschaften, Stuttgart: Metzler 2003, S. 19–38; Wolfgang Müller-Funk, Kulturtheorie. Schlüsseltexte der Kulturwissenschaften, Tübingen: Francke/UTB 2006, Kap. 1. Andreas Reckwitz, Die Kontingenzperspektive der ‚kultur'. Kulturbegriffe, Kulturtheorien und das kulturwissenschaftliche Forschungsprogramm, in: Friedrich Jaeger/Jörn Rüsen (Hrsg.), Handbuch der Kulturwissenschaften, Bd. 3: Themen und Tendenzen, Stuttgart: Metzler 2004, S. 1–20.

an die Internationalisierung der ökonomisch-politischen Verhältnisse (Marktkapitalismus, *civil society*) und die wachsende Bedeutung interkultureller Begegnung sowie auf die unterhalb des Nationalstaates organisierte Politik der Identität (oder Differenz): das postmoderne *patch work* der Minderheiten. In all diesen Bereichen ist ein Faktor im Spiel, der sich nicht auf Ökonomie, Soziologie und Politik reduzieren läßt und der deshalb vom klassischen Funktionalismus der Sozialwissenschaften (einschließlich auch anspruchsvoller marxistischer Theorien) zwangsläufig verfehlt wird.

Es mag durchaus sein, daß sich die modische Umbenennung der Geisteswissenschaften in Kulturwissenschaften als Akt politischer Legitimation interpretieren läßt: in Zeiten, wo das Geld knapp und intellektuelle Bildung für viele zum ärgerlichen Luxus geworden ist, den man gerne aus Schulen und Universitäten verbannen möchte. Gleichzeitig aber wird sichtbar, daß sich die oben skizzierten kulturellen Phänomene wie von selbst in den Vordergrund drängen: nicht die medial lächerlich unterrepräsentierten Geisteswissenschaften, sondern vielmehr die „realen" Gegebenheiten einer durch und durch künstlichen, symbolisch und medial überwucherten „globalisierten" Welt sind es, die ihre wissenschaftliche Durchdringung provozieren und auf die Tagesordnung setzen.

„Kultur" ist einer der schwierigsten und schwerwiegendsten Großbegriffe – politisch wie wissenschaftlich. Er umfaßt Bereiche wie Tradition, Habitus, Lebenskultur, das Gedächtnis sozialer Entitäten (traditioneller Gemeinschaften ebenso wie moderner Gesellschaften). Kultur wird zum Thema, weil die Ortlosigkeit der modernen Welt von Ökonomie, Technik und Medien die Frage des Ortes keineswegs erledigt.[8] Kultur in diesem Sinn läßt sich als eine Reaktion auf die zunehmende Globalisierung und Internationalisierung von Prozessen bezeichnen, die vergleichsweise symbolisch schwach codiert sind, vom Geld über die Medien bis zu bestimmten politischen Prozeduren.

Im Grunde gilt dies auch für den Nationalismus des 19. Jahrhunderts, der vor seiner (pseudo-)naturwissenschaftlichen Zuspitzung (Rasse) durch und durch kulturell amalgamiert war: Es ging um die Konstruktion eines partikularen Gedächtnisses, das entlang jeweiliger nationaler Meistererzählungen etabliert wurde. Wenn Marx und Engels im „Kommunistischen Manifest"[9], jener ersten, in ihrer Schärfe unüberbotenen Analyse der „Globalisierung", die revolutionäre Rolle der Bourgeoisie für die Herausbildung einer modernen, rationalen und universalen Zivilisation priesen, so

---

8 Vgl. Ulrich Beck, Was ist Globalisierung, Frankfurt/Main: Suhrkamp 1997; Wolfgang Müller-Funk, Niemand zu Hause. Essays zu Kultur, Globalisierung und neuer Ökonomie, Wien: Czernin 2005.

9 Karl Marx/Friedrich Engels, Manifest der Kommunistischen Partei, in: Dies.: Studienausgabe, hrsg. von Iring Fetscher, Frankfurt/Main: Fischer 1966, Bd. III, S. 63: „Unterjochung der Naturkräfte, Maschinerie, Anwendung der Chemie auf Industrie und Ackerbau, Dampfschiffahrt, Eisenbahnen, elektrische Telegraphen, Urbarmachung ganzer Weltteile, Schiffbarmachung der Flüsse, ganze aus dem Boden hervorgestampfte Bevölkerungen – welches frühere Jahrhundert ahnte, daß solche Produktionskräfte im Schoße der gesellschaftlichen Arbeit schlummerten." Ein wahrer Hymnus auf Industrialisierung und Globalisierung, eine pathetische große Erzählung.

haben sie – wie viele andere auch – jenen gegenläufigen Prozeß einer Politik der Differenz (in Gestalt des Nationalismus) übersehen, die sich der Partikularität von Kulturen verdankt. Denn eines läßt sich von vornherein bei aller Uneindeutigkeit sagen: Kultur existiert stets und immer in der Mehrzahl. Überhaupt war der Nationalismus, wie Isaiah Berlin[10] hellsichtig bemerkt hat, die übersehene Ideologie des 19. und auch 20. Jahrhunderts. Zwar hat Ernest Gellner Nationalismus und Industrialismus in seiner soziologischen Analyse des Nationalismus als Religion des Industriezeitalters zu verknüpfen versucht, doch unterschlägt sein Werk die partielle Dysfunktionalität der nationalistischen Politik der Differenz im Hinblick auf die ökonomische Globalisierung. Wenn die Repräsentanten des „Kapitals" heute politisch nicht selten links von dem nicht nur zahlenmäßig marginalisierten Proletariat stehen, so ist diese Umkehrung ein Ausdruck der Gegenläufigkeit zwischen kulturellem Partikularismus und universaler Zivilisation. Oder anders formuliert: nur im Widerstreben partikularer Kulturen gegen eine sich vereinheitlichende, damit auch Kultur bedrohende „Zivilisation" läßt sich die (Post-)Moderne angemessen begreifen. Bereits 1927 vermerkte Julien Benda ironisch:

> Daß der politische Krieg den Krieg der Kulturen impliziert, ist recht eigentlich eine Erfindung unserer Zeit und sichert ihr einen herausragenden Platz in der Moralgeschichte der Menschheit.

Als historischen Prototyp eines kulturalistisch geprägten Nationalismus sieht Benda den deutschen Nationalismus des Jahres 1813 an, bei dem die Differenz der Kultur zum entscheidenden Abgrenzungsfaktor wird:

> Man kann nicht genug betonen, wie neu diese Form von Patriotismus in der Geschichte ist. Sie trat zum erstenmal – ebenfalls im Zusammenhang mit der Verbreitung der Leidenschaft unter den Volksmassen – 1813 in Deutschland auf, in jenem Lande, das man den wahren Lehrer der Menschheit in Sachen „demokratischer Patriotismus" nennen kann, wenn man darunter den Willen eines Volkes versteht, sich im Namen seiner tiefsten Charaktermerkmale den anderen entgegenzustellen.[11]

Verwirrend ist, daß mit „Kultur" holistisch das Ganze gemeint sein kann, in dem alles scheinbar ohne Rest aufgeht, aber auch ein kleines minoritäres Segment, etwa die Welt der Künste, die kontinentaleuropäisch im Feuilleton ihren Platz hat, während sie beispielsweise in englischen Zeitungen mittlerweile ihren medialen Ort verloren hat.

Clemens Ruthner hat in seiner Untersuchung über die Kultur des Marginalen eine Zusammenschau verschiedener Definitionen von Kulturen zunächst kommentarlos aneinandergereiht, die ich hier einfach wiedergeben möchte:

---

10 Isaiah Berlin, Der Nationalismus (aus dem Englischen von Johannes Fritsche), Frankfurt/Main: Hain 1990.

11 Julien Benda, Le trahison des clercs, Paris: Grasset 1927, deutsch: Der Verrat der Intellektuellen (aus dem Französischen von Arthur Merin; mit einem Vorwort von Jean Amery), Frankfurt/Main: Fischer 1988, S. 98 und 97.
Nebenbei bemerkt ist der Universalismus so unschuldig nicht, wie Benda unterstellt: denn die universalen Ideale (Zivilisation etc.) lassen sich als Instrumente von Unterdrückung, Imperialismus und Kolonialismus gebrauchen, wie das Beispiel der beiden „klassischen", nichtkulturalistischen Nationen Frankreich und England beweist.

„Everything which is not genetically transmissable“ (Terry Eagleton)
„Gesamtheit aller nicht vererbbaren Informationen“ (Juri Lotman)
„the webs of signification in which humanity is suspended (Clifford Geertz)
„The signifying systems through which [...] a social order is communicated, reproduced, experienced and explored“ (Raymond Williams)
„implicit knowledge of the world“ (Eagleton)
„Gewohnheiten einer Gemeinschaft“(Klaus P. Hansen)
„Kultur ist der konstante Prozeß, unserer sozialen Erfahrung Bedeutung zuzuschreiben und aus ihr Bedeutungen zu produzieren“ (John Fiske)
„semiotische Macht“ (John Fiske)
„a sight of struggle“ (John Fiske)
„a battleground“ (Edward Said)[12]

Giambattista Vico, den Friedrich Kittler zu Recht als den ersten Kulturwissenschaftler bezeichnet[13], hat im Anschluß an antike Allegorien drei Momente des Kulturellen als jene „göttlichen Dinge“ benannt, „aus denen später alle [...] menschlichen Einrichtungen entstanden“ sind.[14] Als solche primären und prioritären kulturellen Elemente beschreibt Vico etwa die Ehe, die er als Inbegriff einer symbolisch vollzogenen Vergemeinschaftung sieht:

> Die ersten von diesen waren die Ehen, dargestellt durch die Fackel, die an dem Feuer auf dem Altar entzündet ist und sich an den Krug lehnt; sie sind, wie alle Politiker zugeben, die Pflanzstätten der Familien, sowie die Familien die Pflanzstätten der Staaten sind. Um dies anzuzeigen, steht die Fackel, obgleich Zeichen für eine menschliche Einrichtung, auf dem Altar zwischen Wasser und Feuer, die Hieroglyphen sind für göttliche Zeremonien – sowie die alten Römer die Hochzeiten aqua et igni feierten, deren Gemeinsamkeit durch göttlichen Ratschluß die Menschen zuerst dahin gebracht hatte, in Gemeinschaft zu leben.[15]

In diesem Konzept von Kultur, das jene Traditionslinie eröffnet, die dann über Herder, Schelling, Bachofen bis zu Nietzsche reicht, steht die Ehe für den synchronen Aspekt symbolischer Bezugssysteme, während alle Riten des Begräbnisses für den diachronen stehen. Etymologisch leitet Vico die *humanitas* von *„humare“* (begraben) und *„humus“* (Erde) ab. In ihrem diachronen Aspekt also bedeutet Kultur, wie das auch noch in der katholischen Kirche sinnfällig ist, die Gemeinschaft der Toten und der Lebendigen. Kultur endet nicht mit dem Tod des einzelnen, einer Generation oder einer Generationstriade, sondern erweist sich als jener symbolische Ermöglichungshorizont, in den wir geworfen sind und über den wir nicht verfügen.

Wenn Vico mit dem Eigentumsrecht noch ein weiteres Kultur konstituierendes Element benennt, so ist dieses bereits logisch von den ersten beiden umschlossen: Das Eigentumsrecht erwächst sowohl aus der Logik der symbolischen Stiftung von Gemeinschaft auf der synchronen („Ehe“) als auch aus der auf der diachronen Ebene

12 Clemens Ruthner, Am Rande. Kanon, Kulturökonomie und die Intertextualität des Marginalen am Beispiel der (österreichischen) Phantastik im 20. Jahrhundert, Tübingen: Francke 2004, S. 45–46.

13 Friedrich Kittler, Eine Kulturgeschichte der Kulturwissenschaft, München: Fink 2000, S. 19–43.

14 Giambattista Vico, Die neue Wissenschaft über die gemeinschaftliche Natur der Völker (nach der Ausgabe von 1744 übersetzt und eingeleitet von Erich Auerbach). 2. Auflage mit einem Nachwort von Wilhelm Schmidt-Biggemann, Berlin: de Gruyter 2000, S. 51.

15 Ders., Die neue Wissenschaft über die gemeinschaftliche Natur der Völker, a.a.O., S. 51.

(„Urne"). Nur aus der Verbindung beider Intentionen, Gemeinschaft intentional sicherzustellen und über die irdische Lebenszeit hinaus fortzuschreiben, ist, wie Vico selbst urteilt, die „Gründung des ersten Eigentumrechtes an Grund und Boden" entstanden. Im genealogischen Prinzip, das dem Eigentumsrecht zugrundeliegt, sind beide Prinzipien miteinander verknüpft. In allen mythischen Texten konfigurieren die Lebenden (d.h. die Rezipienten und Initianden) als die Nachfahren einer anfänglichen symbolischen Verbindung der Geschlechter. Der Symbolismus hingegen wird durch das Medium der Sprache gewährleistet, die poetisch-göttlich debütiert. Es läßt sich fragen, ob diese Grundelemente auch noch in Gesellschaften aufzufinden sind, die sich von der Logik „unmittelbarer" Vergemeinschaftung entfernt und sich sowohl nach der synchronen wie nach der diachronen Seite hin ausdifferenziert haben. Der Vorteil, den Vicos Zuschreibung des Kulturellen in sich trägt, liegt nicht zuletzt darin, daß er Kultur einigermaßen elementar im Spannungsverhältnis zwischen den Einzelnen und dem gesellschaftlichen Ensemble, gleichsam im Widerspiel der Geschlechter- und Generationenkonstellationen verankert. Nebenbei bemerkt läßt sich die in Deutschland so verbreitete Neigung, Kulturen als Gedächtnisgemeinschaften zu bestimmen, als eine Konzentration der hiesigen Kulturwissenschaften auf den diachronen Aspekt von Kultur begreifen, während die englischen *Cultural Studies* ganz offenkundig (und hierin der Kultursoziologie verwandt) ihr Hauptaugenmerk neuen symbolischen Formen der „Eheschließung" schenken.

Umgekehrt läßt sich natürlich nicht leugnen, daß sich Moderne und Post/Hypermoderne in ihrem Verhältnis zu den synchronen und diachronen Elementen von Kulturen von den vormodernen Sozietäten unterscheiden. Es war nicht zuletzt die politische und ästhetische Avantgarde, die den symbolischen Pakt mit den Ahnen systematisch aufzukündigen trachtete, wie das Marx prophetisch in seiner Schrift „Der achtzehnte Brumaire des Louis Bonaparte" (1852) getan hat, indem er die proletarische Revolution zu einer Revolution in Permanenz erklärte, die mit der „Tradition aller toten Geschlechter", die wie ein „Alp auf dem Gehirne der Lebenden" „laste", ein für allemal Schluß machen werde.[16] Die ironische Replik auf derartige Unabhängigkeitserklärungen war nicht nur, daß die verdrängten bösen Geister sich in Gestalt eines quasi-mythischen, monumentalistischen Totalitarismus im 20. Jahrhundert zurückgemeldet haben, sondern daß die Moderne selbst ihre Ideen immer wieder aus früheren Beständen entnommen hat. So ist beides, das symbolisch-synchrone Band der „Ehe" und der diachrone „metonymische" Pakt in der Urne, selektiv, brüchig, zeitlich ungefüg und unsicher geworden. Die Vermehrung der medialen Möglichkeiten trägt dazu bei, diesen optionalen, unabschließbaren Charakter postmoderner Bezugssysteme zu verstärken.

Vicos Konzept von Kultur ist womöglich wirklich das erste im Rahmen einer Wissenschaft, die er selbst als neu begriff und die er von der Wissenschaft von der Natur dadurch abgrenzte, daß sie mit Phänomenen zu tun habe, die der Mensch selbst

16 Karl Marx/Friedrich Engels, Der achtzehnte Brumaire des Louis Bonaparte, in: Dies., Studienausgabe, Bd. IV, Geschichte und Politik 2, hrsg. von Iring Fetscher, Frankfurt/Main: Fischer 1966, S. 34 ff.

geschaffen und – so lautete die trügerische frühhumanistische Schlußfolgerung – daher auch selbst verstandesmäßig zu durchdringen imstande sein müßte, wohingegen das „Buch der Natur“ wohl für immer halbverschlossen bleiben würde. Immerhin wird hier eine Definition von Kultur sichtbar, nämlich jene, Kultur als die Wissenschaft von allen Dingen zu begreifen, die nicht natürlich, sondern künstlich, das heißt von den Menschen selbst gemacht sind.

Vermutlich ließe sich die Liste definitorischer Zuschreibungen *ad libitum* fortsetzen, ohne daß dabei der Begriff ausgeschöpft würde.[17] Die Angestrengtheit des Definierens steht somit in einem schiefen Verhältnis zu ihrem (unbefriedigenden) Ergebnis. Es könnte also nahe liegen, dem Rat Adornos aus der „Philosophischen Terminologie“ zu folgen, sich einer definitorischen Askese zu befleißigen und den Begriff gleichsam zu um-schreiben, ihn einzukreisen[18], Gebrauchsanweisungen zu verfassen, wie mit der „Kultur“ im großen wie im kleinen umgegangen werden kann.

Terry Eagleton erinnert in seiner Studie „The Idea of Culture“ (deutsch: „Was ist Kultur?“) an den etymologischen Hintergrund des Wortes. Kultur meint – entgegen heutigen semiotischen Zuschreibungen – zunächst einen materialen und handfesten Prozeß: Bodenkultur, Ackerpflege. Eagleton spricht davon, daß dieser Begriff aus dem ruralen Bereich in den urbanen übergewechselt sei. Kultur wird nicht erst heute mit Stadt und Urbanität verkoppelt und beschreibe eine Dialektik zwischen Natürlichem und Artifiziellem („Nature produces culture which changes nature“). Überhaupt ist Kultur üblicherweise als Gegenbegriff zu Natur zu verstehen. Die Besonderheit der gegenwärtigen Situation könnte gerade darin bestehen, daß in der Debatte über Kultur der Gegenbegriff Natur, der doch in den 1980er Jahren im Kontext des ökologischen Diskurses eine prominente Rolle gespielt hat, abhanden gekommen ist. Alles, so hat es den Anschein, ist Kultur geworden, und Natur fungiert allenfalls als ein Grenzbegriff – so wie das Kantsche Ding an sich.

Der semiotische Formalismus so mancher Kulturdefinitionen ist Ausdruck einer kollektiven Befindlichkeit: der Erfahrung, in eine zunehmend künstliche Welt einzutreten, in der selbst das vermeintlich Natürliche nur eine artifizielle Kulisse darstellt.

Kultur hängt aber auch, wie Jacob Taubes gezeigt hat, aufs engste (und nicht bloß etymologisch) mit dem Kult zusammen, mit kollektiven Erinnerungsbeständen, die zu einem festgesetzten Zeitpunkt und an einem bestimmten Ort aktualisiert und manifestiert werden. Insofern ist Kultur das symbolische Band einer Sozietät. Beschreibt

17 Als elaborierter Versuch jüngeren Datums sei hier erwähnt: Andreas Reckwitz, Die Transformation der Kulturtheorien. Zur Entwicklung eines Theorieprogramms, Weilerswist: Velbrück 2000, S. 65–90.
Reckwitz unterscheidet zwischen einem „normativen“, einem „totalitätsorientierten“, einem „differenzierungstheoretischen“ und einem „bedeutungs- und wissensorientierten“ Kulturbegriff. Er untersucht unter kultursoziologischen Prämissen Theorien von Lévi-Strauss, Alfred Schütz, Michel Foucault, Pierre Bourdieu oder Clifford Geertz.

18 Theodor W. Adorno, Der Essay als Form, in: Ders.: Noten zur Literatur 1, Frankfurt/Main: Suhrkamp 1958, S. 27: „Es ist bloßer Aberglaube der aufbereitenden Wissenschaft, die Begriffe wären an sich unbestimmt, würden bestimmt erst durch ihre Definition. Der Vorstellung des Begriffs als einer *tabula rasa* bedarf die Wissenschaft, um ihren Herrschaftsanspruch zu festigen; als den der Macht, welche einzig den Tisch besetzt.“

der kultische Aspekt der Kultur gewissermaßen den gesellschaftlichen Ort, so der handfeste materiale Ackerbau die Relation zwischen Natur und Kultur.[19]

Der amerikanische Literaturtheoretiker Geoffrey Hartman beschreibt einen gleichsam existentiellen Hintergrund unserer kulturellen Materialisierungs- und Verkörperungswut: das latente Gefühl von Unwirklichkeit. Hartman zitiert Philipp Gourevitch, in dessen „Boat People" folgender *sketch* zu lesen steht:

> „Diese Welt ist nicht real. Dieses Leben ist nicht das wirkliche Leben." „Aber dein Leiden ist doch real", sagte ich. „Ja", sagte Tang. „Das ist das Problem: reales Leiden in einer unrealen Welt."[20]

Hartman beschreibt Kultur also nicht bloß in Relation zu Natur und Gesellschaft, sondern auch in einem anthropologischen Selbstbezug. Daß wir über Kultur sprechen, ist bereits Teil dieser Kultur. Und Artefakte, gerade jene der Künste, haben offensichtlich mit jenem Drang zu tun, sich mit der quälenden Unwirklichkeit der Welt auseinanderzusetzen. Kultur wäre demnach die materiale Anstrengung, heimisch zu werden in dieser Welt. Symbolische Materialisierung schafft einzeln wie zusammen ein Dasein, das nicht *naturaliter* gegeben ist. (Selbst-)Verkörperung wäre also die verzweifelte Anstrengung, durch Kultur Zugang zu einer Welt zu finden, die ansonsten fremd, sinnleer, abweisend ist. In diesem Sinn bedeutet Kultur drittens (nach Ackerbau und Kult): Partizipation.

Hartman schließt seine Überlegungen mit einer skeptischen Einsicht:

> Nach einer Darstellung der explosionsartigen Ausdehnung von „Kultur" als Begriff und Vorstellung möchte ich dann die Frage stellen, ob nicht gerade der Traum von Verkörperung und das quälende Gefühl von Abstraktheit oder Nichtverkörperung, das uns suggeriert, wir seien nicht real oder lebten im falschen Körper, die Quelle postreligiöser Ideologien sind, deren aufklärerische und auf Heilung abzielenden Verordnungen den Abstraktionsgrad nicht verringern, sondern erhöhen, und die nicht selten eine selbstzerstörerische Gewaltbereitschaft fördern, die weit rücksichtsloser ist als die der hegelschen Tiere.[21]

Bereits aus diesen drei Bestimmungen (Arbeit an Natur, Kult, symbolische Partizipation) lassen sich zwei Konsequenzen herausschälen, die mit dem *cultural turn* verbunden sind: zum einen die Frontstellung gegenüber einem organischen Determinismus, zum anderen die Zurückweisung der idealistischen Vorstellung von der Autonomie des Geistes. Vielmehr ist alles Geistige in das symbolische Beziehungsgeflecht eingewoben, das Kultur etabliert.

Eagleton erinnert unter Hinweis auf Schillers „Ästhetische Briefe" daran, daß Kultur im Unterschied zu anderen Makro-Begriffen (Politik, Religion, Ökonomie) sowohl eine deskriptive wie eine normative Bedeutung hat. Kultur ist ein Bereich, der beschrieben werden kann und soll, Kultur fungiert aber auch als ein oftmals penetrant vorgetragener positiver Wert: Man soll und muß Kultur haben. Kultur ist jener Zentralbereich, in dem die Trias vom Wahren, Guten und Schönen fortlebt. Kultur

---

19 Geoffrey Hartman, The fateful question of culture, New York: Columbia UP 1997; deutsch: Das beredte Schweigen der Literatur. Über das Unbehagen an der Kultur (aus dem Englischen von Frank Jakubzik), Frankfurt/Main: Suhrkamp 2000, S. 40.

20 Zit. Nach Geoffrey Hartman, Das beredte Schweigen der Literatur, a.a.O., S. 32.

21 Ders., Das beredte Schweigen der Literatur, a.a.O., S. 42 f.

fungiert hier als eine ethische Pädagogik, deren Kern die Zivilisierung des Selbst, ja sogar die Selbstüberwindung bildet. Dieser affirmative, d.h. nicht neutrale Zugang ist gerade im Hinblick auf kulturwissenschaftliche Arbeit tückisch, weil er die bedrohlichen und problematischen Seiten von „Kultur" in den Hintergrund rückt.

Gerade in der deutschsprachigen Kultur hat die Verehrung von Kultur hypertrophe Züge angenommen. Die Gegenüberstellung von Kultur und Zivilisation, die bei Schiller schon vorgebildet ist, hängt damit aufs engste zusammen. „Zivilisation" schließt das politische, ökonomische und technische Leben der jeweiligen Gesellschaft ausdrücklich mit ein, während „Kultur" (im deutschen Sprachgebrauch) die religiösen, künstlerischen und intellektuellen Momente von „Kultur" akzentuiert. Aus Synonymen werden Antonyme. Zivilisation meint nicht erst seit Spengler einen minderen Zustand von Kultur, in der alles äußerlich, zweckrational und technisch geregelt wird, während Kultur eben Verinnerlichung und Selbstgestaltung bedeutet.[22] Gerade der intellektuelle Faschismus hat mit und nach Nietzsche die Vorstellung gepflegt, wonach Politik eine Art von Gesamtkunstwerk darstelle: Politik wird so Teil einer großen heroischen Anstrengung einer bestimmten Kultur.

Nebenbei wird sichtbar, daß „Kultur" und die theoretische Sorge um sie auch prekäre Tendenzen in sich trägt: einen holistischen Kulturalismus, der aus dem Umstand der kulturellen Codierung von Natur, Mensch und Gesellschaft den Schluß zieht, es gebe eigentlich nur und ausschließlich Kultur, Kultur in ihrer durch und durch relationalen Dimension. Und das hochfahrende deutsche Pathos im Umgang mit „Kultur" mag uns daran erinnern, wie sehr Kultur strategisch eingesetzt werden kann, um Politik, Technik und alle anderen Bereiche der profanen Zivilisation ressentimental zu besetzen und abzuwerten. Die Leiden und Probleme dieser Welt – und dazu gehören Hunger, Unterdrückung, Gewalt, Krankheit – sind „real":

> Wir haben gesehen, daß Kultur neue politische Wichtigkeit gewonnen hat. Aber gleichzeitig ist sie auch unbescheiden und überheblich geworden. Es ist an der Zeit, sie bei aller Anerkennung ihrer Bedeutung auf den ihr gebührenden Platz zu verweisen.[23]

Wie umfangreich soll „Kultur" konzipiert sein? Ganz offenkundig und auf alle Fälle umfänglicher als das Insgesamt der nicht mehr ganz so schönen Künste. Ganz offenkundig nicht so umfangreich, daß sich alles in „Kultur" auflöst, denn dann hätte

22 Zu Gottfried Benn vgl. Wolfgang Müller-Funk, Erfahrung und Experiment. Studien zu Theorie und Geschichte des Essayismus, Berlin: Akademie-Verlag 1995, S. 207–240.
Ein schönes Beispiel für das Fortleben dieser Dichotomie findet sich, vordergründig links positioniert, bei Peter Handke, der die globale internationale Zivilisation mit der „authentischen", würdigen nationalen Kultur auf dem Balkan kontrastiert. Es ist der Grieche, der die Rolle des „Formbewahrers" übernimmt:
„Gibt es das: Üble Sprache für eine gute Sache? Ende der Ästhetik? Ende des Wahr- und Schönheitssinns. Ende des Formbewahrens?" – Worauf die drei „Internationalen", die negativ gezeichneten Repräsentanten der globalen Zivilisation höhnisch lachen, was den verbalen Schlagabtausch erst recht seinem Höhepunkt zusteuern läßt. Der Grieche antwortet nämlich auf dieses Lachen: „Gegen euch sonore Schwätzer steht die Welt von vornherein auf verlorenem Boden. So unbesorgt breit macht ihr euch nur, weil ihr keine Instanz über euch wißt. Ihr seid die letzte Instanz und zugleich die Übeltäter." (Peter Handke, Die Fahrt im Einbaum oder Das Stück zum Film vom Krieg, Frankfurt/Main: Suhrkamp 1999, S. 84).

23 Terry Eagleton, Was ist Kultur? Eine Einführung, a.a.O., S. 181.

der Begriff „Kultur" jede Bedeutungsschärfe und jede Kraft der Unterscheidung eingebüßt.

Die angelsächsische Diskussion ist nicht zuletzt – von Raymond Williams bis Terry Eagleton – von T. S. Eliots Essay „Notes Towards the Definition of Culture"[24] geprägt. Eliot geht von der These aus, daß der größte Teil von Kultur unbewußt sei, unbewußt nicht im psychoanalytischen Wortgebrauch, sondern eher im Sinn eines unhinterfragten selbstverständlichen Tuns, Handelns und Sprechens:

> Culture is *the whole way of life* of a people, from birth to the grave, from morning to night and even in sleep.[25]

T. S. Eliot unterscheidet in diesem Sinn die Kultur im engeren von der im expliziteren Sinn. Kultur umschließt dabei alle jene Habitualisierungen, Mentalitäten und Gefühle, die uns großteils unbewußt an eine Form des Lebens binden. So wird die eine Kultur ganz im Sinne der berühmten Definition von Raymond Williams zur gelebten Kultur, während die andere, die Kunst-Kultur, gleichsam die Spitze des Eisberges bildet, die aus dem Meer des Unbewußten sichtbar herausragt. Diese hat vornehmlich zwei Bedeutungen: zum einen ist sie ein spezialisiertes, ausdifferenziertes Subsystem, zum anderen aber repräsentiert sie eine bewußte(re) Form von Kultur, die eine Selbstreflexion der Gesamtkultur ermöglicht. Die beiden Kulturen sind sozial spezifisch auf verschiedene Gruppen verteilt: Während die Kunst-Kultur das künstlerische und intellektuelle Werk einer Elite darstellt, gehört die gelebte Kultur im anthropologischen Sinn dem sozialen Durchschnitt an. Die Funktion der elitären *Kultur* besteht darin, das Insgesamt einer Kultur mit den Mitteln der Kunst zu beleuchten und ins Bewußtsein zu rufen und einen höheren Standard von Kultur zu gewährleisten.[26]

Eliots Unterscheidung ist auch dann sinnvoll, wenn man die impliziten Bewertungen nicht teilt. Sie ist imstande, den Ort der Künste, Literaturen sowie der sie begleitenden Diskurse und Medialisierungen im Kontext einer kulturanthropologischen Analyse zu bestimmen – über den Umstand hinaus, daß es eine Minorität von Menschen in (post)modernen Gesellschaften gibt, für die ein Leben ohne spezifische Kultur undenkbar wäre. Gleichzeitig aber unterschlägt Eliot anders als die Frankfurter Schule die Spannungsmomente, die zwischen Populärkultur und der sog. Hochkultur bestehen. Denn in marktförmigen, massendemokratisch verfaßten Gesellschaften gerät die sog. Hochkultur, teure Kultur für wenige, unter gesellschaftlichen Druck: sie hat sich zu rechtfertigen.

Der unkomplizierte Zugang zur sog. Massenkultur, die im übrigen so künstlich ist wie die Hochkultur, hat freilich seine Kehrseite. Anders als in den späten 60er Jahren hat die Populärkultur überwiegend ihre „emanzipatorische" Funktion verloren. Zweifelsohne bestimmt sie den Lebensstil und die Lebensweise einer überwältigenden Mehrheit nicht nur junger Menschen in den zivilen Demokratien westlichen Zuschnitts. Dagegen haben es die Mandarine der verfassten Kultur schwer, sich über den

24 T.S. Eliot, Towards the Definition of Culture, London: Faber & Faber 1948, S. 31; eine Diskussion seiner Überlegungen findet sich in Terry Eagleton, Was ist Kultur? Eine Einführung, a.a.O., S. 157-170.

25 Ders., Towards the Definition of Culture, a.a.O., S. 31.

26 Vgl. Terry Eagleton, Was ist Kultur? Eine Einführung, a.a.O., S. 157 ff.

eigenen beschränkten Sektor hinaus Geltung zu verschaffen. Es bleibt eine offene Frage der Kulturwissenschaften, ob sich – ganz jenseits der Wertungsfrage – eine spezifische Kultur oder Subkultur durch die Analyse ihrer minoritären intellektuellen und ästhetischen Spitzenprodukte erschließt oder über die Artefakte und Symbole von Werbung, Popmusik, Film und Neuen Medien.

In jedem Fall ist die Idee, Kultur als einen Prozeß zwischen „gelebter Lebenskultur“ und exponierter, materialisierter Kultur zu beschreiben, ein Ansatz, der eine falsche Entscheidung zwischen Lebenskultur und Kunst-Kultur vermeidet.

Daraus ergibt sich das, was ich als einen mittleren Begriff von Kultur bezeichnen möchte: während der informationstechnische oder auch rein philologische Zugang, der Kultur mit Code oder Text ineins setzt, zu eng gefaßt ist und die gelebte Kultur einer Gesellschaft perspektivisch ausschließt, ist der holistische Begriff von Kultur, der alle anderen Begriffe (Gesellschaft, Mensch, Natur) unter sich begräbt, zu weit gefaßt.

Was hier präferiert wird, ist ein Begriff von Kultur, der „Politik“ und „Gesellschaft“ ebensowenig auflöst wie „Natur“, auch wenn alle drei Bereiche als Symbolsysteme kulturell affiziert und codiert sind. Phänomene wie Geschlechtlichkeit, Zeitlichkeit, Tod und Medialität sind zum Beispiele Eckpfeiler kultureller Entwicklung, aber sie basieren auf einem Anderen, das zum Ausgangspunkt kultureller Formung wird. Es mag im Zeitalter von Gen- und Reproduktionstechnologie, *cyborg* und Geschlechtsumwandlung riskant und anachronistisch erscheinen, zu behaupten, daß das natürliche Material nicht beliebig formbar ist – so faszinierend und erschreckend dieser Gedanke auch sein mag. Weil sich nicht alles in Beliebigkeit auflöst, impliziert die postmoderne Kultur ein nicht so sehr theoretisches wie praktisches, „unbewußtes“ Konzept von Freiheit, das hypertroph ist. Der Kulturalismus der Postmoderne impliziert als heimliches Versprechen die absolute Form- und Verfügbarkeit des „Zuhandenen“ (Heidegger).

Clifford Geertz' Konzept, ganze Kulturen als zu dechiffrierende Texte zu verstehen und hermeneutisch zu behandeln, ist über die Ethnologie hinaus attraktiv. Die Akteure einer Sozietät erscheinen dabei als unbewußte Akteure eines komplizierten Textes, den sie selbst nicht kennen und der ihnen in der Begegnung mit Fremden partiell zu Bewußtsein kommt. Aber zugleich und anders als die Figuren in einem Roman, einem Theater oder gar im Film leben, leiden und sterben die Menschen, die der Ethnologe zu verstehen trachtet. Sie sind nicht transparent wie „umgestülpte“ (Doderer) Romanfiguren, sondern opak, unberechenbar, spontan. Oder anders ausgedrückt: sie sind lebend in der Welt, auch wenn sie mit den Figuren von Literatur, Film und Theater in einen emotiven wie kognitiven Kontakt treten.

Der Zugang, der in dieser einführenden Studie vorgeschlagen wird, ist ein narrativer. Erzählungen sind, im Sinne einer Sprechakttheorie oder der Wittgensteinschen Idee des Sprachspiels, eine bestimmte Sorte von Sprachspielen, bzw. eine bestimmte Textsorte, eine Textsorte, die das Verständnis voraussetzt, daß die Menschen handelnd in der Welt sind.[27] Erzählungen berichten davon, daß Menschen handeln.

27 Vgl. Hannah Arendt, Vita activa oder Vom tätigen Leben, München: Piper ²1981, S. 164–243.

Menschen, die handeln, können in diesen Erzählungen ihre eigenen Formen des Handelns wiedererkennen und sie symbolisch verstehen. Erzählungen sind Texte, die so den schieren Intertextualismus überschreiten, dann und nur dann, wenn man sie von einer kulturwissenschaftlichen Warte aus betrachtet.

Es gibt aber noch einen anderen Grund, die beiden zumeist separierten Diskurse – jenen über Kultur und jenen über das Narrative – miteinander zu verklammern. Gerade moderne post-psychoanalytische Theorien im psychologischen Diskurs haben gezeigt, daß die Konstruktion von Identität auf narrative Weise erfolgt: zu erzählen, wer man (Mann oder Frau) ist. Märchen, Bildungs- und Entwicklungsromane sind als Geschichten zu verstehen, in denen Identität ge- und erfunden wird und in denen Identität nachträglich und sinnstiftend festgelegt wird:

> Zum guten Anfang ein schönes Ende, und das geht so: „[...] Und er lebte glücklich und zufrieden; und wenn er nicht gestorben ist, dann lebt er noch heute." Ein schönes Ende, es macht eine Geschichte rund; aber um welche Geschichte handelt es sich hier? Wir wissen es nicht und doch wissen wir viel über solche Geschichten: Geschichten, die so enden, sind bewegt verlaufen. Stürmische Zeiten waren zu durchleben, Gefahren zu meistern, Prüfungen zu bestehen. Den richtigen Weg galt es zu finden, in finstern Wäldern, auf tobenden Meeren, unter fremden Menschen, den Weg für sich und vor allem auch zu sich. Geschichten, die so rund enden, erzählen von Kanten und Ecken, Untiefen und Abgründen, bis sie dahin gelangen.[28]

Unsere Erzählungen folgen nicht mehr so simplen Mustern, und im Wechsel der Erzählweise und der zeitlichen Horizonte, meint Wolfgang Kraus, ist auch die Differenz unterschiedlicher Identitätskonstruktionen ablesbar, die der Autor einigermaßen linear und pauschal als prämodern, modern und postmodern beschreibt.

Zwischen der Identität des einzelnen und der einer Gemeinschaft sind mehrerlei Relationen denkbar: zum einen eben jene, daß es nicht der und die einzelne ist, die die Erzählmuster erfinden, vielmehr sind diese bereits vorfindlich in speziellen Segmenten einer Kultur ausgearbeitet (Literatur, Medien) und in interdiskursiven Bereichen verfügbar. Zum anderen ist aber auch jene Beziehung in Rechnung zu stellen, wonach es die Gesellschaft ist, die gebieterisch eine unverwechselbare, möglichst eindeutige Identität einfordert, von ihm und ihr abverlangt.

Zum Dritten ist nach der analogen Konstellation zu fragen: Inwieweit unterscheiden sich die Erzähl- und Identitätsmuster der Individuen von den großen Erzählungen jener Gemeinschaften, in denen ihr Leben eingebettet ist? Die vorliegende Untersuchung geht davon aus, daß unerfahrbare, „transzendentale" Größen wie Gesellschaft und Nation dadurch in den Status der Erfahrbarkeit versetzt werden, daß sie „körpernah" und alltagsgerecht konstruiert werden; von ihrer kulturellen Seite als „Nation" werden diese als Megasubjekte imaginiert, die eine ähnlich stürmische Geschichte durchlaufen wie in Märchen, Bildungsromanen, Entdeckerfahrten und Abenteuergeschichten. Der ideologiekritische Hinweis darauf, daß dieses Subjekt rein

---

28 Wolfgang Kraus, Das erzählte Selbst. Die narrative Konstruktion von Identität in der Spätmoderne, Münchner Studien zur Kultur- und Sozialpsychologie (hrsg. von Heiner Keupp), Pfaffenweiler: Centaurus 2000 (= Münchner Studien zur Kultur- und Sozialpsychologie; 8), S. 1.

imaginär sei und deshalb nicht existiere, geht gänzlich fehlt. Das Imaginäre, so ließe sich behaupten, ist gerade das Reale, v.a. mit Hinblick auf Phänomene im Umkreis von Geschichte, Kultur und Nation.

Ganz offenkundig speisen sich die Erzählungen der kleinen wie der großen imaginären Subjekte aus demselben Reservoir: dem Formenbestand des Narrativen. Dieser scheint in seinen Ausdrucksmöglichkeiten begrenzt, auch wenn die Kombinationsmöglichkeiten schier unbegrenzt sein mögen. Die eine Begrenzung liegt wohl im temporären, die andere im spatialen Aspekt. Die fiktionale Literatur, so könnte man sagen, ist auch deshalb fiktional, weil sie alle, auch lebensweltlich unmöglichen Formen des Erzählens erprobt hat. Der olympische, allwissende Erzähler ist nur die bekannteste Version einer Fiktionalität, die nicht im Bereich des Erzählten, sondern im Modus des Erzählens angesiedelt ist.

Kulturanthropologisch besehen stellt das literarische Erzählen eine Ausdifferenzierung, den Sonderfall einer generellen Praxis dar, die sich ubiquitär in allen Bereichen des gesellschaftlichen und kulturellen Lebens wiederfindet. Zweifelsohne sind es Erzählungen, die kollektiven, nationalen Gedächtnissen zugrundeliegen und Politiken der Identität bzw. Differenz konstituieren. Kulturen sind immer auch als Erzählgemeinschaften anzusehen, die sich gerade im Hinblick auf ihr narratives Reservoir unterscheiden. Das gilt für die Mythen traditioneller Gemeinschaften ebenso wie für die modernen großen Erzählungen.

Dabei ist nicht entscheidend, daß diese Erzählungen überall materialisiert und präsent sind. Die Logik des *common sense* besteht gerade darin, daß er sich nicht explizit zu machen braucht. Die wirksamsten Erzählungen sind nicht die manifesten, sondern die latenten, die selbstverständlich geworden sind und nur gelegentlich zelebriert zu werden brauchen. Erst im Kampf um Bedeutung, wie es der Alltag moderner Gesellschaften ist, treten die narrativen Grundmuster zutage. Gesellschaften, die keine gemeinsamen Erzählungen oder antagonistische Interpretationen von Erzählungen haben, zerfallen, wie das Beispiel Jugoslawiens uns drastisch vor Augen geführt hat: die titoistische Erzählung überlebte nicht den Tod ihrer Gründer- und Stifterfigur. Umgekehrt läßt sich zeigen, daß Europa ein narrativ und symbolisch schwach gestaltetes Gebilde darstellt, das schwerlich für eine bundesstaatliche Organisation taugt. Was ihm fehlt, sind gemeinsame Erzählungen, gemeinsame Medien und eine Öffentlichkeit, die imstande wäre, den kulturellen Code der Nationalstaaten gleichsam auf eine regionale Stufe herabzudrücken.

Eine narrative Theorie von Kultur ist nicht die einzig mögliche, weil Kultur selbst ein plurales und unübersichtliches Gebilde darstellt. Sie bietet sich insbesondere dann an, wenn man von einem Kulturbegriff mittlerer Reichweite ausgeht und die Fallen der makrologischen Kulturmorphologie Spenglerschen Zuschnitts einerseits und einer mutierten Literaturwissenschaft andererseits vermeiden will, die nur ihre Etiketten wechselt, sich aber immer noch und ausschließlich im wesentlichen in der Welt der Texte bewegt. Es mag löblich sein, sich mit der Frage zu beschäftigen, welchen literarischen Ort zum Beispiel die Almanciks in Deutschland einnehmen, aber solche interkulturellen Fragestellungen machen aus Literatur- noch längst nicht Kulturwissenschaften.

Erstaunlicherweise hat die Literaturtheorie eine ausgetüftelte und elaborierte Theorie des Narrativen entwickelt, sie hat es hingegen bislang verabsäumt, diese für kulturanthropologische und kulturwissenschaftliche Fragestellungen nutzbar zu machen und sich so auf einem neuen Gebiet Geltung zu verschaffen. Dazu ist es indes nötig, eine Theorie des Narrativen zu entwickeln, die philosophisch begründet ist. Gegen die „Wut des Verstehens" (Hörisch) und gegen die definitorische Wut brauchen dabei Begriffe wie „Erzählung", „Narration", „Narrativ" nicht ein für allemal festgelegt zu werden. Einengung schmälert die Ein-Sicht. Es genügt, ihre Differenzen durch den Gebrauch und den Kontext hervortreten zu lassen, etwa das Narrativ als eine theoretisch strenger gefaßte Kategorie, die auf das Muster abzielt, Erzählung als vorläufigen Begriff in einem formal unproblematisierten Allerweltssinn und Narration als einen Terminus, der den Akt und das Prozessuale mit einschließt und exakter ist als jener der Erzählung, die im Deutschen sowohl die Narration wie das Narrativ einschließt. Den Begriff *plot* verwende ich in Anlehnung an Hayden White und an Paul Ricœur als die oftmals implizite Fabel, als Mittelglied zwischen der erzählten Geschichte (*story*) und dem Argument, das sie transportiert.

Überdies entspringen die Begriffe unterschiedlichen Denktraditionen: die Erzählung der deutschsprachigen Erzähltheorie bzw. der französischen „postmodernen" Philosophie (die *récits* Lyotards), Narrativ und Narration der strukturalistischen und poststrukturalistischen Diskurs- und Textanalyse, *plot* und *story* dem angelsächsischen Bereich.

Die Untersuchung durchläuft, die Einleitung eingeschlossen, fünf theoretische Kapitel, in denen die Präsenz des Narrativen in Literatur, Wissenschaft, im Mythos, in der Geschichte und im *common sense* einer Gesellschaft analysiert und beschrieben wird. In einem zweiten „angewandten" Teil werden exemplarisch Phänomene ins Blickfeld gerückt, deren Platz im Kontext kulturwissenschaftlicher Forschung einigermaßen unbestritten ist: Geld und Medien, Nation, Psychoanalyse, Erinnerung, Geschlechtskonstruktion und Apokalypse. So wird im zweiten Teil des Buches die Leistungsfähigkeit einer narratologisch orientierten Kulturtheorie abseits des bewährten Untersuchungsfelds kanonisierter Literatur oder allfälliger Gebrauchstexte einem praktischen Härtetest unterzogen. Dabei geht es nicht zuletzt um die Frage, inwieweit eine solche Herangehensweise neue Sichtweisen und Blickfelder eröffnet, die eine narrative Analyse kultureller Phänomene rechtfertigen könnte.

2. Orte des Narrativen in den Wissenschaften

2.1. Vom Ende des Erzählens. Narrative in Literaturtheorie und Lebenswelt

Das Naheliegende ist stets in Gefahr, übersehen zu werden. Naheliegend wäre es, die konstitutive Bedeutung von Narrativen für Kulturen ins Auge zu fassen und Kulturen womöglich als mehr oder weniger (hierarchisch) geordnete Bündel von expliziten und auch impliziten, von ausgesprochenen, aber auch verschwiegenen Erzählungen zu begreifen. Denn zweifelsohne sind Narrationen zentral für die Darstellung von Identität, für das individuelle Erinnern, für die kollektive Befindlichkeit von Gruppen, Regionen, Nationen, für ethnische und geschlechtliche Identität.[29] Insbesondere im angelsächsischen Diskurs hat das Interesse für narrative Strukturen, wie Mark Currie zu Recht bemerkt, so verschiedene Wissenschaftsdisziplinen wie Geschichte, Ökonomie und Psychoanalyse erfaßt.

Noch einen Schritt weiter als Currie geht Hayden White, wenn er das Erzählen als „panglobal fact of culture" bezeichnet:

> To raise the question of the nature of narrative is to invite reflection on the very nature of culture and, possibly, even on the nature of humanity itself. So natural is the impulse to narrate [...][30]

Ungeachtet solcher universalen Zuschreibungen ist bislang nur fragmentarisch der Versuch unternommen worden, Kultur „the whole way of life [...] as mode of interpreting all our common experience"[31] als Insgesamt symbolischer Formen und Praktiken narratologisch zu verankern und zu bestimmen. Dem scheinbar Naheliegenden stellen sich – offenkundig unausgesprochen oder nicht – entschiedene Widerstände in den Weg, vermutlich ist das Naheliegende selbst ein solches Hindernis: intellektuell attraktiver klingt es im Zeitalter digitaler technischer Vernetzung alle-

29 Mark Currie, Postmodern Narrative Theory, Basingstoke: Macmillan 1998, S. 2: „[...] narrative is central to the representation of identity, in personal memory and self-representation or in collective identity of groups such as regions, nations, race and gender [...]."

30 Hayden White, The Value of Narrativity in the Representation of Reality, in: W.J.T. Mitchell (Hrsg.), On Narrative, Chicago: Chicago UP 1981, S. 1–23, hier: S.1; vgl. Hayden White, The Content of the Form. Narrative Discourse and Historical Representation, Baltimore: Johns Hopkins UP 1987, S. 1.

31 Raymond Williams, Culture and Society 1780–1850, Harmondsworth: Penguin 1965, S. 16.

mal, von Symbolsystemen, von Code und Zeichen, von Text und Diskurs zu sprechen. Dies scheint die in ihrer Abstraktionshöhe angemessene Sprache des kommunikationstechnischen Zeitalters zu sein; aber keiner der Begriffe ist umfassend genug, Kultur formal und methodisch hinreichend zu bestimmen.[32] Denn wenn Kultur ein „Medium" der Markierung von Differenz darstellt, dann sind Prozesse der Identitätskonstruktion maßgeblich für kulturelle Phänomene schlechthin. Kultur erweist sich demnach, wie Mark Currie meint, als eine Manufaktur von Identitäten („manufacture of identities").

Die kulturwissenschaftliche Wende bedeutet, auch klassische Identitätskonzepte, wie sie dem Genre der „klassischen" Autobiographie zugrunde liegen, zurückzuweisen, wonach Identität die immer schon vorhandene, wenn auch verborgene Innenseite unseres Daseins wäre, gleichsam – so Currie – der „Kern einer Nuß" („the kernel of a nut"). Es sind insbesondere zwei Argumentationsstränge, die Currie anführt:

> The first is that identity is relational, meaning that it is not to be found inside a person but that it inheres in the relations between a person and others. According to this argument, the explanation of a person's identity must designate the difference between that person and others: it must refer not to the inner life of the person but to the system of differences through which individuality is constructed. In other words, personal identity is not really contained in the body at all; it is structured by, or constituted by, difference. The second type of argument is that identity is not within us because it exists only as a narrative. By this I mean two things: that the only way to explain who we are is to tell our own story, to select key events which characterise us and organise them according to the formal principles of narrative – to externalise ourselves as if talking of someone else, and for the purposes of self-presentation; but also that we learn how to self-narrate from the outside, from other stories, and particularly through the identification with other characters. This gives narration at large the potential to teach us how to conceive of ourselves, what to make of our inner life and how to organise it.[33]

So kompliziert sich auch das Verhältnis von Komplexen wie Symbol, Eikon, Diskurs und Text zu narrativen Formationen für die theoretische Analyse erweisen mag, so bestimmt läßt sich der Punkt angeben, an dem die narratologische Perspektive jede klassische semiotische Analyse übersteigt: der Computer speichert tendenziell jedwede Form digitalisierbarer Daten, also auch Geschichten, aber er kann nicht erzählen, er besitzt vielleicht einen Marken-Namen, aber keine Fähigkeit, Schlüssel-

---

32 Doris Bachmann-Medick/Clifford James (Hrsg.), Kultur als Text. Die anthropologische Wende in der Literaturwissenschaft. Kultur & Medien, Frankfurt/Main: Fischer 1996, S. 7–64 (Einleitung).
Auffällig ist die Widersprüchlichkeit in der Argumentation der Autorin. Während der Titel eine textualistische Definition von „Kultur" nahelegt, wendet sich die Autorin gegen die „Sackgassen postmoderner Theorie und postmoderner Selbstrückbezüglichkeiten" (a.a.O., S. 11). Aber diese Sackgassen beruhen ja gerade auf einer radikalen Textimmanenz („unendlicher Text"). Demgegenüber spricht Bachmann-Medick von „Kulturen als Symbolsystemen und (!) Lebensweisen". Die Pointe scheint mir im „und" zu liegen. Wie läßt sich das Verhältnis von Symbolsystemen und Lebensweisen formulieren? Ist die Lebensweise, wie es auch Clifford Geertz, der im Rahmen seiner Hermeneutik die Kulturen (quasi) als Texte liest, nahelegt, wirklich nur eine Performanz eines Textes, eines Drehbuchs o.ä.? Was als heuristische Metapher theoretisch produktiv ist, verkehrt sich, wörtlich genommen, in sein Gegenteil.

33 Mark Currie, Postmodern Narrative Theory, a.a.O., S. 17.

ereignisse zu selektieren, die ihn als relational unverwechselbare Entität zu charakterisieren vermöchte. Oder eben Erzählungen im Wechsel der jeweiligen raumzeitlichen Umgebung zu variieren. Stanley Kubricks Computer aus „2001" zeigt das ebenso schön wie Gregory Batesons Geschichte in seinem Buch „Nature and Mind":

> Ein Mann wollte wissen, wie es sich mit dem Geist verhält – nicht in der Natur, sondern in seinem eigenen großen Computer. Er fragte ihn (zweifellos in makellosem Fortran): „Rechnest du damit, daß du jemals denken wirst, wie ein menschliches Wesen?" Die Maschine machte sich daran, ihre eigenen Rechengewohnheiten zu analysieren. Schließlich druckte sie ihre Antwort auf einem Stück Papier aus, wie dies solche Maschinen zu tun pflegen. Der Mann eilte hin, um die Antwort zu erfahren, und fand die sauber getippten Worte vor: *Das erinnert mich an eine Geschichte* [...][34]

Bateson interpretiert Narrative als spezielle Formen der Vernetzung, wobei er, ähnlich wie der klassische Strukturalismus, die zeitliche Relation hintanstellt:

> Eine Geschichte ist ein kleiner Knoten oder Komplex der Art von Verbundenheit, die wir als *Relevanz* bezeichnen. [...] ich möchte annehmen, daß irgendein A für irgendein B relevant ist, wenn beide, A und B, Teile oder Komponenten derselben „Geschichte" sind. Und erneut begegnen wir der Verbundenheit auf mehr als nur einer Ebene: Erstens die Verbindung zwischen A und B vermöge ihrer Teilhabe an derselben Geschichte. Und dann die Verbundenheit der Menschen, die sich daraus ergibt, daß sie alle mit Hilfe von Geschichten denken. (Denn der Computer hatte mit Sicherheit recht. Genau so denken die Menschen.)[35]

Wenn Identität relational ist und ich nichts bin ohne Bezug auf andere, und wenn dieser Bezug Gegenstand des Erzählens ist, dann liegt es nahe, ihm eine entscheidende strukturelle Referenz zuzuschreiben: Erzählungen berichten davon, daß der Mensch handelnd in der Welt ist und daß er ein Wesen auf Zeit und in der Zeit ist, abgestellt auf den Horizont von Anfang und Ende.

Aber verlassen wir mit derart kulturübergreifenden Bestimmungen nicht schon wieder den Boden kulturwissenschaftlicher Analytik? Vordergründig scheint dies der Fall zu sein. Bei genauerer Betrachtung wird hingegen unabweislich, daß jedwede theoretische Konzentration auf kulturelle Besonderheit nicht ohne die Annahme kultureller Universalien auszukommen vermag: Symbol und Mythos, Ritual und Sprache, Bild und Technik sind solche Universalien, die als Parameter der Unterscheidung dienen. Es gibt keine stummen kulturellen Entitäten, höchstens verschwiegene, und das heißt aber auch: es gibt *per definitionem* keine Kulturen ohne Erzählungen und Erzählen.

Insbesondere Whites These von der Panglobalität des Erzählens nähert sich einer positiven, substantialistischen Anthropologie: zum *homo oeconomicus,* zum *homo faber* oder *homo ludens* gesellt sich der *homo narrans*. In der „Nußschale" befände sich zwar nicht der Kern ewiger Identität mit sich selbst, wohl aber das organische, im Leiblichen verankerte Vermögen zu erzählen: die zeitlichen Rhythmen des Biologi-

34 Gregory Bateson, Mind and Nature. A Necessary Unity, Toronto: Bantham Books 1980; deutsch: Geist und Natur. Eine notwendige Einheit (aus dem Englischen von Hans Günter Holl), Frankfurt/Main: Suhrkamp 1982, S. 22 f.

35 Ders., Geist und Natur, a.a.O., S. 22 f.

schen, die traumatischen Spuren einer retrospektiv wirkenden, sich stets aktualisierenden Erinnerung, die Eigendynamik des Begehrens an der Schwelle von „Unbewußtem“ und Bewußtem.

In jedem Fall gerät man in einen klassischen Zirkel: denn wer ist der Erzähler, wenn dessen Identität sich erst durch die Erzählung konstituiert? Und ist nun Erzählen eine global verbreitete Kulturtechnik, die in der Manufaktur der Identität erworben und erlernt wird, oder eben doch zumindest ein naturales Potential, das sich je verschieden kulturell differenziert? Es gibt vernünftige Gründe, derartige Fragen offenzuhalten, und zwar in zweierlei Hinsicht: im Hinblick auf einen möglichen interdisziplinären Diskurs mit den Naturwissenschaften als auch im Hinblick auf den hermeneutischen Umgang mit Paradoxien und Zirkeln. Eine kulturalistische Perspektive, die den Menschen als ausschließlich künstliches Konstrukt betrachtet und die zum Beispiel Geschlecht und ethnische Zugehörigkeit ausschließlich auf symbolische Markierungen, Codes und Relationen zurückführt, entgeht einem solchen Zirkel nicht, bleibt doch die Frage nach dem Agens, dem „hybriden“ Subjekt solchen Tuns.

Das Naheliegende, Kultur und Narration in einen innigen Zusammenhang zu stellen, wird übersehen, weil das körpernahe Erzählen, in dem Blickfang, Gestikulation, Aufmerksamkeit und Präsenz, kurzum die eigene Gegenwart und die des anderen eine wichtige Rolle spielen, in einer technisch überbordeten und künstlichen Welt, die von der Macht numerischer Codes über die Magie des Namens und über die konkrete Unverwechselbarkeit einmaliger Geschichten zeugt,[36] selbst nostalgisch, das heißt der gegenwärtigen Realität unangemessen erscheint. Daß diese Sicht der Dinge selbst eine phantasmatische Mega-Erzählung einschließt, bleibt dabei außer Betracht. Dieser Befund läßt sich entweder affirmativ oder auch kritisch stellen. Die Affirmation umschließt wiederum zwei Alternativen: eine ironische und eine emphatische – die ironische entspricht den postmodernen Heiterkeiten und Zynismen der späten 80er Jahre (Baudrillard, Virilio[37]), die emphatische dem digitalen Aufbruchsgeist der Computergeneration. Zur Rhetorik unablässiger Modernisierung gehört, daß sie alles Bisherige alt aussehen läßt, außer sich selbst: vor allem aber gefügte Identitäten, personale Zusammenhänge, Intimität. Mit dem Ende der Identität wird die Erzählung scheinbar zu einem Relikt vordigitaler Zeiten, löst sich auf wie eine Wolke am Himmel.

Die kritisch-depressive Version vom Ende des Erzählens ist insgeheim genuin deutschen Ursprungs und trägt den Namen Kritische Theorie. Ausgehend vom Marxschen Entfremdungstheorem dekretiert sie die Weltlosigkeit des Menschen

36 Vgl. zur Magie der (Eigen)namen, die selbst imstande sind – werden sie als Beinamen, Eponyme, verstanden – Geschichten zu erzählen: Gerard Genette, Mimologiques – Voyage en Cratylie, Paris Editions du Seuil 1976; deutsch: Mimologiken. Reise nach Kratylien (aus dem Französischen von Michael von Killsich-Horn), Frankfurt/Main: Suhrkamp 2001, bes. Kapitel 1: S. 13–45.

37 Vgl. Jean Baudrillard, Fatale Strategien. Mit einem Anhang von Oswald Wiener (aus dem Französischen von Ulrike Bockskopf und Ronald Vouillié), München: Matthes und Seitz 1991; Paul Virilio, Ästhetik des Verschwindens (aus dem Französischen von Marianne Karbe und und Gustav Roßler), Berlin: Merve 1986.

und seine subjektive Auszehrung. Kein Wunder also, daß mit dieser „vollendeten Trauer“[38] die apodiktische Auffassung einhergeht, daß Erzählen nicht mehr möglich sei.

Im Kontext jenes Diskurses, der unter dem begrifflichen *label* einer „Kritischen Theorie“ firmiert, kommt dem Oeuvre von Walter Benjamin eine besondere Rolle zu, zum einen weil sich Benjamin mit seiner „Berliner Kindheit um 1900“ selbst als raffinierter Erzähler hervorgetan hat, zum anderen aber weil er, parallel zu Bloch, als der Begründer einer spezifisch und programmatisch unorthodoxen, marxistischen Kulturwissenschaft gelten darf, die die Automatik und Wirksamkeit von verschwiegenen Tableaus, Wunschbildern, narrativ formatierten Sehnsüchten und Hoffnungen freilegt. So bekommt der Kapitalismus, der in den großen Einkaufspassagen von Paris seinen ästhetischen Niederschlag findet, eigentümliche Fülle und mutiert von einem rein sozioökonomischen zu einem kulturellen Phänomen: es geht um die trügerischen Versprechen und Illusionen, mit denen Bildgeschichten und Tableaus einhergehen, die Roland Barthes eine Generation später als „Mythen des Alltags“ bezeichnen wird.

Prinzipiell ist Benjamins Kulturarchäologie – hierin jener Prousts verwandt, als dessen Übersetzer sich der deutsche Kulturphilosoph erprobte – eine, die unwiederbringliche Verluste einzuholen trachtet: das hängt ganz offenkundig mit der gewählten Erzählperspektive zusammen, die nicht nur der „Berliner Kindheit“ zugrunde liegt. Mimetisch nähert sich der Erzähler der kindlichen Wahrnehmungswelt und deren Intensität des Zum-ersten-Mal-Sehens an, um die Konkretheit der Dinge ins Blickfeld zu rücken. Mit dieser Konkretheit geht der ungebrochene Drang erinnernden Erzählens einher, das den erwachsenen Erzähler im Tigersprung seiner individuellen Geschichte in eben jenes Kind verwandelt, dem etwas auffällt, weil nichts selbstverständlich ist. Mit den gleichen Augen betrachtet Benjamin letztendlich auch die märchenhaft-wunderbare Warenwelt des 19. Jahrhundert-Kapitalismus mitsamt seinen Allegoresen.

Erzählen, das heißt: von der Konkretheit der Dinge eingeholt zu werden, die gesellschaftlichen „Realabstraktionen“, wie sie sich in den zum reinen Zahlentransfer reduzierten Tauschaktionen manifestieren,[39] rückgängig zu machen, und zugleich schmerzhaft gewahr zu werden, daß das Verlorene nur durch das Erzählen wiedergefunden und dadurch bewahrt werden kann. Benjamin ist nicht der einzige Kulturwissenschaftler, der diese Erzählperspektive wählt, auch Elias Canettis Autobiographie verdankt ihre Aura dem – simulierten – Blick des Kindes, der immer ein erinnert-nachträglicher ist, wie im Falle der Beschreibung des großväterlichen Kolonialwarengeschäfts:

> Man verkaufte darin Kolonialwaren en gros, es war ein geräumiger Laden, in dem es wunderbar roch. Auf dem Boden standen große, offene Säcke mit verschiedenen Getreidesorten, es gab Säcke mit Hirse, mit Gerste und solche mit Reis. Ich durfte, wenn meine Hände sauber waren, hineingreifen und die Körner fühlen. Das war ein angeneh-

38 Beat Wyss, Trauer der Vollendung. Von der Ästhetik des Deutschen Idealismus zur Kulturkritik der Moderne, München: Matthes und Seitz 1985.

39 Alfred Sohn-Rethel, Geistige und körperliche Arbeit, Frankfurt/Main: Suhrkamp 1972.

> mes Gefühl, und ich füllte die Hand mit Körnern, hob sie hoch, roch daran und ließ die Körner langsam wieder herunterrinnen; das tat ich oft, und obwohl es viele andere merkwürdige Dinge im Laden gab, tat ich das am liebsten und war schwer von den Säcken wegzubringen.[40]

Die herunterrinnenden Körner lassen sich als Bild der glücklich erinnernden Aneinanderreihung lesen. Auch Gaston Bachelards „Poetik des Raumes" verdankt ihre zunächst rein räumliche Thematik einer ähnlichen narrativen Konstruktion: denn die unscheinbaren Orte, „Bilder des glücklichen Raumes"[41] die er beschreibt und die der Erwachsene übersieht, Nest und Muschel, Keller und Dachboden, Schubladen, Truhen und Schränke, verdanken ihren stillen Glanz einem poetischen Spiel der Phantasie, das mit dem Blick in die Kindheit koinzidiert. Bachelards „Ontologie" läßt sich sehr schön am Kapitel über das Nest als den Ort der Geborgenheit veranschaulichen:

> Wenn wir ein Nest betrachten, befinden wir uns am Ursprung eines Vertrauens zur Welt, treffen wir auf einen Ansatzpunkt von Vertrauen, fühlen wir uns getroffen von einem Aufruf zum kosmischen Vertrauen [...]. Unser Haus, in seiner latenten Traumgestalt, ist ein Nest in der Welt. Wir leben darin mit einem angeborenen Vertrauen, wenn wir in unseren Träumen wirklich an der Sicherheit der frühesten Wohnung teilhaben.

Bachelard schließt diesen Gedankengang provokant überschwenglich:

> Das Sein beginnt als Wohlsein [...].[42]

Kulturwissenschaft, so ließe sich vorab konstatieren, bedarf zu ihrer Außenblick-Perspektive auf die eigene oder eine fremde Kultur stets eines „extradiegetischen Erzählers": die Perspektive des Kindes ist seit der Romantik eine privilegierte, bis zu Lacan und Lyotard äußerst produktive Art und Weise kultureller (Selbst-)Betrachtung geblieben. Kindheit wird etwa bei Lyotard zum Inbegriff eines Imaginären, das durch die symbolischen Systeme nicht mehr einzuholen ist.

Mit den Augen des Kindes zu sehen, dieser Erzählmodus zieht fast zwangsläufig einen strukturell melancholischen, zugleich prinzipiell kulturkritischen Grundton und Gestus des Erzählens nach sich: jede dieser Erzählungen Benjamins oder Blochs trägt in ihrem erzählerischen Kern die Geschichte von der verlorenen Unschuld und vom verfehlten Ursprung in sich, was Blochs berühmte Definition von Heimat am Ende seiner voluminösen kulturgeschichtlichen Odyssee „Das Prinzip Hoffnung" anschaulich vorführt: Heimat ist der Ort, wo noch niemand gewesen ist,[43] weil das Sein, von dem hier die Rede ist, immer schon ein verspätetes ist. Erinnerndes Erzählen trägt das Kainsmal dieser *différance* (Derrida) in sich. Die verlorene Sehnsucht überträgt sich auf das Genre des Erzählens selbst, das auf Grund dieser ontologischen

---

40 Elias Canetti, Die gerettete Zunge. Geschichte einer Jugend, München/Wien: Hanser 1977, S. 11 f.

41 Gaston Bachelard, La poétique de l'éspace, Paris: Pr. Univ. de France 1957, deutsch: Poetik des Raumes (aus dem Französischen von Kurt Leonhard), Frankfurt/Main: Fischer 1987, S. 25.

42 Ders., Poetik des Raumes, a.a.O., S. 115 ff.

43 Ernst Bloch, Das Prinzip Hoffnung, Frankfurt/Main: Suhrkamp 1959 (3 Bde.), Bd. 3, S. 1628.

Differenz als episch naiv einzustufen ist. Das Erzählen, das einen heimisch macht und Nestgeborgenheit erinnernd zurückruft, ist anachronistisch geworden.

Hinausgeworfen aus dem Nest in die Welt von Entfremdung und existentieller Obdachlosigkeit, ist es auch um das Erzählen selbst geschehen, wie Benjamin in seiner Analyse des russischen Erzählers Nikolaij Leskow festhält:

> Der Erzähler – so vertraut uns der Name klingt – ist uns in seiner lebendigen Wirksamkeit keineswegs durchaus gegenwärtig. Er ist uns etwas bereits Entferntes und weiter noch sich Entfernendes [...]. Diesen Abstand und diesen Blickwinkel schreibt uns eine Erfahrung vor, zu der wir fast täglich Gelegenheit haben, Sie sagt uns, daß es mit der Kunst des Erzählens zu Ende geht. Immer seltener wird die Begegnung mit Leuten, welche rechtschaffen etwas erzählen können. Immer häufiger verbreitet sich Verlegenheit in der Runde, wenn der Wunsch nach einer Geschichte laut wird. Es ist, als wenn ein Vermögen, das uns unveräußerlich schien, das Gesichertste unter den Sicheren, von uns genommen würde. Nämlich das Vermögen, Erfahrungen auszutauschen.
> Eine Ursache dieser Erscheinung liegt auf der Hand: die Erfahrung ist im Kurse gefallen. Und es sieht aus, als fiele sie weiter ins Bodenlose. Jeder Blick in die Zeitung erweist, daß sie einen Tiefstand erreicht hat [...][44]

Es lohnt sich, bei dieser berühmten Passage, die in ihrem kulturpessimistischen, eindringlich-apodiktischen Tonfall Autorität beansprucht, die beispielsweise in dem mehrbändigem Werk Paul Ricœurs noch nachhallt,[45] stehenzubleiben.

Ausgangspunkt ist hier zweifelsohne ein Begriff von Erzählen, der so eng wie möglich gefaßt ist und das Erzählen auf den anschaulichen Akt persönlicher Performanz, auf die Anwesenheit eines mehr oder weniger verläßlichen Erzählers festlegt. Mündlicher Erfahrungsaustausch über eine überschaubare Welt wird dabei zum kulturellen Hintergrund der literarischen Gattung, von der zunächst einmal gar nicht die Rede ist.

Ganz offenkundig ist es der mediale Wandel, der zum (vorgeblichen) Ende dieser epischen Aufführungsform führt, die mit dem oralen Gedächtnis[46] verknüpft und

44 Walter Benjamin, Der Erzähler, in: Ders., Schriften, hrsg. von Theodor W. Adorno und Gretel Adorno, Frankfurt/Main: Suhrkamp 1955 (2 Bde.), Band 2, S. 229 f.

45 Paul Ricœur, Temps et récit, Paris: Edition du Seuil 1983–85, (3 Bde.), deutsch: Zeit und Erzählung (aus dem Französischen von Rainer Rochlitz), München: Fink 1988–91 (3 Bde.), Bd. 2 (1989): Zeit und literarische Erzählung, S. 50: „Vielleicht sind wir tatsächlich die Zeugen – und die Verantwortlichen – eines gewissen Todes, dessen der Erzählkunst, auf der die Kunst des Berichtens in allen ihren Formen beruht. Vielleicht steht auch der Roman im Begriff, als Narration zu sterben. Denn wir können nicht ausschließen, daß die kumulative Erfahrung, die zumindest in der kulturellen Ära des Okzidents einen identifizierbaren historischen Stil aufwies, heute zum Tode verurteilt ist. Die Paradigmen, von denen die Rede war, sind selbst nur Sedimentierungen der Tradition. Es ist also nicht auszuschließen, daß die Metamorphose der Fabel einmal auf eine Grenze trifft, jenseits derer man das Formprinzip der zeitlichen Konfiguration, das aus der älteren eine einheitliche und vollständige Geschichte macht, nicht mehr erkennen kann. Und doch... Und doch... Vielleicht muß man *trotz allem* dem Konsonanzbedürfnis vertrauen, das noch heute die Leseerwartung bestimmt, und daran glauben, daß neue Erzählformen, die wir noch nicht benennen können, im Entstehen begriffen sind, die davon zeugen werden, daß sich die Erzählfunktion wandelt, jedoch nicht sterben kann. Denn wir haben keine Vorstellung von einer Kultur, in der man nicht mehr wüßte, was *Erzählen* heißt."

46 Walter Benjamin, Der Erzähler, a.a.O., S. 237.

gesellschaftlich gesehen handwerklich-bäuerlich verortet ist.[47] Der mediale Wandel ist durch den Hinweis auf die Zeitung und später auf den Roman gegeben, der als einsam[48], erfahrungsflach und unpersönlich angesehen wird:

> Was den Roman von der Erzählung (und vom Epischen im engeren Sinne) trennt, ist sein Angewiesensein auf das Buch. Die Ausbreitung des Romans wird erst mit der Buchdruckerkunst möglich.[49]

Der Essay, der kunstvoll zwischen dem Werk des russischen Dichters und einer allgemeinen Analyse des Niedergangs des Erzählens oszilliert (wobei Leskow die Rolle des letzten Erzählers zufällt), ist nicht zuletzt als eindrucksvolle Analyse zu begreifen, wie der narrative Wandel die Struktur literarischen und außerliterarischen Erzählens modifiziert und erweitert. *A parte* gesprochen läßt sich übrigens bestreiten, ob die idyllische Parallelführung von mündlichem Erzählen im Alltag und dem Erzählgestus eines Leskow (oder einer Ebner-Eschenbach) wirklich so analog zu betrachten sind: Es könnte sich nämlich durchaus so verhalten, daß es sich beim literarischen Erzählen des ausklingenden 19. Jahrhundert bereits um eine Reaktionsbildung handelt, die sich aus ganz ähnlichen Motiven speist wie der sehnsüchtige Blick Benjamins selbst, der freilich an entscheidender Stelle in eine Apotheose der klassischen Moderne umschlägt, die den Roman im Gefolge des frühen Lukács zum literarischen Ort moderner Heimatlosigkeit macht und damit der neuen Situation des Menschen gerecht wird.[50]

Nicht das Erzählen verschwindet, sondern – wenn überhaupt – eine bestimmte Sorte; und was problematisch wird, ist ein bestimmter Typus und eine bestimmte Repräsentation des Erzählens. Erfahrung, Intensität, das Problem des Vertrauens wandeln sich: Mit der zunehmenden Abstraktion der Welt werden auch die kommunikativen Spielregeln, die dem Erzählen immer schon zugrunde liegen, ungreifbar und anonym. Aber noch in dem naiven Interesse des Lesers für die Biographie des Autors, das die professionelle Literaturwissenschaft den Studierenden auszutreiben sucht, findet sich

---

47 Ders., Der Erzähler, a.a.O., S. 239.

48 Ders., Der Erzähler, a.a.O., S. 248: „Wer einer Geschichte zuhört, der ist in der Gesellschaft des Erzählers; selbst wer liest, hat an dieser Gesellschaft teil. Der Leser eines Romans ist aber einsam. Er ist es mehr als jeder andere Leser [...].“

49 Ders, Der Erzähler, a.a.O., S. 233.

50 Georg Lukács, Theorie des Romans. Ein geschichtsphilosophischer Versuch über die Formen der großen Epik, Neuwied: Luchterhand 1971, S. 31 f: „Die deutsche Romantik hat den Begriff des Romans, wenn auch nicht immer bis ins letzte geklärt, mit dem des Romantischen in enge Beziehungen gebracht. Mit großem Recht, denn die Form des Romans ist, wie keine andere, ein Ausdruck der transzendentalen Obdachlosigkeit.“
Ausdrücklich bezieht sich Lukács' Theorie auf die Novalissche Definition der Philosophie: „Philosophie ist eigentlich Heimweh, sagt Novalis, der Trieb, überall zu Hause zu sein.“
Besonders die Formel von der transzendentalen Heimatlosigkeit nimmt Benjamin zum Ausgangspunkt seiner Unterscheidung von Roman und Erzählung. Und er zitiert die folgende Passage aus Lukács' großem Frühwerk: „Die Zeit kann erst dann konstitutiv werden, wenn die Verbundenheit mit der transzendentalen Heimat aufgehört hat. Nur im Roman trennen sich Sinn und Leben und damit das Wesenhafte und das Zeitliche; man kann fast sagen, die ganze innere Handlung des Romans ist nichts als ein Kampf gegen die Macht der Zeit [...]“ (Walter Benjamin, Der Erzähler, a.a.O., S. 246 f).

ein Nachhall jener Idee des Erzählens: daß es jemand geben muß, der für die Geschichte einsteht, und daß man wissen möchte, wer es ist, der dieses Buch geschrieben hat. Ähnliches gilt für die Erfahrung: daß diese nicht mehr mündlich ausgetauscht wird, bedeutet keineswegs und automatisch Erfahrungs- und Erinnerungsverlust, raubt ihr höchstens die Aura ihrer Einmaligkeit. Sichtbar ist Erzählen seriell geworden.

Benjamins Befund kombiniert und bündelt zwei in der klassischen Moderne hervortretende Narrative, die romantische von der verlorenen Unschuld der Kindheit, die noch einmal durch das Erzählen eingeholt wird, und die marxistische von der Entfremdung. Die Entfremdung ist aber ein Verhältnis oder genauer ein Nicht-Verhältnis, das sich im Menschen selbst vollzieht: ein Fremd-Werden der Welt, das mit dem Verlust an Erfahrung einhergeht. Die heute nicht nur im Bereich der *Cultural Studies* als konservativ eingestufte Kulturkritik der Frankfurter Schule hat ihre Pointe darin, daß sie eine Un-Kultur, das heißt eine Kultur ohne Kultur auf die projektive Leinwand der Zukunft wirft. Der radikal entfremdete Mensch wäre einer, der jedwede Fähigkeit zur Partizipation verloren hätte, weil ihm die Fähigkeit des symbolisierenden Erzählens abhanden gekommen ist.

Wenn wir an dieser Stelle an Überlegungen Hermann Brochs anschließen, dann läßt sich Kultur als der jeweilige, stets ganz spezifische symbolische Bestand verstehen, der Weltbezug schafft und ermöglicht.[51] Gegen die vorschnelle Weltuntergangspanik läßt sich argumentieren, daß zunächst jede Form von Kultur – auch jene der Minderheiten und der Popkultur – ein solches *In-der-Welt-Sein* ermöglicht. Wenn Kultur als jene zentrale ästhetisch-ethische Operation verstanden wird, die es Menschen erlaubt, einen symbolischen Ort zu bewohnen, dann sind freilich auch ästhetische Wertung und moralisch-politisches Urteil legitim. Daß die Narrative von Kulturen und Subkulturen identitätsstiftend sind, stellt noch keinen Wert *sui generis* dar.

Dieser Erfahrungsschwund ist bei Benjamin wiederum an der intensivsten aller möglichen Erfahrungen bemessen: an der Erfahrung des Zum-ersten-Mal, am primären symbolischen *actus*, wenn noch nichts selbstverständlich ist. Die partizipatorische Anämie hat so eine Doppelstruktur: Sie thematisiert die Differenz von Erwachsensein und Kindheit und hebt sie zugleich auf eine gesellschaftliche Ebene: die Welt der kapitalistischen Warenabstraktion und anonymen Massenproduktion, die jedwedes persönliche Verhältnis zu Menschen und Dingen korrodiert, unterläuft jede Möglichkeit der Erfahrbarkeit; denn Erfahrung bedeutet stets Einbezug eines konkreten

51 Ohne diese Setzung scheint auch Brochs Bestimmung des Kitsches als des „Bösen im Wertesystem der Kunst“ sinnlos. Vgl. Hermann Broch, Geist und Zeitgeist. Essays zur Kultur der Moderne (hrsg. von Paul Michael Lützeler), Frankfurt/Main: Suhrkamp 1997, S. 7–42. Die ästhetische Kritik schlägt automatisch auf das moralische Urteil zurück. „Böse“ ist der Kitsch, weil er ethisch verwerflich ist, schöner „Zeitvertreib“ und Flucht. Er ist aber auch ästhetisch sekundär: effektvolle Nachahmung, sterile Serialisierung des Immergleichen (wie in der Pornographie). Broch ist in seiner Argumentation nicht konsequent, ästhetisches und ethisches Defizit zusammenzudenken. Der Aufsatz über den Kitsch endet im undifferenzierten moralischen Lamento, anstatt Kunst an ihrer Fähigkeit zu bewerten, kritischen Selbst- und Weltbezug zu ermöglichen.

Gegenübers in seiner Unverwechselbarkeit, in der Aura seiner Einmaligkeit. Es braucht eigentlich kaum hervorgehoben zu werden, wie sehr sich dieser romantisch gefärbte heterodoxe Marxismus von jenem rationalistisch revolutionären des Kommunistischen Manifests abhebt, der die Zerstörung aller vorkapitalistischen Partikularismen und das Destruktionspotential der kapitalistischen Produktionsweise (lange vor den Futuristischen Manifesten) feiert. Die Entfremdung wird hier übrigens ganz „undialektisch" als eine ernüchternde Bloßlegung der real existierenden Herrschaftsverhältnisse und als notwendiger Effekt der Zerstörung persönlicher Herrschaftsformen begrüßt. Interessant an dem Marxschen Narrativ (und seine ironisch-zynische Pointe) ist, daß der Hymnus der Zerstörung nicht dem eigenen revolutionären *élan vital* geschuldet ist, sondern projektiv auf den historischen Kontrahenten des Kommunismus bezogen wird.[52]

Nun läßt sich gegen Benjamin zeigen, daß auch die Erfahrung von Anonymität, des Auseinanderspringens von Mensch und Welt, wie sie etwa Günter Anders im Gefolge eines heideggerisch gefärbten Marxismus im Anschluß an Döblin, Kafka und Rodin analysiert hat,[53] eine höchst paradoxe, aber nicht minder tiefe Erfahrung beinhaltet, so eindringlich wie jene der glücklichen Bilder, die ihren gesellschaftlich-historischen Ort, die Wohlbehütetheit eines geschützten bürgerlichen Daseins, das für Kindheit noch Raum und Zeit bietet, schwerlich verleugnen können.

Die Kulturkritik Benjamins formuliert in Sinne einer negativen *science fiction* etwas anthropologisch Unmögliches: den Tod von Erfahrung; nicht zuletzt dieser „unmöglichen" Radikalität verdankt das Werk Benjamins seine lang anhaltende Aktualität. Was von der Erfahrung gilt, kann umstandslos vom Erzählen generell behauptet werden: weder mit der Erfahrung noch mit dem Erzählen geht es zu Ende, möglicher-

---

52 Karl Marx/Friedrich Engels, Das Kommunistische Manifest, in: Dies., Studienausgabe, a.a.O, Band 3, S. 61: „Die Bourgeoisie [...] hat alle feudalen, patriarchalischen, idyllischen Verhältnisse zerstört. Sie hat die buntscheckigen Feudalbande, die den Menschen an seinen natürlichen Vorgesetzten knüpften, unbarmherzig zerrissen und kein anderes Band zwischen Mensch und Mensch übrig gelassen, als das nackte Interesse, als die gefühllose ‚bare Zahlung' [...]. Sie hat, mit einem Wort, an die Stelle der mit religiösen und politischen Illusionen verhüllten Ausbeutung die offene, unverschämte, direkte, dürre Ausbeutung gesetzt."

53 Günther Anders, Mensch ohne Welt. Schriften zur Kunst und Literatur, München: Beck 1984, S. XI: „‚Menschen ohne Welt' waren und sind diejenigen, die gezwungen sind, innerhalb einer Welt zu leben, die nicht die ihrige ist, die, obwohl von ihnen in täglicher Arbeit erzeugt und in Gang gehalten, ‚nicht für sie gebaut' (Morgenstern), nicht für sie da-ist [...]." Mit Weltlosigkeit meint Anders aber auch den Verlust von verläßlicher Arbeit, verbindlichem Lebensstil und den Triumph eines kulturellen Pluralismus. In vielen Welten zu leben, bedeutet, in keiner heimisch zu sein. Franz Biberkopf, der „verwüstete Mensch" im Nachkriegsalexandrinismus Berlins und K. sind die literarischen Zeugen solcher Weltlosigkeit: „Wer seine Welt als Wohnung hat, für den zerfällt, was geschieht, in Ereignisse, die ‚gewöhnlich', und solche, die ‚ungewöhnlich' sind. Diesen Unterschied gibt es für K., den ‚Helden', nicht. [... W]er nicht in seiner Welt wohnt, für den gibt es nicht nur nicht den Unterschied zwischen Gewöhnlichem und Ungewöhnlichem, sondern er selbst hat auch keine Gewohnheiten. Für einen solchen Menschen – man denke an den Typ des Einwanderers – müssen alle gewordenen Sitten und Gebräuche der Anderen als ein System bürokratisch dekretierter Regeln erscheinen – und als solches erscheint dem Fremdling K., der als Zugereister ins Dorf kommt, der ganze Mechanismus dessen, was dort ‚üblich' ist[...]." (a.a.O., S. 61).

weise mit einer bestimmte Art und Weise. Aber nicht einmal das ist gewiß: Wohl niemals zuvor haben – außerliterarisch – Menschen soviel erzählt wie heute: in den *talk shows* moderner Massenmedien, im psychotherapeutischen Kontext, in Sozialämtern, bei der Fremdenpolizei, im Internet, als Interviewpartner für Sozialwissenschaften und *oral history*. Im Gegensatz zur Annahme Benjamins könnte es sich also durchaus so verhalten, daß die Literatur, der Ort eines professionalisierten Erzählens, des klassischen Erzählens ebenso wie der aristotelischen Poetik überdrüssig geworden ist, weil beide dieser Literaturformen im Alltag der Kultur so dominant sind.

Diesem Umstand trägt etwa die psychologische Narrationsforschung Rechnung. Die „große Reise" als die „*story line* einer Identitätsbildung" gilt im Diskurs einer narratologisch orientierten Psychologie und Psychoanalyse als „verbraucht". Angesichts der Vielfalt und Disparatheit der Lebenswelt wächst auch die Erfahrung von Inkohärenz und damit auch die Möglichkeit, einen „Lebensbogen" hin zur Zukunft zu entwerfen. Identität wird unabschließbar oder – wie es bei Wolfgang Kraus heißt – „Identität wird das Projekt".

Was einst das Fundament für den Selbstentwurf war, ist zum Prozeß geworden und der Selbstentwurf zum vergeblichen Versuch, dieses Fundament nun endlich zu legen, einen Ort der Sicherheit zu schaffen.[54]

Das Leben des einzelnen und das der ihn umgebenden kulturellen Umwelt wird zu einer symbolischen Baustelle, in der jeder abschließende Versuch der Identitätsbildung ironisch dementiert wird. Indem aber das Erzählen auf ein gutes (oder auf ein schlechtes) Ende abzielt, muß das Verhältnis zu sich selbst und zu den dieses Selbst begleitenden Geschichten zwangsläufig ironisch werden, entweder dergestalt, daß wir die runden Geschichten uneigentlich lesen, oder so, daß wir, nach dem Vorbild der klassischen Moderne, unrunde, kantige, komplexe, perspektivische, in die Zukunft hin offene Geschichten erzählen. In keinem Fall bedeutet dies ein Ende des Erzählens, ein solches ließe sich, so urteilt Kraus, allenfalls für psychopathologische Grenzfälle (wie Gedächtnisverlust, multiple Persönlichkeit) konstatieren:

> Diese empirisch vorfindbare Spannung, daß die gleichen Subjekte, die einerseits selbst subjektive Zerrissenheit erfahren und andererseits mit scheinbarer Leichtigkeit – von psychopathologischen Fällen abgesehen – biographische Kohäsion und Kongruenz erleben, ist es, was meiner Erachtens einer intensiveren theoretischen wie empirischen Diskussion bedarf.[55]

Im Gefolge seiner empirischen Analyse, wie die Erfahrung von Inkohärenz letztendlich narrativ in die Identitätsbildung integriert wird, entwirft Kraus ein Schema, das zwischen verschiedenen Phasen der Moderne differenziert, wobei er Narrationstyp, Stellung des Erzählers, Problemformen des Typus, Ambiguitätsmanagement, Kohärenz und Stimmung unterscheidet.

Demnach wäre die moderne Erzählung ein teleologischer Erzähltyp, innerhalb dessen der Erzähler „oberhalb und unterhalb der Narration" agiert. Als Problemform wird die „Hohlheit", als Umgang mit Ambiguität „Abstraktion und Zeitlosigkeit" angegeben. Die Zukunft ist homöostatisch, die Kohärenz „erwartbar, weil prozeß-

54 Wolfgang Kraus, Das erzählte Selbst, a.a.O., S. 4 f.
55 Ders., Das erzählte Selbst, a.a.O., S. 5.

immanent“ und die allgemeine Stimmung im moderne Narrationstypus wäre mit „Abgeklärtheit, Hoffnung, Hohlheit“ zu beschreiben.

Ganz anders die „herkuleische Spätmoderne“, in der der „strategisch aktive Erzähler als „Narrationsorganisator“ erscheint. In ihr erscheint die Zukunft als ein „Projektraum“. Die Hauptdevise im Umgang mit Ambiguität lautet „Perspektivenbeschränkung“. Kohärenz ist von mittlerer Reichweite und menschlich produzierbar und die Stimmung in spätmodernen Erzählungen sei Dynamik und Anstrengung. Die Postmoderne wiederum bevorzugt den situativen Narrationstypus, der Erzähler agiert „unterhalb“, und erweist sich als „Narrationsdesorganisator“, die Zukunft wird zur *terra incognita* und im Umgang mit Ambiguität dominiert gebrochene, ironische Utopie. Kohärenz ist situativ erlebbar und als Stimmung lassen sich „Ironie, Spaß, larvierte Verzweiflung“ ausmachen.[56]

Die Problematik solcher Schemata, wie sie die Sozialwissenschaften bevorzugen, liegt auf der Hand, ebenso wie jene des Datenmaterials,[57] aus dem sie sich speisen. Im Hinblick auf das Erzählmodell sticht dem literaturwissenschaftlich geschulten Menschen die Vermengung „formaler“ und „inhaltlicher“ Aspekte sowie die Vorliebe für lineare Stufenmodelle ins Auge. Ungeklärt bleibt auch die Frage, was denn die modernen Erzähltrainer und Identitätsschneider, die Heerschar von Psychologen, Therapeuten, Psychotherapeuten und Systemiker selbst zur Durchsetzung von bestimmten Erzähltypen beitragen, mehr vielleicht als die fiktionale Literatur der Gegenwart und ihre Modellierungsangebote.

So läßt sich der postmoderne Erzähltypus sowohl als eine Matrix prozeßorientierter Psychologien verstehen als auch als eine von Romanformen, wie sie Autoren wie David Lodge oder Milan Kundera hervorgebracht haben. In seinem Roman „Therapy“ hat Lodge diese beiden Diskurse melancholisch-komisch verwoben: die Welt der unabschließbaren Therapien, die medialen Welten der Seifenopern und die „larvierte Verzweiflung“, die sich in der Hinwendung des männlichen Protagonisten zur Welt Kierkegaards äußert. Es könnte also durchaus sein, daß es eine bestimmte Sorte von Theorie und Literatur gibt, die immer kurzfristigere Trends erzeugt, die sie zugleich zu analysieren vorgibt.

Das ändert aber nichts an dem Befund, daß Menschen heute, unter zunehmendem Identitätszwang, mehr erzählen als je zuvor in anderen, zum Beispiel oralen Gesellschaften. Mittlerweile – das heißt im Gefolge der Kanonisierung der sog. Klassischen Moderne – hat sich das apodiktische Mißtrauen gegenüber dem Erzählen ebenso wie in den beiden anderen traditionellen Künsten (Bildende Kunst und Musik) die Verwerfung von Bildlichkeit und Tonalität zugunsten einer Pluralität ästhetischer Stile gelegt, und im Fall der Literatur läßt sich in vielen Nationalliteraturen gar von einer Renaissance klassischer Erzählmuster und -motive sprechen.[58] Rückblickend

56 Ders., Das erzählte Selbst, a.a.O., S. 234 ff.

57 Das im vorliegenden Fall erschreckend dünn ist, vgl. Ders., Das erzählte Selbst, a.a.O., S. 185–232.

58 Die Erfolge von Autoren wie Meir Shalev, Cees Noteboom oder Harry Mulisch, die Nacherzählung klassischer Stoffe durch Michael Köhlmeier, die Romane Sten Nadolnys oder Bernhard Schlinks sind nur einige der Beispiele für die Wiederkehr des Narrativen, das zuweilen mit manieristischen oder ironischen Momenten unterlegt ist.

darf behauptet werden, daß es nicht der Zwang der Umstände, sondern ein ästhetischer *common sense* war, der das manifeste Erzählen negativ sanktionierte: der programmatische Bruch mit den traditionellen ästhetischen Welten und die Abgrenzung gegenüber der Massenkultur, die bis heute vereinfacht gesprochen im Banne der aristotelischen Ästhetik agiert: von der klassischen Reportage, über die virtuellen Geschichten in den Neuen Medien bis zur allabendlichen Seifenoper, der *soap opera* oder, wie es im Spanischen mit einiger Eleganz heißt, der *telenovela*. Das Bild von Sauberkeit und Griffigkeit impliziert ebenso wie der gattungsästhetische Hinweis den Rückgriff auf literarische Formen, die in der „Hochkultur" negativ sanktioniert sind: Robert Musil hat die lebensweltliche Verankerung des Narrativen, diese „perspektivische Verkürzung des Verstandes" mit der ihm eigenen Unerbittlichkeit glossiert:

> Und als einer jener scheinbar abseitigen und abstrakten Gedanken, die in seinem Leben so unmittelbare Bedeutung gewannen, fiel ihm ein, daß das Gesetz dieses Lebens, nachdem man sich, überlastet und von Einfalt träumend, sehnt, kein anderes sei als das der erzählerischen Ordnung! Jener einfachen Ordnung, die darin besteht, daß man sagen kann: „Als das geschehen war, hat sich jenes ereignet." Es ist die einfache Reihenfolge, die Abbildung der überwältigenden Mannigfaltigkeit des Lebens zu einer eindimensionalen, wie ein Mathematiker sagen würde, was uns beruhigt, die Aufreihung all dessen, was in Raum und Zeit geschehen ist, auf einen Faden, eben jenen berühmten „Faden der Erzählung", aus dem nun also auch der Lebensfaden besteht. Wohl dem, der sagen kann „als", „ehe", „nachdem"! Es mag ihm Schreckliches widerfahren sein, oder er mag sich in Schmerzen gewunden haben: sobald er imstande ist, die Ereignisse in der Reihenfolge ihres zeitlichen Ablaufes wiederzugeben, wird ihm so wohl, als schiene ihm die Sonne auf den Magen. Das ist es, was sich der Roman künstlich zunutze gemacht hat: der Wanderer mag bei strömendem Regen die Landstraße reiten oder bei zwanzig Grad Kälte mit den Füßen im Schnee knirschen, dem Leser wird behaglich zumute, und das wäre schwer zu begreifen, wenn dieser ewige Kunstgriff der Epik, mit dem schon Kinderfrauen ihre Kleinen beruhigen, diese bewährteste, perspektivische „Verkürzung des Verstandes" nicht schon zum Leben selbst gehörte.[59]

Narrative stiften Sinn, nicht auf Grund ihrer jeweiligen Inhalte, sondern auf Grund der ihnen eigenen strukturellen Konstellationen: weil sie eine lineare Ordnung des Zeitlichen etablieren. Auch die klassische wissenschaftliche Analyse reduziert, abstrahiert und simplifiziert; die Erzählung tut dies indes bereits auf der Ebene des konkret Zugänglichen. Die Linearität narrativer Grundmuster verbürgt eine Kontinuität, die dem Erdenbürger eine einigermaßen stabile Identität beschert und die Angst vor dem Chaos bannt. Ich weiß, wer ich bin, dank dessen, was Musil den „Faden der Erzählung" nennt. Er ist in das, was wir „Leben" nennen, stets schon eingeschrieben. Wir können uns nicht aussuchen, ob wir erzählen wollen oder nicht, wenigstens nicht im Bereich des alltäglich vollzogenen Lebens.

Musil greift aber noch einen zweiten Aspekt des hier primär lebensweltlich und nicht so sehr literarisch verstandenen Erzählens heraus: die durch zeitliche Kontinuität erfundene Identität ist an einen merkwürdigen Beruhigungsmechanismus gekoppelt. Stiftet die eindimensionale Kontinuität des Erzählfadens eine ebenso eingängige Identität, so ermöglicht ihr diskontinuierliches Moment, der zeitliche

59 Robert Musil, Der Mann ohne Eigenschaften (hrsg. von Adolf Frisé), Reinbek: Rowohlt 1978 (2 Bde.), S. 650.

Abstand zwischen dem Akt der Narration und dem erzählten Lebensfaden, beruhigende Distanz: keine moderne Psychotherapie, die sich nicht diesen elementaren Tatbestand zunutze machte: Indem ich erzähle, befreie ich mich vom Alp der Vergangenheit und setzte mich in Kontrast zu der Person, die ich damals war. Dieser Sprung in der Zeit macht es auch möglich, noch das Schlimmste dem Erzählen zuzuführen. Die Narration folgt stets der Logik des heil überstandenen Abenteuers und produziert so „Sonne auf den Magen", auch wenn die geschilderten Ereignisse noch so kalt und ungemütlich waren.

In einem dritten Schritt macht Musil deutlich, daß die epische Literatur sich die Grundcharakteristika dieses außerliterarischen Lebens zunutze macht. Die Realisierung der Narration (etwa durch das Medium Buch im trauten, warmen Eigenheim) steht in einem ironischen, aber prinzipiell nicht aufzulösenden Mißverhältnis zum Schrecken alles Epischen – und was Musil im Hinblick auf die Literatur sagt, gilt selbstredend auch für die Funktionsweise moderner Medien, etwa für den Fernsehkonsum von Schreckensnachrichten. Jeder moderne Schiffbruch hat heute seine gemütlichen Zuschauer.[60]

Musils Analyse des Erzählerischen macht zweierlei deutlich; das moralische Skandalon mitsamt der trügerischen Gemütlichkeit, als auch die perspektivische Verengung, die das Narrative als identitätsstiftende Konstruktion in sich birgt. Narrative sind – so ließe sich sagen – strukturlogisches „falsches Bewußtsein" und sind doch zugleich anthropologisch einigermaßen unvermeidlich. Sie erschaffen uns ein symbolisch gemütliches Zuhause und im Grunde geht die zentrale Bedeutung von Erzählungen im Kontext der jeweiligen Kultur gerade in dieser Funktion fast ohne Rest auf. Zur Paradoxie der modernen Bewußtseinslage gehört es, diese perspektivische Selbstverkürzung kritisch zu hinterfragen und ihr doch zugleich nicht entrinnen zu können. Diese Zwiespältigkeit ist es, die uns prinzipiell von der historischen Aufklärung trennt.

Die Literatur der klassischen Moderne könnte man als jenes Korrektiv ansehen, die das Mißtrauen gegen die perspektivische Selbstverkürzung durch Linearität und gemütliche Distanznahme (im Akt des Erzählens und des narrativen Nachvollzuges) wachhält, ohne sie freilich je aufheben zu können.

Unübersehbar indes, daß die Literatur der klassischen Moderne, analog zu Musik und Bildender Kunst, ihre Grundlagen selbst in Frage gestellt hat. Der Kampf gegen das lineare Erzählen von Alpha bis Omega steht in unübersehbarem Gleichklang mit jenem gegen die Illusion bildhafter Darstellung oder der Überwindung der klassischen Harmonie. Alle drei Phänomene, lineares Erzählen, bildhafte Darstellung und klassische Harmonie geraten unter den Verdacht des versöhnenden Scheins, wie Adorno, deklarierter Ästhetiker der klassischen Moderne, es formuliert hat. Sie entsprechen zum einen nicht mehr dem Stand der Wissenschaften (so lautet die Kritik im voravantgardistischen Zeitalter des Positivismus) und sie verfehlen in ihrer strukturellen

60 So berichtet die Süddeutsche Zeitung vom 17./18.2.2001 davon, daß Hinrichtungen im Fernsehen bald zum medialen Alltag werden könnten.

Beschönigung und in ihrem harmonischen Einklang die kalte Disharmonie einer häßlichen Welt. Zwischen dem „Drang Homers" und dem Erzählen des 19. Jahrhunderts stellt Adorno einen unmittelbaren Zusammenhang her:

> Der Drang Homers, einen Schild wie eine Landschaft zu beschreiben und eine Metapher zur Aktion durchzubilden, bis sie selbständig geworden, das Gewebe der Erzählung zerreißt – dieser Drang ist der gleiche, der die größten Erzähler des neunzehnten Jahrhunderts, zumindest in Deutschland, Goethe, Stifter und Keller, immer wieder dazu trieb, zu zeichnen und zu malen, anstatt zu schreiben [...] Der Versuch, die Darstellung von der reflektierenden Vernunft zu emanzipieren, ist der stets schon verzweifelte Versuch der Sprache, indem ihre bestimmende Intention bis zum äußersten getrieben wird, vom Negativen ihrer Intentionalität, der begrifflichen Manipulation der Gegenstände zu heilen und das Wirkliche rein, unverstört von der Gewalt der Ordnungen hervortreten zu lassen. Die Dummheit und Blindheit des Erzählers – nicht zufällig hat die Überlieferung Homer als Blinden aufgefaßt – drückt bereits Unmöglichkeit und Hoffnungslosigkeit solchen Beginnens aus.[61]

Adornos an Hegel geschulter und gegen diesen gerichtete negative Dialektik, eine ganz spezifische Denkform geschichtsteleologisch gewendeter Ambivalenz, betrachtet die „epische Naivetät" nicht bloß als „Lüge", „um die allgemeine Besinnung von der blinden Anschauung des Besonderen fernzuhalten", sondern ihr wohnt vielmehr auch ein utopisches Moment inne, weil „sie jene Möglichkeit von Erfahrung [festhält]", welche auf paradoxe Weise „zerstört wird von der bürgerlichen Vernunft".[62] Daraus resultiert Adornos berühmtes, pointiert normatives Diktum, das rückblikkend als ein philosophischer Kernsatz der klassischen anti-realistischen Moderne zu verstehen ist:

> Will der Roman seinem realistischen Erbe treu bleiben und sagen, wie es wirklich ist, so muß er auf einen Realismus verzichten, der, indem er die Fassade reproduziert, nur dieser bei ihrem Täuschungsgeschäft hilft.[63]

Die ästhetischen Techniken, die das Erzählen zertrümmern sollten, sind hinlänglich bekannt: Montage, Fragment, *medias in res*, *open end*, Auflösung der Handlung in Selbstreflexion und Selbstreferenz, Bewußtseinsstrom, unvermittelter Zeitsprung, Zeitraffer. In der Deutung Adornos bleiben sie nicht bloß durch ihren programmatischen Antagonismus gegenüber Bild und Erzählung auf die Macht der Tradition bezogen, sondern sie sind die angemessenen ästhetischen Techniken eines neuen, nicht-naiven „Realismus", in dem die Dignität von Konkretheit und Besonderheit unverstellt und befreit von der manipulativen Kraft jedweder herrschaftlichen Begrifflichkeit aufblitzt. Eine Erinnerung an den Verlust dieser Unverstelltheit der Dinge bleibt bewahrt, die als freilich unbestimmtes Versprechen durchschlägt.

Im Grunde laufen all diese ästhetischen Revolten gegen Bildlichkeit und Narration auf eine Umkehrung aller Erwartungshaltungen epischer Naivetät hinaus. Vor diesem

---

61 Theodor W. Adorno, Über epische Naivetät, in: Ders.: Noten zur Literatur (hrsg. von Rolf Thiedemann), Frankfurt/Main: Suhrkamp 1958 (2 Bde.), Band 1, S. 55.

62 Ders., Über epische Naivetät, a.a.O., S. 52f.

63 Ders., Standort des Erzählers im zeitgenössischen Roman, in: Noten zur Literatur, Band 1, a.a.O., S. 64.

Hintergrund ist die Frage von Paul Ricœur, ob sich damit der Begriff der Fabel als Nachahmung von Handlung im Sinne des Aristoteles ausgeweitet hat oder *ad acta* zu legen ist, zu einer mehr als literaturtheoretischen Frage geworden.

Adornos Kritik weist an einer entscheidenden Stelle über Benjamins Epitaph des Erzählens und die darin formulierte These hinaus, demzufolge das Erzählen angesichts bestimmter historischer – gesellschaftlicher und kultureller – Konstellationen überholt und unangemessen geworden ist. Im Sinn eines romantisch verfremdeten Marxismus wäre das Erzählen eine überkommene Formation, die von verschwindenden gesellschaftlichen Gegebenheiten (Handwerk, bäuerliche Produktion) und entsprechenden medialen Verhältnissen (orales Erinnern, *face to face*-Kommunikation) bestimmt war. Adornos Begriff einer „epischen Naivetät" fördert indes ein epistemologisches Unbehagen an der mythologischen Konfiguration des Erzählens selbst zutage: an der Fixierung auf Anfang und Ende, der Unterschlagung der Kontingenz, seine Manie der Kontinuität, seine Fixierung auf das Konkrete, Gegenständliche und Besondere.

Prinzipiell sind immer zwei Kritiken am Erzählen möglich: daß es zu rationalistisch oder zu wenig rationalistisch ist. Seit der „Dialektik der Aufklärung" sind in der Kritischen Theorie Mythos und (okzidentale) Vernunft miteinander verspannt. So auch im Erzählen, das zum einen der Blindheit des Mythos folgend „Menschen und Dinge" in „bloße Schauplätze" „verwandelt", das zum anderen aber aus dem „antimythologischem Bestreben hervorgeht, „treu und unverstellt, was einmal war, festzuhalten, wie es war".[64] Im Gefolge der Kritik von Adorno ließe sich davon sprechen, daß (traditionelles) Erzählen auf Grund seiner klassischen Konfigurationsmuster die Welt als rational, durchgängig und polar beschreibt, mit klaren Markierungen von Anfang und Ende. Nicht daß Erzählungen „falsches Bewußtsein" zu transportieren vermöchten, steht also im Mittelpunkt dieser Kritik, sondern vielmehr, daß sie undurchschaut, die erzählte Welt mit der Erzählung gleichsetzend, die Welt, von der sie berichtet, ästhetisch selbst zurichtet und alles Irritierende aus der narrativen Ordnung der Dinge verbannt.

Insofern ist das Erzählen des 19. Jahrhunderts ein ästhetisches Paradebeispiel für eine Dialektik der Aufklärung, die in den Mythos zurückschlägt, dem sie entstammt. Die Erzählung wäre das blinde Medium solcher – negativen – Dialektik. Eine solche ästhetisch verankerte Betrachtung des Narrativen ließe sich auch für eine Kritik der Medien nutzbar machen. Denn ihre Wirkung verdanken die Narrationen – neben ihren technischen Qualitäten (leichte Zugänglichkeit, Ubiquität) auch einer bestimmten, episch und imagologisch naiven Ästhetik, die strukturlogisch in sie eingeschrieben ist. Im Anschluß an Hans Sedlmayrs Symptomatologie[65] ließe sich davon sprechen, daß die Phantasie einer solch globalen „epischen Naivetät" älter ist als ihre technische Machbarkeit in Gestalt moderner Medien.

---

64 Ders., Über epische Naivetät, S. 59 und 53.

65 Hans Sedlmayr, Verlust der Mitte. Die bildende Kunst des 19. Und 20. Jahrhunderts als Symptom und Symbol der Zeit, Salzburg: Müller [10]1983.

Slavoj Zizek hat diesen Verdacht unter Rückgriff auf die Terminologie Lacans radikalisiert, wenn er davon spricht, daß die „Phantasie [...] die ursprüngliche Form der Erzählung" sei, „die eine radikale Sackgasse zu verschleiern versucht"[66]. Zizek führt für seine These die „Geschichte" von der ursprünglichen Akkumulation des Kapitals an, die die „Genealogie" der Gewalt verdunkle (obschon natürlich die Frage bleibt, ob dieser Hinweis nicht eine alternative Erzählung impliziert). In Kontrast zu gegenwärtigen Trends gerade im psychoanalytischen Bereich begreift Zizek Lacans Ansatz als anti-narrativ:

> [...] das endgültige Ziel seiner Behandlung ist für den Analysanden *nicht*, seine verwirrte Lebenserfahrung in eine (andere) kohärente Erzählung zu organisieren, mit ordentlich integrierten Traumas etc. Es ist nicht allein, daß einige Erzählungen „falsch" sind, auf dem Ausschluß traumatischer Ereignisse basieren und alle Lücken zusammenflicken, die von diesen Ausschlüssen übriggelassen wurden – Lacans These ist viel stärker: Die Antwort auf die Frage „Warum erzählen wir Geschichten?" besteht darin, daß die *Erzählung als solche* deshalb entsteht, um einige fundamentale Antagonismen mittels Wiederarrangierung ihrer Benennungen in einer zeitlichen Sukzession zu lösen. Sie ist folglich genau die Form der Erzählung, welche einige unterdrückte Antagonismen bezeugt. Der Preis, den man für die narrative Erklärung bezahlt, ist eine *petitio principii* der Zeitschleife, das heißt die Erzählung setzt stillschweigend als gegeben voraus, was sie vorgibt zu reproduzieren (die Erzählung von der „ursprünglichen Akkumulation" erklärt tatsächlich nichts, da sie schon voraussetzt, daß sich ein Arbeiter wie ein ausgewachsener Kapitalist benimmt).[67]

Kritisch anzufügen wäre freilich, ob nicht Lacans Psychoanalyse, die in ihrer „Arbeit am Mythos" die Freudsche Adaption des Ödipus-Mythos durch den Narziß ersetzt hat, nicht auch von einem Uranfänglichen ausgeht: der Urszene des Blicks in den Spiegel, der einen anderen/eine andere konstitutiv voraussetzt.

Womöglich ist überdies das Beispiel, die Geschichte der ursprünglichen Akkumulation, nicht geschickt gewählt, es provoziert vielmehr eine Gegenerzählung; der Verweis auf die purifizierende Sinngebung und auf die suggestive chronologische Erklärungsmacht des Erzählens erübrigt diese nicht. So eröffnen die anti-narrativen theoretischen Konzepte wie zuvor schon die heroische Anstrengung der Literatur etwa in Dadaismus und Surrealismus, die narrative Ordnung der Dinge zu zertrümmern, einen kritischen Blick auf die Strukturen, die der Narration zugrunde liegen.

Weil aber Narrationen im Hinblick auf Identitätsfindung, Erinnerung und das Selbstverständnis einzelner Kulturen unhintergehbar bleiben, ist dieser Blick ins Freie nicht bloß ein ästhetischer, sondern ein politischer. Im Gefolge der Chicagoer Konferenz *Narrative. The Illusion of Sequence* (1979) hat der Literaturtheoretiker Robert Scholes die Bedeutung narrativitätskritischer ästhetischer Ansätze hervorgehoben, zugleich aber davon gesprochen, daß durch die Kritik das Phänomen des Erzählens nicht aus der Welt verschwindet:

---

66 Slavoj Zizek, Die Pest der Phantasmen. Die Effizienz des Phantasmatischen in den neuen Medien (hrsg. von Peter Engelmann), Wien: Passagen 1997, S. 26.

67 Ders., Die Pest der Phantasmen, a.a.O., S. 26f.

> Post-modernist anti-narratives [...] can quite properly be seen as attempts to frustrate our automatic application of these codes to all our event-texts. Such anti-narratives are in the sense metafictional because they ultimately force us to draw our attention away from the construction of a diegesis according to our habitual interpretive processes. By frustrating this sort of closure, they bring the codes themselves to the foreground of our critical attention, requiring us to see them *as* codes rather than as aspects of human nature or the world. The function of anti-narrative is to problematisize the entire process of narration and interpretation for us.

Robert Scholes interpretiert die diversen metafiktionalen und narrativitätskritischen Ansätze im Sinn einer sekundären Aufklärung. Sie gestattet uns, traditionelle narrative Strukturen als ein System sozialer Abhängigkeiten zu begreifen, die sowohl das individuelle Wachstum als auch einen nachhaltigen sozialen Wandel behindern. Aus dieser Perspektive erscheint das Narrativ selbst

> as an opiate to be renounced in the name of the improvements to come. I understand this project somewhat and even sympathize with it to some extent, but I must confess that I am not sanguine about its success. Even with respect to the narrative processes [...] it seems to me likely that they are too deeply rotted in human physical und mental processes to be dispensed with by members of this species. We can and should be critical of narrative structuration, but I doubt if even the most devoted practioner of anti-narrativity can do without it.[68]

Folgt man dieser Einschätzung, dann läßt sich im Hinblick auf das Thema nur eine ironische Position einnehmen, ironisch nicht in Schlegels, sondern in Musils Manier. Analog zum ironischen Titel des *opus magnum* beziehen wir uns „uneigentlich" auf Geschichten, deren Objektivität wir demoliert haben, und an die wir nicht mehr glauben, weil wir der Unschuld „epischer Naivetät" beraubt sind. Noch in der programmatischen Anti-Narrativität bleiben wir im Netz des Erzählens gefangen, und sei es nur, daß wir den „Phantasmen" nicht entgehen, die ihnen zugrunde liegen. Wir mögen noch so kritisch gegen die Eigenlogik des Erzählens eingestellt sein, in unserer eigenen Lebenspraxis holen uns die Erzählungen ebenso ein wie die in Musils Roman ironisierten „Eigenschaften". So ließe sich behaupten, daß wir nicht mehr die Menschen mit Erzählungen sind, nicht weil es keine mehr gäbe, sondern weil wir von ihnen besetzt sind. Eine ironische Position einzunehmen, bedeutet, daß es eine dritte Position jenseits der beiden binären Möglichkeiten, jenseits klassischer Verteidigungsstrategien und Verschwindens-Prognosen gibt. Es geht nicht um die Re-Legitimierung eines behaglichen Erzählens und seiner womöglich psychotherapeutischen bzw. sinnstiftenden Wirkungen und Funktionen, sondern um deren kritische Hinterfragung; dabei tritt als Befund zutage, daß narrative Phänomene unhintergehbar sind, und zwar nicht nur wegen ihrer phantasmatischen Anteile, wie Zizek suggeriert, sondern auch, weil und solange wir zeitlich in der Welt handelnde und erinnernde Menschen sind.[69]

---

68 Robert Scholes, Language, Narrative, and Anti-Narrative, in: W.J.T. Mitchell (Hrsg.), On Narrative, Chicago: Chicago UP 1980, S. 200–208, hier: S. 207 f.

69 Welch entscheidende Bedeutung die narrative Interpretation politischen Geschehens spielt, hat Zizek am Beispiel des Bosnien-Krieges dargestellt, als an die Stelle der Erzählung von dem durch die serbische Kriegsmaschinerie überfallenen Land die These von machtbesessenen „*warlords*" trat, die alle gleichermaßen schuld an dem Krieg waren; vgl. Slavoj Zizek, Die Pest der Phantasmen, a.a.O., S. 36 ff.

Ein kulturwissenschaftlicher Ansatz mit narratologischem Hintergrund ist methodisch wie moralisch zum Selbstargwohn gegenüber seinem Gegenstand verpflichtet: gegenüber jenen in diversen Medien und Künsten manifesten und latenten Erzählungen, die konstitutiv sind für bestimmte Identitätsmuster. So kann man zeigen, daß es einen unegalen Zusammenhang zwischen klassischen Erzählformen und traditionellen Identitätsmustern gibt. Geschlossenheit und Ausschluß sind Konstituentien exklusiver heroischer Identitätsbildungen. Nur selten rückt im Fall der Narrative das Zusammenspiel ästhetischer, moralischer und politischer Kategorien derart grell ins Licht. Es geht im Kampf um kulturelle Hegemonie und im Streit um Bedeutung nicht mehr darum, den gegebenen Erzählungen andere gegenüberzustellen, sondern anders zu erzählen, sowohl auf der Ebene der Performanz wie auf jener der Konfigurationsbildung: Ironische Erzählerinnen und Erzähler sind ebenso gefragt wie Geschichten, die nicht glatt aufgehen. Aber damit befinden wir uns noch immer in einem kulturellen Territorium, das narrativ strukturiert ist: denn der Gestus der Ironie ist ebenso wie jener der Verwerfung und Irritation „sekundär“: er setzt das Verständnis von Menschen voraus, die wissen, was eine „normale“ Erzählung ist, und die das etwa in der kulturellen Manufaktur Schule erlernt haben. Einen Text von James Joyce, Franz Kafka oder Kurt Schwitters lesen und verstehen zu können, bedeutet, jene Erzähltypen des 19. Jahrhunderts zu kennen, auf die sie sich intertextuell beziehen. Ohne dieses Verständnis ergeht es rezeptionsästhetisch gesprochen dem Leser wie dem, der den kulturellen Hintergrund eines Witzes nicht kennt: man verfehlt die Pointe.

2.2. Die Wissenschaften und ihre Narrative

„Wir haben keine Vorstellung davon, wie eine Kultur aussehen würde, in der man nicht mehr wüßte, was *Erzählen* heißt“.[70] Aber vielleicht gibt es eine Welt, in der den Menschen systematisch abgewöhnt wird, zu wissen, was Erzählen bedeutet: die Welt der Naturwissenschaft zum Beispiel, in der die Narrative als logisch unzulängliche Entitäten angesehen werden, die programmatisch von den Wissenschaften fernzuhalten sind.

In jedem Fall erhält der Verdacht, daß es mit der Konfiguration des Erzählens über jene enge Repräsentationsform hinaus, die Benjamin im Auge hat, zu Ende geht, hier zusätzliche Nahrung. Mit zunehmender Verwissenschaftlichung, Rationalisierung und Anonymität nimmt – so lautet der Verdacht – die Bedeutung jener ursprünglich aus konkreter, „erlebter“ Erfahrung gespeisten Narrationen ab: die Zahl löst sich von der Erzählung, der sie etymologisch besehen, einmal entsprang. Die Macht der Mathematik besteht nicht zuletzt darin, daß sie tendenziell immer größere Menschenmassen miteinander in eine Beziehung bringt, die freilich nie eine bewußt realisierte ist: die Menschen kennen die Strukturen und die Menschen nicht, von denen ihr Wohl

70 Paul Ricœur, Temps et récit, Paris: Édition du Seuil 1983–85 (3 Bde.); deutsch: Zeit und Erzählung (aus dem Französischen von Rainer Rochlitz) (3 Bde.), München: Fink, 1989, Band II: Zeit und literarische Erzählung, S. 51.

und Wehe abhängt. Dagegen auf die Bedeutung der Narrative zu setzen, kommt einer Donquichotterie gleich. Daß Menschen, die einander niemals kennen, in einem weltweiten Netz von Arbeitsteilung und Interdependenz zusammenarbeiten und kommunizieren, verdankt sich zunächst nicht der Macht von Erzählungen, sondern jener der schieren Zahl und ihrer materiell-symbolischen Auskristallisierungen.[71]

Es könnte indes sein, daß dieses Funktionieren anonymer und abstrakter Systeme, wie es die Systemtheorie Niklas Luhmanns eingehend analysiert hat, auf einer ganzen Reihe von narrativen Voraussetzungen basiert und sich aus stummen und verschwiegenen Präsuppositionen speist. Zumindest muß von einem fortwährenden Konflikt zwischen Zahl und Erzählung ausgegangen werden. In seinem Aufsatz „Vergangenheit und Gegenwart als narrative Konstruktion" beantwortet der amerikanische Psychologe Jerome S. Bruner den Untertitel seines Aufsatzes „Was ist gewonnen und was verloren, wenn Menschen auf narrative Weise Sinn bilden?" gemäß einer wissenschaftlich standardisierten Antwort:

> Die übliche Antwort auf diese Frage besteht in einer Art Lobgesang auf die „wissenschaftliche Methode": Du sollst dich keiner Selbsttäuschungen hingeben, noch unprüfbare Behauptungen von dir geben, noch dich in Widersprüche verwickeln noch die bloße Historie für ursächlich wirksam halten und so weiter. Eine erzählte Geschichte ist kein anerkannter Gegenstand der Wissenschaft und „Logik".[72]

Ganz offenkundig kollidiert die Erzählung strukturell mit einer ganzen Reihe von Prämissen moderner Naturwissenschaften: ihre potentielle Einmaligkeit steht gegen den Anspruch von Wiederholbarkeit, das narrativ gezähmte Chaos gegen die Gesetzmäßigkeit fixer Ordnungen, die kalkulierte Kontingenz gegen die Notwendigkeit, das Insistieren auf eine befristete und erlebte Zeit gegen Überzeitigkeit aller physikalischen Phänomene, die je eigene lebensweltliche Erfahrung gegen das Experiment, das nicht bloß eine künstlich gestiftete außerlebensweltliche Anordnung darstellt, sondern wie im chemischen Scheidevorgang jene Subjektivität ausfällt, die die Geschichte des Suchens und Findens ist.

In der innerwissenschaftlichen Kommunikation selbst gibt es keinen markierten Erzähler und keine Zuhörer. Es gibt scheinbar nichts zum Erzählen. Der Zahlensymbolismus legt prinzipiell mathematische Bedeutung fest und die *terms of trade*

---

71 Roland Fischer, Mathematik als Materialisierung des Abstrakten, in: Markus Arnold/ Roland Fischer (Hrsg.), Studium Integrale (iff texte; 6), Wien: Springer 1999, S. 50–58, hier: S. 51 f.: „Mathematik bietet für bestimmte, häufig auftretende Abstrakta symbolisch materielle Darstellungsformen an, die das Abstrakte sichtbar, handhabbar und konkret werden lassen. Sie stellt damit eine Beziehung zwischen Abstrakt(er)em und Konkret(er)em her. ‚Materiell' ist dabei wörtlich gemeint: es werden Steine, Finger, Zeichen auf Papier, Rechenmaschinen usw. benützt. Es ist zwar vieles im Kopf möglich – Kopfrechnen, Ideenfindung –, die eigentliche, insbesondere gesellschaftliche Wirksamkeit der Mathematik hängt mit der auslagernden Materialisierung zusammen. In diesem Sinn ist der Computer kein Zufall in der Mathematik, er ist bislang letzter Schritt in einer Serie von Materialisierungen."

72 Jermome S. Bruner, Vergangenheit und Gegenwart als narrative Konstruktion. Was ist gewonnen und was verloren, wenn Menschen auf narrative Weise Sinn bilden? In: Jürgen Straub (Hrsg.), Erzählung, Identität und historisches Bewußtsein. Die psychologische Konstruktion von Zeit und Geschichte, Frankfurt/Main: Suhrkamp, 1998 (= Erinnerung, Geschichte, Identität; 1), S. 46–48, hier: S. 46.

naturwissenschaftlicher Kommunikation sind – nicht zuletzt dank Traditionsbildung – *idealiter* friktionsfrei geregelt: denn die Subjekte, die daran partizipieren, sind reduziert wie die für das Experiment zubereiteten und zugerichteten Objekte, die keinerlei abweichende Besonderheit aufkommen lassen, jene *differentia specifica*, die ein Erzählen auslösen könnte. Eines ist wie das andere, das gilt für die Beteiligten ebenso wie für ihre Gegenstände. Auf diesem radikalen Ausschluß aller narrativen Momente beruht auch eine Objektivität, die intersubjektiv nachvollziehbar ist: Jeder, der die Spielanleitung des Experiments kennt und durchzuführen imstande ist, wird das Funktionieren der raumzeitlosen Wahrheit der jeweiligen physikalischen Hypothese verifizieren können. Das funktioniert indes nur durch ein erklärtes Mißtrauen gegenüber der eigenen sinnlichen, auf die konkrete Welt bezogenen Erfahrung, die es zu beargwöhnen gilt.[73]

Andrew Gibson hat diesen programmatischen Selbstentzug sehr anschaulich am Beispiel von Gaston Bachelards „Psychoanalyse des Feuers" vorgeführt. Für Bachelard liegt der Grund für die Verwirrungen und epistemologischen Hemmnisse, für die unzähligen Mißverständnisse des Phänomens Feuer in dem Umstand, daß die Menschen so lange ihren eigenen Intuitionen vertraut haben, die ihrer ganzen Struktur nach poetisch sind: narrativ und imaginativ. Im Bündnis von Traum und Denken ist es stets das Denken, das unterliegt:

> The precise purpose of his own psychoanalysis of the scientific mind is to prevent that defeat, to „bind" the scientific mind to a „discursive thought". Far from continuing reverie, this thought „will halt it, break it down and prohibit it".
> There is then, a specifically Bachelardian conception of the imaginery as a complex of what he calls „unconscious values" haunting the discourse of a given *savoir*. In the case of scientific discourse, Bachelard sees those values as unhelpful and a weakness. He wants to see them disempowered and dissolved.[74]

Dieser Prozeß der Abstraktion von poetischen, bildlich-narrativen Beständen ist keineswegs auf die Naturwissenschaften beschränkt. Insbesondere der Strukturalismus, dem wir so ungeheuer wichtige Einsichten in die Logik narrativer Texte verdanken, läßt sich durch eine Wendung gegen die Geschichte und ihr traditionelles Medium, das Erzählen, begreifen. Indizien dafür sind etwa seine manische Konzentration auf Raum und Geometrie (und damit verbunden seine Hintanstellung des zeitlichen Faktors des Erzählens) sowie seine methodische Präferenz für die Syn- und gegen die Diachronie. Das ausgesprochene Ziel des strukturalistischen Rationalismus

---

73 Ricœur bestimmt das historische Ereignis durch drei Merkmale: absolutes Gewesensein, absolute vergangene menschliche Handlung, absolute Andersheit: „Zunächst bringen wir die *unwiederholbare Einzigartigkeit* des physikalischen oder menschlichen Ereignisses in Gegensatz zur Allgemeinheit des Gesetzes, ob es sich nun um eine große statistische Häufigkeit, um einen Kausalzusammenhang oder um eine Funktionsbeziehung handelt, immer ist das Ereignis das nur einmal Geschehene. Weiter bringen wir die *praktische Kontingenz* in Gegensatz zur logischen oder physikalischen Notwendigkeit: das Ereignis ist dasjenige, was hätte anders gemacht werden können. Schließlich entspricht dem Anderssein erkenntnistheoretisch der Begriff der *Abweichung* von jedem konstruierten Modell oder von jeder Invarianten." (Paul Ricœur, Zeit und Erzählung, a.a.O., Band 1 (1988): S. 143).

74 Andrew Gibson, Towards a Postmodern Theory of Narrative, Edinburgh: Edingburgh UP 1996, S. 1f.

war es nicht zuletzt, durch einen strengen, eindeutigen Begriffsapparat ähnlich zeitlose und universale Wahrheiten zu generieren wie die so erfolgreichen Naturwissenschaften. Damit einher ging eine Präferierung naturwissenschaftlicher und mathematischer Begrifflichkeiten und eine programmatische Auflösung traditioneller, ereignisbezogener Historiographie.[75]

Die Präferenz für das Synchrone und gegen die Diachronie im taxonomischen Strukturalismus nach Saussure, die Abwendung von der Ereignisgeschichte zugunsten des Interesses an einer *long durée*, die anti-hegelianische Rekonstruktion der Marxschen Theorie durch Louis Althusser, die Mythen-Analyse Lévi-Strauss', die Auffassung der Formalisten und Strukturalisten, narrative Komplexe als räumliche Phänomene zu verstehen (und mißzuverstehen), vor allem aber die Foucaultsche Diskursanalyse leben davon, mit der (traditionellen) Geschichte auch die klassische Erzählung an ein Ende zu bringen, in der gegen die „großen ununterbrochenen Einheiten" das „Gewimmel der Diskontinuitäten" wieder vernehmbar wird.[76] Gegen die traditionelle Ideengeschichte und noch gegen die Mentalitätengeschichte der langen Perioden schreibt Foucault in der „Archäologie des Wissens":

> Diese stellte sich in der Tat in ihrer traditionellen Form die Aufgabe, Beziehungen (einfacher Kausalität, kreisförmiger Determination, antagonistische und Ausdrucksbeziehungen) zwischen Tatsachen und datierten Ereignissen zu definieren; da die Serie gegeben war, handelte es sich um die Präzisierung der Nachbarschaft eines jeden Elements. Künftig ist das Problem das der Konstituierung von Serien: für jede ihrer Elemente zu definieren, ihre Grenzen zu fixieren, den Typ von Beziehungen freizulegen, der für sie spezifisch ist, ihr Gesetz zu formulieren und danach die Beziehungen zwischen verschiedenen Serien zu beschreiben, um so Serien von Serien oder „Tableaus" zu konstituieren.[77]

Serie und Tableau (anstelle durchgängiger Erzählungen), die Pointierung (sinnloser) Diskontinuitäten und Brüche und der Abschied von einer globalen Geschichte sind die zentralen Konsequenzen, die Foucault in seinen epistemologischen Werken herausstreicht. Damit einher gehen: Enthaltsamkeit gegenüber Kohäsion, Kontinuität und Kausalität, das impliziert, unausgesprochen oder nicht, Verabschiedung traditionellen Erzählens, freilich nicht mehr (nur) in der Literatur (wie bei Benjamin und Adorno), sondern (vornehmlich) im Bereich der Humanwissenschaften.

Foucaults Einwände sind rationalitätskritisch und hyperrationalistisch zugleich: denn zum einen trifft seine Kritik eine bestimmte Form von Rationalitätskonstruktion (und damit zugleich auch die klassische Erzählung, sofern in sie Momente wie Kausalität, Kohäsion und Kontinuität eingeschrieben sind), zum anderen aber läuft die „strukturalistische Invasion" (Derrida) wenigstens programmatisch auf einen

---

75 Die naturwissenschaftlichen Vorlieben des Strukturalismus und Poststrukturalismus haben Alan Sokal und Jean Bricmont einer vehementen Kritik unterzogen; vgl. Alan Sokal/ Jean Bricmont, Eleganter Unsinn. Wie die Denker der Postmoderne die Wissenschaften mißbrauchen, München: Beck 1999, S. 17–35.
Strategisch geht es den Autoren indes um anderes, um die Abwehr und Delegitimierung eines kulturwissenschaftlichen Diskurses über die Naturwissenschaften.

76 Michel Foucault, L'archéologie du savoir, Paris: Gallimard 1969; deutsch: Die Archäologie des Wissens (übersetzt von Ulrich Köppen), Frankfurt/Main: Suhrkamp 1973, S. 13.

77 Ders., Archäologie des Wissens, a.a.O., S. 16.

epistemologischen Perfektionismus und Positivismus hinaus, in dem keine Lücken und Leerstellen bleiben, weil alles von der ordnenden Hand des Strukturalisten ergriffen wird und in Serien und Tableaus seinen Platz findet.

Auf unterschiedliche, zugleich aber verblüffend analoge Weise ist dieser geometrisch-objektivistische Rationalismus seitens der kritischen Hermeneutik, aber auch seitens postmoderner Theorie in Frage gestellt worden:

> [..] Strukturalisten nehmen die Linguistik als Modell und versuchen „Grammatiken" zu entwickeln – systematische Inventarien von Elementen und ihrer Kombinationsmöglichkeiten, aus denen die Form und Bedeutung literarischer Werke ableitbar ist; Poststrukturalisten untersuchen die Art, wie ein solches Projekt durch die Arbeit der Texte selbst subvertiert wird. Strukturalisten sind davon überzeugt, daß systematisches Wissen möglich ist; Poststrukturalisten behaupten die Unmöglichkeit eines solchen Wissens.[78]

Culler, selbst mißtrauisch gegenüber plakativen Gegenüberstellungen, plädiert dafür, in Differenz zum klassischen Strukturalismus, den Leser ernst zunehmen. Ein Gedicht von John Ashbury zu analysieren, schreibt Culler, laufe zum Beispiel darauf hinaus, „die Schwierigkeiten zu beschreiben, auf die der Leser bei der Suche nach Sinn stößt".[79]

Mit dem Leser freilich kommt auch das Problem des Verstehens wieder ins Spiel; und bei genauerem Hinsehen erweist sich der Poststrukturalismus, entgegen eigenem Selbstverständnis, nicht als eine kritische Fortführung des Strukturalismus, sondern mindestens im gleichen Ausmaß als ein Bruch mit diesem: So heterodox und extravagant der Poststrukturalismus sich auch gegenüber traditionellen Hermeneutiken ausnehmen mag, mit diesen hat er die Abkehr von szientistischen Erklärungen gemeinsam. Auf zirkelhafte Weise setzt er zum Beispiel den irritierten Leser voraus, der doch erst durch den Text konstituiert wird. Auf unser Thema übertragen könnte das bedeuten, daß es der Leser ist, der seine narrativen und identifikatorischen Erwartungen an literarische Texte heranträgt und dabei irritiert oder korrigiert, bestätigt oder dementiert wird. Mit der Kategorie des Lesers, die ja gerade in der deutschen Tradition favorisiert worden ist (Iser), kommt ein unüberwindlich subjektives Moment ins Spiel, das jede endgültige Taxonomie *ad absurdum* führt. Oder ganz schlicht formuliert: Der Strukturalismus hat womöglich übersehen, daß es leibliche Menschen sind, die Bücher lesen, das heißt Lebewesen, die versuchen, sich direkt oder indirekt, „kritisch" oder „affirmativ", eingängig oder paradoxal mit der Welt vertraut zu machen.

Ganz generell hat Paul Ricœur vom „Schwinden der Erzählform" in der französischen Historiographie gesprochen und demgegenüber die Ansicht vertreten, daß, solange Geschichte existiert, sie auf narrative Muster als „Synthesis des Heterogenen" angewiesen bleibt:

---

78 Jonathan Culler, On deconstruction. Theory and Criticism after Structuralism, New York: Routledge & Kegan 1982, deutsch: Dekonstruktion. Derrida und die poststrukturalistische Literaturtheorie (übersetzt von Manfred Momberger), Reinbek bei Hamburg: Rowohlt 1988, S. 21.

79 Ders., Dekonstruktion, a.a.O., S. 41.

> Was macht Taten zu Geschichten? fragt ein Philosoph. Eben die Faktoren, die einer bloßen Rekonstruktion des Kalküls der Handelnden entgleiten. Diese Faktoren verleihen der Fabelkonstruktion eine Komplexität, die in dem Miniaturmodell keine Entsprechung hat.[80]

Mittlerweile scheint sich das Blatt zugunsten der „narrativistischen Argumente“ (Ricœur) gewendet zu haben. Im Vorwort zu einem transdisziplinären Band „Narrative in Culture. The Uses of Storytelling in the Sciences, Philosophy and Literature“ schreibt der Herausgeber selbstbewußt:

> The culture begins to speak to itself about the nature and import of its own speech. That alone raises a lot of questions that need answering. In the meantime whole movements have sprung up (within ethnomethodology, psycholinguistics, social constructionism, critical legal studies), groups in the physical sciences, the social sciences, the professions, seeking to apply techniques first largely evolved in literary and linguistic studies to the scrutiny of their own patterns of communication, conception and perception. We no longer need [...] to be told that the narrative mode of discourse is omnipresent in human affairs. We're obliged to consider the ungainly fact that in our culture, where we least expect it and even most vociferously disclaim it may indeed be „considerable“. Narrative, we've heard, is central to our essential cognitive activities (Ricœur), to historical thinking (White), to psychological analysis and practice (Lacan), to political critique and praxis (Lyotard); „the movement of language and writing across time“ is „essentially narrative“, Frederic Jameson has declared in sympathy with this synthetic vision [...][81]

Wenn der wissenschaftliche Diskurs nicht einfach ein Katalog von Wahrheiten ist, was ist er dann? fragt der Mathematiker Rom Harré. Wenn man den selbstverständlichen Diskurs der Naturwissenschaften und seine Rhetorik des Tatsächlichen verläßt, dann läßt sich die Frage stellen, welche Sprechakte es sind, die in naturwissenschaftlichen Diskursen und Beschreibungen bevorzugt werden.[82] Harré geht davon aus, daß die Bedeutung narrativer Konventionen im Kontext der Naturwissenschaften nicht so sehr im epistemologischen Bereich liegen, sondern daß es sich um Rahmenerzählungen handelt, die eine Gruppe konstituieren. Der ganz spezifische Sprechakt erzeugt Vertrauen, weil der Sprecher oder Schreiber ganz offenkundig Mitglied einer esoterischen Ordnung, einer „Kommunität von Heiligen“ ist. Von dieser narrativ begründeten Mitgliedschaft hängt Harré zufolge die Stärke seines Wahrheitsanspruches ab. Zugleich aber stiften im Falle der Naturwissenschaften die narrativen Konventionen („Wir“) ein bislang nie dagewesenes Vertrauen: „[...] the most perfect and generally sustained moral order ever created by mankind.“[83]

Aber nicht nur in den Rahmenerzählungen, auch im Binnenraum naturwissenschaftlicher Texte lassen sich metaphorische und narrative Momente dingfest machen. Sie

---

80 Paul Ricœur, Zeit und Erzählen, a.a.O., Band 1, S. 345 vgl. auch S. 137–345.

81 Christopher Nash (Hrsg.), Narrative in Culture. The Uses of Storytelling in the Sciences, Philosophy and Literature, London: Routledge 1991, S. XI f.

82 Rom Harré, Narrative in Scientific Discourse, in: Christopher Nash (Hrsg.), Narrative in Culture, a.a.O., S. 81–101, hier: S. 81f.

83 Ders., Narrative in Scientific Discourse, a.a.O., S. 98; zu diesen Narrativen gehören natürlich auch die heroischen Erfolgsgeschichten, in denen übrigens irrationale Momente und Kontingenz durchaus zu ihrem Recht kommen; vgl. die Geschichte von Pasteurs Cholera-Mikroben, a.a.O., S. 88 f.

dienen zum einen im Sinn der klassischen Rhetorik der Veranschaulichung und Erinnerungshilfe[84] (so wie etwa im Fall von Einsteins eigenen Erläuterungen der Relativitätstheorie[85]), sie sind aber auch als strukturierende Momente im Sinne Ricœurs wirksam („narrative Konfiguration", „innovative Metapher").[86] Wenn, wie in bestimmten Bereichen der Biologe (Evolutionsmodell) oder der kosmischen Physik, zeitliche Faktoren ins Spiel kommen, dann sind große Erzählungen mythischen (Kosmogonie) oder modernen Zuschnitts (Fortschritt) beinahe unvermeidlich. Die Naturwissenschaft kann sich dieser narrativen und metaphorischen Momente auch deshalb nicht entschlagen, weil sie letztendlich an die Möglichkeit der Versprachlichung geknüpft ist. Dies kommt insbesondere dann zum Tragen, wenn die Naturwissenschaften sich ins Gespräch mit der Gesellschaft und der Lebenswelt begeben. Narrative funktionieren dann gewissermaßen als Übersetzungshilfen.

So lassen sich bei allem Pathos zeit- und erzählungsloser Naturwissenschaften mindestens drei Bereiche aufzeigen, in denen Narrative (Rahmen- und Binnenerzählungen) eine wichtige Rolle spielen:

1. als Rahmenerzählungen, die die Identität der Forschungsgemeinschaft sicherstellen,
2. im Binnenbereich der Theoriebildung (innovative Metapher, große Erzählungen),
3. im Bereich des gesellschaftlichen Diskurses, in dem es um die Legitimation von Anwendungen und um gesellschaftspolitische Entscheidungen geht.

2.3. Wissenschaft oder Das unterschlagene Vergnügen am Narrativen

Anders als das Exotische, Außergewöhnliche und vermeintlich Neue zieht das Narrative, sofern es nicht mythisch organisiert ist, die Aufmerksamkeit nicht auf sich, aber vielleicht ist es gerade deshalb heute das Erstaunliche. Erstaunlich ist, daß bislang kaum jene methodologischen Ressourcen genützt worden sind, die die Literaturwissenschaft insbesondere in der zweiten Hälfte des 20. Jahrhunderts bereitgestellt hat. Wenn es einen Fortschritt auch in dieser Art von Wissenschaft gibt, dann liegt er nicht zuletzt darin, daß wir heute den narrativen (und das heißt auch den rhetorischen) Strukturen von epischen Texten intensives Augenmerk schenken.

Der Grund, warum die literaturwissenschaftliche Narratologie von den Erzähltheorien Stanzels und Müllers bis zu Formalismus und Strukturalismus (Propp, Greimas, Barthes, Genette, Eco) bislang nur spärlich und vor allem in ihrer beeindruckenden deskriptiven Genauigkeit nicht nutzbar gemacht worden sind, liegt gleichwohl auf der Hand: er liegt zunächst und vor allem in der einzelwissenschaftlichen Beschränkung: Literaturwissenschaftler konzentrieren sich auf literarische Texte, das um so mehr, als diese erstaunliche Herausforderungen an den interpretatorischen Geist darstellen. Literarische Erzählungen, deren Fiktionalität weniger im

84 Paul Ricœur, La métaphore vive, Paris: Édition du Seuil 1975; deutsch: Die lebendige Metapher, München: Fink 1986 (= Übergänge; 12), S. 94 und 190.

85 Vgl. Bernulf Kanitscheider, Das Weltbild Albert Einsteins, München: Beck 1988.

86 Einschlägig: Karin Knorr-Cetina, The Manufacture of Knowledge. An Essay on the Constructivist and Contextual Nature of Science, Oxford: Pergamon Pr. 1981.

Erzählten als im Modus des Erzählens liegt, weisen überaus komplexe narrative und temporale Strukturen auf: sie stellen die Arbeit der Erinnerung mimetisch nach (wie im Falle Marcel Prousts oder Heimito von Doderers) oder sie kontrastieren die objektive Zeit mit der inneren subjektiven Zeit.[87]

Kurzum, literarische Texte appellieren auf sublime und subtile Weise an das Begehren ihrer professionellen wie nicht-professionellen Leser, das Roland Barthes ausdrücklich als einen sublimen erotischen Genuß apostrophiert, wenn er die erotische Körperenthüllung zum Ausgangspunkt und zur Metapher der „Textlust" apostrophiert:

> Ist die erotischste Stelle eines Körpers nicht da, *wo die Kleidung auseinanderklafft*? Bei der Perversion (die das Spezifische der Textlust ist) gibt es keine „erogenen Zonen" (ein im übrigen ziemlich nervtötender Ausdruck); die Unterbrechung ist erotisch, wie die Psychoanalyse richtig gesagt hat: die Haut, die zwischen zwei Kleidungsstücken glänzt (der Hose und der Bluse), zwischen zwei Säumen (das halb offene Hemd, der Handschuh und der Ärmel), das Glänzen selbst verführt, oder besser noch: die Inszenierung eines Auf- und Abblendens [...][88]

Zweifelsohne geraten nicht alle kulturellen Aktualisierungen von Narrativen so lustbetont wie die literarischen, die sich auch und gerade dadurch kennzeichnen lassen, daß in ihnen jenes subjektive Lustverbot außer Kraft gesetzt ist, das in anderen Bereichen (etwa der exakten Wissenschaft) vorherrschend ist. Daß nämlich die Wissenschaft zu den Narrativen ein prekäres Verhältnis unterhält, liegt nicht nur an dem unterschiedlichen Status zwischen wissenschaftlicher und erzählerischer „Logik", sondern auch in ihrem unterschiedlichen Subjektbezug. Der intendierte Ausschluß des Subjekts und damit der körperlichen Befindlichkeit schließt auch jenes Lustmoment aus, das dem Erzählen strukturell zugrunde zu liegen scheint. Oder anders gesagt: In den Narrativen, die den Wissenschaften zugrunde liegen, ist ein generelles Lustverbot eingebaut, das insbesondere dem narrativen Vergnügen gilt. Die Strenge des Begriffs treibt die Lust am Spiel mit der Sprache aus.

Wenn man analog zu dem Vorschlag von Harré den selbstgemachten Diskurs der Literaturwissenschaft verläßt, dann wird sichtbar, daß (narrative) Literatur sich letztendlich als ein höchst komplexer Sonderbereich erweist, der sich in einem fortwährenden Austauschprozeß mit anderen nicht-fiktionalen Erzählungen, großen und kleinen, politischen und scheinbar nur ganz privaten befindet. Der literaturwissenschaftliche Leser befindet sich in der Tat in einer Welt, die nur aus Texten besteht; der Kenntnis des unendlichen Textes verdankt er seine Kompetenz und seine Gruppenidentität. Aber der „normale" Leser liest literarische Texte über das reine Vergnügen hinaus als Medium von Selbstverständigung und Identitätsfindung. Er gleicht seinen „Lebensroman" und seine Erzählungen mit denen ab, die er in dem jeweiligen

87 *Pars pro toto*: Virginia Woolf, Mrs. Dalloway (hrsg. von Morris Beja), Oxford: Blackwell 1996 und Joseph Roth, Beichte eines Mörders erzählt in einer Nacht, in: Ders., Werke, (hrsg. von Fritz Hackert), Köln: Kiepenheuer&Witsch 1991 (6 Bde.).

88 Dazu: Roland Barthes, Le plaisir du texte, Édition du Seuil 1973, deutsch: Die Lust am Text (aus dem Französischen von Traugott König), Frankfurt/Main: Suhrkamp [8]1999, S. 16f. Ausdrücklich grenzt er diese Textlust von der „Lust des körperlichen Striptease" ab, die mit dem „erzählerischen Hinauszögern" korrespondiert.

literarischen Text vorfindet. Systemtheoretisch bildet bis dato der Buchdeckel die Differenz zwischen den lebensweltlichen und den literarischen Narrativen.

Der Buchdeckel hat in seiner schieren Materialität und Non-Textualität eine ganz ähnliche Funktion wie der Henkel einer Vase, den Georg Simmel einer genauen ästhetischen Analyse für würdig befunden hat:

> Er ist das Glied, an dem sie (die Vase, A.d.V.) ergriffen, gehoben, gekippt wird, mit ihm ragt sie anschaulich in die Welt der Wirklichkeit, das heißt der Beziehungen zu allem Außerhalb hinein, die für das Kunstwerk als solches nicht existieren.[89]

Das hat natürlich Konsequenzen: so wenig der normale Lebenserzähler auf der Couch, auf dem Sozialamt oder in einer *talk-show* an die handwerkliche, kompositorische und sprachlich-gedankliche Meisterschaft eines Ford Madox Ford, eines Roth oder Doderer heranreicht, so wenig sind deren Erzählweisen in pragmatischen sozialen Alltagskontexten angebracht. Eine Theorie von Kultur zu entwerfen, die in ihrem Kern eine Theorie des Narrativen ist, bedeutet nicht, überall (nur) die gleichen narrativen Formationen dingfest, sondern gerade ihre Differenzen ausfindig zu machen,[90] so etwa den Umstand, daß die meisten ungedruckten Narrative noch immer eingängigen linearen Mustern folgen (auch diejenigen in den Medien), die etwa in der Aristotelischen Poetik beschrieben sind, während insbesondere die Epik der klassischen Moderne gerade diese Muster zum Teil programmatisch verlassen hat und daraus ihre Existenzberechtigung ableitet. Wie die Erzählungen in den verschiedenen Bereichen einer Gesellschaft miteinander korrespondieren und kontrastieren, wie sich die Strukturen und die Performanz des Erzählens ändert, das kann Aufschluß über all jene Veränderungen geben, die stillschweigend und zuweilen auch abrupt vonstatten gehen.

2.4. Strukturale und poststrukturalistische Theorien des Narrativen. Ein recycling

Ob man die Theorie des Narrativen, die Narratologie, als ein junges oder ein sehr altes Unternehmen ansieht, hängt vom historischen *point of view* ab. Generell läßt sich behaupten, daß bereits Platon und Aristoteles im Keim eine Theorie des Narrati-

---

89 Georg Simmel, Aufsätze und Abhandlungen 1901–1908 (Band 1), in: Ders., Gesamtausgabe in 16 Bänden (hrsg. von Otthein Rammstedt), Frankfurt/Main: Suhrkamp 1995, Band 7: S. 346.

90 Eine solche Indifferenz liegt auch dem radikalen Konstruktivismus zugrunde; vgl. Bernd Scheffer, Interpretation und Lebensroman. Zu einer konstruktivistischen Literaturtheorie, Frankfurt/Main: Suhrkamp 1992.
Die Ursache für die unterschiedslose Auflösung von Welt und Roman im konstruktivistischen „Turbo-Kantianismus" scheint mir darin zu liegen, daß der Konstruktivismus (wie auch gewisse Formen des Kulturalismus) den Begriff des Realen, und sei es nur als Grenzbegriff, tendenziell zum Verschwinden bringen.
Vgl. Günther Dux, Die ontogenetische und historische Entwicklung des Geistes, in: Günther Dux/Ulrich Wenzel (Hrsg.), Der Prozeß der Geistesgeschichte. Studien zur ontogenetischen und historischen Entwicklung des Geistes, Frankfurt/Main: Suhrkamp 1994, S. 181: „Der Entwicklungsprozeß der Kognition [...] ist ein konstruktiver Prozeß, aber einer, von dem Erfahrungen in einer Weise verarbeitet werden, daß die ausgebildeten Strukturen den Gegebenheiten der vorfindlichen Realität Rechnung tragen."

ven vorgelegt haben. So definiert Sokrates im platonischen Dialog „Der Staat" den „Mythos" als eine Abfolge von Episoden in der Vergangenheit, Gegenwart oder Zukunft, als eine bloße Erzählung oder als eine Nachahmung oder als eine Kombination von beidem.[91] Bedeutsam für die abendländische Ästhetik war hingegen die Poetik des Aristoteles, der wie Platon von einem sehr technischen, gar nicht theoretisch oder religionsphilosophisch aufgeladenen Begriff von Mythos ausging und ihn als die Fabel, den *plot* der Tragödie bestimmte. Der Mythos ist ein Arrangement von Ereignissen und zugleich die Repräsentation der Handlung.[92] Die spanischen Literaturtheoretiker Susana Onega und José Angel García Landa bezeichnen auch Lessing, Friedrich Schlegel und Hegel als Vorläufer narrativer Ansätze; Lessing, weil er im *Laokoon* die Literatur (im Unterschied zur räumlichen Plastik) als eine Kunst angesehen habe, in der die zeitliche Abfolge der sprachlichen Zeichen dominiert; Schlegel, weil er den gattungssprengenden Aspekt des Romans hervorgehoben; Hegel, weil er den Roman als die neue repräsentative Form der Epik angesehen habe.

Aber auch Autoren wie Cervantes, Fielding oder Sterne haben, wie die beiden Autoren hervorheben, mit ihren literarischen Werken zum Verständnis der Logik des Narrativen beigetragen. Im 19. Jahrhundert waren es insbesondere Henry James, Spielhagen, Stendhal oder Dickens, die aus heutiger Sicht Vorarbeiten zu einer Theorie des Narrativen geleistet haben.

Und doch scheint es trotz dieses Vorlaufes berechtigt zu sein, die Philologie des 19. von der des 20. Jahrhunderts dadurch zu unterscheiden, daß erstere über kein systematisches Wissen der narrativen Strukturen der Literatur verfügte, während die Literaturwissenschaft insbesondere in der zweiten Hälfte des 20. Jahrhunderts im Gefolge von Hermeneutik und Strukturalismus eine avancierte Theorie des literarischen Kunstwerks entwickelte, was es zum Beispiel ermöglichte, die Erzählsituation im literarischen Text zu untersuchen und strikt vom realen Autor zu unterscheiden. Die bekanntesten schulbildenden Autoren sind für den deutschen Sprachraum Franz K. Stanzel, Günther Müller und Eberhard Lämmert, für die französische Literaturtheorie Gérard Genette, Claude Bremond und A.-J. Greimas. Für den angelsächsischen Bereich wären Autoren wie Wayne Booth, J. Hillis Miller, Mieke Bal oder Robert Scholes zu nennen.

Auffällig ist, wie gering die wechselseitige Bezugnahme zwischen deutscher Erzählforschung und französischer strukturaler Narratologie gewesen ist. Heute, so scheint es,

---

91 Platon, Politeia, in: Ders., Sämtliche Werke (übersetzt von Friedrich Schleiermacher; neu hrsg. von Ursula Wolf), Reinbek bei Hamburg: Rowohlt 1994 (4 Bde.) (= Rowohlts Klassiker der Literatur und Wissenschaft. Griechische Philosophie; 1 u. 3–7), Band 2, III 392 d – 394 b, bes. 392 d: „Ist nicht alles, was von Fabellehrern und Dichtern gesagt wird, eine Erzählung entweder geschehener Dinge oder jetziger oder künftiger? [...] Und führen sie es nicht entweder in einfacher Erzählung aus oder in einer in Darstellung eingekleideten oder in beiden zusammen?"

92 Aristoteles, Poetik (hrsg. von Manfred Fuhrmann), Stuttgart: Reclam 1982, S. 19: „Die Nachahmung von Handlung ist der Mythos. Ich verstehe hier unter Mythos die Zusammensetzung der Geschehnisse [...]."
Vgl. auch: Susana Onega/José Angel García Landa (Hrsg.), Naratology. An Introduction, London/New York: Longman [2]1999, S. 13 ff.

ist die deutsche Erzählforschung, die kaum theoretische Impulse des Strukturalismus aufgenommen hat und sich bis heute ängstlich und eng an die Analyse literarisch-epischer Texte klammert, theoretisch ins Hintertreffen geraten, während gerade (wie schon zuvor der französische Strukturalismus) die angelsächsische Narratologie, die in den 80er und frühen 90er Jahren durch den Poststrukturalismus in die Defensive geriet, ihr Untersuchungsfeld stetig ausgeweitet hat. Was der englische Literaturtheoretiker Mark Currie über die Geschichte der Narratologie im 20. Jahrhundert schreibt, läßt sich nur beschränkt auf die Literatur- und Kulturwissenschaften der deutschsprachigen Länder übertragen:

> Narratology is the theory and systematic study of narrative. It has been with us in one form or another throughout the twentieth century, and it has evolved into one of the most tangible, coherent and precise areas of expertise in literary and cultural studies. It began as a science of narrative form and structure, acquired a formidable dominance as an approach to literary narrative, overshadowed historical perspective for several decades [...][93]

Einen Einschnitt in der Geschichte narratologisch orientierter Theoriebildungen bildet das Auftreten des von Ethnologie und Linguistik auf die Humanwissenschaften übergreifenden Strukturalismus: Nicht zuletzt die abstrakten Beschreibungsmodelle einer strukturalistischen Konzeption des Narrativen haben erheblich zur Ausweitung des narratologischen Gegenstandsbereiches beigetragen, der schon in den 60er und 70er Jahren etwa das Genre Film erfaßt hat.[94]

In seiner kritischen Würdigung des Strukturalismus hat Paul Ricœur insbesondere den spatialen Charakter der strukturalistischen Erzählanalyse hervorgehoben. Zunächst läßt sich der Strukturalismus durch eine universalistische und anti-historistische Tendenz charakterisieren. Er ist auf den ersten Blick dem Paradigma der Kulturwissenschaften entgegengesetzt. Oder wie es Ricœur lakonisch ausdrückt:

> Man muß der Struktur zuliebe die Geschichte verlassen.[95]

Ricœur zufolge ist die strukturalistische Analyse, die vom Phonem auf das Morphem, vom Phonem auf den Satz und von dort auf die Erzählung übergreift, durch drei Merkmale gekennzeichnet:

Erstens ist sie ein systematisches deduktives Verfahren, das eine Vielfalt von narrativen Ausdrucksformen in Mythos, Folklore, Roman, Drama, Film und Comic, in Geschichtsschreibung, Malerei und Konversation auf einige ganz wenige Typen zurückführt. Der Vorstellung, daß eine unbeschränkte Menge von Narrationen aus den verschiedensten literarischen Gattungen und Medien auf eine begrenzte Zahl von narrativen Grundtypen zurückzuführen ist, läßt sich – über Ricœur hinaus gesprochen – in Analogie zur Theorie der Transformationsgrammatik setzen. Dort produ-

93 Mark Currie, Postmodern Narrative Theory, a.a.O., S. 1.

94 Vgl. zur Geschichte des Strukturalismus: François Dosse, Histoire du structuralisme, Paris: Éditions La Découverte, 1991; deutsch: Geschichte des Strukturalismus (aus dem Französischen von Stefan Barmann), Hamburg: Junius 1996 u. 1998 (2 Bde.); v.a.: Band 2: Die Zeichen der Zeit (1967–1991).

95 Paul Ricœur, Zeit und Erzählung, a.a.O., Band 2 (1989): S. 52; François Dosse, Geschichte des Sturkturalismus, a.a.O.; v.a. Band 1: Das Feld des Zeichens (1945–1966), S. 258–278.

ziert eine beschränkte Menge von Elementen und Zuordnungsregeln auf der Tiefenstruktur eine potentiell unendliche Menge verständlicher und grammatikalisch wohlgeformter Sätze.[96]

Zweitens – und das schließt unmittelbar daran an – konstruiert die narrative Semiotik ihre Modelle aus der Linguistik de Saussures. Sie löst die systematische *langue*, den Code aus der empirisch realisierten Sprache (*parole*) aus und trennt damit den synchronen Aspekt der Sprache vom diachronen:

> Was die systematische Organisation angeht, so läßt sie sich meistern, wenn es möglich ist, sie auf eine endliche Anzahl von differentiellen Grundeinheiten, die Zeichen des Systems, zu reduzieren und die Kombinatorik von Regeln aufzustellen, die alle inneren Beziehungen erzeugen. Unter diesen Bedingungen kann eine Struktur als ein geschlossenes Ganzes von inneren Beziehungen zwischen einer endlichen Anzahl von Einheiten definiert werden. Die Immanenz der Beziehungen, also die Gleichgültigkeit des Systems gegenüber der außersprachlichen Wirklichkeit, ist eine wichtige Konsequenz der Regel der Abgeschlossenheit, die eine Struktur kennzeichnet.[97]

Roland Barthes hat die Erzählung gleichsam als eine syntaktische Einheit begriffen, wenn er schreibt:

> Die Erzählung ist ein großer Satz, genauso wie jeder konstative Satz in gewisser Weise der Entwurf einer kleinen Erzählung ist.[98]

Drittens ist die narrative Semiotik, wie sie der Strukturalismus ausgebildet hat, „organisch", d.h. sie geht vom Vorrang des Ganzen aus und etabliert so eine Stufenhierarchie der Teile. Sie beschreibt und rekonstruiert den „Konfigurationsvorgang" mit Hilfe logischer Modelle und konzentriert sich dabei auf die Funktionen der Handlung. Die Logifizierung geht dabei mit der Entzeitlichung Hand in Hand.

Als ein womöglich unüberbietbarer Vorläufer einer schematisierenden, auf den Handlungsablauf konzentrierten Theorie des Narrativen gilt unbestrittenermaßen Vladimir Propps „Morphologie des Zaubermärchens" (1928), das erst mit jahrzehntelanger Verspätung im Westen – die englische Übersetzung erschien 1958, die französische 1965, die deutsche gar erst 1972 – rezipiert wurde. Propps Arbeit verbindet empirische Gründlichkeit mit einer imposant abstrakten und zugleich überschaubaren Typologie von Handlungsmodi und Handlungsträgern. Seinen Formalismus verstand Propp durchaus in methodischem Einklang mit der taxonomischen Morphologie eines Linné oder der stärker organischen eines Goethe. Die Tausenden von russischen Zaubermärchen reduzierte Vladimir Propp auf einen einzigen Typ. Oder anders formuliert: Alle aktualisierten russischen Zaubermärchen sind Variationen eines einzigen nicht-aktualisierten Märchens, das folgende algebraisierende Handlungsstruktur hat:

---

96 John Lyons, Noam Chomsky (deutsch von Hartmut Katz und Karl Held), München: dtv 1972, S. 100; Noam Chomsky, Syntactic Structures, The Hague/S'Gravenhage: Mouton 1957.

97 Paul Ricœur, Zeit und Erzählung, a.a.O., Band 2, S. 53.

98 Roland Barthes, L'aventure sémiologique, Paris: Édition du Seuil 1985, deutsch: Das semiologische Abenteuer (aus dem Französischen von Dieter Hornig), Frankfurt/Main: Suhrkamp 1988, S. 106.

1. Ausgangssituation
2. Aufstellung eines Verbotes
3. Verletzung des Verbotes
4. Auftritt Gegenspieler (Erkundigung beim Opfer)
5. Verrat des Gegenspielers
6. Betrug des Gegenspielers
7. Täuschung des Opfers
8. Schädigung des Opfers durch den Gegenspieler
   Variante 8 a: Situation des Mangels
9. Auftritt des Helden (Befehl, Vermittlung)
10. Gegenhandlung: der Held begibt sich auf die Suche nach dem Opfer
11. Der Held verläßt das Haus
12. Auftritt des Schenkers (Held wird auf die Probe gestellt)
13. Reaktion des Helden
14. Der Held bekommt das Zaubermittel
15. Der Held gelangt an den gesuchten Ort (dank des Helfers)
16. Zweikampf zwischen Held und Gegenspieler
17. Markierung des Helden
18. Sieg über den Gegenspieler
19. Annullierung des anfänglichen Unglücks
20. Rückkehr des Helden
21. Verfolgung des Helden
22. Rettung des Helden
15a (Variante) Held gelangt an den gesuchten Ort (Heimkehr)
23. Unerkannte Ankunft
24. Auftritt des falschen Helden
25. Schwere Aufgabe des wahren Helden
26. Lösung der Aufgabe
27. Erkennung des Helden
28. Entlarvung des falschen Helden
29. Veränderung des wahren Helden
30. Bestrafung des Feindes
31. Vermählung des Helden (Hochzeit)[99]

Diesen 31 Handlungssegmenten entsprechen 7 Handlungsträger (Aktanten):

1. Opfer
2. Gegenspieler
3. Bote
4. Held
5. Schenker
6. Helfer
7. falscher Held[100]

Um eine Variation dieses Grundtyps des russischen Zaubermärchens zu sein, müssen nicht alle Handlungssegmente (Funktionen) und nicht alle Aktanten realisiert sein. So können zum Beispiel die Segmente 21–29, die in gewisser Weise iterativen Charakter besitzen und das reizvolle Gefahren-Motiv wiederholen, fehlen. Auch kann die Figur des Schenkers und Helfers zusammenfallen. Nicht variabel sind die Reihenfolge, die aktiven und passiven Hauptpersonen sowie der Kern der Handlung, deren extrem binäre Struktur ins Auge sticht: Schädigung, Suche, Zweikampf, Sieg; Held, Gegenspieler und Opfer.

---

99 Vladimir Propp, Morphologie des Märchens (hrsg. von Karl Eimermacher), Frankfurt/Main: Suhrkamp 1975.

100 Susana Onega/José Angel García Landa (Hrsg.), Narratology, a.a.O., S. 78 ff.

In Propps Morphologie sind bereits die wichtigsten Merkmal narrativer Semiotik vorhanden:

1. Die Konstanz und Invarianz der Funktionen der handelnden Personen.
2. Die begrenzte Zahl von Funktionen, die eine unbegrenzte Zahl von Erzählungen (Märchen) generieren.
3. Alle Erzählungen (russische Zaubermärchen) bilden hinsichtlich ihrer Struktur einen einzigen Typ.

Freilich hält Propp im Unterschied zu seinen Nachfolgern noch an der Identität der zeitlichen Abfolge fest:

4. Alle Erzählungen haben die gleiche chronologische Abfolge.

Propp beschränkte sich auf einen eng definierten, sogar kulturell spezifizierten Gegenstandsbereich, auf eine bestimmte Textsorte des Märchens in einer bestimmten Kultur. Der taxonomische Strukturalismus wird, fasziniert von einem methodischen Mechanismus, der eine verwirrende Vielfalt von Erzählungen in eine verblüffend übersichtliche Ordnung bringt, den engen Gegenstandsbereich verlassen und die Beschreibungsmodelle zunehmend noch abstrakter fassen. In dieser Linie liegen etwa die narrativen Semiotiken Bremonds, Greimas' und Barthes'. Nicht mehr nur geht es darum, eine typologische Tiefenstruktur des russischen Zaubermärchens zu extrapolieren, von dem aus sich alle aktualisierten Zaubermärchen als Varianten deduzieren lassen, sondern vielmehr geht es jetzt um die strukturelle Typologie des Narrativen oder der Mythen (Lévi-Strauss) schlechthin. Damit einher geht eine Verlagerung von den Handlungsfunktionen auf die Aktanten, so etwa in Greimas' „Sémiotique structurale: recherche de méthode" (1966).

Bei Greimas sind es sechs Aktanten, die handlungsbestimmend sind: Subjekt, Objekt, Sender, Empfänger, Gegenspieler (Opponent) und Helfer. Greimas ist es auch, der die narrative Semiotik auf andere Bereiche als auf Märchen und Literatur ausdehnt. Die Erzählung der Philosophie im „klassischen Zeitalter" nimmt sich demgemäß so aus:

Subjekt: der Philosoph
Objekt: die Welt
Sender: Gott
Empfänger: die Menschheit
Opponent: die Dinge
Helfer: der Geist

Oder um eine theoretische Erzählung des 20. Jahrhunderts aufzugreifen, den Marxismus, den Greimas strukturell als Erzählung so konfiguriert:

Subjekt: der Mensch
Objekt: die Klassengesellschaft
Sender: die Geschichte
Empfänger: die Menschheit
Opponent: die Bourgeoisie
Helfer: die Arbeiterklasse

Eine ähnliche Konfiguration ließe sich auch von den *grands récits*, die im Zentrum des postmodernen Diskurses stehen, vornehmen, zum Beispiel jene des Fortschritts:

Subjekt: Mensch
Objekt: *ancien régime*
Sender: Geschichte
Empfänger: Menschheit
Opponent: Religion
Helfer: Wissenschaft

Es wird schnell deutlich, wie stark rein strukturell die Erzählung des Marxismus und die des Fortschritts miteinander verzahnt sind. Umgekehrt läßt sich das Narrativ des Nationalismus klar erkennbar als eine Variante der Erzählung der Freiheit interpretieren:

Subjekt: der Freiheitskämpfer (männlich)
Objekt: die unterdrückte Nation (weiblich), das Volk
Sender: Geschichte
Empfänger: die ethnische Gemeinschaft
Gegner: andere Nationen, innere Feinde
Helfer: das Volk

Aber auch ganz andere Textsorten, die heute in Zigtausenden bestehen, lassen sich durch extreme Schematisierung auf einen verblüffend einfachen strukturellen Nenner bringen, etwa pornographische Texte:

Subjekt: Mann/Frau
Objekt: der Körper des/der anderen (primäre und sekundäre Geschlechtsorgane)
Sender: Natur, Trieb
Empfänger: Menschheit
Opponenten: Schamgefühl, soziale Kontrollinstanzen (Kirche, Schule, Familie)
Helfer: Begierde

Die Stärken und Schwächen eines solch extremen Reduktionismus liegen auf der Hand. Die narrative Semiotik verschafft uns einen tiefen Einblick in die basalen Elemente jedweden Erzählens: sie offenbart den antagonistischen und binären Charakter jeden Erzählens. Es ließe sich das Erzählen in einem *aperçu* als „episches Denken" bezeichnen. Dieses verbürgt das Moment der Spannung. Unabhängig von jedweder inhaltlichen Ausfüllung bedeutet Erzählen: eine bestimmte Relation zur Welt und zu meiner Umgebung einzunehmen, die mich in die Rolle als Handelnden und als Erleidenden drängt. Darüber hinaus tritt der teleologische Grundcharakter erzählten Handelns und das moralische Grundmuster, das solcher Teleologie zugrunde liegt, sichtbar hervor. In traditionellem Erzählen wird die Missetat nur begangen, um sie zu ahnden und um ihren Verursacher als Bösen zu bestrafen. Die Erzählung traditionellen Zuschnitts, die auch in nicht-literarischen Versionen der „Sinngebung des Sinnlosen" (Theodor Lessing) am Werk ist, schafft retrospektiv eine gesetzliche Notwendigkeit, die jedwede Alternative ausschließt:

> Daß der Sieg den Kampf voraussetzt, ist eine logische Forderung; daß der Kampf den Sieg impliziert, ist hingegen ein kulturelles Stereotyp.[101]

---

101 Claude Bremond, Logique du récit, Paris: Édition du Seuil 1973, S. 11–47, 131ff; Paul Ricœur, Zeit und Erzählung, a.a.O., Band 2, S. 69.

Der Strukturalismus klassischen Zuschnitts steht in einem unübersehbaren Spannungsverhältnis zur Relativität eines Kulturalismus mit seinem methodischen Argwohn gegen jedweden Universalismus. Aus dieser Position ließe sich fragen, ob das „kulturelle Stereotyp" nicht am Ende das Stereotyp bestimmter Kulturen ist. Umgekehrt setzt aber selbst der radikalste Relativismus ein gemeinsames Paradigma des Vergleiches voraus. Erzählung, Gespräch, Symbol und Metapher wären auf der ästhetischen Ebene jene Gebilde, die Kulturen konstituieren und sie einander verständlich, mißverständlich oder unverständlich erscheinen lassen.

Der Umstand, daß sich Propp in seiner morphologischen Theorie des Narrativen auf eine sehr spezifische Textsorte (Zaubermärchen) und auf einen fest umrissenen kulturellen Kontext bezieht (Rußland), zeigt dies schlaglichtartig. Die Pointe seiner Untersuchung und die Ursache für die nachhaltige Wirkung seiner Arbeit liegt offenkundig darin, daß die von Propp angenommene formale Grundstruktur des russischen Zaubermärchens sich unzweideutig als eine Variante primären Erzählens begreifen läßt, wie ein Blick auf die Welt medialer Nachrichten sowie auf die Werbung zeigt. In diesem Sinn hat der englische Sozialwissenschaftler Jonathan Benthall die narrativen Strukturen der Television beschrieben. In der televisionär konstruierten Welt leben die märchenhaften Handlungsfunktionen und die mit ihnen verquickten sechs oder sieben Handlungstypen weiter: der Bösewicht (Pinochet oder Saddam Hussein, je nach politischer Positionierung), der reisende Held und moralische Drachentöter, das jeweilige Opfer (das chilenische Volk), magische Helfer (westliche Technologie), der Gesandte (in Gestalt des TV-Korrespondenten).[102] Daß diese Grundstruktur auch für alternative medial inszenierte Narrative gilt, zeigt zum Beispiel der zeitweilige Erfolg von Organisationen wie Greenpeace:

1. Das Opfer: die Natur, die Tiere (die Robben)
2. Der (böse) Gegenspieler (die chemische Industrie bzw. die Robbenjäger)
3. Der Bote: die kritischen Medien
4. Der Schenker: ökologisches Wissen
5. Der Helfer: Sponsoren, das Publikum
6. Der Held: Greenpeace (Suche nach dem Opfer, Ausfahrt)
7. Der falsche Held: die Regierungen

Entsprechend ließe sich auch das Handlungsgefüge im Sinn der 31 Funktionen nachzeichnen. Illustrativ ist der Vergleich mit dem abstrakteren und universaleren Aktantenmodell, das Onega/Landa im Anschluß an Souriau, Greimas und Lévi-Strauss extrapoliert haben:

Subjekt: Avantgarde der Umweltbewegung
Objekt: Natur
Sender: Biologie
Empfänger: Menschheit
Gegenspieler: Industrie und Ökonomie
Helfer: Umweltbewegung, ökologische Wissenschaft; Sponsoren

102 Jonathan Benthall, Disasters, Relief and the Media, London: Tauris 1993; Wolfgang Müller-Funk, Ouvertüren zu einer Philosophie der Medialität des Menschen, in: Wolfgang Müller-Funk/Hans Ulrich Reck (Hrsg.), Inszenierte Imagination. Beiträge zu einer historischen Anthropologie der Medien, Wien: Springer 1996, S. 63–86, hier: S. 84.

Der Vergleich zeigt anschaulich, wie der höhere Grad an Abstraktion die eigentümlichen emotiv gefärbten Erzählmuster in den Hintergrund rückt und die Differenz zwischen Diskurs und Narration tendenziell abschwächt. Bei Propp ist ganz unzweideutig die Unabdingbarkeit einer zeitlichen Abfolge des Geschehens sowie die Unverzichtbarkeit personifizierbarer Aktanten gegeben, die eben nicht bloß „Subjekte" oder „Objekte", sondern Helden und Opfer verkörpern. So veranschaulicht das Proppsche Paradigma viel exakter den körpernahen Aspekt des Erzählens: denn Opfer zu sein, bedeutet immer: Gefahr für Leib und Leben, die der Rezipient mimetisch nachvollzieht, als wäre es sein eigenes Leben. Exemplarisch zeigt das zum Beispiel die Sequenz in Jane Campions Film *Das Piano*, wenn der völlig hilflose, seiner Aggression anheim gegebene Ehemann seine stumme Frau symbolisch und auch handgreiflich – durch das Abhacken des Daumens, mit dem sie Klavier spielt – kastriert.

So gestattet uns die narrative Semiotik einen Einblick in die „Tiefenstrukturen" des Erzählens und die mit ihnen einhergehenden kulturellen Archetypen des Handelns, deren kulturhistorische und philosophische Dimension zumeist unterbelichtet bleibt; mindestens ebenso gravierend, daß das Abstraktionsniveau dieser und anderer Aktanten- und Funktionsmodelle so abstrakt ist, daß es dem Spiel der Differenzen, den jeweiligen Kontextualitäten, den rezeptionslenkenden „rhetorischen" Aspekten (Metaphorologie, Erzählhaltung) kaum einen Augenmerk schenkt. Es ist von entscheidender Bedeutung, wie Märchen erzählt werden und wie sie – trotz aller Fiktionalität – Glaubwürdigkeit herstellen, warum die meisten Nachrichten eine Moderatorin bzw. einen Moderator haben, der den televisionären Narrativen Stimme verleiht, wie Identifikation und Distanz in literarischen Texten und Filmen erzeugt werden, oder warum die aristotelische Ästhetik der Katharsis gerade in den jeweils neuesten Medien so wirksam ist.

Gegenüber den klassischen narrativen Semiotiken nimmt sich die von Roland Barthes entwickelte Semiotik, die dieser freilich niemals mit seiner Mythologie des Alltags zusammengedacht hat, als ein ungleich raffinierteres ästhetisches Unternehmen aus. Barthes, der Essayist und Experimentator im Feld einer systemwütigen und gründlichkeitsversessenen strukturalistschen Semiotik[103], hat zwei methodische Anläufe unternommen, um eine semiotische Theorie des Narrativen voranzutreiben. Ich spreche von dem Aufsatz „Introduction à l'analyse structurale du récit" sowie von seiner exemplarischen Analyse „S/Z",[104] die auf eine erstaunliche Weise das Thema einer narrativen Semiotik wiederaufgreifen und im Anschluß an Greimas, Bremond, Benveniste, aber in kritischer Auseinandersetzung mit der Rhetorik bzw. der generativen Semantik, einer raffinierteren Behandlung unterziehen.

Die „Introduction" aus dem Jahre 1966 steht noch ganz im Banne des strukturalistischen Gründungsfiebers. Ihr orthodox strukturalistischer Ausgangspunkt ist die

103 Vgl. François Dosse, Geschichte des Strukturalismus, a.a.O., Band 2, S. 74 ff.

104 Vgl. Roland Barthes, Das semiologische Abenteuer, a.a.O.; Ders., S/Z. Essais, Paris: Édition du Seuil 1970 (= Tel Quel); deutsch: S/Z (aus dem Französischen von Jürgen Hoch), Frankfurt/Main: Suhrkamp 1975.

unüberschaubare Masse von Erzählungen. Es geht darum, die „Unendlichkeit der Sprechweisen in den Griff zu bekommen". Wenn die Erzählung mehr sein soll als ein „Gefasel von Ereignissen", dann müssen Erzählungen auf eine gemeinsame abstrakte Erzählung zurückzuführen sein, deren Struktur der „Analyse zugänglich" sei. Aus der Grundstruktur dieser einen Erzählung läßt sich dann gleichsam die Menge der unüberschaubaren Erzählungen generieren. Die verwirrende Fülle wird so einer strukturalen Ordnung unterstellt; die später beklagte „neue Unübersichtlichkeit" (Habermas) wird hier noch durch eine theoretische Gegenstrategie aufgehoben, die die Dinge in eine taxonomische Ordnung bringt.

Zwei methodische Postulate Barthes' sind in dieser Explizitheit neu und sie bahnen einem Unternehmen den Weg, das sehr viel später – wenigstens im deutschsprachigen Raum – mit dem Namen „Kulturwissenschaft(en)" belegt werden wird. Da ist zum einen die programmatische Ausweitung des Gegenstandsbereiches der traditionellen Erzählforschung, die sich bislang hauptsächlich auf die Literatur beschränkt hatte (und dies bis heute noch weithin tut). Barthes schreibt emphatisch:

> Die Menge der Erzählungen ist unüberschaubar. Da ist zunächst eine erstaunliche Vielfalt von Gattungen, die wieder auf verschiedene Substanzen verteilt sind, als ob dem Menschen jedes Material geeignet erschiene, ihm seine Erzählungen anzuvertrauen: Träger der Erzählung kann die gegliederte, mündliche oder geschriebene Sprache sein, das stehende oder bewegte Bild, die Geste oder das geordnete Zusammenspiel all dieser Substanzen; man findet sie im Mythos, in der Legende, der Fabel, dem Märchen, der Novelle, dem Epos, der Geschichte, der Tragödie, dem Drama, der Komödie, der Pantomime, dem gemalten Bild (man denke an die „Heilige Ursula" von Carpaccio), der Glasmalerei, dem Film, den Comics, im Lokalteil der Zeitungen und im Gespräch [...][105]

Diese Ausweitung des Gegenstandsbereiches ist erheblich: Zunächst bedeutet sie eine Überschreitung der epischen Gattung (wie schon bei Aristoteles), sodann eine Thematisierung des Narrativen über die Sprache hinaus und schließlich greift sie auf den non-fiktionalen Bereich von Geschichte und Gesellschaft über. Wie bei Jameson und anderen Theoretikern des Narrativen mündet diese Ubiquität des Narrativen in die Auffassung, daß die Erzählung ein kulturelles Universal darstellt, das sich „zu allen Zeiten, an allen Orten und in allen Gesellschaften" finde. Es gibt keine Geschichte ohne Erzählung und keine kulturelle Entität (Volk) ohne Erzählungen.

Zum anderen aber verabschiedet sich Barthes' narrative Semiotik von einschlägigen Literaturtheorien durch die Marginalisierung der Frage von Wertung und Kanon. Die traditionelle Philologie erstellt ein *ranking* literarisch wertvoller Texte und damit auch Kriterien literarischer Wertung.[106] Dies mag im Bereich von Literaturkritik und Literaturwissenschaft, aber auch im gesellschaftlichen Umfeld von Belang sein: jede Gesellschaft besitzt, durchaus wandelbar und implizit, einen Kanon, der Prioritäten vorgibt, welche Texte für das Selbstverständnis einer Gesellschaft von Belang sind. Dabei spielen sowohl ästhetische wie ethische Kriterien eine maßgebliche Rolle.

---

105 Roland Barthes, Das semiologische Abenteuer, a.a.O., S. 102.

106 Vgl. Renate von Heydebrand/Simone Winko, Einführung in die Wertung von Literatur. Systematik – Geschichte – Legitimation, Paderborn: Schöningh 1996 (= UTB für Wissenschaft. Uni-Taschenbücher; 1953: Literaturwissenschaft).

Demokratische Gesellschaften zeichnen sich dadurch aus, daß solche symbolischen Kämpfe um Prioritäten offen ausgetragen werden und nicht durch das Machtwort einer mit Sanktionsmacht ausgestatteten Zensur.[107]

Kulturwissenschaft beginnt indes dort, wo die Wertungsfrage in den Hintergrund tritt. Das ist der Fall, wenn man die Narration aus ihrem speziellen literarischen Umfeld, aus dem ausdifferenzierten System „Literatur" löst und diesen speziellen Fall von Erzählung wie alle anderen Formen des Erzählens als zentrale Mechanismen des Großphänomens „Kultur" analysiert:

> Die Erzählung schert sich nicht um gute oder schlechte Literatur: sie ist international, transhistorisch, transkulturell, und damit einfach da, so wie das Leben.[108]

Barthes behauptet hier indes keineswegs, daß Erzählung und Leben ein und dasselbe seien, sondern er behauptet, daß die Erzählung einen Grundbestand des Menschen darstellt wie das Leben. Aber womöglich verdanken wir der Erzählung eine Vorstellung von Leben, die selbst narrativ grundiert ist und in die Momente des Anfangs und des Endes eingeschrieben sind.

So einfach ist das Leben also nicht „da", ebensowenig wie die Erzählung, die das Leben schreibt und vor allem, die es konfiguriert. Daß die Erzählung transkulturell ist, besagt übrigens, jedenfalls aus heutiger Sicht, daß alle Kulturen in derselben Weise dieselben Dinge erzählen. Im Gegenteil ist für eine narrative Theorie der Kultur anzunehmen, daß sich Kulturen nicht nur durch ihre Sujets, sondern vor allem durch ihre Konstruktionsweisen des Erzählens unterscheiden: so können Erzählungen selbstreferentiell werden und somit einen Raum der Reflexionen öffnen, der den Mechanismus und die ideologischen Aspekte narrativer Sinngebungen freilegt: ihren prekären Hang zur Verminderung von Kontingenz und Sinnlosigkeit, ihre Binarität, ihren teleologischen Charakter, ihre geschlossene Form von Identität. Mythische Erzählungen (Mythen) funktionieren anders als die großen Erzählungen seit der Aufklärung und seit dem Triumph der neuzeitlichen Wissenschaft; das Zaubermärchen hat eine andere Referenz als die *Tagesschau*, die *Zeit im Bild* oder die *news* der BBC.

Worauf es – gegen den strukturalistischen Universalismus gesprochen – ankommt, ist, ein Instrumentarium zu entwickeln, das für die je spezifischen Narrationen und deren Kontexte sensibel ist und den Furor vor der labyrinthischen Unübersichtlichkeit des Narrativen hinter sich gelassen hat.

Barthes' Text, der sich auch als ein forciertes Resümee der „strukturalistischen Invasion" in die Humanwissenschaften lesen läßt, nimmt eine komplexere Struktur des Narrativen an als seine Vorgänger. Er geht davon aus, daß Erzählungen „trinitarische" (ternäre) Zeichensysteme und somit auf drei zu unterscheidenden, aber auch aufeinander zu beziehenden Ebenen zu analysieren sind:

107 Vgl. Wolfgang Müller-Funk, Ein Text ist ein Text ist ein Text. Literaturwissenschaft und Literaturtheorie, in: Roland Fischer, Wissenschaft und Entscheidung. Beiträge zu einem Studium integrale aus der Sicht einzelner Disziplinen (hrsg. vom IFF), Wien: Springer 1998, S. 89–93.

108 Roland Barthes, Das semiologische Abenteuer, a.a.O., S. 102.

1. die Ebene der „Funktionen“ (im Gefolge von Propp und Bremond)
2. die Ebene der „Handlungen“ (im Gefolge des Aktantenmodells von Greimas)
3. die Ebene der „Narrationen“ (im Gefolge des Diskursmodells von Todorov)

Charakteristisch für den frühen strukturalistischen Diskurs ist seine Vorbehaltlichkeit gegenüber aller Terminologie; die durch die Anführungszeichen signalisierte Unsicherheit entspringt methodischem Kalkül; einem Kalkül, das programmatisch auf das Neue der strukturalistischen Tätigkeit verweist, alle traditionelle Begrifflichkeit sprengt.

Barthes' Ansatz ist synoptisch: Er integriert die verschiedenen Ansätze seiner strukturalistischen Mitstreiter, indem er sie auf verschiedene Ebenen der Analyse verweist: die „Funktionen“ verbürgen Einheit und Zusammenhang, die „Aktanten“ stellen die „Intelligibilität“ der Handlung sicher, die Ebene der „Narration“ bezieht sich auf die spezifische Kommunikationssituation zwischen Adressat und Adressant. Alle drei Ebenen sind, wie Barthes formuliert, durch einen „progressiven Integrationsmodus“ verknüpft: Der Sinn einer Funktion stellt sich nur durch den Bezug einer allgemeinen Handlung eines Aktanten her, und diese Handlung erhält wiederum Sinn nur dadurch, daß sie erzählt und „einem Diskurs mit seinem eigenen Code anvertraut wird.“[109]

Damit greift Barthes eine Diskussion auf, die insbesondere im akademischen Diskurs über das Narrative und die Narration eine wichtige Rolle spielt. Es geht um die Frage, ob Erzählungen zwei- oder dreidimensionale symbolische Größen darstellen. Damit untrennbar verbunden ist die Frage nach den verschiedenen Terminologien. Es hat den Anschein, als ob im Falle von Literaturtheorie und Philologie der Wunsch nach begrifflicher Klarheit in labyrinthische Verwirrung umschlägt. Der Anspruch nach Eindeutigkeit, nach einer *oratio clara et distincta*, schlägt ins Gegenteil um: die Wut des Verstehens und Definierens übertrifft die anfängliche Desorientierung. Was Theodor W. Adorno über die Gefahren des Definierens und terminologischer Neologismen geschrieben hat, darf auch noch heute Aktualität beanspruchen.

Ganz offenkundig sind es die epistemologischen Vorentscheidungen, die zu den begrifflichen Verzerrungen und Verwirrungen beitragen. Statt einer objektivistischen szientistischen Terminologie das Wort zu reden, ist es auch im Sinne der klaren und distinkten Redeweise vernünftiger, den jeweiligen theoretischen und historischen Horizont transparent zu machen, in dem der jeweilige Begriff gebraucht wird. So dürfte die Terminologie des Aristoteles (Logos – Mythos) etwa zu dessen Zeiten eine andere Bedeutung gehabt haben als heute. Im Mythos-Begriff des Aristoteles verschmelzen vermutlich der formelle Aspekt der Handlung mit dem mythischen Inhalt.

Die Bedeutung von Begriffen wie *story*, Fabel, *plot*, Erzählung, Narration und Narrativ differiert ganz offenkundig von Beschreibungsmodell zu Beschreibungsmodell, weil jedem Beschreibungsmodell eine andere theoretische Ordnung der Dinge

---

109 Ders., Das semiologische Abenteuer, a.a.O., S. 108.

entspricht, wie das die Studie von Patrick O'Neill veranschaulicht, der die Ebenen des Narrativen so bestimmt:[110]

Aristoteles	logos		mythos
Shklovsky (1921/65)	fabula		sjuzhet
Todorov (1966)	histoire		discourse
Genette (1972)	histoire	récit	histoire
Bal (1977)	histoire	récit	texte narrative
Chatman (1978)	story		discourse
Genette II (1980)	story		narrative
Rimmon-Kenan (1983)	story		text
Bal II (1985)	fabula		story
Cohan/Shives (1988)	story		narration
Toolan (1988)	story	text	narration

Zunächst hat es den Anschein, als ob Barthes' Aufsatz von 1966 das ternäre Modell von Genette vorwegnimmt, das im wesentlichen das Was (Abfolge der Ereignisse) vom Wie (Erzählform) und vom Daß bzw. vom Wo (Performanz) unterscheidet.[111] In Wirklichkeit unterteilt der Autor der „Instructions" die Ebene der Handlungen noch einmal (Funktionen; Handlungen der Aktanten), während er den Bereich der Narration nicht wie Genette I (1972) noch weiter in den Text und den narrativen Akt unterteilt. Die meisten binären Modelle gehen ganz offenkundig aristotelisch von der Differenz von „Handlung" (Inhalt) und „Erzählung" (Form) aus, während die ternären Modelle ganz ähnlich wie die Peircesche Semiotik und auch die Ricœursche Hermeneutik[112] das Verhältnis von „Handlung" und „Erzählung" als eine eigene Ebene zu bestimmen suchen. Dabei wird die Erzählung als Akt selbst zu einer Handlung (Genette) oder zu einem relationalen Verhältnis (Mimesis III bei Ricœur). Diese Ebene ist implizit auch bei Barthes gegeben, wenn er zu Anfang des Aufsatzes auf die Fülle von Medien, nicht-epischen Gattungen und Künsten hinweist, in der Narrationen in einer gegebenen Kultur präsent sind, d.h. eine bestimmte Art der Aufführung erfahren.

Eine kulturwissenschaftliche Theorie des Narrativen muß ganz entschieden auf der ternären Struktur des Erzählens bestehen, weil nur dadurch das Erzählen selbst als eine kulturelle Praktik begreifbar wird, das Handlung und Sinnkonstitution in einer bestimmten Epoche und in einer konkreten Kultur modelliert. Darüber hinaus muß es die von Barthes erwähnten Medien, nicht-epischen Gattungen und Künste mit berücksichtigen:

110 Patrick O'Neill, Fictions of Discourse. Reading Narrative Theory, Toronto: Univ. of Toronto Pr. 1994, S. 21.

111 Gerard Genette, Nouveau discours du récit, Paris: Édition du Seuil 1972; deutsch: Die Erzählung (aus dem Französischen von Andreas Knop), München: Fink ²1998, S. 15–20.

112 Zur ausführlicheren Diskussion des Konzepts von Ricœur vgl. Abschnitt 3.2.

Handlung, Performanz *(Mimesis I)*		Text, Kunstwerk *(Mimesis II)* (Sprache, Bild, Piktogramm, Form)			Referenz *(Mimesis III)*	
(nicht abgeschlossen)	**Funktion-Handlung** (abgeschlossen)	**Narration** Erzählmodus		**„faktisch“**	**Modell**	**Ort**
		personal	**apersonal**	Historiographie	Literatur	Museum
		Epik mit Erzähler lyrisches Ich Nachrichten	Drama Film Historiographie Philosophie Wissenschaft Epik ohne Erzähler Dokumentation Tafelbild Installation Architektur	Philosophie Nachrichten Wissenschaft	Film Comic Drama	Lektüre TV-Show Internet Film Hörsaal Lesung

Das Schaubild, das nicht zuletzt die Theorie des Narrativen von Roland Barthes (fett) und jene von Paul Ricœur überblendet, zeigt an, wo und inwiefern eine kulturelle Theorie des Narrativen eine rein literarische Erzähltheorie überschreitet: auf der einen Seite interpretiert sie das Erzählen als Teil eines stets kulturspezifischen Handelns. Erzählen ist jene Form von Handeln, die Handeln modelliert und selbst thematisiert (und darüber hinaus auch Erzählen). Auf der anderen Seite ist das Erzählen auf Akte der Performanz verwiesen, die sich je nach Gattung und Medium unterscheiden. Diese differieren doppelt voneinander: in der Form des Erzählens wie auch in der Form der Präsentation.

Barthes' Analyse des Narrativen geht in die Richtung des oben skizzierten Modells, aber er führt diesen Aspekt einer Erweiterung nicht aus, sondern konzentriert sich darauf, die Beschreibung literarischer Texte zu verfeinern. Bemerkenswert ist seine Differenzierung im Hinblick auf die erste seiner Beschreibungsebenen, die Funktionen. Barthes stellt sich nämlich, Propps und Bremonds Modell abwägend, die Frage, ob alles an einer Erzählung „funktionell“ ist. Barthes' Antwort lautet dahingehend, daß nicht alle Handlungselemente dieselbe funktionale Bedeutung haben. Nicht alle Handlungssegmente sind funktionell in dem Sinn, daß sie für die Einheit einer Handlung unverzichtbar sind.

Der Papagei der Töchter des Unterpräfekten in Flauberts „Ein schlichtes Herz“ besitzt eine funktionelle Bedeutung.[113] Der Papagei wäre demnach eine „*Funktion*“. Demgegenüber haben die vielen Telephonapparate im James-Bond-Film „Goldfinger“[114] keine derartige tragende Bedeutung für den Ablauf und die Einheit der Handlung. Während der Papagei für den Ablauf der Handlung eine entscheidende Bedeutung besitzt, haben die Telephone im Bond-Film keine „Auswirkung auf die Handlungssequenz“. Sie verweisen nicht auf eine Operation, sondern auf ein Signifikat. Sie sind „*Indizien*“ jener Verwaltungsmacht, die hinter Bond steht und der Bond

113 Roland Barthes, Das semiologische Abenteuer, a.a.O., S. 109.
114 Ders., Das semiologische Abenteuer, a.a.O., S. 110, 114.

dient. Somit verfügt Barthes über ein differenzierendes Oppositionspaar, das in der strukturalistischen Narratologie zuvor nicht vorhanden war.

Beide Funktionen, die Funktionen im engeren Sinn und die Indizien, werden jeweils noch einmal in „narrative Unterklassen" unterteilt. Im Fall der Funktionen unterscheidet Barthes „*Kardinalfunktionen*" und „*Kataklysmen*". Erstere erweisen sich als „Scharniere der Erzählung", zweite füllen nur den „narrativen Raum", das heißt sie sind rein chronologische Funktionen (konsekutive Einheiten):

> Die Kardinalfunktionen sind die Risikomomente der Erzählung; zwischen diesen Alternativpunkten, diesen *dispatchers*, legen die Kataklysmen Sicherheitszonen, Ruhepausen, Luxus an: dieser Luxus ist jedoch nicht überflüssig: vom Standpunkt der Geschichte [...] kann die Funktion einer Kataklyse gering, aber keineswegs null sein. Da das Notierte immer notierenswert erscheint, weckt die Kataklyse ständig die semantische Spannung des Diskurses, sagt ständig: es gab, es wird Sinn geben; die konstante Funktion der Kataklyse ist also in jedem Fall eine phatische Funktion (um den Ausdruck Jakobsons aufzugreifen): Sie hält den Kontakt zwischen dem Erzähler und dem Empfänger der Erzählung aufrecht.[115]

Ebenso unterscheidet Barthes im Falle der Indizien zwei Gruppen, die Indizien im engeren Sinn, die uns Hinweis auf einen Charakter, ein Gefühl, eine Atmosphäre, einen Verdacht (z.B. die schwüle Sommernacht) geben, und die Informanten, die „zum Erkennen und Zurechtfinden in Zeit und Raum dienen"[116] (genaue Zeitangaben, die die Realität des Berichteten verbürgen).

Aus diesen systematischen Überlegungen läßt sich folgendes Modell destillieren:

Funktionen i.e.S. metonymische Relata Erzähltyp: Märchen „Funktionalität des Tuns"		Indizien metaphorische Relata Erzähltyp: Roman „Funktionalität des Seins"	
Kardinalfunktion („Scharnier")	Kataklyse („phatisch")	Indizien i.e.S. („Entziffern")	Informanten (Realitätsfiktion)

Die Analyse der zweiten Ebene bei Barthes, der Ebene der Handlungen und Aktanten, ist nur insofern von Belang, als Barthes hier, den Stand der narrativen Semiotik zusammenfassend, das Dogma des Strukturalismus repliziert, wonach die „Erzählung aufgrund ihrer Struktur eine Verwechslung von zeitlicher Folge und logischer Folgerung" bewirke.[117] Gegen Propp, der noch an der Irreduzibilität der chronologischen Ordnung festgehalten hat, geht Barthes mit Lévi-Strauss, Bremond, Greimas und Todorov davon aus, daß die Zeit der Erzählung eine zeitlose Logik birgt und daß das zeitliche bloßer Schein sei. Barthes zitiert zustimmend Lévi-Strauss („Die Ordnung der chronologischen Sukzession wird in einer atemporellen Matrizenstruktur resorbiert"), um dann zu behaupten:

115 Ders., Das semiologische Abenteuer, a.a.O., S. 113f.
116 Ders., Das semiologische Abenteuer, a.a.O., S. 114ff.
117 Ders., Das semiologische Abenteuer, a.a.O., S. 116

> Die Zeit gehört nicht dem Diskurs im eigentlichen Sinn an, sondern dem Referenten; die Erzählung und die Sprache kennen nur eine semiologische Zeit; die „wirkliche" Zeit ist, wie aus der Kritik an Propp hervorgeht, eine referentielle, „realistische Illusion" und muß in der strukturalen Beschreibung als solche behandelt werden.[118]

Eine solche Sichtweise hat schwerwiegende Folgen. Sie führt zu dem, was Ricœur und – unter andern Vorzeichen – „poststrukturalistische" Theoretiker als gravierendes Manko des Strukturalismus angesehen haben. Sowohl im literarischen wie auch im außerliterarischen Gebrauch sind Erzählungen zutiefst zeitlich strukturiert, und zwar in doppelter Weise. Sie setzen, wie Günther Müller in seiner singulären Arbeit über Erzählzeit und erzählte Zeit[119] gezeigt hat, eine zeitlich irreversible Ordnung von Ereignissen voraus (Subjekte der Handlung)[120] wie auch eine retrospektive Zeitordnung von Erzählsequenzen, die die chronologische Ordnung der Handlung wiedergeben, zugleich aber im Akt des Erzählens durchbrechen können (Subjekt des Erzählens).

Eine sehr subtile, ja artifizielle zeitliche Ordnung stellt etwa Heimito von Doderers berühmtester Roman „Die Strudlhofstiege" her, der zwischen zwei erzählten Zeiten (vor dem ersten Weltkrieg; nach dem ersten Weltkrieg) sowie zwischen diesen und der nochmals durch ein „Zeitloch" getrennten Erzählzeit hin und her springt. Wo das Erzählen expliziert wird, da stellt sich heraus, daß die Relation von Erzählzeit und erzählter Zeit unumkehrbar ist. Zu erzählen, was geschehen sein wird, ist ein reizvolles Experiment, das nicht einmal in der Utopie und im *science fiction* durchgehalten wird. Schon der postfuturische Aspekt solchen Erzählens macht deutlich, daß stets zumindest *eine* Vergangenheit angenommen werden muß, von der aus erzählt werden kann, die Vergangenheit der Zukunft.

Zwischen verschiedenen Erzählerkonstellationen und den zeitlichen Gegebenheiten in einem abgeschlossenen literarischen Text gibt es Zusammenhänge: Während ein expliziter Erzähler, der als realer „Aktant" nur über ein beschränktes, d.h. menschenmögliches Wissen verfügt, kann der a-personale „Erzähler" eines Romans (der extradiegetische, heterodiegetische Erzähler Genettes), der potentiell über ein gottähnliches Wissen über den Innenbereich der Aktanten verfügt, eine Simultaneität zwischen Erzählzeit und erzählter Zeit simulieren.

Zeitlichkeit ist sowohl auf der Ebene der Funktionen wie auch auf der der Narration von höchster Bedeutung und nur diese temporale Struktur macht sie zu (un)ähnlichen Modellen für lebensweltliche Handlungen.

Barthes führt, um auf die dritte Ebene seiner Analyse zu gelangen, den kommunikativen und rhetorischen Aspekt des Erzählens ein; seine Unterscheidung zwischen

---

118 Ders., Das semiologische Abenteuer, a.a.O., S. 117.
Mieke Bal und Gerard Genette sind als jene Erzähltheoretiker nach dem Strukturalismus zu nennen, die dem Zeitphänomen einen breiteren Raum geben; vgl. Gerard Genette, Die Erzählung, a.a.O., S. 21, S. 81–114; Mieke Bal, Introduction to the Theory of Narrative, Toronto: Univ. of Toronto Pr. ²1997, S. 208–214.

119 Günther Müller, Morphologische Poetik. Gesammelte Aufsätze (hrsg. von Elena Müller), Tübingen: Niemeyer ²1974.

120 Sehr schön veranschaulicht das Ilse Aichingers „Spiegelgeschichte", in der das Leben rückwärts läuft. Die stillschweigende Vereinbarung ist, daß sich Autorin und Leser mittels des Mediums Literatur in einer anderen (un)möglichen Welt befinden.

apersonalem und personalem Erzählen ist in mancher Hinsicht sogar exakter als jene von Genette, die zwischen einem extradiegetischen und einem intradiegetischen, sowie zwischen einem heterodiegetischen und einem homodiegetischen Erzähler trennt. Barthes stellt in Abrede, daß es sich beim Erzähler um ein Subjekt im herkömmlichen Sinn handelt; er verwirft sowohl die überkommene psychologisch vordergründig einleuchtende Identifikation mit dem Autor, dessen Namen auf dem Buchdeckel prangt, noch sieht er ihn als ein autonomes Subjekt in der Handlung. In gewisser Weise ist der personale Erzähler ein Aktant auf der Ebene der Narration, der zugleich ein Aktant auf der Ebene der Handlung ist (Autobiographie) oder der kein Aktant auf der Ebene der Handlung ist (Binnenerzähler).

Die verwirrenden Möglichkeiten des Erzählens hat Genette in ein Schema gebracht, das Fokus und Stimme deutlich unterscheidet und damit die klassische Triade von Franz Stanzel (auktorialer Erzähler – Ich-Erzähler – personaler Erzähler) „aufhebt“. Aber auch bei Genette wird deutlich, wie wenig er den Zusammenhang zwischen Erzählformen und zeitlichem Rahmen bestimmt, die er zuvor analysiert hat (Dauer, Frequenz, Sukzession). Vor allem aber thematisiert er nicht den Zusammenhang zwischen Stimme/Modus einerseits und Erzählzeit andererseits:

Modus:	*wer nimmt wahr?*	
	von innen: (Nähe)	von außen: (Distanz)
Der Erzähler kommt in der Handlung als Figur vor	Der Held erzählt seine Geschichte (Ich-Erzähler)	Ein Zeuge erzählt die Geschichte des Helden (auktorialer Ich-Erzähler)
Der Erzähler kommt in der Geschichte nicht vor	Der allwissende Autor erzählt die Geschichte (Stanzel: personal)	Ein außenstehender Autor erzählt die Geschichte (neutral)
Stimme:	*Wer spricht?*	
Ebene	Extradiegetisch	Intradiegetisch
Beziehung		
Heterodiegetisch	Erzähler 1. Stufe erzählt Geschichte, in der er nicht vorkommt (personal/neutral)	Erzähler 2. Stufe erzählt Geschichte, in der er nicht vorkommt (auktorial: Binnenerzähler)
Homodiegetisch	Erzähler 1. Stufe erzählt Geschichte, in der er vorkommt (Ich- Erzähler)	Erzähler 2. Stufe erzählt Geschichte, in der er vorkommt (auktorial/Ich: Binnenerzähler)

Was von der Definitionswut gesagt worden ist, läßt sich auch auf Schematismen übertragen. Ihre pragmatisch nützliche, „heuristische“ und ordnungsstiftende Rolle kippt sehr schnell in ihr Gegenteil um und relativiert sich bei entsprechender Anwendung. Umgekehrt ist indes nicht ohne Belang, wie Zeit, Dauer, Frequenz, Modus und Stimme in unterschiedlichen Narrationen, gerade außerliterarischen, zutage treten und wie sie unterschiedliche Erzählungen implizieren. Mit Sicherheit zeigen die

Schaubilder bei Genette, daß die literarische Erzählung gerade aufgrund ihrer real unmöglichen Erzählperspektiven (allwissender Autor) eine Variationsbreite ermöglichen, wie sie im alltäglichen Bereich – ob oral oder in den technischen modernen Medien – kaum möglich sind. Eine besonders spannende Frage bleibt jenseits einer gewissen Pedanterie, wie sie literaturwissenschaftlichen Narratologien nicht selten zu eigen ist, wie in historischen oder philosophischen Texten Modus und Stimme der Erzählung variieren.

Der Poststrukturalismus läßt sich, wie Jonathan Culler gezeigt hat, dadurch charakterisieren, daß er sich vom Schematismus der narrativen Semiotik und ihrem rationalistischen Phantasma verabschiedet, die Fülle der narrativen Phänomene in letztgültigen Grundmustern und Schemata in den Griff zu bekommen. Er folgt darin dem Verdikt Friedrich Schlegels über das Phantasma wissenschaftlicher Systeme: „Ein Regiment Soldaten en parade ist nach der Denkart mancher Philosophen ein System."[121]

Roland Barthes' exemplarische Analyse „S/Z" ist wiederholt in diesem Sinn gelesen worden. „S/Z" verabschiedet sich von dem generellen Modell einer narrativen Semiotik zugunsten einer generativen Semantik. Barthes analysiert die Novelle Balzacs nicht länger im Hinblick auf Funktionen, Indizien, Aktanten und Erzähler, sondern unterlegt ihr eine generative Semantik als Tiefenstruktur, eine Semantik, die aus fünf Codes besteht und die nicht – wie im Falle der narrativen Typologie – den Anspruch erhebt, eine vollständige Tiefenstruktur zu sein, mittels derer sich alle Texte der Weltliteratur rekonstruieren lassen. In gewisser Hinsicht übertrifft aber Barthes die Perfektion seiner früheren Modellanalysen (Edgar Allan Poe, Apostelgeschichte), wenn er Balzacs Text satz- bzw. passagenweise aufschlüsselt und jeweils einem dominierenden Code (hermeneutisch, gnomisch, symbolisch usw.) zuordnet. Diese Zuordnung ist selbst ein hermeneutischer und ergo subjektiver Akt und der theoretische Leser ist somit integrativer Teil dieser Prozedur einer semantischen Rekonstruktion.

Barthes' Abwendung vom „Hardcore-Strukturalismus"[122] geht offenkundig Hand in Hand mit der Verabschiedung einer systematischen Theorie des Narrativen. Die generative Semantik, die Barthes in „S/Z" entfaltet, ist prinzipiell nicht mehr von der Logik des Narrativen abhängig. Sie läßt sich auch auf ereignislose Texte anwenden. Was mit der Hintanstellung des Zeitlichen begann,[123] endet in einer semantischen Textanalyse, die von jedwedem erzählerischen Aspekt abstrahiert. Nur in Gestalt eines handlungsbezogenen Codes erhält sich gleichsam als Restposten ein Bezug auf eine Theorie des Narrativen, während die „Erzählung" mit dem „Text"

121 Friedrich Schlegel, Athenäumsfragmente, in: Ders., Schriften zur Literatur (hrsg. von Wolfdietrich Rasch), München: Hanser 1970, S. 29.

122 Markus Leiter, S/Z – Roland Barthes' Absage an den Hardcore-Strukturalismus oder das Deklarieren von „Schmuggelware" und daraus sich ergebende (mögliche) Konsequenzen für Kulturwissenschaften und *Cultural Studies*, Seminararbeit, Wien 2000.

123 Vgl. zum theoriegeschichtlichen Hintergrund: François Dosse, Geschichte des Strukturalismus, a.a.O., Band 2, S. 329–520; Jonathan Culler, Dekonstruktion, a.a.O., S. 21ff.

verschmilzt, der unter dem Gesichtspunkt von fünf verschiedenen Codes (hermeneutisch, semantisch, symbolisch, proairetisch, kulturell-gnomisch) und des „Gewebes der Stimmen“ buchstäblich zergliedert wird. Über die Ambivalenz dieses Vorgehens war sich Barthes durchaus bewußt, denn zu Anfang seines Buches heißt es selbstironisch:

> Mit Hilfe der Askese soll es manchen Buddhisten gelingen, eine ganze Landschaft aus einer Saubohne herauszulesen. Das hätten die ersten, die Erzählungen analysierten, gerne gekonnt: alle Erzählungen der Welt (sie sind Legion) aus einer einzigen Struktur herauslesen: wir werden, so dachten sie, jeder Erzählung ihr Modell entnehmen und aus diesen Modellen werden wir eine große Erzählstruktur machen, die wir dann (zum Zweck der Verifizierung) auf jede beliebige Erzählung anwenden: eine ermüdende [...] und schließlich auch eine unerwünschte Aufgabe, denn der Text verliert dabei seine Einmaligkeit [...][124]

Um dem Schematismus zu entgehen, führt Barthes an dieser Stelle die (subjektive) Instanz des Lesers ein, die in „S/Z“, wenn auch spielerisch, experimentell und einmalig durchgeführte Schematisierung trägt noch alle Züge der buddhistischen „Askese“, der strukturalistischen Heraus-Lese, aber der Status, den Barthes für sein Unternehmen beansprucht, ist kein szientistischer, sondern schon der eines Lesers, der sich zur asketischen Lust seiner saubohnenhaften Lesart bekennt.

Die Krise der narrativen Semiotik und der Aufstieg des Post-Strukturalismus bedingen sich offenkundig wechselseitig. Deren universalistische und rationalistische Ausrichtung standen einem radikalen Kontextualismus und Subjektivismus im Wege, wie ihn der Post-Strukturalismus als klassische Abkehrbewegung von der vorangegangen theoretischen Avantgarde vollzog.

Mit der Verwerfung des Strukturalismus als eines rationalistischen und szientistischen Projektes durch den sog. Poststrukturalismus ging zwangsläufig auch eine Absage an dessen Projekt einer universalen, systematischen Wissenschaft der Zeichen einher. An die Stelle des „*canny*“ Strukturalismus und seines verschlungenen Rationalismus trat jener Poststrukturalismus, dessen Hauptaugenmerk dem „*uncanny*“, dem Unheimlichen, Non-Rationalen, Abgründigen und Paradoxen galt.[125] Damit kam, um die Mitte der 80er Jahre, auch das Projekt einer systematischen Theorie des Narrativen zeitweilig fast vollständig zum Erliegen, während es in der Philosophie des post-histoire noch in Gestalt des Theorems vom Ende der großen Erzählungen fortwirkte.

Seit Ende der 90er Jahre ist nicht bloß eine gewisse Rehabilitierung des Strukturalismus festzustellen, sondern vor allem ein Interesse an der Formulierung einer poststrukturalistischen Theorie des Narrativen. Das Vorwort der renommierten Narrationstheoretikerin Mieke Bal demonstriert diese neue theoretische Gesamtlage. In ihrem Vorwort zur zweiten veränderten Auflage ihres Buches über Narratologie vermerkt Bal drei Schwierigkeiten, ihr 1985 auf Englisch publiziertes Buch neu aufzulegen. Bal betont im Rückblick, daß ihre Narratologie kein objektivistisches Unternehmen, sondern ein heuristisches Werkzeug („heuristic tool“) sei. Sie legt

124 Roland Barthes, S/Z, a.a.O., S. 7ff.
125 Jonathan Culler, Dekonstruktion, a.a.O., S. 21ff.

ferner großen Wert darauf, die Narratologie nicht länger auf den Bestand literarischer Texte zu beschränken und plädiert dafür, ihre Narratologie in einen veränderten theoretischen Gesamtrahmen der kulturwissenschaftlichen Diskussion einzufügen.[126]

Als exemplarische Beispiele für theoretische Konzepte nach Genette und Bal, die beide ganz offenkundig im Sog der strukturalistischen Tätigkeit stehen, operieren sowohl Andrew Gibsons „Towards a Postmodern Theory of Narrative“ (1996) als auch Mark Curries „Postmodern Narrative Theory“ jenseits des klassischen Paradigmas einer narrativen Semiotik.

126 Vgl. Mieke Bal, Introduction to the Theory of Narrative, a.a.O., S. XIII–XV.

3. Philosophie des Narrativen und Narrative der Philosophie

3.1. Das Ende der großen Erzählungen: Jean François Lyotard

Philosophische Prominenz erlangten die Erzählungen – die *récits* – im Gefolge jenes „Berichtes" „La condition postmoderne" (1979), den der französische Philosoph Jean-François Lyotard im Auftrag des Universitätsrates der Regierung von Quebec verfaßte. Den Terminus „postmodern" und „Postmoderne" entlehnte er dem Diskurs der amerikanischen Soziologie. Originell an Lyotards dichtem programmatischen Text war indes, daß er die soziologische Postmoderne-Diagnose mit der philosophischen, letztlich auf Hegel zurückgehenden vom Ende der Geschichte (posthistoire) verwob. Innovativ an Lyotards Text ist nicht zuletzt die narratologische Wende: anders als der aufklärungskritische Diskurs seit Nietzsche verstand Lyotard die Moderne als ein Geflecht von großen Erzählungen. Nicht in einem trivialen Sinn konstituiert sich die Geschichte aus Geschichten, sondern Geschichte als zielgerichtetes Unternehmen eines Mega-Subjekts namens Menschheit basiert auf narrativen Grundmustern, die letztlich philosophischer und religiöser Natur sind. So enthält die Geschichtsschreibung nicht bloß Erzählungen, sondern „Geschichte" in prononciertem Sinn setzt immer schon globale Erzählungen voraus.

Es ist häufig konstatiert worden, daß sich Hegels frühes Meisterwerk „Die Phänomenologie des Geistes" als ein Bildungsroman lesen läßt, als eine Meisterzählung der klassischen Moderne. Wie der einzelne Mensch Etappen der Bewußtwerdung durchläuft, so auch der Hegelsche Geist, der sein Dasein bescheiden als sinnliche Gewißheit beginnt, um im absoluten Wissen gipfelnd zu enden. Arthur C. Danto ist womöglich der Denker, der den verschwiegenen Hegelianismus der Postmoderne am deutlichsten zum Ausdruck bringt, wenn er schreibt:

> In einem gewissen Sinne beginnt das Leben erst richtig, wenn die Geschichte zu Ende ist, so wie jene, an der sich Liebespaare immer wieder ergötzen können: wie sie einander gefunden haben und dann „glücklich bis an ihr Lebensende" sind. Im „Bildungsroman" entfaltet sich die Erzählung entlang der Etappen des Helden oder der Heldin auf dem Weg zum Selbstbewußtsein. Dieses Genre ist beinahe zu einer Matrix des feministischen Romans geworden, in dem die Heldin ein Bewußtsein erlangt, wer sie ist und was es bedeutet, Frau zu sein. Das Bewußtsein ist zwar das Ende der Geschichte, gleichzeitig

> aber „der erste Tag ihres restlichen Lebens“, um diese reichlich abgedroschene Phrase der New-Age-Philosophie zu verwenden.[127]

Sich „außerhalb der Geschichte“ (Hegel) zu befinden, dieser klassische Ort des Erzählens bedeutet also nicht zwangsläufig unglückliches Bewußtsein oder den automatischen Rückfall in die Barbarei, sondern das späte Glück einer Abgeklärtheit, der sich alles räumlich wie zeitlich teils unbehaglich, teils unbeschwert relativiert. Dieser imaginäre, den Tod antizipierende Rückblick (Hegels Schädelstätte des absoluten Geistes) auf das eigene Leben, dem Historismus des 19. Jahrhundert nicht unverwandt, ist an bestimmte Erzählkonstruktionen gebunden, die wiederum Identität generieren und die Folie für eine analoge geschichtsphilosophische Konstruktion bilden; es läge nahe, Hegels Meisterwerk mit erzähltechnischer Akribie zu durchmessen und zu traktieren. So kann eigentlich nur der posthistorische absolute Geist der Erzähler sein, der eine Geschichte erzählt, die wie ein Abenteuer abgelaufen und auch vom Leser wie ein solches zu durchlaufen ist. Zum Verhältnis von Erzählzeit und erzählter Zeit gehört, daß erstere ruhig und ereignislos, letztere aber dramatisch sei. Um erzählen zu können, muß eine Beruhigung der Ereignisse, Stabilität eingetreten sein. So konfiguriert sich wenigstens in dieser Version von Postmodernität ein klassisches Erzählmuster:

> Hegels frühes Meisterwerk, *Die Phänomenologie des Geistes*, weist insofern die Form eines „Bildungsromans“ auf, als sein Held, Geist, eine Reihe von Phasen durchlaufen muß, um nicht nur eine Erkenntnis seiner selbst zu gewinnen, sondern auch die Einsicht, daß eine solche Erkenntnis ohne die Geschichte der Fehlschläge der fehlgeleiteten Begeisterungen sinnlos wäre.[128]

Die narratologische Wende in der Philosophie, wie sie Lyotard, Danto oder auch White nahelegen, denkt die Philosophie neu, indem sie den philosophischen Texten manifeste oder latente narrative Muster unterlegt. Sie variiert den Verdacht Horkheimers und Adornos, daß die Aufklärung in Mythos zurückschlägt, insofern als Philosophie ebenso wie der Mythos auf Erzählung basiert und sich dieser trotz größter Anstrengungen nicht zu entledigen vermag. Dabei ist mit Ricœur indes auf den aristotelischen Mythos-Begriff zu verweisen, der den Mythos schlechthin mit Erzählung gleichsetzt.[129] Adorno und Benjamin haben, in auffälligem Gegensatz zur deutschen Philosophie der Mythologie von Schelling bis Cassirer, diesen Konnex von Mythos und Erzählung ins Auge gefaßt; aber ihr Theorem vom Ende des Erzählens, das nicht mit dem Ende der (großen) Erzählungen verwechselt werden darf, basiert auf der illusionären Annahme einer Rationalität, die sich jedweder narrativer Grundlagen enthoben hat. Demgegenüber ist darauf zu insistieren, daß die Prognose vom Ende der Geschichte und der großen Erzählungen selbst auf einer klassischen narrativen Matrix beruht: auf der nachzeitlichen Perspektive des- und

---

127 Arthur C. Danto, After the End of Art, Princeton N.J.: Princton UP 1997, deutsch: Das Fortleben der Kunst (aus dem Englischen von Christiane Spelsberg), München: Fink 2000, S. 25.

128 Ders., Das Fortleben der Kunst, a.a.O., S. 25.

129 Vgl. Abschnitt 2 dieses Kapitels.

derjenigen, die alle Fährnisse glücklich und einigermaßen unbeschadet überstanden und überlebt haben.

Auch der philosophische Stoizismus, das unglückliche Bewußtsein um seiner Wahrheit willen zu ertragen, wie ihn heroisch Adorno nahelegt, kann narrative Vorlagen schwerlich verleugnen: etwa die Geschichte eines umfassenden Schiffbruches, der den Erzähler blessiert und den er, fürs Leben gezeichnet, überstanden hat. Das schließt eine Auszeichnung und eine Hervorhebung gegenüber all den anderen symbolisch Schiffbrüchigen ein. Das Glück der Desillusion. Dabei verbietet es sich beinahe von selbst, biographische oder psychologische Hintergründe zu bemühen. So wie philosophische Texte ohne narrative Koordinaten undenkbar sind, so implizieren die in die Raumzeitlichkeit des Lebens und der Welt gespannten Erzählungen philosophische und lebensphilosophische Prämissen. Don Quixotte, Don Juan, Faust und Blaubart sind Protagonisten von philosophisch legierten Narrativen. Umgekehrt zieht die Transformation diskursiver Texte in narrative Formationen eigentümliche Verfremdungen nach sich: schmucklos tritt der Kern ambitionierter theoretischer und literarischer Gebilde hervor. Zum Mißvergnügen an narratologischen Analysen mag dies nicht zum Geringsten beigetragen haben, so etwa, wenn Genettes strukturalistische Erzählanalyse Marcel Prousts monumentales Werk in den Satz „Marcel wird Schriftsteller" auflöst.[130] Indem der narrative Aspekt von literarischen, historiographischen oder rein begrifflichen Texten ins Blickfeld rückt, verschafft sich das Aha-Erlebnis genialer Verkürzung oder Zuspitzung Eintritt in das Feld des Diskursiven. Zudem wird deutlich, daß mit dem Verweis auf das Narrative – jedenfalls außerhalb der Literaturwissenschaften – mit einiger Notwendigkeit jenes „Leben" ins Spiel kommt, das immer schon als narrativ geordnetes verstanden wird. Es ist kein Zufall, daß mit Postmoderne, Kulturalismus und *narrative turn* die Lebensphilosophie Hochkonjunktur hat.[131]

In einem gewissen Sinne beginnt das Leben tatsächlich erst richtig, wenn die Geschichte zu Ende ist. In Analogie dazu ließe sich sagen: das Erzählen beginnt erst, wenn die Geschichte zu Ende ist. Nicht nur hat die Postmoderne als eine neue große Erzählung die vielen kleinen, das *patch work* der Minderheiten, legitimiert, vielmehr ist das Erzählen selbst, ohne das im übrigen die postmoderne Inszenierung undenkbar wäre, in die Bereiche des wissenschaftlichen Wissens eingedrungen, gleichsam als späte Rache dafür, daß das positive Wissen und seine philosophischen Speerspitzen, Szientismus und analytische Philosophie, Erzählung, Symbol und Metapher wegen ihrer unmöglichen Vieldeutigkeit den Garaus machen wollten.

Lyotards Buch ist insbesondere wegen seiner Prognose prominent geworden; daß es ganz explizit auf einer Theorie des Narrativen beruht, blieb, zumal im deutschen Kontext, eigentümlich übersehen:

130 Gerard Genette, Die Erzählung, a.a.O., S. 19 und S. 202.

131 Ich zitiere hier *pars pro toto*: Wilhelm Schmidt, Auf der Suche nach einer neuen Lebenskunst. Die Frage nach dem Grund und die Neugründung der Ethik bei Foucault, Frankfurt/Main: Suhrkamp, 1991; Robert Nozick, Vom richtigen, guten und glücklichen Leben (aus dem Amerikanischen von Martin Pfeiffer), München: Hanser 1991.

> Die Wissenschaft ist von Beginn an in Konflikt mit den Erzählungen. Gemessen an ihren eigenen Kriterien, erweisen sich die meisten als Fabeln. Aber insofern sie sich nicht darauf beschränkt, die nützlichen Regelmäßigkeiten aufzuzeigen und das Wahre sucht, muß sie ihre Spielregeln legitimieren. So führt sie über ihren eigenen Statut einen Legitimationsdiskurs, der sich Philosophie genannt hat.[132]

So ergibt sich eine komplizierte, ja widersinnige Situation: Das Wissen, das die Erzählungen des traditionellen Wissens verwirft und aus ihrem Diskurs auszusondern trachtet, ist selbst an Erzählungen geknüpft, die ihre Existenz begründen oder schärfer noch: legitimieren. Solche großen Erzählungen sind die „Dialektik des Geistes", die „Hermeneutik des Sinns" oder die „Emanzipation des vernünftigen und arbeitenden Subjekts". Sie sind nach dem Muster von Autobiographien und Bildungsromanen gebaut, mit einem kollektiven Mega-Subjekt als Protagonisten („die Menschheit"), das nach der Überwindung seiner Widersacher (dunkler Mächte, Feinde der Menschheit) eigener Schwächen und fremder Hindernisse (Mangel an Wissen, „falsches Bewußtsein") schließlich „zu sich selbst" kommt und seine „Lebensgeschichte" als eine glücklich verlaufene Odyssee rekonstruieren kann.

Lyotard wird sie später auf zwei Modelle einschränken, wobei offen bleibt, ob es nicht noch mehrere solcher *grand récits* gibt. So sind die Wissenschaften nicht imstande, sich selbst zu legitimieren; daß die großen Meistererzählungen fragil werden, bringt somit fast automatisch die Wissenschaft in ihrer bisherigen Selbstverständlichkeit ins Wanken. Somit ließe sich die kulturwissenschaftliche Wende auch als kritische Selbsthinterfragung dieser Krise begreifen.

Folgt man Lyotards Argumentation an dieser Stelle, so wird offensichtlich, daß Narrative eine unverzichtbare Funktion auch in nicht-traditionellen gesellschaftlichen Zusammenhängen besitzen: sie legitimieren, was kulturell jeweils selbstverständlich ist, Wissenschaft zum Beispiel.

So stehen sich wissenschaftliches und narratives Wissen in einem einigermaßen kontrastreichen und zugleich prekären Verhältnis gegenüber. Läßt sich der wissenschaftliche Diskurs nämlich als rationaler Bestand von Begrifflichkeiten, Formeln und expliziten Regeln begreifen, der in einer gegebenen Sozietät Geltung besitzt, so gehört zur Erzählung, daß sie eine Raumzeit hat, die eingespannt ist zwischen Anfang und Ende, mit einer unaufhebbaren Differenz zwischen Erzählen und Erzähltem. Beide sind auf einen symbolischen Raum bezogen, von dem sie sich speisen und den sie zugleich speisen. Prinzipiell lassen sich aus Erzählungen Diskursformationen destillieren, wie umgekehrt hinter und in den Diskursen narratives Material eingelagert ist. Die Erzählung berichtet vom Verhältnis des einzelnen und kollektiven Subjekts zu sich selbst und zu anderen, bringt den Gegensatz von Identität und Differenz, von Innen und Außen, von Eigenem und Fremdem zum Austrag, der Diskurs, der vom Narrativen abstrahiert, verzichtet auf eine solche Thematisierung und setzt sie doch immer schon voraus. Diskursanalyse und Narratologie beantworten zwei verschie-

132 Jean François Lyotard, La condition postmoderne, Paris: Édition de Minuit 1979, deutsch: Das postmoderne Wissen. Ein Bericht (aus dem Französischen von Otto Pfersmann), Wien: Böhlau 1987, S. 13.

dene Fragen und unterliegen einer anderen Optik. Im einen Fall geht es darum, zu beschreiben, wie ein solcher Diskurs funktioniert und welche Muster er aufweist, im zweiten darum, warum die Menschen ihn wie selbstverständlich benutzen und in welcher Weise sie sich mit ihm identifizieren.

Lyotard wendet die Differenz zwischen wissenschaftlichem Diskurs und narrativem Wissen im Sinne einer historischen Ausdifferenzierung. Die Erzählung wäre demnach die Form des (vorwissenschaftlichen) Wissens schlechthin. Es sind die Mythen, die Wissen bereitstellen und Institutionen legitimieren.

Das ist die erste wichtige kulturphilosophische Bestimmung des Narrativen. Ferner gestatten Narrative – darauf hat auch Odo Marquard[133] mit anderer Terminologie hingewiesen – „eine Pluralität an Sprachspielen". Geschichten gibt es stets nur in der Mehrzahl und sie unterliegen verschiedenen Deutungen. Drittens schließlich ermöglicht der Modus der Narration Reziprozität der Rolle im Verhältnis von Erzähler und Zuhörer. Üblicherweise legitimiert sich der Erzähler dadurch, daß er der Hörer jener Geschichte war, die er jetzt zum Besten gibt. Erzählen ist seiner Genese nach in einen kommunikativen Rahmen eingespannt, der nicht- monologisch ist wie die traditionelle Wissenschaft. Jeder hat etwas zu erzählen und erhebt – entgegen elitärer Diskursmonopole – Anspruch darauf, dies zu tun. So führt die Kulturtechnik des Erzählens zu einer Vereinheitlichung der Kompetenz und der Regulierung des Sozialen.[134]

Viertens schließlich beinhaltet das narrative Wissen in seiner zeitlichen Rhythmik einen eigentümlichen Wechsel von Erinnern und Vergessen, eine „bizarre Zeitlichkeit", die „ganz und gar gegen die goldene Regel unseres Wissens verstößt: nicht zu vergessen". Diese „letale" Funktion des Vergessens ist für das narrative Wissen von entscheidender Bedeutung. Eine „Gemeinschaft, die aus der Erzählung eine Schlüsselform der Kompetenz macht", habe es „entgegen allen Erwartungen nicht nötig [...], sich seiner Vergangenheit erinnern zu können." Sie konstituiere ihr soziales Band, ihren gesellschaftlichen Zusammenhalt nicht allein aus dem manifesten Inhalt der erzählten Geschichten, sondern aus dem Akt des Erzählens. Während die erzählte Geschichte womöglich auf eine vergangenen Zeit bezogen scheint, ist der Akt des Erzählens selbst immer zeitgenössisch. Das heißt, die Erzählung unternimmt die „Analyse und Anamnese ihrer eigenen Legitimität"[135]:

---

133 Odo Marquard, Lob des Polytheismus. Über Monomythie und Polymythie, in:. Ders., Abschied vom Prinzipiellen, Stuttgart: Reclam, S. 91–116.

134 François Lyotard, Das postmoderne Wissen, a.a.O. S. 70: „Die narrativen „Rollen" (Sender, Empfänger, Held) sind so verteilt, daß das Recht, die eine, nämlich jene des Senders, zu besetzen, sich auf den doppelten Umstand gründet, die andere, also die des Narratärs (der, dem erzählt wird, A.d.V.), eingenommen zu haben, und durch den getragenen Namen bereits von einer Geschichte erzählt worden zu sein; das heißt bei anderer narrativen Gelegenheit in die Position des berichteten Referenten gestellt worden zu sein." – Mir scheint, daß inszenatorische Massenmedien wie das Fernsehen und in gewissem Maße auch das Internet diese narrative „Demokratie" nachspielen, etwa in *talks shows*, *chat rooms* oder Anrufsendungen.

135 Ders., Das postmoderne Wissen, a.a.O., S. 73–75.

> Die Erzählungen bestimmen [...] Kriterien der Kompetenz und/oder sie illustrieren deren Anwendung. So bestimmen sie, was in der Kultur das Recht hat, gesagt und gemacht zu werden, und da sie selbst einen Teil von ihr ausmachen, werden sie eben dadurch legitimiert.[136]

Die Erzählungen legitimieren sich selbst, anders als die Wissenschaft, die sich als ein privilegiertes Sprachspiel konstituiert, das durch Ausschluß aller anderen charakterisiert ist, wie sie im narrativen Wissen ihren Ort haben. Deshalb auch, so lautet das Argument, ist sie von jenen anderen Sprachspielen abgeschnitten, die den gesellschaftlichen Zusammenhalt verbürgen. Diese Leerstelle, die nicht von den traditionellen narrativen Wissensformen übernommen werden kann, füllt in jener kulturellen Großabstraktion namens Abendland die Philosophie mit ihren großen Erzählungen: Sie begründen eine Geschichte (nach den Mythen) und sie legitimieren das wissenschaftliche Wissen.

Es sind zwei Meistererzählungen, die Lyotard 1979 seinen Lesern präsentiert: eine ist unverkennbar französischer, die andere – ebenso leicht identifizierbar – deutscher Herkunft. Die eine ist eine große Emanzipationserzählung, die andere eine große Spekulationserzählung. *Grands récits* sind beide, weil ihr Geltungsanspruch umfassend und ihr „Held" das größtmöglich denkbare Subjekt ist: der „Mensch" in der einen, der „Geist" in der anderen Meistererzählung: hier der Mensch als der Held in einer Geschichte, die eine Geschichte der Freiheit ist, dort die universale Geschichte des Geistes mit dem Volk als dem Subjekt des Wissens. Die letztere Geschichte hat ihre pointierteste Ausformung in Hegels „Phänomenologie" gefunden, die erstere vermutlich im Umfeld des französischen Enzyklopädismus (z.B. Condorcet), in der die majoritär unterdrückte Menschheit sich von Unterdrückern, trügerischen Priestern befreit und – dank der Wissenschaft – den Weg ins Freie findet. In beiden Geschichten ist die Wissenschaft zentrales *movens* dieser geschichtlichen Entwicklung mit prospektivem *happy end:* sie ist Motor der Freiheit ebenso wie Medium der Selbstbildung des menschlichen Geistes. Den Marxismus in seinen diversen Varianten interpretiert der ehemalige Marxist Lyotard als eine Kombination dieser beiden abendländischen Meistererzählungen, die den Keim ihrer Negation in sich tragen. Es seien, so meint Lyotard, nicht äußere Katastrophen oder „zufällige Wucherung der Wissenschaften" zu konstatieren, vielmehr ergebe sich die Krise des wissenschaftlichen Rationalismus „aus der inneren Erosion des Prinzips der Legitimität des Wissens"[137]:

> Die Sehnsucht nach der verlorenen Erzählung ist für den Großteil der Menschen selbst verloren. Daraus folgt keineswegs, daß sie der Barbarei ausgeliefert wären.[138]

Das postmoderne Wissen „emanzipiert" sich gleichsam von den großen Erzählungen und seine Vermittlung dient nicht mehr der Emanzipation oder der Geistesbildung, sondern – hier folgt Lyotard Luhmann – nur mehr dem Systembestand, dem bestän-

136 Ders., Das postmoderne Wissen, a.a.O., S. 75.
137 Ders., Das postmoderne Wissen, a.a.O., S. 116.
138 Ders., Das postmoderne Wissen, a.a.O., S. 122.

dig neue Spieler zugeführt werden.[139] Keine Legitimation mehr, nur mehr Performanz und Verfahren.

Es ist an dieser Stelle unserer Untersuchung sekundär, ob die historische Perspektive, die Lyotard hier anvisiert (und die Gehlen schon unmittelbar nach dem Krieg entworfen hat),[140] schlüssig, plausibel oder wahrscheinlich ist. Uns interessiert Lyotard hier vornehmlich als ein Theoretiker des Narrativen. Zweifelsohne ist seine Diagnose vom Ende der großen Erzählungen selbst eine große Erzählung. Es scheint zum Fluch der okzidentalen Mega-Narrative zu gehören, daß man ihnen nicht entrinnt. Lyotards Geschichte ließe sich verblüffend vereinfacht für den Nacherzähler so zusammenfassen: Es handelt sich um eine Erzählung über das Erzählen und über Erzählungen, die das soziale Band einer Gesellschaft bzw. einer Kultur konstituieren. Im Verlauf der Geschichte sondert sich eine Gruppe ab und kümmert sich nur mehr um ein Sprachspiel, in dem das Erzählen nicht mehr vorkommt. Um das vor sich selbst und den anderen zu rechtfertigen, werden neue Erzählungen erfunden, die allen anderen klarmachen, warum die Sondergruppe dieses exklusive Sprachspiel spielen darf. Aber diese neuen Erzählungen kommen in dem exklusiven Sprachspiel nicht vor. Die Begründungen für das Sonder-Sprachspiel stimmen nicht. Am Ende beschließen alle, das exklusive Sprachspiel nicht zu unterbinden, sondern fortan darf jeder spielen, wie es ihm gefällt. Vor allem dürfen sie wieder erzählen: auch in der Sondergruppe.

Wie man sieht, ist in dieser vertrackten Geschichte die Erzählung selbst ein Teil des Erzählten. Abermals dient sie der Legitimation: einer der Beteiligten, nicht zufällig ein Philosoph, hat sie nämlich erzählt. Sie läßt sich überdies womöglich ebenso in Zweifel ziehen wie die großen Erzählungen vordem. Damit ist aber klar, daß Legitimationsbedarf weiter besteht und kein Ende der Erzählungen absehbar ist, wohl auch keines der Geschichte ansteht, höchstens eine Zunahme an Parodiebereitschaft. Salopp ausgedrückt nehmen wir die philosophischen Narrative der modernen *episteme* nicht mehr ganz ernst. Sie sind nicht verschwunden; was sich verändert hat, ist unsere Wahrnehmung; kurzum wir betrachten sie mit der gleichen Distanz wie etwa den Western und seine narrative Matrix. Andere Erzählungen treten auf, mit denen keiner gerechnet hatte: Ökologie, Erzählungen von Minderheiten, kleine Erzählungen, wie sie Lyotard genannt hat, die sich aber größeren narrativen Komplexen verdanken. Lyotard hat diese nicht minder großen Erzählungen später als defensive von den alten offensiven unterschieden. Wenn man die Geschichte in der Terminologie Clausewitz' als einen Krieg mit der Zukunft ansieht, dann tritt an die Stelle des Vorstoßes die Verteidigung der Bestände. Die postmodernen Narrative, wenn dies nun stimmt, sparen Kräfte und Energien.[141]

---

139 Ders., Das postmoderne Wissen, a.a.O., S. 142.

140 Arnold Gehlen, Über kulturelle Kristallisation, in: Ders., Studien zur Anthropologie und Soziologie, Neuwied: Luchterhand 1963 (= Soziologische texte; 17), S. 311–328; nachgedruckt (in Auszügen) in: Wolfgang Welsch (Hrsg.), Wege aus der Moderne. Schlüsseltexte der Postmoderne-Diskussion, Weinheim: VCH-Verlags-Gesellschaft, Acta Humaniora 1988, S., 133–143.

141 Jean François Lyotard, Moralités postmodernes, Paris: Galilée 1993; deutsch: Postmoderne Moralitäten (hrsg. von Peter Engelmann), Wien: Passagen 1998.

Zwischen der Behauptung vom Ende der Geschichte und dem pathetischen Beharren auf dem unvollendeten Projekt der Moderne gibt es eine Reihe dritter Varianten und Optionen: Umbau und Kombinationen von narrativen Komplexen, Veränderung der Rezeptionsweisen. Daß die „Sehnsucht nach der verlorenen Erzählung" selbst außer Kurs gesetzt ist, das erweist sich als eine verwegene, rhetorisch überaus wirksame, aber wohl kaum haltbare Formel. So läßt sich mit Lyotard eine Analyse narrativer Bestände beginnen, aber schwerlich beenden.

3.2. Eine „poststrukturalistische" Hermeneutik des Narrativen: Paul Ricœur

Paul Ricœurs dreibändiges Werk über Zeit und Erzählung (1985) nimmt in jeder Hinsicht eine Sonderstellung im Hinblick auf eine Theorie des Narrativen ein. Auffällig ist schon, daß es weder im strukturalistischen noch im poststrukturalistischen Diskurs größere Resonanz hervorgerufen hat. Für diese Nicht-Beachtung lassen sich eine ganze Reihe von Gründen anführen.

Es liefert, im kritischen Anschluß an literaturwissenschaftliche Konzepte der zumeist strukturalistisch orientierten Erzählforschung (Propp, Greimas, Genette), eine philosophische und epistemologische Grundlegung der narrativen Phänomene, wie sie in Literatur und Historiographie vorfindlich sind. Diese philosophische Verortung ist freilich eine unspektakuläre, an Gadamer, Heidegger und Freud geschulte Hermeneutik, die keineswegs Anspruch auf eine theoretische Avantgardeposition erhebt. Mehr noch: das Phänomen Erzählung wird – bei aller Wertschätzung der innovativen Perspektivik der strukturalistischen Narratologie – wie mehr noch als das Buch über die Metapher – zum Joker in der Auseinandersetzung mit dem strukturalistischen Paradigma und seinem Befund des verschwundenen Subjekts. Phänomene wie Erfahrung, Erzählung und Erinnerung provozieren für Ricœur fast zwangsläufig die Frage nach einem Subjekt, das erzählt, erfährt und erinnert und dem Erzählung, Erinnerung, Erfahrung widerfährt.[142] So führt das narrative Paradigma – so ließe sich eine Kernthese des Werks zusammenfassen – unausweichlich zur Rehabilitation eines freilich unselbstmächtigen Subjekts, das selbst in den hermeneutischen Zirkel gerät: Erfahrung läßt sich auch als wiederholte und variierte Konstitution seiner/ihrer selbst bestimmen. Es ähnelt dem Baron Münchhausen, der von sich behauptet, sich am eigenen Schopf aus dem Sumpf ziehen zu können. Dieser Zirkel wird im Verhältnis von Zeit und Erzählen ganz offenbar:

142 Im Gegensatz zu Manfred Frank, Die Unhintergehbarkeit von Individualität, Frankfurt/Main: Suhrkamp 1986, ist Ricœurs Hermeneutik indes psychoanalytisch unterlegt. Im Grunde genommen ist das Subjekt stets ein in sich zwischen Bewußtem und Unbewußtem Gespaltenes. Am radikalsten hat dies Lacan zu Ende gedacht, indem er von einem unbewußten und einem bewußten Subjekt ausgeht. – Vgl. zum „unbewußten Schauspieler": Samuel W. Weber, Rückkehr zu Freud. Jacques Lacans Ent-stellung der Psychoanalyse, Frankfurt/Main: Ullstein 1978, S. 20 und 37.

> Die von jedem narrativen Werk entfaltete Welt ist immer eine zeitliche. [...] die Zeit wird in dem Maße zur menschlichen, wie sie narrativ artikuliert wird; umgekehrt ist die Erzählung in dem Maße bedeutungsvoll, wie sie die Züge der Zeiterfahrung trägt.

In deklariertem Gegensatz zum Strukturalismus wird die räumliche-geometrische Obsession, die für den Strukturalismus und die Diskursanalyse Foucaults so charakteristisch ist,[143] zugunsten einer stringent auf das Phänomen Zeit hin orientierten Analyse des Narrativen verschoben. Die Verschiebung vom Räumlichen zum Zeitlichen führt zum Auftritt eines freilich nachklassischen Subjekts, das sich in und durch die Zeit hindurch manifestiert und das zugleich Zeit konstituiert.

Es ist aufschlußreich und mehr als nur eine rhetorische Geste, wenn Ricœur seine Untersuchungen zum Narrativen mit der vorangegangen Studie über die „lebendige Metapher" vergleicht. In beiden Fällen handelt es sich um eine „Distanzveränderung", deren Ort die „schöpferische Einbildungskraft" ist. Sowohl Metapher als auch Erzählung implizieren die Möglichkeit einer „direkten, deskriptiven Referenzfunktion", und in Analogie zur „metaphorischen Referenz" läßt sich auch von einer narrativen Referenz sprechen. So wie die Metapher nicht einfach bloß mit anderen sprachlichen Mitteln – etwa nach Vorgabe der antiken Rhetorik – Redeschmuck oder Erinnerungshilfe darstellt, sondern etwas zur Sprache bringt, was vorher sprachlich nicht manifest war, so ist auch die Erzählung innovativ, und zwar vermöge ihrer ästhetischen Struktur:

> Während die metaphorische Neubeschreibung eher im Feld der sinnlichen, gefühlsmäßigen, ästhetischen und moralischen Werte herrscht, die die Welt *bewohnbar* machen, wirkt die mimetische Funktion der Erzählungen vorzugsweise im Feld der Handlung und ihrer *zeitlichen* Werte.[144]

Es ist an dieser Stelle nicht so recht klar, worin diese zeitlichen sich von den „moralischen" Werten unterscheiden sollen; vermutlich haben auch Erzählungen in einer ganz spezifischen Weise die Funktion, die „Welt bewohnbar zu machen": indem sie ein bestimmtes Handeln, eine bestimmte Art zu handeln und eine bestimmte Form der Repräsentation vorschlagen, nahelegen, variieren. Ricœurs Funktionsbestimmung ist auf verblüffende Weise mit jener Brochs identisch, der Kultur vornehmlich als einen ethisch-ästhetischen Komplex deutet, der es dem Lebewesen Mensch erlaubt, in der Welt zu sein.

Jede Erzählung bezieht sich darauf, daß wir handelnd in der Welt sind und daß wir dieses Handeln in sprachlicher, aber auch in nicht-verbaler Form vollziehen. Daß wir unser Handeln als ein In-der-Welt-Sein verstehen, basiert indes bereits darauf, daß die Zeit im Medium des Erzählens an sich eine Zeit für uns geworden ist. Oder radikaler und nicht-idealistisch formuliert: Zeit ist Voraussetzung und Resultat für dieses In-der-Welt-Sein, wie es die Narration bekräftigt.

---

143 Michel Foucault, Archäologie des Wissens, a.a.O., S. 7–112: Ich denke an Begriffe wie „Formation", „Schwelle", „Grenze", aber auch an die unterirdische Tätigkeit im Raum assoziierende Metapher der „Archäologie". Zeit reduziert sich auf eine Abfolge von diskontinuierlichen Formationen und Serien, die scheinbar keine zeitlich geordnete Geschichte bilden und der bloßen Kontingenz unterliegen.

144 Paul Ricœur, Zeit und Erzählung, a.a.O., Band 1, S. 9.

Deshalb auch stellt Ricœur seine Analyse der berühmten Meditationen des Augustinus an den Anfang und läßt erst darauf Aristoteles' Bestimmung der Erzählung folgen. Augustinus ist jener Theoretiker, der die Zeit radikal menschenbezogen gedacht hat. Bekanntlich beginnen die Meditationen des Augustinus mit dem radikalen Zweifel, daß die Zeit nicht existiert. Sie existiert weder als Vergangenheit, noch als Zukunft, denn als Vergangenheit existiert sie nicht mehr, als Zukunft existiert sie noch nicht. Sie existiert aber auch nicht wirklich in der Gegenwart: denn kein Zeitraum ist kurz genug, daß er „ist" und nicht gleich wieder verschwunden ist. Merkmal der Zeit ist also ihre unaufhebbare Flüchtigkeit, was sie in schroffen Gegensatz zur (vermeintlichen) Stetigkeit des Raumes setzt. Nebenbei bemerkt – darauf nimmt Ricœur keinen Bezug – verdankt sich die Aporie dem scholastischen Verständnis des Wortes „Sein", das auf ein verläßliches, statisches Immer referiert, eigentlich selbst zeitlos ist und entgegen grammatischen Gepflogenheiten weder eine Vergangenheit noch eine Zukunft kennen dürfte. Damit ist ein Kernstück abendländischer Metaphysik und Ontologie markiert. In dieser Logik bedeutet „Ich war" „Ich bin nicht mehr" und „Ich werde sein" „Ich bin noch nicht", folglich ein Nicht-Sein. Die Zeit „ist" also nicht. Und doch können wir sie messend wahrnehmen. So existiert die Zeit nicht und sie existiert doch, wenn wir sie messend beobachten. Wo aber ist der „Ort" der Zeit, des Zukünftigen und des Vergangenen?

Bekanntlich löst Augustinus dieses Problem, indem er das Vergangene, das nun an die Stelle der objektiven Vergangenheit tritt, ebenso wie das Zukünftige in die Gegenwart einrückt, die einen erlebten Augenblick der Realisation darstellt. In dieser subjektiven Wendung wird die Gegenwart zur Gegenwart des Gegenwärtigen, die Vergangenheit zur Gegenwart des Vergangenen, die Zukunft zur Vergegenwärtigung des Zukünftigen. Vergegenwärtigung, Erinnerung und Erwartung sind jene drei Momente, die das Menschen-Sein in der Zeit ermöglichen:

> Was dem Angriff der Skeptiker standhält, sind also wieder die Sprache und die von ihr ausgedrückte Erfahrung und Handlung.[145]

Die zur Sprache gebrachte Handlung ist – so ließe sich provisorisch behaupten – die Erzählung, der Ort der Vergegenwärtigung schlechthin. Unentrinnbar im hermeneutischen Zirkel verstrickt, setzt die Erzählung Erinnerung voraus, zugleich aber existiert Erinnerung nicht ohne rudimentäre Formen des Narrativen, das nach dem Maßstab von Identität und Differenz Kontinuität und Diskontinuität zwischen Vergangenheit, Zukunft und Gegenwart herstellt. Es sind die Eindrücke, die die Knoten der Erzählung generieren. Ricœur hebt in seiner womöglich kontra-intentionalen Augustinus-Interpretation das Wechselspiel zwischen passiven und aktiven Momenten hervor, wenn er schreibt:

> Dem Begriff der *distentio animi* ist man nicht gerecht geworden, solange man nicht die Passivität des Eindrucks in Gegensatz zur Aktivität eines Geistes gesetzt hat, der nach verschiedenen Richtungen zwischen Erwartung, Erinnerung und Aufmerksamkeit gespannt ist. *Nur ein derart in verschiedene Richtungen gespannter Geist ist der Zerspannung (distentio) fähig.*[146]

---

145 Paul Ricœur, Zeit und Erzählung, a.a.O., Band 1, S. 22.
146 Ders., Zeit und Erzählung, a.a.O., Band 1, S. 35.

Zur Illustration des merkwürdigen Konnexes zwischen Anspannung und „Zerspannung“ greift Ricœur auf das Beispiel des mündlichen Vortragens eines Liedes zurück. Im Vortrag spaltet sich die Zeit aktuell erlebt in eine zunehmende Vergangenheit und eine abnehmende Zukunft, während der gegenwärtige Vollzug nur ein unwirkliches Gelenk im ganzen Ablauf darstellt. Die Aufmerksamkeit bildet nur ein Mittelglied zwischen der Zukunft, die Vergangenheit übergeht:

> [...] was die Aufmerksamkeit angeht, so besteht ihre Gespanntheit ganz in der aktiven „Überführung“ dessen, was zukünftig war, in das, was Vergangenheit wird. Diese vereinigte Tätigkeit von Erwartung, Erinnerung und Aufmerksamkeit ist es, die „fort und fort“ geht. Die distentio ist dabei nichts anderes als der Riß, das Nichtzusammenfallen der drei Modalitäten der Tätigkeit.[147]

Ricœur geht vom Grundbestand des Narrativen aus und deshalb verfährt er historisch-genetisch. Die erste moderne Analyse der Zeit verbindet er mit der prototypischen Theorie des Narrativen, wie er sie in Aristoteles' „Poetik“ vorfindet. So verknüpft er über die Jahrhunderte hinweg und retrospektiv zwei diskursive Stränge. Ihn interessiert nicht der vergleichsweise traditionelle Erinnerungstheoretiker Augustinus, sondern er nützt dessen Analyse der Zeit, um im Anschluß daran ein Grundmodell des Narrativen zu entwerfen, das sich in der Folge modifiziert, aber nicht außer kraft gesetzt wird.

Die Verquickung der beiden Diskurse rückt auch die Aristotelische Poetik in ein anderes Licht. Nicht nur dient der Bezug auf Aristoteles einer Erhellung, wie sie durch den historisch-genetischen Rekurs möglich wird, der das Unvertraute durch seine unerwartete Beziehung zum Vertrauten nachvollziehbar macht, vielmehr erscheint die Aristotelische Theorie des Mythos als eine überraschend formale Theorie, deren aktuelle Bedeutung über die historische *pole position* hinausgeht.

Es sind insbesondere zwei Aspekte, die Ricœur diskutiert, den Begriff des Mythos und den der Mimesis. Bekanntlich geht Aristoteles davon aus, daß jede Tragödie sechs Teile umfassen muß: Fabel, Charakter, Rede, Absicht, Szenerie und Musik. Die Fabel, griechisch Mythos, gehört mitsamt dem Charakter und der Absicht zum Gegenstandsbereich, Rede und Musik zum „medialen“ Bereich (Art der Repräsentation), während die Szenerie dem modalen Bereich zugeordnet wird.

Im Zentrum des Ricœurschen Interesses aber steht die Fabel als „Modell der Konsonanz“. Um im Anschluß an die Definition des Aristoteles („Ganz ist, was Anfang, Mitte und Ende besitzt“) schreibt Ricœur:

> Die Definition des *mythos* als Zusammensetzung der Handlungen betont zunächst die Konsonanz, die durch die drei Merkmale gekennzeichnet ist: Vollständigkeit, Totalität, entsprechenden Umfang.[148]

Schon in der Einleitung hat Ricœur die eigenartige Gegenläufigkeit der Augustinischen Zeitanalyse (die sich auch als eine Reflexion des theologischen Themas der Ewigkeit, vornehmlich aber des autobiographischen Textes, in den die Reflexionen eingebunden sind, verstehen läßt) und der Mythos-Konzeption des Aristoteles hervorgehoben:

147 Ders., Zeit und Erzählung, a.a.O., Band 1, S. 37.
148 Paul Ricœur, Zeit und Erzählung, a.a.O., Band 1, S. 66.

> Die augustinische Analyse gibt nämlich von der Zeit eine Vorstellung, in der die *Dissonanz* unaufhörlich den für den *animus* konstitutiven Wunsch nach *Konsonanz* dementiert. Die aristotelische Analyse hingegen stellt das Übergewicht der Konsonanz über die Dissonanz in der Konfiguration der *Fabel* fest.[149]

Die Erzählung, die Narration, wird hier also weit über das literarische Genre hinaus, zu einer genuin philosophischen Kategorie, in der Zeit eine Paßform bekommt, in der die Dissonanz zwar nicht aufgelöst, aber beinahe im Hegelschen Sinn „aufgehoben" wird. Wo, wie in der klassischen Literatur der Moderne und in den sie begleitenden Ästhetiken, die aristotelische Poetik nicht zuletzt wegen ihres versöhnlichen Charakters, ihrer temporalen Konstruktion und ihrer totalisierenden Geschlossenheit verworfen und aufgebrochen wird, da treten die Augustinischen Antinomien der Zeiterfahrung deutlich zum Vorschein. Die Krise der traditionellen Erzählformen in den Avantgarden schlägt zurück auf die Erfahrung von Zeit, auf den Modus des Erinnerns und auf die Konstruktion jenes Selbst, das Träger der Erfahrung von Konsonanz bzw. Dissonanz ist.[150]

Aristoteles entwirft seine Theorie des Narrativen – und der Begriff Mythos hat hier ausschließlich diese Bedeutung – nicht anhand der episch-erzählerischen Gattung, sondern im Zusammenhang seiner Bestimmung der Eigenart der Tragödie. Damit ist aber – und dies ist die strategische Option Ricœurs – der Begriff der Erzählung von vornherein nicht mehr gattungsspezifisch, sondern sprengt die Grenzen des Epischen. Ricœur folgt im weiteren dieser inhaltsbestimmten Definition der Erzählung als einer Nachahmung der Handlung. Ricœur faltet den Begriff der Mimesis auf dreifache Weise aus. Mimesis auf der ersten Stufe bedeutet den Verweis auf unser vertrautes Vorverständnis von Handlung (Mimesis I), ferner den Eintritt ins Reich der narrativen Fiktion und Konstruktion (Mimesis II), sodann die neue „Konfiguration aufgrund der Fiktion des vorverstandenen Bereichs der Handlung" (Mimesis III) – auf jener Ebene wird Ricœur später auch die Differenzierung der historischen von den literarischen Erzählungen vornehmen, eine Differenzierung, die auf unterschiedlichen Referenzen beruht. So teilt Ricœur zwar die These etwa Hayden Whites vom fiktiven Charakter der Geschichtsschreibung, ohne doch die Differenz von Literatur und historischer Prosa vollständig zu kassieren.

Im Verlauf der Untersuchung wird deutlich, daß der Begriff der Mimesis im Kontext der Ricœurschen Theoriebildung problematisch ist. Denn Mimesis bedeutet in Zusammenhang mit einer poststrukturalistischen Hermeneutik schwerlich Nachahmung eines vorher stumm und sprachlos Vorhandenen; vielmehr kehrt sich das Verhältnis von Vorlage und Mimesis regelmäßig um: wir verstehen Handlungen als Handlungen, weil es ein latentes narratives Verständnis von menschlichen Geschehensabläufen gibt. So ist es der unendliche hermeneutische Zirkel, der das traditio-

---

149 Ders., Zeit und Erzählung, a.a.O., Band 1, S. 14, vgl. auch Ders., Zeit und Erzählung, a.a.O., Band 3 (1985): S. 16–36.

150 Paul Ricœur, Zeit und Erzählung, a.a.O., Band 3, S. 50. Vgl. Barbara Herrnstein Smith, Poetic Closure. A Study of How Poems End, Chicago: The University of Chicago Press 1968, S. 271: „Poetry ends in many ways, but poetry, I think, has not yet ended."

nelle Verständnis von „Mimesis" unterläuft. Vor allem in den Mimesen II und III wird der konstruktive Bezug des Nachahmens vollends sichtbar.

So schafft die Erzählung eine Ordnung der Dinge, die jenseits des Erzählens nicht besteht: Einheit von Zeit und Ort, Konsonanz und „dissonante Konsonanz". Schematisch gesehen läßt sich das Modell von Ricœur so veranschaulichen:

Mimesis I	Mimesis II	Mimesis III
„Vorher"	„Vermittlung"	„Nachher"
praenarrativ prefigurativ	narrativ	rezeptiv refigurativ
Handeln verstehen	Semiotik des Textes Lesen	
paradigmatisch	syntagmatisch	

Den drei Mimesen, die eine gewisse strukturelle Ähnlichkeit mit der Dreiteilung der Zeit schwerlich verleugnen können, unterscheiden sich aber auch in ihrer qualitativen Merkmalsstruktur:

Mimesis I	Mimesis II	Mimesis III
Ebene 1 (Charakter des Narrativen):		
Erzählung als Struktur (Begriffsnetz, Differenz zu physikalischem Geschehen) Ziel, Motive, Umstände des Handelnden Subjekts, Interaktion, Ausgang (Was, Warum, Wer, Wie)	Erzählung als Zusammenhang von Ereignissen	Erzählung als Modell
Ebene 2 (Modus und Referenz):		
Immanenz des Symbolischen (Zeichen, Normen, Regeln)	Organisation des Heterogenen	Eintritt in die Referenz
Ebene 3 (Temporalität):		
„Sein zum Tode" „zersprungene Einheit" „Primat der Zukunft" „Innerzeitigkeit" zwischen Geburt und Tod[151]	Synthesis des Heterogenen („eigene Zeitmerkmale")	Neugestaltete Welt (Zeit)

151 Vgl. Paul Ricœur, Zeit und Erzählung, a.a.O., Band 1, S. 87–135.

Es ist ganz offensichtlich, daß die strukturalistische Narratologie und im Gefolge der Post-Strukturalismus im Bereich von „Mimesis II" operieren. Erst mit den beiden anderen Mimesen kommt der hermeneutische Zirkel ins Spiel: im Falle 1 wird nämlich ein narratives Vorverständnis vorausgesetzt, das sich im Akt der Mimesis II realisiert; Mimesis III hingegen setzt die beiden anderen mimetischen Arbeiten am Narrativ bereits voraus und stellt letztendlich eine Variante zu Mimesis I dar, die ja ohne Mimesis II nicht vollzogen werden kann. Der objektiv anmutende Schematismus, der eine logische und zeitliche Stufenfolge suggeriert, verdeckt somit hermeneutische Verlegenheiten.

Ricœurs systematische philosophische Rekonstruktion des Narrativen stellt gleichwohl eine bedeutsame Öffnung des Themas dar. Es überwindet die strukturalistische Obsession für das Räumliche und rückt damit unvermeidlich Phänomene des Zeitlichen in den Mittelpunkt, die bei Propp, Greimas, Barthes und anderen eher marginal geblieben sind: Erfahrung und Erinnerung. Eine temporäre Analyse des Narrativen läßt überdies auch die Differenz zum wissenschaftlichen Diskurs hervortreten, der wenigstens manifest und programmatisch die Logik des Zeitlichen ausschließt, auch wenn er wieder und wieder auf narrative Momente zurückgreift. Umgekehrt steht der Strukturalismus in seinem Szientismus der klassischen abendländischen Metaphysik näher als die an Heidegger geschulte Hermeneutik Ricœurs. Denn der Raum ist das Phantasma des Reichs der ewigen Ideen, des zeitlos Gültigen, des für immer Geltung Beanspruchenden. Die radikale Erfahrung von Zeitlichkeit ist gleichsam ein Einbruch in dieses ein für allemal festgestellte Sein, ein Einbruch, den die Moderne des 20. Jahrhunderts dadurch radikalisierte, daß sie die aristotelischen Konsonanzen aufgebrochen hat, ohne doch das Narrative generell verabschieden zu können.

Mindestens so wichtig ist es, daß Ricœurs trinitarische Konstruktion des Narrativen es gestattet, über immanente Konzepte, in der Texte nur als Teil einer unendlichen, selbstbezüglichen, non-referentiellen Textmaschinerie sichtbar werden, hinauszugelangen. Vorweg und nachher kommt geschichtliches Handeln ins Spiel; die Erzählungen selbst werden zur geschichtlichen Praxis, indem sie – literarisch-fiktionale und historisch-fiktionale Narrative auf je unterschiedliche Weise – Modelle von Welt, Zeit und somit von menschlichem Handeln enthalten. So ermöglicht Ricœurs Ansatz eine Öffnung hin zur Geschichte und zu den Sozialwissenschaften als dem Feld von Macht, Interessen und Legitimationen.

Ricœurs Buch endet bei der Historiographie. Weder rückt er die Bedeutung von Erzählungen in neuen technischen Medien (Film, TV) ins Blickfeld, noch thematisiert er die Bedeutung des Themas von Erzählung und Zeit für die unmögliche Konstruktion des (modernen) Subjekts. Von sich erzählen heißt nämlich immer auch: zu sagen wer man ist. Die zirkuläre Struktur, die das ganze Unternehmen Ricœurs von Anfang an begleitet, schlägt nämlich auch auf das Subjekt und seine „Identität" zurück: das Subjekt erfindet sich durch den narrativen Bezug auf andere und doch wird in diesem Akt des Erzählens die Existenz jenes Subjekts vorausgesetzt, das sich im Akt der Erzählens konstruiert, wobei – auch das bleibt bei Ricœur peripher – nicht so sehr der Inhalt, wohl aber die Form ausschlaggebend ist. Wenn wir seit hundert Jahren

Zeugen von verschiedenen Metamorphosen der Fabel – gerade im Hinblick auf ihre formale Konstruktion – werden, dann bedeutet das ganz offenkundig, daß die Identität des nach-traditionelles Subjekts brüchig, flüchtig, multipel und heteronom geworden ist.

3.3. Der Kommunitarismus und seine Affinität zum Narrativen

Das Thema des Narrativen ist, wenigstens in der angelsächsischen Kultur, ubiquitär. Das gilt für den disziplinären Bereich ebenso wie für den methodischen. Gerade deshalb spiegelt sich die Streitfrage nach Ende oder Fortdauer der *grands récits* auch im Bereich der politischen Philosophie. So verrät die „postmoderne" Philosophie etwa Lyotards mit ihrer These vom Ende der Geschichte und ihrer großen Erzählungen sowie ihrem Plädoyer für Vielfalt und Heterogenität nicht so sehr eine Nähe zu neokonservativem Denken, wie dies der grob geschnitzte Post-Marxismus eines Habermas nahelegt[152], als vielmehr eine erstaunliche Koinzidenz zu liberalistischen oder libertär-multikulturalistischen Positionen. Demgegenüber vertritt der Kommunitarismus, der wiederum auch nicht umstandslos dem konservativen Denken zuzurechnen und mit einer bestimmten Version des Multikulturalismus durchaus vereinbar ist, eine erstaunliche Affinität zum Thema des Narrativen. Was sich aus der Perspektive einer kritisch verfremdenden Kulturtheorie, einer Ethnologie in eigener Sache, vornehmlich als neutrale Kategorie der Analyse von Bedeutungsbeständen darstellt, eben der narrative Komplex, das wird in der kommunitaristischen Philosophie als ein Wert definiert. Soziale Entitäten, so lautet die These, bedürfen der Gemeinschaftserzählungen, um politisches Handeln, Solidarität und wechselseitige Bezugnahme aufeinander zu ermöglichen.

Nicht zuletzt das bis heute einflußreiche Werk von Alasdair MacIntyre zehrt vom kritischen Pathos der Notwendigkeit gemeinschaftsstiftender Erzählungen. In unserem Zusammenhang ist dabei wichtig, daß MacIntyre auch moderne, komplexe Gesellschaftsformationen letztendlich als narrativ konzipierte, mindestens aber legitimierte Gemeinschaften begreift. Das muß nicht heißen, daß diese Gesellschaften Gemeinschaften in einem traditionellen Sinn darstellen, wohl aber daß es – neben heterogenen – auch Erzählungen gibt, auf die sich die Mitglieder einer postmodernen Gesellschaft mehr oder minder verbindlich beziehen können. Die postmoderne Gesellschaft ist, so lautet die kulturell, nicht aber unbedingt politisch konservative Diagnose, durch einen rapiden Zusammenbruch von Gemeinschaftserzählungen charakterisiert, die letztendlich das Politische untergraben und soziale Tugenden unterlaufen.

Was also im postmodernen Diskurs als Chance, als Zugewinn an persönlicher Autonomie und als unvermeidlicher Effekt fortschreitender Individualisierung angesehen wird, das erscheint bei Theoretikern wie Charles Taylor oder Alasdair

152 Jürgen Habermas, Der philosophische Diskurs der Moderne. Zwölf Vorlesungen, Frankfurt/Main: Suhrkamp 1985, S. 390–445.

MacIntyre als Selbstzerstörung des Politischen, eines Bereiches gesellschaftlichen Handelns, das stets auf Gemeinschaftsbestände angewiesen ist: und diese sind MacIntyre zufolge narrativ organisiert. Es sind die Erzählungen, die modellhaft Handeln vorstellen und Weltentwürfe inkludieren.

Nebenbei bemerkt läßt sich der Kommunitarismus selbst einem bestimmten Typus von Narration zuordnen: einem alarmistischen, wie er für nationalstaatlich verfaßte Demokratien eigentümlich ist. Spätestens seit den Erfahrungen von Nationalsozialismus, Faschismus und Stalinismus ist diesen das Bewußtsein der Selbstgefährdung eingeschrieben, das insbesondere die modernen Massenmedien aufgreifen: Die Gefahr ist ein episch unterhaltsames Element des Erzählens, das im günstigen Fall kritisches Reflexionspotential und produktiven Streit aktualisiert, das aber zugleich ein mächtiges Instrument zur Denunziation des politischen Gegners und ein wirksames Druckmittel zur illiberalen Durchsetzung eigener Ziele darstellt. Indem das ästhetisch spannungsgeladene Moment der Gefährdung ins epische Spiel einer politischen Sozietät kommt, lassen sich Teile der Bevölkerung, vor allem aber das politische Klientel in einer Weise mobilisieren, die auf den Körper und die eigene Befindlichkeit abzielt. Weil wir aus unserer lebensweltlichen Praxis gewohnt sind, körperlichen Gefahren zu begegnen, sind wir imstande, diese Gefahr auf der Ebene des abstrakten Gesellschaftskörpers – als wäre er ein Teil von uns – zu reproduzieren. Das bedeutet aber im Gegensatz zu rationalistischen Subjektkonstruktionen, daß sowohl das individuelle als auch das kollektive Subjekt sich non-rationalen Kompositionsprinzipien verdankt, die es systematisch verkennt. Dies ist der reelle Kern jenes Ideologieverdachts, das dem Narrativen von seiten des kritischen Bewußtseins begegnet. Anders ausgedrückt, läßt sich das Narrative als ein Scharnier betrachten, und zwar in zweifacher Hinsicht: zwischen dem „Ungedachten" (Broch) und dem Gedachten, zwischen dem Ich und dem Über-Ich.

Das gilt – strukturell besehen – für den ökologisch-pazifistischen Alarmismus ebenso wie für jenen Anti-Faschismus, der potentiell hinter jedem politischen Kontrahenten und Mitbewerber um die Macht einen historisch späten Gefolgsmann des Dritten Reiches wittert, oder für den xenophoben Diskurs, der den Untergang der jeweils eigenen Kultur an die Wand malt. Demgegenüber erfüllt die postmoderne „Libertinage" eine wohltuend korrektive Funktion: sie setzt der durch die alarmistische Erzählung konservativer, reaktionärer oder auch progressiver Provenienz in Gang gesetzten Hysterie skeptische Gelassenheit entgegen.[153]

Stärke und Schwäche des Kommunitarismus ist sein spezifischer Umgang mit dem Narrativen. Insofern er die kollektiven Erzählungen als *quidproquo* demokratischer Gesellschaften ansieht, greift sein Verständnis des Politischen über den Raum der politischen Repräsentation und ihrer Akteure hinaus. Indem er das Narrative naiv affirmiert, favorisiert er nicht bloß einen womöglich tatsächlich unwiederbringlich verlorenen Typus von Erzählung, sondern bringt sich auch um die Möglichkeit einer kritischen Perspektive. Diesen Mangel teilt er mit dem psychologisch-therapeutischen

153 Vgl. Peter Sloterdijk, Kopernikanische Mobilmachung und ptolemäische Abrüstung. Ästhetischer Versuch, Frankfurt/Main: Suhrkamp 1987.

Diskurs. In gewisser Weise ist er sein Pendant. In beiden Fällen gerät das Erzählen im wahrsten Sinn des Wortes zum Allheilmittel: die schiere Tatsache des bloßen Erzählens wird als Akt der Sinnstiftung – hier des Einzelnen, dort eines Kollektivs – abgefeiert, ganz unabhängig davon, was und vor allem wie erzählt wird. Erzählen hilft, Erzählen heilt.

Im Kontext der vorliegenden Untersuchung wollen wir uns auf jenes Kapitel in MacIntyres Buch konzentrieren, in dem er sein Konzept des Narrativen entwirft. Ausgangspunkt der Untersuchung bildet das moralische, politisch handlungsfähige Subjekt. MacIntyres Buch ist so Teil eines Rettungsversuches, das mit anderen Mitteln als Richard Sennett das Politische im klassischen Sinn retten möchte. Es gilt den „Tugenden ein adäquates Telos zu[zu]weisen". Die Formulierung eines solchen Ziels ist für MacIntyre indes nur dann möglich, wenn man das menschliche Leben „als Ganzes, als eine Einheit" betrachtet. Einer solchen Voraussetzung, wie sie im Bereich des Politischen als selbstverständlich angenommen wird, stellen sich theoretische Widerstände entgegen: soziologische und philosophische.[154]

Die modernen Gesellschaften fragmentieren das Leben des einzelnen Menschen, so auch seine Identität in Arbeit und Freizeit, Privatleben und Öffentlichkeit, Kindheit und Alter. Diese Trennungen seien, so klagt der Autor, so

> [...] ausgeprägt, daß wir im Sinne der Verschiedenheit jeder einzelnen Bereiche und Phasen und nicht der Einheit des Lebens des Individuums, das jene Teile durchschreitet, zu denken und empfinden gelernt haben.[155]

Nebenbei bemerkt scheint MacIntyre zu übersehen, daß es auch in vormodernen Sozietäten Trennungen dieser Art gegeben hat; und ebenso entgeht dieser klassisch nostalgischen Retrospektive (die ganz in der Tradition der marxistischen Entfremdungstheorie steht), daß die spezifische Form moderner Trennungen und Zerspaltungen des (vermeintlich früher) Einheitlichen dem Subjekt auch Chancen eröffnet: Möglichkeiten der Reflexion, der Kompensation, der Selbstgestaltung und des Zugewinns an persönlicher und sozialer Kompetenz. Keineswegs ist ausgemacht, ob die Menschen der postmodernen Gesellschaft, wenigstens in einigen kulturellen Segmenten, nicht gelernt haben, Korrespondenzen zwischen den Teilen herzustellen.

Das zweite Hindernis, das sich der Vorstellung der Einheitlichkeit entgegenstellt, ist philosophischer Natur. Analytische Philosophie, Existentialismus und soziologischer Funktionalismus werden als theoretische Hindernisse angesehen, die narrative Struktur des Selbst freizulegen. Dieses Argument wiegt schwerer als die vorschnelle Diagnose, daß die postmodernen Menschen verlernt haben, die Teile ihres Lebens aufeinander zu beziehen und zu einer Einheit zu verbinden. MacIntyre zufolge verfehlen analytische Philosophie, Existentialismus und soziologische Rollentheorie die Einheit des Selbst in je verschiedener Weise: die analytische Philosophie dadurch,

---

154 Alasdair MacIntyre, After Virtue. A Study in Moral Theory, Notre Dame, Indiana: Univ. of Notre Dame Pr. 1981; deutsch: Der Verlust der Tugend. Zur moralischen Krise der Gegenwart (übersetzt von Wolfgang Rhiel), Frankfurt/Main: Campus 1995 (= Theorie und Gesellschaft; 5), S. 273.

155 Ders., Der Verlust der Tugend, a.a.O., S. 273.

daß sie dazu neigt, das menschliche Handeln „atomistisch" zu sehen, der Existentialismus und die moderne Soziologie dadurch, daß sie unter ganz verschiedenen ja konträren Perspektiven radikal zwischen dem einzelnen und seinen Rollen trennen und das Selbst wie etwa Goffman als eine rein performative Instanz ansehen. Das Selbst wird in den diversen Rollenspielen, die ihm von der Gesellschaft aufgenötigt werden, förmlich aufgelöst und abgespalten. Moralisches Verhalten oder – um MacIntyres programmatischen Terminus zu gebrauchen – „*virtue*" (Tugend) im Sinne des Aristoteles wird durch die Dispersion des Selbst unmöglich: Wenn das Subjekt unzuverlässig, inkonstant und diskontinuierlich geworden ist, läßt sich kein verläßliches Sozialverhalten erwarten. Denn „die Einheit einer Tugend im Leben eines Menschen ist nur als Eigenart eines einheitlichen Lebens verständlich, eines Lebens, das als Ganzes begriffen und bewertet werden kann."[156]

Tugend ist nicht kontextuell: Hektor – so MacInyre – zeigt immer die gleiche Tapferkeit sowie Eleanor Marx das gleiche Mitgefühl, egal ob es sich um den Vater, die Arbeit in den Gewerkschaften oder um ihr Verhältnis zu Aveling handelt. Mit dem fragmentierten Subjekt und den unzusammenhängenden fragmentarischen Lebenserzählungen ist die soziale Tugend abhanden gekommen. Nun ließe sich indes auch mutmaßen, daß es so etwas wie eine post-aristotelische Sozialmoral geben könnte, die vielleicht – postmodern gesprochen – kontextuell, situativ und „relativ" ist. Sehr unwahrscheinlich übrigens, daß Mitleid und Tapferkeit in verschiedenen Situationen das gleiche bedeuten. Noch unwahrscheinlicher, daß sie in jedweder Situation und unter allen Umständen moralisch angebracht sind.

Das Ganze des Lebens – so schlußfolgert MacIntyre – ist nur in die Form einer Erzählung zu bringen. Die Einheit des Selbst ruht in der „Einheit der Erzählung", die Geburt mit Leben und Tod wie die narrative Einleitung mit der Mitte und dem Ende verbindet.

Das Selbst wird nur manifest, insofern es an eine Erzählung geknüpft ist, die prinzipiell aktualisierbar und aufführbar ist (etwa im Gespräch, durch Niederschrift). Auch hier ist eine Verengung der Perspektive unübersehbar: die Einschränkung auf eine einzelne, womöglich invariante (Lebens-)Geschichte und die Nichtberücksichtigung, daß Erzählungen in ihrer formalen Struktur durchaus divergieren und von dem schlichten Grundmuster, das zumindest kulturell amalgamiert ist, abweichen. Freilich läßt sich der Zusammenhang von Selbstkonstruktion und Narration anders, nämlich kulturwissenschaftlich formulieren. Zwischen den Erzählweisen über das eigene Leben und dem Modus der Selbstkonstitution besteht ein inegales, wechselseitiges Verhältnis. Der Unterschied zwischen Kulturen kann auch als eine Differenz inhaltlicher, formaler und medialer Konstruktionsprinzipien verstanden werden:

> Eine solche Vorstellung des Selbst ist vielleicht weniger ungewohnt, als sie auf den ersten Blick scheinen mag. Gerade weil sie eine Schlüsselrolle in den Kulturen gespielt hat, die historische Vorläufer unserer eigenen sind, wäre es nicht überraschend, wenn sie sich als noch unerkannte Gegenwart in vielen unserer Denk- und Handlungsweisen

156 Ders., Der Verlust der Tugend, a.a.O., S. 275.

> herausstellen würde. Es ist daher nicht unpassend, damit zu beginnen, daß einige unserer selbstverständlich geltenden, aber eindeutig richtigen begrifflichen Ansichten über menschliches Handeln und menschliches Selbst-Sein untersucht werden, um zu zeigen, wie natürlich es ist, das Selbst als narrative Form zu denken.[157]

Philosophen, Sprechakttheoretiker und Linguisten haben eine Vorliebe für scheinbar simple Beispiele, wie zum Beispiel „Er arbeitet im Garten". Um das Handeln des Mannes zu verstehen, muß man dessen manifeste oder latente Intentionen kennen. Diese Intentionen finden in einem „bestimmten Rahmen" statt, der durch eine „besondere Geschichte" umrissen wird. So macht es einen Unterschied, ob er den Garten vor dem Wintereinbruch in Ordnung bringen möchte oder ob er es seiner Frau zuliebe tut. Im einen Fall wäre die Handlung, die „Episode", in ein Narrativ eingebettet, in dem es um Haushalt geht, im anderen Fall wäre es in der „narrativen Geschichte einer Ehe angesiedelt". Beide individuellen Erzählungen sind wiederum Teil umfassender, synchron und diachron gestreckter, überindividueller Narrative, die die Geschichte der Ehe als Institution bzw. die Geschichte der Hauswirtschaft, etwa die Jahrhunderte alte Geschichte europäischer Bauernhöfe, manifestieren.

Handlung und Narration stehen in einem unentrinnbaren Zusammenhang zueinander. Dabei spielen zeitliche Abfolge und kausale Logik eine entscheidende Rolle:

> Narrative Geschichte einer bestimmten Art erweist sich als die grundlegende und wesentliche Gattung der Charakterisierung menschlichen Handelns.[158]

Damit sind wir wieder bei einem ähnlichen Zirkel angelangt wie bei der Mimesis I von Ricœur, die streng genommen ja auch keine Nachahmung, sondern eine Konstruktion von Handlung war, die Handlung erst zu dem macht, was sie ist. Bei MacIntyre ist die Erzählung eine Darstellungsform menschlichen Handelns. Auch hier scheint zunächst ein gewisser Überhang des Narrativen als einer Form der Repräsentation und der Konstruktion zu bestehen: es wird nicht abgebildet, was ohne Erzählung da ist, sondern damit Handlung als Handlung erscheint, bedarf es (der Möglichkeit) des Erzählens. Gegenüber Ricœur fügt MacIntyre eine weitere Funktion des Erzählens an: erst die Erzählung macht Handeln verständlich. Innerhalb einer Erzählgemeinschaft kommt es auf ein gewisses, schwer zu definierendes Maß an nicht bloß lingualer Verständlichkeit an.

Im Gegensatz zu Ricœur ist MacIntyre jedoch forsch und unvorsichtig, indem er das Erzählen schließlich doch nicht als eine kulturell jeweils spezifische Form der Konstruktion von Handlung und als die zentrale Tätigkeit in der Manufaktur der Identität ansieht, sondern sie anthropologisch-realistisch verortet. Mit der amerikanischen Literaturtheoretikerin Barbara Hardy geht er davon aus, daß Erzählung und Leben tendenziell ineins zu setzen wären. Der erzählende Mensch wird in schlechter Abstraktion zur anthropologischen Konstante: der Mensch wird zum „Geschichte erzählenden Tier".[159]

157 Ders., Der Verlust der Tugend, a.a.O., S. 275.
158 Ders., Der Verlust der Tugend, a.a.O., S. 279.
159 Ders., Der Verlust der Tugend, a.a.O., S. 283 u. 288; Barbara Hardy, Towards a Poetics of Fiction: An approach through Narrative, in: Novel, 2, 1968, S. 5–14: „[...] we dream in

Erzählen und Leben tendenziell ineins zu setzen, bedeutet den Verzicht auf die Wahrnehmung kultureller Differenzen des Erzählens, die Hintanstellung des transformativen Aktes des Erzählens und schließlich – unfreiwillig postmodern – das Ineinssetzen von Literatur und Leben. Aber, um ein prominentes Beispiel zu wählen: Ulrichs Vorschlag in Musils „Der Mann ohne Eigenschaften", so zu leben wie im Roman, setzt genau jene spezifische Differenz voraus, die durch die vorschnelle Gleichsetzung kassiert wird. Nicht nur sind viele literarische Erzählungen nicht unmittelbar auf die Konstruktion lebensweltlicher Identität bezogen und somit auch nicht lebbar, vielmehr läßt sich im Leben, anders als in der fiktiven Literatur der absolute Endpunkt nicht antizipieren. Oder anders ausgedrückt: die Sinngebung in den verschiedenen Darstellungsformen des Erzählens stellt immer eine Kontingenzbewältigung, eine Sinnstiftung dar, die es nur vermöge der Erzählkonstruktion gibt. Gerade am Beispiel des Traumes läßt sich zeigen, daß er vielfach, trotz raffinierter hermeneutischer Bemühungen, unverständlich bleibt.

Bedenkenswert ist hingegen der Gedanke der Verständlichkeit. Unverständliche Handlungen sind demnach solche, deren Intention und darüber hinaus deren narrative Grundlage unbekannt sind. Dazu greift der Autor wiederum auf eines dieser künstlichen, notorisch unwahrscheinlichen Lehrbeispiele zurück. Jemand steht an der Haltestelle und wartet auf den Bus. Plötzlich steht ein junger Mann neben ihm und sagt: Der Name der gemeinen Wildente ist *Histronicus histronicus histronicus*. Sofern keine Aufklärung der Intention und des narrativen Hintergrundes erfolgt, bleibt die gesetzte Handlung unverständlich und rätselhaft.

MacIntyre erwähnt auch Kafkas (Traummaterialien verwendende und aufarbeitende) Romane „Der Prozeß" und „Das Schloß" als Beispiel, wie im Medium der Literatur Handlung unverständlich gemacht wird und eine Abfolge von Episoden zutage tritt, die auf kein *telos* und auf kein Ende hin bezogen sind.

Weder versucht MacIntyre die Funktion der Kafkaschen Literatur im Kosmos der Befindlichkeit des modernen Subjekts zu bestimmen, noch greift er auf ein doch so naheliegendes Beispiel zurück, in dem – anders als in dem konstruierten Fall an der Bushaltestelle – Unverständlichkeit eine dramatische und heute zugespitzte Bedeutung hat: in der Begegnung verschiedener Kulturen, sei es im Kontext der eigenen, heterogenen Kultur, sei es im globalen Maßstab. Dabei braucht man noch gar nicht – eurozentrisch gesprochen – auf die tiefe semantische Kluft zwischen europäischen und außereuropäischen Kulturen zu rekurrieren. Es genügt, sich die innereuropäischen Differenzen im Hinblick auf so elementare Dinge wie Essen und Trinken, Lernen und Schreiben, Liebe und Sexualität zu vergegenwärtigen. Für einen deutschsprachigen Professor ist es schwer verständlich, warum seine englischen Kollegen mittels dreifacher Korrektur darüber befinden, ob eine Examensarbeit 63 oder 64 Prozentpunkte zugesprochen bekommen soll, oder warum man nicht selten, wenn

---

narrative, day-dream in narrative, remember, anticipate, hope, despair, believe, doubt, plan, revise, criticize, construct, gossip, learn, hate and love by narrative […]."
Vgl. zur Diskussion: Michael Bell, How Primordial is Narrative, in: Christopher Nash (Hrsg.), Narrative in Culture, a.a.O., S. 172–198, hier: S. 175.

man bei einer Konferenz einen Vortrag hält, also Arbeit leistet, für die Teilnahme an der Konferenz bezahlen muß. Ganz offenkundig hat dies mit Rahmenbedingungen und ihnen zugrundeliegenden Erzählungen zu tun, die der Fremde nicht kennt. Der Fremde ist fremd, weil er die zentralen Narrative der betreffenden Kultur und ihre Konstitutionsprinzipien nicht kennt. In diesem Sinn nähert sich das Unverständlichkeitstheorem MacIntyre's der Idee von Clifford Geertz, Kulturen analog zu Texten hermeneutisch zu lesen. In diesem Niemandsland[160] des Nicht-Verstehens sind handgreifliche Reaktionsbildungen – ironisch gesprochen – beheimatet: Abwehr, Geringschätzung, Projektion, Bewunderung. Das interkulturell wie das interpersonell Unverständliche bildet den Raum für Phantasie und Phantasma. Es ist das Rätselhafte, das die Arbeit der Phantasie in Gang setzt und hält.

Kafkas Version der Verfremdungstechnik operiert genau mit diesem Mechanismus: daß sie die Phantasie in Beschlag nimmt, die dem Willen zum Verstehen zur Seite springt, ist fester Bestandteil der strukturellen Textanordnung. Positiv gesprochen lassen sich Kafkas Texte als Einübung ins Unverständliche verstehen. Gegen landläufige modernistische Interpretationen ist einzuwenden, daß Kafkas Texte kein Indiz für ein Ende des Erzählens sind; sie verdanken ihre Wirksamkeit nicht zuletzt dem Umstand, daß die traditionellen Erwartungshaltungen an Narrative ungebrochen intakt sind. Sie verlören ihren Reiz in einer Welt, die so beschaffen ist wie die fiktive Kafka-Welt. In dieser „funktionieren" sie nämlich nicht. Nicht zuletzt verdanken die Kafkaschen Texte ihre Wirksamkeit jener spezifischen Differenz zwischen den Figuren im Text und den Lesern. Während diesen, ähnlich wie im Traum, die Welt im Text ganz selbstverständlich zu sein scheint, bleibt sie für den Leser „außerhalb" absurd, unheimlich und unverständlich. Der Leser hat, anders als in landläufigen Texten, keinen Stellvertreter, keinen „Reiseführer", keinen „Repräsentanten".

Im übrigen ist die Vorstellung der völligen Transparenz ein rationales Phantasma, eine Wunschvorstellung, der ein Konzept von Selbst und eine entsprechende Narration zugrunde liegt: die Geschichte des Menschen, der seine sozialen Beziehungen permanent im Bewußtsein hält und kontrolliert. Denn selbst die simplen, nonliterarischen, nicht fix formulierten Erzählkomplexe, die uns Handlungen in unserer Kultur verständlich erscheinen lassen, sind mehrdeutig, variabel, zwiespältig, uneindeutig und somit offen für mehrerlei Verständnis und Mißverständnis.

Das gilt selbst für das Schulbeispiel des für seine Frau gärtnernden Mannes: Es könnte durchaus sein, daß beide – geschlechtsspezifisch, sozial oder kulturell bedingt – das Narrativ der Ehe und im speziellen die Erzählung ihrer Ehe unterschiedlich verstehen. Während der Ehemann die Geschichte seiner Ehe so interpretiert, daß der größte Liebesdienst für seine Frau darin besteht, im Garten zu arbeiten, könnte z.B. die Frau eine direkte Bezugnahme auf ihre Person als einen weitaus größeren Liebeserweis ansehen. Die Poesie der Literatur und die Prosa der Scheidungsgerichte liefern eindrucksvolle Beispiele für den hartnäckigen Fortbestand des Unverständlichen in

160 Vgl. Homi K. Bhabha, The Location of Culture, London: Routledge 1994; deutsch: Die Verortung der Kultur. Mit einem Vorwort von Elisabeth Bronfen (deutsche Übersetzung von Michael Schiffmann und Jürgen Freudl), Tübingen: Stauffenberg 2000 (= Stauffenberg discussions; 5), S. 1ff.

einer Welt von Selbstverständlichkeit. Wenn „Verständlichkeit" wirklich das „Bindeglied zwischen dem Begriff der Handlung und dem der Erzählung" darstellt,[161] dann spricht der Fortbestand des Unverständlichen dafür, auf der Differenz zwischen der unverständlich eindeutigen Handlung und der scheinbar verständlichen Erzählung zu bestehen. Im Klartext bedeutet das aber, daß Gesellschaften durchaus mit einem beträchtlicheren Maß an narrativer Opakheit, an Uneindeutigkeit, Unverständlichkeit, Sinnlosigkeit, auszukommen vermögen, als die kommunitaristische Theorie annimmt.

Es stellt einen auffälligen Widerspruch dar, daß ein Denker wie MacIntyre, dem es doch ganz offenkundig um die Rehabilitation „klassischer" politischer Tugenden zu tun ist, einem Verständnis von Handlung huldigt, das letztendlich radikal literalistisch ist. So schlägt er vor, Gespräche bestimmten Gattungen zuzuordnen, „so wie wir es mit literarischen Gattungen tun"[162]. Gleichzeitig weist er auch auf die Verdoppelung des Handelnden in den dargestellten Erzählungen hin, in der der Handelnde als Autor wie auch als Schauspieler seiner selbst agiert, wobei er an dieser Stelle einräumt, daß die Autorenschaft bestenfalls eine Ko-Autorenschaft sei, weil die individuelle Erzählungen auf narrativen Komplexen beruht, die sich nicht dem Gutdünken eines autonomen Subjekts verdanken. Gleichzeitig insistiert MacIntyre aber auf die Verantwortlichkeit, die durch den Begriff des Handelns gegeben sei. Es gäbe keine Möglichkeit,

> meine Identität oder ihr Fehlen – mit der psychologischen Kontinuität oder Diskontinuität des Selbst zu *begründen*.[163]

Das ist, wie man von psychiatrischen Gutachten bei Gerichtsprozessen weiß, nicht ganz richtig. Bereits Musil hat sich am Beispiel des Frauenmörders Moosbrugger mit dem Widerspruch einer Kultur geplagt, die im Bereich von Politik und Recht einerseits auf der restlosen Verantwortlichkeit des Menschen beruht und die andererseits zugleich darum Bescheid weiß, daß diese Verantwortlichkeit labil und relativ ist.

So offenbart sich in der Welt des Narrativen eine Gespaltenheit: das kompakte Selbst mit seinem homogenen Narrativ („Einheit einer in einem einzigen Leben verkörperten Erzählung")[164] steht einem fragilen Subjekt gegenüber, das sich epischen Bruchstücken gegenübersieht und das die Unterlage des Narrativen erfahren hat: Sinnlosigkeit und Kontingenz. Es ließe sich argumentieren, daß die Moderne daraus ganz spezifische Narrative gestaltet hat, die auf eine neue Weise Weltbezug durch die Erfahrung von Sinnverlust und Kontingenz ermöglicht.

Die Abfolge von Handlungen allein macht nämlich keinen Sinn. MacIntyres „narrativer Begriff des Selbst" verdeckt diese Gespaltenheit, wenn sein Kommunitarismus den Leser auf eine vormoderne Konzeption der narrativen Selbstkonstruktion festlegen möchte, die in folgendem Dreischritt erfolgt:

---

161 Alasdair MacIntyre, Der Verlust der Tugend, a.a.O., S. 285.
162 Ders., Der Verlust der Tugend, a.a.O., S. 282.
163 Ders., Der Verlust der Tugend, a.a.O., S. 289.
164 Ders., Der Verlust der Tugend, a.a.O., S. 275f, 290f.

1. Ich befinde mich im Verlauf einer Lebensgeschichte.
2. Es ist meine und nichts als meine Lebensgeschichte.
3. Weil es meine Lebensgeschichte ist, trage ich die Verantwortung dafür.

Die Pointe des möglichen Gegenarguments besteht nicht darin, zu bestreiten, daß eine solche Selbstwahrnehmung politisch und lebenspraktisch von Belang ist, sondern daß sie all jene modernen Störerfahrungen seit Freud und der klassischen Moderne ausgrenzt, die sinnfällig machen, daß die Sicherheit meiner existentiellen Befindlichkeit, die „Jemeinigkeit" meiner Lebensgeschichte und die Selbstkontrolle stets mit einer Klammer oder einem Anführungszeichen zu versehen sind. Aus der inneren Befindlichkeit erscheint die moderne Narrationskonstruktion des einzelnen, einer kleinen und einer imaginären Gemeinschaft stets als „authentisch" und „wahr", während sie sich aus der postmodernen Außenperspektive als eine fiktive Konstruktion darstellt. Das ist ein Paradox: auch jene Psychoanalytiker, die sich heute als Narratologen verstehen, sagen nicht zu ihren Patienten: Ich verpasse ihnen ein neues narratives Gewand. Es ist zeitgemäßer als ihr altes. Sie werden sich in ihrer neuen Identität wohler fühlen als in ihrer pathetischen alten. Vielmehr wird der Patient die modifizierte Geschichte „seines" Lebens selbstverständlich für die nun einzig richtige ansehen. Narrationen leben davon, daß sie für wahr gehalten werden.[165]

165 Ich schulde Erhard Stölting Dank, der diese Paradoxie in einem Vortrag anläßlich unserer Arbeitstagung „Body and Nationhood" im März 2001 an der Universität Birmingham mit soziologischer Präzision auf den Begriff gebracht hat.

4. Mythos, Gedächtnis, Narration

4.1. Die narrative Konstruktion von Gedächtnis und Erinnerung

Das Verhältnis von Zeit und Gedächtnis ist theoretisch besehen komplex. Zunächst einmal stellt sich das Verhältnis zwischen Zeit und Gedächtnis so dar, als ob beide in einem Kontrastverhältnis zueinander stünden: das Gedächtnis überwindet oder überlistet die vorübereilende Zeit, es hält sie an und hält sie zugleich fest. Seit Augustinus gilt, daß Zeit in einem ganz minuziösen Sinn nur als erinnerte (oder erwartete) Gegenwart besteht, wobei es keinen meßbaren Punkt der Gegenwärtigkeit gibt, der mit dem Jetzt identisch wäre.

So sind beide Wendungen „Gedächtnis der Zeit" „Zeit des Gedächtnis", als *genetivus subjectivus* genommen, keineswegs unmittelbar einleuchtend. Das was als unwiederbringlich vorübergehend wahrgenommen wird, läßt sich nicht festhalten: das Gedächtnis ist gleichsam eine Kompensation, die Zeit zugleich konstituiert und konstruiert.

Aber auch die Formel vom Gedächtnis der Zeit, die man als Metapher genommen auf die Geschichte beziehen könnte, ist zunächst einmal irreführend: denn, wenn es etwas gibt, das das Gedächtnis vergißt, dann ist es die Zeit. Nur so ist jenes Phänomen erklärbar, das Benjamin als „Tigersprung der Geschichte" beschrieben hat – das gilt lebensgeschichtlich wie im Sinne einer allgemeinen Geschichte. Das, was erinnert wird, ist nicht (unbedingt) das zeitlich Naheliegendste.

Daß das Gedächtnis zunächst gegen die Zeit agiert, läßt sich dadurch gut veranschaulichen, daß in der klassischen Mnemonik, die Teil der Rhetorik gewesen ist, das Gedächtnis ausschließlich räumlich gedacht worden ist: etwa als Bibliothek, durch die man flaniert wie bei Augustinus, oder als Gedächtnistheater der Renaissance wie bei dem italienischen Gelehrten Giulio Camillo. Noch das deutsche Wort „Speicher" für das externalisierte, stillgestellte „Gedächtnis" des Computers steht in dieser metaphorischen Tradition eines Räumlichen, das Zeitlosigkeit signalisiert. Wie bewußt das Giulio Camillo gewesen ist, beweist sein Kommentar zu seinem nach hermetischen und kabbalistischen Prinzipien strukturierten Gedächtnistheater:

> Wenn die antiken Redner in dem Wunsch, die vorzutragenden Teile der Rede von einem Tag auf den anderen festzuhalten, sie vergänglichen Orten als vergängliche Dinge anvertrauten, dann ist es wohl rechtens, daß wir in dem Wunsch, auf ewig die ewige Natur aller Dinge, die in der Rede ausgedrückt werden kann, aufzubewahren [...] sie

ewigen Orten zuweisen. Unsere große Anstrengung ist es deshalb gewesen, eine Ordnung in diesen umfassenden und untereinander verschiedenen sieben Maßeinheiten zu finden, die den Geist aufmerksam hält und das Gedächtnis bewegt.[166]

Die Monumentalität korrespondiert mit dem Wunsch nach Überzeitlichkeit: das der Renaissance verfügbare (Geheim-)Wissen soll für alle Zeiten aufbewahrt und verfügbar gehalten werden. Aleida Assmann hat in ihrer ausführlichen Darlegung weitere solcher Gedächtnisräume und -orte beschrieben: Ruhmestempel und Denkmäler, Gedächtniskisten, Gräber, Ruinen.

Es ist evident, daß das überzeitliche Gedächtnis sich entsprechender, haltbarer Medien bedient. In diesem Zusammenhang ist auch auf den kanadischen Medientheoretiker Harold Innis zu verweisen, der schon im Hinblick auf die frühen Schriftkulturen zwischen raumöffnenden und zeitöffnenden Medien unterschieden hat.[167] Die in Stein gehauene Schrift, in der uns etwa das Gilgamesch-Epos erhalten ist, bildet dabei das eine, der Papyros das andere Extrem. Daß unsere gegenwärtige Kultur vordergründig von der Obsession der Raumöffnung beseelt ist, braucht kaum eigens betont zu werden. Bringen die überzeitlichen Gedächtnisspeicher wenigstens ihrem Anspruch und ihrem Anschein nach die Zeit zum Verschwinden (Ewigkeit), so die den Raum transzendierenden telematischen Maschinerien den Raum. So stehen Starrheit und Festigkeit auf der einen, Flüchtigkeit und Flüssigkeit auf der anderen idealtypisch besehen einander gegenüber: die Kommunikation zwischen Raumgenossen (über Generationen) versus jener zwischen den Zeitgenossen (einer oder zwei Generationen).

Die Moderne hat eine Unmenge raumöffnender Medien hervorgebracht, aber kein einziges, das zeitöffnend ist. Die „Halbwertzeit" von CD, Computerdisketten, Tonbändern, Videos, Kassetten, von Film und Photographie ist vergleichsweise gering und nimmt potentiell ab; die Dokumente unserer Kultur bedürfen des regelmäßigen *recycling* – das gilt selbst für die Bücher, die am Anfang der neuzeitlichen medialen Revolution stehen. Buchkonservierung und Entsäuerung alter Bücher sind heute teure Routinearbeiten angesehener Bibliotheken, die um ihre Bestände fürchten. Aber generell hat das Medium neben seiner ortsunabhängigen Verfügbarkeit und seiner Handlichkeit den entschiedenen Vorteil der Mittellage: seine etwas langsamere Raumöffnungsgeschwindigkeit wird allemal durch einen höheren Grad an Dauerhaftigkeit wettgemacht. Wer für seine Ideen, ästhetische wie wissenschaftliche, den Anspruch auf eine gewisse Langlebigkeit erhebt, für den wird das Medium Buch bis auf weiteres unverzichtbar bleiben.

---

166 Giulio Camillo, L'Idea del Theatro, Venedig 1552, S. 9, zit. nach: Frances A. Yates, Gedächtnis und Erinnern. Mnemonik von Aristoteles bis Shakespeare, Weinheim: VCH-Verlags-Gesellschaft 1990, S. 129; Paolo Rossi, Clavis univeralis, Bologna: Il Mulino 1960 (= Saggi; 24).

167 Harold A. Innis, Kreuzwege der Kommunikation. Ausgewählte Texte (hrsg. von Karlheinz Barck), Wien: Springer 1997, S. 69–187; vgl. Wolfgang Müller-Funk, Junos Pfau. Studien zur Anthropologie des inszenierten Menschen, Wien: WUV 1999 (= Wiener Vorlesungen. Konversatorien und Studien; 8), S. 45.

Lakonisch gesprochen könnte es also durchaus sein, daß von unserer selbstdarstellungs- und medienwütigen Kultur nicht viel übrig bleibt. Die Vorstellung, daß nach 2000 Jahren Menschen die Festplatten unserer Computer öffnen und dechiffrieren so wie die Rollen von Nag Hammadi, ist nur schwer vorstellbar.

Aber auch der verzweifelte Kampf gegen die Zeit hat seine Grenzen, wie Ottilie aus Goethes Roman „Die Wahlverwandtschaften" betrübt konstatiert:

> Wenn man die vielen versunkenen, die durch Kirchgänger abgetretenen Grabsteine, die über ihren Grabmälern selbst zusammengestürzten Kirchen erblickt, so kann einem das Leben nach dem Tode doch immer wie ein zweites Leben vorkommen, in das man nur im Bilde, in der Überschrift eintritt und länger darin verweilt, als in dem eigentlichen Leben. Aber auch dieses Bild, dieses zweite Dasein verlischt früher oder später. Wie über die Menschen so auch über die Denkmäler läßt sich die Zeit ihr Recht nicht nehmen.[168]

Ein klassischer dialektischer Umschlag: Dort, wo die Zeit überwunden werden sollte, meldet sie sich zurück; die Vergänglichkeit heftet sich noch an das zeitwiderständigste Material. Der vermeintliche Ort der Dauer und der Ewigkeit ist zugleich jener Ort der Vergänglichkeit und des Todes – davon lebt ein ganzes Sujet von der englischen *gothic novel* bis zur schwarzen Romantik Baudelaires.

Aber einen weiteren Aspekt hat die melancholische Betrachterin Goethes übersehen: nicht nur verliert sich die Spur der Schrift, vielmehr erlischt noch vor dem in Stein materialisierten Medium die Botschaft. Die sorgfältig auf Dauer medialisierten Botschaften der längst Toten erreichen die Lebenden nicht mehr, weil diese die Botschaft und ihren kulturellen Kontext nicht mehr dekodieren können. Mittlerweile kann die überwältigende Mehrheit der Menschen in der westlichen Welt nicht einmal mehr die in Bild und Schrift gefaßten Botschaften in den Kirchen dechiffrieren; sie beginnen so fremd zu werden wie die Höhlenmalereien von Lascaux. Selbst die Ikonographie einer Bismarcksäule dürfte den meisten Deutschen Kopfzerbrechen bereiten.

So täuscht die Objektivität der externalisierten, dauerhaften, zeitöffnenden Medien darüber hinweg, daß ihre Verständlichkeit an ganz andere, non-materiale Bedingungen geknüpft sind: wir verstehen die Malereien von Lascaux ebenso wenig wie die Ikonographie des Bismarck-Denkmals, weil wir in keiner Erzählgemeinschaft mit denen leben, die diese Artefakte schufen; mit Abstrichen gilt dies auch für die christliche Gedächtniskunst oder die antike Allegorik des Barocks: sie ist kommentarbedürftig geworden, weil die Narrative der Kultur sich gewandelt haben.

Ganz generell gilt aber, daß die Medien des Gedächtnisses und der Kommunikation nicht sprechen; sie sind auf ein Verständnis und Vorverständnis angewiesen: weil wir die Erzählungen nicht kennen, entziehen sie sich unserem Verständnis, werden fremd, das heißt unidentisch mit uns, dadurch womöglich reizvoll. Immer bedürfen

---

168 Johann Wolfgang Goethe, Die Wahlverwandtschaften, in: Ders., Sämtliche Werke in 18 Bänden, Zürich: Artemis & Winkler 1977, Band 9, S. 146; vgl. den Kommentar zu dieser Passage bei: Aleida Assmann, Erinnerungsräume. Formen und Wandlungen des kulturellen Gedächtnisses, München: Beck 1999, S. 58.

Texte und Monumente, so ehrwürdig und überzeitlich sie sich auch geben mögen, der Auslegung und Kommentierung.

Dauerhafte Medien wie Schrift und Denkmäler implizieren das epistemologische Mißverständnis, daß sich ihr Sinn aus sich selbst ergebe. Eine solche Konzeption verwandelt prinzipiell alle Artefakte in ein für allemal gültige und bedeutungsvolle Denkmäler, wie der Literaturtheoretiker Hans Jost Frey am Beispiel des Textes ausführt:

> Zur Auffassung des Textes als Denkmal gehört die Festlegung und damit der Anspruch auf Endgültigkeit. Sie läßt den Leser nur als Denkmalpfleger zu, als Diener einer Überlieferung, die insofern, als sich etwas ändert, als fixierte gar nicht anders als bedroht sein kann. Der Diener ist konservativ und in ständiger Sorge um die Autorität, die es ihm ermöglicht, sich unterzuordnen. So wird er leicht zum Propheten des Untergangs, weil er an die Beständigkeit des Bestehenden glauben möchte. Aber diese Beständigkeit könnte nicht bedroht sein, wenn sie nicht fragwürdig wäre. Es spricht nichts dagegen, daß man sich auf die Fragwürdigkeit einläßt, es sei denn, die Erstarrung in der Unveränderlichkeit würde der Bewegung wie ein Wert einem Unwert entgegengestellt.[169]

Unverkennbar spricht hier – kulturwissenschaftlich betrachtet – ein Proponent einer „warmen" Gesellschaft (Lévi-Strauss), einer Bewegungsmoderne, die den Wert der Dynamik („Bewegung") höher veranschlagt als den der Konstanz („Erstarrung"). Analytisch besehen läßt sich das Argument indes kaum widerlegen: Texte leben davon, daß sie wieder gelesen und daß ihre Narrative verstanden werden. Wenn sie als selbstverständlich verstanden werden, dann dürfte der Druck zu einer Umschreibung, zu einer Variation oder einer Dekonstruktion gering sein. Ein gewisses Maß an Konservierung ist dabei stets im Spiel. Das „Schlimmste" indes, was einem Erinnerungsartefakt geschehen kann, ist, daß es schlicht vergessen wird. Aber auch das impliziert die Möglichkeit eines machtvollen Erinnerns. Denn Vergessen ist eine höchst paradoxe Voraussetzung für den Prozeß des Erinnerns.

Es besteht heute in dem mäandrierenden *memoria*-Diskurs weitgehende Übereinstimmung, daß das Verhältnis von Vergessen und Erinnern nicht als antithetisch, sondern als synergetisch zu bestimmen ist. Ausschließliches Erinnern und exklusives Vergessen unterlaufen als hypothetische Denkmodelle oder als Symptome psychischer Erkrankung auf unterschiedliche Weise die Möglichkeit, in ein stabiles Verhältnis einzutreten: Im ersten Fall mutiert das Subjekt selbst zu einem manifesten Erinnerungsraum, dessen einziges vitales Interesse das Speichern des zeitlich Abgelaufenen wäre, im zweiten Fall aber käme jene Instanz abhanden, die Ausgangspunkt des Vergessens war: das Selbst in seiner relativen Verläßlichkeit und Dauerhaftigkeit. Es gibt einen bösen Witz über die Vorteile der Alzheimer-Erkrankung: daß man jeden Tag neue Menschen kennenlernt. Dies läßt sich noch steigern dadurch, daß man, ohne es recht zu wissen, jeden Tag ein neuer Mensch ist.

Man vergißt, weil man sich einmal erinnert hat, und man erinnert sich – man entsinne sich der Geschichte mit dem Schlüssel, den man verlegt hat und nicht wiederfindet –, weil man etwas verloren oder vergessen hat. Das Vergessen kann

---

169 Hans Jost Frey, Der unendliche Text, Frankfurt/Main: Suhrkamp 1990, S. 15 f.

verschiedene Ursachen haben: das Ereignis war unbedeutend oder sehr häufig (weshalb die Erinnerung auch mehrfach vorkommende Ereignisse zu einem synthetisiert) oder aber das Ereignis war zu schmerzhaft und traumatisch – das ist der Freudsche Fall des Verdrängens des Unerträglichen, nicht zu Verarbeitenden; damit aber eigentlich nicht Unbewußten, sondern latent Bewußten, das symptomatisch (psychische Erkrankung) oder auch zu einem späteren Zeitpunkt manifest zum Vorschein kommt. Überhaupt liefert die Psychoanalyse, die in diesem Buch selbst als eine große kulturelle Erzählung betrachtet wird, hervorragendes Anschauungsmaterial für den inneren Zusammenhang von Erinnerung, Erzählung und Erfahrung, kurzum für die Erfindung des (modernen) Ich aus dem Geist aktualisierter Anamnese. Verdrängung wäre eine Erfahrung, die man nur auf mühsamem Umweg machen kann, Erinnerung, der Weg ins Freie aus einer traditionellen, patriarchal verordneten Identität zu einer neuen, post-traditionellen, durch das Erzählen auf der Couch produzierten Identität. Die Couch und andere Räume erzählerischer Selbstdarstellung haben die Literatur längst als das primäre Medium der Selbstfindung abgelöst: In ihr wird der Analysand zum Autor und Darsteller seiner selbst.

Diese Unmittelbarkeit ist unüberbietbar, sie impliziert allerdings auch einen Mangel an Distanz. Die expliziten Erzählungen der Künste bieten beides, die Möglichkeit sich selbst ins Spiel zu bringen, und die Möglichkeit eines Außen:

> Kulturen brauchen, was ich Medien – traditionell: Künste – nennen möchte. Diese ermöglichen *packende, faszinierende Erfahrungen,* ohne welche soziale wie private Lebensformen austrocknen würden. Im Verlust imaginär-vitaler Handlungsketten würden Kulturen irgendwann auch ihre „Handlungsfähigkeit“ verlieren.[170]

Damit ist aber schon auf eine Eigenart des Narrativen verwiesen, auf Dramatik („packend“) und Überraschung („faszinierend“). Erzählungen lassen sich deshalb als Medien begreifen, die Handlungsketten nach ganz bestimmten Prämissen ordnen, nach ästhetischen (Dramatik), aber auch nach existentiellen (Intensität, Schmerz, Wunde) und nach ethischen (Sieg des Guten, *happy end*).

Kritisch gewendet besteht hierin die zweite „Verstellung“ durch das Narrative. Nebensächlichkeiten und Ausschmückungen (die Barthesschen Kataklysen und Informanden), die rhetorischen Effekten unterliegen, bilden den Ausgangspunkt für die Variation von Erzählungen. Erzählen bedeutet immer auch, das zu unterschlagen, was nicht erzählt wird, was besser vergessen oder verheimlicht werden soll. Man erzählt eine Geschichte, um womöglich eine andere Geschichte nicht erzählen zu müssen. So legt das manifest, literarisch oder unliterarisch Erzählte den Grundstein für das Vergessen, für das individuell oder gesellschaftlich produzierte Unbewußte (um einen Ausdruck von Mario Erdheim zu variieren)[171]. Womöglich gibt es Ereignisse, die sich nicht erzählen lassen, weil sie zu banal sind oder weil sie sich, wie im Falle der Shoah, der strukturellen Logik traditioneller philosophischer Narrative

170 K. Ludwig Pfeiffer, Das Mediale und das Imaginäre. Dimensionen kulturanthropologischer Medientheorie, Frankfurt/Main: Suhrkamp 1999, S. 22.

171 Mario Erdheim, Die gesellschaftliche Produktion von Unbewußtheit. Eine Einführung in den ethnopsychoanalytischen Prozeß, Frankfurt/Main: Suhrkamp 1984, S. 368–434.

entziehen: Es wäre z.B. obszön, die Shoah im Sinne der Hegelschen List der Vernunft zu erzählen. In diesem Sinn wäre Adornos Ausspruch, nach Auschwitz ließen sich keine Gedichte mehr schreiben, durchaus noch aktuell, wenn man den Gattungsbezug beiseite läßt; womöglich ist das Gedicht, das auf das schweigende Entsetzen, die sprachlose Verzweiflung verweist, das ästhetische Medium für die Bearbeitung des Unsagbaren, das sich am ehesten für die symbolische Bearbeitung des Unaussprechlichen eignet.

Es ist hier vielleicht angebracht, auf die Differenz von Gedächtnis und Erinnerung zu rekurrieren, für die das Deutsche eben die beiden Ausdrücke bereitstellt. Aleida Assmann hat diesbezüglich vorgeschlagen, das Gedächtnis als *ars* vom Gedächtnis als *vis* zu unterscheiden. Die Inhalte des Gedächtnisses, schreibt Friedrich Georg Jünger, kann ich mir beibringen, wie sie mir beigebracht werden können. Erinnerung kann ich mir weder beibringen, noch kann sie mir beigebracht werden.[172] In dieser idealtypischen Engführung erfolgt das Erinnern spontan, unwillentlich und unkontrolliert, während das Gedächtnis das symbolische Reservoir darstellt, das die Erinnerung aktutalisiert und das in der *memoria* – einem mehr oder weniger rationalen Vorgang – abgerufen wird.

Im Anschluß an Friedrich Georg Jünger betont Assmann den dynamischen Aspekt des Erinnerns:

> Das Erinnern verfährt grundsätzlich rekonstruktiv; es geht stets von der Gegenwart aus, und damit kommt es unweigerlich zu einer Verschiebung, Verformung, Entstellung, Umwertung, Erneuerung des Erinnerten zum Zeitpunkt seiner Rückrufung. Im Intervall der Latenz ruht die Erinnerung also nicht wie in seinem sicheren Depot, sondern ist einem Transformationsprozeß ausgesetzt. Das Wort „vis" weist darauf hin, daß in diesem Fall das Gedächtnis nicht als ein schützender Behälter, sondern als eine immanente Kraft, als eine Energie mit eigener Gesetzlichkeit aufzufassen ist. Diese Energie kann die Möglichkeit des Rückrufs erschweren wie im Fall des Vergessens oder blockieren wie im Fall des Verdrängens, sie kann aber auch von einer Einsicht, vom Willen oder einer neuen Bedürfnislage gelenkt sein und zu einer Neubestimmung der Erinnerungen veranlassen. Der Akt des Speicherns geschieht gegen die Zeit und das Vergessen, deren Wirkungen mit Hilfe bestimmter Techniken außer Kraft gesetzt werden. Der Akt des Erinnerns geschieht in der Zeit, die aktiv an dem Prozeß mitwirkt.[173]

Mit Vico sieht Assmann einen Wechsel vom räumlichen Paradigma der Mnemotechnik, der Gedächtniskunst, hin zu einem Diskurs, in dem das subjektive Vermögen von Phantasie und Erinnerung in den Mittelpunkt rückt. So markiert die Akzentverschiebung von der alten „objektiven" Gedächtniskunst hin zur Wertschätzung subjektiver innovativer Erinnerung selbst einen radikalen Kulturwandel: von einer objektiven Ordnung zu einer Gesellschaft der Subjektivität. Die alte Rhetorik, deren Teil die bis ins 19. Jahrhundert ausgeübte Mnemotechnik war, wäre also eine kulturelle Verfügungsmacht, die die Subjektivität des Erinnerns unter Kontrolle gehalten hat. Roland Barthes hat dies auch *expressis verbis* so gesehen, wenn er schreibt:

---

172 Friedrich Georg Jünger, Gedächtnis und Erinnerung, Frankfurt/Main: Klostermann 1957, S. 48; Aleida Assmann, Erinnerungsräume, a.a.O., S. 28.

173 Dies., Erinnerungsräume, a.a.O.,S. 28 f.

> Die Rhetorik ist jene privilegierte Technik [...], die es den herrschenden Klassen erlaubte, im *Besitz des Sprechens* zu bleiben. Da Sprache Macht bedeutet, hat man selektive Zugangsregeln zu dieser Macht erlassen und sie als Pseudowissenschaft errichtet, die denjenigen „die nicht sprechen können", verschlossen bleibt und eine kostspielige Initiation erfordert.[174]

Auf die Gedächtniskunst übertragen bedeutet das, daß die Art des Erinnerns nach objektiv gültigen Regeln kanalisiert wird, und daß darüber hinaus persönliche Erinnerungen (von prominenten Ausnahmen abgesehen) als gar nicht der Memorierung für würdig erachtet werden. In diesem Sinn läßt sich das Ende der Gedächtniskunst, der *ars memorativa,* und der Rhetorik auch als ein Akt der Emanzipation des Subjekts (und nicht bloß der ausgeschlossenen, sprachlosen Klassen) begreifen.

Die Kehrseite ist indes der Verlust kultureller Fertigkeiten und Bildungsbestände. Neue Speicherungsmaschinerien wie der Computer dürften diese Entwicklung beschleunigen, aber sie sind nicht deren Ursache gewesen. Es ließe sich sogar umgekehrt argumentieren, daß der Computer eine Konsequenz dieser tiefgreifenden Entwicklung ist. Was objektiv, scheinbar bloßes Datenmaterial ist, wird dem Speicher der Maschine übergeben, um den Kopf für Phantasie und Erinnerung frei zu bekommen – so wenigstens könnte eine affirmative Theorie des Computer-Zeitalters argumentieren. Kritisch gewendet ließe sich sagen, daß es die Panik des Vergessens ist, die der Computer beschwichtigt. Der Druck auf die Speichertaste wird zum kulturellen Beruhigungsmittel.

Die Unterscheidung zwischen Gedächtnis und Erinnerung dürfte für die kulturwissenschaftliche Analyse folgenreich sein – mit der Unterscheidung von Gedächtnis und Erinnerung kommt nämlich die Differenz einer synchronen Kulturwissenschaft, die sich auf die Gegenwärtigkeit der Zeitgenossenschaft und ihre Manifestationen konzentriert, und einer Diachronie, die wie die Assmann-Schule Kultur vornehmlich als institutionalisiertes Gedächtnis bestimmt.

Die Unterscheidung zwischen einer *memoria* als *ars* und einer memoria als *vis,* zwischen Gedächtnis und Erinnerung, denen womöglich auch gehirnphysiologisch zwei durchaus verschiedene Orte im Gehirn zuzuordnen sind,[175] läßt sich weiterführen: Im einen Fall handelt es sich um meine je eigene, emotionale Lebenswelt, im anderen Fall um eine fremde, überwiegend kognitive Welt von Fakten, Information, und Erzählungen, die ich mir durch Familie, Kindergarten, Schule und andere Ausbildungseinrichtungen aneigne und anzueignen habe, um symbolisch in dieser Welt zu leben. Ich erinnere mich nicht an Goethes „Chronos"-Gedicht in einem konzisen Sinn, denn ich habe es nicht geschrieben, und ich erinnere mich nicht an die Greuel der Shoah, denn es gibt daran keine persönliche oder auch nur familiäre Erinnerung; aber es kann sein, daß ich mich plötzlich an einen Satz erinnere, den ich geschrieben habe, oder an ein schmerzhaftes Ereignis, bei dem ich jemanden verletzt

174 Roland Barthes, Das semiologische Abenteuer, a.a.O., S. 16.
175 Vgl. Siegfried J. Schmidt (Hrsg), Gedächtnis. Probleme und Perspektiven der interdisziplinären Gedächtnisforschung, Frankfurt/Main: Suhrkamp 1991.

habe. Ganz offenkundig „vernetzt" sich meine Erinnerungsfähigkeit mit meiner Gedächtnisfähigkeit: Künste wie Literatur und Film sind zum Beispiel „Medien", die diese verkoppeln: Sie führen mir eine Welt vor Augen, in der ich nie war und die ich im ästhetischen Als-Ob so erlebe, als wäre sie meine „eigene". Vermutlich ist die oben angedeutet Koppelung die Ursache für jenen Effekt, den Aristoteles als *Katharsis* beschreibt. Das gilt für die Wirkung lang zurückliegender bzw. mythischer Ereignisse, die das antike Theater bearbeitet, ebenso wie für Claude Lanzmanns Film über die Shoah.[176]

So ist jeder Akt kultureller Symbolsetzung an eine subjektive Aktualisierung, auch in der kältesten Gesellschaft, gebunden und unterliegt auch dort, wo er strukturell als gefährlich abgewehrt wird, kulturellem Wandel. Daher kann das kulturelle Gedächtnis einer Sozietät als ein ewiges Depot erscheinen oder als heilige Schrift, die auf Buchstaben und Komma zu befolgen ist. Der Akt der Performanz, der rituellen Aufführung ist das Eingeständnis, daß das kulturelle Gedächtnis auch vormodern von einer Subjektivität abhängig ist, die an der Erfahrung persönlicher Erinnerung geschult ist (auch wenn diese Individualität nicht formuliert und beansprucht wird). Mittlerweile hat auch die Gedächtnisforschung die Idee aufgegeben, daß das Gehirn einen festen Bestand ein für allemal abspeichert (so wie der Computer), sondern diesen beständig in Bewegung hält.

Womöglich hängt dies mit der narrativen Struktur des Erinnerns zusammen, die auch eine Klammer zwischen Gedächtnis und Erinnerung bildet. Die Erzählung ist es, die einen scheinbar zeitlosen Gegenwärtigkeitspunkt bildet, von dem aus retrospektiv Zeit subjektiv erfahrbar und reaktualisierbar aufgehoben ist. „Durch die narrative Verarbeitung von Erinnerungen", schreibt Aleida Assmann, „wird Zeit in Sinn verwandelt."[177] Das greift entschieden zu kurz und übersieht die konstitutive Rolle des Narrativs für die Zeit, die Ricœur aber auch Bachtin freigelegt haben:

> Certainly no consideration of narrative could avoid the question of time, and quite probably the converse also holds true [...][178]

Wir können hier auf die Ricœursche Analyse rekurrieren, die zwei disparate Elemente aus dem Fundes der klassischen antiken Philosophie verbindet: die Augustinische Reflexion über die Paradoxie der Zeit mit jener Urform einer Theorie des Narrativen, wie sie Aristoteles in der Poetik entwickelt hat: Die Zeit existiert nicht, sie ist diskontinuierlich und nicht von Dauer. Zeit wird also immer verfehlt und nur in einem Akt der Erinnerung eingeholt, wobei der Zeitpunkt dieser Erinnerung selbst noch einmal eigentümlich unfaßbar bleibt.

---

176 Gertrud Koch, Der Engel des Vergessens und die black box der Faktizität – Zur Gedächtniskunst in Claude Lanzmanns Film *Shoah*, in: Anselm Haverkamp/Renate Lachmann (Hrsg.), Memoria. Vergessen und Erinnern., München: Fink 1993 (= Poetik und Hermeneutik; 15), S. 67–77.

177 Aleida Assmann, Zeit und Tradition. Kulturelle Konstruktion von Dauer, Berlin: Böhlau 1998, S. 16.

178 John Bender/David E. Wellbery, Chronotypes. The Construction of Time, Standford: Stanford UP 1991, S. 3.

Während also – um eine eingespielte Terminologie der Literaturwissenschaft aufzugreifen – die „erzählte Zeit" bestimmbar ist (auch wenn sie wie im Fall des Mythos plusquamperfektisch in archaische Anfänge verlegt ist), ist die „Erzählzeit" nicht fixierbar und nicht fixiert. Die gleiche Geschichte kann immer wieder erzählt, vorgelesen, angehört und reproduziert werden. Zwischen der retrospektiven Eigenart des Erzählens und jener unaufhebbaren Differenz zwischen der Zeit und ihrer Konstruktion besteht ein zwingender Zusammenhang:

Alles fängt mit der Reproduktion an. Immer schon handelt es sich um den Niederschlag eines Sinns, der nie gegenwärtig war, dessen bedeutende Präsenz immer nachträglich, im Nachhinein und zusätzlich rekonstruiert wird.[179]

Wir kommen immer zu spät und wir verfehlen stets das „Sein". Das ist die „Wunde", die die Zeit schlägt, und die rekonstruktive, narrative Erinnerung, die eine Ordnung der Zeit stiftet und die diskontinuierlichen Punkte zur Linie vereinigt, ist – um in der Metaphorik zu bleiben – das Pflaster für die verfehlte Unmittelbarkeit des Seins. Die Literatur – das zeigt Assmann am Beispiel Wordsworths sehr schön (und das ließe sich wohl auch bei Hölderlin auffinden) – holt diese Verfehlung im Medium der Dichtung ein. In ihren poetischsten Formen stellt sie sich als ein säkulares Äquivalent zur religiös-mystischen Erfahrung dar, die sich von ihrer zeitlichen Struktur her als Kristallisationspunkt von Gegenwärtigkeit erweist. Die Figur des Punktes, radikale Präsenz meint aber auch: unbedingte Zeitverlorenheit.

Literatur wie auch andere Künste sind nicht nur der kulturelle Ort für die Utopie des zeitlosen Augenblicks, nicht bloß der Ort, an dem die Flüchtigkeit des Daseins in der Zeit abseits des lauten „man" (Heidegger) vernehmbar wird; vielmehr haben sie selbst eine monumentale Dimension: Seitdem Mona Lisa gemalt worden ist, lächelt sie ihr unergründbares Lächeln, das mit zu ihrem Rezeptionserfolg beigetragen haben mag; auch die läppischen Schnurrbärte, die man ihr verpassen wollte, haben daran kaum etwas zu ändern vermocht. Mona Lisa lacht unbeirrt der Zeitläufte. Gleiches gilt für die Waldesruh und Waldeinsamkeit von Goethe, Tieck und Eichendorff. Diese unheimliche Eingefrorenheit der ästhetischen Artefakte hat der französische Philosoph Emmanuel Levinas als ihren eigentlich ontologischen Mangel beschrieben.

Aber ästhetische Medien bzw. Künste wie Film, Theater und unter Umständen auch die stille Lektüre des Romans konstituieren in ihrem Vollzug ein radikales Zeitvergessen: die zwei Stunden packender, faszinierender Erfahrungen vor der Leinwand hat man vergessen. Sie sind nie dagewesen. (Nicht alle) Kunst bedeutet Suspendierung von Zeit. Der Zustand der Versunkenheit hat sie vergessen gemacht. Erst wenn man den Ort der Aufführung verlassen hat und durch die schwarze Türe etwa eines Kinoausgangs ins Freie tritt, wird man gewahr, daß draußen die Zeit weitergelaufen ist.

---

179 Jacques Derrida, De la Grammatologie, Paris: Minuit 1967; deutsch: Grammatologie (aus dem Französischen von Hans-Jörg Rheinberger und Hanns Zischler), Frankfurt/Main: Suhrkamp [4]1992, S. 109; Aleida Assmann, Erinnerungsräume, a.a.O., S. 106; Dies., Zeit und Tradition, a.a.O., S. 7 ff.

Nicht erst auf der Ebene einer kulturell konstruierten Zeit und des damit einhergehenden gemeinsamen Gedächtnisses geschieht das. Der Prozeß der *in actu* einsetzenden narrativen Konstruktion der Zeit ist gleichsam in das Sein eingeschrieben. Sowohl die Erinnerung im Sinne der *vis* als auch das Gedächtnis als *ars* sind ungeachtet ihrer Differenzen narrativ organisiert: sie beschreiben die Zeit als ein kontinuierliches Ganzes, das auf ein zu erwartendes Morgen hin zuläuft. Der Unterschied zwischen der verfaßten Erzählung und dem lebensweltlichen Erinnern besteht im wesentlichen darin, daß die schriftlich fixierte Erzählung (hier in einem gattungsunspezifischen, aristotelischen Sinn) durch die Fixierung ein festgesetztes Ende hat, während dieses im Prozeß alltäglichen, narrativen Erinnerns als ein mögliches antizipiert ist. Der amerikanische Literaturtheoretiker Jeffrey Pence geht so weit, das Narrativ im Gefolge der Heideggerschen Technik-Analyse als eine Form von Technologie anzusehen:

> [...] consciousness itself is formed by enframing along instrumental lines; as the entire world is perceived as rational and useful, so do humans themselves resources to be mastered under the imperialistic logic of technology. Understood in this fashion, technology modes of thinking are not confined to natural or human sciences; also included is history itself, because it shares with the essence of technology the drive to enframe its material as information, posit causality between units of data, and order the past under the aegis of a deterministic destining to reveal „the real everywhere [as] standing reserve“.[180]

Daß Erzählen eine Kulturtechnik mit durchaus instrumentalen Merkmalen ist (die das Erdenkind in Familie, Kindergarten und Schule systematisch lernt), heißt übrigens nicht, daß wir frei über sie verfügen könnten. Der narrative Impuls ist deshalb unhintergehbar, weil er offenkundig an physiologische Gegebenheiten geknüpft ist. Insofern ist der vorliegenden Ansatz strikt kulturanthropologisch: er legt den Menschen nicht als *homo narrrans* fest, aber er behauptet, daß die Narration wie auch die Zeit in einem gewiß sehr rudimentären Sinn an biologische Gegebenheiten geknüpft ist. Kulturen unterscheiden sich dadurch, was sie aus bestimmten, nicht-determinierenden, aber unhintergehbaren „natürlichen“ Gegebenheiten „machen“.[181]

Die stabilisierende Wirkung narrativer Technologie setzt also bereits „unterhalb“ des kulturellen Gedächtnisses und seiner *grand récits* ein.[182] „Die kontinuierliche Geschichte“, vermerkt Michel Foucault in der „Archäologie des Wissens“, sei „das unerläßliche Korrelat für die Stifterfunktion des Subjekts“.[183] Dieses Korrelat ist bestimmend wegen der Qualität der Kontinuität: und diese ist sowohl als Lebens- wie

---

180 Jeffrey Pence, Narrative as a Technology of Memory in William Gass's The Tunnel, in: Journal of Narrative Theory 30.1., Winter 2000, S. 96–126, hier S. 101.

181 K. Ludwig Pfeiffer, Das Mediale und das Imaginäre, a.a.O., S. 40: „Verkürzt ließe sich der Begriff der Anthropologie zur Bezeichnung all jener Ansätze verwenden, welche den konvergierenden Auswirkungen biologischer und kultureller Dimensionen nachgehen.“

182 Im Gegensatz dazu meint Aleida Assmann, Zeit und Tradition, a.a.O., S. 8: „Von dieser radikal individualisierten Perspektive der Philosophen, die die unhintergehbare Diskontinuität der Zeit herausstellen, führt kein Weg zur Zeit als einer Dimension der Kultur, geschweige denn zur Zeit als einer kulturellen Konstruktion.“

183 Michel Foucault, Archäologie des Wissens, a.a.O., S. 23.

als „Weltgeschichte" gegeben. Denn nur die Dauer setzt ein Subjekt ins Werk, das verläßlich von sich und der Welt zu erzählen weiß. Mit dem radikalen Zerfall jedweder Kontinuität verfällt auch die Position des klassischen (literarischen wie außerliterarischen) Selbst-Erzählers als eines doppelten Subjektes: als eines, das Erzähler einer Geschichte ist und als einer, der Handelnder in der erzählten Geschichte ist. Schon die zeitnahe Erinnerung stellt die Zeit auf Dauer und „verstellt" damit die philosophische Grunderfahrung der Diskontinuität der Zeit.

Vergessen wird bei der Analyse der Augustinschen Zeit-Reflexionen[184] nicht selten, daß sie im Kontext eines größeren Ganzen stehen, nämlich einer autobiographisch, sprachlich komponierten Lebenserinnerung: In gewisser Weise, so kann man sagen, ist der ganze Text, die „Confessiones", die Antwort auf die Frage, die Augustinus in seinen Zeit-Meditationen stellt. Die Überlegungen, die Augustinus anstellt, sind ein denkendes Innehalten in einem Zeitstrom, der durch die Selbsterzählung gestiftet wird. In diese Selbsterzählung sind die kleinen Erzählungen des eigenen Lebens und

184 Die augustinischen Zeitreflexionen reichen weit über die „Confessiones" hinaus; als Theologen und Philosophen, der von Plotin herkommt, beschäftigt ihn das Wesen der Zeit naturgemäßt auf Schritt und Tritt. Plotin erklärte die Entstehung der diskursiven Zeit mit ihrer freiwilligen Loslösung aus dem Nous, innerhalb dessen es kein „vorher-jetzt-nachher" gibt, durch einen übermütigen Akt, nicht weiter hinterfragbar. Bei Augustinus wird sie zu einem notwendigen Akt um der Vollständigkeit des Kosmos willen, da die menschliche *ratio* an die Zeit gebunden ist. Insofern, da die Zeit ebenso wie all ihre körperlich-materiellen Erscheinungsformen eine „Schwundstufe" gegenüber dem höchsten Seienden darstellt und einer Rechtfertigung bedarf, wird das Phänomen „Zeit" in all ihren Äußerungsformen stets innerhalb der platonisch-plotinischen und der auf ihr aufruhenden augustinisch-christlichen Philosophie thematisiert.

Vgl. zu dem gesamten Komplex: Plotin, Enneade IV. Wahrnehmung und Gedächtnis, in: Plotins Schriften (übersetzt von Richard Harder, neu bearbeitet und fortgeführt von R. Beutler und W. Theiler), Bd. IV a, Hamburg: Meiner 1956 (= Meiners Philsophische Bibliothek; 214 a); Plotin, Enneade V 9. Geist Ideen und Seiendes, in: Plotins Schriften, a.a.O., Band Ia (= Meiners Philosophische Bibliothek; 211 a) Werner Beierwaltes, Selbsterkenntnis und Erfahrung der Einheit. Plotins Enneade V 3. Text, Übersetzung, Interpretation, Erläuterungen, Frankfurt/Main: Klostermann 1991; Plotin, Enneade III 7. Über Ewigkeit und Zeit (hrsg. von Werner Beierwaltes), Frankfurt/Main: Klostermann 1967 (= Quellen der Philosophie 3).

Für Augustinus' Ausführungen zu Zeit, Dialektik und *ratio* v.a. die Schriften *de vera religione, de Genesi ad litteram imperfectus liber, de trinitate, de libero arbitrio*. Erläuternde und weiterführende Literatur zum Problemkreis: Kurt Flasch, Augustin. Einführung in sein Denken, Stuttgart: Reclam 1980; Ders., Was ist Zeit? Augustinus von Hippo, das XI. Buch der Confessiones. Text, Übersetzung, Kommentar, Frankfurt/Main: Klostermann 1993; Werner Beierwaltes, Deus est esse – esse est deus. Die onto-theologische Grundfrage als aristotelisch-neuplatonische Denkstruktur, in: Ders., Platonismus und Idealismus Frankfurt/Main: Klostermann 1972 (= Philosophische Abhandlungen; 40), S. 5–82; Richard Corradini, Zeit und Text. Studien zum Tempus-Begriff des Augustinus, Wien: Oldenbourg 1997 (= Veröffentlichungen des Institus für Österreichische Geschichtsforschung; 33); Dorothea Günther, Schöpfung und Geist. Studien zum Zeitverständnis Augustins im XI. Buch der Confessiones, Amsterdam: Rodopi 1993 (= Elementa; 58); Friedrich-Wilhelm von Herrmann, Augustinus und die phänomenologische Frage nach der Zeit, Frankfurt: Klostermann 1992; Ernst August Schmidt, Zeit und Geschichte bei Augustin. Vorgetragen am 14. Juli 1984, Heidelberg: Winter 1985 (= Sitzungsberichte der Heidelberger Akademie der Wissenschaften, Philosophisch-Historische Klasse; 3) u.a.

jene großen narrativen Konstruktionen des Abendlandes miteinander verschränkt. Die „individualisierte“ Perspektive, die ohne eine narrative Konstruktion der Zeit nicht denkbar wäre, und die übergreifende kulturelle Konstruktion von Zeit bedingen einander. Augustinus' „Confessiones“ sind eingerahmt in eine kulturelle Erzählung, die wie seine scheinbar nur private – um eine paradoxe Formel zu gebrauchen – auf eine stillgestellte Dynamik hinausläuft. Zum einen ist sie eine Bekehrungsgeschichte nach dem Muster des Saulus-Paulus-Erlebnisses[185], zum andern ist aber der Zuwachs an Gottnähe eingebettet in eine Heilsgeschichte, deren revolutionärer apokalyptischer Aspekt verinnerlicht ist: Immer sind Autobiographien auch empirische Beweise der ihnen zugrundeliegenden kulturellen Konstruktionen.

Zwischen ihnen ist kein Primogeniturantspruch möglich oder – hermeneutisch gesehen – befinden wir uns mit Ricœur in einem unentrinnbaren, unauflöslichen Zirkel. Wir rekonstruieren Zeit, Dauer und Identität nachträglich, weil wir, um mit Hannah Arendt zu sprechen, als handelnde und kommunizierende Wesen in der Welt sind:

> Das Faktum menschlicher Pluralität, die grundsätzliche Bedingung des Handelns wie des Sprechens, manifestiert sich auf zweierlei Art, als Gleichheit und als Verschiedenheit. Ohne Gleichartigkeit gäbe es keine Verständigung unter Lebenden, kein Verstehen der Toten und kein Planen für eine Welt, die nicht mehr von uns, aber doch immer noch von unseresgleichen bevölkert sein wird. Ohne Verschiedenheit, das absolute Unterschiedensein jeder Person von jeder anderen, die ist, war oder sein wird, bedürfte es weder der Sprache noch des Handelns für eine Verständigung, eine Zeichen- oder Lautsprache wäre hinreichend, um einander im Notfall die allen gemeinsamen, immer identisch bleibenden Bedürfnisse und Notdürfte anzuzeigen.[186]

Der Umstand, daß wir erzählen, Geschehnisse zeitlich-teleologisch ordnen, ist zum einen Reflex dieses Umstandes, aber schafft ihn zugleich auch. Das Erzählen ist die symbolische Spur jener Unzahl von Begegnungen, die nach dem unauflöslichen Muster von unaufhebbarer „Differenz-Identität“ verlaufen. Weil das menschliche Handeln unberechenbar ist, weil es Mißverständnisse und Ein-sich-Verfehlen einschließt, erzeugt es Spannung, Dramatik und Absurdität; Momente, die sich das artifizielle Erzählen zunutze macht. Das literarische Erzählen läßt sich auch als die symbolische Spur dieser rational undurchdringlichen und nicht einholbaren Konstellation beschreiben. In dieser Begegnung sind Mißtrauen und Vertrauen eingeschlossen, damit auch die Möglichkeit, dauerhafte Kanäle und Medien der Kommunikation zu stiften, die nie vor Implosion gefeit sind.

Daß wir über unsere Lebenszeit hinaus uns in einen größeren „weltzeitlichen“ und „welträumlichen“ Zusammenhang stellen und so unser Dasein auf eine Identität gründen, die uns raumzeitlich übersteigt, ist ein analoger Effekt zur narrativischen Konstruktion unserer Lebenszeit und erzeugt phantastische Subjekte: Nationen, Kulturen, die Geschichte, die Vernunft, das Abendland usw.; umgekehrt, und darauf

185 Aurelius Augustinus, Bekenntnisse (eingeleitet und übertragen von Reinhold Thimme), München: dtv 71994, VIII 8 – VIII 12; zur kulturell nachgestellten Konstruktion vgl. Uwe Neumann, Augustinus, Reinbek bei Hamburg: Rowohlt 1998 (= rowohlts Monographien; 50617), S. 22–34.

186 Hannah Arendt, Vita activa, a.a.O., S. 164.

hat bereits Maurice Halbwachs hingewiesen, vollzieht sich Erinnern nur vor dem Horizont einer transzendentalen kollektiven Erinnerungs- und Erzählgemeinschaft, die uns nicht bloß das „Sinnmaterial" für unser scheinbar rein privates Gedächtnis, somit auch für unsere Lebenszeitkonstruktionen liefert,[187] sondern zugleich die Dimension eines Anderen: Erzählen heißt nämlich auch, sich, wenigstens latent, in einem Gespräch mit einem anderen zu befinden. Das Selbstgespräch ist ein Dialog, der das Ich aufspaltet, und das zweite Ich zum *alter ego*, zum Statthalter eines potentiellen anderen macht. In der Erinnerung wird die Erzählung zur fragmentarischen Spur des Ereignisses, das sie zugleich retrospektiv als solches markiert, und zwar immer unter Einschluß des Anderen:

> Wir ziehen Zeugenaussagen heran, um zu erhärten oder zu entkräften, aber auch, um zu vervollständigen, was wir von einem Ereignis wissen, über das wir schon in irgendeiner Weise unterrichtet sind, von dem uns indessen mancherlei Umstände unklar bleiben. Der erste Zeuge, auf den wir uns stets berufen können, sind jedoch wir selbst. Wenn jemand sagt: „Ich traue meinen Augen nicht", so fühlt er, daß zwei Wesen in ihm sind: das eine, das wahrnehmende Wesen, kommt einem Zeugen gleich, der über das Gesehene vor jenem Ich aussagt, das nicht gegenwärtig, sondern vielleicht früher gesehen und sich vielleicht ebenfalls eine Meinung unter Zuhilfenahme der Zeugnisse anderer gebildet hat.[188]

So ist die Dauer mitsamt der narrativen Konstruktionen, die sie ermöglicht, in der Tat das entscheidende Werkzeug in der Manufaktur eines Selbst, das mit sich identisch ist. Schon die lebenszeitliche, schriftlich nicht fixierte Erinnerung verstellt unsere „eigentliche" Selbstverlorenheit, die ein Quell ästhetischer Inspiration ist, sie macht es uns indessen möglich, in dieser Welt zu leben und einigermaßen vertraut mir ihr zu werden, auch wenn wir wissen, daß diese Dauer in jeder Hinsicht nur relativ ist. In der rekonstruktiven Einholung der Zeit und der Stiftung von Dauer vollzieht sich also zugleich die Konstruktion eines Selbst, das sich über einen längeren Zeitraum als mit sich selbst identisch erfährt, als einen Akteur, als einen Handelnden, als ein Subjekt im doppelten Sinn: als ein Wesen, das unerbittlich seiner Selbstkonstruktion unterworfen bleibt und dadurch handlungs- und erzählfähig ist.

Daß dies das Verhältnis der gegenwärtigen westlichen Kultur gegenüber der Vergangenheit und der Sehnsucht nach Dauerhaftigkeit ist, dafür zeugen nicht nur die riesigen Ton- und Filmarchive, die auch die klassischen, *eo ipso* kurzlebigen Medien des 20. Jahrhundert in die Logik der Aufbewahrung einbeziehen (so könnten die staatlich-rechtlichen Rundfunkanstalten aufgrund ihres riesigen Reservoirs an gespeichertem Material die Öffentlichkeit Jahre lang versorgen), sondern auch ein Phänomen, das in den letzten fünfzehn Jahren zum Objekt kulturtheoretischen Begehrens geworden ist: das Museum.[189] Es markiert den Ort, an dem nicht nur metaphorisch

187 Maurice Halbwachs, La Mémoire collective, Paris: Presses Univ. de France 1950; deutsch: Das kollektive Gedächtnis (aus dem Französischen von Holde Lhoest-Offermann), Frankfurt/Main: Fischer 1987, S. 1–33; Ders., Les cadres sociaux de la mémoire, Paris: Mouton 1976 (= Archontes; 5); deutsch: Das Gedächtnis und seine sozialen Beziehungen (übersetzt von Lutz Geldsetzer), Frankfurt/Main: Suhrkamp 1968, S. 203–296.

188 Ders., Das kollektive Gedächtnis, a.a.O., S. 1.

189 Vgl.: Krzystof Pomian, Der Ursprung des Museums. Vom Sammeln, Berlin: Wagenbach 1988 (= Kleine kulturwissenschaftliche Bibliothek; 9).

gesprochen darüber entschieden wird, was – um die Bildlichkeit Dantes zu gebrauchen – in die ewige Verdammnis des Abfalls, was in die das Fegefeuer des Zwischenlagers und was sich im Paradies der aufbewahrungswerten, kanonisierten Artefakte tummeln darf. Das Museum, stille Stätte der Performanz des Vergangenen für die Gegenwart, ist somit zugleich Bestandteil jener mehr oder weniger wohligen kulturellen Leistungs-Rückschau auf die Vergangenheit. Gerade die „Klassifizierung" einer programmatisch klassischen Moderne spricht für die Macht, die diesem kulturellen Mechanismus innewohnt. Heute gibt es Kunstwerke (Installationen), die von vornherein für das Museum und seine Depots geschaffen sind.[190] So besehen leistet das Museum (inklusive der sie bedingenden und voraussetzenden philologisch sondierenden und kommentierenden Geisteswissenschaften) keineswegs bloße Kompensationsarbeit, sondern stellt jene kulturellen Bestände sicher, auf denen die Befindlichkeit der in ihrer Modernität verunsicherten Subjekte beruht. Pointiert gesagt: Während die Kirche museal geworden ist, gewinnt das Museum Dimensionen, die früher die Kirche innehatte. Daneben fungiert das Museum aber auch als kulturelles Ersatzteillager oder – um eine ökologische Metapher zu gebrauchen – als Biotop für künftige kulturelle, symbolische und narrative Konstruktionen.

Kulturen unterscheiden sich zunächst wohl dadurch, wie sie „Dauer" konstruieren. Kreis, Linie und Punkt stehen dabei als geometrische Metaphern für unterschiedliche Zeitkonstruktionen: für zyklische, lineare und gepunktete Zeit. Darüber hinaus dürften Kulturen darin divergieren, wie sie die verschiedenen Möglichkeiten, Zeit, das Diskontinuierliche, in die Paßform der Kontinuität bringen. Auch das Abendland besitzt einen Kalender, der dem Jahreszyklus folgt und diesen als feste Maßform kennt. Umgekehrt deutet die Fortzählung der Jahre auf das Phänomen der Unwiederbringlichkeit des Zeitlichen, auch wenn das Ziel womöglich eschatologisch leer ist. Zwischen der kulturellen Zeitkonstruktion, dem jeweiligen kulturellen *design* von Identität und den Formen des Erzählens sowie dem benutzten medialen Material besteht ein innerer Zusammenhang. So wären zum Beispiel unterschiedliche kulturelle Konstruktionen von Zeit, mythische (Dauer, Äon, Kairos) oder geschichtliche Konstruktionen (apokalyptische Zeit, imperiale Zeit, Verfallsgeschichte, Geschichte als graduelle Entwicklung) jeweils auf ihre narrativen Implikationen, auf ihren Plot, auf die Struktur der in diesen Erzählungen auftretenden Akteure und auf die Art der Identitätskonstruktion hin zu analysieren.

Die jeweilige Medialität ist, wie wir gesehen haben, aufs engste mit dem Modus der Speicherung und Sicherung des Ausgesandten verbunden. So ist die „klassische" moderne Gesellschaft, wie sie sich seit dem 16. Jahrhundert aus dem christlichen Europa herausschält, undenkbar ohne die Erfindung der Drucktechnik, der technischen Reproduzierbarkeit der Schrift. Benedict Anderson hat in seiner Untersuchung über die merkwürdige Erfindung der Nation gezeigt, wie sehr die Durchsetzung des gedruckten Buches auf die Dauer die exklusive Gelehrtensprache Latein unterminiert und mit Zeitung und Roman Medien schafft, die die große Welt virtuell vor Augen führen und so imaginäre Gemeinschaften anschaulich machen. Beide Momente

190 Boris Groys, Logik der Sammlung, München: Hanser 1997, S. 7–24.

führen zusammen zu jener Erzählgemeinschaft, die sich auf die vermeintlich uranfängliche, lange verschüttete Gemeinschaft berufen, die nun wieder – dank Volkskunde, Grammatik, historischer Sprachwissenschaft, Geschichte und Literatur – zum Leben erweckt wird.[191] Es ist ganz evident, daß Roman und Zeitung auch neue Erzählweisen hervorbringen, die bis dahin weithin unmöglich waren: olympische Erzähler, die vornehmlich nicht von sich berichten, sondern über das Fremde und Andere, Erzähler, die nicht hervortreten können, weil sie in ihrer Gottähnlichkeit und Olympik unwahrscheinlich sind – die synthetische Erzählkonstruktion und der imaginäre Charakter der neuen Gemeinschaften bedingen einander also. Sie sind Orte der Erfahrung von zweiter, wenn nicht gar von dritter Hand.

Das folgende Schaubild erhebt keinen Anspruch auf Vollständigkeit und versteht sich als rein idealtypisches Mittel der Anschauung: Es wird nicht behauptet, daß in den jeweiligen Erzählgemeinschaften nicht auch andere Formen von Zeitkonstruktion, Identitätsbildung und Geschichtskonstruktion möglich wären, sondern lediglich, daß es eine bestimmte Dominanz und Tendenz gibt, die vorherrscht. Es ist leichter, als dogmatischer, strukturkonservativer Mensch in einer dogmatischen Erzählgemeinschaft zu leben als in einer postmodernen. Und umgekehrt:

- **Mythische Erzählgemeinschaft:** Vielfalt und Variabilität von Erzählungen, geschlossen, zeit- und zukunftsabwehrend, „strukturkonservativ"; Identität als kulturelle Zugehörigkeit; zugeordnete, nicht-fragmentierte Identität;

  Medium: Oralität, unveräußerliche Objekte; rudimentäre Formen von Schriftlichkeit

  Charakteristische Erzählform: Märchen, Epos, Theater als Inszenierung und kulturelle Bearbeitung des Mythos (z. B. Griechenland, Indien, Indonesien; die Grenzen zwischen Ritual und Theater sind fließend);

- **Dogmatische Erzählgemeinschaft:** Eindeutige Zuordnung von Erzählungen und ihnen zugeordneten Interpretationen (Kanon); gerichtete Geschichte (z.B. Eschatologie); starke und starre Identität, Verknüpfung von Subjektivität und Universalität; Abgrenzung von Innen und Außen;

  Medium: Schrift

  Charakteristische Erzählform: Traktat, Legende, Minnesang, Weihespiel

- **Moderne Erzählgemeinschaft:** Hierarchie von Erzählungen; nationale „mythische" Erzählung bildet Rahmenerzählung für die großen Erzählungen des Fortschritts (Wissenschaft und Technik) und der Freiheit; gerichtete Geschichte (in konkurrierenden Versionen als unendlicher Progreß oder als säkulares Ziel), starke und starre, aber als individuell erfahrene Identität (im Hinblick auf die Industriereligion Nationalismus); Verknüpfung von Subjektivität und Nationalität;

  Medium: klassische Medien, Radio, Fernsehen;

  Charakteristische Erzählform: klassische Autobiographie, Roman, wissenschaftliches Buch, Reportage, Film und Montage;

- **Postmoderne Erzählgemeinschaft:** Geflecht von Erzählungen („Unübersichtlichkeit"), strukturell ironisches und manieristisches Verhältnis zu den großen, weiterhin wirk-

191 Benedict Anderson, Imagined Communities: Reflections on the Origin and Spread of Nationalism. Revisited and Extended Version, London: Verso 1991; deutsch: Die Erfindung der Nation. Zur Karriere eines erfolgreichen Konzepts (erweiterte Neuausgabe), Frankfurt/Main: Campus, S. 18–44.

samen Erzählungen; offene Geschichte, fragmentierte und multiple Identität, Flüchtigkeit des Subjekts im Hinblick auf alle Identitätsangebote, struktureller Zynismus und Leere. Ästhetische Inszenierung;

Medien: Video, Internet;

Charakteristische Erzählform: Videokunst, Poplyrik, Pornographie, Fragment, alle Formen inszenierter Kunst, essayistische und artifizielle Formen wissenschaftlichen Schreibens, autobiographisches *outing*

Die Postmoderne ist, so ließe sich sagen, auch die Moderne, die – wenigstens in ihren bewußtesten kulturellen Diskursfeldern – über sich Bescheid weiß. Sie ist die entzauberte, desillusionierte Moderne, die die Bedingtheit ihrer eigenen Identität ins Auge faßt. Weil jedoch der kulturellen Rahmenkonstruktion von Zeit, Narration und Identität nicht zu entkommen ist, entsteht das Spiel des Als-Ob. Dies scheint der tiefere Kern dessen zu sein, daß sich mit der Postmoderne der romantische Traum von der Einheit von Kunst und Leben freilich sehr umemphatisch und prosaisch vollzieht. Narratologisch gesprochen, bringt die Postmoderne im Bereich der Literatur nicht so sehr neue Formen hervor, wie das die klassische Moderne getan hat; was sich vielmehr verändert, ist der Akt des Erzählens selbst: Er steht fortan unter dem fast unbedingten Gebot der Selbstdarstellung. Denn nur mehr die Darstellung verbürgt, daß ich überhaupt in der Welt bin: *praesum, ergo sum.* Von einer „Societé de Spéctacle“, hat Herbert Blau im Anschluß an Guy Debords gesprochen. Sie geht mit einer „Ausdünnung der öffentlichen Sphäre und der Erfahrung“ (K. Ludwig Pfeiffer) einher.[192]

Im Kontext dieser Untersuchung ist dies nicht weiter verwunderlich: Denn wenn Welt- und Selbstbezug narrativ grundiert sind, dann führt die Auflösung strenger und eindeutiger Bezüge zur Schwächung eben jener Instanz, der Erfahrung zukommt: dem Subjekt, das sich als identisch weiß. Erfahrung läßt sich auch als Wandel in der Dauer beschreiben. Erfahrung ist zutiefst kulturell imprägniert: Wo der Weltbezug flüchtig und relativ gerät, ist es um die Emphase der Erfahrung schlecht bestellt. Mediale Phänomene wie das *reality*-TV und die diversen *big brother*-Shows verdanken ihre Erfolge offenkundig diesem „postmodernen“ Erfahrungshunger[193].

Die Brüchigkeit der narrativen Zeit und Selbstkonstruktion in den westlichen Ländern erzeugt also einigermaßen unerbittlich den Zusammenbruch von Weltbezügen, Außenerfahrungen und Wirklichkeit. An ihre Stelle tritt die Obsession des Präsent-Seins, Da-Seins, der bloße Name, der nur lose oder auch gar nicht mit einer Erzählung verknüpft ist. Hinter diesem frivolen Spiel steckt tiefster Ernst. Es ist kein Spaß, nur dazusein, wenn man beobachtet wird und andauernd gezwungen ist, sich einen Namen zu machen. Auffallen um fast jeden Preis: Was einmal eine Strategie kleiner Gruppen mit avancierten ästhetischen Ansprüchen war, ist heute medialer Alltag geworden. Und erst in einer solch brüchigen aber auch offenen und fluiden Gesellschaft wird es perspektivisch möglich, Fragen nach dem Zusammenhang von

192 Herbert Blau, The Audience, Baltimore: Johns Hopkins UP 1990; zur Diskussion vgl.: K. Ludwig Pfeiffer, Das Mediale und das Imaginäre, a.a.O., S. 45–50, S. 194–207.

193 Vgl. Michael Rutschky, Erfahrungshunger. Ein Essay über die siebziger Jahre, Frankfurt am Main: Fischer 1982.

Gedächtnis, Zeitkonstruktion, Identitätsbildung und ihrer narrativen Technologie zu durchschauen. Die alten Muster, die die Diskontinuität und Fragilität überdeckten und ihrer Erfahrung zumindest abmilderten, funktionieren nicht mehr, sie sind fleckig und haben Löcher bekommen. Oder um im Bild der Foucaultschen Archäologie zu bleiben: nur die Ruine gibt den Blick auf die Strukturen frei, die der Konstruktion von Zeit, Gedächtnis und Subjekt zugrunde liegen.[194]

4.2. Mythos als große Erzählung

Kulturen unterscheiden sich nicht zuletzt durch ihre unterschiedliche Selbstthematisierung. Während etwa in der angelsächsischen Welt die theoretische Konfiguration des Narrativen einigermaßen selbstverständlich ist, hat sich diese im deutschsprachigen Raum (von Ausnahmen wie Odo Marquard[195] und Hans Blumenberg einmal abgesehen), weder als Grundbefindlichkeit noch als weitreichende theoretische Kategorie umfassende Geltung verschaffen können. Es gibt indes einen verschwiegenen und verdeckten Zugang deutschen Denkens zum Narrativen: den beinahe obsessiven Diskurs über den neuen Mythos, wie er spätestens mit der Frühromantik eingesetzt hat. Es wäre interessant, nach der Ursache für diese konstante deutsche Sehnsucht nach dem Mythos zu fragen. Seit Schlegel steht diese im deutschsprachigen Kontext für die utopische Sehnsucht nach einer narrativen Ordnung, die den heimatlos gewordenen, sich selbst und einander entfremdeten Menschen einen gemeinsamen Ort zuweist. Der Neue Mythos ist der Ort des vollkommenen, durch Poesie gestifteten *sensus communis,* der dank der synthetischen Kraft einer chemisch gedachten Literatur Abstraktes und Besonderes, Absolutes und Konkretes miteinander in Einklang bringt. Die Notwendigkeit eines neuen Mythos ist – bei Schlegel eindringlicher als im Ältesten Systemprogramm – *notabene* eine literarisch-ästhetische. Die Kunst, so lautet das Argument, bedarf zu ihrem Gelingen eines mehr oder minder verbindlichen Rahmens. Der Rahmen etwa des griechischen Dramas war der Mythos. Um also zu einer neuen verbindlichen, nicht bloß interessanten und subjektiven Kunst zu gelangen, bedarf es eines neuen Rahmens. Dabei entsteht ein Zirkel, der gleichsam einen überaus produktiven ästhetischen Wirbel erzeugt: Die romantische Kunst schafft jenen umfassenden und umrahmenden Gesamtmythos, der zugleich die Bedingung und Voraussetzung ihrer Möglichkeit ist.

---

194 Vgl. Michel Foucault, Archäologie des Wissens, a.a.O., S. 15.

195 Odo Marquard, Lob des Polytheismus, a.a.O., S. 91–116. – Marquards Strategie ruht auf zwei, einander bedingenden Argumentationslinien: „existenzielle" Entdramatisierung des Mythos und Pluralisierung. Die Dezentralisierung des Mythos ist die logische Voraussetzung für die Pluralisierung ursprünglich einander ausschließender Mythen. Damit liefert Marquard eine „weiche" Version der Postmoderne. Was Marquard übersieht, ist die unsanfte Seite der Narrative, ihre Funktion für die Selbstbildstiftung, für die Legitimation handfester politischer (materieller wie symbolischer) Interessen. „*Es geht nicht ohne Mythen*: narrare necesse est." (Ders., a.a.O., S. 95). Dem ist nicht zu widersprechen. Marquards Begründung ihrer Unhintergehbarkeit, vorhandene Wahrheit in die Reichweite unserer „Lebensbegabung" (94) zu transferieren, ist zu kurzschlüssig, übersieht zudem die kulturstiftende Rolle von Narrativen.

Man könnte die *energeia* des romantischen Projektes in dieser Turbulenz komprimieren. Die Romantik als das poetische Pendant zur französischen Revolution erschafft also eine neue mythische Ordnung, die dann auch eine politische Gemeinschaft erzeugt. Der Mythos ist jene narrative Ordnung, die im Gegensatz zu den unwirtlichen Narrativen der Aufklärung Gemeinschaft und Geselligkeit stiftet. Der neue Mythos blieb ebenso leer wie seine angenommene Referenz zum Absoluten, er ließ sich beinahe beliebig mit Inhalt füllen: naturphilosophisch, christlich-universal und national. Der Nationalismus ist schon allein deshalb strukturell besehen mythisch, weil er eine körpernahe Gemeinschaft jenseits der *tristesse* des industriell werdenden Alltags imaginiert: der Neue Mythos korrespondiert mit dem einer greifbaren, organischen Gemeinschaft, sowie die großen Erzählungen der Aufklärung mit dem abstrakten Räderwerk einer Gesellschaft, die als eine rationale abstrakte Maschine konzipiert ist. Schon dieser Kontrast macht sinnfällig, wie prekär das Verhältnis von Basis und Überbau ist. Bekanntlich hat Ernest Gellner den Nationalismus als die Religion des modernen Industriezeitalters interpretiert, als einen „Mythos, den wir nicht akzeptieren“[196]:

> Aber der Nationalismus ist nicht das Erwachen und die (Selbst-)Behauptung dieser mythischen, angeblich natürlichen und vorgegebenen Einheiten. Er bedeutet im Gegenteil die Kristallisierung neuer Einheiten, die für die nun vorherrschenden Verhältnisse geeignet sind, wenn dabei auch zugegebenermaßen als Rohstoff das kulturelle, historische und andere Erbe der vornationalistischen Welt benutzt wird.[197]

Demnach wäre der Nationalismus das falsche Bewußtsein der modernen Gesellschaft, die sich in scharf voneinander abgegrenzten symbolischen Ordnungen konstituiert. Das falsche Bewußtsein macht Gellner insbesondere am Naturalismus des nationalen Mythos sowie an seiner Gründungslegende fest („das Erwachen einer uralten, latenten, schlafenden Kraft“[198]). Wie jedweder Funktionalismus ist auch der Gellnersche Mythos einigermaßen ratlos im Hinblick auf den mythischen Überschuß des Nationalismus, dessen archaische Momente in keinerlei Verhältnis zu seiner modernen Funktion zu stehen scheinen. Warum fungiert und funktioniert der Nationalismus als (vermeintlich) anachronistischer „Überbau“ einer modernen ökonomischen Basis? Warum bedarf es des mythischen Rückgriffs für ein in die Zukunft gerichtetes Projekt?

Zunächst einmal sind alle Mythen, alte wie neue, übergreifende, sinnstiftende Systeme, die das Verhältnis des einzelnen zu einem an sich nicht faßbaren Ganzen explizit, vor allem aber implizit regeln. Sie kommen an dieser Stelle dem nahe, was T. S. Eliot „Religion“ nennt:

> Yet there is an aspect in which we can see a religion as the whole way of life of people, from birth to the grave, from morning to night and even in sleep, and that way of life is also its culture.[199]

---

196 Ernest Gellner, Nations and Nationalism, Oxford: Blackwell, 1983; deutsch: Nationalismus und Moderne (aus dem Englischen von Meino Büning), Berlin: Rotbuch 1991, S. 77.
197 Ders., Nationalismus und Moderne, a.a.O., S. 77.
198 Ders., Nationalismus und Moderne, a.a.O., S. 76.
199 T.S. Eliot, Notes towards the Definition of Culture, a.a.O., S. 31.

Identität ist narrativ ausgelegt und zugleich körpernah, der Mythos ist eine Erzählung, die die Dimension des einzelnen zeitlich wie räumlich übersteigt und ihm zugleich einen Platz zuweist; der Neue Mythos macht eine unüberschaubar gewordene Welt für den Menschen vertraut. Er konstruiert die Identität von Mega-Subjekten nach dem Modell einer lebensgeschichtlichen Identität. Das scheint die einzige Möglichkeit zu sein, diese übergreifende Identität, wie künstlich auch immer, nachvollziehbar zu machen. Der vom Mythos aufgesuchte Ort des Ursprungs ist exakt jener Ort, der vergessen war und nunmehr wiedererinnert wird und damit dem einzelnen einen archimedischen Bezugspunkt verschafft. Der neue Gemeinschaftsmythos des 19. Jahrhundert schließt so den einzelnen mit dem Kollektiv kurz, das als ein großes organisches Subjekt imaginiert ist, das schläft, erwacht oder auch – wie in der Kulturmorphologie von Herder bis Spengler – untergeht. Weil die Konstruktion von Identität strukturell besehen stets narrativ konzipiert ist, lassen sich das einzelne Subjekt und das jeweilige Mega-Subjekt nahtlos miteinander verzahnen.

Sinnstiftung und Identitätskonstruktion sind zwei wichtige Elemente moderner Mythologie, das utopische Moment ist ein drittes. Daß Nationalismus und Sozialismus im 20. Jahrhundert auf die unterschiedlichste Weise miteinander verwoben werden konnten,[200] hängt ganz ursächlich damit zusammen, daß der Nationalismus selbst schon ein utopisches Moment in sich trägt: das Bild einer einigen und einheitlichen (Männer-)Gemeinschaft, deren unverbrüchlicher Zusammenhalt durch ihre Feindschaft zum Draußen der Zeit und des Raumes gegeben ist. Es ist das Bild einer Gemeinschaft, die sich nach Zwist und Hader wieder gefunden hat, einer Gemeinschaft, in der jedwede Entfremdung und Entzweiung aufgehoben ist. Was der moderne Mythos erzählt, ist das an sich Unmögliche: die Erfahrbarkeit umfänglicher sozialer Entitäten. In diesem Sinn lassen sich lange vor der Romantik bereits Klopstocks Hermannsschlachten als nationale Weihespiele begreifen, die durch das ästhetische Medium Literatur (später durch den Film) kollektive Identität emotional und körpernah inszenieren.[201]

So kann die Frage nach dem spezifisch kulturellen Ort deutscher Mythos-Obsession zugegebenermaßen nur provisorisch und summarisch beantwortet werden. Religiöser Sinnverlust, Partikularismus und kultureller Kontrast zwischen den einzelnen Teilsegementen, der Untergang des alten Reiches, der einsetzende Wandel der Gesellschaft und der Neubeginn einer spezifisch deutschen Literatur, die mit den europäischen Literaturen Englands, Frankreichs, Spaniens oder Italiens mitzuhalten vermöchte. Die sich periodisch wiederholende Anziehungskraft des Mythos in Deutschland wäre demnach als Ausdruck von Suchbewegungen zu begreifen, die eine als defizitär verstandene Gegenwart jeweils zu verwinden trachten.[202]

200 Vgl. Cornelia Klinger, Flucht, Trost, Revolte. Die Moderne und ihre ästhetischen Gegenwelten, München/Wien: Hanser 1995, S. 194–221.

201 Vgl. Kapitel 10 in diesem Buch.

202 Vgl. Manfred Frank, Der kommende Gott. Vorlesungen über die Neue Mythologie, Frankfurt/Main: Suhrkamp 1982; Karl Heinz Bohrer (Hrsg.), Mythos und Moderne. Begriff und Bild einer Rekonstruktion. Frankfurt/Main: Suhrkamp 1983.
Einen guten Überblick über gängige Theorien des Mythos (einschließlich Cassirer und Lévi-Strauss) gibt Christoph Jamme, „Gott an hat ein Gewand". Grenzen und Perspektiven

Bekanntlich hat Aristoteles „Mythos“ und „Erzählung“ gleichgesetzt. Es ist sinnvoll, die Narrativität des Mythos hervorzuheben und zugleich auf dem Unterschied zwischen Mythos und Narration zu beharren. Denn der Mythos ist, mit Frye gesprochen, *eine* Form des Erzählens, keineswegs die einzige. Der archaische, nicht indiviualpsychologische Charakter der Aktanten korrespondiert mit dem olympischen und referenzlosen Erzähler so wie die Einsinnigkeit des Anfangs zum Jetzt mit dem Pathos der Selbsterschaffung des jeweiligen Kollektivs. Er ist der Ort, der keine Fragen zuläßt, weil er alle genealogisch beantwortet und auf jede Warum-Frage eine Antwort liefert, die stumm macht. Eine formale Analyse des Mythos, der über die Sprache spricht und sie zugleich in seiner Komplexität übertrifft, hat Claude Lévi-Strauss unternommen:

> Man hat die Sprache und das Gesprochene mit Hilfe von Zeitsystemen unterschieden, auf die sie sich beide beziehen. Aber auch der Mythos läßt sich durch ein Zeitsystem definieren, das die Eigenschaften der beiden kombiniert. Ein Mythos bezieht sich immer auf vergangene Ereignisse: „Vor der Erschaffung der Welt“, oder „in ganz frühen Zeiten“ oder jedenfalls „vor langer Zeit“. Aber der dem Mythos beigelegte Wert stammt daher, daß diese Ereignisse, die sich ja zu einem bestimmten Zeitpunkt abgespielt haben, gleichzeitig eine Dauerstruktur bilden. Diese bezieht sich gleichzeitig auf Vergangenheit, Gegenwart und Zukunft. Ein Vergleich mag uns helfen, diese grundlegende Doppelbedeutung genauer darzustellen. Nichts ähnelt dem mythischen Denken mehr als die politische Ideologie. In unseren heutigen Gesellschaften hat diese möglicherweise jenes nur ersetzt. Was aber tut der Historiker, wenn er die Französische Revolution beschwört? Er bezieht sich auf eine Reihe von vergangenen Ereignissen, deren weitreichende Folgen zweifellos durch die unumkehrbare Reihe von dazwischenliegenden Ereignissen hindurch noch immer spürbar sind [...] Michelet, ein politischer Denker und zugleich ein Historiker, drückt das folgendermaßen aus: „An jenem Tag war alles möglich [...] Die Zukunft wurde gegenwärtig, das heißt mehr Zeit, ein Blitz der Ewigkeit.“[203]

Der Mythos ist selbstredend, er spricht über sich selbst und über die Momente, die ihn auszeichnen und die er zugleich konstituiert: die Sprache und die Zeit. Er berichtet davon, wie die Zeit entstand und wie sich in der Zeit die Welt in Gegensätze aufspaltete, Gegensätze, die durch die Wirksamkeit der Sprache gegeben sind. Mit der postquamperfektischen Uranfänglichkeit geht die Zeitentbundenheit des Erzählers einher, der die drei Dimensionen der Zeit überblickt. Im Gegensatz zum Mythos ist die politische Ideologie indes, die auch solche Blitze der Ewigkeit kennt (neben Michelet wäre hier zum Beispiel an Leo Trotzkis „Geschichte der russischen Revolution“ zu denken), auf die Zukunft hin ausgerichtet, die kommen und im Blitz der Ewigkeit, in dem alles möglich scheint, vorweggenommen wird. Ist im Mythos die Zukunft die Zeitdimension, die die Stabilität der gegenwärtigen Ordnung bedroht, so sind die großen Narrative der politischen Ideologien des 19. und 20. Jahrhundert auf eine Zukunft hin gerichtet, die schon jetzt in das unerträgliche Gegenwärtige einbricht. Daraus bestimmen sich auch der unterschiedliche Rhythmus und das Tempo

---

philosophischer Mythos-Theorien der Gegenwart, Frankfurt/Main: Suhrkamp 1991. – In gewisser Weise läßt sich sagen, daß mit Hübners und Jammes Untersuchungen die vom deutschen Idealismus ausgehende Beschäftigung ihr vorläufiges Ende gefunden hat.

203 Claude Lévi-Strauss, Anthropologie structurale, Paris: Plon 1958; deutsch: Strukturale Anthropologie (übersetzt von Hans Naumann), Frankfurt/Main: Suhrkamp 1967 (2 Bde.), Band 1, S. 230.

der ideologischen Erzählung, die das ersehnt, was der Mythos befürchtet. Zu einer Kreuzung kommt es indes, wenn die Zukunft zu einer wiedergefundenen Vergangenheit auf höherer Stufe wird wie im deutschen Idealismus und – trotz ihrer antiidealistischen Vorbehalte – auch in der deutschen Romantik.

Liegt im romantischen Diskurs der Schwerpunkt auf dem verlorenen Rahmen und der Sehnsucht nach einer neuen, durchaus avantgardistischen Erzählgemeinschaft, so hat sich – gerade in Deutschland – der nach-aufklärerische Diskurs vornehmlich auf eine Deutung des Mythos als einer kollektiven Antwort auf die Ohnmacht der Wirklichkeit beschränkt. Das gilt für die Konstruktion Horkheimers und Adornos ebenso wie für die spätere Blumenbergs, der sich *expressis verbis* auf „Die Dialektik der Aufklärung" bezieht. Blumenbergs *opus magnum* stellt den Mythos von Anfang an in einen Konnex mit dem „Grenzbegriff" des „Absolutismus der Wirklichkeit". Mythos wird damit als Effekt mangelnder bzw. unzureichender „Beherrschung der Wirklichkeit" angesehen.[204] Konsequenterweise wählt Blumenberg daher auch den zivilisatorischen Prometheus-Mythos als Ausgangspunkt für seine Analyse. Sie gipfelt in der paradoxen Umkehrung, dab der Mythos nicht das schlechthin Andere des Logos, sondern ein Stück hochkarätiger „Arbeit des Logos" sei:

> Die Grenzlinie zwischen Mythos und Logos ist imaginär und macht es nicht zur erledigten Sache, nach dem Logos des Mythos im Abarbeiten des Absolutismus der Wirklichkeit zu fragen.[205]

Unbestimmbar bleibe auch, inwieweit der Mensch wirklich den Absolutismus der Wirklichkeit überwunden habe:

> Immer schon ist der Mensch diesseits des Absolutismus der Wirklichkeit, niemals aber erlangt er ganz die Gewißheit, daß er den Einschnitt seiner Geschichte erreicht hat, an dem die relative Übermacht der Realität über das Bewußtsein und sein Geschick umgeschlagen ist in die Suprematie des Subjekts.
> Es gibt kein Kriterium für diese Wendung, für diesen *point of no return*.[206]

Die ihrerseits einsinnige Standarderzählung der Aufklärung war in diesem Zusammenhang die Erfolgsgeschichte von der überwundenen Primitivität des Mythos. Gegen sie ist Blumenbergs doppelte Skepsis gerichtet, die am Grad der Unterscheidbarkeit zwischen Mythos und Logos ebenso zweifelt wie an der definitiven Feststellbarkeit menschlicher Superiorität. Blumenbergs Erzählung ist indes auch gegen die radikale Kulturkritik Horkheimers und Adornos geschrieben, gegen die vornehme Verachtung der Fortschritts und damit auch gegen jene These vom radikalen dialektischen Umschlag von Aufklärung im Mythos. Mit der Kritischen Theorie hat Blumenberg indes die Auffassung gemein, den Mythos beinahe ausschließlich auf die

---

204 Hans Blumenberg, Arbeit am Mythos, Frankfurt/Main: Suhrkamp 31984, S. 9–40; philosophiegeschichtlich und diskursanalytisch angelegt ist der Wechsel vom Mythos zur Geschichte in: Ders., Die Lesbarkeit der Welt, Frankfurt/Main: Suhrkamp 1981; zu geistes- und mentalitätsgeschichtlicher Begründung vgl. Ders., Die Legitimität der Neuzeit, Frankfurt/Main: Suhrkamp 1984 (3 Bde).

205 Ders., Arbeit am Mythos, a.a.O., S. 18.

206 Ders., Arbeit am Mythos, a.a.O., S. 15f.

klassische Frage der Naturbeherrschung zu beziehen. Vornehmlich und einseitig wird der Mythos dabei als eine epistemologische Formation gesehen und nicht so sehr als ein symbolisches und selbstreferentielles Medium von Vergesellschaftung begriffen. Damit einher geht die Hintanstellung seines narrativen Potentials, das in diesem Prozeß symbolischer Vergemeinschaftung zum Tragen kommt. Denn die Einsinnigkeit des mythischen Erzählers hängt ursächlich damit zusammen, daß er in der prinzipiell selben Welt lebt wie die Rezitierten. Die Fixierung des Mythos auf seine Erkenntnisdimension möchte ich als ein systematisches Mißverständnis des Mythos bezeichnen. Von ihm ist auch das mehrbändige Werk des Neokantianers Ernst Cassirer, der heute zuweilen als ein historischer Vordenker (deutscher) Kulturwissenschaft angesehen wird, geprägt.[207] Den Mythos sieht Cassirer im Gefolge der Kantschen Wende analog zu Sprache und Kunst als ein eigenständiges „Medium der Erkenntnis" an. Nach Kant kann es nicht mehr darum gehen, die Einheit des Seins wiederherzustellen,

> stattdessen ergibt sich jetzt die andere Forderung, die verschiedenen methodischen Richtungen des Wissens bei all ihrer anerkannten Eigenart und Selbständigkeit in einem *System* zu begreifen, dessen einzelne Glieder, gerade in ihrer notwendigen Verschiedenheit, sich wechselseitig bedingen und fordern. Das Postulat einer derartig rein funktionellen Einheit tritt nunmehr an die Stelle des Postulats der Einheit des Substrats und der Einheit des Ursprungs, von dem der antike Seinsbegriff wesentlich beherrscht war.[208]

Der Zugang zum Sein ist uns nach Kant entzogen, was uns bleibt, wozu wir indes Zugang haben, sind die Zugänge selbst. Cassirer spricht in diesem Zusammenhang von „Medien", von „Mitteln der Erkenntnis". Cassirer verwendet bereits den Begriff der Semiotik und spricht von „selbstgeschaffenen intellektuellen Symbolen"[209]. Die Kantsche Wende in der Epistemologie erübrigt die Frage nach dem Verhältnis von Sein und Wissen. Das führt zu einer Pluralität der verschiedenen Zugangsweisen. So ist zunächst die Wissenschaft neben dem Mythos, der Kunst und der Sprache nur ein Zugang zum Sein, wobei Cassirer nicht scharf zwischen semiotischen Systemen (wie etwa der Sprache) und Konfigurationen des Wissens (wie Mythos und Wissenschaft) unterscheidet. Denn einerseits bedarf sowohl der Mythos als auch die Wissenschaft des semiotischen Systems Sprache; umgekehrt ist es zweifelhaft, ob die Sprache selbst als eine dem Mythos und der Wissenschaft vergleichbare Konfiguration des Wissens angesehen werden kann.

Genau genommen ist der Mythos also ein anderer Zugang zum Sein als die Wissenschaft, scheinbar gleichberechtigt, weil sich über die letzte „Wahrheit" des

---

207 Hartmut Böhme/Peter Matussek/Lothar Müller, Orientierung Kulturwissenschaft. Was sie kann, was sie will, Hamburg: Rowohlt 2000, S. 66–80; Barbara Naumann, Kulturen des symbolischen Denkens: Literatur und Philosophie bei Ernst Cassirer, in: Hartmut Böhme, Klaus R. Scherpe (Hrsg.), Literatur und Kulturwissenschaften, Reinbek: Rowohlt 1996, S. 161–186.

208 Ernst Cassirer, Philosophie der symbolischen Formen, Darmstadt: Wiss. Buchgesellschaft [10]1994 (3 Bde.), Band 1: Erster Teil: Die Sprache: S. 7. Eine weithin mit den Positionen Cassirers sympathisierende Einführung ist: Oswald Schwemmer, Ernst Cassirer. Ein Philosoph der europäischen Moderne, Berlin: Akademie-Verlag 1997. Siehe auch: Andreas Graeser, Ernst Cassirer, München: Beck 1994.

209 Ernst Cassirer, Philosophie der symbolischen Formen, a.a.O., Band 1, S. 5 f.

jeweiligen Zugangs zur Welt ohnehin nichts sagen läßt. Und zum anderen ist die Wissenschaft aus demselben semiotischen „Stoff" gemacht wie andere „Medien" der Erkenntnis:

> [...] das Zeichen ist keine bloß zufällige Hülle des Gedankens, sondern sein notwendiges und wesentliches Organ. Es dient nicht nur dem Zweck der Mitteilung eines fertig gegebenen Gedankeninhalts, sondern ist ein Instrument, kraft dessen dieser Inhalt selbst sich herausbildet und kraft dessen er erst seine volle Bestimmtheit gewinnt. Der Akt der begrifflichen Bestimmung dieses Inhalts geht mit dem Akt seiner Fixierung Hand in Hand. So findet alles wahrhaft strenge und exakte Denken seinen Halt erst in der *Symbolik* und *Semiotik*, auf die es sich stützt.[210]

In dieser nach-kantischen Philosophie, die, wie die moderne Linguistik das Zeichen als kontingent ansieht, verlieren die „Medien" jedweden mimetischen Charakter, sie stellen sich vielmehr als weltschöpfend dar. In ihrer komplexen Pluralität und Aufeinander-Bezogenheit, stellen sie, so ließe sich sagen, jenen Komplex dar, den wir als Kultur verstehen:

> Die symbolischen Zeichen aber, die uns in der Sprache, im Mythos, in der Kunst entgegentreten, „sind" nicht erst, um dann, über dieses Sein hinaus, noch eine bestimmte Bedeutung zu erlangen, sondern bei ihnen entspringt alles Sein erst aus der Bedeutung. Ihr Gehalt geht rein und vollständig in der Funktion des Bedeutens auf.
> [...]
> Der Mythos und die Kunst, die Sprache und die Wissenschaft sind in diesem Sinne Prägungen *zum* Sein: sie sind nicht einfache Abbilder einer vorhandenen Wirklichkeit, sondern sie stellen die großen Richtlinien der geistigen Bewegung, des ideellen Prozesses dar, in dem sich für uns das Wirkliche als Eines und Vieles konstituiert, – als eine Mannigfaltigkeit von Gestaltungen, die doch zuletzt durch eine Einheit der Bedeutung zusammengehalten werden.[211]

„Das Wirkliche" konstituiert sich in der Pluralität der symbolischen „Gestaltungen"; umgekehrt haben diese Gestaltungen aber eine rein funktionelle Bedeutung; daß sie selbstreferentiell und „material" sind (das heißt, daß zum Beispiel der Mythos vornehmlich über sich selbst und die Macht der Sprache spricht, wenn er davon berichtet, wie die Welt sich in Licht und Schatten, in Himmel und Erde teilt)[212], daß sie möglicherweise nicht nur eine mentale, sondern auch eine somatische Dimension haben, wird in einer solchen Engführung systematisch übersehen, ebenso wie der Umstand, daß Kunst, Mythos und Wissenschaft einander nicht selten hostil gegenüberstehen.

Die proklamierte Einheit ist letztlich eine, die sich durch das Narrativ einer nachaufklärerischen, idealistischen Philosophie herstellt. Dieses Narrativ ist eine Art Entwicklungsgeschichte, die in der Wissenschaft gipfelt, die alle anderen symbolischen Formen voraussetzt, letztendlich aber doch übertrifft:

---

210 Ders., Philosophie der symbolischen Formen, a.a.O., Bd 1: S. 18.

211 Ders., Philosophie der symbolischen Formen, a.a.O., Bd 1: S. 42 f.

212 Vgl. Peter Gendolla, Zeit. Zur Geschichte der Zeiterfahrung; vom Mythos zur „Punktzeit", Köln: DuMont 1992, S. 11: „Es ist die Entstehung der Zeit aus der Unzeit, die so beschrieben wird, eine Sprachgeburt. Der Mythos löst den Konflikt, den jede Sprache stellt: daß etwas vor ihr sein muß, was doch erst durch sie unterschieden wird, indem er ein ‚Aus sich selbst' erfindet. Das Vorher und Nachher, Ursache und Wirkung werden aufeinander zurückgebogen, in einen Kreis zusammengebogen."

> Die *Wissenschaft* entsteht in einer Form der Betrachtung, die, bevor sie einsetzen kann, überall gezwungen ist, an jene ersten Verbindungen und Trennungen des Denkens anzuknüpfen, die in der *Sprache* und in den sprachlichen Allgemeinbegriffen ihren ersten Ausdruck und Niederschlag gefunden haben.[213]

Im zweiten Teil der „Philosophie der symbolischen Formen“ behandelt Cassirer im Anschluß an die Philosophie Schellings die Ethnologie Lévy-Bruhls und an die vergleichende Religionsforschung Friedrich Max Müllers[214] angelehnt, den Mythos als Denk-, Anschauungs- und Lebensform. Insofern der Mythos auf Lebensvollzug und Anschauung bezogen wird, ist konzediert, daß der Mythos offenkundig mehr ist als ein Medium der Erkenntnis. Aber zugleich entgeht Cassirer, dessen Kulturphilosophie letztendlich in die Erzählung „Vom Mythos zum Logos“ einmündet, daß der Mythos eben jenes sinnstiftende Medium darstellt, das, um einen geläufigen Ausdruck Benedict Andersons zu gebrauchen, „imaginäre Gemeinschaften“ (*imagined communities*) konstituiert, und den Mythos eben nicht ausschließlich als prinzipiell überholbare symbolische Form der Welterschließung ausweist. Gerade die Fähigkeit des Mythos, „Erzählgemeinschaften“ zu stiften, ist bis heute virulent geblieben, während der Wissenschaft selbst, die man als eine Ausdifferenzierung von symbolischen Zugängen zur Welt begreifen mag, ganz offenkundig eine solche synthetische, identitätsstiftende Kraft weithin abgeht. Freilich, so könnte das Argument lauten, basiert die Wissenschaft auf einer Reihe von Erzählungen, die in gewissen Bereichen der (post)modernen Gesellschaft als identitätsstiftend wirksam sind. In ihnen spielen Ideen wie die rationale Erfaßbarkeit der Welt, die Notwendigkeit technischer Intervention, der Entwicklungsgedanke, die Idee der Perfektibilität und darüber hinaus der experimentellen Grenzerfahrung eine tragende Rolle.

Die erkenntnistheoretische Differenz zwischen Mythos und Philosophie, der Grundform aller Wissenschaft, nimmt Cassirer am Beispiel des griechischen Begriffes der *arché* vor. Das griechische Wort ist bekanntlich zweideutig, es meint zum einen „Anfang“ in einem ausschließlich zeitlichen Sinn, während es andererseits aber auch „Grund“ oder „Prinzip“ bedeutet. Die zeitliche *arché* wiederum ordnet Cassirer dem Mythos als wesentlich zu, während die philosophische *arché* den Ausgangspunkt der Philosophie bildet. Beide haben gemeinsam, daß sie es, formal gesprochen, gestatten, zu beginnen, einen Anfang zu machen, Ordnung zu stiften.[215]

Der Mythos gilt Cassirer als „ein in sich geschlossenes Ganzes“, als der „geistige Urgrund und Mutterboden“ und mit Schelling als eine „Lebensform“ und als eine „undifferenzierte Einheit von anfänglicher Erkenntnis der Welt und ästhetischer Phantasie“.[216]

Cassirer geht davon aus, die Frage Schellings nach der Bedeutung des Mythos für das menschliche Bewußtsein weder im Sinn einer Metaphysik des Absoluten noch im Sinne einer psychologischen Wahrheit auszuloten. Er reformuliert Schellings Philoso-

---

213 Ders., Zeit, a.a.O., S. 13.
214 Zur Aktualität Müllers vgl. Axel Michaels, Wer nur eine Religion kennt, kennt keine. In FAZ vom 29.11. 2000, Geisteswissenschaften, S. N 6.
215 Vgl. Theodor W. Adorno, Der Essay als Form, a.a.O., S. 11.
216 Ernst Cassirer, Philosophie der symbolischen Formen, a.a.O., Band 2, S. 5 ff, 30.

phie des Mythos, die diesen als ein Element in einer Metaphysik eines sich dialektisch entfaltenden Absoluten begreift, im Sinne Kants die Bedingung der Möglichkeit mythischen Denkens zu untersuchen:

> In diesem Sinn nach einer „Form" des mythischen Bewußtseins zu fragen, heißt weder nach seinen letzten metaphysischen Gründen, noch nach seinen psychologischen, seinen geschichtlichen oder sozialen Ursachen suchen: vielmehr ist damit lediglich die Frage nach der Einheit des geistigen *Prinzips* gestellt, von dem all seine historischen Gestaltungen, in all ihrer Verschiedenheit und in ihrer unübersehbaren empirischen Fülle sich zuletzt beherrscht zeigen.[217]

Wie die Sprache so ist auch der Mythos Cassirer zufolge kein bloßer Reflex, keine Reaktion, sondern eine „geistige Aktion". Gesucht wird nach dem Unterschied zwischen diesen symbolisch-geistigen Manifestationen. Der entscheidende Punkt im Mythos sei – als Denk- wie als Lebensform – dessen „Indifferenz zwischen Subjektivem und Objektivem"[218], der Glaube an die „objektive Wesenheit und an die objektive Kraft des Zeichens"[219]. Das mythische Denken, das einerseits (wenn man dem Strukturalismus folgt), andauernd über sich selbst plaudert, unterscheidet nicht zwischen Ding und Zeichen. Vielmehr verschmelzen Ding und Bedeutung zu einer „konkreten Einheit":

> Die mythische Welt ist nicht insofern „konkret", als sie es nur mit sinnlich-gegenständlichen Inhalten zu tun hat und alle „abstrakten" Momente, alles was lediglich Bedeutung und Zeichen ist, von sich ausschließt und abstößt – sondern sie ist es dadurch, daß in ihr die beiden Momente, das Dingmoment und das Bedeutungsmoment, unterschiedslos ineinander aufgehen, daß sie hier in eine unmittelbare Einheit zusammengewachsen, „konkresziert" sind. Gegenüber der Welt des sinnlich-passiven Eindrucks richtet auch der Mythos, als eine ursprüngliche Weise der *Gestaltung*, von Anfang an eine bestimmte Schranke auf – auch er entsteht, gleich der Kunst und der Erkenntnis, in einem Prozeß der Scheidung, in einer Trennung vom unmittelbar „Wirklichen", d.h. vom schlechthin Gegebenen. Aber wenn er in diesem Sinne einen ersten Schritt über das „Gegebene" hinaus bedeutet, so tritt er doch mit seinem eigenen Erzeugnis alsbald wieder in die Form der Gegebenheit zurück.[220]

Wie später bei Leroi-Gourhan, so wird auch hier zu Recht die Hypothese von der Uranfänglichkeit des Bildlich-Mimetischen fallengelassen. Der Mythos enthält durchaus abstrakte semiotische Elemente, er ist „konkret" nur im Hinblick auf eine synthetische Macht, das Ding als Bedeutung und die Bedeutung als Ding erscheinen zu lassen.[221]

Über den Mythos läßt sich anscheinend immer nur aus der Perspektive des zentral und siegreich gewordenen Logos der Philosophie und der Wissenschaft sprechen. Cassirer dreht in gewisser Weise das dialektische Narrativ vom Anfang (in) der Einheit um (das nebenbei bemerkt die klassische Struktur des Mythos enthält, die wie

217 Ders., Philosophie der symbolischen Formen, a.a.O., Band 2, S. 16.
218 Ders., Philosophie der symbolischen Formen, a.a.O., Band 2, S. 10.
219 Ders., Philosophie der symbolischen Formen, a.a.O., Band 2, S. 31, vgl. S. 51.
220 Ders., Philosophie der symbolischen Formen, a.a.O., Band 2, S. 32.
221 Andre Leroi-Gourhan, La geste et la parole, Paris: Albin Michel 1964 und 1965 (2 Bde.); deutsch: Hand und Wort. Die Evolution von Technik, Sprache und Kunst (übersetzt von Michael Bischoff), Frankfurt/Main: Suhrkamp 1980, S. 240–270, S. 476–488.

in der jüdischen Kabbala um das Moment der rettenden Heilung des Risses, der finalen Synthese erweitert ist), wenn er dem Mythos die synthetische Kraft zuschreibt, Disparates zusammenzufügen. In der Terminologie Blumenbergs bedeutet der Mythos Arbeit des Logos, weil er Distanzierung vom „Absolutismus des Wirklichen", von der „Macht der Gegebenheit" ermöglicht. Indem er aber diese Distanz nicht zu halten vermag (zumal er das Zeichen in eine magische Macht verwandelt), fällt er wieder der „Form der Gegebenheit" anheim. So erscheint die Geschichte des Mythos eingebettet in eine Abfolge symbolischer Formen, in eine Geschichte, die sich durch die Ablösung des Zeichens vom Ding charakterisieren läßt. Alle Wege führen so nach Königsberg und zwar im Sinn der Leninschen Losung: zwei Schritte vorwärts, ein Schritt zurück. In diesem Drama der symbolischen Formen erhält jede „geistige Aktion" des Menschen eine entsprechenden Rolle zugewiesen:

> Wenn die Welt der Sprache, gleich der des Mythos, in die sie anfangs selbst noch gleichsam eingebettet, der sie unmittelbar anhaftend erscheint, zunächst durchaus an der Einerleiheit von Wort und Wesen, von „Bedeutendem" und „Bedeutetem" festhält – so ergibt sich doch in dem Maße, als ihre selbständige *gedankliche* Grundform, als die eigentliche Kraft des Logos in ihr hervortritt, die immer bestimmtere Ablösung. Gegenüber allem sonstigen bloß physischen Dasein und aller physischen Wirksamkeit tritt das Wort als ein Eigenes und Eigentümliches, in seiner rein *ideellen,* in seiner „signifikativen" Funktion heraus. Und zu einer neuen Stufe der „Ablösung" sehen wir uns sodann in der Kunst geführt.[222]

So stellt sich im Verhältnis des Mythos, der Sprache und der Kunst, so sehr ihre Gestaltungen in den konkreten geschichtlichen Erscheinungen unmittelbar ineinandergreifen, doch ein bestimmter systematischer Stufengang, ein ideeller Fortschritt dar, als dessen Ziel es sich bezeichnen läßt, daß der Geist in seinen Bildungen, in seinen selbstgeschaffenen Symbolen nicht nur ist und lebt, sondern daß er sie als das, was sie sind, begreift. Auch diesem Problem gegenüber bewährt sich somit, was Hegel als das durchgängige Thema der „Phänomenologie des Geistes" bezeichnet hat: das Ziel der Entwicklung liegt darin, daß das geistige Sein nicht bloß als Substanz, sondern „ebensosehr als Subjekt" aufgefaßt und ausgedrückt werde.

Nebenbei bemerkt, wird hier, sozusagen an der Reflexion des Philosophen vorbei, der Unterschied zwischen Sprache und bildender Kunst auf der einen Seite, Mythos und Philosophie auf der anderen sinnfällig. Denn während Sprache und Kunst gleichsam selbstreflexiv werden, bleibt die Frage, ob denn der selbstreflexive Mythos möglich sei, eigentümlich in der Schwebe.

Es scheint vielmehr so, als ob das Mythische, bei aller Ambivalenz gegenüber dem „Absolutismus der Wirklichkeit", in diesem Stadium der symbolischen Selbstverkennung verbleibt, ja gerade dadurch charakterisiert ist. Somit stünden mythische Sprache und mythische Kunst einem Typus von Sprache und Kunst gegenüber, die im Sinne Schillers oder Adornos nicht mehr naiv sind, sondern den Weg der (sentimentalischen) Reflexion durchschritten haben.

---

222 Ernst Cassirer, Philosophie der symbolischen Formen, a.a.O., Band 2, S. 34.

Als Form des Bewußtseins ist der Mythos noch durch andere Wesensmerkmale charakterisiert, etwa durch die „räumlich-physische Entsprechung zwischen der Welt und dem Menschen“[223]. Damit korrespondiert eine Naturalisierung menschlicher Beziehungen, die gegen eigenmächtigen Wandel stabilisiert werden. Auch in diesem Korrespondenzmodell ließe sich in gewisser Weise auf eine Übermacht der kosmischen Natur über den Menschen mutmaßen.

Im Hinblick auf die Frage nach der synthetischen Kraft des Narrativen im Mythos ist hingegen die These vom Primat der Anschauung des Zeitlichen zentral. In der Welt des Mythos spiele „die Besonderheit des Werdens, des Tuns und Leidens“[224] eine maßgebliche Rolle:

> Der wahre Charakter des mythischen Seins enthüllt sich erst dort, wo es als Sein des *Ursprungs* auftritt.[225]

Dieser Ursprung verweist auf das Heilige, oder genauer: das Ursprüngliche, das unverfügbar ist und doch wiederholt und wiedergeholt wird. Oder narratologisch gewendet: Der Mythos ist eine prinzipiell unironische, niemals subjektiv vorgetragene Ursprungserzählung, die die Welt in zwei Teile spaltet: in die Welt des unvordenklich alten Heiligen und in die Welt des Profanen. Beide unterliegen auch einer anderen zeitlichen Logik. In dem Heiligen aber kann mit Maurice Godelier das dem Tauschprinzip Entzogene und Unveräußerliche gesehen werden, auf dem die „Identität“ der jeweiligen Entität aufruht. In jedem Namen klingt ein solches numinoses Moment an, das etwas Unveränderliches markiert.

Der Mythos ist eine Gemeinschaftserzählung, in der die Gemeinschaft an eine heilige Ordnung gebunden ist. Das Besondere am Mythos ist, daß er seiner Struktur, nicht aber seinem manifesten Inhalt nach zeitlich ist. Dort läßt er sich viel eher als eine symbolische Raumordnung begreifen, die allem einen verläßlichen Platz zuweist und die vor allem Stabilität verspricht (ob der Versprechende realiter sein Versprechen hält, steht auf einem ganz anderen Blatt). Die Schranke, die die mythische Erzählung aufrichtet, ist vor allem eine gegen die Zeit und den bedrohlichen Wandel, gegen die zerstörerische Kraft der Zeit, die im Bild des sich selbst verschlingenden Chronos selbstthematisch geworden ist. Mit anderen Worten: der Mythos ist strukturkonservativ. Er ist es deshalb, weil er weniger neugierig als vielmehr ängstlich ums Bestehende bemüht ist. Entgegen allem Anschein, daß der kosmischen Natur ein Übergewicht zukomme, gilt das Primat des Zusammenhalts der sozialen Ordnung, die als natürlich-kosmische imaginiert ist. Den stabilisierenden Charakter der Mythen betont nicht zuletzt der Sozialanthropologe Günther Dux:

> Schöpfungsmythen haben eine existentielle Dimension: sie sind Ausdruck der Sorge um den Bestand der Ordnung, in der der Mensch sein Leben führt. Worum es ihnen zu tun ist, ist die Ordnung sicherzustellen, in der der Mensch lebt, die natürliche so gut wie die

223 Ders., Philosohpie der symbolischen Formen, a.a.O., Band 2, S. 113.
224 Ders., Philosophie der symbolischen Formen, a.a.O., Band 2, S. 129.
225 Ders., Philosophie der symbolischen Formen, a.a.O., Band 2, S. 130.

> gesellschaftliche, beide sind noch ungeschieden. Die Schöpfung, das ist der Akt, in dem die Ordnung angefangen hat – „beim ersten Mal“, so sagen die Ägypter; und darum geht es in aller Welt.[226]

Das klingt auch bei Cassirer an, wenn er vom „zeitlosen Bewußtsein des Mythos“ spricht, in dem die Vergangenheit kein Warum hat, sondern das Warum der Dinge ist:

> Das eben unterscheidet die Zeitbetrachtung des Mythos von der der Geschichte, daß für sie eine *absolute* Vergangenheit besteht, die als solche der weitergehenden Erklärung weder fähig noch bedürftig ist. Wenn die Geschichte das Sein in die stetige Reihe des Werdens auflöst, innerhalb dessen es keinen ausgezeichneten Punkt gibt, in dem vielmehr jeder Punkt auf einen weiter zurückliegenden hinweist, so daß der Regreß in die Vergangenheit zu einem *regressum in infinitum* wird – so vollzieht der Mythos zwar den Schnitt zwischen Sein und Gewordensein, zwischen Gegenwart und Vergangenheit, aber er ruht in der letzteren, sobald sie einmal erreicht ist, als einem in sich Beharrenden und Fraglosen aus.[227]

Was Cassirer über den Unterschied zwischen Geschichte und Mythos anmerkt, bedarf einer gewissen Korrektur. Selbst die Chronik, diese ungeheuer dürre Form der Historie, kennt die Akzentuierung besonderer Ereignisse. Von ihrer formalen Seite kennt Geschichtsschreibung durchaus Anfänge, Zentren und Akzentsetzungen. Selbst im Falle der „objektiven“ Jahreszahlen, die seinerzeit noch das Gerüst des Geschichtsunterrichts gebildet haben, ist dieser Akt der „Diskriminierung“ unwichtiger Ereignisse mit Händen zu greifen. Es läßt sich nämlich nicht erzählen, ohne daß ausgelassen und weggelassen, hervorgehoben und theatralisch ausgeschmückt wird. Diese Unterlassungen konstituieren erst die Erzählung selbst.

Die philosophische Annäherung an den Mythos ging und geht vornehmlich mit dem beständigen „Seitenblick“ auf diesen einher. Noch die These von der Vorgängigkeit des Symbols vor dem Mythos (als dessen Exegese)[228] ist einem mytho-logischen Verständnis verpflichtet, das diesen auf seine erkenntnistheoretischen, vorwissenschaftlichen Leistungen reduzieren möchte. Das Symbol als das Urbild wird dabei als eine anschauliche Urform des Daseins in der Welt bestimmt, als eine „intellectuale Anschauung“ (Schelling).[229] Die Erzählung Schellings und auch des Novalis über die „Rückkehr der Bilder“ verläuft über einen bezeichnenden Dreischritt, sie ist triadisch-dialektisch. Zunächst befindet sich der Mensch in der kognitiv-unbewußten Fülle einer symbolischen Partizipation, in jenem Zustand, den Lévy-Bruhl später als

226 Günther Dux, Die Zeit in der Geschichte. Ihre Entwicklungslogik vom Mythos zur Weltzeit, Frankfurt/Main: Suhrkamp [2]1998, S. 175, vgl. auch S. 183.

227 Ernst Cassirer, Philosophie der symbolischen Formen, Band 2, a.a.O., S. 131.

228 Friedrich Creuzer, Symbolik und Mythologie der alten Völker, besonders der Griechen. In Vorträgen und Entwürfen, Leipzig und Darmstadt: Heyer und Leske, 1811, 2. Auflage 1819 (6 Bde.), Bd. 1.

229 Bereits Theodor W. Adorno hat gegen diese Erzählung des deutschen Idealismus Vorbehalte geltend gemacht, wenn er schreibt: „Mit der Vergegenständlichung der Welt im Verlauf fortschreitender Entmythologisierung haben Wissenschaft und Kunst sich geschieden; ein Bewußtsein, dem Anschauung und Begriff, Bild und Zeichen eines wären, fiele zurück ins Chaotische. Nur als Vollendung des vermittelnden Prozesses wäre solches Bewußtsein zu denken, als Utopie, wie sie die idealistische Philosophie seit Kant mit dem Namen der intellektuellen Anschauung bedachte, die versagte, wann immer die aktuelle Erkenntnis sie rief.“ (Ders., Der Essay als Form, a.a.O., S. 16).

participation mystique bezeichnen sollte (Phase 1), sodann kommt es zu einer Trennung von Begriff und Bild, die mit einer Selbstentfremdung des Menschen einhergeht (Phase 2). Am Ende (Phase 3) werden Bild und Begriff in der intellectualen Anschauung wieder vereint, wobei sich diese „intellectuale Anschauung" im Medium der Kunst bzw. ihres reflexiven Vollzugs realisiert, weil eben die Kunst die Dinge wieder veranschaulicht und die Abstraktion rückgängig macht. Ohne die Kunst ist deshalb kein „neuer Mythos" möglich.

Die heilsgeschichtlichen Aspekte dieser Erzählung sind unverkennbar: es ist die Geschichte des „verlorenen Sohnes", der in die Fremde zieht, um erfahrungsgesättigt und aus freien Stücken in die Heimat zurückkehren. Der Auszug – Entfremdung, Trennung, Abkehr – hat hier kein zweckrationales Ziel, aber es gibt auch keine Enttäuschung; alles, was geschehen ist, läßt sich am Ende als Zugewinn deuten. Es scheint, daß die postmoderne Menschheit auch diesen Glauben an die synthetische Kraft der Anthropodizee verloren hat. Wenigstens im deutschsprachigen Bereich bedeutet Postmoderne, daß dieser romantische Traum ausgeträumt ist.[230] Nicht nur haben sämtliche dieser säkularen Heilsgeschichten angesichts der uferlosen historischen Entwicklung von Technik und Humanbiologie an Attraktivität eingebüßt, vielmehr wird gut sichtbar, wie der Mythos jene, die in seinen faszinosen Sog geraten, in sich hineinzieht. Womöglich ist das Konzept jener Philosophie der Mythologie, wie es bei Schelling zugrunde liegt, selbst mythisch; denkbar, daß das, was wir „Mythos" nennen, selbst noch einmal mystifizierend wirkt und sich seiner „Aufklärung" hartnäckig widersetzt. So bedarf der Logos eines bestimmten Konzeptes von Mythos, um sich selbst zu konstituieren. Aber es könnte sein, daß das Anders-Sein des Mythos nicht symmetrisch auf den Logos bezogen ist, nicht nur ein Anderes der Vernunft und nicht bloß eine andere Vernunft ist. Übrigens hat das vor dem Strukturalismus und der Kulturanthropologie Schelling noch am besten erfaßt, wenn er sich weigerte, den Mythos als Vorform der Dichtung einerseits, der Philosophie (und Wissenschaft) andererseits zu begreifen, sondern als eine Entität *sui generis* mit einer gruppenbildenden Komponente.

Immer geht es in diesem Logozentrismus (und in diesem Fall stimmt der Ausdruck in der Tat) um die prälogische Leistungsfähigkeit des Mythos, weniger um das Andere der Vernunft im Mythos, dessen „Leistung" ja möglicherweise nicht so sehr eine Arbeit der Vernunft darstellt, sondern in einer merkwürdigen Mittellage von Bewältigung und Überwältigung von Befindlichkeiten, die den einzelnen übersteigen: die „Transzendenz" und der „Absolutismus" der Realabstraktion „Gesellschaft" ebenso wie jene prälogische, körperlich bestimmte Befindlichkeit in dieser Welt: Auf diese beiden Grunderfahrungen jenseits handfester Weltkenntnis ist der Mythos

230 Cornelia Klinger, Flucht, Trost, Revolte, a.a.O. S. 222–236; Klingers Buch schließt mit den „Enttäuschungen" der Romantik. Was gesellschafts- und kulturtranszendierend intendiert war, erweist sich als eine immanente Bewegung im Kontext moderner Rationalität, nämlich als Motor und Medium von Ästhetisierung und Individualisierung. Von allen Romantikern dürfte dies Tieck, der Literatur als paradoxes Spiel begründete, am klarsten erkannt haben. Oder anders ausgedrückt: die Etablierung eines anderen Sinns findet nur im Kontext der Literatur (und der anderen Künste) statt.

ausgerichtet, er bearbeitet sie und berichtet von der Ausgeliefertsein des Menschen diesen „Mächten“ gegenüber; ob er sich als eine listige Strategie ihrer Beherrschung erweist oder als Dokument menschlicher Kapitulation vor diesen, bleibt eigentümlich in der Schwebe.

Das läßt sich gerade an seinem heroischen Aspekt ablesen: denn der Anfang ist nicht einfach als Anfang neu, voraus- und selbstgesetzt, sondern er muß wie im sumerisch-akkadischen Schöpfungsmythos *Enuma elish* ein großer, übermächtiger Anfang sein, das ist die gemeinsame, erstaunlich stabile Basis aller kosmogonischen Mythen, die die Ethnologie und die vergleichende Religionswissenschaft zusammengestellt haben:

> Als droben die Himmel nicht genannt waren,
> Als unten die Erde keinen Namen hatte,
> Als selbst Apsu, der uranfängliche, der Erzeuger der Götter,
> Mummu Tiâmat, die sie alle gebar,
> Ihre Wasser ineins vermischten,
> Als der abgestorbene Schilf sich noch nicht gehäuft hatte,
> Rohrdickicht noch nicht zu sehen war,
> Als noch kein Gott erschien,
> Mit Namen nicht benannt, Geschick ihm nicht bestimmt war,
> Da wurden die Götter aus dem Schoß von Apsu und
> Tiâmat geboren.[231]

Die Welt wird als Ganzes gedacht, das nach Analogie der leiblichen Geburt, dem „ptolemäischen“ Bezugspunkt, „als etwas, das erst entstehen mußte“ [232]. Sie ist als *creatio ex nihilo* imaginiert (so wie der Mythos sich auch einer Einbildungskraft verdankt, die scheinbar aus dem Nichts schöpft)[233]. Widersinnig formuliert: Die Welt kommt auf die Welt und mit den Göttern beginnt die Zeit, die alles scheidet und unterscheidbar macht. Der Mythos ist also eine einsinnige und einstimmige Erzählung, die keinen Widerspruch duldet. Wo die Gottheiten vorher waren, ist im mythischen Kontext eine Nicht-Frage. Der Ursprung ist der archimedische Punkt, der Welt und Zeit zum Vorschein bringt. Mythos, meint Dux, sei ein Denken „unter der Geltung der Handlungslogik“:

> Die Schöpfungsberichte machen die Welt als Ganzes zu ihrem Thema [...] Jeder, der sie zum Thema macht, wird wie selbstverständlich an ihren Anfang zurückgeführt; jeder beginnt strukturell die immer gleiche Geschichte zu erzählen: Am Anfang als [...][234]

Erstaunlicherweise kommt bei Dux, der im Hinblick auf den Mythos Kategorien wie „Handlung“ und „Zeit“ ins Zentrum rückt, der formalen Konstruktion und inszenatorischen Nachstellung der Handlung durch die Erzählung keine konstitutive Bedeutung zu. Sie ist bloße Beigabe:

> Alle kategoriale Formen werden in einer Entwicklung gewonnen, die darin ihre autopoietische Natur offenbart, daß sie ganz und gar bestimmt wird von dem Bemühen,

231 Günther Dux, Die Zeit in der Geschichte, a.a.O., S. 174.
232 Günther Dux, Die Zeit in der Geschichte, a.a.O., S. 180.
233 Vgl. Dietmar Kamper, Zur Geschichte der Einbildungskraft, München: Hanser 1981, S. 7–18.
234 Günther Dux, Die Zeit in der Geschichte., a.a.O., S. 175.

> Handlungskompetenz zu gewinnen. Alle kategorischen Formen sind deshalb an die Kategorie der Handlung gebunden.[235]

Handeln tritt kulturell besehen als erzähltes Handeln hervor, im Fall des Mythos als eine Erzählung, die die Welt „als etwas darstellt, das erst entstehen mußte". Damit das möglich wird, bedurfte es großer Anstrengungen, substanzieller Kräfte oder außerordentlicher, einmalig handlungsfähiger, überragender Subjekte. Die Figur des Helden korrespondiert mit dem, was Dux als Handlungsmächtigkeit bezeichnet.

Der Mythos bedarf der großen, übermenschlichen Heroen, weil Handlungsbedarf besteht, die Welt in die Welt, die Zeit in die Zeit zu setzen. Ob diese „Götter" „sind", „existieren", diese dogmatische Frage spielt zunächst eine untergeordnete Rolle, interessiert maßgeblich jene, die die fremden Mythen und die Mythen der Fremden mit dem Blick einer dogmatischen Schriftreligion interpretieren. Wichtiger ist es, eine genealogische Beziehung zu stiften oder zumindest ein außerordentliches Verhältnis zwischen der genealogisch konstruierten sozialen Entität (Sippe, Clan, Stamm) und dem überlebensgroßen heroischen „Anfänger", der eben kein Anfänger im landläufigen Sinn ist. Es liegt an dieser Stelle nahe, die übermächtigen Gestalten als konstitutiv für mythologische Erzählungen anzusehen; im Sinne einer psychoanalytischen Anthropologie und im Anschluß an Lacan darf man sie durchaus als „blinde" Spiegelbilder ansehen. Was das Ich in seinem Spiegelbild sieht, das muß nicht das gleich große, verkannte narzißtische Ich, sondern es kann auch ein monströs vergrößerter Anderer sein, mit dem es sich identifiziert, um seine Kleinheit und Abhängigkeit zu vergessen. Im Falle des männlichen Erdenkindes könnte es durchaus der „Absolutismus" des Weiblichen in Gestalt der Großen Mutter sein, die das Spiegelbild des Helden erzeugt, jenes Helden, der nicht nur der Anerkennung seines männlichen Gegenübers, sondern der Bestätigung durch das Weibliche bedarf, der Frau, die ihm die Wunden pflegt, die er sich im Kampf mit der Welt geholt hat.[236]

Eine der eindrucksvollsten Spiegelgeschichten neben Hoffmanns „Die Elixiere des Teufels" ist Joseph Roths Roman „Beichte eines Mörders erzählt in einer Nacht", der zudem das Diktum des schweizerischen Dichters Peter Bichsel eindrucksvoll bestätigt, wonach „Erzählen nicht sein Inhalt", sondern das Ziel der Literatur" ist.[237] Es ist die alkoholselige Stimmung im Emigrantenlokal Tari Bari, die die weithin unkontrollierte Selbstläufigkeit des erzählerischen Sich-Mitteilens ermöglicht und den vom Leben gezeichneten, vaterlosen Emigranten in einen illegitimen Sohn eines russischen Fürsten verwandelt, der mit seinem Doppelgänger, dessen legitimem Sohn, in einen

---

235 Ders., Die Zeit in der Geschichte, a.a.O., S. 121.

236 Vgl. Hanna Gekle, Tod im Spiegel. Zu Lacans Theorie des Imaginären, Frankfurt/Main: Suhrkamp 1996; Samuel Weber, Rückkehr zu Freud. Jacques Lacans Ent-stellung der Psychoanalyse, Wien: Passagen ^{2}2000.
Sehr viele Anregungen verdanke ich im übrigen im Hinblick auf den Helden und das Genie persönlichen Gesprächen mit Franz Schuh.

237 Peter Bichsel, Der Leser – Das Erzählen. Frankfurter Poetik-Vorlesungen, Neuwied: Luchterhand 1982, S. 8 f: „Geschichten erzählen ist Umgehen mit der Zeit, und daß wir unser Leben als Zeit erleben, hat damit zu tun, daß unser Leben endlich ist und auch damit, daß das Leben unserer Freunde endlich ist."

fortwährenden Kampf verstrickt ist. Die Erzählung öffnet so den Weg zu einer prächtigen Identität, die freilich stets bedroht ist von eben jenem Doppelgänger, der wie ein Usurpator die Stelle des „Mörders" einnimmt. Roth läßt die Geschichte grausam-ironisch enden, in der Frühe, nach durchzechter Nacht, wird er von seiner „wirklichen" Kleinheit eingeholt: von seiner Frau, einem Hausdrachen. Ihre Häßlichkeit, die auffällig mit ihrer einstigen Schönheit konfligiert,[238] darf als eine Allegorie der Zeit gelesen werden. Die nächtlich-trunkene Erzählung, die Zeit beschwört und die Gegenwart zugleich außer Kraft setzt („Die Gesetze der Zeit schienen aufgehoben zu sein"[239]), ist nur eine kurze Unterbrechung, die den Lauf der Zeit nicht aufzuhalten vermag. So ist die „erzählte" Identität genauso trügerisch wie die aufgehobene, angehaltene Zeit, die während der Binnenerzählung nur als leere, scheinbar bedeutungslose Uhr-Zeit anwesend ist.[240]

Erzählungen, mythische allemal, wollen, daß es groß hergeht und ihre Helden sind in der Tat überlebensgroß konzipiert; noch der heutige, oft leichtfertige Wortgebrauch legt davon eindrucksvoll Zeugnis ab: daß Hamlet eine mythische Gestalt sei, wie Harold Bloom behauptet, mag noch einleuchten, aber warum das für Pop-Idole und Schauspieler gilt, bedarf einer kritischen Nachfrage. Zumindest läßt sich sagen, daß diese Akteure – von Elvis Presley, Maria Callas bis Madonna und Liz Hurley – auf einer weltweiten, technisch medialisierten Bühne einer gottverlassenen Welt agieren, übermächtig sind in ihrer Wirkung auf die Massen: Ihre mediale Größe ist sich selbst erfüllende Prophetie. Es sind mythische Gestalten, die sich selbst zur Welt bringen. Diese neue „Mythen des Alltags" (Barthes) stellen uns eindrucksvoll die Ohnmacht unserer Wünsche und Begehrnisse vor Augen, Träume von Schönheit und Glück, und sie sind immerhin imstande, ganze, wenn auch lose gruppierte Anhängerscharen, jugendliche „Fangemeinden" um sich zu versammeln. Daß es

---

238 Joseph Roth, Beichte eines Mörders erzählt in einer Nacht, in: Ders., Joseph Roth Werke 6, Romane 1936–1940, hrsg. von Fritz Hackert, Köln: Kiepenheuer & Witsch 1991, S. 82: „Lutetita war schön [...] sie war [...] wie ein Wesen, zusammengesetzt aus Wachs und Porzellan, eine Mischung, aus der zu jener Zeit die Mannequins gebildet wurden."
Ihre zeitverschobene Doppelgängerin, die am Ende den Erzählrahmen „betritt", hingegen wird so charakterisiert: „Sie ähnelte mehr einem übergroßen, hageren Vogel als einer Frau. Eine tiefe häßliche Narbe über dem linken Auge versuchte ein allzu dünner, zu kurzer, schwarzer Schleier [...] vergeblich zu verdecken [...]." (Ders., a.a.O., S. 122).

239 Ders., Beichte eines Mörders erzählt in einer Nacht, a.a.O., S. 4.

240 Ders., Beichte eines Mörders erzählt in einer Nacht, ebd.: „Im russischen Restaurant aber spielte die Zeit keine Rolle. Eine blecherne Uhr hing an der Wand. Manchmal stand sie, manchmal ging sie falsch; sie schien die Zeit nicht anzuzeigen, sondern verhöhnen zu wollen. Niemand sah nach ihr."
Kurz darauf heißt es: „Denn da die Wanduhr in diesem Restaurant stillstand und dennoch jeder von uns einen verstohlenen Blick nach ihr hinwarf, obwohl wir alle wußten, daß sie stehe, erschien uns allen die Zeit ausgelöscht, und die Zeiger auf dem weißen Zifferblatt waren nicht mehr schwarz allein, sondern geradezu düster [...], wie um zu beweisen, daß die Geschichte, die uns Golubtschik zu erzählen im Begriff war, eine ewig gültige, trostlose Geschichte sei, unabhängig von Zeit und Raum, von Tag und Nacht. Da also die Zeit stillestand, war gleichsam auch der Raum, in dem wir uns befanden, aller seiner Raumgesetze ledig; und es war, als befänden wir uns nicht auf der festen Erde, sondern auf den ewig schwankenden Wassern des Meeres [...]."

sich dabei oftmals um adoleszente Gruppen handelt, legt die Vermutung nahe, daß auch in postmodernen Gesellschaften Bedarf an Initiation und Idolatrie besteht. Größe ist dabei das, was den einzelnen übersteigt, und was gelernt wird, ist, sich dem/der Größeren lustvoll anzuschließen, wobei die Medien im Hinblick auf diese neuen „Mythen" sich in einem Doppelspiel befinden: es sind die gleichen Medien, die diese modernen Großgestalten erzeugen wie vernichten; verläßlich entzaubern sie jene Mythen, die sie zuvor selbst erzeugt haben. So wird die Abhängigkeit einer bestimmten Art aufklärerischen Entzauberung von dem medialen Budenzauber erschreckend deutlich.

Die Größe der klassischen mythischen Konfigurationen ist aber allemal umfassender: Sie sind unalltäglich, außergewöhnlich und dem normalen Menschen gegenüber abweisend, sie sind herzlos. Klaus Heinrich hat in dem Verhältnis der antiken Götter und der normalen Sterblichen die Widerspiegelung von Herrschaftsverhältnissen sehen wollen.[241] Diese Unnahbarkeit insbesondere weiblicher Figuren ist bis zum heutigen Tage aufreizend; von den kalten Rätselgestalten Stucks und Burne-Jones bis zur Kühle posierender *lingerie* und den preziösen Duft verströmenden überirdischen Schönheiten, gilt das Gesetz von Hochmut und Unnahbarkeit: niemals wird der Betrachter, der doch letzt eigentlich gemeint ist, eines Blickes gewürdigt. So enthält der Mythos eine Rezeptionsanweisung, die darauf hinausläuft, (hin)aufzuschauen. So heftig Identifikation und der „Sex im Kopf" (Lawrence) auch sein mögen, er ist verstohlen. Denn die Helden in dem Geschehen sind uns prinzipiell überlegen. Den Unterschied zwischen diversen Erzähltypen kann man nicht zuletzt darin sehen, wie sie das Verhältnis von Figuren und Lesern konstituieren.

Der Literaturtheoretiker Northrop Frye hat die Distanz zwischen Leser und Helden zum Ausgangspunkt einer aufschlußreichen Typologie gemacht. Er stellt einen Zusammenhang zwischen den Modi des Tragischen und des Komischen auf der einen Seite und der Distanz zwischen Publikum und Helden andererseits her. Dabei bildet der Held, der in der Gesellschaft isoliert ist und dem das Publikum mit ästhetischer Distanz begegnet, das Gegenstück zum Helden, der in die Gesellschaft aufgenommen wird und den das Publikum ästhetisch affirmiert. Frye unterscheidet in seiner Untersuchung „Anatomy of Critizism" (1957) insgesamt fünf Dispositionen (mit jeweils einer tragischen und einer komischen Variante). Ich gebe das Schema in der Interpretation von Ricœur wieder:

1. Natur, Art: Held ist sowohl anderen Menschen als auch ihrer Umgebung „natürlich" und absolut überlegen
   dionysische Mythen vs. appollinische Mythen
2. Wunderbares: Held ist den Menschen und seiner Umgebung relativ überlegen
   Heldensagen, Märtyrergeschichten vs. Pastorale, Western, Wundergeschichte

241 Klaus Heinrich, Anthropomorphe. Zum Problem des Anthropomorphismus in der Religionsphilosophie, Basel: Stroemfeld, Roter Stern 1986 (= Dahlemer Vorlesungen / Klaus Heinrich; 2), S. 50: Die Götter, die so lachen über das, was sich vor Ilion abspielt, haben das schadenfrohe Lachen des Komödienzuschauers gegenüber dem, was dort, festgelegt in immer die gleichen Figurenkonstellationen – sie können nicht herausspringen aus dem, als was sie festgelegt sind –, die Komödienhelden (wenn man das ‚Helden' nennen darf) zappelnd tun."

3. Das höhere Mimetische: Held ist nur den Menschen, nicht aber seiner natürlichen Umgebung überlegen
   klassische Tragödie, Epos vs. aristophanische Komödie
4. Das niedere Mimetische: Held ist weder den Menschen noch seiner Umgebung überlegen
   Faust, Hamlet vs. erotische Intrige, Familienkomödie, pikaresker Roman
5. Ironie: Held ist den Menschen an Kraft und Intelligenz unterlegen
   Christus-Evangelien, Kafka vs. Shylock, Tartuffe[242]

Wie Ricœur in seinem Kommentar zu Recht anmerkt, liegt der Wert dieses ästhetischen Denkmodells nicht so sehr in seinem (handhabbaren) Schematismus, als vielmehr darin, daß er die Geschichte des literarischen Narrativen formal faßt: als eine Geschichte, die vom tragisch-komischen, aber göttlichen Helden hin zur parodistischen unironischen Auflösung hin beschreibt. Durch die Verringerung des Handlungsvermögens wird Ironie freigesetzt. Das wäre zunächst einmal ganz wertungsfrei der Weg, den die okzidentale Literatur beschritten hat. Aber womöglich gilt das nur für die literarischen Genres, das Beispiel des Western zeigt die prinzipielle Möglichkeit, auch unter modernen Bedingungen überlebensgroße Helden hervorzubringen. Der ganze Bereich der nationalen Mythen des 19. Jahrhunderts, von denen sich unter den Bedingungen der Moderne die avancierte, „ironische" (Schlegel) bzw. „sentimentalische" (Schiller) Literatur abspalten, ist voll von menschlichem Übermaß.

Die Größe der Helden korrespondiert mit jenem Unantastbaren, jenem kollektiven, dem Tausch entzogenen „Schatz der Nibelungen", der ein Synonym für den

242 Northrop Frye, Anatomy of Criticism. Four Essays, Princeton: Princeton UP 1957, 1990, S. 33 f.
„1. If superior in *kind* both to other men and to the environment of other men, the hero is a divine being, and the story about will be a *myth* in the common sense of a story about a god. Such stories have an important place in literature, but are as a rule found outside the normal literary categories.
2. If superior in degree to other men and to his environment, the hero is the typical hero of romance, whose actions are marvellous but who is himself identified as a human being. The hero of romance moves in a world in which the ordinary laws of nature are slightly suspended: prodigies of courage and endurance, unnatural to us, are natural to him, and enchanted weapons, talking animals, terrifying ogres and witches, and talismans of miraculous power violate no rule of probality once the postulates of romance have been established. Here we have moved from myth, properly so called, into legend, folk tale, *Märchen*, and their literary affiliates and deratives.
3. If superior in degree to other men but not to his natural environment, the hero is a leader. He has authority, passions, and powers of expression far greater than ours, but what he does is subject both to social criticism and to the order of nature. This is the hero of the *high mimetic* mode, of most epic and tragedy, and it is primarily the kind of hero that Aristotle had in mind.
4. If superior neither to other men nor to to his environment, the hero is one of us: we respond to a sense of his common humanity, and demand from the poet the same canons of probability that we find in our experience. This gives us the hero of the low mimetic mode, of most comedy and of realistic fiction [...].
5. If inferior in power or intelligence to ourselves, so that we have the sense of looking down on a scene of bondage, frustration, or absurdity, the hero belongs to the *ironic* mode. This is still true when the reader feels that he is or might be in the same situation, as the situation is being judged by the norms of greater freedom."
Vgl. Paul Ricœur, Zeit und Erzählung, a.a.O., Band 2 (Zeit und literarische Erzählung): S. 26 ff.

Fortbestand einer kulturellen Identität ist. Dieser Schatz, der nicht dem Symbolismus des Tausches unterliegt, ist das Fundament der jeweiligen imaginären Konstruktion der Gesellschaft[243], ihre unaufgebbare Identität. Sie zu bewahren und zu beschützen, bedarf heldischer Anstrengungen. So bilden der klassische Mythos, der Held, das unveräußerliche Gut einer gesellschaftlichen Einheit, und die Identität eine logische Reihe. Der Mythos ist, ohne es zu wissen, daraufhin angelegt, jede grundlegende Veränderung zu verhindern, die ihm auf Grund seiner plusquamperfektischen Struktur recht eigentlich fremd ist. Und diese Rückkehr zu einem übermächtigen Anfang erzeugt auch die Magie einer Tradition, von der abzufallen einem Frevel gleichkommt. Maurice Godelier bestimmt das Heilige als einen

> bestimmten Typ von Beziehung zu den Ursprüngen, worin sich anstelle der wirklichen Menschen imaginäre Doppelgänger ihrer selbst niederlassen. [...] das Heilige ist *ein bestimmter Typ von Beziehung der Menschen zum Ursprung der Dinge* derart, daß in dieser Beziehung die wirklichen Menschen verschwinden und an ihre Stelle Doppelgänger ihrer selbst, imaginäre Menschen, erscheinen. Das Heilige kann nur erscheinen, wenn etwas vom Menschen verschwindet.[244]

Das ist die Welt, in die uns der Mythos verschlägt, die Welt übermächtiger imaginärer, das heißt auch verkannter Selbstbilder, wie Godelier am Beispiel der neuguinesischen Baruya erläutert. Das Heilige ist jenes Moment des Mythos, das die Gemeinschaftserzählung unantastbar macht:

> Man sieht also, wozu die imaginären Männer (und Frauen) dienen, die den Platz der wirklichen Männer und Frauen in den Zeiten der Ursprünge einnehmen. Sie geben ihnen ihre eigenen Gesetze, ihre Bräuche wieder, aber *sakralisiert*, idealisiert, in Gemeinwohl verwandelt, in ein heiliges Prinzip, das keine Bestreitung, keinen Widerspruch duldet, das nur den Gegenstand der Zustimmung aller darstellen kann. All dies wird in den heiligen Objekten, den *kwaimatnié*, die zur Sonne erhoben werden, bevor man sie den Initiierten auf die Brust schlägt, präsent (und präsentiert.)[245]

Und gegen Claude Lévy-Strauss gewendet resümiert Godelier:

> Die *kwaimatnié* sind [...] keine reinen Symbole, keine sinnleeren Signifikanten, sie sind volle Symbole, Signifikanten, die mit Sinn überladen sind, wobei sie den Inhalt der sozialen Beziehungen *sowohl* vorzeigen *als auch* verschleiern, die Ordnung verkünden, die in der Gesellschaft herrschen soll, und in einem Objekt – einem Stück Materie, Holz,

---

243 Cornelius Castoriadis, L'institution imaginaire de la societé, Paris: Edition du Seuil, 1975, deutsch: Gesellschaft als imaginäre Institution. Entwurf einer politischen Philosophie (übersetzt von Horst Brühmann), Frankfurt/Main: Suhrkamp 1984.
Die Institutionen bedürfen des Symbolischen, während dieses wiederum des Imaginären bedarf, vgl. S. 220: „Warum muß eine Gesellschaft die notwendige Ergänzung ihrer Ordnung gerade im *Imaginären* suchen? Warum findet sich im Zentrum dieses Imaginären und in allen seinen Äußerungen etwas, das funktional nicht zu erklären ist: eine Art ursprünglicher Besetzung der Welt und des Selbst mit einem Sinn, der der Gesellschaft nicht von realen Faktoren ‚diktiert' worden ist, weil es ja eher umgekehrt gerade dieser Sinn ist, der jenen realen Faktoren ihre Wichtigkeit und ihren bevorzugten Platz im Universum dieser Gesellschaft zuweist ein Sinn, den man im Lebensinhalt und Lebensstil dieser Gesellschaft wiederfinden kann [...]?"

244 Maurcie Godelier, L'énigme du don, Paris: Fayard 1996, deutsch: Das Rätsel der Gabe. Geld, Geschenke, heilige Objekte (aus dem Französischen von Martin Pfeiffer), München: Beck 1999, S. 242.

245 Ders., Das Rätsel der Gabe, a.a.O., S. 245.

> Knochen, Stein, was auch immer – all das vereinen und materialisieren, was die Gesellschaft von sich selbst sagen *und* verbergen muß. [...]
> Weil das heilige Objekt das Unsagbare sagt, weil es das Unvorstellbare vorstellt, ist es das Objekt, das mit dem stärksten symbolischen Wert aufgeladen ist.[246]

Die Größendifferenz, die der Mythos markiert, ist nur unter der Annahme einer imaginären Ordnung denkbar. Das Heilige läßt die eigene Profaneität als nichtig erscheinen und verleiht doch zugleich Anteil an ihr. Der Narzißmus des hilfsbedürftigen Erdenbürgers, der sich nicht zuletzt aus dieser deprimierenden Abhängigkeitserfahrung als groß imaginiert, kreuzt sich mit der imaginären Konstruktion einer Kommunität, die den einzelnen in seinem Handlungsvermögen übersteigt. Das Heilige[247], das die Erfahrung des Überwältigt-Seins in eine paradoxe sprachliche Form, den Diskurs über das Unsagbare, bringt, ist jener „Typ von Beziehung", der diese Ohnmacht nachvollziehbar macht und zugleich transzendiert.

Strukturell sind in die nationalen Narrative (viel eher als in die symbolisch schwachen universalen *récits* Lyotards) entscheidende Momente des Mythischen eingeschrieben, vom imaginierten Ursprung, der berufen wird, um die uranfängliche nationale symbolische Ordnung zu affirmieren, über die nationalen Helden (Karl der Große, Jeanne d'Arc bis zu Napoleon, den Hans Blumenberg zu Recht als eine mythische Variation der Prometheus-Figur gedeutet hat)[248] und die heiligen Objekte bis zu den ebenso sakralen Aufbewahrungsorten. Die Stephanskrone, die Kapuzinergruft, Westminster, der einbalsamierte Lenin, ja sogar die im Sinne eines kritischen „negativen" Nationalismus intendierten Monumente der Shoah stellen solche unveräußerlichen Orte dar, in denen das Heilige, das den imaginären Kern jedweder kollektiven Identität verbürgt, aufbewahrt. Die gesamte Erinnerungsarchitektur, die Jan und Aleida Assmann eingehend beschrieben haben,[249] sind in diesen mythischen Zusammenhang eingespannt.

Gut möglich, daß sich das Gedächtnis von der Erinnerung gerade in Hinsicht auf den Mythos unterscheidet: des Gedächtnis wäre demnach das mythologisch petrifizierte Monument, das die Flüchtigkeit und das Fragmentarische jedweder persönlicher Erinnerung einebnet. Niemals geht es um kollektive Erinnerung als Selbstzweck, immer auch darum, Ordnungen durch Gemeinschaftserzählungen festzuschreiben, in denen es einen unauflöslichen Rest gibt.[250] Strukturell besehen ist die kritisch intendierte Erinnerungsarchitektur der Shoah (von Ausnahmen wie der Libeskinds abgesehen) ganz und gar einem konservativen Duktus verpflichtet, der mit der traditionellen politischen Symbolfeindschaft der aufklärerischen Linken konfligiert. Den Neoliberalismus kann man umgekehrt – und Godelier tut dies – als ein phantasmatisches Unternehmen begreifen, der alles der Logik des Wertens und Austauschens unterwirft. Alles muß seinen Preis haben; nichts darf dem flottierenden Symbolismus

246 Ders., Das Rätsel der Gabe, a.a.O., S. 246.
247 Vgl. Rudolf Otto, Das Heilige. Über das Irrationale in der Idee des Göttlichen und sein Verhältnis zum Rationalen, München: Beck 1979.
248 Hans Blumenberg, Arbeit am Mythos, a.a.O., S. 504–566.
249 Aleida Assmann, Erinnerungsräume, a.a.O.
250 Das hat bereits Gianbattista Vico gesehen, wenn er Ehe, Recht und Bestattung als zentrale Momente von Kultur bezeichnet.

des Geldes entzogen bleiben. Kulturwissenschaftlich besehen ist das der Kern jenes neoliberalistischen Projektes, das seit 1989 triumphiert. Zu Ende gedacht bliebe das Geld als einziges „heiliges" und imaginäres Objekt übrig, das zwar die Aura des potentiell Kostbaren in sich trägt, freilich die Eigenschaft hat, alle Gemeinschaftserzählung und alle Unveräußerlichkeit aufzuheben. Weil das so ist, löst die Vorstellung, alles könnte sich in Geld verwandeln, Angst und Panik aus.[251]

Weil das Geld an die Logik eines konformistischen Individualismus gebunden ist, zeigt es sich in den kostbaren Gütern dieser Welt. Frauen bleiben auch unter aufgeklärtesten gesellschaftlichen Verhältnissen Repräsentanten solcher Kostbarkeit; Parfums und Lingerie sind metaphorisch, aber auch metonymisch – intime Ingredienzen solcher Unveräußerlichkeit. Zwischen der Intimität und dem Geheimnis eines jeden Menschen (dies mag von Kultur zu Kultur unterschiedlich sein, ist aber eine kulturell konstante Größe)[252] und dem Heiligen einer kulturellen symbolischen Ordnung besteht eine strukturelle Ähnlichkeit. Nur durch die Referenz zum jeweiligen Geheimnis wird „Identität" imaginiert, konstituiert und bewahrt. Die „Größe" der heutigen, mit technischer Medialität inszenierten, imaginären Doppelgängerinnen und Doppelgänger ist mit der an sich undramatischen Erzählung des Fetisch Geld verknüpft, verleiht ihr die Farbe, an der es ihr ansonsten mangelt. Sie ist ausschließlich an die individuelle Konstruktion in einer postmodernen Gesellschaft adressiert. Unterwäsche als intimes Kostüm eines sexualisierten weiblichen (und auch männlichen) Körpers, Schmuck und Parfum als (falsches) Versprechen von körperlicher Unverwechselbarkeit sind wie viele andere Fetische zeitgemäße Objekte und basieren (wie übrigens Tätowierung und *piercing*) in archaischen Praktiken. Sie spiegeln das Paradox der Kostbarkeit des Geldes wider, das im Gegenteil zu den traditionellen heiligen Objekten, den Talismanen der Gesellschaft und des Heiligen letztendlich doch zu erwerben ist. Dem entspricht die narrative Struktur dieser „Mythen des Alltags": denn wenn auch diese Glamour-Figuren einschließlich der privaten *chroniques scandaleuses*, die sie mit den antiken Göttern teilen, idolatrisiert werden und gemäß der Definition Fryes größer sind als die Menschen, nicht aber als ihre Umgebung, so sind sie es doch nicht von Natur aus. In dem oben skizzierten Schema wären sie dem dritten Typus zuzuordnen. Die kleinen Menschen nehmen nicht nur durch Devotion an der imaginierten Größe ihrer Doppelgänger und deren märchenhafter Umgebung teil (und bestätigen so eine nachmythische Ordnung, in die mythische Strukturen eingeschrieben bleiben), vielmehr verkörpert diese ironische Version von „Übermenschen" einen Typ, der exklusiv nur in der einen Wortbedeutung ist: Nicht ist hingegen ausgeschlossen, so zu werden wie diese Repräsentanten aus der Glitzerwelt der Medien, des Sports, der Mode, der Popmusik und des Films – das ist die Geschichte des Tellerwäschers, der es zum Millionär oder zum Tennisstar oder zum millionenschweren Kraftprotz Schwarzenegger bringt.

251 Vgl. Kap. 7.
252 Georg Simmel, Das Geheimnis. Eine sozialpsychologische Skizze. In: Ders., Aufsätze und Abhandlungen 1901–1908 (hrsg. von Alessandro Cavalli und Volkhard Krech), Frankfurt/Main: Suhrkamp 1993, Band 2, S. 317–323.

Strukturell besehen mögen sie eine kalte Aura der Distanz verströmen, diese attraktiven Gespenster der symbolischen Ordnung des Geldes und der strukturellen Gleichgültigkeit technischer Mythen; von den mythischen Helden traditioneller Konvenienz unterscheiden sie sich dadurch, daß ihre Größe nicht genealogisch ist oder auf der Besonderheit des Blutes gründet. Die unsterblichen Götter sind von den sterblichen Menschen durch eine unüberschreitbare Schwelle der Abkunft getrennt, so war auch noch das Verhältnis des Adels zu den übrigen Klassen der Gesellschaft geregelt, sie gehören zu anderen Clans und besseren Familien: Der Adel, die Hindukaste und die Priester verdanken ihr Prestige einer intimen Nähe zum je verschiedenen Heiligen der betreffenden kulturellen und gesellschaftlichen Ordnung, die postmodernen Heldinnen und Helden ihrem Zugang zu den modernen Medien, deren Effekt sie durch und durch sind. Sie führen vor, wie Identität postmodern erfunden und konstruiert wird, und ihr Publikum ist jenen Initiandinnen und Initianden nicht unähnlich, die wir aus der Ethnologie kennen.

Neben dem Geld sind die technisch operierenden Medien zu durchaus ironischen Orten des Imaginären geworden, die freilich den Nachteil haben, daß hier keine gemeinschaftsstiftenden Narrative erzählt werden, die entgegen des leeren Modernisierungsdiskurses für den politischen Zusammenhalt und ein Mindestmaß an Kontinuität („Tradition") unabdingbar sind. Regionalismus, Kommunitarismus und die Renaissance des Nationalismus können als der Versuch angesehen werden, wieder territoriale Gemeinschaftserzählungen zu etablieren. Sie imaginieren den Fremden als jenen, der ihnen – von sozialen und materiellen Ängsten ganz abgesehen – Ortlosigkeit beschert. Der Mythos als eine im Heiligen gründende Ordnung ist ein Sinngeflecht, der Ort und Zeit symbolisch bewohnbar macht, darauf gründet seine Attraktivität, eine Anziehungskraft, die die Menschen, die in der Gemeinschaftserzählung des Mythos oder ideologischer und nationaler Narrative leben, durchaus auch in die Lage versetzt, die größten Grausamkeiten auszuführen, die zu begehen sie ansonsten in der Profaneität ihres Alltages niemals imstande wären. Der Krieg auf dem Balkan, in dem derartige heldische Narrative ganz unverstellt eine Rolle spielten, während in den Discos von Sarajevo und Belgrad das Spektakel der modernen Popkultur – das Photo ging durch die Weltpresse – vonstatten ging, hat das eindrucksvoll bestätigt.

Die Frage nach der Überwindung des Mythos läßt sich also nicht buchhalterisch nach dem Stand des Fortschritts des Logos bemessen, sondern wird in anderen Bereichen entschieden, die mit der Frage der theoretischen Dignität des Mythos gar nichts zu tun haben. Es geht vielmehr darum, ob „Größe" in seiner schillernden Vielfalt – als das, was in Gestalt einer Gesellschaft „größer"ist als wir selbst,[253] als

253 Am 6. Dezember 2000 startete *The Guardian* eine publikumswirksame Kampagne gegen das englische Königshaus, die offenkundig auf der Verwechslung zwischen den symbolischen, imaginären und realen Aspekten des Politischen beruhte. Wenn die Zeitung schreibt, die Briten wollten nicht länger königliche Untertanen („subjects"), sondern Bürger einer Republik sein, dann klingt das zunächst wie der nachgetragene Kampf gegen ein *ancien régime*. In Wirklichkeit besitzt das englische Könighaus natürlich keine Macht, sondern repräsentiert das historisch Imaginäre der englischen Zivilgesellschaft. Dies mag sich anders – zum Beispiel – republikanisch repräsentieren, „unterworfen" bleibt der Bürger und die Bürgerin in jedem Fall jener imaginären „Größe". Kulturtheoretisch betrachtet übersteigt

das, was wir aus unserer bescheidenen Daseinslage narzißtisch imaginieren, und als das, was uns übersteigt und nicht kontrolliert werden kann[254] – historisch verwindbar ist. Weil das wenig wahrscheinlich ist, wird mit der Imaginierung von Größe und eines bestimmten Typus von heroischen Erzählungen weiter zu rechnen sein. Was sich womöglich „postmodern", verändert hat, das ist unser – etwas entspannteres – Verhältnis zu ihnen, einen ironischen Vorbehalt ihnen gegenüber entwickelt zu haben: mit dem, was sich nicht überwinden läßt, gilt es einigermaßen erträglich zu leben. Aber auch das könnte sich als kurzfristige perspektivische Täuschung erweisen, auch wenn sich die großen Geschichten aus den Mythen eines medialisierten Alltags und aus der Literatur verflüchtigt haben. Gerade die kulturell imprägnierten Gemeinschaftserzählungen, in denen sich die verschiedenen Bedürfnisse nach Größe miteinander verbinden und emotional aufladen, bleiben virulent, während die kulturell schwach markierten universalen Erzählungen tatsächlich an Sogkraft eingebüßt haben.

Schon in Hegels Philosophie, die eigentümlich das Ende der Geschichte mit dem der Kunst verknüpft, war das im Grunde antizipiert. Das Ende der Kunst wird nicht bloß absehbar, weil die Kunst ein überholtes Medium der Erkenntnis darstellt, eben „nur" materialisierten Schein des Wahren, vielmehr auch deshalb, weil sich die großen Heldensagen und Tragödien zu erübrigen scheinen. Die Kunst endet schmählich in der Komödie (lange vor Kunderas Affirminierung)[255] oder in der Ironie (wie in der Jenaer Frühromantik), weil die mythisch dimensionierte, tragische Größe abhanden gekommen ist, weil es nichts mehr zu tun gibt, und weil kein Platz mehr ist für heroische Taten in der bürgerlichen Welt. An die Stelle dieser Helden tritt ein ganz und gar unscheinbares, ästhetisch unattraktives Mega-Subjekt namens Weltgeist (mit dem imaginierten Megasubjekt „Menschheit" ist es kaum besser bestellt), das auch in seiner Vorgehensweise ganz und gar unritterlich ist. An die Stelle der Tapferkeit setzt es, durch und durch mephistophelisch oder im Stil des Odysseus, die List, an die Stelle direkten Handlungsvermögens das indirekte, „dialektische" Manöver: weil es um die große Geschichte geschehen ist, so auch um die großen Narrative innerhalb und außerhalb der Literatur.[256]

---

die Gesellschaft stets den einzelnen Menschen. Bei dem Streit um das Königshaus geht es also kaum um mehr reale politische Partizipation, sondern um das Selbstbild einer demokratischen Gesellschaft.

254 Friedrich Schleiermacher hat darauf seine berühmte Definition der Religion gegründet, die als subjektive Befindlichkeit und nicht mehr als ein positiver, dogmatisierbarer Glauben verstanden wird. Durch diese Subjektivierung soll – so die strategische Überlegung – eine Form von Religion „gerettet" werden, die der Religionskritik der Aufklärung standhält.

255 Milan Kundera, Die Unsterblichkeit (aus dem Tschechischen von Susanna Roth), München: Hanser 1990, S. 152: „Ich gehe lieber bei den Klängen von Kindergeklapper zugrunde als bei den Klängen von Chopins Trauermarsch […]. Der Krieg kann nur in der Welt der Tragödie existieren; der Mensch hat seit Beginn seiner Geschichte nur die tragische Welt kennengelernt und ist unfähig, aus ihr herauszutreten. Das Zeitalter der Tragödie kann nur durch eine Revolte der Frivolität beendet werden."

256 Vgl. G.W.F. Hegel, Vorlesungen über die Philosophie der Geschichte, in: Werke in zwanzig Bänden (hrsg. von Eva Moldenhauer und Karl Markus Michel), Frankfurt/Main: Suhrkamp 1970, S. 49

Immerhin verfügte dieser Weltgeist mit Napoleon über einen heroischen Restposten, und es war Marx, der die blasse Hegelsche Großerzählung entscheidend modifizierte, indem er mit dem Projekt als heroischem Megasubjekt eine dramatische, handlungsfähige Größe ins Spiel brachte, willens und fähig, die Geschichte heroisch zu wenden, ein Subjekt, das zerstörerische dionysische Züge in sich barg und doch zugleich nach der Folie des apokalyptischen Endspiels die kollektive Vorstellungskraft der Menschen, nicht bloß der Arbeiter, aufwühlte und den Raum des Menschen fast lückenlos mit Sinn auflud. Es bescherte Sinn wie die Welt des Mythos und ermutigte den einzelnen, sogar den Intellektuellen, sich der Macht dieses gebieterischen Subjektes zu unterwerfen. Wie mächtig dieser „Mythos" des 19. Jahrhunderts war, läßt sich an der Reaktion jener intellektuellen Apostaten ablesen, die dem Marxismus in den 30er oder in den 50er Jahren des 20. Jahrhunderts den Rücken gekehrt haben. Ganz unfreiwillig spricht aus ihren Abrechnungen die nachhaltige und nachklingende Macht einer nach-mythischen Meistererzählung, die sich indes, wie schon gezeigt, durch eine völlig andere temporäre Struktur von der eigentlich mythischen unterscheidet und die sich zunächst unschlüssig darüber ist, was ihr heilig ist. Sie kennt nur das Unheilige in Gestalt des Geldes und des Kapitals.

Bereits Schelling war, lange vor der strukturalistischen Mytheninterpretation, der selbstreferenzielle Charakter des Mythos aufgefallen, den er als „tautegorisch" bezeichnet hat. Cassirer mag mit seinem Hinweis recht behalten, daß Schelling, indem er den Mythos wiederum in eine große metaphysische Erzählung einbettet, auch eine mythische Erzählung begründete, aber in zwei entscheidenden Punkten bleibt Cassirers blasser Neo-Kantianismus hinter den „kulturwissenschaftlichen" Einsichten Schellings zurück. So hatte bereits Schelling den Mythos, den er weder mit Dichtung noch mit einer „nicht zu sich selbst" gekommenen, theoretischen Vernunft identifizierte, als ein System verstanden, das ethnische Entität „begründet" (so stellen die verschiedenen Götter im vormonotheistischen Palästina symbolische und exklusive Abgrenzungsmarken dar) und das im Kontext der jeweiligen Erzählgemeinschaft als unbestreitbare „Wahrheit" gilt. Der Mythos kennt weder Spaß noch Ironie. Er will so gemeint sein, wie er vorgetragen wird. Schelling begründet das mit der kollektiven Praxis des Opfers als einer Handlung, die offenkundig vom Opfer (soweit es sich um ein Menschenopfer handelt) als auch von der Erzählgemeinschaft geteilt wird. Insofern ist der Mythos ein „Wahnsinn" mit System.[257]

Gegen die Idealisierung des Mythos haben sich übrigens auch unter dem Vorzeichen des „Talmi-Mythos der Faschisten" Horkheimer und Adorno gewandt. Die mit dem Mythos einhergehende Magie sei „blutig". Der negative dialektische Umschlag

---

Wenn Hegel an anderer Stelle anmerkt, daß die „Weltgeschichte" nicht „der Boden des Glücks" sei und daß vielmehr die „Perioden des Glücks" „leere Blätter in ihr" (a.a.O., S. 42) seien, so enthält dieser Hinweis bereits *in nuce*, das was sich höchst paradox als postmoderne Utopie bezeichnen könnte: eine geschichtlich leere, nachhistorische Zeit, die auf Grund ihrer untragischen Leere gerade das Glück des einzelnen möglich macht. Dies ist auch der Kern der bei Kundera formulierten frivolen Revolte.

257 Friedrich Wilhelm Joseph Schelling, Historisch-kritische Einleitung in die Philosophie der Mythologie (1842), in: Ders., Ausgewählte Schriften in 6 Bänden, Frankfurt/Main: Suhrkamp 1985, Band 5, S. 11–262.

von Aufklärung in Mythos birgt kein Versprechen, sondern offenbart den totalen Schrecken, den „Triumph der repressiven Egalität". Die „Verschlungenheit von Aufklärung und Mythos" tritt gerade darin zutage, daß die Logik des Opfers in der Moderne überdauert, als Logik eines ungleichen Tausches und als fortwährende Entsagung: „Die Geschichte der Zivilisation", dekretiert die „Dialektik der Aufklärung", sei

> die Geschichte der Introversion des Opfers und Odysseus, der listige, zweckrationale Proto-Bourgeois, wird zu jener archetypischen Figur, der um den illusionären, ja betrügerischen Charakter des Opfers weiß und dieses als List gegen Polyphem einsetzt.[258]

Insofern der Marxismus geschichtlich eine Erzählgemeinschaft institutionalisierte, hat er übrigens gleichfalls Opfer gefordert. Es hat dem Stalinismus etwa keineswegs genügt, seine Gegenspieler, die „Abweichler", psychisch und physisch zu vernichten, es gelang ihm auch – durch physische Gewalt und durch ideologische Verblendung – deren Einverständnis abzupressen: das Einverständnis, ein freiwillig zur Schau gestelltes Opfer zu sein. Erst als die ideologischen Grundlagen der Meistererzählung erodierten, war es mit der Fähigkeit, mit moralischer Selbstverständlichkeit Opfer einzufordern, geschehen. Die Analyse, die René Girard im Hinblick auf die Idee des Opfers vorgetragen hat, läßt sich einigermaßen schlüssig mit Godeliers Konzept der heiligen Objekte und mit der formalen Analyse Fryes, wonach der Mythos eine Geschichte mit überlebensgroßen und übermenschlichen Helden darstellt, verbinden.

Girards Ausgangspunkt ist ein ähnlicher wie derjenige Godeliers: Marcel Mauss' bahnbrechendes Buch über die Gabe. Mauss analysiert die Gabe als eine komplexe soziale Beziehung, die Momente der Gleichheit und der Ungleichheit verbindet. Immer macht der Gebende sein Gegenüber zum Schuldner. Godelier beschreibt diese merkwürdige Überkreuzung von Symmetrie und Asymmetrie als Teile eines Systems von wechselseitiger Verschuldung und Abhängigkeit:

> Das Geben stellt anscheinend zu gleicher Zeit eine doppelte Beziehung zwischen dem, der gibt, und dem, der nimmt, her. Eine Beziehung der *Solidarität*, da derjenige, welcher gibt, das, was er hat, ja sogar das, was er ist, mit demjenigen teilt, welchem er gibt und eine Beziehung der Superiorität, da derjenige, welcher die Gabe empfängt und sie annimmt, sich demjenigen, der ihm etwas gegeben hat, in eine Schuld begibt. Durch diese Schuld wird er zu seinem Schuldner und befindet sich also bis zu einem Grade in einer Abhängigkeit von ihm, zumindest für die gesamte Zeit, in der er das, was man ihm gab, nicht erwidert hat.[259]

Girards Konzept einer „Ökonomie der Gewalt" grenzt sich von dem heiteren Bild einer friedlichen Tauschgemeinschaft ab, in dem man wechselseitig zum Schuldner des anderen wird, und bezieht wie Horkheimer und Adorno (ohne freilich auf sie Bezug zu nehmen) das Heilige wiederum auf die Gewalt, die hinter dem friedlichen Tausch zwischen den Menschen und ihren Göttern verborgen liegt. Das Heilige verweist in seiner symbolischen Funktion auf die Realabstraktion der Gesellschaft, die stets nur imaginär zu „fassen" ist. So sind die Götter, an die das Opfer adressiert

---

258 Max Horkheimer/Theodor W. Adorno, Dialektik der Aufklärung. Philosophische Fragmente, Frankfurt/Main: Fischer, S. 12–16, 46–54.

259 Maurcie Godelier, Das Rätsel der Gabe, a.a.O., S. 22.

ist, nichts anderes als die eigene, stets vom Einbruch der Gewalt bedrohte Gemeinschaft. Das Heilige verdeckt und offenbart in einer mythischen Erzählgemeinschaft so das Verhältnis zwischen den einzelnen Mitgliedern und ihrem gemeinschaftlichem Zusammenhalt. Die Götter sind zwar durchaus Selbstprojektionen (im Sinne der philosophischen Anthropologie Ludwig Feuerbachs) oder falsches Naturbewußtsein, aber vornehmlich Projektionen des einzelnen aufs gemeinschaftliche Ganze. Sie konstituieren eine imaginäre kollektive Identität – das große, unveränderliche Ganze – und der Mythos als rituell inszenierte Erzählung ist in einem durchaus nicht blassen Sinn ihr „Medium". Sozusagen zwischen der Befindlichkeit des einzelnen und seiner unberufenen kollektiven Zugehörigkeit läßt sich der imaginäre Raum des Opfers bestimmen, jenes Opfers, das zwei gesellschaftliche Auftritte hat, einmal in der mythischen Erzählung, und das andere Mal – Einbruch des Realen – als reales Opfer.

Das Opfer besitzt eine doppelte Codierung, es ist eine wertvolle Gabe, im Falle der Götter potentiell die wertvollste Gabe (wie noch im Alten Testament im Falle Abrahams und Jephtas das eigene Fleisch und Blut), und es ist eine Ersatzhandlung, die grundsätzlich mimetisch ist und auf die Bedrohtheit früher staatenloser Gesellschaften, die ohne ein externalisiertes Gerichtswesen den Ausbrüchen von Gewalt hilflos ausgesetzt sind, Bezug nimmt. So wie die eigene Gemeinschaft prinzipiell und systematisch „mißverstanden" wird, so wird auch die eigene Gewalt als äußere Macht erfahren:

> Das Opfer schützt die Gemeinschaft vor *ihrer* eigenen Gewalt, es lenkt die ganze Gemeinschaft auf andere Opfer außerhalb ihrer selbst [...]
> Es gibt kein Objekt oder Unternehmen, in dessen Namen nicht ein Opfer dargebracht werden könnte, vor allem dann, wenn der soziale Charakter der Institution zu verblassen beginnt. Es gibt jedoch einen gemeinsamen Nenner der Opferwirksamkeit, der um so sichtbarer und beherrschender ist, je lebendiger diese Institution ist. Dieser Nenner ist die immanente Gewalt. In erster Linie beansprucht das Opfer nämlich für sich, Zwistigkeiten und Rivalitäten, Eifersucht und Streitigkeiten zwischen einander nahestehenden Personen auszuräumen; es stellt die Harmonie innerhalb der Gemeinschaft wieder her, es verstärkt den sozialen Zusammenhalt.[260]

Die Gewalt wird – das zeigt Girard am Beispiel des Ödipus-Mythos – nicht anders als eine Seuche, mit der sie in diesem einhergeht, erfahren. Entgegen ihrer permanenten Konstanzbeschwörungen sind mythische Gesellschaften fragil, ihr Zusammenhalt ist stets von Familienfehden, Blutrachen und Stammeskriegen bedroht. Diesen bedrohlichen Gefahren, die nicht minder prekär sind als der „Absolutismus der äußeren Wirklichkeit", kann nur durch dosierte Gewalt in Gestalt des Opfers begegnet werden.[261]

260 René Girard, Das Heilige und die Gewalt, a.a.O., S. 18f.

261 Ders., Das Heilige und die Gewalt, a.a.O., S. 27: „Es gehört zur Funktion des Opfers, interne Gewalttätigkeiten zu besänftigen und das Ausbrechen von Konflikten zu verhindern. Gesellschaften jedoch, die, wie die unsrige, keine eigentlichen Opferriten kennen, können sie durchaus entbehren; zweifellos fehlt es nicht an interner Gewalttätigkeit, aber sie entlädt sich nie bis zu jenem Punkt, wo sie die Existenz der Gesellschaft aufs Spiel zu setzen droht." – Vgl. Girards bewußte Verwendung der medizinischen Ansteckungsmetapher, a.a.O. S. 54: „Weder den Primitiven noch den Modernen wird es je gelingen, den Erreger jener Pest zu identifizieren, die die Gewalt darstellt."

Wie immer es auch mit der Zukunft des Mythos in der modernen Welt bestellt sein mag, und ob Girard mit seiner letztlich optimistischen Diagnose recht hat, daß mit der Konterkarierung des Opfergedankens im Christentum (Gott opfert sich selbst und führt damit die Opferlogik *ad absurdum*) und mit der Idee von Justiz und Gericht die Logik der Opfergesellschaft unterminiert wird, ist an dieser Stelle zweitrangig (so wichtig die Frage als solche historisch und politisch auch sein mag), festzuhalten ist an dieser Stelle, daß der klassische philosophische Diskurs entscheidende Momente des Mythos verfehlt: seine konstitutive Rolle für die Gemeinschaft, seine spezifische ästhetische Struktur, seine Verwobenheit mit der Handlungslogik, seine Korrespondenz mit elementaren psychischen Prozessen der Selbsterfindung.

Im Hinblick auf die Erfindung von Kommunitäten erweist sich der Mythos auf eine höchst paradoxe Weise als sinnstiftend. Er bindet das einzelne Mitglied einer gesellschaftlichen Entität (Familie, Stamm, Gemeinschaft, Gesellschaft) an diese, indem er menschliche Sozietät als das große, überragende Fremde erscheinen läßt, das von anfänglichen Helden, Gründer- und Stiftergestalten repräsentiert wird, von denen sich direkt wie indirekt – dabei spielen Kaste, Clan und soziale Gruppe eine entscheidende Rolle – der mythische Mensch ableitet, und durch die er sich beheimatet findet. Wenn der mythische Mensch etwas weiß, dann ist das seine unverbrüchliche Zugehörigkeit. Der Mythos, der Anfänge macht, Sprache offenbart und Zeit stiftet, ist als Gegenstand der theoretischen Neugierde höchst verfänglich, er lädt zur verfänglichen Verrätselung und Mystifizierung ebenso ein wie zu seiner Reproduktion. Wer die Welt mit dem „kindlichen" Mythos beginnen und sie im Logos münden läßt, der bewegt sich noch immer im mythischen Raum, erzählt eine „handlungszentrierte" Geschichte, in der alle Elemente auf den großen Anfang hin ausgerichtet sind. Ihm geht es noch immer darum, um Dux' leidenschaftslose Terminologie zu gebrauchen, mittels einer großen Erzählung „Handlungskompetenz" zu generieren.

Was hier vorgeschlagen wird, ist Einübung in die Ungemütlichkeit und das Leben mit Geschichten, die Unsicherheit und Unheimlichkeit nicht nur gestatten, sondern lebbar machen. Die klassische Moderne läßt sich, ungeachtet ihres Pathos von Autonomie und Gegenweltlichkeit, funktional als eine Landkarte für das Labyrinth verstehen, die die Verwirrung nicht beseitigt, aber ihr den Schrecken nimmt. Erzählungen, wie sie Musil, Borges, Kafka, Proust und Joyce uns vorführen, lassen sich als paradoxe Versuche begreifen, sich im Unheimlichen vertraut zu bewegen. Hier gehen plötzlich die Uhren anders, die vertrauten narrativen Bestände verflüssigen sich, die Fundamente werden bodenlos. Und doch lernen die Menschen in dieser gleichsam ästhetischen Sozialisation, sich in sinnabgewandten symbolischen Räumen weiterzutasten. Das macht die Sogkraft dieser modernen Meistererzählungen über das Labyrinth aus, und das macht sie so verstörend. Vielleicht sollten wir die Bücherverbrennungen der Nationalsozialisten und ihre Ächtung der entarteten Kunst auch einmal aus einer anderen als der politisch-moralischen Warte sehen. Im Sinn des „Talmi-Mythos" war die Handlungsweise der Nationalsozialisten, die – wie halbherzig auch immer – den „Mythos des 20. Jahrhundert" begründen wollten, außerordentlich konsequent.

Neben dem Phantasma von handelnder Allmächtigkeit gibt es auch ein anderes, das auch in den Mythos eingeschrieben ist: der totale Überblick, der dem mythischen Erzähler ebenso zu eigen ist wie dem ebenso anonymen Erzähler des modernen Romans und dem Nachrichtensprecher, der früher neben der Erdkugel stand, die er jeder Zeit in die Hand nehmen zu können schien. Im Hinblick auf die Narrative des Mythischen ist auch hier Enttäuschung angesagt: einerseits stehen wir augenscheinlich außerhalb des mythischen Kreises: Menschen, die in einer mythischen Welt leben, führen keine Diskurse über den Diskurs; der einzige Diskurs, der ihnen zur Verfügung steht, ist der selbstläufige, einigermaßen geschwätzige Mythos selbst, der die Unruhe zum Verstummen bringen will.

4.3. Geschichte – Geschichten. Über das prekäre Verhältnis von Geschichte und Narratologie

Das Verhältnis zwischen Mythos und Geschichte ist prekär. Kennt die Geschichte nicht ähnlich dem Mythos eigens ausgezeichnete Punkte, von denen aus sie erzählt wird? Ist die Geschichte wirklich nur eine gleichmütige, „stetige Reihe des Werdens", als die sie Cassirer in Abgrenzung vom vergangenheitssüchtigen Mythos bestimmt? Ganz offenkundig ist Cassirers Vorstellung vom historischen Kontext irrig. Kein historiographischer Text funktioniert ohne „ausgezeichnete Punkte". Diese „springenden Punkte" bilden den Fokus der Erzählung, sie markieren den Plot und damit auch, was erzählt und was nicht erzählt wird. Was die mythischen von den historischen Erzählungen unterscheidet, ist neben der zeitlichen Logik die von Frye angerissene Größendimension: im Mythos und noch in der Chronik steht die göttliche oder königliche Überlebensgröße der jeweiligen Aktanten unzweideutig fest; demgegenüber ist der historische Typus eher in jener Mittellage zu suchen, wo zwischen „Held" und Publikum – Varianten nach oben und nach unten eingerechnet – ein potentieller Gleichstand besteht. Auch eine außergewöhnliche Figur in einem historiographischen Narrativ hat prinzipiell dieselben menschlichen Dimensionen wie seine Umgebung und sein Publikum.

Schon die mittelalterlichen Chroniken funktionieren nach einem ganz ähnlichen Schema wie die Nachrichten in den modernen Medien oder wie die Novelle des 19. Jahrhunderts: nur die außergewöhnlichen Ereignisse, die *events*, zählen. Hayden White, der amerikanische Theoretiker, führt als Beleg für seine These, daß historiograpische Texte Narrative und daher im weitesten Sinn literarische Texte seien, die Annalen aus Sankt Gallen aus dem 8. Jahrhundert an. Zwischen 709 und 734, im Zeitraum von 25 Jahren, haben sie lediglich elf Eintragungen. Mehr als die Hälfte der Jahre enthalten gar keine Eintragungen, weil sich nichts „ereignet" hat. Ereignis kann hier nur heißen ein außergewöhnliches Ereignis wie Mißernte (710), Krieg gegen die Sachsen (718, 720), die Bedrohung durch die Sarazenen (725), Überflutung (712), der Tod eines Herrschers (wie des Herzog Gottfried anno 709). Höhepunkt der Chronik ist die Erwähnung der Schlacht Karls gegen die Sarazenen bei Poitier, wobei hier sogar der Tag (Samstag) vermerkt ist. Das historische Memorial zeichnet das Bild einer Kultur, die von Hunger, Armut, Tod und Naturkatastrophen bedroht ist, und die sie zugleich auf derselben Ebene wie geschichtliche Ereignisse (wie Krieg) behandelt.[262]

So läßt sich also bereits auf der rudimentären Ebene der Nachrichten-„speicherung“ ein selektives und damit „diskriminierendes“ Moment festhalten: die Unterscheidung von wichtigen und unwichtigen Begebenheiten. Bei aller kulturellen Differenz ist eine Stereotypie in der Diskriminierung unübersehbar: Es sind die Siegesbotschaften und die Katastrophen, die für wert befunden werden, einen Eintrag in den Annalen zu finden.

Whites Verfahren, historische Texte als literarische Texte zu analysieren und sie damit fast von selbst in der Nähe von mythischen oder literarischen Narrativen anzusiedeln, ist ein wagemutiger Schritt, sich gegen den breiten Strom der philosophischen Tradition zu stellen, die stets Geschichte in einem entschiedenen Gegensatz zur Fiktionalität von Literatur und Mythos gesehen hat. Wie Paul Ricœur bemerkt, hat bereits Aristoteles die Historiographie aus der Theorie des Mythos, d.h. des Narrativen, ausgeklammert, weil die Historiographie zu episodisch sei und weil sie sich – dies dürfte das entscheidende Argument sein – auf reale, non-fiktive Ereignisse bezieht.[263]

Bei genauerer Betrachtung sind auch hier – wie die Gattung der Autobiographie zeigt – die Übergänge fließend. Eine Autobiographie ist nicht einfach eine Biographie, die man selbst geschrieben hat, sondern sie ist ein subjektiver Erinnerungstext. Sie wird, anders als die Biographie, die zum Genre der historischen Texte zu rechnen ist, nicht ausschließlich nach ihrer faktischen Wahrheit beurteilt, wie das prominente Beispiel Rousseaus zeigt, sondern nach ihrer literarischen und psychologisch-anthropologischen Qualität. Ihre Referenz zu den Ereignissen ist ambivalent: die Arbeit der subjektiven Erinnerung ist, wie wir spätestens seit Nietzsche und Freud wissen, unzuverlässig, gerade weil sie oft schmerzlich ist.

Umgekehrt aber ist auch die Biographie ein literarisch komponierter Text mit einem „(Anti-)Helden“ oder einer „(Anti-)Heldin“. Im Schema Fryes dürften Biographien, wie übrigens die meisten historischen Texte, dem vierten, möglicherweise auch dem dritten oder fünften Typus zugehören. Historiographische Texte sind „realistische“ Texte, die wie viele Romane auf eine reale Welt verweisen. Die Menschen, die darin vorkommen, entstammen derselben Welt wie die Leser. Jede mythische Überhöhung schmälert die realistische Lesart. Womöglich ist diese moderne „Realität“ auch eine kulturelle Konstruktion, ein kulturelles Konstrukt wie die Zeit, jene *conditio sine qua non* allen Erzählens, und verdankt sich Medien wie dem Roman und der Zeitung, die uns die unmögliche olympische Sicht des Weltüberblicks ermöglichen und damit an sich unüberschaubare Räume als überschaubare imaginieren.[264]

Historiographische Texte sind, indem sie epische Konstruktionen sind, „literarische“, Texte, mit ganz speziellen Merkmalen, die historischem Wandel unterliegen,

262 Hayden White, The Content of the Form, a.a.O., S. 6f.
263 Paul Ricœur, Zeit und Erzählung, a.a.O., Band 1, S. 243; zu Hayden White, vgl. S. 242–254.
264 Benedict Anderson, Die Erfindung der Nation, a.a.O., S. 33 ff.

mit ganz speziellen Spielregeln, die von den Autoren wie von den Lesern in einem bestimmten gemeinsamen kulturellen Horizont gewußt werden, und deren Verletzung sanktioniert wird – von der symbolischen bis zur juristischen Bestrafung. Der französische Literaturtheoretiker Philippe Lejeune hat im Zusammenhang mit Selbstbeschreibungen von einem „autobiographischen Pakt" zwischen Autor und Leser gesprochen;[265] vermutlich gibt es einen solchen Pakt auch für alle anderen Textsorten: Ein Mythos, in dem kein genealogisch verankerter Held vorkommt, ein Märchen, in dem sich nichts Wunderbares ereignet, ein realistischer Roman, in dem eine bekannte Stadt falsch beschrieben wird, eine Geschichtswerk, in dem Fakten vorkommen, die sich nicht so, bzw. nicht da oder dort ereignet haben, all das sind solche Verletzungen oder zumindest Irritationen, die die Existenz solcher stillschweigender „Abmachungen" voraussetzen.

Nicht so sehr die Präsenz oder Absenz des Imaginären oder Fiktiven unterscheidet die verschiedenen Textsorte und Modi Fryes, vielmehr ihre Referenz zur jeweiligen „Realität". Wenn wir „Madame Bovary" lesen oder den „Mann ohne Eigenschaften" studieren, dann gehen wir nicht davon aus, daß es genau diese eine gelangweilte französische Provinzlerin oder den Wiener Mathematiker Ulrich, der keinen Nachnamen hat, gegeben hat, sondern wir werden ihn als einen Typus dekodieren und identifizieren, der uns plausibel erscheint. Wenn es diesen historischen Typus nicht gegeben hat, dann verliert der realistische Roman seine explanatorische Kraft und damit auch seinen kulturellen Wert. Es würde uns im Kontext dieser Textsorte irritieren, wenn die dargestellte Wirklichkeit nicht mit der historischen übereinstimmt. Die Westminster Cathedral in Hamburg oder der Stephansdom in Barcelona sind in diesem Kontext vorsichtig gesprochen erklärungsbedürftig.[266] Umgekehrt bleiben Bücher wie Gibbons Untergang des römischen Reiches oder Rankes über die Päpste Bestandteil unserer Kultur, auch wenn sie theoretisch überholt erscheinen mögen, nicht zuletzt wegen ihrer literarischen, nämlich narrativen Qualität.

Auf dem literarischen Charakter historiographischer Werke zu insistieren und sie entgegen dem *main stream* nicht ausschließlich wissenschaftstheoretisch zu betrachten (wie noch Cassirer und Frye), hat wenig mit Rechthaberei oder mit schmälernder Herabsetzung zu tun, vielmehr wird es möglich, die erkenntnistheoretische Fragestellung anders zu formulieren: ohne die Analyse der narrativen – und das heißt immer auch der rhetorischen – Strukturen greift jede theoretische Selbstreflexion der Geschichtsschreibung entschieden zu kurz. Die Einbeziehung der „Form" macht anschaulich, wie der *plot* eines Geschichtswerkes Erklärungsmuster erzeugt, und sie wird zum Organon einer kritischen Betrachtung der professionellen akademischen wie nicht-akademischen Geschichtsschreibung. Eine Theorie des Narrativen, wie sie

---

265 Philippe Lejeune, Le pact autobiographique, Paris: Édition du Seuil 1975; deutsch: Der autobiographische Pakt (aus dem Französischen von Wolfram Bayer und Dieter Hornig), Frankfurt/Main: Suhrkamp 1994, S. 13–54.

266 Vgl. Umberto Eco, Sei passeggiate nei boschi narrativi, Milano: R.C.S. Libri & Grandi Opere SpA 1994; deutsch: Im Wald der Fiktionen. Sechs Streifzüge durch die Literatur (deutsch von Burkhart Kroeber), München: Hanser 1994, S. 131–153.

White vorgelegt hat, schließt das Postulat einer Literaturkritik der Geschichtsschreibung mit ein, damit auch – altdeutsch gesprochen – eine spannende Diskussion über das Verhältnis von Form und Inhalt, wie sie in Ansätzen im Umfeld der Kritischen Theorie (Adorno) und im französischen Poststrukturalismus (Barthes, Foucault) geführt worden ist.

Das Innovative von neuen historiographischen Werken könnte zudem auch darin liegen, daß sie neue Formen des Schreibens und Erzählens hervorbringen, die wie von selbst die methodischen Perspektiven verrücken und verschieben. Es steht nämlich zu vermuten, daß die Historiographie oder auch andere erzählende Humanwissenschaften die rhetorische Strategie des realistischen Genres mit einem allwissenden Autor und einer strengen Trennung von Beobachter und Beobachtetem überwindet und sich subjektiveren, unverfänglicheren und experimentelleren Formen des Erzählens zuwendet.[267] Die Übereinkommen in der Lesekultur und ganz generell im gesamten Bereich der Medien unterliegen kulturellem Wandel.

White sucht auf eine neue, erfrischend unkonventionelle Weise das Verhältnis von Literatur, Mythos und Geschichtsschreibung zu bestimmen. Er tritt insofern in die Fußstapfen Nietzsches, als auch er Historiographie als eine Form von Literatur begreift. Der Unterschied zwischen fiktionaler und historiographischer Literatur ist demnach nur ein gradueller; ebenso aber löst White gegen die eingebürgerte akademische Denktradition tendenziell den Gegensatz zwischen Geschichtsphilosophie und Historiographie auf. White zufolge gibt es

> 1. […] keine „Geschichtsschreibung" im eigentlichen Sinne, die nicht gleichzeitig „Geschichtsphilosophie" ist.
> 2. Die möglichen Formen der Geschichtsschreibung decken sich mit den möglichen Formen spekulativer Geschichtsphilosophie.
> 3. Diese Formen sind in Wirklichkeit *Formalisierungen* poetischer Einsichten, die ihnen analytisch vorausgehen und die besonderen Theorien rechtfertigen, auf die man sich stützt, um historischen Darstellungen den Anschein von „Erklärungen" zu geben.[268]

In seiner exemplarischen Untersuchung „Metahistory" stellt White daher vier Historiographien vier Geschichtsphilosophien gegenüber. Er konfrontiert das Œuvre von Michelet, Ranke, Tocqueville und Burckhardt mit jenem von Hegel, Marx, Nietzsche und Croce. Der Unterschied zwischen Geschichtsschreibung und Geschichtsphilosophie ist dem „Metahistoriker" zufolge höchstens ein gradueller: denn einerseits birgt

267 Doris Bachmann-Medick (Hrsg.), Kultur als Text, a.a.O., S. 33: „Daß die Ethnographie in ihrem Realismus konstruiert und autorisiert ist, daß sie nach dem Modell des realistischen Roman auch dessen Beschreibungsautorität übernimmt und dabei die problematische Trennung zwischen Beobachter und Beobachtetem aufrechterhält, ist eine Einsicht, die neues Licht wirft auf den prekären Status textueller Autorschaft und Autorität."

268 Hayden White, Metahistory: the Historical Imagination in 19th Century Europe, Baltimore: John Hopkins University Press 1983; deutsch: Metahistory. Die historische Einbildungskraft im 19. Jahrhundert in Europa (aus dem Amerikanischen von Peter Kohlhaas), Frankfurt/Main: Fischer 1991; vgl. Jörn Stückrath/Jürgen Zbinden (Hrsg.), Metageschichte. Hayden White und Paul Ricœur. Dargestellte Wirklichkeit in der europäischen Kultur im Kontext von Husserl, Weber, Auerbach und Gombrich, Baden-Baden: Nomos 1997 (= Interdisziplinäre Studien / ZIF; 2).

die Geschichtsschreibung, auch wenn sie sich antiideologisch geriert, einen ideologisch aufgeladenen *plot*, andererseits schreibt auch die Geschichtsphilosophie exemplarisch Geschichte.[269] Man könnte sagen, daß die Geschichtsphilosophie expliziert, was in der Historiographie nur implizit vorhanden ist: den *plot*. White verwendet diesen Terminus in einer ganz eigenen, übertragenen Weise: der *plot* einer Geschichte ist nicht so sehr die komprimierte Version der aktualisierten Narration, sondern ist das chrono- und teleologische Konstrukt, der epische Dreh- und Angelpunkt, die narrative Tiefenstruktur, die den jeweiligen Erzählungen der Geschichtsphilosophie und der Historiographie zugrunde liegt.

Whites Modell fügt verschiedene theoretische Diskurse zusammen, er verklammert die Typologie von Northrop Frye mit dem politischen Formenkreis von Karl Mannheim und der Epistemologie von Stephen C. Pepper.

Die vornehmlich ästhetische Formalisierung des historischen Materials vollzieht sich indes schon bei der Transformation der Chronik in die Fabel. Die historische Einbildungskraft ist bereits dort am Werk, wo es um die Anordnung des Materials, um die Auswahl der Quellen und um die Konzeption von Anfang, Mitte (Höhepunkt) und Ende geht. Diese gestalterischen Kompositionselemente fallen für White bereits in den Bereich der Fiktion und sind „Erklärung durch narrative Modellierung".[270]

In Anlehnung an Frye spricht White von vier Grundmodi narrativer Modellierung:

- Geschichte als Romanze (Beispiel: Michelet)
- Geschichte als Komödie (Beispiel: Ranke)
- Geschichte als Tragödie (Beispiel: Tocqueville)
- Geschichte als Satire (Beispiel: Jacob Burckhardt)

Bereits bei Frye läßt sich eine Bedeutungsverschiebung von Begriffen wie Romanze, Tragödie und Komödie feststellen. Nicht so sehr die Gattung als vielmehr die perspektivische Logik des Erzählens steht dabei im Vordergrund. White löst die traditionelle literaturwissenschaftliche Bedeutung dieser Begriffe zugunsten einer narrativen Modellbeschreibung auf.

Die Romanze ist jener Typ von *emplotment*, in dessen Zentrum das Drama der Selbstfindung des Helden steht, der die Erfahrungswelt überschreitet und mit seinem Sieg über diese seine schließliche Befreiung von ihr symbolisiert. Die moderne revolutionäre Historiographie von Michelet bis Trotzki gehört etwa zu diesem Typus.

Die Satire wiederum läßt sich als das gerade Gegenteil der Romanze begreifen, als ein „Drama der Trennung", in dem der Mensch eher als Gefangener denn als Meister jener Welt auftritt, die er bewohnt. Die Desillusioniertheit Burckhardts und die übergeschichtliche Geschichtsbetrachtung bei Nietzsche gehören in diese Kategorie historiographischer Sinngebung.

Die beiden anderen narrativen Modellierungen stehen gleichsam zwischen diesen beiden Extremen und befinden sich in einer relativen Gegenpolarität zueinander. Die

---

269 Hayden White, Metahistory, a.a.O., S. 30ff.
270 Ders., Metahistory, a.a.O. S. 19.

Komödie hält die Hoffnung auf Versöhnung und auf den Triumph des Menschen über die Welt aufrecht, während die Tragödie den Zustand der Gespaltenheit und das (vergebliche) Handeln gegen die Gesetze der Welt zum Thema hat. Hegel, so White, habe mit seinem Konzept von der List der Vernunft beide Erzählmodelle miteinander verbunden: auf der mikroskopischen Ebene ist die Geschichtserzählung Hegels eine Tragödie, auf der makroskopischen hingegen eine Komödie.

Aber nicht bloß die Wahl des jeweiligen narrativen Modells entscheidet über die fiktive Transformation der Fakten, sondern auch das, was White im Anschluß an Pepper als „formale Schlußfolgerung", als argumentatives Grundmodell bezeichnet. Auch hier unterscheidet White vier Grundtypen:

- das formativistische (oder ideographische)[271] Modell der Schlußfolgerung
- das organizistische Modell der Schlußfolgerung
- das mechanistische Modell der Schlußfolgerung
- das kontextualistische Modell der Schlußfolgerung

Das formativistische Modell präferiert die Einzigartigkeit und Besonderheit bestimmter Ereignisse, Personen und Gegenstände. Es unterdrückt die „Wahrnehmung jener Ähnlichkeiten, die alle Gegenstände miteinander verbindet". Es ist lebendig, zerstreuend und detailreich, es mangelt ihm auf Grund seiner panoramischen Großräumigkeit an Stringenz und Schärfe.

Formativistische Historiographen sind etwa Michelet, Niebuhr, Carlyle und Mommsen. Das organizistische Modell sieht die einzelnen Phänomene als Momente eines großen synthetischen Geschehens, in dem Mikro- und Makrokosmos aufeinander bezogen sind. Der Organizismus spricht von leitenden Prinzipien und Ideen. Der integrative Charakter des Geschichtsverlaufes wird hervorgehoben. Vertreter dieses Modus formaler Schlußfolgerung sind Hegel, Ranke, Treitschke und die nationalistische Historiographie.

Das mechanistische Modell sieht Handlungen und Akteure als bloßen Ausdruck und Effekt außergeschichtlicher „Triebkräfte". Der mechanistische Historiograph sucht nach Gesetzen des geschichtlichen Ablaufs, die er durch die konkreten Geschichten belegt. Sowohl Organizismus als Mechanizismus verfahren reduktionistisch und haben die Tendenz zur Abstraktion: aber während der Mechanizist Geschichte und Gesellschaft als eine determinierte soziale Maschinerie ansieht, betrachtet der Organizist die Geschichte als ein holistisch-natürliches Ganzes.

Die kontextualistische Argumentationsstrategie wiederum bringt den funktionalen Begriff von Sinn und Bedeutung ins Spiel. Er betrachtet wie der Formativist die Geschichte als Schauspiel, aber als ein Schauspiel, das in ganz spezifische historische Gegebenheiten eingebettet ist. Der Kontextualist ist ein entschiedener Relativist.

In einem nächsten Schritt erweitert White sein Geschichtsmodell abermals, wenn er im Anschluß an Karl Mannheim auf die ideologischen Komponenten aller historio-

271 Hayden White, Topics of Discourse: Essays in Cultrural Criticism, Baltimore: John Hopkins UP 1978; deutsch: Auch Klio dichtet oder Die Fiktion des Faktischen. Studien zur Tropologie des historischen Diskurses (aus dem Amerikanischen von Brigitte Brinkmann-Siepmann und Thomas Siepmann), Stuttgart: Klett-Cotta 1986 (= Sprache und Geschichte; 10), S. 85ff.

graphischer Narrative zu sprechen kommt, die in diese eingeschrieben sind. Wiederum sind es vier Grundtypen, vier ideologische Implikationen, die White unterscheidet (wobei auch hier die Bedeutung der Termini von der landläufigen differiert):

- anarchistische Implikation
- konservative Implikation
- radikale Implikation
- liberale Implikation

Während die anarchistische und die radikale Implikation eine Option auf rasche Veränderung der bestehenden gesellschaftlichen Ordnung in sich tragen, ist die konservative Option vorsichtiger und möchte Wandel nur im Sinne eines allmählichen Wachstums zulassen. Die liberale Implikation wiederum läuft auf eine Regulierung und Feinabstimmung des sozialen Mechanismus hinaus. Im Hinblick auf das Tempo des Wandels, beharrt die konservative Option jeweils auf dem natürlichen Rhythmus, die liberale auf dem sozialen Rhythmus des parlamentarischen Lebens, während die anarchistische und die radikale Option heftige Erschütterungen in Kauf nehmen (wobei die anarchistische sich der daraus erwachsenen Gefahren bewußt ist). Die vier Grundtypen differieren auch hinsichtlich des zeitlichen Bezugsrahmens. Geht es im konservativen Kontext um die Ausdifferenzierung gegenwärtiger Strukturen, so im liberalen um die pragmatische Verbesserung hin auf eine offene Zukunft. Während in der liberalen Option die Utopie in eine ferne Zukunft verlagert wird, steht sie im radikalen Zusammenhang unmittelbar bevor. Demgegenüber bezieht sich die anarchistische Strategie auf eine uranfängliche Unschuld des Menschen und trägt die Idealisierung der Vergangenheit in sich.

Anarchismus und Radikalismus sind sozial transzendent, während Konservativismus und Liberalismus grundsätzlich sozial kongruent sind. *Posthistoire* könnte also jener Zustand genannt werden, in dem anarchistische und radikale Implikationen obsolet geworden und nur mehr sozial kongruente oder immanente übrig geblieben sind.

Nicht nur um der Magie der Vierzahl zu willfahren, unternimmt White nun noch eine vierte Weitung seiner narrativen Theorie des Historiographischen, indem er die möglichen Erzählungen über Geschichte an vier Grundtypen der Rhetorik zurückbindet:

- Metapher (Begriffsübertragung), Beispiel: „meine Liebe, meine Rose“
- Metonymie (Namenswechsel), Beispiel: „fünfzig Segel“ (statt „fünfzig Schiffe“)
- Synekdoche (Teil symbolisiert die Qualität des Ganzen), Beispiel: „ganz Herz“
- Ironie (die bildliche Bedeutungsebene negiert, was die wörtliche affirmiert), Beispiele: „kalte Leidenschaft“ (Oxymoron), „blinde Münder“ (Katachrese)

Während die ersten drei Tropen „eigentlich“ sind, ist die vierte Trope „uneigentlich“. Deshalb bezeichnet White mit Friedrich Schiller die ersten drei Tropen als „naiv“ und die letzte als „sentimentalisch“.

Schiebt man die vier Typologisierungen ineinander, dann ergibt sich folgendes Schaubild:

narrative Modellierung	*formale Schlußfolgerung*	*ideologische Implikation*	*Tropen*
Romanze	formativistisch	anarchistisch	Metapher
Tragödie	mechanistisch	radikal	Metonymie
Komödie	organizistisch	konservativ	Synekdoche
Satire	kontextualistisch	liberal	Ironie

Ein Grundeinwand liegt auf der Hand: daß nämlich das System Whites wie jedes andere System auch den Phänomenen – hier den verschiedenen historiographischen und geschichtsphilosophischen Texten – Gewalt antut – ein Einspruch, den die Romantik und danach die Kritische Theorie von Adorno bis Kracauer und schließlich der Poststrukturalismus gegen den Strukturalismus geltend gemacht haben. Im Falle Whites führt eine solche Kritik ins Leere, und zwar nicht nur wegen des klassischen Gegeneinwands, daß jedwede essayistische Kritik am System strukturlogisch dieses voraussetzt, sondern weil Whites Systembildung selbst ironisch durchtränkt und experimentell angelegt ist. Es ist vom „logozentristischen" Übermächtigungswahn so weit entfernt wie jedweder Essayismus, der diesen brandmarkt. Weil White versuchsweise heterogene Typologien übereinander projiziert, durchbricht seine ironische Systembildung jeglichen Objektivismus. Auch der metaphorische Umgang mit kategorialen Zuordnungen unterläuft jeden imperialen szientistischen Gestus, mindert aber zugleich die analytische Schärfe: es ist nicht immer einleuchtend, warum etwa Marx ein „metonymischer" Autor sein soll oder Ranke der Autor eine historischen Komödie. Ähnliches gilt, wenn White Nietzsches Typologie auf die eigene projiziert und die monumentale Geschichtsschreibung mit der Metonymie, die antiquarische mit der Synekdoche, die kritische mit der Ironie, sowie die übergeschichtliche mit der Metapher verbindet. Gut denkbar nämlich, Nietzsche auch als einen ironischen Erzähler in der Tradition des französischen Moralismus zu betrachten und die monumentalische Geschichtsbetrachtung mit Metapher und Romanze zu verbinden. Insofern White objektivistisch fix Zuschreibungen vornimmt, entgeht ihm die Möglichkeit des Interpreten, Nietzsches oder auch Marx' Geschichtsbetrachtung unterschiedlich zu interpretieren: es gibt – etwa mit Blick auf den „18. Brumaire" – einen metaphorischen wie einen ironischen Marx.

Ob Whites Ironizismus tatsächlich die ironische Historiographie transzendiert,[272] muß offen bleiben. Zu offenkundig ist nämlich die ironische und kontextuelle Verschiebung traditioneller historischer Selbstauslegung. Whites Rhetorik und Adap-

272 Vgl. Hayden White, Metahistory, a.a.O., S. 13 f.: „[...] die Ironie, die es (das Buch, A.d.V.) beseelt, ist eine absichtsvolle und bezeichnet deshalb eine Wendung des ironischen Bewußtseins gegen die Ironie. Wenn es mir gelingt, zu zeigen, daß der Skeptizismus und Pessimismus beträchtlicher Teile des zeitgenössischen Geschichtsdenkens ihren Ursprung in einer ironischen Geisteshaltung haben, die ihrerseits eine unter mehreren möglichen ist, die man der historischen Überlieferung gegenüber einnehmen kann, dann hat das Buch einigen Anlaß geliefert, die Ironie nunmehr zu verabschieden. Damit wäre der Weg ein Stück weit frei für die Wiederbegründung der Geschichtsschreibung als einer intellektuellen Tätigkeit, die zugleich poetische, wissenschaftliche und philosophische Belange berührt, so wie es während ihres Goldenen Zeitalters war."

tion narratologischer Theorie ermöglicht zwar eine kritische Lesart von historischen Textsorten, wie sie ansonsten nur in der Literaturwissenschaft praktiziert wird, aber es gibt in diesem System kein Kriterium, ob ein bestimmtes narratologisches Erklärungsmodell angemessener, richtiger oder „wahrer“ ist als ein anderes. Whites kritische Narrativik, die diese in den Kontext einer semiotisch erneuerten Rhetorik stellt, ermöglicht eine kritische Betrachtung aller möglichen historiographischen Textsorten, ist aber grundsätzlich wertungsneutral und nimmt in gewisser Weise eine überhistorische Position ein.

Ein klassisches Gegenargument gegen Systembildung scheint ausgereizt und mit Hinblick auf White deplaciert: der Vorwurf des Neologismus und der damit verbundenen Definitionswut. Denn die metaphorische Verschiebung, die ein neuer Denkansatz vorträgt, ermöglicht immer auch einen perspektivischen Zugewinn. Überdies vermeidet Whites assoziatives Denksystem jedwede definitorische Schließung; und die Begriffe, die es auf überraschende Weise ins Spiel bringt und miteinander kombiniert, entstammen bekannten Diskurstraditionen.

Nichtsdestotrotz wirft Whites narratologisch orientierte Metageschichte eine ganze Reihe von kritischen Fragen auf. Zunächst einmal jene nach dem Verhältnis der Kategorien aus den verschiedenen Typenreihen zueinander. Wenn, ganz generell gesprochen, das ästhetische *emplotment*, als transzendentale Vorbedingung prägend ist, Form gewordener Inhalt, dann stellt sich die Frage, wie all die anderen inhaltlichen Vorgaben (Argumentationsstrategie, ideologische Implikation) sich zu dieser ersten zentralen narrativen Vorbedingung verhalten. Geht zum Beispiel mit der „Romanze“ im Sinn einer ästhetischen Systemlogik zwangsläufig eine formativistisch-ideographische Argumentationsstrategie, eine anarchistische Implikation und eine metaphorische Tropologie einher? Wenn dies der Fall wäre, dann wäre die narrative Modellierung in der Tat primär, das heißt bestimmend. So weit möchte der ironische Systembildner nicht gehen. Deshalb bezeichnet er Michelets Geschichtsschreibung zwar als romantisch und formativistisch, ordnet ihr aber eine liberale Grundposition zu, während Burckhardt zwar als satirisch und kontextualistisch, nicht aber als liberal, sondern als konservativ eingestuft wird. Zumindest zwischen narrativer Modellierung und ideologischer Implikation scheint ein aufgelockertes Verhältnis zu bestehen, das zwar nicht unegal, aber eben auch nicht zwingend ist. Aber grundsätzlich läßt er offen, welche typologischen Kombinationen möglich sind und welche nicht. Mit welchen Argumentationsweisen und mit welchen ideologischen Implikationen läßt sich etwa die „Satire“ vereinbaren? Mit der „anarchistischen“ oder mit der „radikalen“?

Eine zweite Frage läuft darauf hinaus, sich vor Augen zu führen, welche geschichtsphilosophischen Implikationen Whites kombinierte Typologie enthält. Im Gegensatz etwa zu Frye, der sein fünfstufiges Modell im Sinn einer aufsteigenden Linie interpretiert, als eine Zunahme von Reflexion und Kritik, scheint White tatsächlich einem Kreislaufmodell den Vorzug zu geben. So interpretiert er das Geschichtsdenken des 19. Jahrhunderts als eine Reaktion auf den Ironizismus der Spätaufklärung (Gibbon, Voltaire, Hume, Kant), der sowohl von der Geschichtsphilosophie (Herder und Burke, Hegel und Comte, Marx, Nietzsche, Croce) als auch von der Historiographie aufgelöst wird. Mit Michelet bzw. der Vorromantik (Romanze), mit Ranke bzw. Hegel und Comte (Komödie), mit Tocqueville bzw. mit Marx (Tragödie), mit Burckhardt bzw. Nietzsche und Croce (Satire) durchläuft das Geschichtsdenken des 19. Jahrhunderts den gesamten Formenkreislauf, bis es abermals, unter anderem Vorzeichen, in Ironie und Satire einmündet, und der ganze Kreislauf wieder von vorn beginnt.

Das scheint viel zu einsinnig konzipiert. Viel eher wäre daran zu denken, daß die vier Typen von Geschichtsschreibung, die White herausdestilliert, immer wieder reaktualisierte Möglichkeiten der Historiographie des 19. Jahrhunderts darstellen. Gut denkbar, daß zwischen der „romantischen" Fabel Michelets und der „komischen" Rankes keine zeitliche, sondern eine räumlich-kulturelle Differenz ausschlaggebend ist, und man beide Typen im Sinn einer französisch-deutschen Parallel- und Konkurrenzaktion sehen muß. Der deutschen Historiographie mangelt es ganz offenkundig an einem romantischen Ausgangspunkt wie der französischen Revolution. Um eine eigene deutsche Historiographie zu etablieren, muß diese sich sogar von der durch Michelet begründeten pro-revolutionären, heroischen Geschichtsauffassung absetzen.

White deutet das ungeheuer Neue des Geschichtsdenkens des 19. Jahrhunderts ausschließlich als schiere Reaktionsbildung auf den Ironizismus der Spätaufklärung. Das bezeichnet eine methodische Grenze. Diese zu überschreiten bedeutet, Whites rhetorische Narratologie historiographischer Texte kulturwissenschaftlich zu wenden. Es ist nicht uninteressant, daß Whites Konzept jenes Moment an Fryes Typologie ausschaltet, das mit Realismus und Roman zu tun hat. Im Gegensatz zu Frye unterschlägt White auch, daß sich die verschiedenen Erzählformen durch die Größenverhältnisse zwischen Held, Leser und Umgebung unterscheiden. Die, wenn man so will, säkularisierende und kritische Tendenz des Realismus besteht unter anderem darin, daß er die Größe auf ein erträgliches Maß absenkt: die Figuren der Erzählung überschreiten nicht länger die Rezipienten in ihrer Dimensionalität. Indem die Handlungsfähigkeit der einen abnimmt, nimmt die der anderen zu.

Mit dem Realismus läßt sich auch auf den veränderten medialen „Kontext" verweisen, dessen Produkt und Produzent die Historiographie des 19. Jahrhunderts darstellt, die nicht ihresgleichen im 17. und 18. Jahrhundert hat. So läßt sich der Aufstieg einer Textsorte wie der historisch-akademischen Historiographie vor dem dramatischen Wandel der Aufschreibesysteme beschreiben: der Durchsetzung von Schriftlichkeit, einer systematischen Alphabetisierung der Bevölkerung usw. Neue ästhetische und kommunikative Medien wie die Zeitung, der Roman und eben die Historiographie konstituieren neue Weltsichten, etablieren neue Formen des (panoramischen) Erzählens, das jedweden persönlichen Erzähler, der nur für das einsteht, was er aus eigener Hand und gerüchteweise kennt, übersteigt. Gleichzeitig aber ist dieser neue, so realistische wie irreale Erzähler empathisch: er dringt im Roman wie in der Historiographie in das Innere der fremden Person ein, enthüllt deren intimste Geheimnisse und Antriebe. Im Falle der folgenden Textpassage etwa ist es unentscheidbar, ob die psychologische Einfühlung sich dem Genre des historischen Romans oder der neueren Historiographie verdankt:

> Wie hätte er aber hier Ruhe finden sollen, in alle der aufstrebenden Kraft jugendlicher Jahre hinter die enge Klosterpforte verwiesen, in eine niedrige Zelle mit der Aussicht auf ein paar Fuß Gartenland, zwischen Kreuzzügen, und zunächst nur zu den niedrigsten Diensten verwandt! Anfangs widmete er sich den Pflichten eines angehenden Klosterbruders mit der Hingebung eines entschlossenen Willens. „Ist je ein Mönch in Himmel kommen," sagt er selbst, „durch Möncherei, so wollte auch ich hineingekommen sein." Aber dem schweren Dienst des Gehorsams zum Trotz ward er bald von peinvoller Ruhe ergriffen, studierte er Tag und Nacht und versäumte darüber seine kanonischen Horen; dann holte er diese wieder mit reuigem Charakter nach, ebenfalls ganze Nächte lang. Zuweilen ging er, nicht ohne sein Mittagsbrot mitzunehmen, auf ein Dorf hinaus, predigte den Hirten und Bauern und erquickte sich dafür an ihrer ländlichen Musik; dann kam er wieder und schloß sich tagelang in seine Zelle ein, ohne jemanden sehen zu wollen. Alle früheren Zweifel und inneren Bedrängnisse kehrten von Zeit zu Zeit mit doppelter Stärke zurück.[273]

Die Stimme gehört zweifelsohne einem neutralen und außenstehenden Erzähler, während der Fokus der Erzählung auf den Helden der Erzählung gerichtet ist, der sich in einer entscheiden Umbruchsphase befindet. Die äußere Handlung wird angehalten, um die innere Seelenwelt des Helden zu beleuchten. Dies ist psychologisch besehen nur möglich durch einen Erzähler, der zunächst nicht zu rechtfertigen braucht, warum er sich gleichsam mit seinem Helden in der Mönchszelle aufhält. Die Worte des Helden können entweder dessen innerer Gedankenwelt entspringen oder aber „real" gesprochene Worte sein. Im ersteren Fall befänden wir uns im (historischen) Roman, im zweiteren (eher) in einer Historiographie.

So besteht in der Wahl der erzähltechnischen Mittel zunächst kein prinzipieller Gegensatz zwischen Historiographie und historischem Roman, und zumindest die zitierte Ranke-Passage, die eine zentrale Erzählung deutscher Geschichte verhandelt,[274] die Spaltung der Nation durch die Spaltung des Glaubens, würde auch in einen literarischen Kontext passen. Also ist die Historiographie des 19. Jahrhunderts, ebenso wie der historische Roman, der beinahe zeitgleich das Licht der Welt erblickt, der weltumspannende Roman[275] und die Zeitung ein ganz und gar neues kulturelles Artefakt, das die traditionellen dynastischen Erzählungen übersteigt und eine Polyphonie von erzählten Handlungen ermöglicht,[276] die unabhängig voneinander stattfinden und doch in einen kausalen und zeitlichen Konnex geraten. Alle dringen in neue „Wirklichkeiten" vor, in die bis dahin verschlossenen, mikroskopischen Innen-

---

273 Leopold Ranke, Deutsche Geschichte im Zeitalter der Reformation, Wien o. J., S. 141 f.

274 Ders., Deutsche Geschichte im Zeitalter der Reformation, a.a.O., S. 12: „Ich habe die Absicht, die Geschichte einer Epoche zu erzählen, in welcher die religiös-politische Lebenstätigkeit der deutschen Nation in ihrem kraftvollsten und produktivsten Trieben stand."

275 Michail M. Bachtin, Die Ästhetik des Wortes (hrsg. von Rainer Grübel; aus dem Russischen von Rainer Grübel und Sabine Reese), Frankfurt/Main: Suhrkamp 1979, S. 163: „Sie (die grundlegenden stilistischen Kategorien des Romans, A.d.V.) wurden von den historisch-aktiven Kräften der verbal-ideologischen Tätigkeit bestimmter sozialer Gruppen hervorgebracht und geformt, sie waren der theoretische Ausdruck dieser wirksamen, das sprachliche Leben prägenden Kräfte. Diese Kräfte sind die *Kräfte der Vereinheitlichung und Zentralisierung der verbal-ideologischen Welt.*"

276 Benedict Anderson, Die Erfindung der Nation, a.a.O. S. 18–43.

welten und in die jede Alltagswelt-Erfahrung übersteigenden makroskopischen Bereiche der großen weiten Welt, die auch rückblickend, an der historischen Erfahrung der Zeitzeugen vorbei panoramisch werden und – geniale Illusion der Romanwelt – die Nationalgeschichten Europas simultan erzählbar machen. Die Historiographie ist also ein entscheidendes Medium in der Schaffung dessen, was Anderson „*imagined communities*" nennt

Zugleich etabliert der Realismus, der sich mit *der Wirklichkeit* verwechselt, einen ganz neuen Typus von zupackender Weltoffenheit, der in den neuen literarischen und kommunikativen Medien seinen beredten Ausdruck findet, und zwar in all den drei genannten Medien. Denn der Realismus auch der fiktiven Literatur zeigt die Welt als eine, der man sich gegenübersieht, unter der man leidet, die man überwinden kann und die dem Handeln des Menschen offensteht. Diese Emphase der „Wirklichkeit" korrespondiert mit der Souveränität eines Subjekts, das sich als unvoreingenommen und handlungsmächtig erfährt, als befähigt, eben jene Wirklichkeit zu gestalten, sich ihrer zu bemächtigen.

Die Zeitung, deren unaufhaltsamer Aufstieg ebenfalls in die zweite Hälfte des 19. Jahrhunderts fällt, stiftet zum ersten Mal die sekundäre Erfahrbarkeit einer globalen Welt. Die Historiographie etwa der französischen Revolution ist Teil der symbolischen Generierung eines imaginären Subjekts namens Frankreich, so wie das Marxsche Narrativ in gewisser Weise das internationale Proletariat als mundanen Welterlöser erfindet. Die Marxsche Theorie hat sich selbst stets funktionalistisch mißverstanden, als ob sie ein bloßer Effekt eines auch ohne sie vorhandenen kollektiven Mega-Subjekts wäre. Aber in gewisser Weise war jener Marxismus, der sich die Einheit von Theorie und Praxis auf die Fahne geheftet hatte, eine kulturelle Praxis ohne zwingenden ökonomischen Hintergrund. Seine Erzählung basierte auf einigermaßen „perversen" (d.h. verdrehten und „verkehrten") kulturellen Adaptionen von Meistererzählungen des Abendlandes (wie der Eschatologie, der christlichen Erlösungsgeschichte usw.).

Überhaupt und ganz generell läßt sich behaupten, daß die Historiographie des 19. Jahrhunderts neue Mega-Subjekte in die Welt gesetzt und an die Stelle der alten (Götter) gestellt hat. Sie stiftet(e) nach dem Ende der traditionellen Sinnsysteme große imaginäre Welten und Sinngemeinschaften (Anderson), und damit läßt sich auch der ganz einmalige und ganz einzigartige Ort der Historiographie des 19. Jahrhunderts, das womöglich Unwiederholbare bestimmen, ihren wichtigen Ort neben Roman und Zeitung, den ersten Vorboten einer modernen Massenkultur, die später von anderen radikalisiert und auf den kognitiven Zustand des *common sense* herabgestuft wurde.

Dabei ist der Realismus so produktiv wie problematisch: zum einen eröffnet er neue Blickwinkel einer Menschheit, die ausgezogen ist, das Fürchten zu verlernen, zum anderen aber erzeugt er die Illusion, als würde die Welt für sich selbst sprechen und als müßte man nur zu Papier bringen, was ohnehin geschieht. So unterminiert der Realismus gerade außerliterarisch einen Verblendungszusammenhang, der suggeriert, es wäre nur eine Sichtweise auf die Welt, nämlich die realistische, möglich. Der „Realismus" von Politik und Ökonomie ist ein modernes Bedeutungsmonopol, das alle anderen Möglichkeiten von Welterfahrung erfolgreich als unrealistisch desavouiert. Dem konservativen Literaturtheoretiker Joseph Peter Stern zufolge fragt der Realismus nicht danach, ob die Welt wirklich ist, sondern er beschäftigt sich allenfalls mit Menschen, die dies bestreiten.[277]

In diesem konzisen Sinn ist der Realismus „bürgerlich": seine literarischen Techniken enthalten das Versprechen, die Welt zu besitzen, so wie der Kapitalist Hab und Gut.[278]

Der Einspruch der Avantgarde gegen Realismus und Historismus erklärt sich aus dem antibürgerlichen Affekt wie aus dem kritischen Impuls gegen eine geschlossene und gesättigte Identität. Noch die Idee, ein Mensch ohne Eigenschaften sein zu wollen, wie sie Robert Musil vorführt, dessen Roman durchaus noch mit historischem Material spielt, steht in der Tradition, die bürgerlich saturierte Identität in ihrer heiligen Trias (Selbstbesitz, nationales Subjekt, Weltbürger) zu desavouieren.

Der Realismus möchte eine bestimmte Referenz vorschreiben, das Primat einer mehr oder minder rational faßbaren Welt. So auch die Genres, die er hervorgebracht hat und die ihn kulturell ins Leben gerufen haben: Geschichtsschreibung, Roman und Zeitung, die große Überschau einer Welt, in der es faßbar und greifbar zugeht. Das Schauspiel, das er oft historisch verfremdet aufführt, ist die Geschichte jenes Landes, das mittels Historiographie oder historischem Roman (Walter Scotts Romane über das mittelalterliche Schottland haben das moderne erfunden) angeeignet wird. Historiographie und Roman liefern die literarischen Mittel, das Imaginäre, das kollektive Subjekt einer Nation, als real erscheinen zu lassen. In seiner Übermacht, wie es im nationalistischen Geschichtsnarrativ offenkundig wird, ist es ein Erbe der Religion und der sie begleitenden heroischen Geschichtserzählungen, die um den göttlichen Leib des Königs und seiner Dynastie kreisen. Insofern ist der Nationalismus des 19. Jahrhunderts in der Tat ein Effekt der Säkularisierung: er besetzt die leere Stelle des kollektiven Imaginären und er tut dies nicht zuletzt mit jenen neuen „Medien", die für die Wirklichkeit der Nation einstehen und sie fortwährend reproduzieren. Es ist die Regelmäßigkeit der Zeitung (und ihrer Abkömmlinge), der historische Diskurs sowie der Roman und seine Abkömmlinge (u.a. der Film), der Tag für Tag den symbolischen Bestand der jeweiligen soziokulturellen Entitäten gewährleistet und sicherstellt. Bis heute weist der historiographische Diskurs, der erst spät, nämlich im 19. Jahrhundert akademische Weihen erlangt, weit über das Milieu hinaus, in dem er professionell betrieben wird: die Universitäten. Das hat sich bis heute nicht verändert: Auch die selbstkritischen Geschichtswerke einer jüngeren Generation österreichi-

277 Joseph Peter Stern, Über literarischen Realismus, München: Beck 1983, S. 39.

278 Michail M. Bachtin, Formen der Zeit im Roman. Untersuchungen zur historischen Poetik [1975] (aus dem Russischen von Michael Dewey), Frankfurt/Main: Fischer, S. 191–251, vgl. auch: Ian Watt, Der bürgerliche Roman. Aufstieg einer Gattung. Defoe – Richardson – Fielding [1957] (aus dem Englischen von Kurt Wölfel), Frankfurt/Main: Suhrkamp 1974, S. 7–37.

scher Historiker, die die Mittäterschaft Österreichs an der Shoah und am Dritten Reich betonen, folgen dieser Logik, der Nation neue Narrative bereitzustellen, alte zu widerlegen oder zu revidieren.[279]

279 Ich verweise hier auf frühere Arbeiten: Wolfgang Müller-Funk, Die unmögliche Nation. Innen- und Außenbetrachtung der österreichischen Identität, in: Ders., Die Enttäuschungen der Vernunft. Von der Romantik zur Postmoderne. Essays, Wien: Österreichischer Bundesverlag 1990, S. 153–162.

5. Die verschwiegenen Narrative: Latenz, Repression, *common sense*

Nicht alles, was in einer Kultur an symbolischem Material vorhanden ist, zur Verfügung steht (etwa im Bereich von Schule, Universität und Medien), ist *in actu* narrativ, weder das mathematisch-naturwissenschaftliche Formelwerk (einschließlich des Computers) noch das Arsenal aller handwerklich-technischen Fertigkeiten, die etwa Hannah Arendt in ihrem Buch *Vita activa* analysiert hat, weder die Musik noch ein ansehnlicher Teil der Bildenden Künste. Sie alle bilden symbolische Formen aus, die nicht jener ganz spezifischen Raumzeitlichkeit unterliegen, wie sie für das Genre des Erzählens charakteristisch sind.

Erzählen bedeutet, sich in einer gespaltenen Zeit zu befinden, die nicht zur Deckung zu bringen ist, in einer Zeit, von der erzählt wird (erzählte Zeit), und in einer Zeit, in der erzählt wird (Erzählzeit). Die von Günther Müller prononciert formulierte Unterscheidung gilt über das literarische Erzählen hinaus auch für alle Formen nicht-künstlerischen Erzählens, für Zeugenaussagen vor Gericht, für die psychoanalytische Rekonstruktionen der „eigenen" Lebensgeschichte, für die mediale Selbstdarstellung, für das Erzählen im familialen Kontext.[280] Gerade aus dieser unhintergehbaren Differenz erwachsen all die anderen: die Spaltung der Person (Identität) und jene des Raumes.

Ferner hat das Erzählen im Gegensatz zu der unendlichen Wiederkehr der Zahlen einen markierten Anfang und ein abschließendes Ende, das den Akt des Erzählens von allen anderen Handlungsvollzügen unterscheidet. Das Erzählen markiert hier so ein fest umrissenes Segment unseres Lebens, das sich vom „Roman" eben dadurch unterscheidet, daß es weder einen einholbaren Anfang noch ein definitives Ende kennt. Erzahlen heißt auch, eine vergangene Handlung für abgeschlossen zu erklären und sie gegen den Horizont „gelebten" Lebens abzuheben. Selbstverständlich läßt sich derlei Endgültigkeit dementieren: indem man neu ansetzt mit dem Erzählen und etwa einen anderen Schlußpunkt setzt; damit wird die gesamte Teleologik einer imaginären Gemeinschaft, einer sozialen Gruppe oder eines einzelnen Menschen verändert.

Wir tun dies andauernd, der ehemalige deutsche Außenminister Fischer im Hinblick auf seine Vergangenheit als 68er, die österreichische Nation seit 1989, Mann

280 Die Sportreportage markiert hier einen Sonderfall, indem in der *life*-Übertragung erzählte Zeit und Erzählzeit zusammenfallen.

und Frau in der Paartherapie, Shakespeare, der mit der ersten Version des *Hamlet*, der darin noch allzusehr seinem Vater glich, nicht zufrieden war und dadurch einen modernen Archetypus schuf.[281]

Schließlich bedeutet zu erzählen, bzw. einer Erzählung zuzuhören, sich in eine Welt zu begeben, in der Menschen zwischen einem Anfang und einem Ende, die die beiden Pole jener Teleologik bilden, in die die Erzählung eingespannt ist, zu handeln, einem roten Faden zu folgen und einen Spannungsbogen zu durchlaufen, der am Ende jäh abbricht. Der Nachvollzug solch erzählten Geschehens impliziert – gegen den kategorischen Imperativ der Literaturwissenschaft vom „bloßen" Text – immer auch einen Nachvollzug gelebten Lebens, das wir nach ähnlichen Mustern modellieren und konstruieren.

Nun läßt sich zeigen, daß die mathematische Welt, die unzweifelhaft ein symbolischer Kosmos „numerativ", aber nicht narrativ ist, von Raum und Zeit abstrahiert. Das gilt *notabene* auch für jene Naturwissenschaften, die sich fast ausschließlich dieses Regelwerkes bedienen, etwa für große Teile der Physik und der Chemie.[282] Es wäre indes verfehlt, die Trennlinie zwischen narrativen und non-narrativen symbolischen Systemen zwischen Natur- und Humanwissenschaften verlaufen zu lassen: die moderne physikalische Kosmologie (Urknall- bzw. diverse Chaostheorien) sind ebenso wie die biologische Evolutionstheorie narrativ organisiert, d.h., sie erfüllen alle oben angegebenen Kriterien des Narrativen (Spaltung des Zeitlichen, exklusiver Standort des Erzählens, Teleologik des Handlungsablaufes): weil sie zur Zukunft hin offen sind, operieren sie mit einer Technik, die uns aus der *short story* geläufig ist: dem *open end*.

Die diversen Kulturtechniken des Lebensvollzugs und der Produktion sind non-narrativ, weil sie ganz offenkundig iterativ sind, d.h. der Wiederholung dienen: Kochen, Weinbau, Liebeskunst, Gartenbau, Ingenieurfertigkeiten, Rhetorik sind allesamt im Sinne des griechischen Wortes *τέχνη* integrale Bestandteile von Kultur und sie beinhalten auch ein zielgerichtetes Handeln des Menschen, aber keines, das jene exklusive Einmaligkeit besitzt, die das Erzählen produziert.

Die non-verbalen Künste wiederum haben gewisse Merkmale mit dem Genre des literarischen und non-literarischen Erzählens gemeinsam, aber auch sie sind *grosso modo* nicht im konzisen Sinn narrativ formatiert: zwar ist die Musik eine Zeitkunst, die ebenso das Gesetz der Irreversibilität kennt wie das Erzählen, sie hat auch einen Spannungsbogen und definierte Anfänge und Enden (weshalb sie sich zur „Untermalung" aktuell inszenierter epischer Kunst eignet – vom indonesischen Gamelanorchester über die musikalische Umrahmung des Theaters im 19. Jahrhun-

281 Harold Bloom, Shakespeare. Die Erfindung des Menschlichen (aus dem Englischen von Peter Knecht), Berlin: Berlin Verl. 2000, S. 559–632.

282 Vgl. hierzu: Markus Arnold/ Roland Fischer, Studium Integrale, in: iff texte, Bd. 6., hrsg. von Ralph Grossmann, Wien-New York 2000. Verwiesen sei hierbesondere auf die Aufsätze von: Roland Fischer, Mathematisierung als Materialisierung des Abstrakten, a.a.O., S. 50–58; Christa Koenne, Die Chemie und ihr Einfluß in einer Entscheidungsgesellschaft, a.a.O., S. 67–76; Helga Stadler, Kann mann/frau Physik verstehen? a.a.O., S. 77–82 (hier auch weiterführende Literatur).

dert bis zum Kino, von den bescheidenen Anfängen des Pianisten in den Lichtfilmspielen bis zur Raffinesse heutiger Filmmusik), aber weder gibt es eine gespaltene Zeit, noch einen exklusiven Erzähler, noch eine Welt des Handelns, auf die die Abfolge der Tonfolgen referierte. Aber weil sowohl das Bild wie auch die Musik Momente enthalten, die für das Narrative konstitutiv sind, lassen sich Bild, Musik und Wort gesamtkunstwerkhaft miteinander verschmelzen, in der Oper ebenso wie im Film und den diversen Genres, die Radio, Fernsehen und Neue Medien hervorgebracht haben.

All dies, die Symbolwelt von Mathematik und Naturwissenschaft, das Insgesamt der *τέχναι* in einer sozialen Entität und die non-verbalen Künste, sie alle stellen zweifelsohne einen unverzichtbaren Bestandteil zumindest moderner Kulturen dar. Ist nun das Narrative ein zwar wichtiges Element jedweder Kultur so wie eben jene aufgezählten anderen symbolischen Formationen und Regelwerke (dazu gehört natürlich auch der Bereich von Jurisprudenz und Ökonomie), aber eben doch nur ein Teil, nicht einmal ein *pars pro toto*? Aber dann verlöre das Narrative jene Sonderstellung, die der Titel der vorliegenden Untersuchung suggeriert.

Nur wenn sich zeigen läßt, daß Narrative einen ganz strategischen Ort in der Kultur einnehmen, ließe sich die Exklusivität von Narrativen für die Konstituierung von Kulturen rechtfertigen. Diese Exklusivität besteht im zentralen Beitrag, den das Narrative zur Identitätsbildung kultureller Formationen jedweder Art leistet. Zwar ist nicht alles, was in einer Kultur an symbolischem Material gegeben ist, narrativ, aber keine Kultur kann der narrativen Grundierung entbehren. Je dicker diese Unterlage ist, desto symbolisch dichter ist das Gewebe der jeweiligen kulturellen Identität: es ist nicht zuletzt dieser Reichtum, der etwa Wien, die Metropole eines mittelkleinen Staates, von Birmingham, der zweitgrößten Stadt einer europäischen Großmacht unterscheidet. Kaliningrad ist symbolisch weniger ansehnlich als Königsberg, kein Wunder, daß es in Kaliningrad Versuche gibt, die Geschichte Königsbergs einzugemeinden.

Um wer zu sein, muß man erzählen können. Der Zustand der Unschuld ist jener, in dem sich noch nichts ereignet hat, kein Verhängnis, kein *crimen,* kein Ereignis, kein Aufbruch, kein Ausbruch. Das rousseauistische Phantasma des Naturzustandes ist das narrative Vakuum des einzelnen wie der Entität.

Am Pfingstmontag des Jahres 1828 wurde in Nürnberg ein junger Mann von etwa 17 Jahren aufgefunden. Seine Herkunft war völlig unbekannt, seine Geschichte war völlig im Dunkel und sein Name – Caspar Hauser – war ein untergeschobener. In überraschender Koinzidenz mit der These von Maurice Halbwachs, wonach die individuelle Erinnerung stets ein soziales Rahmenwerk zur transzendentalen Voraussetzung hat, ist der junge Mann aus dem Dunkel der Höhle, dem Ort seiner Gefangenschaft, unfähig, seine Lebensgeschichte zu rekonstruieren. Der (vermeintlich) authentische, unverderbte Mensch, die Sensation des spätromantischen, postrousseaustischen Europa und dessen kulturellen Erzähl- und Regelwerk ist, wie es in einem zeitgenössischen ärztlichen Gutachten heißt, ein Lebewesen, das „nichts von seinesgleichen ahnt, nicht ißt, nicht trinkt, nicht fühlt, nicht spricht wie andre, der nichts von gestern, nichts von morgen weiß, die Zeit nicht begreift, sich selber nicht spürt."[283]

Dieser Namenlose mit dem geliehenen Namen, der nicht der seine ist und der seine Geschichte verbirgt, wird zum Ereignis. Einer frühen wissenschaftlichen Anthropologie will es scheinen, daß man hier dem natürlichen Gattungswesen Mensch schlechthin, dem Menschen ohne Gesellschaft und Kultur, dem Menschen, wie er eigentlich, von Natur aus ist, auf die Spur kommen könnte; was dieser Sehnsucht nach objektiver Eigentlichkeit und authentischer Objektivität entgeht, ist indes, daß der Mensch ohne das Regelwerk symbolischer Systeme und ohne sozialen Bezug eben kein „Mensch", ein Grenzphänomen jedweder Kulturtheorie, ist.

Friedrich Daumer, ein überzeugter Rousseauist und ein Parteigänger idealistischer Theorien und romantischer Praktiken (wie des Mesmerismus) ist jedenfalls überzeugt, dem Naturmenschen in der „Wildnis" der eigenen Kultur begegnet zu sein, dem Menschen, der noch nicht von der Gesellschaft verdorben ist, wie es Rousseau in seinem Erziehungstraktat *Émile* beschrieben hat.[284]

So bekommt der Mann zugleich mit dem Namen eine Erzählung untergeschoben, jene Geschichte eines Menschen, der, wie aus einem Märchen entsprungen, von Nirgendwoher kommt und zum ersten Vertreter einer neuen unschuldigen, neoadamitischen Menschheit wird. In Jacob Wassermanns Roman verkündet Daumer emphatisch:

> Wenn man von ihm spricht, kann man nicht übertreiben, weil die Sprache zu ärmlich ist, um sein Wesen auszudrücken. Es ist eine uralte Legende, dies Emportauchen eines märchenhaften Geschöpfs aus dem dunkeln Nirgendwo; die reine Stimme der Natur tönt uns plötzlich entgegen, ein Mythos wird zum Ereignis. Seine Seele gleicht einem kostbaren Edelstein, den noch keine habgierige Hand betastet hat; ich aber will danach greifen, mich gerechtfertigt ein erhabener Zweck [...][285]

Der Mensch ohne Faden einer „eigenen" Lebenserzählung ist (wie der Chamissosche Mann ohne Schatten, der im übrigen auch im narrativen Dunkel lebt) ein Grenzphänomen. Und so wenig er – zu Daumers großer Enttäuschung – in seiner neuen Umgebung ein „Naturmensch" bleiben kann, so wenig kann er ein Mensch ohne Geschichte bleiben. Man kann die Aktivität seiner Umwelt so resümieren, daß alle ihm eine Geschichte zuordnen wollen. Der Mensch mit der Zero-Erzählung, das Lebewesen mit dem narrativen Vakuum, löst so einen Überschuß an phantastischen Gerüchten aus. Damit ist nebenbei bemerkt die Funktionsweise des Geheimnisses beschrieben.[286]

Während der Romantiker Daumer jede Ausforschung seiner „wahren" Lebensgeschichte ablehnt, weil sie sein romantisches Narrativ untergrübe, das den Geheim-

---

283 Jakob Wassermann, Caspar Hauser oder die Trägheit des Herzens, München: dtv 1983, S. 14.

284 Jean Jacques Rousseau, Emil oder über die Erziehung (vollständige Ausgabe in neuer deutscher Fassung von Ludwig Schmidts), Paderborn: Schöningh [10]1991.

285 Jakob Wassermann, Caspar Hauser, a.a.O., S. 41.

286 Georg Simmel, Geheimnis, a.a.O., S. 319: „Das Geheimnis enthält eine Spannung, die im Augenblick der Offenbarung ihre Lösung findet."

niszustand strategisch bewahren und das Geheimnis zum Wunder stilisieren möchte, machen sich die anderen, die sich Hauser zum Objekt ihrer Nachforschungen erwählt haben, auf die Suche nach der verlorengegangenen Lebenserzählung des jungen Mannes mit dem falschen Namen. So insbesondere der Präsident von Feuerbach, der im Roman als Detektiv fungiert: der Detektiv ist jener, der imstande ist, das Geheimnis zu lüften und das bislang unbekannte Narrativ ans Tageslicht zu bringen: mit unerbittlicher Akribie rekonstruiert Feuerbach die Geschichte hinter dem narrativen Vakuum. In einem ausführlichen Memorial identifiziert er Hauser als den beiseite geschafften Erbprinzen aus dem Hause Baden-Zähringen, womit er ebenfalls auf mythisches Material rekurriert: nicht auf den Naturmensch ohne Erbsünde wie Daumer, vielmehr auf den ausgestoßenen Sohn, der von seiner familiären Umgebung als Gefahr angesehen und verstoßen wird (Joseph, Ödipus).

Wie nachhaltig die Faszination für den namenlosen Menschen ohne Lebensgeschichte ist, zeigen nicht nur die zahlreichen literarischen Adaptionen von Wassermann bis Handke, sondern auch der Umstand, daß man versucht hat, diese und ähnliche Hypothesen mit Hilfe moderner gentechnischer Methoden zu überprüfen. Im Gegensatz zu Handkes Interpretation des sprachlosen Menschen, der durch sprachliche Dressur manipuliert und sozialisiert wird, ist es Hausers Problem, daß er keine Geschichte „besitzt“. Diese Grenze markiert jene Schwelle des Unheimlichen, auf die die Bevölkerung mit Aggressivität reagiert. Aber noch ehe ihm eine Lebensgeschichte wie eine symbolische Kleidung verpaßt wird, die er anzunehmen hat, wird er zum Opfer eines Attentates, das den unscheinbaren Menschen mit der übergroßen Aura des Geheimnisses vernichtet, nicht aber die Frage nach seiner Geschichte. Die phantastische Dimension der Feuerbachschen Erzählung korrespondiert mit der Intensität, mit der die Erzählung sich weigert, aus dem Dunkel zu treten. Weil das narrative Vakuum so absolut ist, darf sich die Einbildungskraft zutrauen, die Geschichte auf so „königliche“ Weise aufzulösen. Das Geheimnis als der Zustand des absolut unzugänglichen Geheimnisses ist der Ort der Selbstfeier einer radikal entfesselten Imagination, in der das Unmögliche zum Wahrscheinlichen wird.

Ex negativo läßt sich daraus schließen, daß die Vorstellung einer ursprünglichen Menschheit, wie sie der rousseauistische Diskurs im Hinblick auf einzelne „Naturmenschen“, aber auch im Hinblick auf die „edlen Wilden“ etablierte, einem Phantasma entspringt, das wiederum narrativ beschaffen ist: Es ist die Geschichte vom Fall einer erzähl- und zeitlosen Menschheit in die Zeit, in jene Zeit, die *conditio sine qua non* für das gespaltene Wesen Menschen ist. Aber diese Erzählung ist wie alle anderen auch eine Konstruktion im Nachhinein, eine Geschichte, die schmerzhaft den Abstand zwischen der einstigen (vermeintlichen) Unschuld der „Kindheit“[287] und der schuldigen Gegenwart markiert. Wenn die Wege Daumers und des Findlings sich trennen, dann nicht zuletzt auch deshalb, weil der Mythos, den Daumer etabliert, nicht dem Bedürfnis nach einer greifbaren, wenn auch wundersamen Lebensge-

287 Vgl. Yvonne-Patricia Ahlefeldt, Göttliche Kinder: die Kindheitsideologie in der Romantik, Paderborn: Schöningh 1996.

schichte entgegenkommt. Daumer, zunehmend enttäuscht von der „Vermenschlichung“ seines Zöglings, versucht bis zuletzt mit aller Kraft, die phantastischen Träume des jungen Mannes von seiner Mutter in einem märchenhaften Schloß zu unterbinden, weil er darin eine Gefahr für sein eigenes narratives Dispositiv erblickt.

Was den Fall Caspar Hauser so attraktiv für eine narratologische Theorie von Kultur macht, ist, über den exemplarischen Verweis auf die Unumstößlichkeit des Narrativen hinaus, der Umstand, daß man sich hier gut sichtbar in einer Manufaktur befindet, in der Identität produziert wird. Es handelt sich um eine Geschichte in der Geschichte: wie man einen Menschen symbolisch zur Welt bringt, indem man ihm eine (geheimnisvolle) Lebensgeschichte verpaßt. Was das Narrativ vom Diskurs unterscheidet, ist nicht so sehr der Grad der Abstraktion als vielmehr die zeitliche und zielgerichtete Dimension.

Es sind die Wissenschaft, die Justiz und die Literatur (in Gestalt des Wassermannschen Romanes), die Identität produzieren, distribuieren und festlegen. Kultur läßt sich als der Prozeß begreifen, der das Unheimliche und Entsetzliche zum Verstummen zu bringen trachtet. Das ist der tiefste Antrieb aller Geschichtenerfinder rund um den jungen Mann mit dem falschen Namen: Würde die Erzählung gefunden und mit ihr der richtige Name, der die unverwechselbare individuelle Rolle im Ablauf des unbekannten, mysteriösen Geschehens symbolisch markiert, dann ließe sich eben jenes unerträgliche Unheimliche beseitigen, zumindest zur Ruhe bringen.

Das narrative Vakuum ist nur ein Beispiel für jenen Tatbestand von der verschwiegenen Anwesenheit und Unvermeidlichkeit des Narrativen; andere sind denkbar: das präsupponierte Narrativ, das unterdrückte und das selbstverständliche, das nicht ausgesprochen werden muß: um es vorwegzunehmen: Wahrscheinlich sind jene Narrative im Hinblick auf den Bestand von Kultur die wichtigsten, die im Normalfall latent sind und nur unter besonderen Gegebenheiten thematisiert oder selbstthematisiert werden.

So sind die Höhlenmalereien von Lascaux, die Menschen von ganz verschiedener Provenienz, etwa Künstler und Anthropologen nachhaltig beschäftigt haben, nicht zuletzt deshalb nicht (eindeutig) und womöglich nur ähnlich phantastisch rekonstruierbar wie die Lebensgeschichte des Caspar Hauser, weil wir die Narrative jener Kultur nicht kennen, die diesen Malereien zugrunde liegen. Aber auch die Ikonographie der schon erwähnten Bismarcksäule anno 1900 in Essen mag dem nichtprofessionellen Betrachter Rätsel aufgeben. Eine Kultur, die den Grundbestand christlicher Narrative vergessen hat, tut sich schwer, die in Kirchenfenstern und auf Altären dargestellten Geschichten zu dekodieren.

Ein Sonderfall stellt in diesem Zusammenhang die „klassische“ moderne abstrakte Malerei dar, die sich jedweder bildlicher Darstellung und selbstredend jeder narrativen Komponente enthält. Aber sowohl Kasimir Malewitschs „Schwarzes Quadrat“ als auch Barnett Newmanns „Who's Afraid of Red, Yellow, and Blue“ basieren auf Erzählungen, die man kennen muß, um die fraglichen Bilder zu verstehen. Jene Menschen, die sich wütend auf diese „entarteten“ Bilder stürzten (nicht bloß im nationalsozialistischen Deutschland, sondern auch im demokratischen

Amerika, wie Danto berichtet), sind Menschen, die die Narrative nicht kennen, die ihnen zugrunde liegen, im Falle Newmanns also etwa die jüdische mystische Gnosis der Kabbala oder im Falle Malewitschs die christlich-orthodoxe Auffassung von der Magie des Bildlichen. Ihre Wut ist nicht grundlos, sondern gründet in der panischen Angst vor einem bodenlosen Abenteuer. Insgesamt begreift die ratlose Wut des Nichtverstehens zum Teil bis heute nicht, daß all diese Bilder der klassischen Moderne nicht bloß eine Exegese Kantischer Ästhetik darstellen, nach der Bedingung der Möglichkeit bildender Kunst zu fragen, sondern auch das Bildverbot, wie Gott es im Alten Testament einfordert, vor dem Hintergrund einer explodierenden Bilderflut ästhetisch radikal durchzusetzen. Nicht zu vergessen ist auch, daß die Kunst der klassischen Moderne sich im Bannkreis der modernen „Meistererzählungen" (Danto) bewegt hat.

Auch die postmoderne Brillo Box eines Andy Warhol oder Duchamps Urinoir sind nicht aus ihrer puren Gegenständlichkeit heraus zu verstehen, sondern öffnen ihren schillernden und provokativen Sinn durch die Kenntnis der theoretischen Diskurse, generellen Narrative und spezifischen Lebensgeschichten, die ihnen zugrunde liegen und die neue, womöglich nicht lebbare Identifikationsangebote produzieren.

So läßt sich behaupten, daß auch kulturelle Manifestationen, die selbst nicht raumzeitlich wie Narrative strukturiert sind, doch am narrativen Ensemble einer Kultur partizipieren und bestimmte Erzählungen voraussetzen. Solche latenten Narrative möchte ich als präsuppositional bezeichnen, weil sie zur Dekodierung „stummer" Objekte notwendig sind, bzw. weil ihre Nichtkenntnis die Produktion anderer Narrative in Gang setzt: etwa die Geschichte von Schwindlern, die die Menschen zum Narren halten wollen, oder Menschen, die nicht malen können.[288]

Erzählungen können leer sein, das ist der Extremfall, der den *horror vacui* in Gang setzt, Erzählungen können praesuppositinal sein und sie können auch unterdrückt sein. Im Anschluß an Sigmund Freud und an die Kritische Theorie hat Mario Erdheim davon gesprochen, daß Unbewußtheit keineswegs ein Naturprodukt sei, sondern kulturell produziert wird. Erdheim interpretiert Kultur „als einen über den Menschen ablaufenden Prozeß […], der immer mehr Individuen in Abhängigkeit voneinander bringt."

Freuds Kulturbegriff sei, so Erdheim, ein dynamischer, in dem Kultur als Bewegung und als Geschichte und nicht so sehr als Struktur verstanden werde.[289] So besehen ist Kultur, und zwar nicht nur in ihren autoritären oder totalitären Varianten, eine globale Zensurmaschinerie:

> Nicht zuletzt, um dem gesellschaftlichen Druck auf Wunscherfüllungen nachzugeben und im Dienst der Herrschaft muß das Individuum auf Wunscherfüllungen verzichten und statt sie zu realisieren, unbewußt machen […][290]

Kultur gestattet es den Menschen, ihre gemeinsame Abhängigkeit symbolisch zu formulieren; dem Triebverzicht auf der psychomotorischen Ebene entspricht auf der

288 Vgl. Arthur C. Danto, Das Fortleben der Kunst, a.a.O.
289 Mario Erdheim, Die gesellschaftliche Produktion von Unbewußtheit, a.a.O., S. XV.
290 Ders., Die gesellschaftliche Produktion von Unbewußtheit, a.a.O., S. 217.

symbolische Ebene das, was ich als die verbotenen Geschichten bezeichnen möchte. Diese brauchen, über Freud und Erdheim hinaus, keineswegs primär sexuell zu sein, sie können auch politischer Natur sein.

Verbotene Geschichten waren im untergegangenen Jugoslawien etwa die diversen nationalen Narrative der Serben, Kroaten und Slowenen, verbotene Geschichten (die zu erzählen in vielen Ländern einen juristischen Sachverhalt darstellt) sind zum Beispiel auch alle revisionistischen Erzählungen, die darauf hinauslaufen, daß die Shoah ein einzigartiger, vom „Weltjudentum" in Gang gesetzter Schwindel sei. Mittlerweile sind in den postmodernen Marktgesellschaften auch all jene Erzählungen, die besagen, daß der Kapitalismus die abschließende und nicht überbietbare historische Gesellschaftsformation sei, in den Rang des Unbestreitbaren und Selbstverständlichen eingerückt.

Den mißverständlichen Terminus des Unbewußten sollte man hier freilich mit Vorsicht gebrauchen. Denn auch Freuds Redeweise des Unbewußten ist mißverständlich, denn es sind ja gerade jene mentale Schichten, die durch die Kulturtechnik psychoanalytischen Erinnerns in den Zustand rückwärtiger Vergegenwärtigung gebracht werden können und die nicht der Logik jenes radikalen Vergessens des Vergessens unterliegen: sie sind nicht mehr, bzw. nicht vollständig bewußt, aber dieses kollektiv produzierte Unbewußte zeichnet sich dadurch aus, daß es unter bestimmten Bedingungen zum Vorschein kommt: durch paradoxe Intervention, durch Krisen, vor allem aber durch seine untergründige Wirksamkeit.

Obwohl es keinen öffentlichen Raum gibt, derlei Geschichten zu erzählen, bleiben sie gerade deshalb besonders attraktiv und können aus ihrem „Geheimniszustand" an die Oberfläche treten: der Neo-Nationalismus in den sog. Reform- und Nachfolgestaaten hat diesen Mechanismus eindrucksvoll vorgeführt. Die Latenz des Nationalismus ist unmittelbar mit dem Zusammenhalt einer Kultur und ihrer Narrative verknüpft. Mario Erdheim drückt das sehr lakonisch aus:

> Unbewußt muß all das werden, was die Stabilität einer Kultur bedroht. Mit Freud können wir annehmen, daß es sich dabei in erster Linie um bestimmte libidinöse und aggressive Strebungen handeln wird, die von der Gesellschaft geächtet werden. Hier herrscht eine gewisse Variabilität sowohl in der Erziehungstechnik wie in dem, was unbewußt werden soll, aber das Unbewußte wird immer eingesetzt werden, um verbotene Triebregungen von der Gesellschaft abzuhalten. Indem sie bewußt gemacht werden, bilden sie einen Sog, der nun auch andere Wahrnehmungen oder Phantasien ergreifen kann, die ebenfalls die Stabilität einer Kultur in Frage stellen könnten. Auch sie müssen im Unbewußten verschwinden. Das gesellschaftliche Unbewußte ist somit wie ein Behälter, der all das aufnehmen muß, was eine Gesellschaft gegen ihren Willen verändern könnte. [...]
> Wer auf Neues, von der Kultur nicht Akzeptiertes stößt, muß auch all die Ängste, Schuldgefühle und Verunsicherungen ertragen, die aufgrund jener Verbindungen im Unbewußten zustande gekommen sind.[291]

Es spricht nichts dagegen, diese einschränkende Rolle der Kultur, über den Bereich der Sexualität und Aggression hinaus auf all jene Prozesse zu richten, in denen symbolische Sozialisation stattfindet, in denen Gemeinschaft narrativ erfunden wird.

---

291 Ders., Die gesellschaftliche Produktion von Unbewußtheit, a.a.O., S. 221.

Eine Gesellschaft zu verändern, bedeutet aus der Perspektive dieses Buches, „neue" Geschichten in Umlauf zu bringen, zum Beispiel Geschichten, die geächtet oder verboten sind und denen zunächst kein öffentlicher Raum gegeben wird. Insofern ist Literatur ein expressives ästhetisches Medium mit einem eminenten Veränderungspotential. So erzählen „Die Leiden des jungen Werther" nicht bloß die Geschichte einer neuen kompromißlosen Form autonomer Liebe, die im Unterschied zum bürgerlichen Arrangement, ihr einziges Kriterium in sich selbst trägt, Goethes Roman fordert die bestehende Kultur auch dadurch heraus, daß sie ohne kritisches Verdammungsurteil die Geschichte eines Selbstmörders erzählt und darüber hinaus die suizidal endende Geschichte von diesem selbst erzählen läßt, und zwar in einer Form, die das Recht von Individualität und das Sprechen über Intimität symbolisch einübt und das Gewicht im Handlungsablauf zugunsten des Einzelnen verschiebt.

Dieses Modell war offenkundig so erfolgreich, daß in den 70er Jahren ein ostdeutscher Autor, Ulrich Plenzdorf, einen DDR-Werther kreierte, der auf analoge Weise seine individuellen, unbedingten Wünsche gegen die Gesellschaft geltend macht und auch hier scheitert.

Einen Text wie den Werther zu verstehen, bedeutet immer auch, die konsensualen Erzählungen, gegen die er opponiert und die er zugleich stillschweigend voraussetzt, zu kennen. So bezieht sich die hermeneutische Tätigkeit nicht so sehr auf die manifeste Erzählung, sondern auf jene, die sie voraussetzt, indem sie sich kontrastiv zu ihr verhält: die zeitgenössischen Leser der beiden Werther-Versionen kennen die kulturelle Standarderzählung der Liebe, von denen jene der beiden Werther abweicht. Wer sie, wie österreichische oder englische Studierende des Jahres 2001 nicht kennt, der ist darauf angewiesen, daß er sie, ähnlich wie der kulturelle Fremde, expliziert bekommt.

Die Beispiele ließen sich beinahe beliebig vermehren. Die Literatur des 20. Jahrhunderts hat ein ganzes Kompendium verbotener Erzählungen produziert, die unsere Kultur, die sich lange, aber schließlich doch vergeblich dagegen gewehrt hat, nachhaltig verändert haben: dazu gehören Narrative wie jene der Frauenbewegung, Geschichten über Homosexualität, kritische Dekonstruktionen der heilen Familiengeschichten und *cum grano salis* alle Geschichten über Sexualität, die bislang verboten waren, von der schwarzen Romantik bis zur Pornographie, vom ekstatischen Hymnus über die Sexualität bis zur Psychoanalyse, die selbst ein ganz essentielles modernes Narrativ darstellt, das kulturverändernd wirkt. All diese Geschichten haben den Bestand unserer Kultur nachhaltig verändert und machen sie von anderen kulturellen Großformationen unterscheidbar. In Kulturen, in denen solche Geschichten erlaubt und *comme il faut* sind, hat sich das Verhältnis von Individuum und Gesellschaft einschneidend geändert, damit aber auch die Beziehung zu sich selbst und die Konstruktion der eigenen Identität verändert, vielleicht gerade weil in der Sexualität Andere im Spiel sind, und durch diese Mélange von unüberbietbarer Distanz und höchstmöglicher Nähe eine „komponierte" Individualität ins Spiel kommt, die ihre Rechte geltend macht und Kultur nicht als gegebene Entität (miß)versteht.

Somit ließe sich sagen, daß sich (post)moderne, heiße Kulturen von vormodernen, kalten darin unterscheiden, *wie* sie Identität und Unbewußtheit produzieren. Für moderne Kulturen stellt das Unbewußte, das Erdheim interessanterweise als Behälter metaphorisiert (und damit in die Nähe der Assmannschen Erinnerungsspeicher rückt), ein unerschöpfliches Reservoir für die symbolische Selbsterschaffung dar, während der Zugang zu diesem „Behälter" in rezenten Kulturen unter dem Verdikt des Tabu steht.

Das heißt aber nun nicht – und auch Erdheim ist weit entfernt von seiner solchen großen Befreiungserzählung –, daß Unbewußtheit verschwinde, und die Gesellschaft durch und durch transparent würde, das gilt auf der Ebene des einzelnen wie auf jener der Kulturen. Allenfalls ließe sich sagen, daß der Zugang zum Unbewußten zugänglicher geworden ist, und daß wir uns der eigentümlichen Zwiespältigkeit unserer Existenz bewußt sind, daß unser Wissen und unsere Einsichten über das Andere der Vernunft – und damit auch über die Phantasmen, die in unsere Narrative eingelagert sind – nicht imstande sind, deren Macht über uns zu brechen.

Erdheims Analyse beschränkt sich auf einen Sonderfall latenter Narrative, jenen, in denen Unterdrückung und Verzicht – oder viel genereller – das Verhältnis des einzelnen zur jeweiligen sozialen Entität zur Debatte steht, damit aber auch jenes zwischen (inzestuöser) Familie und („exzestuöser") Kultur. Vormoderne Gesellschaften zeichnen sich dadurch aus, daß ihre Erzählungen (gerade auch die genealogischen Mythen) wie Familiengeschichten konzipiert sind, moderne Gesellschaften wären solche, die diese Analogie von Kultur und Familie tendenziell auflösen und beide Momente in ein komplexes Spannungsverhältnis zu einander bringen.

Interessant an Erdheims Analyse ist, daß hier Kultur und Gesellschaft mitunter als Makrobegriffe miteinander verschmelzen, und zwar deshalb, weil Erdheim bei der Produktion von Unbewußtheit Macht- und Herrschaftsverhältnisse in Rechnung stellt. Unbewußtheit zu produzieren ist das Ergebnis von Macht und Herrschaft und erzeugt diese zugleich. Als skeptischer Kulturanthropologe weiß Erdheim auch, daß keine Kultur ohne Unbewußtheit auskommt, auch nicht jene utopische, in der Herrschaft nicht mehr asymmetrisch verteilt wäre.

Jede Kultur basiert auf einer Reihe von Erzählungen, die nicht deshalb latent sind, weil sie verboten, vergessen oder weil sie geheim oder nichtig wären. Solange bestimme Erzählungen in einer Kultur als selbstverständlich angesehen werden, unumstritten sind, können, ja müssen sie unthematisiert bleiben. Man mag Kindern erzählen, wie Galilei herausfand, daß sich die Erde um die Sonne dreht, aber es wäre einigermaßen seltsam, wenn etwa der Wetterbericht in Funk und Fernsehen dies jeden Tag verlauten ließe. Ähnlich verhält es sich mit jenen Narrativen mittlerer Reichweite, jenen etwa, die eine Nation konstruieren. Narrative in Kulturen sind also oftmals latent, das heißt, sie sind prinzipiell abrufbar, aber nicht fortwährend präsent. Das Hinzutreten des Fremden, der sie nicht kennt, ist eine zentrale Situation, die eine solche Abrufbarkeit von Geschichten realisiert. Ich schlage vor, derartige Erzählungen als kommonsensual zu bezeichnen. Die fingierte Situation wird zur unabweislichen Notwendigkeit, wenn ich mich einem Vertreter einer anderen Kultur gegenüber sehe, der dieses neuzeitliche Narrativ der Astronomie nicht kennt.

Zwischen der Pestsäule in Drosendorf und der *Spaghetti Junction* in Birmingham einerseits und hoch komplexen Wissens- und Religionsbeständen andererseits besteht kein prinzipieller Unterschied. Sie alle sind eingebettet in einen kulturellen Kontext (und das heißt auch in ein narrativ strukturiertes System), dem sie ihre spezifische Bedeutung verdanken, und sie lassen sich nicht universal und natürlich dekodieren, wie das der *common sense* jeweils gerne annimmt.

Dieser symbolisch-narrative Gemeinbestand einer Kultur läßt sich als das begreifen, was einer Kultur „Stabilität verleiht und ihr die Härte gegen Devianz" ermöglicht. Dabei kann man den *common sense* als ein Insgesamt der in einer Kultur verfügbaren, nicht-impliziten, in den Zustand der Selbstverständlichkeit versetzten Wissensbestände begreifen oder aber auch als ein eigenes Symbolsystem, das mit anderen (Wissenschaft, Religion) in Interaktion steht, aber durchaus eigenen Gesetzmäßigkeiten folgt. Letzteres hat der Kulturanthropologe Clifford Geertz im Anschluß an Alfred Schütz und mit Blick auf die moderne Ethnologie unternommen. *Common sense*, so ließe sich behaupten, ist das falsche Bewußtsein partikulärer Kulturen, die sich keine vernünftige Sinnwelt außerhalb der eigenen vorstellen können. Das Bedrohliche in aller kulturellen Begegnung ist nämlich der Verlust der paradiesisch-unschuldigen Evidenz der eigenen Deutungsmuster. „Daß ein jedes Volk seine eigene Art von Tiefe hat", hängt aufs engste damit zusammen, daß alle symbolischen Systeme (Naturwissenschaft, Ideologie, Religion, Kunst und Alltagswissen) eine jeweils eigene kulturelle Ausprägung haben.[292] Der Satz, wonach Ehebruch Unglück im Kampf bringt, hat dieselbe stilistische Eigenart wie jener, daß man sich zweimal am Tag die Zähne putzen soll oder bei Grippe den Kontakt mit Menschen vermeiden muß. Der Glaube an die Hexerei „formuliert und verteidigt" die „Wahrheitsansprüche der Welt" (so etwa in der von Godelier untersuchten Kultur der Zande), weil er Anomalie, Widerspruch, Unglück und Krankheit scheinbar unanfechtbar plausibel macht: daß „intersexuelle" Menschen, das heißt Lebewesen ohne eindeutige sexuelle Zuordnung je nach kulturellem Deutungsmuster entweder „mißlungene Töpfe", das heißt handwerkliche Fehler der Schöpfung oder begabte Waisenkinder sind. Oder aber monströse Wesen, die Grauen einflößen.[293]

Von ihren Anfängen an hat sich Theorie, worauf Geertz zu Recht hinweist, in Opposition zum *common sense* etabliert, ja man könnte die Philosophie geradezu durch ihre Feindstellung diesem gegenüber charakterisieren, der Umsturz der vertrauten Alltagsauffassungen steht im Zentrum der (hinter-)listigen Dialektik des platonischen Sokrates, so ist die wechselseitige Feindschaft zwischen Philosophie und Alltagswissen eine strukturelle, das heißt nicht eine, die sich spezifischen persönlichen, historischen oder kulturellen Gegebenheiten verdankt. Diese Feindschaft mag mit dazu beigetragen haben, daß das Sinngefüge der „Lebenswelt" erst spät mit Phänomenologie (Merleau-Ponty), Pragmatismus (Dewey) und analytischer Philosophie (Moore) ins Blickfeld geriet. Vielleicht ist der *common sense* philosophisch

292 Clifford Geertz, The Interpretation of Cultures. Selected Essays, New York: Basic Books 1973; deutsch: Dichte Beschreibung. Beiträge zum Verstehen kultureller Systeme (übersetzt von Brigitte Luchesi und Rolf Bindemann), Frankfurt/Main: Suhrkamp 1983, S. 263.

293 Ders., Dichte Beschreibung, a.a.O., S. 268 u. ff.

besehen ein dummes, mehr oder minder unergiebiges Thema. Für Anthropologie, Ethnologie und Kulturwissenschaft hingegen bildet er – wie die Religion – einen unhintergehbaren Horizont der Analyse.

Geertz charakterisiert die Alltagswelt unhinterfragten und unhinterfragbaren Wissens, die er von der Faktizität des Bescheid-Wissens abhebt, als ein kulturelles Deutungssystem, das in seinem Erklärungswert „schwach" aber gerade dadurch wirksam ist: schlicht und ergreifend, weil es jedweden Zweifel zum Verstummen bringt. Der *common sense* ist das klassische Medium unbekümmerter, undogmatischer, selbstgewisser Verfassung von Gewißheit.[294] Es handelt sich um eine „Darstellung der Dinge, die beansprucht, die Richtige zu sein".[295] Es sind fünf Momente, die die Stärke dieser schwachen kulturellen Deutungsmuster ausmachen:

1. Natürlichkeit
2. Emphatische Bezugnahme auf die Lebenspraxis („Praktischheit")
3. Simplizität („Dünnheit")
4. Methodische Inkonsistenz („Unmethodischkeit")
5. Zugänglichkeit[296]

Das Natürliche wie das Praktische wird im *common sense* den Dingen und Phänomenen dieser Welt unterschoben, während das dritte Moment, die Simplizität, eine buchstäbliche Lesart der Welt zugrunde legt (die Welt spricht). Die „Lust an Inkonsistenz" und das „schamlose und vorbehaltlose *ad-hoc*-Wissen", der Verzicht auf stringente Logik und die Zugänglichkeit für jeden ist gleichsam die unerschütterliche soziale Bestätigung für die kulturell produzierte Gewißheit, als die man den *sensus communis* auch ansehen kann. Es liegt auf der Hand, daß in diesem Symbolsystem Bedarf an eingängigen Erzählformen besteht. Vermutlich ist Geertz' kritischer Blick auf diese „primitive" Sinnwelt des Selbstverständlichen jedoch selbst noch einmal durch den „Logozentrismus" verstellt. Womöglich sollte man auch die „Ablagerungen" der Symbolsysteme Wissenschaft, Religion oder Kunst als *common sense* betrachten. Dann aber wäre das Alltagswissen nicht so sehr ein eigenes Symbolsystem, sondern ein spezifischer kultureller, „interdiskursiver" Ort, an dem der narrative und argumentative Hintergrund gleichsam ausgeblendet wird und dadurch den Zustand des Unangreifbaren erlangt. Dieses Alltagswissen korreliert mit jener gelebten Kultur, die T.S. Eliot mit der bewußten Kultur kontrastiert hat, die über ein ganz spezifisches Wissen um Form und Inhalte verfügt.[297]

Bekanntlich hat Geertz den Ethnologen weniger als teilnehmenden Beobachter, denn als Interpreten verstanden, der Kultur wie ein Hermeneutiker entschlüsselt. Aber gerade zu dieser Entschlüsselung ist die jeweilige Kenntnis des unausgesproche-

294 Vgl. Filozofski Vestnik, Volume XIX, 2/1998 End of Certainty? Fin de certitude? Ende der Gewißheit? Hrsg. von Vojislav Likar und Rado Riha (Philosophisches Institut der Slowenischen Akademie der Wissenschaften), Ljubljana 1998.

295 Geertz, a.a.O., S. 275.

296 Filosofski Vestnik, a.a.O., S. 277–286.

297 T.S. Eliot, Notes, Toward a Definition of Culture, a.a.O., S. 35.

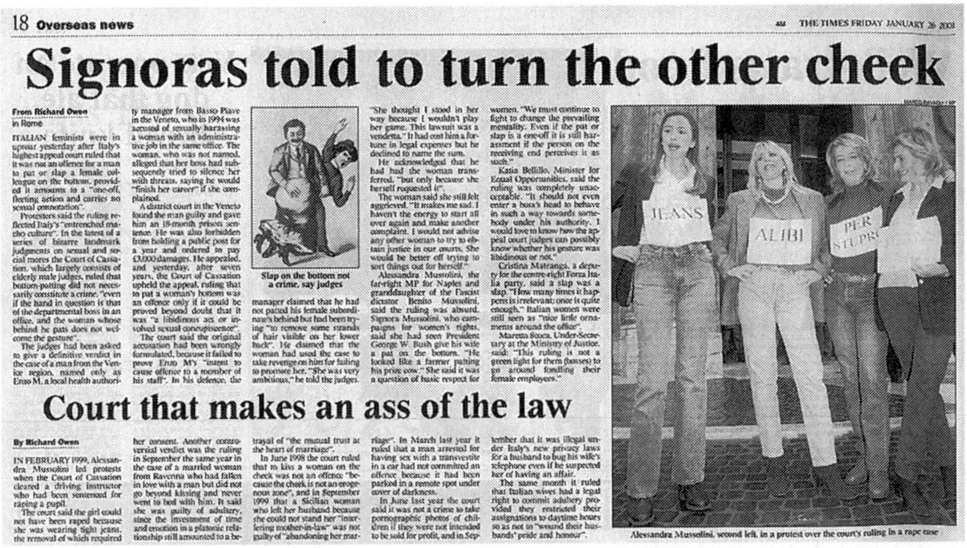

18 Overseas news — THE TIMES FRIDAY JANUARY 26 2001

Signoras told to turn the other cheek

From Richard Owen in Rome

ITALIAN feminists were in uproar yesterday after Italy's highest appeal court ruled that it was not an offence for a man to pat or slap a female colleague on the bottom, provided it amounts to a "one-off, fleeting action and carries no sexual connotation".

Protesters said the ruling reflected Italy's "entrenched macho culture". In the latest of a series of bizarre landmark judgments on sexual and social mores the Court of Cassation, which largely consists of elderly male judges, ruled that bottom-patting did not necessarily constitute a crime, "even if the hand in question is that of the departmental boss in an office, and the woman whose behind he pats does not welcome the gesture".

The judges had been asked to give a definitive verdict in the case of a man from the Venice region, named only as Enzo M, a local health authority manager from Basso Piave in the Veneto, who in 1994 was accused of sexually harassing a woman with an administrative job in the same office. The woman, who was not named, alleged that her boss had subsequently tried to silence her with threats, saying he would "finish her career" if she complained.

A district court in the Veneto found the man guilty and gave him an 18-month prison sentence. He was also forbidden from holding a public post for a year and ordered to pay £3,000 damages. He appealed, and yesterday, after seven years, the Court of Cassation upheld the appeal, ruling that to pat a woman's bottom was an offence only if it could be proved beyond doubt that it was "a libidinous act or involved sexual concupiscence".

The court said the original accusation had been wrongly formulated, because it failed to prove Enzo M's "intent to cause offence to a member of his staff". In his defence, the manager claimed that he had not patted his female subordinate's behind but had been trying "to remove some strands of hair visible on her lower back". He claimed that the woman had used the case to take revenge on him for failing to promote her. "She was very ambitious," he told the judges.

Slap on the bottom not a crime, say judges

"She thought I stood in her way because I wouldn't play her game. This lawsuit was a vendetta." It had cost him a fortune in legal expenses but he declined to name the sum.

He acknowledged that he had had the woman transferred, "but only because she herself requested it".

The woman said she still felt aggrieved. "It makes me sad. I haven't the energy to start all over again and make another complaint. I would not advise any other woman to try to obtain justice in our courts. She would be better off trying to sort things out for herself."

Alessandra Mussolini, the far-right MP for Naples and granddaughter of the Fascist dictator Benito Mussolini, said the ruling was absurd. Signora Mussolini, who campaigns for women's rights, said she had seen President George W. Bush give his wife a pat on the bottom. "He looked like a farmer patting his prize cow." She said it was a question of basic respect for women. "We must continue to fight to change the prevailing mentality. Even if the pat or slap is a one-off it is still harassment if the person on the receiving end perceives it as such."

Katia Bellillo, Minister for Equal Opportunities, said the ruling was completely unacceptable. "It should not even enter a boss's head to behave in such a way towards somebody under his authority. I would love to know how the appeal court judges can possibly know whether his gesture was libidinous or not."

Cristina Matranga, a deputy for the centre-right Forza Italia party, said a slap was a slap. "How many times it happens is irrelevant; once is quite enough." Italian women were still seen as "nice little ornaments around the office".

Maretta Scoca, Under-Secretary at the Ministry of Justice, said: "This ruling is not a green light for them (bosses) to go around fondling their female employees."

Alessandra Mussolini, second left, in a protest over the court's ruling in a rape case

Court that makes an ass of the law

By Richard Owen

IN FEBRUARY 1999, Alessandra Mussolini led protests when the Court of Cassation cleared a driving instructor who had been sentenced for raping a pupil.

The court said the girl could not have been raped because she was wearing tight jeans, the removal of which required her consent. Another controversial verdict was the ruling in September the same year in the case of a married woman from Ravenna who had fallen in love with a man but did not go beyond kissing and never went to bed with him. It said she was guilty of adultery, since the investment of time and emotion in a platonic relationship still amounted to a betrayal of "the mutual trust at the heart of marriage".

In June 1998 the court ruled that to kiss a woman on the cheek was not an offence "because the cheek is not an erogenous zone", and in September 1999 that a Sicilian woman who left her husband because she could not stand her "interfering mother-in-law" was not guilty of "abandoning her marriage". In March last year it ruled that a man arrested for having sex with a transvestite in a car had not committed an offence because it had been parked in a remote spot under cover of darkness.

In June last year the court said it was not a crime to take pornographic photos of children if they were not intended to be sold for profit, and in September that it was illegal under Italy's new privacy laws for a husband to bug his wife's telephone even if he suspected her of having an affair.

The same month it ruled that Italian wives had a legal right to commit adultery provided they restricted their assignations to daytime hours so as not to "wound their husbands' pride and honour".

Abb. 1. *„Signoras told to turn the other cheek“* (The Times, January 26, 2001, with permission)

nen Gemeinbestands an Erzählungen von höchster Bedeutung. Eine Geschichte zu erzählen, beinhaltet stets auch die Entscheidung, eine andere nicht zu erzählen oder sie als bekannt vorauszusetzen.

Medien und Werbung sind einschlägige Beispiele für derlei Verfahren: Die „Mythen“, die sie transportieren, werden meistens als bekannt vorausgesetzt. Am 26. Jänner 2001 berichtet die *Times* auf S. 18 im Rahmen ihrer *oversea news* über die sexuelle Belästigung von Frauen in Italien mit der satten Überschrift *Signoras told to turn the other cheek* (s. Abb. 1). Ein weiterer Artikel berichtet dann unter dem Titel „Court that makes an ass of the law“ von der italienischen Rechtssprechung hinsichtlich der sexuellen Belästigung.

Wenn man weiß, daß englische *broadsheets* den internationalen Nachrichten lediglich vier Seiten widmen, dann ist allein schon die Tatsache bemerkenswert, daß die Zeitung dieser *causa* – eine historische Satire und Foto von protestierenden Politikerinnen (angeführt von der Duce-Enkelin Alessandra Mussolini) inbegriffen – nahezu ein Viertel der internationalen Nachrichten einräumt. Interessant ist allenthalben, daß diese Geschichte aus einem anderen europäischen Land so viel Aufmerksamkeit beanspruchen kann.

Noch interessanter ist indes, daß die Zeitung dies mit äußerst scharfen Worten tut. Die Überschrift, die sich politisch auf eine berühmte Episode aus dem Neuen Testament bezieht (die Verkündigung der Nächstenliebe, die den Anhänger Jesu auffordert, die linke Backe hinzuhalten, wenn man auf die rechte geschlagen wird), nimmt sarkastisch zu dem geschilderten Fall Stellung, in dem es um delikate Themen wie Nötigung und Belästigung und genereller um die Grauzone von sexueller und beruflicher „Gunst“ geht. Die zweite Überschrift ist doppeldeutig: sie postuliert, daß der italienische Gerichtshof sich blamiert hat. Das durchaus kräftige, sexuell belegte

Wort „ass" löst indes auch die kräftigere Assoziation aus, daß der anal veranlagte Gerichtshof das Gesetz verarscht, indem er die Schläge auf den Hintern der weiblichen Angestellen nicht ahndet (und damit gleichsam verdoppelt) – bzw. wie in einem früheren Fall das Delikt der sexuellen Belästigung im Falle einer Schülerin nicht gelten ließ, weil diese eine Blue Jeans getragen hatte, was sozusagen eine direkte sexuelle Belästigung unmöglich gemacht habe.

Warum und wann werden Geschichten erzählt? Und warum macht sich ausgerechnet eine stockkonservative Zeitung zum Fürsprecher von Anliegen, die sich *grosso modo* als feministisch einstufen lassen? Damit wären wir bei dem Foto, das Alessandra Mussolini und drei politische Mitstreiterinnen bei ihrer Protestaktion in Blue Jeans zeigt. Mussolini ist ein beredter Name, in den narratives Material – beredte Geschichte(n) – eingelagert ist, ambivalent für englische Leserinnen und Leser allemal. So mischt der „arglose" Artikel divergierende Erzählungen, die überdies auf verschiedenen Ebenen angesiedelt sind:

1. die im Fall der sexuellen Belästigung verworfene christliche Erzählung von der Nächstenliebe, die durch die implizite Forderung nach Strafe substituiert wird;
2. die Geschichte der „feministischen" Postfaschistin Mussolini, die auch den Klaps, den George W. Bush seiner Frau gegeben hat, sarkastisch kommentiert, und schließlich
3. die *story* über die Angestellte und ihren Chef, die durch andere scheinbar ähnliche Erzählungen ergänzt wird.

So entsteht ein Flechtwerk von Erzählungen, die sich scheinbar gegenseitig ergänzen, kommentieren und erklären. Im übrigen hat hier der Hinweis darauf, daß selbst die äußerste Rechte die italienische Rechtssprechung mißbilligt, eine durchaus kalmierende Funktion: wenn also selbst die konservative Rechte, die Erben des Neofaschismus, diese mißbilligen, dann ist klar, daß es sich hier nicht vornehmlich um ein linkes Anliegen handelt, sondern um ein Anliegen der aufgeklärten, zivilen Welt. Vorweg läßt sich sagen, daß diese Art von Narrativ, der Bericht aus einer und über eine andere Kultur, hier sehr erfolgreichen, ganz „klassischen" Mustern folgt: der aus der Fremde berichtet, heimst Zustimmung beim eigenen Publikum ein. Die klassische Topik des Schiffbruchs mit schadenfrohem, zumindest aber überlegenem Zuschauer[298] ist sattsam bekannt; sie läßt sich trefflich für die Produktion nationaler Energien in Dienst nehmen und gestattet es, ganz *en passant* Selbstverständlichkeit zu erneuern. Dieser „Gemeinsinn" hat genau die Struktur, die ihr Geertz zugeschrieben hat. Er ist natürlich, praktisch, unmittelbar einleuchtend, simpel, allen nachvollziehbar außer den verrückten italienischen Richtern. Dem entspricht die Einsinnigkeit der Erzählsituation, das grundlegende Einverständnis zwischen Erzähler und Leser. So bekommt die Erzählung aus der Fremde eine legitimierende Funktion für das gemeinsame symbolische Band einer Kultur, und zwar in einer eigentümlichen Schwebelage zwischen bewußter und unbewußter Kultur.

298 Hans Blumenberg, Schiffbruch mit Zuschauer: Paradigma einer Daseinsmetapher, Frankfurt/Main: Suhrkamp 1997.

Ganz generell lassen sich die modernen kommunikativen Medien von ihrer politischen Seite her (und im Unterschied zu jenen, die sich im Anschluß an K. Ludwig Pfeiffer als ästhetisch-expressiv bezeichnen ließen) als gigantische Maschinerien zur Erzeugung des *common sense* von imaginären Kommunitäten verstehen. So wie Buchdruck, Roman und Zeitung die notwendigen medialen Voraussetzungen für die Ausbildung des modernen Nationalstaates waren (so die These von Benedict Anderson), so stellt die multimedial verschaltete Kommunikationsmaschinerie die mediale Voraussetzung für Globalisierung, kulturellen Transfer und nationale Selbstbehauptung dar. Die Welt der Medien suggeriert mitsamt ihrem erzählerischen Realismus, daß wir schon wissen, wie es überall zugeht auf der Welt. Weil die Medien allesamt einem literaturtheoretisch besehen überkommenen ästhetischen Realismus huldigen, transportieren sie wirkungsvoll das, was die Lacan-Schule als das Imaginäre bezeichnet.

So enthält die Erzählung über das andere Land einen narrativen Komplex der eigenen Kultur, der eben nicht direkt angesprochen zu werden braucht. Die Moral aus der Geschichte ist nämlich, daß es den Frauen überall so ergehen könnte, wo nicht das eiserne Gesetz politischer Korrektheit gilt. Nicht die Delegitimierung des Fremden, sondern die Legitimierung und Verstärkung der eigenen kulturellen Selbstverständlichkeitsdebatte steht zur Disposition. Der Vorteil von der Moral der Geschichte ist, daß ihr argumentativer Wert „dünn", aber gerade darum wirkungsvoll ist. Deshalb auch bleibt die Frage nach der unterschiedlichen kulturellen Einbettung von Sexualität ungestellt und verschiebt sich zugunsten des mächtigen kollektiven Selbstgefühls, das sich aus dem Bild zivilisatorischer Unterlegenheit (gegenüber dem katholischen Macho-Land) speist. Die Welt ist unvollkommen, auch im United Kingdom gibt es Fälle von *harrassment*, womöglich nicht minder viele als in Italien, aber hier scheint mit der Rechtssprechung und entsprechenden Vorschriften ein wirksamer Riegel gegen derlei Mißbrauch vorgeschoben zu sein; die englische Kultur ist überwältigt von der Idee (mehr als die deutsche), durch Regulation Probleme in den Griff zu bekommen. Das Unverständnis des englischen Reporters wie seines Publikums ist keine Pose. Die Übereinstimmung zwischen Autor und Leser ist nicht simuliert, sondern durchaus „echt". Für beide ist es unverständlich, daß das für ihn Naheliegende nicht exerziert wird. Seinesgleichen geschieht nicht – nicht in Großbritannien.

Womit wir indes noch nicht am Ende unserer lakonischen Analyse angekommen sind. Denn noch ist nicht ganz klar, wie der implizite Ruf nach sexueller Korrektheit in eine konservative Narrativik einmontiert wird. Zum einen geschieht das, wie schon gesehen, durch den Verweis auf den Protest italienischer Neo- bzw. Postfaschistinnen. Dieser Hinweis ist, wie gesagt, delegitimierend im Hinblick auf die skandalisierte Geschichte insofern, als sich sagen läßt, daß selbst die Vertreterinnen einer als autoritär und in der englischen Außenwahrnehmung politisch nicht unproblematischen Partei diese Vorgehensweise als inakzeptabel empfinden. Die Leser und Leserinnen der *Times* werden dabei ganz nebenbei darauf verwiesen, daß die konservative Hälfte Großbritanniens die Korrektheit in sexuellen Dingen als Teil gemeinsamer Auffassungen in der englischen Kultur ansieht.

Zum anderen aber bezieht die Zeitung diesen frisch geknüpften *common sense*, daß jedwede sexuelle Belästigung vom jeweiligen Opfer, also zumeist von der Frau, festgestellt und entsprechend geahndet werden kann, in ein konservatives Szenario ein. Dies leistet der zweite Artikel, der sich generell über die italienische Rechtssprechung *in res sexuales* echauffiert. Dabei ist eine bemerkenswerte Verschiebung der jeweiligen, Empörung generierenden Erzählungen zu konstatieren:

Geschichte 1: Initialgeschichte: der verabreichte Klaps und die dahinter liegenden Verhältnisse (Verquickung von sexuellem Begehren und Karrierewünschen, Nötigung, Abhängigkeit).

Geschichte 2: die noch in Erinnerung befindliche Geschichte der Schülerin mit der Blue Jeans. Variation: Ort des Geschehens die Schule, nicht das Büro, aber (minderjährige) Frau ist Opfer, Delikt wird nicht bestraft.

Geschichte 3: Verurteilung (wegen Untreue) einer Frau in Ravenna, die zuviel Zeit mit ihrem Liebhaber verbracht habe (ohne mit ihm ins Bett zu gehen). Variation: sexuelle Untreue; Frau wird zu Unrecht bestraft.

Geschichte 4: der Kuß auf die Wange wird (ebensowenig wie der Klaps auf den Po) nicht als sexuelle Belästigung gewertet, weil die Wange in Italien nicht unbedingt als eine erogene Zone angesehen wird. Variation von 1 und 2, ohne Bezug auf Situation der Abhängigkeit.

Geschichte 5: eine Sizilianerin, die ihren Mann verlassen hat, weil sie ihre dominante Schwiegermutter nicht mehr ertragen hat, wird nicht schuldig geschieden.
Umkehrung von Geschichte 1, 2, 4: Frau ist schuldig, wird aber nicht bestraft.

Geschichte 6: der Verkauf von Kinderpornos blieb unbestraft. Variation und Umkehrung: sexueller Mißbrauch, diesmal von Kindern; Schuldige werden nicht bestraft.

Geschichte 7: der Autosex zwischen einem Mann und einem Transvestiten wurde strafrechtlich nicht verfolgt, weil die „Täter" an einem dunklen Platz parkten. Umkehrung: kein eigentlicher sexueller Mißbrauch, Verstoß gegen die „guten Sitten" blieb ungeahndet.

Geschichte 8: italienischen Ehemännern wird verboten, das Telephon ihrer Ehefrauen zu überwachen, auch wenn der Verdacht besteht, daß es eine Affäre mit einem anderen Mann gibt. Umkehrung: die potentiell schuldige Frau darf nicht überwacht und ihrer gerechten Strafe zugeführt werden.

Geschichte 9: italienische Ehefrauen dürfen Ehebruch begehen, wenn dadurch nicht der Stolz und die Ehre ihrer Ehemänner beeinträchtigt werden. Umkehrung: Sexuelle Delikte von Frauen (Ehebruch) werden nicht mehr strafrechtlich verfolgt.

Dieses narrative *sample* ist in mehrerlei Hinsicht aufschlußreich und macht erst das Ausmaß dessen deutlich, wie kultureller Gemeinsinn sich im Sinne von Geertz etabliert. Eine einzelne Geschichte genügt nicht, um ein Narrativ zu etablieren. Denn eine narrative Formation gründet sich darauf, daß seinesgleichen *immer wieder geschieht.* Oder anders ausgedrückt: im Unterschied zum Diskurs, einem scheinbar zeitlosen begrifflichen Arsenal bildet sie ein großes Thema, das eine Vielzahl ähnlicher, lebensgeschichtlich abrufbarer Geschichten einschließt. Vermutlich deshalb sind Erzählungen das unhintergehbare „Medium" für die Schaffung verläßlicher Selbstorientierung oder, um ein gängigeres Wort zu gebrauchen: für Identät. Diesem Umstand trägt der Artikelschreiber, Richard Owen, Rechnung. Bei der Aufzählung dieser Geschichten bedient er sich der von Geertz beschriebenen Dünnheit. Denn logisch unterscheiden sich die Geschichten erheblich, sie sind teilweise Variationen, teilweise aber und gerade zum Ende hin Umkehrungen. Ihr kleinster gemeinsamer Nenner ist, daß sie mit

Sexualität zu tun haben. Die Aneinanderreihung von Geschichten unterläuft diese Unterschiede und Kontraste und suggeriert ihre Ähnlichkeit.

Aber gerade dadurch wird die vermeintlich progressive politische Korrektheit von Geschichte 1 in einen ihr entgegengesetzten konservativen Kontext integriert, in der sexuelle Freizügigkeit, die Entkriminalisierung von weiblichem Ehebruch oder die Sichtbarkeit von dazu noch devianter Sexualität skandalisiert wird. So gerät die sexuelle Korrektheit in jenen selbstverständlichen Kontext, in dem sie sich im United Kindgom ohnehin befindet: in die Tradition einer Prüderie, die Sexualität aus dem öffentlichen Leben verbannen will. Im Sinn der kulturellen Differenz ist auch interessant, daß Sexualität möglichst weit gefaßt wird, um sie in der Öffentlichkeit reglementieren zu können, was die Italiener aus machistischen Gründen, aber auch aus Motiven, die womöglich nichts damit zu tun haben, unterlassen.

So bestätigt der Artikel die höchst paradoxe Art und Weise, wie sich „linke" Korrektheit mit einer angestammten „rechten" – und das heißt im Sinn des assoziativ verfahrenenden *sensus communis* richtigen – Sexualmoral verknüpfen läßt, wobei sexuelle Enthaltsamkeit und Zurückhaltung letztendlich als die beste Gewähr für die Durchsetzung von Korrektheit erscheinen.

Vermutlich läßt sich hinter dem Artikel mit der vorgeblich feministischen Überschrift und dem konservativen Schluß noch ein tiefer liegendes Narrativ argwöhnen, das hier am Werk ist, in dem sich alle archaischen Ängste, und Verbote kristallisieren lassen, die Mario Erdheim im Sinn hat, wenn er von der Produktion von Unbewußtheit spricht. Ein globales Narrativ, genauer eine große narrative Formation, kommt ins Spiel: Es wird davon berichtet, was geschieht, wenn die natürliche sexuelle Ordnung ins Wanken gerät, wenn Gebote und Verbote nicht mehr eingehalten werden, wenn die Männer die Frauen nicht mehr achten, die Frauen sich selbständig machen, indem sie sich der Verantwortung für die Familie entledigen, oder abweichende Sexualpraktiken nicht unterbunden werden. Im biblischen Kontext steht hierfür die Geschichte von Sodom und Gomorrha: der Übertretung folgen Niedergang und Strafe. Auch das Bild der *décadence*, seit dem großen Werk Gibbons über den Untergang des Römischen Reiches eine verläßliche und mächtige Erzählung, in der die moderne westliche Kultur all ihre Selbstzweifel im Hinblick auf die von ihr selbst produzierten kulturellen und gesellschaftlichen Veränderungen formuliert und aufbewahrt, gehört in diesen Bereich. Der fragliche männliche wie weibliche Leser mag solche narrativen Bezüge heraufbeschwören; damit übersteigt er bereits jenen Zwischenbereich des alltäglich Geläufigen, das er mit den Nachbarn austauschen kann, wie die sprichwörtliche Frage nach dem Wetter. Den Zusammenhang zwischen der Produktion von Unbewußtheit und der Herstellung von *common sense* kann man vermutlich so formulieren, daß letzterem genau jene Momente entgehen, die ihn konstituieren: die tendenziell aggressive Abwehr von Triebregungen, die Abwehr des Neuen. Er produziert den Behälter, in dem das Gefährliche, Beängstigende einer Gesellschaft „abgespeichert" wird: der narrative Giftschrank einer Kultur.

Wenn er geöffnet wird, dann lassen sich Berichte wie jene über die sexuelle Inkorrektheit der Italienerinnen und Italiener kaum vermeiden, wobei die Inkorrektheit dabei zum Indiz der über das Rechtmäßige hinausgehenden Ausschweifungen und Freizügigkeit wird; diese gilt es einzudämmen, wenn der Untergang des Abendlandes noch aufgehalten werden soll. So ist die Sodom und Gomorrha-Erzählung die konservative Variante eines panischen Narrativs, während die Apokalypse die tendenziell „progressive" narrativer Hysterie darstellt.

Beispiel 2 für verschwiegene Narrative stammt aus der Welt der Werbung, die wie kaum eine andere *common sense*-Charakter hat, und zwar jeweils einen kulturspezifischen. Gerade deshalb ist Werbung nicht ohne weiteres übersetzbar, weniger womöglich als Filme und Literatur. Sie trägt all jene Merkmale in sich, die Geertz für das Alltagsbewußtsein geltend gemacht hat: Natürlichkeit, Praxisbezug, Inkonsistenz, Zugänglichkeit und Simplizität. Das braucht nicht zu bedeuten, daß die rhetorischen und ästhetischen Strategien simpel sein müssen, ganz im Gegenteil.

Ich vermeide den Barthesschen Begriff der Mythen des Alltags, nicht nur weil Barthes in seiner frühen Schrift den Begriff des Mythos sehr unspezifisch verwendet und ihn mit jenem der Ideologie verschmilzt, sondern auch, weil er, trotz des Hinweises auf die Unangemessenheit zwischen quasi-mythischer Höhe dieser kulturellen Artefakte und ihrer alltäglich-banalen Referenz, den Verbindlichkeit stiftenden Charakter dieser Werbung unterschätzt, indem er sie als kleinbürgerliche Ideologie und als falsches Bewußtsein apostrophiert und diskreditiert.

Unübersehbar auch, daß sich seit den 50er Jahren der rhetorische Gestus der Werbung geändert hat: an die Stelle des mythischen Überhanges treten nicht selten Tropen uneigentlichen Sprechens: Ironie, Witz, Einfall.[299]

Die narrativ voraussetzungsvolle Werbung entnehme ich der Ausgabe 21/2000 des deutschen Nachrichtenmagazins *Der Spiegel*, die sich mit der geschäftstüchtigen Generation „Ich" beschäftigt und die sie mit der zu diesem Zeitpunkt regierende 68er Generation (Schröder–Fischer) konfrontiert (s. Abb. 2). Ja man könnte die Titelgeschichte und die fragliche Werbung unter eine große Mega-Erzählung stellen, die ich der Kürze halber Kapitalismus als Ideologie nennen möchte; es handelt sich um die Geschichte, daß Marktkapitalismus, Geld und Neue Medien uns gestatten, die Welt friedvoll global miteinander zu vernetzen.

Dafür steht der Titel der Werbung, der effektvoll mit einem anderen Titel spielt, lakonisch ein. Angebot trifft Nachfrage: Schaf/Lamm und Pullover stehen metonymisch für die Wirtschaftssubjekte Produzent und Konsument, die durch eine spezifische *website* miteinander verbunden werden. Mit dem „Wollproduzenten" und seinem Produkt steht die *website* in intimer metaphorischer Beziehung. Denn die „*Webflow*-Szenarien" sind ein Gewebe, das die Wirtschaftssubjekte miteinander verbindet und verstrickt. Sie rücken durch die Rasterungen ins Bild, die das zweiseitige Bild als ein Computer-Bild imaginieren.

Bleiben wir aber zunächst einmal bei dem Lamm, das hier an die Stelle des friedlichen Wirtschaftssubjektes tritt. Wirkungsmächtige Narrative abendländischer Kultur so-

299 Roland Barthes, Mythologies, Paris: Édition du Seuil 1957; deutsch: Die Mythen des Alltags (deutsch von Helmut Scheffel), Frankfurt/Main: Suhrkamp 1982.

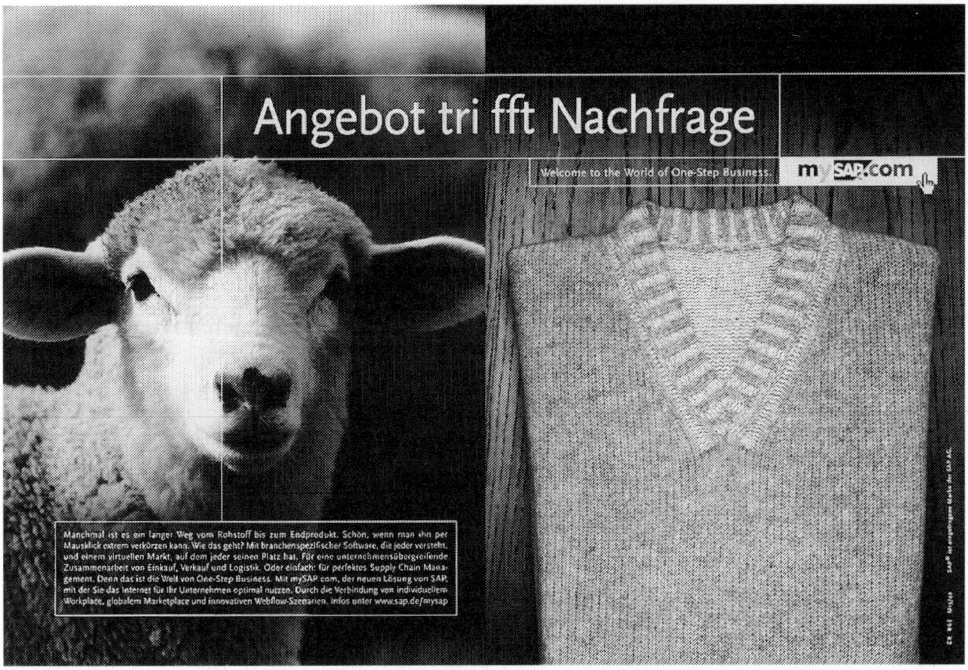

Abb. 2. Aus: *Der Spiegel* 21/2000

zusagen vom Neuen Testament bis zu William Blake[300] imaginieren es symbolisch als Inbegriff von Unschuld und Friedfertigkeit, wobei hier ganz offenkundig der blutige Opferaspekt ausgespart bleibt. Es mag manchmal „ein langer Weg vom Rohstoff bis zum Endprodukt sein“, aber hier ist es kein grausamer, der Weg vom „Haarschnitt“ bis zur Fertigung des Pullovers. Das ist wichtig in einem kulturellen Kontext, in dem die Sensibilität für den „Rohstoff“ Tier besonders hoch ist und das Töten von Tieren in breiten Schichten der Bevölkerung der westlich postmodernen Länder mehr und mehr an moralischer Legitimität einbüßt.

Das Schaf ist im Sinne der Geertzschen Zuschreibungen ein Nachbar aus der Natur, ein Haustier und Weggefährte menschlicher Zivilisation und Domestikation,[301] von Rousseau bis Nietzsche Inbegriff eines stummen, vielleicht beschränkten Glücks. Indem es metonymisch für das postmoderne marktkapitalistische Wirtschaftssubjekt steht und metaphorisch den Prozeß digitalen Verwebens verkörpert, verleiht es beiden höchst artifiziellen und technischen Prozeduren – dem Internet und dem Markt – einen quasi natürlichen Charakter. Das Internet und der Markt sind letztendlich naturhaft und machen sich die Prozesse, die in der Natur am Werk sind,

300 William Blake, The Lamb, in: The Oxford Anthology of English Literature (hrsg. von Harold Bloom und Lionel Trilling), New York: Oxford UP 1973, S. 19.

301 Thomas Macho, Die Erfindung der Haustiere, in: Gianfranco Frigo/Paola Giacomoni/Wolfgang Müller-Funk (Hrsg.) Pensare la natura. Dal Romanticismo all’ ecologia, Milano: Guerini 1998, S. 317–337.

zunutze. So wird das Ungreifbare zum greifbar Nachvollziehbaren und in die Welt des Alltäglichen integriert. Per Mausklick sozusagen. Aber es ist eben potenzierte Natur, nicht Schafsnatur: Zusammenarbeit von Einkauf, Verkauf und Logistik. Das übersteigt die Möglichkeiten des einzelnen Wirtschaftssubjekts, das ohne den angebotenen Dienst eben bleibt wie besagtes Schaf.

Daß das Schaf ein besonders schönes Exemplar, sozusagen eine Claudia Schiffer in seinem Artenbereich, sein muß, versteht sich in der schönen neuen Welt der Postmoderne von selbst. Dem tragen der dunkle Schönheitsfleck auf der Nase, die weiße Schnauze und die rosafarbenen abstehenden Ohren Rechnung. Die Ansehnlichkeit des Tiers steht mit dem exklusiven Lammpullover, immer noch einem Signifikant für Exklusivität, Rechnung.

Noch ein spezifisch deutsches Narrativ kommt hinzu: ein ökologisches. In diesem narrativen Arsenal ist das Lamm ein Wappentier, ein bukolisches Lebewesen, das noch natürlich im Freien lebt und das scheinbar zwanglos für den Menschen produziert. So versöhnt auf durchaus „dünne“ Weise die Werbung im linksliberalen Mittelstandsmagazin zwei unterschiedliche Narrative und Dispositive der Ökologie mit jenen des freien Markts und seines neuen Lieblingsmediums, des Internets. Es verkürzt den blödsinnigen langen Weg vom Rohstoff bis zum Endprodukt und vor allem von der Produktion bis zum Kauf. Im digitalen Handumdrehen kommt der verwandelte Rohstoff des Schafes frei ins Haus. Natürlich wirbt die Annonce für ein spezifisches Produkt, in diesem Fall für eine Dienstleistung im Internet, aber darüber hinaus ist Werbung – wie alle anderen symbolisch-narrativen Formen (Literatur, Mythos, Geschichte) – stets selbstreferentiell, d.h., sie wirbt für eine Welt, in der alles in Angebot und Nachfrage verwandelt wird, alles auf schnelle und umtriebige Weise veräußerbar wird, auch und gerade das Kostbarste. Insofern sind Werbungen die Devotionalien der kapitalistischen Markt„religion“.[302] Die Zeiten, in denen Angebot und Nachfrage sich nicht treffen, gehören dank einer „branchenspezifischen Software“ und der „Verbindung von individuellem Workplace, globalem Marketplace und innovativen Webflow-Szenarien“ der Vergangenheit an.

Werbung, so ließe sich sagen, zielt tendentiell auf das Ganze des Systems, in dem sie einen ganz spezifischen Ort hat. Deshalb ist sie auch ein oft unterschätztes Medium zur Produktion eines beständig sich verändernden Alltagswissens, in diesem Fall also, daß unsere bestehende kapitalistische Welt die natürlichste und beste Sache auf der Welt ist, historisch unübertreffbar. Aus dem Schaf spricht die große Erzählung vom Ende der Geschichte, der der amerikanische Theoretiker Fukuyama seine beredtste Fassung gegeben hat.

Das letzte Beispiel dafür, daß die unausgesprochenen, weil selbstverständlichen Erzählungen die womöglich wirksamsten sind, entnehme ich einem Aufsatz des amerikanischen Literaturtheoretikers Ihab Hassan *Pragmatism, Postmodernism, and*

302 Die Aktualität des Passagenwerkes von Walter Benjamin scheint nicht zuletzt darin zu bestehen, daß hier der Kapitalismus nicht ausschließlich als ökonomisches, sondern als ein umfassendes kulturelles Großphänomen ins Blickfeld gerückt wurde.

Beyond. Als rhetorischer Stargast beginnt er seinen auf einem Vortrag basierenden Text mit einem postmodernen Witz:

> [...] an American businessman is lecturing in Japan. He has employed a Japanese interpreter in a simultaneous translation facilty. The lecture begins, and the interpreter says to his audience: „American speaker now begins with what they call ‚joke'. We do not know why they do this in America, but we must polite. When the time comes, I will give you a signal and we must all laugh and applaud togehter." The punchline comes; the Japanese interpreter says: „Now." The audience bursts out laughing and clapping. The American, pleased as Punch, says: „Thank you. This is the first time an audience has appreciated my joke so fully."[303]

Hassan verwendet diese Geschichte, um die neue Qualität kultureller Begegnung und die dabei unvermeidlichen Mißverständnisse zu demonstrieren, die selbst kulturgenerierend wirken. Der Witz ist deshalb „postmodern", weil er in einer selbstbezüglichen Form vorgetragen wird. Auf verfremdete Weise spiegelt der erzählte Witz vom amerikanischen Geschäftsmann in Japan Hassans eigene Situation im fremden kulturellen Kontext der deutschen Kultur wider. Perspektivisch rückt Kultur ins Blickfeld dann und nur dann, wenn es einen Sonderbeobachter aus einer anderen Kultur gibt. Postmodern gewendet verfängt er sich aber selbst in der Geschichte, wird zu ihrem tragikomischen Helden wie der amerikanische Geschäftsmann. Er agiert in jenen Zwischenräumen, die Homi K. Bhabha mit dem Stiegenhaus assoziiert:

> Das Treppenhaus als Schwellenraum zwischen den Identitätsbestimmungen wird zum Prozeß symbolischer Interaktion, zum Verbindungsgefüge, das den Unterschied zwischen Oben und Unten, Schwarz und Weiß konstruiert.[304]

Warum verstand und mißverstand das japanische Publikum den amerikanischen Redner? Ganz offenkundig, weil uneigentliches Reden, als eine Form eines Diskurses, der etwas anderes ausspricht als er meint, extrem kulturbedingt ist, wie übrigens alle pragmatischen Aspekte der sog. Sprechakte (Gesten, Gebärden). In England und Amerika lacht es sich anders als in Japan und Deutschland. Monty Python finden nicht viele Deutsche wirklich lustig.

Aber vermutlich „verstehen" die Japaner etwas anderes nicht, nämlich warum die Amerikaner ihren Vortrag mit einem Scherz beginnen. Die Technik an sich ist übrigens bereits seit der Antike geläufig: *captatio benevolentiae*. Es geht darum, das Publikum für sich zu gewinnen. Der angesprochene Redner tut dies, indem er die Lacher auf seine Seite zieht. Lachen stiftet Gemeinsamkeit.[305] Das Gelächter stiftet ein symbolisches Band zwischen Publikum und Redner, das die Aufmerksamkeit erhöht und die Aufgabe, seine Botschaft „hinüberzubringen" erleichtert. In dieser Kultur ist es gut, ein witziger, das heißt ein geselliger Mensch zu sein.

---

303 Ihab Hassan, Pragmatism, Postmodernism and Beyond, in: Heide Ziegler (Hrsg.), The End of Postmodernism: New Directions. Stuttgart Seminar in Cultural Studies, Stuttgart: Metzler und Carl Ernst Poeschl 1993, S. 11–30; vgl. Wolfgang Müller-Funk, Kulturwissenschaft(en) – eine europäische Chance für Österreich? Wien: IFF 1997.

304 Homi K. Bhaba, Die Verortung der Kultur, a.a.O., S. 5.

305 Dietmar Kamper/Christoph Wulf (Hrsg.), Lachen – Gelächter – Lächeln, Frankfurt/Main: Syndikat 1986.

Der japanische Übersetzer ist in dieser offenkundig konstruierten, gut erfundenen Geschichte zwar der Sprache mächtig, aber kennt den *common sense* der Kultur, in der die Sprache gesprochen wird, nicht. Er weiß nur so viel: daß am Anfang des Vortrages beifällig und zustimmend gelacht werden muß. Warum aber diese Kunstübung? Vermutlich deshalb, weil der Witz ein probates Mittel ist, jenen *common sense* herzustellen, der selbst ein Kernstück des anglo-amerikanischen *common sense* ist. Im Gegensatz zu den deutschsprachigen Kulturen, in denen der Verweis auf Durchschnitt, Gemeinsinn und Alltäglichkeit nicht nur im intellektuellen Diskurs einen abschätzigen Beiklang hat, erfreut sich dieser in den angelsächsischen Ländern einer eminenten symbolischen Wertschätzung. Er ist Teil der kulturellen Gemeinschaftserzählungen. In gewisser Weise ist der Kommunitarismus nicht nur ein mehr oder minder aktuelles theoretisches und politisches Projekt in den angelsächsischen Gesellschaften, sondern zudem Teil einer kulturellen Wirklichkeit: Es gilt, sich als soziales und kommunikatives Wesen zu erweisen und Gemeinschaftlichkeit symbolisch herzustellen und zu repräsentieren: als Ausgleich zum konformistischen Individualismus kapitalistischer Provenienz. Die Kehrseite ist, daß, wer nicht mitlacht bzw. nicht mitlachen kann (weil er vielleicht nichts zu lachen hat), sehr schnell zum Außenseiter wird. Vielleicht besteht zwischen der hohen Wertschätzung der anglo-amerikanischen Kultur und ihrem Mißtrauen gegen eine stets minoritäre (oder avantgardistische) Kultur ein inniger Zusammenhang.

Der *common sense* ist also eingeschlossen in die Erfolgsgeschichte eines zunächst einmal ganz und gar untheoretischen Pragmatismus, dessen Stärke darin besteht, daß sich die Erzählung des Gemeinschaftssinnes glänzend und unterhaltsam selbst bestätigt. Die Geschichte gibt Auskunft auf die Frage, wie man *in concreto* Gemeinschaftlichkeit herstellt: dadurch daß man eine Geschichte erzählt, die andere zum Lachen bringt. Der Witz ist die Erzählung, die der *common sense* über sich selbst zum besten gibt. Daß es sich dabei nicht um gesellschaftliche Realität handeln muß, sondern ideale Selbstbildlichkeit im Spiel ist, tut hier nichts zu Sache.

Der japanische Übersetzer kennt diese Geschichte, die der *common sense* über sich selbst erzählt, nicht. Er reagiert deshalb mit der traditionellen non-bellizistischen Weise, die Kulturen im Umgang mit dem Fremden gelernt haben: Höflichkeit. Höflichkeit ist die Herstellung von Gemeinschaftlichkeit, die um die Differenz, hier um die kulturelle Alterität, weiß. Insofern steckt in dem Mißverstehen ein Stück verstehender Übersetzung, denn der Übersetzer begreift, ohne es zu wissen, was die Intention des Redners darstellt: mit seinem Publikum in Kontakt zu kommen. Was offenkundig auf glänzende Weise gelingt. Das hängt ganz offenkundig damit zusammen, daß die japanische Version der Höflichkeit eine vergleichbare Rolle spielt wie der amerikanische Witz: die erfolgreiche Herstellung eines für gesellschaftliches Zusammenleben unabdingbaren Sozialverhaltens.

Der Witz selbst ist, wie Freud schon wußte, ein System, in dem sich Unausgesprochenes seine Bahn schafft,[306] er gehört also ganz und gar jener Produktion von

306 Sigmund Freud, Der Witz und seine Beziehung zum Unbewußten (Band VI), in: Ders.: Gesammelte Werke (hrsg. von Anna Freud), Frankfurt/Main: Fischer 1999 (18 Bde.).

Unbewußtheit an, die Erdheim als zentral für das Basisphänomen Kultur ansieht, indem er anspricht, was er nicht ausspricht. Mit dem *common sense* hängt der Witz auf zweifache Weise zusammen: Um ihn zu verstehen bedarf es der Kenntnis jener narrativen Tiefenstruktur einer Kultur, die normalerweise unausgesprochen bleibt. Er ist aber auch ein ideales Erzählgenre im gegebenen kulturellen Kontext, weil er jene fünf Eigenschaften beinhaltet, die Geertz als so charakteristisch für das latente symbolische Alltagswissen hält. Er operiert mit Evidenz (Natürlichkeit), der „Held" wird komisch, weil ein Praxisbezug mit selbstverständlichen Spielregeln gegeben ist, er ist nicht methodisch konzis und „dünn". Vor allem aber muß er dem Gegenüber zugänglich sein. Ein Witz, den niemand versteht, ist eine *contradictio in adiecto*. Nicht selten ist der komische Held Gegenstand des Spotts, er ist derjenige, der stolpert, weil er im Gegensatz zum Witzerzähler eben den „Witz" des *common sense* der anderen nicht versteht. Gelacht wird, wo nicht Sprachwitz im Spiel ist, immer über den abwesenden Anderen im erzählten Witz. Insofern gehört der Witz jener großen Familie von verfänglichen Gemeinschaftserzählungen an, die Identität dadurch stiften, daß sie sich über diejenigen, die sie ausschließen, lustig machen. Der Witz bändigt die Aggression, die in dieser Konstruktion des Fremden durch das Gelächter, die Uneigentlichkeit des Sprachspiels ins Bewußtsein rückt; oder man macht sich selbst zum Gegenstand des Witzes, worauf der postmoderne Vorschlag von Hassan letztendlich hinausläuft. Will man die Postmoderne positiv sehen, dann läßt sich sagen, daß ihr gesamtes „humanes" Kapital in dieser relationalen Heiterkeit und Ironie sich selbst gegenüber liegt.

Teil II
Anwendungen

6. Die Narrative und ihre Medien

Kulturen wurden im ersten Teil dieses Buches nicht zuletzt als Ensembles von Narrativen verstanden, sie sind dies aber nur insofern, als diese Narrative durch Formen der Medialisierung präsent sind und damit als Repräsentationen zur Verfügung stehen. Erzählungen bedürfen also der Inszenierung und der dazugehörigen Orte, der semiotischen Konfiguration, bestimmter Rhetoriken des Erzählens, bestimmter Techniken ihrer Speicherung und Abrufbarkeit. Erst dann bilden sie – um mit Jurij Lotman zu sprechen – einen semiotischen Raum, ein dynamisches Archiv, in denen die Narrative wie andere symbolische Formationen (begriffliche Diskurse, Beschreibungen, mathematische Symbole, Topographien), mit denen sie auf verschlungene und oftmals verborgene Weise verbunden sind, in ihren diversen medialen Manifestationen gelesen, umgeschrieben, verfälscht und neu gedeutet werden.

Eine nicht unwesentliche Frage, die jener nach dem Verhältnis von Narrativen und Medien vorausgeht, bezieht sich darauf, was eigentlich ein Medium ist. Hier gehen die Meinungen weit auseinander. Es gibt Theoretiker, die den Begriff des Mediums extrem weit fassen, und darin zum Beispiel ein Phänomen sehen, das Dinge und Mensch in Erscheinung bringt.[307] Umstritten ist auch die Frage, ob gesprochene Sprache ein mediales Substrat darstellt so wie die Schrift oder das Bild. Das Moment der Externalisierung und Auskristallisierung (Speicherung) scheint der flüchtigen Sprache abzugehen. Das legt eine Bestimmung von Medium nahe, die dieses durch die zeitliche und räumliche Trennung von Mensch und Botschaft charakterisiert sieht. Im Tonfilm, auf dem Tonband und mittlerweile auch auf dem Computer wird die gesprochene Sprache gespeichert. Im *Held der westlichen Welt* des irischen Dramatikers Synge etwa spricht der Tote per Tonband auf seiner eigenen Beerdigung – eine interessante Frage übrigens, warum diese Praxis nicht gesellschaftlicher Alltag geworden ist, die „lieben Toten“ durch den gespeicherten Ton noch einmal zu Wort kommen zu lassen. Immerhin werden hier Spuren der Verstörung sichtbar, die in die Erfahrungen des modernen Menschen mit den technisch reproduzierten Bildern, Tönen oder Worten eingegraben sind.

Der Begriff Medium hat mit jenen von Kultur und Narrativ/Erzählung mindestens das eine gemeinsam, daß er notorisch mehrdeutig ist. Er impliziert den Aspekt der Mittelhaftigkeit, das Element des Werkzeugs, das zwischen zwei Menschen tritt,

307 Walter Seitter, Physik der Medien. Materialien – Apparate – Präsentierungen, Weimar: Verlag für Geisteswissenschaften 2002, 19–32.

ebenso wie die Assoziation, daß das Medium in einem virtuellen Raum gleichsam eine Mitte markiert, und drittens schließlich – wenn man die historische Assoziation des esoterischen Mediums hinzu nimmt – jene Eigenart, daß das Medium, wenigstens im Akt seiner Nutzung, in seiner ästhetischen Eigenart, gleichsam unsichtbar wird, ein neutrales Organon für narratives und semiotisches Material darstellt. Joachim Paech hat diese Eigentümlichkeit von Medien – dass sie sich nämlich gleichsam einer Definition entziehen – auf den Punkt gebracht, wenn er schreibt:

> Die Schwierigkeit einer Medien-Definition [...] ist, daß das Medium nicht als ‚etwas', sondern als ‚Medium', als Möglichkeit einer Form oder auch als ‚Dazwischen', letztlich als Mittel im weitesten Sinne genommen wird. Das Medium selbst ist nicht beobachtbar, weil es nur in der Form erscheint, zu deren Erscheinung es verhilft. Die Beobachtung der Form muß, wenn sie nach dem Medium fragt, sich selbst beobachten, um sich klar zu machen, daß sich die beobachtbare Form notwendig ihrer anderen sichtbaren Seite des Mediums verdankt. Im Kino zum Beispiel ist das Medium transparent zur Form, den figurativ beobachtbaren narrativen Ereignissen, in dem sich der Beobachter nicht selbst in seiner Anordnung zur Projektion wahrnimmt [...]; wenn der Zuschauer seine Aufmerksamkeit auf seine Beobachtung der Ebene der Hervorbringung dieser Formen lenkt und den Film als ‚Film', d.h. als projizierte materiale Oberfläche sieht, wird er doch wieder nur Formen der ‚Materialität' des filmischen Zeichens, nämlich Kratzer, einen schiefen Bildstrich, ein falsches Projektionsformat oder auch einen asynchron laufenden Ton etc. wahrnehmen.[308]

Gegen diesen Schein des Neutralen richtet sich jedwede kritische Medientheorie, insofern sie Medien gegen ihre rhetorische Strategie der Unscheinbarkeit dekodiert und dekonstruiert. Sie betrachtet ihr ‚Objekt' aus der von Paech beschriebenen Perspektive des Störfalls.

Daß das Medium als die Möglichkeit einer – in unserem Fall – narrativen Form zu verstehen ist, bedeutet nicht, daß dieses Potential erzähltechnisch neutral wäre; vielmehr konstituieren neue mediale Möglichkeiten neue Genres – etwa den Roman oder den Film –, die wiederum ganz eigene Modi des Erzählens ermöglichen und ausreizen. Unter den Bedingungen zunehmender technischer Medialisierung tritt zudem ein Phänomen in den Vordergrund, das in Analogie zur Intertextualität in den Literatur- und Textwissenschaften als „Intermedialität" bezeichnet wird, als die interrelationale Verschränkung symbolisch-narrativen Materials in verschiedenen medialen Formaten und Genres. Das führt zu semiotischen Koppelungen ebenso wie zu Überlagerungen narrativen Materials. Jürgen E. Müller spricht in diesem Zusammenhang von der „Idee der Maximierung ästhetischer Wirkung auf den Rezipienten durch mediale Grenzüberschreitungen und durch die Konstitution neuer medialer Formen".[309] Eine solche Maximierung liegt beispielsweise schon in der Oper vor, und zwar in all ihren relevanten Dimensionen: im Akt der Inszenierung, in der Verbindung verschiedener semiotischer und ästhetischer Systeme sowie in ihrer technischen Logik.

---

308 Joachim Paech, Intermedialität. Mediales Differenzial und transformative Figurationen, in: Jörg Helbig (Hrsg.), Intermedialität. Theorie und Praxis eines interdisziplinären Forschungsgebiets, Berlin. Erich Schmidt Verlag 1998, S. 23.

309 Jürgen E. Müller, Intermedialität als poetologisches und medientheoretisches Konzept, in: Jörg Helbig (Hrsg.), Intermedialität. Theorie und Praxis eines interdisziplinären Forschungsgebiets, a.a.O., S. 35.

Höchst provisorisch und idealtypisch vereinfacht lassen sich drei Typen von Medientheorien unterscheiden. Die erste Sorte möchte ich als technische Theorien bezeichnen: In ihnen geht es um den technischen Aufbau, die maschinelle Logik des jeweiligen digitalen „Gestells" (Heidegger), um die technischen Möglichkeiten, um all die Finessen, über die die meisten Nutzer dieser Gerätschaften, von bemerkenswerten Ausnahmen abgesehen, nicht sonderlich viel wissen. Diese technischen Eigenarten fallen für den Benutzer meist störend ins Gewicht, insofern nämlich, als er oder sie die Erfahrung macht, daß sie – ähnlich wie beim Fortbewegungsmedium Auto – eigentlich über die technischen Eigenarten des Computers und seiner Programme mehr Bescheid wissen müssten. Wir sind nämlich mittlerweile daran gewöhnt, uns technischer Instrumente zu bedienen, deren Funktionsweise wir nicht kennen – von der Waschmaschine bis zum Auto. Wir wollen womöglich gar nicht wissen, *wie* sie funktionieren, wir möchten lediglich, *daß* sie funktionieren.

Ein zweiter Typus von Medientheorien konzentriert sich auf die jeweiligen Zeichensysteme oder, um mit Charles Peirce zu sprechen, insbesondere auf symbolische (Sprache), ikonographische (Bild) und deiktische (Verweis). Technische Medien, handwerkliche wie maschinelle, funktionieren nämlich nur, weil es solche externalisierten Zeichensysteme gibt. Sie ermöglichen, was schon in der Eingangsszene beschrieben worden ist: die Anwesenheit des Abwesenden. Alle technischen Informations- und Kommunikationsmittel, die handwerklichen Werkzeuge ebenso wie die modernsten Maschinerien, sind nicht denkbar ohne fixierbare, explizite semiotische Systeme. So besehen sind Medien und die mit ihnen einhergehenden Zeichensysteme Bedingungen a priori, um einen semiotischen Raum zu etablieren, der sich durch Sichtbarkeit und Visualität auszeichnet.[310]

Eine dritte Version von Medientheorien konzentriert sich auf das Verhältnis von Mensch und Medien. Dabei geht es – gegen kulturkonservative, auch linke Kulturtheorien, die die Medien als äußeres Verhängnis und als Produzenten von Entfremdung sehen – z. B. darum, das Zusammenspiel und die Gegenläufigkeit von menschlichen Wahrnehmungsmodi und diversen Funktionsweisen von Medien zu analysieren, wie auch die Frage, inwieweit Medien den Zusammenhang Kultur und Gesellschaften modellieren und modifizieren, welcher Typus von Kultur welcher Medien bedarf und wie Medien die Kulturen und ihre Bewohnerschaft verändern. Man kann derartige Gerätschaften als Verlängerungen von Hand und Fuß, aber auch von Auge und Ohr verstehen (McLuhan). Moderne anonyme und großräumige Gesellschaften funktionieren nur dank dieser Wirkungen von technischen Medien. Sie vermehren die Möglichkeiten von Kommunikation auf eine bis dahin nie da gewesene Weise, womöglich aber unter Preisgabe von Momenten, die historisch für Kommunikationsprozesse entscheidend waren: Formen der Kommunikation von Angesicht zu Angesicht.

Das Verhältnis von Narrativen und Medien ist kein einseitiges und einfach zu bestimmendes. Das hängt mit der Vielschichtigkeit beider Begriffe zusammen. Um

310 Jurij Lotman, Künstlerischer Raum, Sujet und Figur, in: Jörg Dünne/Stephan Günzel (Hrsg.), Raumtheorie. Grundlagentexte aus Philosophie und Kulturwissenschaften, Frankfurt/Main: Suhrkamp 2006, S. 529.

mit dem narrativen Komplex zu beginnen, kann mit Erzählung eine ästhetische Formatierung gemeint sein, die sich in die verschiedensten Genres aufspaltet, oder aber die *story* als solche, die Erzählung, die latent, aber auch manifest sein kann, etwa in der Form einer Erzählung, die wirklich erzählt wird. Die erzählte Erzählung, als mündliches Geschichten-Erzählen oder literarisch simuliert, kann also das Medium sein, in der ein Narrativ vorgetragen und inszeniert wird. In diesem Fall ist die erzählte Erzählung das Medium ihrer selbst. Diese besondere Konstellation hatte insbesondere Benjamin im Sinn, wenn er im Anschluß an Leskow vom Ende des Erzählens gesprochen hat. Umgekehrt ist klar, dass Roman und Film höchst abstrakte Erzählformen zulassen, in denen das Zurücktreten einer persönlich greifbaren Erzählinstanz Hand in Hand mit einer schier unbegrenzten Ausweitung von Raum und Zeit geht, deren Begrenzung und Zusammenspiel so lange als Muster klassischer Ästhetik gegolten hat.

In einem etwas vagen Sinn kann man freilich Narrative generell als Medien betrachten, als Mittel nämlich der symbolischen Ausgestaltung einer Gesellschaft, die sich ihre Kultur einrichtet und so erst zu einem kollektiven Ensemble wird. In diesem Fall werden Narrative in ihrer umfänglichsten Bedeutung aus dem soziologischen Blickwinkel als symbolische Instrumente einer symbolischen Vergemeinschaftung angesehen. Das scheint mir hingegen ein eher irreführender Gebrauch zu sein.

Aber, wenn schon Aristoteles den Mythos, die Erzählung, nicht auf die Gattung des Epischen, womöglich sogar des mündlich Vorgetragenen, beschränken mochte, dann wird schnell klar, daß diese Narrative in den verschiedensten Genres, Gattungen und medialen Inszenierungsformen ihren gesellschaftlichen Auftritt erleben und daß natürlich die unterschiedliche ästhetische und mediale „Vermittlung" auf „Form" und „Inhalt" der Narrative zurückschlägt. Medien wie das Fernsehen oder der Rundfunk unterliegen – in Analogie zur kapitalistischen Produktion – dem Gebot des sparsamen Umgangs mit der Zeit; es gibt da kaum Platz für den müßigen Luxus des Retardierens. Von den Nachrichten über die Werbespots, von den *soap operas* bis zu den Dokumentationen, überall obwaltet der kategorische Imperativ knapper Zeit, die kostbar und teuer ist. Nichts darf zu lange dauern, weil es sonst zu teuer käme und niemand dabei bliebe. Die Limitierung der immer knapper werdenden Zeit bildet die eine Rahmenbedingung, der nicht öffentliche Aufführungsort: das heimische Sofa, der Tisch mit dem Computer, die einsame Lektüre des Romans die andere. Wo alles individuell und anonym wird, haben auch jene Narrative ihren Auftritt, die ansonsten öffentlich anstößig sind, die revisionistischen des Neonazismus etwa oder jene einer ausgefeilten *hard core* Pornographie, die noch einmal von den letzten sexuellen Tabubrüchen profitieren möchte. Nicht zuletzt aber unterscheiden sich die diversen Genres und Gattungen im Hinblick auf ihre gesellschaftliche Inszenierung in der Art und Weise, wie sie sich mit dem menschlichen Wahrnehmungsvermögen und inwieweit sie sich gesamtkunstwerkhaft verschalten, indem sie Bild, Schrift und Musik bzw. Auge und Ohr miteinander verkoppelten.

Narrative bedürfen, wo sie aus dem Dunkel kultureller Selbstverständlichkeit ins Licht der Öffentlichkeit treten und manifest werden, medialer Repräsentanz. Umgekehrt schlägt die Logik des Mediums auf die Narrativität zurück: das Beispiel der Literaturverfilmung ist das vielleicht geläufigste für eine derartige Verschiebung. Im Anschluß an die Theorie des Medialen bei K. Ludwig Pfeiffer und an Cassirers Philosophie der symbolischen Formen lassen sich einerseits die diversen Künste als (ästhetisch-expressive) Medien begreifen, von denen sich die kommunikativen Medien unterschieden lassen, die ganz offenkundig einem anderen Zweck und anderen Spielregeln unterliegen.[311] Der Begriff der symbolischen Form wiederum läßt sich in seiner Doppeltheit – daß es sich um ein in Form gebrachtes Symbol handelt – im Sinn der unvermeidlichen Verbindung von Narrativität und Medialität interpretieren, wobei der Formbegriff mit der klassischen Ästhetik, der weitere, spezifischere Begriff des Mediums hingegen mit dem modernen kommunikationstechnischen Diskurs korrespondiert. Die Verbindung beider Begrifflichkeiten läßt sich fruchtbar wenden; es kann gezeigt werden, daß die diversen Medien mit verschiedenen, zum Teil auch höchst traditionellen Gattungen und ästhetischen Formen koinzidieren, während sich umgekehrt die Repräsentationsformen und medialen Umsetzungen der jeweiligen Gattungen signifikant ausdifferenzieren. So unterscheiden sich das Theater und der Roman nicht bloß in ihrer ästhetischen Binnenstruktur, sondern in ihrer unterschiedlichen Inszenierung: Die private Lektüre steht in einem unegalen Verhältnis mit dem ästhetischen Medium Buch, so wie das Theater seine volle Bedeutung durch die öffentliche Aufführung gewinnt. Umgekehrt teilt das Buch die private „Konsumation" der weiten Welt mit Medien wie der Zeitung und dem Fernsehen, während bestimmte Genres des Fernsehens sich bestimmte Aspekte des Theatralischen zu eigen machen. Prinzipiell läßt sich eine Theorie der Kultur von beiden Seiten her entfalten: formal läßt sich „Kultur" in der „mittleren" Bedeutung des Wortes nämlich durchaus als ein Ensemble der verfügbaren Medien und der damit verbundenen Formen der Inszenierung, der Kommunikation und der kulturellen Lebenspraxis begreifen.

Der in diesem Buch eingeschlagene Weg, Kultur als ein mehr oder weniger geordnetes, aber nicht zwangsläufig hierarchisches System von Erzählungen zu begreifen, hat den Vorteil, daß hier Prozesse der Identitätsproduktion, der Selbst-Design-Erzeugung und der Situierung in einer immer schon symbolisch geordneten Welt ganz direkt zur Sprache kommen. Erzählungen implizieren ein Verständnis vom Menschen, das diesen als handelndes Wesen in der Welt zeigt. Die Produktion und Konsumption von Medien ist nicht sein ausschließliches Tun, es umfaßt beträchtlich mehr als dieses und geht weit darüber hinaus, etwa, daß der Mensch liebend und leidend, gehorchend und befehlend in der Welt ist und sein gesellschaftliches Tun durch den Rekurs auf symbolische Formen, die hier als dynamisch und zeitlich, letztendlich eben als narrativ gedacht sind, mehr oder weniger systematisch begreift. In gewisser Weise ergänzen eine historische Anthropologie der Medien und eine narrativistische Theorie der Kultur einander. Eine anspruchsvolle und nachhaltige Theorie der Medien und der Medialität zu formulieren, fällt ganz offenkundig

---

311 Vgl. K. Ludwig Pfeiffer, Das Mediale und das Imaginäre, a.a.O; Ernst Cassirer, Die Philosophie der symbolischen Formen, a.a.O., Band 1, S. 1–17.

schwer. Der fragmentarisch-ausschnitthafte Charakter vieler theoretischer Konzepte ist unübersehbar. Die enormen Schwierigkeiten, einen Gesamtentwurf vorzulegen, dürfte mit dem Gegenstand zu tun haben: daß nämlich diese Medien keinen Gegenstand im Sinn einer klassischen *epistme* abgeben, sich vielmehr als nicht eindeutig fixierbar erweisen, als Nicht-Gegenstände; was indirekt darauf verweist, wie sehr das Projekt Wissenschaft auf die kanonische Schriftlichkeit in Gestalt des Buches bezogen ist, welche in merkwürdiger Weise im Computer fortlebt, der doch nicht zuletzt die Logik des mechanisch reproduzierbaren Schriftlichen (ermöglicht durch die Tastatur des Schreib-„Zeugs", der Schreibmaschine) digital transformiert. Zwischen der Flüchtigkeit vieler „alt-moderner" und neuer Medien und der Flüchtigkeit theoretischer Vermessung besteht ein intrinsischer Zusammenhang.

Medien, selbst in ihrem Singular und vor ihrer multimedialen Verkoppelung, sind nicht Phänomene erster, sondern zweiter Ordnung, Spiegel einer komplexen symbolischen und imaginären Ordnung der Dinge. Theoretische Orientierung bedarf in diesem Fall multidisziplinärer Anstrengungen und eines integralen Pluralismus. Integraler Pluralismus meint über die Notwendigkeit eines transdisziplinären Zugangs hinaus, wie er von seinem „Gegenstand" gefordert wird, den perspektivischen Schwenk der theoretischen Kamera innerhalb disziplinärer Anstrengungen. Dieses Puzzle von theoretischen, ansonsten womöglich unvereinbaren Annäherungen könnte man in aller Widersprüchlichkeit mit dem Terminus einer historischen Anthropologie der Medien belegen.[312] Eigentlich ist ein solcher Terminus widersinnig, im *genitivus objectivus* wie im *genitivus subjectivus*. Die historische Anthropologie verträgt keinen der beiden Genitive, denn *eo ipso* steckt der Genitiv in der Terminologie selbst: Der Mensch ist Subjekt und Objekt eben dieser Anthropologie. Aber er betreibt sie historisch-praktisch mittels Externalisierung. Mit Novalis, der diesen Sachverhalt als erster im Sinne einer modernen Ästhetik und vorzeitigen Medientheorie thematisiert hat, läßt sich der mathematische Komplex, der den Neuen Medien ganz offenkundig zugrundeliegt, als „exoterisiertes" „Objekt" und „Organ" des Menschen als des „vollkommenen und totalen Selbstwerckzeugs" bestimmen:

> Am Ende ist die ganze Mathemat[ik] gar keine besondre Wissenschaft – sondern nur ein allgem[ein] wissenschaftliches Werckzeug – ein schönes Werckzeug ist eine Contradictio in adjecto. Sie ist vielleicht nichts, als die exoterisierte, zu einem äußern Objekt und Organ, gemachte Seelenkraft des Verstandes ein realisirter und objectivirter Verstand. Sollte dieses vielleicht mit mehreren und vielleicht allen Seelenkräften der Fall seyn – Daß sie durch unsere Bemühungen, äußerliche Werckzeuge werden sollen? – Alles soll aus uns heraus und sichtbar werden – unsere Seele soll repraesentabel werden – Das System der Wissenschaften soll symbolischer Körper (Organsystem) unsers Innern werden – Unser Geist soll sinnlich wahrnehmbare Maschine werden – nicht in uns, aber außer uns.[313]

---

312 Vgl. Wolfgang Müller-Funk/Hans Ulrich Reck (Hrsg.): Inszenierte Imagination. Beiträge zu einer historischen Anthropologie der Medien, Wien: Springer 1996 (Einleitung).

313 Novalis, Schriften. Historisch-kritische Ausgabe in vier Bänden, einem Materialienband und einem Ergänzungsband mit dem dichterischen Jugendnachlaß und weiteren, neu aufgetauchten Handschriften (hrsg. v. Richard Samuel/Hans-Joachim Mähl/Gerhard Schulz), Stuttgart: Kohlhammer 1965–1968 (6 Bde), Band 3, S. 251 u. 297.

In affirmative und in polemische Theorien der Zivilisation ist ein linearer Determinismus eingeschrieben. Viele moderne Konzepte, nicht erst der Neuen Medien, enthalten ein lineares Narrativ, das deren Rückwirkung auf Mensch, Kultur und Gesellschaft sehr eindimensional veranschlagt, so als ob es ausgemacht wäre, daß durch die Externalisierung des Imaginären und Symbolischen das Reale verschwände, durch die Maschine der Mensch, durch den digitalen Körper der lebendige Leib usw. Genauer betrachtet erweist sich aber der Konnex als viel komplizierter: nicht nur weil der innere Widerstand gegen den Prozeß der Zivilisation dramatisch ansteigt und diesen auf erstaunliche Weise modifiziert, sondern auch, weil die Wirkung jener Apparaturen, Instrumente und Maschinerien, die im Prozeß der Zivilisation ihre Premiere erleben, selbst in sich widersprüchlich ist: Es besteht ein Zusammenhang zwischen der als bedrohlich erfahrenen Maschine als dem Inbegriff des Mechanisch-Reproduzierbaren und der Genese moderner Subjektivität, die sich vom „Zeug" abgrenzt. Es ist auch kein Zufall, daß – entgegen einem ursprünglich zivilisationskritischen Diskurs über Natur, Körper und Sexualität – der leibliche, „ptolemäische" Körper auch im Zeitalter seiner allgemeinen „kopernikanischen" Digitalisierung seine Exklusivität nicht eingebüßt, vielmehr sogar erst errungen hat. Eine historische Anthropologie der Medien, die derlei Apparaturen als historische „Offenbarung" eines nichtdeterminierten Prozesses der Anthropogenese versteht, sieht sich mit zwei geläufigen Theorien der Maschine konfrontiert: die eine interpretiert die Maschine als Verhängnis und als Selbstvergessenheit des Menschen, die andere als Epiphanie des Übermenschen. Der ersteren Theorie zufolge besteht kein interner Zusammenhang zwischen dem Kern des Menschen und der von ihm geschaffenen Apparaturen; vielmehr sind diese geschaffen, um dessen „wahres" Sein zum Verstummen zu bringen: Eine solche Position der Seinsvergessenheit liegt nicht nur bei Heidegger selbst, sondern auch bei Hannah Arendt[314] oder bei Martin Buber vor, der 1932 in „Zwiesprache. Traktat vom dialogischen Leben" schreibt:

> Die Bereiche dialogischen und monologischen Lebens decken sich auch dann nicht mit denen des Dialogs und des Monologs, wenn man von diesen die lautlosen, ja gebärdenlosen Formen mit einbezieht. Es gibt nicht bloß große Sphären dialogischen Lebens, die der Erscheinung nach nicht Dialog sind, es gibt auch Dialog, der es nicht als Leben ist, das heilt: der vom Dialog die Erscheinung, aber nicht das Wesen hat. Zuweilen sieht es gar so aus, als gäbe es nur noch solchen.[315]

Der uneigentliche Dialog, das ist der „technische, der lediglich von der Notdurft der sachlichen Verständigung eingegeben ist"[316]. In der idealistischen Terminologie Bubers bedeutet dies, daß die (falsche) Erscheinung das (wahre) Wesen der Kommunikation mitsamt ihrem ethischen Aspekt (Anruf, Antwort, Verantwortung, Hinwendung zum Anderen) verstellt und unwiderruflich untergräbt. Wenn man den nicht bloß mystischen, sondern auch kritischen Impuls der Buberschen Überlegungen retten will, dann geht es darum, auf jenes subjektive Vermögen zu rekurrieren, das

314 Hannah Arendt, Vita activa, a.a.O., S. 124–163.
315 Martin Buber, Zwiesprache. Traktat vom dialogischen Leben, Heidelberg: Schneider 1978, S. 43.
316 Ders., Zwiesprache, a.a.O., S. 43.

offenkundig vom Mechanismus der Maschine nicht einzuholen, nicht zu formatieren und nicht zu reproduzieren ist. Ganz offenkundig ist die kulturell indizierte Selbsterschaffung des Menschen (unter nicht frei gewählten Grundvoraussetzungen) eine doppelte: Die maschinellen Artefakte „offenbaren" nicht nur den Menschen (indem sie ihn gleichsam verdoppelnd externalisieren), sondern zwischen Mensch und Maschine kommt eine Differenz zum Vorschein, die vorher so nicht sichtbar wurde.

Diese Differenz ist es, die in rationalistischen Maschinenkonzeptionen zumeist außer Betracht bleibt. Die Marxsche Terminologie ist dafür beredtes Zeugnis: denn die dort konstatierte Entfremdung ist nur als zeitweilige, nicht andauernde Entfremdung gedacht.

Die Produktionsmaschinerien sind hier nicht mehr und nicht weniger als der Ausfluß einer auf Aktivität gegenüber der Natur eingeengten Anthropologie des *homo faber*. Die Technologie enthüllt das aktive Verhalten des Menschen zur Natur, den unmittelbaren Produktionsprozeß seines Lebens, damit auch seine gesellschaftlichen Lebensverhältnisse und die ihnen entquellenden geistigen Vorstellungen.[317] Deshalb auch ist die durch den Externalisierungsprozeß bewirkte Entfremdung prinzipiell aufhebbar, dadurch nämlich, daß sich die Menschheit als Abstraktum konstituiert – durch welche Medien hat Marx, der Produktionsfetischist, freilich nicht einmal geahnt. Zweifelsohne hat eine Anthropologie der Medien beim Menschen als einem ko-evolutionären Selbstschöpfer anzusetzen. Von Novalis, dem bis heute als Philosophen unterschätzten Dichterdenker, stammt die Idee, die menschlichen Sinnesorgane im Gefolge Bacons und Kants selbst als „Medien" zu verstehen:

> Aller Sinn ist repräsentativ – symbolisch – ein Medium. Alle Sinnenwahrnehmung ist aus der 2ten Hand. Je eigenthümlicher, je abstracter könnte man sagen, die Vorstellung, Bezeichnung, Nachbildung ist, je unähnlicher dem Gegenstande, dem Reitze, desto unabhängiger, selbständiger ist der Sinn – Bedürfte er nicht einmal einer äußern Veranlassung, so hörte er auf, Sinn zu seyn, und wäre ein correspondirendes Wesen [...] Sinn ist ein Werckzeug – ein Mittel. Ein absoluter Sinn wäre Mittel und Zweck zugleich. So ist jedes Ding das Mittel selbst es kennenzulernen – es zu erfahren, oder auf dasselbe zu wircken.[318]

Das impliziert eine Absage an jedwede Vorstellung von „authentischer" Sinneswahrnehmung. Ein solches Verständnis der Sinnesorgane setzt, auch wenn Novalis hier noch nicht so sehr die technische Seite im Auge hat, freilich schon eine strategische Option voraus, nämlich insbesondere das Auge als operationales Mittel der Weltermächtigung einzusetzen. E.T.A. Hoffmann hat das sehr schön veranschaulicht, wenn er die beiden teleskopischen Forscher Leuwenhoek und Swammerdam, jeweils mit ihrem televisionären Werkzeug bewaffnet, einander gegenübertreten läßt:

> Swammerdam zog [...] ein kleines Fernglas aus der Tasche, schob es lang aus und ging dem Feinde zu Leibe, indem er laut rief: „Zieh, Verdammter, wenn du Courage hast!" Schnell hatte Leuwenhoek ein ähnliches Instrument in der Hand, schob es ebenfalls auseinander und schrie: „Nur heran, ich stehe dir, bald sollst du meine Macht fühlen!"

317 Karl Marx: Das Kapital, Bd. I, Marx-Engels-Werke, Bd. 23, Berlin/DDR: Dietz 1974 (39 Bde.), S. 393.

318 Novalis: Werke, Studienausgabe, München: Beck 1981, S. 386 (entspricht Fragment 134 der Schriften, siehe Anm. 2).

> Beide setzten nun die Ferngläser ans Auge und fielen grimmig gegeneinander aus mit scharfen mörderischen Streichen, indem sie ihre Affen durch Aus- und Einschieben bald verlängerten, bald verkürzten.[319]

Der Spaß impliziert einen Ernst. Die Instrumente, die Fernes in die Nähe rücken, werden als aggressive Instrumente interpretiert, als Armierung der Sinnesorgane. Armierung bedeutet aber stets zweierlei: Ausgriff und Selbstschutz. Mittlerweile hat unsere telematische Ausrüstung beträchtlich zugenommen, so daß das Fernrohr, das Hoffmann wie Goethe als eine aggressive Mordwaffe gegen die Natur, als ein ihr gegenüber unangemessenes und auch unfaires Instrument eingestuft haben, uns geradezu nostalgisch anmutet: Photoapparat, Film, Video heißen die Blickfang-Maschinen, die bis heute zum unverzichtbaren multimedialen Gesamtkomplex gehören. Einigermaßen mühelos lassen sich einige der Eliasschen Stereotypen des Zivilisationsprozesses daran ablesen: Distanz zum Objekt, Raumnahme, strategische, sublimiert jägerische Absichten gegenüber dem Anvisierten. In der Geschichte des Blickes wird eine bestimmte „Optik", gegen den die Romantik zum ersten Mal zivilisationskritisch Einspruch erhoben hat, gesellschaftlich relevant. Solch optischer Ausgriff in die Wirklichkeit setzt mehr voraus als die Selbst-Instrumentalisierung des Auges; darin eingeschlossen ist die Verwandlung des gesamten kognitiven Komplexes in ein strategisch-operationales Instrumentarium. Blick und Kommunikationsmöglichkeiten auszudehnen ist das eine, das andere ist, das leiblich Abwesende in Präsenz zu halten.

Die modernen medialen Apparaturen haben von Anfang an zwei Aspekte: Öffnung des Raumes und Tele-Kommunikation auf der einen, Speicherung und Externalisierung des Gesehenen, Gehörten und Geschriebenen auf der anderen Seite. Insofern reicht die Geschichte der Medien zurück bis ins Neolithikum und vermutlich darüber hinaus, als es auf diverse Weise möglich wurde, Abwesendes zu vergegenwärtigen. Wie dabei der Rückkopplungsprozeß von internem Gedächtnis und externer Memoralisierung vonstatten gegangen ist, muß offen bleiben. Im Gegensatz zu der schon in Platons Schrift *Phaidros* geäußerten Angst, daß das Aufschreibesystem[320] der Schrift die Menschen gedächtnislos machen würde,[321] liegt es nahe anzunehmen, daß es den Horizont des Memorierbaren unerhört erweitert hat.

Der kanadische Medientheoretiker Harold Innis hat die Medien der frühen Schriftkulturen danach unterschieden, ob sie vorwiegend raum- oder ob sie zeitöffnend wirksam sind. Die in Stein gehauene Schrift dürfte dabei das eine, der Papyrus das andere Extrem sein. Innis geht davon aus, daß in der Neuzeit ein Überhang der raumgreifenden zugunsten der zeitgreifenden Medien stattgefunden habe; damit

319 E.T.A. Hoffmann: Werke, hrsg. von Hans Mayer, Frankfurt/Main: Insel, 1967, Band 4, S. 78.

320 Platon: Phaidros, a.a.O., 274a: „Denn diese Erfindung wird den Seelen der Lernenden vielmehr Vergessenheit einflößen aus Vernachlässigung der Erinnerung, weil sie im Vertrauen auf die Schrift sich nur von außen vermittels fremder Zeichen, nicht aber innerlich sich selbst und unmittelbar erinnern werden." Vgl. auch Frances A. Yates: Gedächtnis und Erinnern, a.a.O., S. 34–53.

321 Platon, Phaidros, a.a.O., S. 34–53; Vgl. Renate Lachmann, Gedächtnis und Weltverlust, in: Anselm Haverkamp/Renate Lachmann (Hrsg.), Memoria, Erinnern und Vergessen, a.a.O., S. 492–519.

einher geht auch die Absage an die Tradition, die im Pathos der Moderne eine herausragende und programmatische Rolle spielt. Demgegenüber hat Innis, darin ein Platoniker, auf Medien gesetzt, die der mündlichen Rede den Vorzug geben.[322]

Die Theorien Innis' und seines Schülers McLuhan, die in gewisser Weise den Determinismus der Marxschen Lehre von der Dominanz der Basis gegenüber dem Überbau fortschreiben, indem sie die Dialektik von Produktivkräften und Produktionsverhältnis auf die Logik kommunikativer Prozesse übertragen, bedürfen einer perspektivischen Korrektur. Immer schon sind neue „Botschaften" und Bedürfniskonstellationen im Spiel, die der Entwicklung produktiver und kommunikativer Maschinerien zugrunde liegen. So produzieren die aus den digitalen Schreib- und Speicherapparaturen entsprungenen „Neuen Medien" nicht etwa soziale Phänomene wie Globalisierung und Individualisierung, sondern setzen sie zugleich voraus. Oder anders formuliert: Die Entwicklung von „Medien" ist extrem kulturabhängig, und es ist nicht ohne Bedeutung, daß es unsere okzidentale Kultur gewesen ist, die eine erstaunliche Vielfalt und Raffinesse an Medialität hervorgebracht hat. Nicht selten wird die schillernde Bedeutung jener Begriffe beanstandet, mit denen wir jene telematischen Komplexe beschreiben, die sukzessiv den Transfer von Botschaften von einer gleichfalls forcierten Verkehrstechnologie abgekoppelt und dabei deren Geschwindigkeit überboten haben. Die Rede ist von Begriffen wie Kommunikation und Medium. Gegen das Unbehagen an der Uneindeutigkeit dieser Begriffe gilt es hier, deren Vieldeutigkeit analytisch zu wenden. Kommunikation etwa meint das Allerformalste (Datenübertragung und Information) ebenso wie das vertraute, einverständnissinnige Gespräch zweier Menschen *face to face*. Ist es nur eine ärgerliche sprachliche Konvention, beides in einem Atemzug zu nennen, oder wie läßt sich das Verhältnis der verschiedenen Kommunikationsweisen bestimmen? Die heutigen Kommunikations-, Schreib- und Speicher-Maschinerien, deren maschinelle Binnenstruktur – wie schon bei nicht-digitalen Maschinen – dem Normalbenutzer nur selten ins Bewußtsein rückt, transformieren Schrift und Bild in digitalisierte Zeichen einer formalen Sprache. Damit substituieren sie bestimmte menschliche Verrichtungen, die bislang intern oder mit Hilfe traditioneller Medien operationalisiert wurden. Die Mechanisierung kognitiver Bereiche unterliegt wie jedwede Maschine eindeutigen Zuweisungen:

a) mechanische Wiederholbarkeit (die ewige Wiederkehr des Gleichen in einer fest definierten Welt mathematischer Symbole; das schließt nicht aus, daß Computer neue PC-Programme entwickeln, sie verlassen nicht den Kosmos mathematisch-symbolischer Zeichen)
b) Eindeutigkeit der jeweiligen Formalisierung (das schließt üblicherweise nicht bloß die Kommunikation via Gestik, Gebärde oder Augensprache, sondern auch die gesprochene Kommunikation aus)
c) operationale Zergliederung (die mit einer mechanischen, schreibmaschinenähnlichen Bedienung – mathematisch-sprachlichen Tastatur – korrespondiert)[323]

322 Harold A. Innis: Kreuzwege der Kommunikation, a.a.O., S. 69–187.
323 Vgl. Christoph Asendorf, Super constellation – Flugzeug und Raumrevolution. Die Wirkung der Luftfahrt auf Kunst und Kultur der Moderne, Wien: Springer 1997.

Die Reduktion von Kommunikation im Sinne Bubers (Ich-Du-Beziehung zu Mensch, Gott und Natur) durch das Dazwischen eines Mediums, eines materialen Stellvertreters, älter als die Neuen Medien, erweist sich bei aller Reduktion (und vielleicht sogar deshalb) als attraktiv, weil immer schneller immer mehr Menschen mit immer mehr Nachrichten, Mitteilungen und Interpretationen versorgt werden können – auch wenn dies längst absurde Ausmaße erreicht hat. Worunter die postmodernen Zeitgenossen nämlich leiden, ist nicht ein Zuwenig, sondern ein Zuviel an Informationen. Sie ist im Grunde genommen bereits durch die Schrift als Medium und die damit verbundene räumliche Trennung von erzählendem Ich und privat-einsam rezipierendem Du gegeben. Die zunehmende Medialisierung der Lebenswelt über die Literatur hinaus ist das aufregend Neue. In jedem Fall führt sie zu einer kommunikativen Ausdifferenzierung: Ganz offenkundig bedarf es in vielen Fallen nicht des leibhaftigen Gegenübers. Es gibt ganze Sorten von Botschaften, die nicht persönlich übermittelt werden müssen. Überdies ist die Kapazität *in puncto* persönlicher Kommunikation extrem beschränkt. Die Existenz der heutigen kommunikativen Megamaschine bedeutet eine eindrucksvolle Bestätigung dieses Sachverhaltes. Insofern ist sie weniger Ausdruck eines kommunikativen Bedürfnisses des postmodernen Menschen als vielmehr ein Dokument seiner Abneigung dagegen. Wer den Anrufbeantworter oder das Fax-Gerät benützt oder mit E-Mail operiert, schützt sich gleichsam vor einer Kommunikationsflut, der er persönlich *in actu* kaum gewachsen wäre. Diesen drei modernen Kommunikationsmaschinerien ist eines gemeinsam: sie institutionalisieren die virtuelle Sprechstunde unter dem Druck der knappen Zeit. Abwesend, wie er ist, läßt er sich die Möglichkeit, zeitverschoben in eine Kommunikation einzutreten. Mit der Formalisierung und Formatierung von Kommunikation steigt freilich auch die Möglichkeit von Mißverständnissen. Dieses Ärgernis ist schon bei Sokrates (im Medium der platonischen Dialoge) festgehalten. Dort heißt es über die Schrift, den Prototyp aller technischen Kommunikation:

> Denn dieses Schlimme hat doch die Schrift, Phaidros, und ist darin ganz eigentlich der Malerei ähnlich; denn auch diese stellt ihre Ausgeburten hin als lebend, wenn man sie aber hinterfragt, so schweigen sie gar ehrwürdig still. Ebenso auch die Schriften: Du könntest glauben, sie sprechen, als verständen sie etwas, fragst du sie aber lernbegierig über das Gesagte, so bezeichnen sie doch nur ein und dasselbe. Ist sie aber einmal geschrieben, so schweift auch überall jede Rede gleichermaßen unter denen umher, die sie verstehen, und unter denen, für die sie nicht gehört, und versteht nicht, zu wem sie reden soll und zu wem nicht. Und wird sie beleidigt oder unverdienterweise beschimpft, so bedarf sie immer ihres Vaters Hilfe; denn selbst ist sie weder sich zu schützen noch zu helfen imstande.[324]

Gegen den platonischen Sokrates ließe sich geltend machen, daß das Mißverständnis im Falle von literarischen und philosophischen Büchern, die gar nicht auf eine bruchlose Symbolisierung und Kommunikation, sondern vielmehr auf deren Infragestellung aus sind, produktiv sein kann; jede interaktive Rückmeldung des Autors

---

324 Platon: Phaidros, a.a.O., 274d: Indem Platon die mündliche Rede des Sokrates festhält, gleichsam als vortechnische „Tonband-Mitschrift" (ob Sokrates wirklich so gesprochen hat oder nicht, spielt dabei eine untergeordnete Rolle), durchbricht er die Logik des Meisters, der sich programmatisch weigert, seine Gedanken im Medium Schrift zu fixieren.

beschränkte den potentiellen semantischen Reichtum. In anderen Fällen, wo nicht Reflexion und Ästhetik, sondern die verläßliche Information im Mittelpunkt steht, führt Polyvalenz unweigerlich zur Beeinträchtigung von Kommunikation. Wie verläßlich die Daten sind, läßt sich diesen nicht ablesen, und wahrscheinlich funktioniert die technische Kommunikation unserer Tage um so effektiver, je mehr ich mich der Verläßlichkeit des Mediums, aber auch meinem telematischem Gegenüber anvertrauen kann. Mag die Kommunikationssituation auch noch so entfremdet und versachlicht sein, bar jeder persönlichen Erotik, so hängt das Funktionieren telematischer Kommunikation ganz offenkundig von einem Vertrauen der Medien-Benutzer ab, ein Vertrauen, das weit über die technische Seite hinausgeht. Die Angst manipuliert zu werden, basaler Hintergrund diverser Manipulations- und Simulationstheorien, ist beredter Ausdruck für die Angst des Menschen, wenn das Du, das für die Kommunikation einsteht, nicht mehr zur Verfügung steht. Ganz generell läßt sich sagen, daß Medien – wie die Gesellschaften, die sie imaginieren und in ein kommunikatives Ganzes fassen – bei aller technischen Kompaktheit in höchstem Maß sensibel sind. Vertrauensverlust ist das Prekärste, was ihnen widerfahren kann, selbst wenn dieses Mißtrauen nicht berechtigt ist. Wenn die Bevölkerung eines Landes das Vertrauen in „ihre“ Währung verliert, dann entsteht, vielleicht höchst irrational, eine prekäre Geldentwertung. Und das bedeutet, daß das Geld nicht nur nominal, sondern auch als Medium nichts mehr wert ist. Ähnliches gilt für eine Telekommunikation, die die Spielregel dieses Mediums verletzt. Medien wie das Fernsehen oder Nachrichtenmagazine können sich massiv für eine bestimmte Interpretation von Ereignissen oder Personen einsetzen, aber wenn sie dies allzu massiv tun oder den Anschein erwecken, daß ihre Nachrichten nicht verläßlich sind, entwerten sie sich selbst als Medium und werden wie schon in Orwells „1984“, das alle Ängste der modernen Menschheit im Hinblick auf das technische Gestell narrativ in Anschlag bringt, als bloße Verlautbarungsmaschinerien einer bedrückenden, anonymen Macht begriffen. Narrativ gewendet bedeutet dies auch, daß eine bestimmte Sorte von Geschichten, die einer direkten Referenz bedürfen (sog. wahre Geschichten), besonders störanfällig sind. Sie unterminieren das jeweilige Medium, das sie präsentiert.

Überhaupt pflegen wir im allgemeinen die Bedeutung von Vertrauen für das Funktionieren gerade anonymer Gesellschaften zu unterschätzen: Wir vertrauen auf das Funktionieren von Medien ebenso wie von Verkehrsmitteln, Fahrplänen, Hospitälern usw. Oder anders ausgedrückt: Die jeweilige Gesellschaft läßt sich nicht nur als ein maschineller Funktionszusammenhang beschreiben, sondern in ihm finden sich Strukturen jenes Ich-Du-Verhältnisses, das persönliche Kommunikation begründet, auf eine abstrakte und zugleich höchst imaginäre Weise eingeschrieben, so wie in jedes Exemplar des Lebewesens Mensch, das gesellschaftlich ist, weil es medial ist, und umgekehrt.

In jede Form der Übermittlung von Erzählungen ist eine Vereinbarung zwischen Menschen eingeschrieben, die sich je nach medialem Genre unterscheidet. Der private Brief, das E-Mail, die Autobiographie einer bekannten Persönlichkeit, das vertrauliche Gespräch, die Aussage vor Gericht und die Tagebuchaufzeichnungen meiner

Tochter unterliegen ganz offenkundig ganz anderen kulturellen Abmachungen, Rezeptionsanweisungen und Restriktionen.

So schillernd wie der Begriff Kultur und jener der Kommunikation, der ein oder auch mehrere gemeinschaftsstiftende Narrative voraussetzt, ist auch der des Mediums. Er geht nicht auf in der instrumentellen Bedeutung des Mittels, wie man es im Deutschen aus dem unschönen Wort Verkehrsmittel kennt. Gewiß sind Medien auch in diesem Sinne Mittel, aber der Terminus des Mediums weist einen Bedeutungsüberschuß auf, der mit der kommunikativen Situation, die stets eine des Ich-Du ist, aufs engste zusammenhängt und sich rein phänomenologisch von der Ich-Es- (oder Subjekt-/Objekt-)Beziehung unterscheidet. Wobei zu gewärtigen ist, daß diese Relation das gespaltene Subjekt selbst strukturiert. Das Medium heißt auch deshalb so, weil es als in der Mitte zwischen einem Ich und einem Du befindlich placiert wird, was analytisch besehen vielleicht fraglich ist, aber doch noch einmal – in seiner Symmetrie – auf seine qualitative gemeinschaftsstiftende Bedeutung verweist: denn die „Mitte" ist, schon im Medium geschriebener oder gesprochener Sprache, höchst metaphorisch.

Medial ist das Medium aber auch, weil es unscheinbar ist und seine Eigenständigkeit im Akt des kommunikativen Vollzugs „verschwindet". Das ist der Keim aller Scheinhaftigkeit in traditioneller Kunst. Noch das Medium esoterischer Séancen, in denen es um die Kommunikation mit Überirdischen geht, ist merkwürdig individuell unspezifisch. Körperliche, geistige und geschlechtliche Eigenarten sind spürbar vermindert wie die der Engel, der Träger himmlischer Botschaften. In diesem Sinne nämlich darf das kommunikative Medium niemals die *message* werden. Die Spuren der Übertragung sind infolge des medialen Hyperrealismus weithin verwischt. Was wir erfahren wollen, ist nicht das Aussehen des Mediums: unserer Sinnesorgane, des Radioapparates, des Fernsehers oder des Computers. Das wäre der Störfall. Demgegenüber schließt ästhetische Erfahrung eine des „Mediums" mit ein. Dies gilt übrigens auch für die Vortragssituation: Für einen Vortragenden ist es prekär, wenn sich die Zuhörer nach seinem Vortrag vornehmlich an dessen Gesicht, an die Farbe seines Hemdes oder an irgendeine Auffälligkeit seines Habitus besser erinnern würden als an seine inhaltlichen Ausführungen. Mediale Unauffälligkeit des Sprechers ist ein Gebot etwa auch der traditionellen Rhetorik, wie einer der Protagonisten der französischen Revolution, Hérault de Séchelles, selbst ein glanzvoller Redner, bemerkt:

> Nur die dargestellte Figur gefällt und weckt unser Staunen. Alter Reiz wird zerstört, wenn man die Person des Darstellenden sieht.[325]

Nicht alles kann zum Mittel, aber schier jedes kann zum Medium werden: Man kann die Kunst als Medium für die Politik oder für die Religion begreifen oder auch, als religiöser Mensch, den Menschen als ein Medium Gottes, die Natur als dessen Buch, die Stadt als Text. Medialität bedeutet strukturelle Reduzierung von eigener Wahrnehmbarkeit zugunsten eines anderen, dessen Medium man ist. Prinzipiell läßt sich alles kommunikativ wenden und verstehen: die Natur als Botschaft Gottes, das

325 Vgl. Marie-Jean Hérault des Séchelles: Theorie des Ehrgeizes (übersetzt und mit einem Nachwort versehen von Henning Ritter), München: Beck 1997, S. 78.

Abendmahl als gemeinschaftsstiftendes Medium einer universalen Menschheit, das Geld als Medium des Austausches, der Leib als Medium einer non-verbalen Kommunikation.[326] Ob Artefakte als „Kunst“ oder als „Medium“ decodiert werden, hängt vom jeweiligen gesellschaftlichen und historischen Kontext ab. Die Tafelbilder in den christlichen Kirchen wurden zweifelsohne als vortechnisch-televisionäre Medien einer universalen heiligen Ordnung rezipiert, während wir sie heute in eine Reihe mit Picasso und Warhol und somit in den Kanon der Bildenden Künste stellen. Der unbekümmerte, das heißt wenig reflektierte mediale Gebrauch dessen, was uns heute allenfalls in ästhetischer Ehrfurcht als Kunstwerk erscheint, dürfte älter sein als die autonome Kunst in unserem heutigen Selbstverständnis. Umgekehrt kann ein Medium wie der Computer, augenscheinlich für ganz profane Zwecke der Speicherung, Verarbeitung und Übertragung von Daten geschaffen, in experimenteller Verwendung, Computerkunst generieren. Vereinfacht gesagt, entspricht dem Medialen das Was (und das verschwiegene Wie), dem Künstlerischen das Wie (und das hintangestellte Was). Als Medien sind symbolische Artefakte niemals autonom, sondern stets instrumentalisiert, ihre ästhetische Komponente soll nicht in Erscheinung treten: nur das ermöglicht eine einigermaßen verläßliche technische Kommunikation. Demgegenüber thematisieren symbolische Artefakte, als Kunstwerke betrachtet, die eigene Beschaffenheit und Struktur: ihrer ganzen Intention nach sind sie – mit zunehmender Dauer autonomer Kunst – darauf gerichtet, reibungslose Kommunikation zu verhindern, wie sie in den Medien und in der traditionellen mimetischen Kunst gegeben zu sein scheint. Nur dadurch sind sie innovativ und vor allem reflexiv: indem sie die ausgetretenen Pfade der Kommunikation in Frage stellen.

Ganz kann sich indes die autonome Kunst nicht des Medialen entledigen. Nicht nur repräsentiert sie den Anspruch (nicht die „Realität“) einer Gesellschaft, die darauf setzt, daß die Menschen in eigener Kreativität und Freiheit Welt und Gesellschaft gestalten, vielmehr fungiert sie auch als eine kulturelle Markierung, als Medium des kulturellen Gedächtnisses. Dessen Ort ist das Museum in seiner Doppelfunktion: als Bild gegenwärtiger und vergangener Kultur sowie als Ort, an dem man Artefakte als Kunstwerke zu betrachten hat.[327]

In einem gleichen die Neuen Medien den alten. Daß sie nämlich die Kehrseite jener durch Verkehrstechnologie geschaffenen Bewegungsmoderne darstellen, die die Menschen strukturell nomadisierend werden läßt. Die sogenannte Datenautobahn ist nämlich keine: Sie ist ein Transfer, bei dem der technische Kommunikant körperlich vor Ort bleibt: Globalisierung plus Lokalisierung. Man kann schön zu Hause bleiben und muß nur von einem telematischen Gerät zum anderen „wandern“. Daß die neuen technischen Kommunikationsmittel dem Geist anonymer Individualisierung ein

326 Darauf hat wiederholt Jochen Hörisch hingewiesen, vgl. Ders., Gott, Geld und Glück. Zur Logik der Liebe in den Bildungsromanen Goethes, Kellers und Thomas Manns, Frankfurt/Main: Suhrkamp 1983.

327 Vgl. zu diesem Themenkomplex: Boris Groys: Die Logik der Sammlung, a.a.O.; Arthur C. Danto: Kunst nach dem Ende der Kunst, a.a.O.; Niklas Luhmann: Die Kunst der Gesellschaft, Frankfurt/Main: Suhrkamp 1997.

neues zeitgemäßes Gepräge verleihen, läßt sich von ihrer strukturellen Logik her kaum bezweifeln: Menschen, die sich nicht kennen wollen, treten in merkwürdige Beziehungen zueinander, deren bestechendstes Merkmal die Unverbindlichkeit ist. Daß diese zuweilen als so lustbetont empfunden wird, widerlegt wenigstens zu einem Teil das psychotherapeutische Lamento über den Verlust an menschlicher Kommunikation. Das Bedürfnis nach dessen Gegenteil ist mindestens ebenso stark, und abgesehen von der Anziehungskraft des Neuen und der Experimentierlust, die damit einhergeht, dürfte es gerade das monadische Dasein im Netz sein, das die Zeitgenossen nachhaltig beeindruckt. Die Differenz zwischen den Verkehrs- und Kommunikationsmitteln macht die Spaltung des postmodernen Menschen offenkundig: Nicht daß der leibliche Mensch verschwindet und „virtuell" wird, ist die Pointe, sondern daß sich die Differenz verschärft zwischen dem leiblichen Dasein und jener telematisch-leiblosen Existenz, die in der Tat etwas mit dem ätherischen paradiesisch-engelhaften Dasein speziell in unserer religiösen Tradition zu tun hat: Körperlosigkeit, Ubiquität, Zeitlosigkeit, Raumlosigkeit, Utopie und Uchronie. Daß das Imaginäre mediale Realität wird, ist der wahre Kern all jener Simulationstheorien, die ansonsten – ob emphatisch (als der Traum von der Einheit von Kunst und Leben in Gestalt der Inszenierung) oder apokalyptisch (als albtraumhafter Weltverlust) formuliert – phänomenologisch falsch sind. Politisch bedenklich daran ist die Annahme, die sogenannte *virtual reality* könnte die Differenz zwischen Sein und Schein zum Verschwinden bringen, jene Differenz, ohne die es keine Politik geben kann. Ein solches Verschwinden der Differenz zeitigte totalitäre Folgen. Statt dessen ist mit jener Differenz zu rechnen, die schon am Anfang der medialen Revolution stand, die mit dem Namen Gutenberg verbunden ist.

Cervantes' *Don Quixote* theatralisiert derartige Differenzen in einem literarischen Text als komische Verwechslung der imaginären Ritterwelt, wie sie in vielgedruckten Ritterromanen geschildert wird, mit der profanen Wirklichkeit. Die Narrative hier und dort kommen strukturlogisch nicht zur Deckung. Der komische Kampf mit den Flügeln der Windmühle steht als Indiz dafür, daß keine Medialisierung des Imaginären das Reale zu substituieren imstande ist. Das Narrative, das dabei transportiert wird, läßt sich als das Zusammentreffen imaginärer und realer Momente begreifen, und zwar sowohl in den primär ästhetisch-expressiven Medien wie in jenen alltäglicher Kommunikation.

7. Das Geld als Zero-Narrativ und Null-Medium: Georg Simmel

Georg Simmels „Soziologie“ – ich setze das in Anführungszeichen, weil diese Soziologie Philosophie ebenso einschließt wie das, was heute Kulturwissenschaft heißt – ist niemals sonderlich in und auch nicht gänzlich aus der Mode gekommen, was sich womöglich mit jener Haltung begründen läßt, die das Werk theoretisch wie praktisch gegenüber der Mode, der philosophischen eingeschlossen, einnimmt: Gelassenheit gegenüber dem ephemeren Tyrannen des jeweiligen Zeitgeistes. Vielleicht, schreibt Simmel in seinem Essay über die Mode, mit ironischem Seitenblick auf den Konformismus Goethes, daß dieser

> in seiner späteren Epoche das leuchtendste Beispiel eines ganz großen Lebens, das durch die Konvenienz in allem Äußeren, durch die strenge Einhaltung der Form, durch ein williges Sich-Beugen unter die Konventionen der Gesellschaft gerade ein Maximum von innerer Freiheit, eine völlige Unberührtheit der Zentren des Lebens durch das unvermeidliche Bindungsquantum erreicht hat.[328]

Es läßt sich getrost vermuten, daß Simmel hier eine eigene Lebensmaxime vorträgt, die auch theoretisch-methodologisch im Werk ihren Niederschlag gefunden hat: denn die mittlere Distanz, die sie impliziert, ist von einem gewissen Einverständnis mit den Dingen und von der Erfahrung tiefer Ambivalenz getragen.

Dies könnte vielleicht den Ausgangspunkt für ein *re-reading* abgeben, in dem es nicht um philologisch-hermeneutische Einholung geht, sondern um die Frage ungeahnter Aktualität, also darum, wie sich mit Simmel der symbolische Raum der Kultur, inwieweit Simmel sich als ein Vordenker von Medien und Medialisierung denken läßt und inwieweit sein Ansatz auch etwas zum Verständnis jener großen und kleinen Erzählungen beiträgt, die implizit und explizit in die Gesellschaft und ihre Institutionen eingeschrieben sind und diese nicht zuletzt legitimieren und mit einem Identitätszuschuß versehen. Kurzum geht es also darum, Simmel als einen gegenwärtigen Kulturtheoretiker zu denken, ohne von dem zeitlichen Abstand abzusehen, der uns von ihm trennt und der doch zugleich so etwas wie eine Sonderbeobachtung ermöglicht.

---

328 Georg Simmel, Philosophie der Mode, in: Ders., Philosophie der Mode. Die Religion. Kant und Goethe. Schopenhauer und Nietzsche (hrsg. von Michael Behr, Volkhard Krech und Gert Schmidt), in: Ders., Gesamtausgabe in 16 Bänden (hrsg. von Otthein Rammstedt), Frankfurt/Main: Suhrkamp 1989–1999, Band 10 (1995), S. 28.

Da wäre zunächst einmal die essayistische Methode in Rechnung zu stellen, die mit der oben angesprochenen Gelassenheit koinzidiert, und die Simmel, selten genug, an einer Stelle der „Philosophie des Geldes" exemplifiziert:

> Der ungeheure Vorteil der Kunst gegenüber der Philosophie ist, daß sie sich jedesmal ein einzelnes, eng umschriebenes Problem setzt: einen Menschen, eine Landschaft, eine Stimmung – und um jede Erweiterung desselben zum Allgemeinen, jede Hinzufügung großer Züge des Weltfühlens, wie eine Bereicherung, Geschenk, gleichsam wie eine unverdiente Beglückung empfinden läßt. Dagegen pflegt die Philosophie, deren Problem sogleich die Gesamtheit des Daseins ist, der Größe dieses gegenüber sich zu verengen und weniger zu geben, als sie verpflichtet scheint. Hier ist nun umgekehrt versucht, das Problem begrenzt und klein zu nehmen, um ihm durch seine Erweiterung zur Totalität und zum Allgemeinsten gerecht zu werden.[329]

Die – traditionelle – Philosophie steht in einem einseitigen ökonomischen Tauschverhältnis zu den Phänomenen. Fast ist man versucht zu sagen, darin trifft sie sich mit dem Megaphänomen der modernen Gesellschaft, das im Zentrum des Simmelschen Œuvres steht. Denn nicht zuletzt ist das Geld auch als eine Realabstraktion zu apostrophieren, das seine konkreten Herkunftsspuren verwischt hat.

Daraus ergibt sich eine dreifache Aufgabenstellung:

Erstens: Dem Geld, als dem großen Abstraktum, läßt sich nur mit Philosophie beikommen, aber mit einer Philosophie, die keinen Augenblick das Konkrete vergißt und so die Wirkung des Geldes nicht abstrakt oder rein verdinglicht, das heißt ökonomisch faßt, sondern im Konkreten, in ihren Wirkungen auf die innere Welt: auf das Lebensgefühl der Individuen, auf die Verkettung ihrer Schicksale, auf die allgemeine Kultur.[330]

Zweitens: Weil das Geld jedwede Gegenständlichkeit, am Ende auch die eigene (Münze, Schein) zum Verschwinden bringt, läßt sich ihre durchaus handfeste Wirklichkeit nur prozessual und relational sichtbar machen. Den Spuren der Präsenz des Geldes im intimen wie im öffentlichen Bereich, in der persönlichen wie in der politischen Verfassung des modernen Subjekts muß nachgegangen werden, will man der schieren Dinglichkeit nicht auf den Leim gehen. Nicht das Geld selbst, wohl aber das, was es ästhetisch, psychisch und kulturell bewirkt, läßt sich als theoretisch reflektierte Erfahrung explizieren und darlegen.

Drittens: Wenn es eine Philosophie des Geldes geben soll, die perspektivisch und prozessual ist, kann diese Philosophie nur eine Nicht-Ökonomie sein, auch eine Nicht-Ökonomie im Hinblick auf die Marxsche Analyse. Indem sich Simmel programmatisch gegen den Ökonomismus von Marx stellt, antizipiert er jene Wende, die im Bereich der *Cultural Studies* mit dem Begriff des *cultural materialism* verbunden ist. Kurz gefaßt handelt es sich dabei um eine Absage an das klassische Basis- und

---

329 Ders., Philosophie des Geldes (hrsg. von David F. Risby und Klaus Christian Köhnke), in: Ders., Gesamtausgabe, a.a.O., Band 6 (1989): S. 12 f. Vgl. dazu auch Jürgen G. Backhaus/Hans-Joachim Stadermann (Hrsg.), Georg Simmels Philosophie des Geldes: ein Jahrhundert danach, Marburg: Metropolis-Verlag, 2000; Jeff Kintzele/Peter Schneider (Hrsg.), Georg Simmels „Philosophie des Geldes", Frankfurt/Main Hain, 1993.

330 Ders., Philosophie des Geldes, a.a.O., S. 10.

Überbau-Schema mitsamt dem damit implizierten Primat des Ökonomischen zugunsten der Einsicht in die Materialität von Kultur. Diese Wende vollzieht Simmel am zentralen Ort des Ökonomischen, eben des Geldes, das in der kulturalistischen Wende plötzlich als zentrales Symbol und Medium des modernen Menschen vorgeführt wird:

> In methodischer Hinsicht kann man diese Grundabsicht so ausdrücken: dem historischen Materialismus ein Stockwerk unterzubauen, derart, daß der Einbeziehung des wirtschaftlichen Lebens in die Ursachen der geistigen Kultur ihr Erklärungswert gewahrt wird, aber eben jene wirtschaftlichen Formen selbst als das Ergebnis tieferer Wertungen und Strömungen, psychologischer, je metaphysischer Voraussetzungen erkannt werden.[331]

Simmels Philosophie ist eine sekundäre; sie erwähnt zwar den Gegenstand der primären Philosophie, aber sie berührt sie nicht eigentlich. Die Ordnung des Seins und die Ordnung des Wertes stehen einander einigermaßen gleichgültig gegenüber, wobei die Ordnung der Dinge nur eine methodologische Voraussetzung darstellt so wie das Kantsche Ding an sich oder das Lacansche Reale. Umgekehrt ist die Geschichte, die Simmel erzählt, jener Prozeß fortgesetzter Abstraktion, selbst eine, infolge deren mehr und mehr Dinge aus der Ordnung des Seins in die des Wertes einbezogen werden. Im Verlauf dieser zielgerichteten Geschichte insbesondere des Okzidents werden nun mehr und mehr Dinge von der Wertordnung erfaßt. So impliziert die Simmelsche Theorie eine abstrakte kollektive Erzählung, eine narrative Geschehensabfolge: wie an die Stelle der Ordnung der Dinge eine relationale Ordnung der Werte tritt.

Der moralische Anschein des Terminus „Wert" trügt; viel geht es dabei um einen Anspruch und um ein Begehren nach Anderem und Anderen, das nicht so ohne weiteres zu bekommen ist, außer durch den Tatbestand, daß ich etwas besitze, was andere begehren. Damit geht freilich eine Bestimmung des Subjekts einher, die ich seine Bezüglichkeit nennen möchte, und die mit logischer Konsequenz Selbstbezüglichkeit nach sich zieht. Wert und Subjektivität gehen – in schroffem Kontrast zur Marxschen Arbeitswertlehre – Hand in Hand:

> Den Charakter des Wertes [...] pflegt man als seine Subjektivität zu bezeichnen. Indem ein und derselbe Gegenstand in einer Seele den höchsten, in einer anderen den niedrigsten Grad des Wertes besitzen kann, und umgekehrt die allseitige und äußerste Verschiedenheit der Objekte sich mit der Gleichheit ihres Wertes verträgt, so scheint als Grund der Wertung nur das Subjekt mit seinen normalen und ausnahmsweisen, dauernden und wechselnden Stimmungen und Reaktionsweisen übrig zu bleiben. Es bedarf kaum der Erwähnung, daß diese Subjektivität nichts mit jener zu tun hat, der man die Gesamtheit der Welt, da sie „meine Vorstellung" ist, anheimgegeben hat. Denn die Subjektivität, die vom Werte ausgesagt wird, stellt ihn in den Gegensatz zu den fertigen, gegebenen Objekten, völlig gleichgültig, auf welche Weise diese selbst zustande gekommen sind. Anders ausgedrückt: das Subjekt, das alle Objekte umfaßt, ist ein anderes als dasjenige, das sich ihnen gegenüberstellt, *die* Subjektivität, die der Wert mit allen Objekten teilt, kommt dabei gar nicht in Frage.[332]

Der Doppelheit der Ordnung – der des Seins und der des Wertes – entspricht eine doppelte, strukturell inkompatible Subjektivität. In der Philosophie des Geldes ist nur von jener die Rede, die von einem Zustand anfänglicher Indifferenz in ein relationales

331 Ders., Philosophie des Geldes, a.a.O., S. 13.
332 Ders., Philosophie des Geldes, a.a.O., S. 28 f.

Verhältnis zu den Objekten einmündet, in dem das „begehrende, genießende, wertende Subjekt“ einem als „Wert beurteilten Objekt“ gegenübersteht.[333] Die „Bedeutung“ der „Subjektivität des Wertes“ besteht negativ darin,

> daß der Wert nicht in demselben Sinn an den Objekten selbst haftet, wie die Farbe oder die Temperatur; denn diese, obgleich von unseren Sinneseindrücken bestimmt, werden doch von einem Gefühle unmittelbarer Abhängigkeit von dem Objekt begleitet – einem Gefühle, auf das uns dem Werte gegenüber die eingesehene Gleichgültigkeit zwischen der Wirklichkeits- und Wertreihe leicht verzichten lehrt.[334]

An dieser Stelle der Argumentation ist eine Verschiebung auffällig: Die Ordnung des Seins und das mit ihm korrespondierende Subjekt der traditionellen abendländischen *episteme* tritt in den Hintergrund, erweist sich als ein spezifischer Sonderfall, während die Bezüglichkeit und Selbstbezüglichkeit in jenes dynamisches Verhältnis zwischen Subjekt und Objekt eingespannt ist, die durch das Begehren, „das sich gegenseitige Fordern von Subjekt und Objekt“ hervorgerufen wird, wobei sich im Subjekt, das durch seine Bewußtwerdung selbst eine Objektivierung vollzieht, dasselbe „innere Gegenspiel“ vollzieht. Indem wir *„begehren, was wir noch nicht haben und genießen, tritt dessen Inhalt uns gegenüber.“*[335]

Die Beziehung zwischen Subjekt und Objekt hat hier eine narrative Geschehensstruktur: der schmerzlichen Scheidung folgt die rohe oder sublime Verschmelzung, die beide, Subjekt und Objekt, gleichsam auflöst:

> Der rohe Trieb, insbesondere der von unpersönlich-genereller Natur, will sich an einem Gegenstande nur selbst loswerden, es kommt ihm nur auf seine Befriedigung an, gleichviel, wodurch sie gewonnen sei; das Bewußtsein wird ausschließlich von dem Genuß erfüllt, ohne sich seinem Träger auf der einen Seite, seinem Gegenstand auf der anderen mit getrennten Akzentuierungen zuzuwenden. Andererseits zeigt der ganze ästhetische Genuß dieselbe Form. Auch hier „vergessen wir uns selbst“, aber wir empfinden auch das Kunstwerk nicht mehr als etwas uns Gegenüberstehendes, weil die Seele völlig mit ihm verschmolzen ist, es ebenso in sich eingezogen, wie sie sich ihm hingegeben hat.[336]

Ob jedweder Kunstgenuß sich in dieser Weise vollzieht, und ob Simmel hier, in deutlicher Allusion auf Sexualität und Erotik, nicht einem klassischen Rezeptionsmodell huldigt, bleibt im Kontext dieser Analyse völlig zweitrangig. Entscheidend ist, daß die Struktur des Begehrens anthropologisch der relational-wertenden Subjektivität vorangestellt ist und ein völlig anders geartetes Verhältnis zu den Objekten konstituiert. Zum strukturell falschen Bewußtsein im Hinblick auf den Wert der uns zunächst vorenthaltenen Dinge gehört die Vorstellung, „daß sie nicht nur von uns als wertvoll empfunden werden, sondern wertvoll wären, auch wenn niemand sie schätzte.“[337]

Die Medialisierung ergibt sich aus eben jenem entscheidenden Hemmnis, daß das Subjekt noch nicht zu dem von ihm präferierten Objekt gelangt ist – durch erzwun-

333 Ders., Philosophie des Geldes, a.a.O., S. 32.
334 Ders., Philosophie des Geldes, a.a.O., S. 29.
335 Ders., Philosophie des Geldes, a.a.O., S. 33.
336 Ders., Philosophie des Geldes, a.a.O., S. 33.
337 Ders., Philosophie des Geldes, a.a.O., S. 35.

genen oder freiwilligen Aufschub. Zur Struktur des Begehrens gehört nämlich auch die Qual der Wahl: man kann nicht alles haben und schon gar nicht alles auf einmal. Womöglich steht das Begehrte gar nicht unmittelbar zur Disposition. Die Distanz zu dem begehrten Gegenstand strukturiert unser Begehren wie unsere Wertschätzung: wobei die Distanz eine räumliche Dimension hat („Berühren der Ware verboten") wie auch eine zeitliche: Aufschub. Beide konstituieren ein ästhetisches Verhältnis zur Welt und stehen logisch am Anfang rationalisierender und sublimierend-zivilisatorischer Effekte. Schönheit, Seltenheit, Exklusivität und Notwendigkeit des Verzichtes werden zu wertkonstituierenden Elementen.

Anders als im Fall des Subjekts in der Ordnung des Seins ist im Grunde genommen in die strukturelle Begehrlichkeit des wertenden Subjekts schon ein intersubjektives Verhältnis eingebaut, und zwar nicht nur, weil die ganze Metaphorik Simmels hier augenfällig an den begehrlichen männlichen Blick auf das begehrte weibliche Sexualobjekt denken läßt, sondern vielmehr, weil die Gegenstände in jener Welt der Ordnung der Werte einem anderen Subjekt gehören, und weil ihre Selbstverständlichkeit den *common sense* vieler voraussetzt. Es geht beim Tausch um einen verzwickten und ziemlich eindimensionalen kommunikativen, d.h. auch zur Abstraktion fähigen Akt: Ich kann das begehrte Objekt nur dann erhalten, wenn ich ein Objekt anzubieten habe, das mein Gegenüber begehrt. Die Notwendigkeit, eigene Präferenzen zu setzen, vor allem aber das relationale Wechselspiel unterschiedlicher, begehrter Objekte birgt in sich schon den Triumph der nackten Zahl. Mit der Tauschentscheidung einher geht die Entscheidung gegen eine gewaltsame Aneignung der jeweils begehrten Objekte. Der Tausch kommt nur zustande, wenn es – wenigstens im Bewußtsein beider Subjekte – zwei Gewinner gibt. So begünstigt der Tausch nicht bloß die Friedfertigkeit, sondern führt zur Ausbildung verläßlicher sozialer, „objektiver" Verhältnisse:

> Die mannigfaltigen Beziehungen zwischen dem objektiv Gültigen – in praktischer wie in theoretischer Hinsicht – und seiner sozialen Bedeutung und Anerkennung stellen sich auch sonst vielfach in dieser Weise historisch dar: daß die soziale Wechselwirkung, Verbreitung, Normierung dem Individuum diejenige Dignität und Festigkeit eines Lebensinhaltes gewährt, die es später aus dessen *sachlichem* Recht und Beweisbarkeit gewinnt. So glaubt das Kind jeden beliebigen Sachverhalt nicht aus inneren Gründen, sondern weil es den mitteilenden Personen vertraut: nicht etwas, sondern jemandem wird geglaubt.[338]

Der Tausch impliziert eine „Mit-Teilung", also einen Akt der Kommunikation, der nur eine Teleologie hat: die Lücke zwischen Begehren und Begehrtem zu schließen. Er setzt wie jedwede andere Kommunikation ein Mindestmaß an Vertrauen voraus. Wir nehmen das Ausmaß an Vertrauen nicht wahr, das wir stillschweigend alltäglich als medialisierte Menschen bekräftigen; nur dieses Vertrauen verbürgt die Objektivität des „Außer-uns" mittlerweile hochgradiger arbeitsteilig organisierter und abstrakter Medien. Umgekehrt läßt ein fortdauernder Vertrauensschwund Medien implodieren: das gilt für das Tausch-Medium Geld ebenso wie für diverse Informationsmedien.

338 Ders., Philosophie des Geldes, a.a.O., S. 88.

Nicht zuletzt daran (und auch an der medialen Rückständigkeit) sind die Regime des „realen Sozialismus" zugrunde gegangen.

Wenn wir die These aufstellen, daß der Akt des Tausches und das aus ihm erwachsende symbolisch generalisierte Kommunikationsmedium Geld womöglich den Kern des in Raum und mit der Zeit zunehmenden Medialisierungsprozesses darstellt, dann rückt das Geld ins Zentrum einer historischen Anthropologie der Medien. Oder anders ausgedrückt: Geld ist das wichtigste und zunehmend unscheinbarste Medium dieser Welt.

> Das Geld ist die reinste Form des Werkzeugs [...] es ist eine Institution, in die der Einzelne sein Tun und Haben einmünden läßt, um durch diesen Durchgangspunkt hindurch Ziele zu erreichen, die seiner auf sie direkt gerichteten Bemühung unzugängig wären. [...] Im Geld hat das Mittel seine reinste Wirklichkeit erhalten, es ist dasjenige konkrete Mittel, das sich mit dem abstrakten Begriffe desselben ohne Abzug deckt: es ist das Mittel schlechthin. Und darin, daß es also als solches die praktische Stellung des Menschen – den man, mit etwas paradoxer Kürze, das indirekte Wesen nennen könnte – zu seinen Willensinhalten, seine Macht und Ohnmacht ihnen gegenüber verkörpert, aufgipfelt, sublimiert – darin liegt die ungeheure Bedeutung des Geldes für das Verständnis der Grundmotive des Lebens.[339]

Der Begriff Medium ist so schillernd wie die Sache selbst, auf die er sich bezieht. Zu seiner suggestiven Wirkkraft gehört, daß man zu wissen glaubt, wovon die Rede ist. Zum einen meint es, kommunikationstechnisch besehen, das Dazwischentreten eines unscheinbaren Dritten, das sich zwischen Subjekt und Objekt einerseits und zwischen Subjekt und Subjekt andererseits schiebt. Dabei erzeugt dieses Mittlere den Eindruck einer symmetrischen Vermittlung zwischen zwei Instanzen; der Terminus unterschlägt indes nicht bloß die Asymmetrie der Relationen, sondern auch, daß dieses Mittlere, in diesem Fall das Geld, den durch es vermittelten Tauschsubjekten die Spielregeln aufdrängt. Dieses Dazwischen, das sich in Simmels Analyse zu einer endlosen teleologischen Kette ausweitet, produziert Distanz oder in der Terminologie von Norbert Elias: Affektabschwächung, Triebhemmung, strategisches Denken und Zweckrationalität.

Ferner existiert im Hinblick auf das Mediale ein esoterisch-theologischer Assoziationsraum: das Medium ist der unscheinbare Stellvertreter eines Anderen, der Botschafter aus einer anderen Welt. Was er von sich gibt, ist von einer anderen übernatürlichen Macht bewirkt, an der die medialisierte Gruppe Anteil nimmt. Das Medium muß unscheinbar sein, um der Macht dessen, was es medialisiert, Ausdruck, Macht und Stimme zu verleihen. Die Unscheinbarkeit ist programmiert: Das Medium soll kein Eigengewicht haben. Damit Kommunikation und Transaktion reibungslos funktionieren, darf das jeweilige Medium nur schwach symbolisch codiert sein. Im Gegenteil: wenn das Medium sich selbst als solches zu erkennen gibt, ist die Kommunikation zumeist empfindlich gestört. Tendenziell entzieht sich das Medium im naiven Realismus, den es zeitigt, unserer Wahrnehmung.

Das Geld ist in Simmels Interpretation – in allen drei Aspekten – das Medium schlechthin, das Modell für alle anderen Medien. Es ist das Dazwischen, das die

339 Ders., Philosophie des Geldes, a.a.O., S. 265.

teleologische Kette ermöglicht, es ist das Unscheinbar-Abstrahierende schlechthin und es ist der Archetyp alles Werkzeughaft-Mittelbaren *sui generis*. Simmel, der die Theorie verabschiedet, wonach Geld das Zeichen „realen" Wertes darstellt, war einer der ersten Theoretiker, der es gestattete, die Verwandlung der Scheidemünze in Kontostand und Plastikkarte zu begreifen: der Abstraktions- und Beschleunigungsprozeß, den das Geld in Gang setzt, schlägt notwendig auf es selbst zurück. Die Verkoppelung mit Medien wie dem Internet läßt das Geld chimärisch werden. Am Ende wird das Geld, der Bote aus der Ordnung der Werte, so blaß und unsichtbar wie die Engel selbst. Aber das Reale als Grenzbegriff bleibt bestehen und so auch die materialen historischen Formen des Geldes: Münze und Papier. Wenn die Geldgemeinde ihren Glauben an den unsichtbaren Gott der Werte einbüßt, dann implodiert das System, das mit ihm einhergeht.

Daß schließlich tendenziell alles zum Mittel werden kann, erweist die Geschichte des Geldes eindringlich. So ist das Mediale prinzipiell nicht festlegbar: Muscheln und Metalle, Haustiere und Frauen, alles kann zum Stellvertreter der symbolischen und medialen Präsentation des Wertes werden, die für vermittelte Kommunikation charakteristisch ist. Wenn sich vom Geld sagen läßt, daß es tautologisch ist und daß seine Botschaft zunehmend „nichtig" und leer wird, so deshalb, weil das Geld als Medium nur von sich selbst spricht: Es steht dafür ein, daß Menschen etwas haben wollen. Solange die Tauschobjekte reale Gestalt besitzen, bleibt Konkretes und Unverwechselbares gegenwärtig; aber letztendlich ist dieses hinderlich: Es bedarf eigentlich nur des abstrakten symbolischen Aktes und medialer Übereinkommen. Indem das Konkrete aus der symbolischen Repräsentation der Welt der Werte sich gleichsam zurückzieht, wird das Geld zum Zero-Narrativ. Es ließe sich – schon reichlich nostalgisch – an einen Geldschein denken, der von den Stationen berichtet, die er durchläuft, und von den Menschen, die er dabei kennenlernt, bevor er nach unzähligen Zirkulationen im Reißwolf sein Ende findet. Aber daß das Geld gerade diese Geschichte seiner medialen Auftritte verschluckt, macht seine Qualität und Wirksamkeit aus. Der Taumel der Erinnerungslosigkeit, die dem Geld anhaftet, überträgt sich tendenziell auf all die anderen Medien, in deren Begleitung es auftritt und die es strukturell nach sich zieht. Weil dem so ist, bedarf die medialisierte Gesellschaft zu ihrer Präsentation zum Beispiel der Kunst. Ein Bankenzentrum ist kein symbolisch verdichteter Ort, so wenig wie das Geld Identität stiftet. Daß es dies nicht tut, gehört zu seiner Unheimlichkeit und hat damit zu tun, daß Identität – daß es etwas von bestimmbaren Personen mit unverwechselbaren Namen und Begebenheiten zu erzählen gibt – an eine symbolisch durchgebildete Raumzeitlichkeit gebunden ist, die das Geld programmatisch, das heißt im Hinblick auf seine gesellschaftliche Funktion, dementiert, auch wenn in Scheine und Münzen – gleichsam wie eine kulturelle Erbsünde – solche symbolischen Bestände aufgedruckt und eingeprägt sind. So stehen sich die geschichtslose nonnarrative Raumzeitlichkeit des Geldes und anderer kommunikativer Medien und die narrative Raumzeitlichkeit von Kultur und Leben einigermaßen schroff gegenüber und verleihen der (post)modernen Gesellschaft ihr Gepräge.

Daß dieses Medium wirklich bloß die Message ist, läßt sich am Vergleich mit jenen Medien begreifen, die McLuhan im Sinne hatte, als er diese Formel ins Leben rief. Zwar ist es unbestritten, daß Fernsehen, Radio und tendenziell auch die neuen Medien wie das Geld wirksame Instrumente der Globalisierung darstellen, und zwar auf Grund ihrer strukturellen Eigenschaften. Aber anders als das nichtige, nonreferentielle Medium Geld referieren sie auf kulturelle Gegebenheiten, wälzen beständig Narrative der einen oder anderen Kultur um. Indem sie aber symbolische Codes und Narrative verschiedener Kulturen transportieren, erzeugen sie exakt auch jene globalisierungsfeindlichen und kulturell eigensinnigen Effekte, die wir je nachdem als Fundamentalismen verurteilen oder als kulturelle Selbstbehauptungsversuche fremder Kulturen gegen weltweite Nivellierung begrüßen. Das hängt damit zusammen, daß Kultur stets ein Moment in sich trägt, das auf Abgrenzung zielt. Erzählt wird auch, um festzulegen, wer zur Narrationsgemeinschaft dazugehört und wer nicht. Kultur, gerade im engeren Sinn, ist ein Medium der Produktion von Differenzen, Geld ist wie alle Technik ein Medium, das Indifferenz bewirkt. Daß die Menschen verschiedener Kulturen unterschiedlich mit Geld umgehen, hat nicht mit dem nichtigen Medium, wohl aber mit den divergierenden Traditionen und Mentalitäten zu tun. So stehen sich die blanke Zahl und die Erzählung, die das Moment des Zeitlichen in sich trägt, einigermaßen unversöhnlich gegenüber.

Das Geld ist nichtig, und das bedeutet, daß es „von der lokalen Beschränktheit der meisten teleologischen Reihen emanzipiert ist“[340]. Mit dieser Eigenschaft korrespondiert das, was Simmel als die Charakterlosigkeit des Geldes bezeichnet:

> Das Geld hat jene sehr positive Eigenschaft, die man mit dem negativen Begriffe der Charakterlosigkeit bezeichnet. Dem Menschen, den wir charakterlos nennen, ist es wesentlich, nicht durch die innere und inhaltliche Dignität von Personen, Dingen, Gedanken sich bestimmen zu lassen, sondern durch die quantitative Macht, mit der das Einzelne ihn beeindruckt, vergewaltigt zu werden. So ist es der von allen spezifischen Inhalten gelöste und in reiner Quantität bestehende Charakter des Geldes, der ihm und den nur nach ihm gravitierenden Menschen die Färbung der Charakterlosigkeit einträgt – die fast logisch notwendige Schattenseite seiner Vorteile des Geldgeschäftes und der spezifischen Höherwertung des Geldes gegenüber qualitativen Werten.[341]

Weil das Geld, außer eben jener teleologischen Minimalerzählung des Begehrens, nichts zu erzählen hat, ist es jene kulturelle Ausnahmeerscheinung, jener Joker, der alle bisherigen kulturellen Universalismen („Weltreligionen“) übertrifft. Zugleich aber ist klar, daß dieses leere Substitut Subjektivität nur auf einer höchst abstrakten Ebene zuläßt, die an die Lebensbefindlichkeit nicht heranreicht. So erzeugt das Geld in den ethnisch diversifizierten und so qualitativ codierten Kulturen jene Unheimlichkeit und Unbehaglichkeit, die es stets begleitet und die den Kern antimodernistischen Unbehagens bildet. Dieses macht sich nämlich nicht an einzelnen Inhalten fest, sondern an den strukturellen Mächten des Geldes, der Medien und der Technik.

Ambivalenz, das ist ein Zeitgeist-Wort, das seine Karriere noch vor sich hat. Etymologisch dem Bereich des Wertens entstammend bringt es zunächst arglos die Verpflichtung für das wertende Subjekt mit sich, was eigentlich selbstverständlich ist und

---

340 Ders., Philosophie des Geldes, a.a.O., S. 289.
341 Ders., Philosophie des Geldes, a.a.O., S. 273.

was Schüler der unteren Gymnasialklassen lernen: das Für und Wider zweier Seiten abzuwägen. Weniger arglos meint Ambivalenz postmodern, daß wir keine andere Wahl haben, als das zu tun, was wir ohnehin tun.

Die eingangs erwähnte Gelassenheit Simmels hat mit dieser hartnäckigen, protopostmodernen Erfahrung von Ambivalenz zu tun: daß, was wir als Errungenschaft der modernen Gesellschaft preisen, sich ebenso wie ihre Kehrseiten jener fortschreitenden Medialisierung eben diesem Medium und Motor moderne Kultur verdankt, als das bzw. den Simmel das Geld sieht. Simmels Gelassenheit, der ungetrübte Blick des aristokratischen Großbürgers, hat seine radikale Qualität in der Unerschrockenheit, dies zu begreifen. Perspektivisch erzieht er seine Leser, nicht nur auf das eine zu starren (wie zum Beispiel die Marxisten auf das Phänomen der Entfremdung), sondern auch auf das andere. Nicht nur Seinesgleichen geschieht, sondern auch Nicht-für-möglich-Gehaltenes. Das Geld und die Mechanismen, die es freisetzt, lassen sich kulturanthropologisch für kollektive Selbsterkenntnis nutzbar machen. Insofern liefert Simmel hochkarätige Kulturwissenschaft: Er rückt die Mechanismen und phantastischen Projektionen und Verwerfungen ins Licht, die mit dem vermeintlichen bloßen Zahlungsmittel einhergehen.

Die Ambivalenz der selbstreflexiv und somit „postisch" gewordenen Moderne lassen sich nur auflisten: sie stellt den roten Faden zwischen der *Philosophie des Geldes* und den kleineren kulturwissenschaftlichen Essays dar und findet sich in den abschließenden Kapiteln der großen Abhandlung: Steigerung der Kultur der Dinge und Verblassen der Persönlichkeit, Rechenhaftigkeit und Gleichgültigkeit, Hektik und Leere, Egoismus und Empfindlichkeit, Nihilismus und Toleranz, Einbuße an Leidenschaftlichkeit und erhöhte Reflexionsfähigkeit, Gleichheit und Nivellierung, Pazifismus und Unfähigkeit zum Kampf, Ästhetik und Leere, Individualismus und Kommunismus.

Den zentralen Punkt von Simmels Meistererzählung über das Geld bildet aber die These, die an der Veränderung des Geldes selbst sichtbar vorgeführt werden kann: die Verschiebung von Substanz zu Funktion, Prozeß und Relation. Die Ordnung des Seins, die zu Eingang des Buches noch gleichberechtigt als die andere Ordnung der Dinge neben der Ordnung des Wertes stand, tritt mehr und mehr in den Hintergrund, weil ihr das sie tragende Moment abhanden kommt: die Substanz. Zwar „verschwindet" die Substanz und mit ihr die Ordnung des Seins nicht vollständig, aber sie schrumpft auf eine horizontale Randgröße zusammen. So sind Indifferenz und Relativismus nicht der Ausdruck verhängnisvoller Geistesmächte, sondern die logische Folge all jener Strukturen, die das Geld schafft, stiftet und perenniert. *This medium is the message.*

Das *rereading*, die neuerliche Lektüre Simmels in aktualisierender Absicht erzeugt eine intellektuelle Störerfahrung. Ganz zweifelsohne läßt sich sagen, daß Simmel die kulturellen Tendenzen, die strukturell im Geld schlummern, weit über die eigene Zeit hinaus schlüssig erfaßt und beschrieben hat. Der Theoretiker des Geldes würde sich, wenn er, fiktiv gesprochen, als wiedergeborener Gast auf dieser Erde in dieser durch das Medium Geld und andere Medien globalisierten Welt sehr schnell zurechtfinden

– ganz im Gegensatz zu manch anderem globalen Denker des 20. Jahrhunderts. Wir leben heute gewissermaßen in Simmels ambivalenter, schöner postmoderner Welt. Freilich mit einem entscheidenden historischen Unterschied.

Denn was Simmels soziologischem Blick eigentümlich entfällt, ist die Vehemenz möglicher Gegenreaktionen, die in seinem Denkhorizont nicht sichtbar werden. Sie taucht als Denkmöglichkeit gar nicht erst auf. Oder anders gesagt: Simmels Analyse legt es nahe, daß es sich in dieser ungemütlichen Ambivalenz einer frei flottierenden, charakterlosen, unverbindlichen Welt leben läßt. Das ist die Kehrseite von Simmels Gelassenheit: die Blindheit für die gegenläufigen Prozesse, die ihresgleichen geschehen. Beide großen Massenbewegungen des 20. Jahrhunderts, die Millionen von Menschen an sich banden und vermutlich noch mehr Menschenleben kosteten, lassen sich auch als Protestbewegungen gegen die Herrschaft des Mediums Geld begreifen. Wie alle neuzeitliche Utopisten waren die Ideologen des Nationalsozialismus und Kommunismus (beide Ismen haben übrigens prekär deutsche Wurzeln) von der Überzeugung beseelt, daß die ganz andere Gesellschaft eine sein müsse, in der die ephemere Tyrannis des Geldes ein Ende finden müsse. Das Medium des Geldes ist nicht zuletzt gemein und häßlich. Während die kommunistische Utopie eigentlich nur schwer anzugeben wußte, was außer einer kollektiv planenden und registrierenden Vernunft und der gemeinsamen heroischen Produktion das mediale Band für eine nicht monetär medialisierte Gesellschaft abgeben könnte, findet sich im nationalsozialistischen Phantasma ein Substitut für das Geld, ein Ersatz, der der Welt des Mythos entstammend auch in moderner Wissenschaft eine wichtige Rolle spielt: Blut ist der ganz besondere Saft, die Menschen medial zu einer Volksgemeinschaft zusammenzuschweißen, ohne *volonté generale*, ohne subjektiven Dezisionismus, ganz innerlich, ohne Verausgabung. Zugleich gestattet dieses „natürliche“ Medium aus der Welt des Mythos und der modernen medizinischen Laboratorien auch Exklusivität: rassische Blaublütigkeit. Jedwede Ideologiekritik vergißt – und darauf hat schon Ernst Bloch, der die Blut-und-Boden-Theorie nicht theoretisch, aber kulturwissenschaftlich ernst genommen hat, schon früh, nämlich in der *Erbschaft unserer Zeit* (1935) hingewiesen –, wieviel Macht archaische Phantasmen über moderne Menschen auszuüben vermögen, gerade weil sie sich dem rationalen Zugriff und damit landläufiger Aufklärungsarbeit entziehen.

Es wäre eine Selbsttäuschung, wollte man glauben, daß mit dem unrühmlichen und katastrophalen Untergang des Dritten Reiches das Unbehagen an der medialen Dominanz des Geldes seinen unwiederbringlichen Abschluß gefunden habe. Gerade in Deutschland lebt der Argwohn gegenüber Geld, modernen Medien und Technik unterschwellig weiter, ein Argwohn, der übrigens nicht einfach der Ideologiekritik überantwortet und als Müll der Geschichte entsorgt werden kann.

Einen Grund für dieses Unbehagen hat Simmel übrigens selbst benannt: daß das Medium zur *message* wird, ist nicht bloß eine Frohbotschaft, sondern hat für das Individuum, das das Geld selbstzweckhaft einsetzt, verzerrende und seine Menschenwürde depotenzierende Wirkungen: Geldgier, Geiz, Verschwendung, asketische Armut, moderner Zynismus und Blasiertheit, Konfigurationen wie sie uns früh in der Molière-Welt begegnen, entspringen weniger dem Temperament einzelner Menschen, sondern lassen sich „als psychologische Folgen der teleologischen Stellung des Geldes“ beschreiben.[342] Die Verkehrung, daß das Geld zum Zweck wird, ist strukturell in das Medium Geld eingeschrieben, insofern nämlich das Wertquantum Geld höher veranschlagt wird als die jeweils zur Disposition stehende Qualität: „Der indizierte Partner für das Geldgeschäft – in dem, wie man mit Recht gesagt hat, die Gemütlichkeit aufhört – ist die uns innerlich völlig indifferente, weder für noch gegen uns engagierte Persönlichkeit“.[343]

Der Begriff der Persönlichkeit kann hier nur mehr in einem fast ironischen Sinn verstanden werden. Nebenbei bemerkt kennen auch andere moderne Medien ähnliche strukturelle Verzerrungen und Umkehrungen: Angabe, Schadenfreude, Zynismus, Sensationslust, Standpunktlosigkeit, Aufschneiderei. Indem das Medium zur Message wird, teilt es uns eben seine moralischen Bedenklichkeiten mit, die wir aus einem jeweiligen moralisch-kulturellen („alteuropäischen“) Kanon heraus als solche beurteilen. Schwer denkbar, sie umstandslos positiv zu bewerten.

Ein zweites Moment schließt sich daran an, die narzißtische Kränkung, ein nur „indirektes Wesen“ zu sein, ein solches, das auf Mittel und Medien angewiesen und von ihnen abhängig ist. Der Authentizitätsanspruch, die Sehnsucht nach Unmittelbarkeit, ist ein direkter Ausfluß der von Simmel beschriebenen Charakterlosigkeit, setzt diese bereits als zu verwerfende Welt voraus, etabliert utopisch oder auch real eine kleingruppenhaft konstituierte Welt, in der ich als Gattungswesen nur auf Freunde angewiesen bin. Mit der Zunahme an abstrakter Vermitteltheit nimmt die Sehnsucht nach Intimität zu; politisch kann sich dies prekär auswirken, aber auch die Bereitschaft erzeugen, sich solidarisch in der Kleingruppe des Alltags zu situieren.

Politisch besehen hat der Zweifel, ob (abgesehen von der ungleichen Verteilung des Geldes) eine Gesellschaft, in der das strukturelle Gebot der Charakterlosigkeit gilt, ganz moralisch unaufgeregt gesprochen auf Dauer gemeinschaftliches Handeln sicherstellen kann, und ob eine Gesellschaft, die nur auf einem raffiniert durch das gleichgültige Medium Geld austarierten Egoismus aller gegen alle basiert, funktionsfähig sein kann. Oder anders gesprochen: ob nicht das Funktionieren des Mediums Geld Wertsetzungen voraussetzt, die im Medium nicht mehr sichtbar sind.

Daß das Geld mit Scham und Peinlichkeit einhergeht, hat zum einen wohl mit der engen Verknüpfung des Geldes mit unseren Begehrlichkeiten zu tun. Zum anderen auch damit, daß das Geld uns ja auch auf unser eigenes indirektes Tun zurückleuchtet. Wir können uns gleichsam im symbolischen Spiegel des Geldes selbst erblicken; darin nehmen wir uns, gemessen an schmeichelhaften Selbstbildern, einigermaßen fremd und schäbig aus: berechnend, eigennützig. Das, was man seit der Psychoanalyse als Abspaltung kennt, ist eine geläufige Reaktionsweise. Moralisch bedenklich sind stets die anderen: die Juden, die Raffkes, die amerikanische Geldkultur usw.

Drittens schließlich rührt die fortdauernde Beunruhigung durch das Medium Geld von der phantasmatischen Angst her, daß alles käuflich werden könnte. Vor einigen

342 Ders., Philosophie des Geldes, a.a.O., S. 254–291.
343 Ders., Philosophie des Geldes, a.a.O., S. 290 f.

Jahren spielte ein Hollywood-Film („Ein unmoralisches Angebot") erfolgreich mit diesem Sujet: da gibt es einen Millionär, der die attraktive Ehefrau eines anderen Mannes – das Paar ist pleite – für eine Nacht kaufen möchte. Die Folgen dieses Gschäfts sind selbsredend desaströs: an die Stelle des finanziellen tritt der persönliche Ruin. Das Medium Geld ist geschichtslos, aber es erzeugt Geschichten. Die Beruhigung, daß es ja nur einmal wäre und daß diese Beschämung durch die ungeheure Summe mehr als aufgewogen würde, ist begleitet vom Wissen, daß dieses Einmal doch bedeutet, daß prinzipiell durch die Allmacht des Geldes alles möglich wird.

Daß es sich dabei um keine Erfindung Hollywoods handelt, zeigt der eher unbekannte Roman Ludwig Winders, eines literarischen Weggefährten Kafkas, „Die nachgeholten Freuden". Kernpunkt dieses 1927, nach dem Zusammenbruch der Monarchie und nach der Inflation geschriebenen Romans ist ein ähnlicher wie in dem Hollywood-Streifen. Aber es geht nicht nur darum, einmalig das Unverkäufliche (die Frau des andern) zu kaufen, sondern Adam Dupic, der Mann aus der kroatischen Provinz, macht dank seines immensen Reichtums und seiner scheinbaren Wohltätigkeit (ohne Zins Geld zu borgen), eine ganz Stadt zu seinem Eigentum, Männer und Frauen, Fabriken, Politik und Grundbesitz. So leiht er, der Spieler, der die Welt als ein Spekulationsobjekt betrachtet, auch Elsa, einer jungen Jüdin, die sich von der beschämenden Ohnmacht der Armut befreien und den Kampf gegen diese Art der Wollust finanzkapitalistischen Herrschens aufnehmen will, 30 000 Kronen:

> „Auf ein Jahr", sagte er trocken. „Bis zum 15. Oktober 1919. Wenn Sie mir an diesem Tag das Geld nicht zurückgeben können, werden Sie sich als von mir gekauft zu betrachten haben. Eigentlich hatte ich nicht mehr die Absicht, mir eine Geliebte zu nehmen; aber da sich eine so schöne Gelegenheit bietet... Sie sind ein zu hübsches Mädchen."[344]

Hellsichtig hat Winder auch das Ende konzipiert: die reale oder auch vermeintliche Gefahr des Geldes und seiner Repräsentanten erzeugt eine angstgesteuerte Bereitschaft zu Pogrom und Gewalt; aber Dupic' böser Geist überlebt, denn er hat eine Erbschaft in die Welt gesetzt, die diese nicht mehr los wird.

Der ständige Schatten, der das Geld begleitet, sind nicht zufällig Scham und Ehrgefühl. Wer sich politisch kaufen läßt, der ist vielleicht clever, lebt aber beständig am Rand des Abgrundes: auch der eigenen Selbstachtung. Käuflich zu sein, ist kein persönlicher Ehrentitel. Reiche Menschen sind scheinbar davor gefeit: Sie besitzen genügend, um nicht in erniedrigende Situationen zu geraten.

Entgegen einer zunehmenden Panik, daß im Zuge forcierter Medialisierung alles zu Geld wird, ließe sich zeigen, daß es gerade in unserer Gesellschaft Bereiche gibt, wo die Sensibilität gegenüber Käuflichkeit zunimmt: das gilt für das Verhältnis der Geschlechter und für den Intimbereich generell, für den politischen Bereich und für Dienstleistungen des Staates, für die symbolischen Merkmale individueller und kollektiver Identität. Die Stephanskrone ist so unveräußerlich wie die Freiheitsstatue. Weder lassen sich Liebe und Freundschaft kaufen; ja sie sind sogar seit dem 18. Jahrhundert dadurch gekennzeichnet, daß sie unverfügbar sind; noch ist Käuflichkeit zum

344 Ludwig Winder, Die nachgeholten Freuden, Wien: Zsolnay 1987, S. 113.

Signum ökonomischer Rationalität geworden. Indem im Rahmen der Entwicklung der hohen Wertschätzung von Subjektivität und Individualität der Mensch unverfügbar wird, nehmen sogar bestimmte Bereiche zu, in denen die monetäre Veräußerbarkeit skandalisiert wird.

Aber nichtsdestotrotz lebt unterirdisch die panische Angst weiter, durch die Allkäuflichkeit des Geldes als Person ausgelöscht zu werden, durch das Nichts des Geldes selbst zum Nichts gemacht, irreversibel beschädigt zu werden. Denn der wahre Nihilist ist nicht die eine oder andere philosophische Schule, sondern das Geld selbst.

Der Anthropologe Maurice Godelier hat gezeigt, daß die Vorstellung von der beliebigen Tauschbarkeit der Dinge unhaltbar ist:

> Es kann keine Gesellschaft geben, es kann keine Identität geben, welche die Zeiten überdauert und den Individuen, den Gruppen, die eine Gesellschaft bilden, als Sockel dient, wenn nicht Fixpunkte existieren, Realien, die dem Gabentausch oder dem Warentausch (vorläufig, aber beständig) entzogen sind.[345]

In vormodernen Gesellschaften existieren bekanntlich neben rudimentären Formen des Geldes nicht zuletzt die von den ersten Generationen von Ethnologen und Kulturtheoretikern nicht selten romantisierten Formen des Schenkens. Es war insbesondere eine Form der Verausgabung dieses konkurrentiellen Sich-Verausgabens, der Potlatsch, der das Interesse nicht zuletzt der kapitalismuskritischen Intelligenz in den westlichen Ländern hervorhob.[346]

Godelier zeigt in seinem Buch über die Gabe nicht nur deren sublime strategische Dimension auf (wobei der Potlatsch als eine Sonderform anzusehen ist), er macht auch deutlich, daß es bestimmte Dinge gibt, die weder verschenkt noch verkauft werden. Alle Dinge, an denen die Konstruktion individueller und kollektiver Identität hängt – magisch und symbolisch –, gelten als Tabu und sind von jenem Tauschsymbolismus ausgeschlossen. Sie bleiben substantiell. Nicht alles läßt sich in Relationen auflösen. Insofern leben wir hochgerüsteten medialen Menschen mit denselben Problemen wie vormoderne Völker. Mag unsere Furcht vor der Veräußerbarkeit alles und jeden auch nicht mehr magisch-animistisch begründet sein, so ist sie doch in jenem Abgrund angesiedelt, aus dem panische Gegenreaktionen zu erwarten sind. Damals wie heute. Die Geldfeindschaft „idealistischer" junger Nationalsozialisten, ein Erbe der späten Romantik und der Richard-Wagner-Welt, und der Kampf heutiger Globalisierungsgegner könnte also durchaus ähnliche kulturelle Wurzeln haben. Der Neoliberalismus, der alles veräußern möchte, auch das sog. „Eingemachte" und das „Tafelgeschirr", und die undurchschaute, panische Gegenreaktion gehören so unheilvoll zusammen. Der Neoliberalismus mag ideologisch und überzogen sein; spiegelbildlich verhält es sich indes auch mit seinem kritischen Widerpart: Denn zumindest ihrem Anspruch nach gibt es in marktkapitalistischen Gesellschaften etwas, das nicht käuflich oder verkäuflich ist, wie Godelier schreibt:

---

345 Maurice Godelier, Das Rätsel der Gabe, a.a.O., S. 18.
346 Ders., Das Rätsel der Gabe, a.a.O., S. 81–113.

> In einer Gesellschaft, in der fast alles zu verkaufen oder kaufen ist, können sich die Individuen selbst, die Personen, weder verkaufen, noch können sie von Dritten verkauft oder gekauft werden.[347]

Das symbolische Pendant zu dieser Unveräußerbarkeit ist das Recht der Individuen, einzelner Gruppen, ihre eigenen Geschichten zu haben, die nur ihnen zukommen und die bis zu einem gewissen Grad „heilig", das heißt nicht auswechselbar sind. Daß sie im modernen Geschäfts- und Verwaltungsleben in einem Labyrinth von Zahlen, Codes und „herzlosen" Abbreviaturen verschwinden, macht die extreme Spannungslage unserer Gesellschaft deutlich: die extreme Wertschätzung des Individuums und die prakisch-symbolische Gleichgültigkeit ihm gegenüber.

347 Maurice Godelier, Das Rätsel der Gabe, a.a.O., S. 289.

8. Die Fallgeschichte(n) der Psychoanalyse: Anna O.

Die Redewendung von der Literaturwissenschaft als Kulturwissenschaft impliziert die These, daß die proklamierte kulturwissenschaftliche Wende in den Literaturwissenschaften weniger darauf abzielt, diesen sozusagen weitere Gegenstände und Methoden aufzupropfen, sondern sich eher die Frage zu stellen, welchen Beitrag die Literaturwissenschaften im Hinblick auf die Erhellung von fremder und eigener Kultur zu leisten imstande ist. Es geht also weniger um einen Aufruf zum Dilettantismus als vielmehr um die Frage, ob die Literaturwissenschaften (und dazu gehört *grosso modo* auch eine philologisch operierende Philosophie, die fortlaufend philosophische Texte interpretiert) im Bereich von Textbeschreibung – sozusagen von der Hermeneutik bis zur Dekonstruktion – nicht ein ganzes Arsenal von elaborierten Theorien hervorgebracht hat, die, wie modifiziert auch immer, im größeren transdisziplinären Fokus „Kultur“ erhellende Beiträge zu leisten imstande sind. In diesem Zusammenhang möchte ich die – keineswegs unumstrittene – Theorie der dichten Beschreibung erwähnen, die Clifford Geertz in kritischer Auseinandersetzung mit traditionellen ethnologischen Konzepten – Feldforschung und empirischer Beobachtung – entwickelt hat. Geertz stellt der klassischen ethnologischen Epistemologie eine Methodologie entgegen, die darauf hinausläuft, fremde Kulturen analog zu Texten zu beschreiben und zu lesen:

> Den Kulturbegriff, den ich vertrete […], ist wesentlich ein semiotischer. Ich meine mit Max Weber, daß der Mensch ein Wesen ist, das in selbstgesponnene Bedeutungsgewebe verstrickt ist, wobei ich Kultur als dieses Gewebe ansehe. Ihre Untersuchung ist daher keine experimentelle Wissenschaft, die nach Gesetzen sucht, sondern eine interpretierende, die nach Bedeutung sucht. Diese sind prozessual und unabsehbar: „Ereignisverläufe“, die in diversen Narrativen als „*facts*“ konstruiert und konstituiert werden.[348]

Anders als es noch die romantische Theorie des Bildlichen wollte, ist der „Mythos“, die klassische unhinterfragte Form des Narrativen, nicht eine bloße Exegese des Symbols, vielmehr entfaltet sich der „Sinn“ von Symbolen, Zeichen, Bildkomplexen, Codes und Texten erst vor dem Hintergrund einer narrativen Folie.

---

348 Hayden White, Auch Klio dichtet, a.a.O., S. 145 ff: „Rein als sprachliche Kunstwerke gesehen sind Geschichtswerke und Romane nicht voneinander unterscheidbar.“ – Ich würde Whites These dahingehend abschwächen, daß ich behaupte, daß das historiographische Narrativ in seiner bisherigen Traditionsbildung einen ganz bestimmten Stil (Modus, Tempus, erzählerische Distanz) hervorgebracht hat; vgl. Kap 4.3.

Das explizite Erzählen erhellt so das Insgesamt der symbolischen Formen und verweist auf ein soziales Draußen, wobei die spezifische Differenz von konstruierter Erzählung und Lebensvollzug unaufhebbar bleibt. Mit dem Rekurs auf eine Theorie des Narrativen eröffnet sich eine kulturwissenschaftliche Perspektive, die den Bereich des Sozialen, die „symbolische Handlung“ mit einschließt.

Seine Geschichte erzählen zu können, bedeutet, daß man über den schieren Namen hinaus, der für die Unverwechselbarkeit einsteht, weiß wer man ist. Diese Identitätskonstruktion, die nicht zuletzt ein spezifisches Narrativ, jenes der Erinnerung, voraussetzt, muß keineswegs „richtig“ sein. Daß Identitäten „imaginär“ sind, macht sie nicht weniger „real“. Benedict Anderson hat gezeigt, wie Gesellschaften als *„imagined communities“* funktionieren, wobei mit solchen kollektiven, identitätsstiftenden Narrativen stets ein ganzes System von Gedenktagen, kulturelle Praktiken des Politischen, Ikonographien, Erinnerungstheater und ein ganzes System von quasinatürlichen Selbstverständlichkeiten geschaffen werden, die jedem Mitglied im kollektiven nationaltheatralischen Ensemble zur Verfügung stehen.[349]

Im Gegenzug interessiert sich heute die Psychologie verstärkt für das Phänomen des Narrativen. Der amerikanische Theoretiker Donald E. Polkinghorne etwa schreibt der „narrativen Strukturierung“ eine kognitive, selbstreflexive wie selbsterschaffende Rolle zu:

> Narratives Wissen ist demnach eine reflexive Explikation der pränarrativen Erfahrung; es ist ein Ausbuchstabieren der Geschichte, welche die Erfahrung verkörpert.[350]

Die Psychologie weiß mittlerweile, daß sie aus Geschichte und Geschichten besteht. Wo sie nicht naturwissenschaftlich über den Menschen als Gegenstand spricht, sondern mit ihm, da ist sie zweifelsohne selbst eine Theorie und eine Praktik, in der das Erzählen eine konstitutive Rolle spielt, von allem Anfang an.

Um das Feld kulturwissenschaftlicher Untersuchung auszuweiten, habe ich eine bestimmte Sorte von psychoanalytischen Narrativen ausgewählt, die sog. frühen Fallgeschichten von Freud und Breuer aus den „Studien über Hysterie“ (1895), die ich zunächst durchaus mit literaturwissenschaftlichem Besteck traktieren möchte. Analog zu Hayden Whites Verfahren eines *„Discours of tropic“* und im Anschluß an Arbeiten von Barthes und Genette interessieren mich die Fabel, der „Mythos“ im Sinne des Aristoteles, der *plot* und die Rhetorik dieser Fallgeschichten, ihre Metaphorik und ihre Grundstruktur, die Trias von Ausgangspunkt, Höhepunkt und Auflösung, ihre Erzählstruktur. Dem einigermaßen leidvollen Verhältnis von Literatur und Psychoanalyse soll kein weiteres Kapitel angehängt werden.[351] Obschon es naheliegt, hinter einem Vorgehen, das den Spieß gleichsam umdreht und die Psychoanalyse verliteraturwissenschaftlicht, ein „Revanchefoul“ zu vermuten, was ange-

---

349 Benedict Anderson, Die Erfindung der Nation, a.a.O.

350 Donald E. Polkinghorne, Narrative Psychologie und Geschichtsbewußtsein. Beziehungen und Perspektiven, in: Jürgen Straub (Hrsg.), Erzählung, Identität und historisches Bewußtsein, a.a.O., S. 23.

351 Vgl. *pars pro toto*: Jean Starobinski, Psychoanalyse und Literatur der Psychoanalyse (1973) (aus dem Französischen von Eckhart Rohlof), Frankfurt/Main: Suhrkamp 1990.

sichts der rabiaten Instrumentalisierung der Literatur in der „klassischen“ Psychoanalyse und im psychologischen Diskurs insgesamt nahe läge. Es geht mir auch nicht darum, einen kritischen, wissenschaftsgeschichtlichen Beitrag zur Genese der Psychoanalyse zu schreiben.

Vielmehr möchte ich die Grunderzählungen der Psychoanalyse in ihrer formalen Struktur und ihren theoretischen und praktischen Implikationen freilegen. Mich interessiert – über die geisteswissenschaftliche Verortung hinaus – die (bedeutende) Stellung der Psychoanalyse in der modernen Kultur:[352] Inwiefern prägen die von der Psychoanalyse erfundenen Narrative die identitäre Befindlichkeit moderner Individuen? Welche Form der Selbstinszenierung legen sie nahe? Wie läßt sich eine Kultur beschreiben, in der Narrative wie jene der Psychoanalyse eine so prominente Rolle spielen? Wie stellt sich das Verhältnis von psychoanalytischer Aufführung und gelebtem „Leben“ dar? Inwiefern ist die Psychoanalyse so etwas wie ein Initialwissen unserer Kultur? Handelt es sich bei der Psychoanalyse um einen religiösen Code?

Welches Verhältnis besteht zwischen den Erzählungen der Literatur und den Narrativen der Psychoanalyse? Und inwiefern folgt die Rezeption der „Fallgeschichten“ in ihrem immanenten Aspekt der Vorstellung eines „unendlichen Textes“ oder einer „Arbeit am Mythos“?

Als Reisebegleiter durch das theoretische Purgatorium habe ich mir drei Begleiter gewählt: Aristoteles, den ersten prominenten Theoretiker des Narrativen, den französischen Philosophen Paul Ricœur, den ich als einen Trans-Strukturalisten interpretiere, sowie den amerikanischen Epistemologen Hayden White, von dem ich nicht die theoretischen Prämissen, wohl aber seine Methodologie übernehme, non-fiktionale Texte als literarische zu lesen. White unternimmt dies im Hinblick auf die Narrative, die die Historiker des 19. Jahrhunderst entworfen haben, ich werde mich jenen geschichtsmächtigen Narrativen zuwenden, wie sie im *tête à tête* zwischen Patientinnen und Ärzten vor der Wiener Jahrhundertwende entstanden sind. Mit den historiographischen Narrativen haben sie gemeinsam, daß sie als narrative Lebensentwürfe real existierender Menschen zu lesen sind, wobei die Fallgeschichten so konzipiert sind, daß der Text des autobiographischen Binnenerzählers durch einen

---

352 Steven Marcus, Freud and the Culture of Psychoanalysis. Studies in the Transition from Victorian Humanism to Modernity, Boston: Allen & Unwin 1994, S.1: „As the twentieth century moves through its last two decades, it becomes increasingly evident that the figure of Sigmund Freud remains as one of a very small handful of intellectual presences who have presided over the complex courses that Western thought and culture have taken throughout the entire epoch. His reputation and place in the history of the modern world have never stood higher or enjoyed a firmer security than they do today.“
Weitere Literatur: Henri Ellenberger, Die Entdeckung des Unbewußten. Geschichte und Entwicklung der dynamischen Psychiatrie von den Anfängen bis zu Janet, Freud, Adler und Jung, Zürich: Diogenes 1985. – Hagiographischer ist die berühmte Biographie von Ernest Jones, Das Leben und Werk von Sigmund Freud (3 Bde.), Band. 1: Die Entwicklung zur Persönlichkeit und die großen Entdeckungen (übersetzt von Katherine Jones), Stutttgart: Huber 1960; ferner: Albrecht Hirschmüller, Physiologie und Psychoanalyse in Leben und Werk Josef Breuers, Bern: Huber 1978 (= Jahrbuch der Psychoanalyse. Beiheft; 10).

wissenschaftlichen Rahmenerzähler gleichsam überschrieben ist – insofern verkoppeln sie Auto- und Heterobiographie. Paul Ricœur hebt die Bedeutung der Narrative in Theorie und Praxis der Psychoanalyse hervor, wenn er schreibt:

> So hebt einerseits die psychoanalytische Erfahrung die Rolle der narrativen Komponente hervor, denkt man an die sogenannten „Fallgeschichten"; deutlicher erkennbar ist diese Arbeit des Analysanden, die von Freud auch „Durcharbeitung" genannt wird; sie rechtfertigt sich überdies durch das Ziel, auf das die ganze Kur zusteuert und das darin besteht, die gleichermaßen unverständlichen wie unerträglichen Bruchstücke von Geschichten durch eine kohärente und akzeptable Geschichte zu ersetzen, in der der Analysand seine Ipseität wiedererkennen kann. Die Psychoanalyse stellt so gesehen ein besonders lehrreiches Laboratorium für eine spezifisch pilosophische Untersuchung zum Begriff der narrativen Identität dar.[353]

Die vorliegende Untersuchung ist a-psychoanalytisch, das heißt auch: sie liest die Narrative, die der Patienten und die der Psychoanalyse generell nicht symptomatisch, sondern symbolisch:

> Bei der Untersuchung von Kulturen sind Signifikanten keine Symptome oder Syndrome, sondern symbolische Handlungen, und das Ziel ist nicht Therapie, sondern die Erforschung des sozialen Diskurses.[354]

Im konkreten Fall geht es um symbolische Handlungen und soziale Diskurse, die mit Krankheit und Selbstkonstitution, mit Selbstentwurf und moderner symbolischer Vergesellschaftung zu tun haben.

Beginnen wir mit dem Titel der prominenten Krankengeschichte von „Anna O.", die Mikkel Borch-Jacobsen als einen „Gründungsmythos" der Psychoanalyse interpretiert[355] hat. Namen sind – wie Gattungsbezeichnungen – *entre-billets* in die Welt des narrativen Textes. Auch wenn der Leser nicht wüßte, wie intensiv sich die Verfasser dieser und anderer Krankengeschichten mit dem Problem der Namensgebung und Namensverfremdung befaßt haben (ich denke nur an Freuds Fall „Dora"[356]), fällt, um hier die Terminologie Roland Barthes' zu bemühen, die Bedeutungsbündelung im Hinblick auf zwei Codes auf, den hermeneutischen und den semantischen Code.[357]

---

353 Paul Ricœur, Zeit und Erzählen, a.a.O., Band 3 (Die erzählte Zeit), S. 397.

354 Clifford Geertz, Dichte Beschreibuung, a.a.O., S. 37.

355 Mikkel Borch-Jacobsen, Anna O. zum Gedächtnis. Eine hundertjährige Irreführung. Aus dem Französischen von Martin Stingelin, München: Fink 1997, S. 23.

356 Hannah S. Decker, The Choice of a Name. „Dora" and Freud's Relationship with Breuer. Journal of the American Psychoanalytic Association, Vol. 30, Nr. 1, 1982, S. 113–136. – Decker arbeitet in ihrer psychoanalytischen Argumentation die Parallelität der Fälle „Anna O" und „Dora" auf und interpretiert die Namengebung Freuds (eine Tochter Breuers trug diesen Namen) als einen „unbewußten" Hinweis auf diese Parallelität und darauf, daß Freud mit dem symbolischen Vatermord an Breuer nicht fertig geworden ist; zum Fall selbst vgl. auch Steven Marcus, Freud and the Culture, a.a.O., S. 42–86. – Zumindest erwähnt werden soll, daß sieben Monate nach Fertigstellung des Buches (Mai 1895) Freuds erste Tochter Anna geboren wurde (Dezember 1895).

357 Vgl. die Namensanalyse von Balzacs Novelle „Sarrasine" in: Roland Barthes, S/Z, a.a.O. – Ich bin nicht sicher, ob die Abgrenzung zwischen den fünf Codes, die Barthes in S/Z benutzt, immer eindeutig ist (etwa zwischen dem „semantischen" und dem „hermeneutischen" bzw.

Der Familienname, der Name des Vaters, bleibt verschwiegen, angedeutet durch den Anfangsbuchstaben und den Punkt. Es geht auch darum, den Vaternamen zu schützen, weil es sich um intime Details aus dem Familienleben einer angesehenen Wiener Bürgersfamilie handelt.[358] Indirekt ist der Vater real (durch seinen Tod, sein „Verschwinden") wie symbolisch (als Instanz) die Hauptfigur in dem dramatischen Geschehen. Der Vorname der Tochter, ohne eindeutige Referenz, ist ausgeschrieben, doch darf man aus einer langen literarischen Tradition schließen, daß Anna O. nicht der „wahre" Namen der „Heldin" ist. Weil der Name nicht „wahr" ist, reklamiert die Geschichte „Wahrheit" für sich, die Wahrheit eines historischen Narrativs. Wie wir von literarischen Texten wissen, ist das eine beliebte Technik der Realitätssuggestion, der „Illusion von Mimesis". Die Namensgebung „Anna O." allein verbürgt nicht, daß es sich um ein historisches und kein poetisches Narrativ handelt, wohl aber der wissenschaftliche Kontext, die Dominanz des „gnomischen Codes" im Text (sowie seine Einbettung in einen wissenschaftlichen Text) selbst. Denn die Textsorte „Fallgeschichte" impliziert im Sinn Wittgensteins, daß die Geschichte der Fall gewesen ist, daß sie ein Fall, ein Absturz, eine Krankheit ist und daß sie ein empirisches Falbeispiel für eine wissenschaftliche Theorie ist. Gisela Steinlechner spricht in diesem Zusammenhang von

> [...] einer Erzählpraxis, die sich auf die Herstellung von Fällen spezialisiert hat. Diese Praxis ist seit jeher als Struktur-Modell im literarischen Diskurs anzutreffen (etwa in der Novelle, der Moritat, im Heldenepos oder in der Kriminalgeschichte); in den Humanwissenschaften hat sich aus der protokollarischen und erzählerischen (Re-)Konstruktion von Ereignissen, Identitäten, Krankheits- und Lebensgeschichten eine eigene Textsorte entwickelt: die Fallgeschichte [...][359]

Wir müssen im Fall eines poetischen Narrativs nicht annehmen, daß es ein unzweideutiges Vorbild zu Kleists Marquise von O. gegeben hat, sondern daß in dieser Epoche Frauen gelebt haben, denen dieses Unwahrscheinliche hätte zustoßen können. Für ein historisches Narrativ – und dazu gehören auch Textsorten wie Auto- und Heterobiographien – gilt hingegen, daß der Leser annimmt, daß diese eine Person, die Anna O. heißt, wirklich in ihrer Singularität existiert hat. Sofern es sich nicht um ein Spiel mit der Gattung Krankengeschichte handelt, bedeutet die Nicht-Existenz der Person oder auch ihrer spezifischen Lebensgeschichte eine Beschädigung des Textes in den Augen seiner Leser. Immer ist das Verhältnis zwischen Autor

dem „symbolischen" und dem „gnomischen" Code). Klarer, wenn auch konventioneller sind die Code-Typen bei Clifford Geertz (Religion[Offenbarung], Wissenschaft[Methode], Ideologie[moralischer Eifer], Gesetz[Ethik, common sense]) vgl. Ders., Dichte Beschreibung, a.a.O., S. 43.

358 Im Fall „Katharina" hat Freud sogar die Geschichte entscheidend verändert, indem er das Inzest-Problem vom realen Vater auf einen fiktiven Onkel verschoben hat; vgl. Josef Breuer/Sigmund Freud, Studien über Hysterie, Frankfurt/Main: Fischer 1991, S. 143–153. Eine witzige Transformation der Fallgeschichte in ein „Volksstück" findet sich bei: Gisela Steinlechner, Fallgeschichten. Krafft-Ebing, Panizza, Freud, Tausk, Wien: Facultas WUV Universitätsverlag 1995, S. 151–158.

359 Gisela Steinlechner, Fallgeschichten, a.a.O., S. 7.

und Leser auch eines, das auf Vertrauen gegründet ist, wobei dieser „Glauben" im Falle von historischen und poetischen Narrativen divergiert.[360] Das heißt nun nicht, daß die Geschichte der Anna O. nicht eine Fiktion (wenn auch eine historische) ist; sie ist es insofern, als sie ein Narrativ ist, eine Erzählung, die Menschen zu Figuren in einem zeitlich begrenzten Zeitablauf macht. Insofern sind Bertha Pappenheim und Anna O. nicht identisch, wenigstens nicht *sensu stricto*, wie es Realismus suggeriert.[361]

Anna O. heißt auch so, weil ihr wahrer Name anonym bleibt, insbesondere der Name, der derjenige des (geliebten) Vaters ist. Zu dem Wortspiel Anna O./Anonym gesellt sich noch ein weiteres Sprachspiel, das den Namen als Code für Eingeweihte erscheinen läßt. Geht man von Buchstaben A und O in der linearen Abfolge des Alphabets eine Stelle weiter, dann ergeben sich die richtigen Anfangsbuchstaben der geheimnisvollen Patientin B. und P., für Anna Bertha und für das ominöse O. Pappenheim.

Statt dem bedeutungsstummen B. und P., das bedeutungskräftige A und O, das Alpha und Omega, Anfang und Ende, die beiden Eckdaten des Narrativs, der Fallgeschichte Breuers, die eine Geschichte mit einem gezielten weiblichen Anfang und einem markanten männlichen Ende darstellt. Narrative lassen sich, wie von Genette gezeigt, zuweilen auf einen Satz mit dem Verbum als Kern reduzieren; umgekehrt stellen Sätze die narrative Mikrostruktur dar: „Marcel wird Schriftsteller" ist ebenso wie der Satz „Odysseus kehrt nach Ithaka heim" die jeweils allgemeinste Form von Prousts Roman bzw. von Homers Epos.[362] Mikkel Borch-Jacobsen hat die Geschichte der Anna O. als Prototyp des psychoanalytischen Narrativs lakonisch in folgendem Satz komprimiert: Eines Tages erzählt Y das

360 Ich halte trotz de Mans Interpretation des Autobiographischen Philippe Lejeunes These vom Pakt zwischen Autor und Leser (ein Pakt, der sich je nach Textsorte verändert) für einleuchtend, und zwar weniger in einem juridischen als vielmehr in einem sozialen Sinn, wenn eben Schreiben (und Lesen) selbst als ein Handeln verstanden wird, wie es etwa der Pragmatismus im Gefolge John Deweys nahelegt; vgl. Philippe Lejeune, Der autobiographische Pakt (aus dem Französischen von Wolfram Bayer und Dieter Hornig), Frankfurt/Main: Suhrkamp 1994, S. 13–51; Paul de Man, Autobiographie als Maskenspiel, in: Ders., Die Ideologie des Ästhetischen (hrsg. von Christoph Menke, aus dem Amerikanischen von Jürgen Blasius), Frankfurt/Main: Suhrkamp 1993, S. 131–146.

361 Aufschlußreich in diesem Zusammenhang ist, daß der erste Krankenbericht Breuers (1882), der den befreundeten Kollegen Robert Binswanger zum (einzigen) Leser hat, den „wirklichen" Namen (Bertha Pappenheim) verwendet und auch den Namen des zugezogenen Kollegen (Krafft-Ebing); Hirschmüller, Psychoanalyse, a.a.O., S. 348–364.
Es handelt sich ganz offenkundig um einen anderen Texttypus. Weder enthält dieser Text das Happy End der „Beobachtung Anna O." noch den dazugehörigen *plot* von der endgültigen Heilung durch das Weg-Erzählen der Symptome.
Zum Referenzproblem vgl. Paul Ricoeur, Zeit und Erzählung, a.a.O., Band 1, S. 129: „Nur die Geschichtsschreibung kann eine Referenz in Anspruch nehmen, die ihren Ort in der Empirie hat, soweit die historische Intentionalität auf Ereignisse geht, die tatsächlich stattgefunden haben. Mag auch die Vergangenheit nicht mehr sein und dem Ausdruck des Augustinus zufolge nur in der Gegenwart der Vergangenheit, also anhand der Spuren der Vergangenheit greifbar sein, die für den Historiker zu Dokumenten geworden sind, so bleibt doch bestehen, daß die Vergangenheit stattgefunden hat."

362 Gerard Genette, Die Erzählung, a.a.O., S. 18.

Ereignis y Z und siehe, das Symptom verschwand auf Nimmerwiedersehen.[363] Als Lehre aus der Geschichte läßt sich festhalten: Die Erinnerung befreit, die Erzählung heilt, die Geschichte erlöst.[364]

Breuers Krankengeschichte setzt mit der Schilderung der Hauptperson, Anna O. eben, durch den distanzierter Erzähler-Arzt, der sich als narratives Medium der „Beobachtung" versteht, ein. Die positive Begutachtung darf trotz aller ärztlicher Distanz als ein Indiz für die Nähe zwischen der Patientin und dem Therapeuten verstanden werden. Der jungen Frau werden „bedeutende Intelligenz", „mitleidige Güte", zäher Wille („völlig unsuggestibel") und „poetische und phantastische Begabung" zugeschrieben, daneben eine unterentwickelte Sexualität. Das Personenprofil, das die Geschichte selbst retardiert, leistet zweierlei: Es erklärt zum einen psychologisch die Handlungsweise der Patientin, zum anderen aber bringt es erst eines der Geheimnisse hervor, aus der die Krankengeschichte insgesamt besteht: die Tatsache nämlich, daß eine willensstarke, rationale, sozial und ästhetisch kompetente Person in derart befremdliche psychische Zustände geraten könnte. Aus ihren positiven Anlagen ist dieses Verhalten keineswegs zu erklären, bleibt es ein Rätsel und eine Irritation für ein aufgeklärtes Bewußtsein. So wie Poes Detektiv das Geheimnis des entwendeten Briefes zu lösen trachtet,[365] so will auch die Psychoanalyse den Abgrund, der sehr bald den Namen des Unbewußten erhalten wird, überbrücken, ja ausleuchten, der sich zwischen den erschreckenden Symptomen und einer intelligenten, hübschen jungen Dame aus bester Familie auftut. Die körperlichen Symptome bilden dabei das Pendant zu den Spuren, auf deren Fährte sich der Detektiv, der das Geheimnis ans Licht bringt, setzt.[366]

---

363 Mikkel Borch-Jacobsen, Anna O zum Gedächtnis, a.a.O., S. 14. – Zur Diskussion über Psychoanalyse und Naration vgl. auch Ders., Anna O. zum Gedächtnis, a.a.O., S. 17 (über Lacans Auffassung der Erzählung und den amerikanischen Narrativismus [Roy Schafer, Donald Spence]) und Ingrid Kerz-Rühling, Die psychoanalytische Erzählung. Zum Problem der Objektivität, in: Psyche, J. 43, 1989, H. 4, S. 307–330 [ausführliche Diskussion der Position von Spence und Schafer]; vgl. Donald Spence, Narrative Truth and Historical Truth, New York: Norton, 1982; Roy Schafer, Narration in the Psychoanalytic Dialogue, in: Ders., The Analytic Attitude, New York: Basic Books, 1983, S. 212–239; Paul Ricoeur, The question of proof in Freud's psychoanalytic writings, Journal of the American Psychoanalytic Association, Vol. 25, 1977, S. 835–871; Jacques Lacan, Funktion und Feld des Sprechens und der Sprache in der Psychoanalyse. Bericht auf dem Kongreß in Rom am 26. und 27. September 1953 im Istituto di Psicologia della Università di Roma (aus dem Französischen von Klaus Laermann), Schriften Bd. 1, Freiburg/Br.: Walther 1973, S. 71–169.

364 Borch-Jacobsen, Anna O. zum Gedächtnis, a.a.O., S. 12 f.

365 So wäre Borch-Jacobsen ein Detektiv zweiter Ordnung, wenn er von der „Einführung in diese fremde und faszinierende Welt (faszinierend wie es die Spionage oder die Theologie sein können)", spricht. (a.a.O., S. 9); vgl. Gisela Steinlechner, Fallgeschichten, a.a.O., S. 143: „Es gibt – seit Freud – einen neuen Mitspieler im Aufdeckungsroman: das Unbewußte, wobei oft nicht ganz klar ist, ob der Detektiv (bzw. Analytiker) nun dessen Verfolger ist oder dessen geheimer Verbündeter, oder ob er ‚gründet im Nichts', wie der Philosoph Siegfried Kracauer die Position des Detektivs im Roman beschreibt."

366 Gisela Steinlechner, Fallgeschichten, a.a.O., S. 13: „Die psychiatrischen Lehrbücher und Kasuistiken des späten 19. Jahrhunderts sind die von gelehrter Hand kunstvoll mit ‚Fällen' ausgestatteten Poesie-Alben eines notorisch mit sich selbst befaßten Bürgertums [...]"; zu Anna O., Dies., Fallgeschichten, a.a.O., S. 159 ff.

Die Krankengeschichte „Beobachtung. Frl. Anna O"[367] ist ein narrativer Text, in dem im Sinne Barthes' der gnomische, d.h. der wissenschaftliche Code gegenüber anderen (symbolischen, semantischen, hermeneutischen, pragmatischen) in gewisser Weise (Terminologie, analytische Einschübe, theoretische Kommentare) überwiegt.[368] Gerade deshalb leistet der Text etwas, was ansonsten nur eine theoretische Beschreibung leistet. Auf die knappe und dichte Charakterstudie folgt eine vorgreifende Textanalyse der „Geschichte" (d.h. des narrativen Signifikats) selbst, die in vier Phasen zerfällt, die dann auch, vergleichsweise kunstvoll linear nacheinander, entsprechend der zeitlichen Abfolge erzählt werden:

Phase A nennt der Erzähler die „latente Inkubation"[369]. Sie beginnt im Juli 1880 und endet am 10. Dezember desselben Jahres. In dieser Phase hat der Erzähler-Arzt seine Patientin noch nicht gekannt. Er kennt sie nur aus zweiter Hand. In dieser Zeit pflegte Anna intensiv ihren Vater, der an einem unausgeheilten, wie es heißt „peripleuritischen Abszeß" leidet. Für die Abfolge der Ereignisse sind drei Momente entscheidend, eine Disposition, die Ausbildung von Krankheitssymptomen und ein dramatisches Ereignis:

1. Hervorgehoben wird als die entscheidende Disposition im Fall der Anna O. die bedingungslose Liebe der Tochter zu ihrem Vater, die in völlige Hingabe einmündet.
2. Die ersten „Symptome" treten auf: Erschöpfung, Ekel vor Nahrungsaufnahme, nervöser Husten, „ein auffallendes Ruhebedürfnis", das abends in einen – wie es bemerkenswerterweise heißt – „schlafähnlichen Zustand" übergeht.
3. Die Familienangehörigen trennen Vater und Tochter wegen des besorgniserregenden Krankheitszustandes der Tochter. Die Trennung vom Vater und das Ende seiner Pflege führen dann zu Phase B, ist die Phase der „manifesten Erkrankung", die als „eine eigentümliche Psychose" bezeichnet und durch folgende Symptome charakterisiert wird: schwere Sehstörungen, „Kontrakturlähmungen" der rechten oberen sowie der beiden unteren „Extremitäten". Diese Phase umfaßt wiederum einige Monaten und endet mit dem Tod des Vaters im April 1881, der ein „schweres psychisches Trauma" nach sich zieht.

Phase C bezeichnet eine „Periode andauernden Somnambulismus": „Somnolenz" am Nachmittag, tiefer „Stupor" bei Sonnenuntergang. Es ist jene Phase, in der sich die geheimnisvollen, nicht leicht erklärlichen Phänomene steigern (Geheimnis Nr. 1). Als sie im Juli in ein Sanatorium bei Wien gebracht wird, kommt es abermals zu einer krisenhaften Entwicklung.[370]

Geheimnis Nr. 2 ist die Existenz zweier voneinander „ganz getrennter Bewußtseinszustände", die „sehr oft und unvermittelt abwechselten und sich im Laufe der Krankheit immer schärfer schieden".[371]

---

367 Josef Breuer/Sigmund Freud, Studien über Hysterie, a.a.O., S. 42–66.

368 Gisela Steinlechner spricht im Anschluß an Michel Foucaults „Dispositive der Macht" von einer Disziplin, die sich als „eine bürokratisch-enzyklopädische Darstellungs-, Benennungs- und Deutungswissenschaft" erweist (Dies., Fallgeschichten, a.a.O., S. 57).

369 Breuer/Freud, Studien über Hysterie, a.a.O., S. 43.

370 Dies., Studien über Hysterie, a.a.O., S. 45.

371 Dies., Studien über Hysterie, a.a.O., S. 44.

> Der Gegensatz zwischen der unzurechnungsfähigen, von Halluzinationen gehetzten Kranken am Tage und dem geistig völlig klaren Mädchen bei Nacht war höchst merkwürdig.[372]

Geheimnis Nr. 3: die Patientin verfällt plötzlich, ohne es zu bemerken, in die englische Sprache.

Geheimnis Nr. 4: Sie lehnt den Kontakt mit ihrer näheren Umgebung, insbesondere den Verwandten ab, wendet ihre ganze Aufmerksamkeit dem Arzt zu:

> Nur mich kannte sie immer, blieb präsent und munter solange ich mit ihr sprach, bis auf die immer ganz plötzlich dazwischenfahrenden halluzinatorischen Absencen.[373]

Geheimnis Nr. 5: Anna O. wacht aus dem Tiefschlaf auf und beginnt Geschichten zu erzählen:

> Die Geschichten waren teilweise sehr hübsch, in der Art von Andersens *Bilderbuch ohne Bilder* und wahrscheinlich auch nach diesem Muster gebildet; meist war Ausgangs- oder Mittelpunkt die Situation eines bei einem Kranken sitzenden Mädchens.[374]

Danach erfolgt eine „vollständige Befreiung ihrer Psyche“. Anna gibt diesem Vorgang einen Namen (*„talking-cure“*, Redekur oder *chimney-sweeping* [Kaminfegen])[375]. Der Arzt animiert sie jetzt im Zustand der Hypnose, Geschichten zu erzählen. Als er die Patientin wieder in die Stadt holt, wird ein „erträglicher Zustand erreicht“, und es gelingt dem Arzt, dem Rahmen-Erzähler, der Patientin, der Binnen-Erzählerin, 3–5 Geschichten pro Abend „abzuringen“.[376]

Phase D heißt „Allmähliche Abwicklung der Zustände“ und dauert von Dezember 1881 bis Juli 1882. Die beiden Zustände „systemisieren“ sich. Im einen Zustand befindet sie sich im Winter 1881/82, in der *condition seconde* im Winter 1980/81. In dieser Phase kommt es auch zum entscheidenden *turning point*:

> Als das erstemal durch ein zufälliges, unprovoziertes Aussprechen in der Abendhypnose eine Störung verschwand, die schon längst bestanden hatte, war ich sehr überrascht [...] Als das etwa 6 Wochen gedauert hatte, räsonierte sie einmal in der Hypnose über ihre englische Gesellschafterin, die sie nicht liebte, und erzählte dann mit allen Zeichen des Abscheus, wie sie auf deren Zimmer gekommen sei und da deren kleiner Hund, das ekelhafte Tier, aus einem Glas getrunken habe. Sie habe nichts gesagt, denn sie wolle höflich sein. Nachdem sie ihren steckengebliebenen Ärger noch energisch Ausdruck gegeben, verlangte sie zu trinken, trank ohne Hemmung eine große Menge Wasser und erwachte aus der Hypnose mit dem Glas an den Lippen. Die Störung (nicht trinken zu können, A.d.V.) war damit für immer verschwunden.[377]

Das ist das sechste Geheimnis, „die wunderbare Tatsache, daß vom Beginn bis zum Abschlusse der Erkrankung alle aus dem zweiten Zustande stammenden Reize und ihre Folgen durch das Aussprechen in der Hypnose dauernd beseitigt wurden [...]“. Die Krankengeschichte der Anna O. folgt einem fast klassischen Schema, das freilich

---

372 Dies., Studien über Hysterie, a.a.O., S. 48.
373 Dies., Studien über Hysterie, a.a.O., S. 47.
374 Dies., Studien über Hysterie, a.a.O., S. 48 f.
375 Dies., Studien über Hysterie, a.a.O., S. 50.
376 Dies., Studien über Hysterie, a.a.O., S. 52.
377 Dies., Studien über Hysterie, a.a.O., S. 55.

nach innen verlagert ist: Konflikt-Krise-Katastrophe (d.h. Steigerung und Wende, Katharsis) und Auflösung des Konflikts durch Selbstthematisierung.

Die Krankengeschichte der Anna O. ist die Geschichte einer Selbstthematisierung. Sie inkludiert eine Erzählung über das Erzählen, und es mutet schon einigermaßen erstaunlich an, daß weder Freud und Breuer der Ähnlichkeit ihrer Ansichten mit der des Aristoteles nachgegangen sind, dessen Theorie der Kunst eine psychoästhetische und psychodynamische ist: Die „Ersatzhandlung" löst die Spannungen des Handlungswesen Mensch, indem sie verfremdet aber emotionserzeugend vorführt, was geschehen ist und geschehen (sein) kann. Erzählen befreit auch dort, wo es sich scheinbar um verfestigte körperliche Symptome handelt.[378]

Eine erstaunliche Geschichte: „Eines Tages erzählt X das Ereignis y Z, und siehe, das Symptom verschwand auf Nimmerwiedersehen." Oder ist die Struktur des Narrativen, die hier vorliegt, nicht noch um einiges raffinierter?

Betrachten wir die Erzählstruktur, die in der Terminologie von Genette als extradiegetisch und homodiegetisch zu beschreiben ist: Jemand beschreibt als Erzähler auf der ersten Stufe von außen eine Geschichte, in der er selbst, als Arzt nämlich, teilnimmt. Er agiert als Erzählender und als Handelnder, als einer, der seine Patienten heilen möchte. In der Krankengeschichte steckt so gleichsam ein teleologisches Moment. Das gilt selbst für den Fall des Mißlingens. Umgekehrt ist nicht ganz einfach auszumachen, wer denn nun der wirkliche Autor der Geschichte ist: denn offenkundig liegt der Krankengeschichte ein Narrativ zugrunde, der hypnotische Rapport und die Erzählung der Kranken, die – wie gesagt – als latente Erzählerin zweiter Stufe, als Binnenerzählerin, zu verstehen ist, dies um so mehr, als die Idee, die die Fallgeschichte so spannend macht, von ihr stammt: die Idee nämlich, Geschichten von Andersen zu erzählen bzw. zu variieren. Nicht Breuer und nicht Freud, sind es, die die *talking cure*

---

378 Aristoteles, Poetik, a.a.O. 49 b, 26, 27 (6. Kapitel): „Die Tragödie ist Nachahmung einer guten und in sich geschlossenen Handlung von bestimmter Größe, in anziehend geformter Sprache, wobei diese formenden Mittel in den einzelnen Abschnitten je verschieden angewandt werden – Nachahmung von Handelnden und nicht durch Bericht, die Jammer und Schaudern hervorruft und hierdurch eine Reinigung von derartigen Erregungszuständen bewirkt."; vgl. auch: Paul Ricœur, Zeit und Erzählen, a.a.O., Band 1, S. 72, 85.
Ricœur geht übrigens mit Roy Schafer davon aus, „die Gesamtheit der metapsychologischen Theorien Freuds als ein System von Regeln zu betrachten, um die Lebensgeschichten neu zu erzählen und zu Fallgeschichten zu erheben. Diese narrative Deutung der psychoanalytischen Theorie impliziert, daß die Geschichte eines Lebens auf nicht erzählten, verdrängten Geschichten beruht und auf tatsächliche Geschichten verweist, die das Subjekt übernehmen und als konstitutiv für seine persönliche Identität betrachten könnte." (a.a.O., S. 118). Zur Aristoteles-Interpretation durch den im Umkreis der Psychoanalyse rezipierten Jakob Bernays, der den psychologischen Aspekt der affektiven Entladung gegenüber dem der moralischen Läuterung hervorgehoben hat, vgl. Albrecht Hirschmüller, Psychoanalyse, a.a.O., S. 206 f: Bernays habe den Genitiv τῶν τοιούτων παθημάτων „erstmals als Separativ" gedeutet. In Abgrenzung zu Lessing, der im 74. Stück der Hamburgischen Dramaturgie die Katharsis im Sinn einer moralischen Läuterung um die Demonstration und Evokation von Furcht und Mitleid behandelt, habe Bernays diese „Reinigung von den Leidenschaften" als „Ausscheidung der Affekte" interpretiert. Das Theater ist in dieser Version nicht länger eine „moralische", sondern eine psycho-ästhetische Anstalt. Eine systematische Auseinandersetzung Freuds mit Aristoteles liegt hingegen nicht vor, obschon Freud ohne die kathartische Psychologische des Ästhetischen, wie sie Aristoteles vorgenommen hat, undenkbar ist.

erfinden, sondern eine junge, psychisch verstörte und gestörte Frau. Der Arzt verordnete Bettruhe, Medikamente, die Patientin nimmt die Anamnese ernst. Er macht sich ihr literarisches Talent vielmehr zunutze. Er wird zu ihrem Erzähl-Trainer und -Initiator.

Es ist nicht ohne Belang, sich das Verhältnis von Rahmenerzähler und Binnerzähler/in genauer anzusehen. Der Rahmenerzähler fungiert gleichsam als der kommentierende Nacherzähler und der erste Interpret einer Erzählung, die so in der Krankengeschichte nicht erzählt wird, deren Vorhanden-Sein indes vorausgesetzt ist, auch wenn sie nur in Bruchstücken zitiert wird. Wie beim Palimpsest scheint ein Sub-Text durch. Daß dem Rahmenerzähler die Geschichte des männlichen oder weiblichen Binnenerzählers überhaupt kundgemacht wird, beruht auf einer besonderen intersubjektiven Situation, diese kann verschieden sein: Der weitererzählende Zuhörer kann ein Fremder sein, der den Binnenerzähler (die Binnenerzählerin) nicht kennt und diesen nicht bloßstellen kann, es kann sich um den geliebten Menschen handeln, mit dem man ein aufrichtiges Leben beginnen will, es kann eine theoretische und praktische Autorität sein. Jemandem seine eigene Lebensgeschichte zu erzählen, bedeutet einen Vertrauensvorschuß zu geben und bezeichnet ein spezifisches soziales Verhältnis. Die Asymmetrie besteht im Fall des/der erzählenden Kranken darin, daß sie ihrem Gegenüber Heilkräfte zuschreibt, während er/sie sich selbst als hilflos vorkommt. Nur unter bestimmten kontextuellen Voraussetzungen stimmt die geraffte Sentenz, die Mikkel Borch-Jacobsen als Quintessenz des psychoanalytischen Narrativs aufgestellt hat: die Person Z ist kein beliebiger Adressat; und das Vertrauen, das in ihn gesetzt wird, Vertrauen auch in seine Fähigkeit zu Empathie und Aufmerksamkeit, ist eine *conditio sine qua non* der „wunderbaren Tatsache".[379]

Aber nicht nur Anna O. taucht als Autorin auf, kommt doch mit ihren märchenhaften Geschichten ein anerkannter literarischer Autor, ein Verfasser fiktionaler Narrative, ins Spiel: Hans Christian Andersen, der spätromantische Märchenerzähler, der Teil eines gerade im psychoanalytischen Diskurs gern verschwiegenen Projektes ist, nämlich der Romantik, in der zum ersten Mal die Physiognomie der modernen Seele sichtbar wurde. Davon wird noch zu sprechen sein.

Es gibt zwei auffällige und irritierende Momente an der Krankengeschichte jener Frau, die als „a noble soul in a beautitful body!"[380] in die Geschichte der Psychoanalyse eingegangen ist, die sich auch dadurch reproduziert, daß sie die Fallgeschichte der Anna O. wieder und wieder in den verschiedensten Variationen weitererzählt und

379 Breuer/Freud, Studien über Hysterie, a.a.O., S. 66: „Die wunderbare Tatsache, daß vom Beginne bis zum Abschlusse der Erkrankung alle aus dem zweiten Zustande stammenden Reize und ihre Folgen durch das Aussprechen in der Hypnose dauernd beseitigt wurden, habe ich bereits geschildert, und dem ist nichts hinzuzufügen als die Versicherung, daß es nicht etwa meine Erfindung war, die ich der Patientin suggeriert hätte; sondern ich war aufs höchste davon überrascht, und erst als eine Reihe spontaner Erledigungen erfolgt waren, entwickelte sich mir daraus eine therapeutische Technik."

380 Richard Karpe, The Rescue Complex in Anna O.'s Final Identity, Psychoanalytical Quarterly, Vol. 30, 1961, S. 1–27.

fortschreibt. Das eine hat mit dem Text als solchem zu tun, das andere weist darüber hinaus. Die erste Irritation stellt sich als eine zwischen der vorliegenden Erzählung und der Logik der auf Lösung und Auflösung bedachten Narration dar, und zwar ganz unabhängig davon, ob das Narrativ historisch oder literarisch ist, die andere bezieht sich auf die Faktizität. Zwar beinhaltet die Fallgeschichte eine überraschende, ja erstaunliche Wende und erfüllt dadurch das Kriterium des Erzählwürdigen: eben die Heilung durch Selbstthematisierung, die Rückschlüsse auf den menschlichen Umgang mit Traumata zuläßt. Mühelos ließe sich die trockene Wissenschaftsprosa Breuers, die in auffälligem Gegensatz zu Freuds Erzählkunst steht, in eine literarische Erzählung umformen, wie sie um die gleiche Zeit Autoren wie Ebner-Eschenbach, Schnitzler, Turgenjew oder Saar verfaßt haben. Ob als historisches oder als fiktives Narrativ: es mutet merkwürdig an, wie alle Geheimnisse in dieser Geschichte im Dunklen bleiben, und zwar nicht absichtsvoll in dem Sinn, daß alle rationalen Erklärungsversuche gescheitert sind, und das Unerklärliche in seiner blanken Kraft hervorträte – das wäre die romantische Strategie, mit dem sog. Unbewußten umzugehen. Ein eigentümlicher Mangel an Neugier ist bei allem terminologischen Eifer, die Symptome zu benennen und so mittels der Magie des Nominalismus zu „bannen", im Spiel.

Die Geheimnisse, die „wunderbaren Tatsachen", mit denen uns Breuers Erzählung vom Weg-Erzählen der Anna konfrontiert, bleiben nämlich bestehen. Die innere Spannung wird nicht aufgelöst: die Frage, was da eigentlich geschehen war und was die Ursache für die psychotische oder hysterische Verstörung der jungen Frau gewesen war. Man kann sich das veranschaulichen, wenn man sich noch einmal die sechs Geheimnisse in der Geschichte in Erinnerung ruft:

1. Der „Extremismus" der psychischen Reaktion kann durch das positive Persönlichkeitsbild (Willensstärke, große Intelligenz, Attraktivität, Empathiefähigkeit, soziale Fähigkeiten, ästhetisches Vermögen) kaum zwingend erklärt werden.
2. Das Entstehen zweier völlig getrennter Bewußtseinszustände.
3. Die Verwendung der Fremdsprache Englisch am Kulminationspunkt der Handlung.
4. Die exklusive Nähe der Patientin zu ihrem Arzt.
5. Die *talking-cure* als solche und vor allem, warum sie ihren Ausgangspunkt von Andersens Mondgeschichten „Bilderbuch ohne Bilder" nimmt.
6. Die Bedeutung jener Geschichte von der englischen Gesellschafterin und ihrem ominösen Hund.

Zu den Punkten 1 und 5 finden sich Ansätze der Erklärung, die aber nicht hinreichend sind. Im ersten Fall spricht der Außenerzähler von erblich bedingter nervöser Belastung, dem mangelnden Ausgefülltsein von jungen, allseits begabten Frauen zu dieser Zeit, und zum fünften Punkt findet sich immerhin eine neue Theorie der Hysterie und des Traumas, wie sie uns aus der entwickelten psychoanalytischem Diskurs geläufig ist: Sprachlosigkeit und Verdrängung gleichsam als Selbstschutz gegenüber erlebten und erlittenen Ereignissen in der Kindheit. Breuers Patientin hingegen wollte offenkundig sprechen und dies im Medium des romantischen Märchens, weil dieses als Folie ihrer Befindlichkeit geeignet war. Offen läßt Breuers Text zudem die Frage, welches nun wirklich das entscheidende Trauma war, der Tod des Vaters oder ein vorangegangenes Ereignis?

Die zweite Irritation ist nicht interpretatorischer, sondern faktischer Natur. Warum findet sich in den „Studien über die Hysterie" nur diese eine Fallgeschichte von Breuer, wenn diese *talking cure* so gut angeschlagen hat, und die Symptome durch Geschichten förmlich wegerzählt werden konnten? Warum nur diese eine Geschichte, die noch dazu viele Jahre zurücklag? Und was passierte in dem Zeitraum zwischen dem Ende der Geschichte (auf der Ebene der erzählten Zeit, dem Punkt, den ich als Omega bezeichnet habe) und dem Jahr 1895, dem Zeitpunkt der „Erzählzeit"?

Merkwürdig nimmt sich überdies das Verhältnis von Breuers Fallgeschichte zu den vier nachfolgenden Freuds aus. Ich meine nicht die Differenz an literarischer Qualität, sondern – neben dem abweichenden Symptom – die Absenz des detektivischen Duktus, in dessen Zentrum bei Freud der Sexus und seine Phantasmen rücken, ein Moment, das bei Breuer nur einmal – negativ – anklingt, wenn er von der sexuellen Unterentwicklung seiner Patientin spricht. Die vier Geschichten Freuds wollen das beredt machen, zur Sprache bringen, was Breuers Geschichte auszusparen scheint; man kann die vier Geschichten Freuds als Kommentare zur ersten Fallgeschichte lesen, die die Interpretation des Erzählers von „Beobachtung Anna O." dekonstruiert. Das ist ein schönes Beispiel für Textveränderung durch Kontextualisierung.

An Breuers Geschichte stimmt etwas nicht. Weit davon entfernt, Geheimnisse zu lüften, scheint sie neue zu produzieren. Der berühmte „Prototyp einer kathartischen Heilung"[381] war weder eine Kur noch eine Katharsis. Das gilt bereits für ihre faktische Seite. Daß sie ihre Geheimnisse nicht lüftet, provoziert zugleich eine andere Interpretation, eine Variation des Narrativs. Der sie vornimmt, ist Freud, der jüngere der beiden, der schon zum Zeitpunkt der Abfassung der „Studien über Hysterie" um den prekären Charakter der Fallgeschichte weiß: Anders als Anna O. in der Krankengeschichte wurde nämlich Bertha Pappenheim anno 1882 durch die *talking cure* nicht dauerhaft geheilt. Zudem war sie im Verlauf der Therapie morphiumsüchtig geworden und wurde in das schweizerische Heilsanatorium Kreuzlingen, das Robert Binswanger leitete, eingeliefert. Erst sehr viel später also kann Bertha Pappenheim als geheilt gelten. Indem Breuer die Fallgeschichte im Juli 1882, am Omega seiner offiziellen Krankengeschichte[382], enden ließ, konnte er den Eindruck der wunderbaren Tatsache der Heilung der Symptome durch Weg-Erzählen erzeugen. Was die Krankengeschichte gleichfalls verschweigt, ist der Umstand, daß Breuer sich später geweigert hat, die junge Frau weiterhin zu therapieren, obschon er wissen mußte, daß

381 Henri Ellenberger, Die Entdeckung des Unbewußten, a.a.O., S. 667.

382 Zum Unterschied zwischen dem ersten Bericht, den Breuer 1882 an das Sanatorium Binswangers schrieb und dem 1895 in die „Studien" eingefügten offiziösen Text, vgl. Mikkel Borch-Jacobsen, Anna O. zum Gedächtnis, a.a.O., S. 58–69.

seine persönliche Nähe positive Wirkungen bei der Patientin zeitigte.[383] Und ebenso merkwürdig muß erscheinen, daß Breuer zeitlebens nie wieder eine *talking cure* in Szene gesetzt hat – im Gegensatz zu Freud.

Neben der offiziellen Geschichte der Anna O. kursiert – in der Gestalt von Texten aber auch als Gerücht – seit dem Jahre 1882, also dreizehn Jahre vor Publikation der „Beobachtung", eine abweichende Erzählung über den Fall Anna O. Ihr Verfasser: Sigmund Freud; die verfängliche Adressatin des Briefes, in dem das revisionistische Narrativ formuliert wird, ist die Verlobte Martha, die mit der Familie Pappenheim sehr gut bekannt war:

> Breuer hat ebenfalls eine sehr hohe Meinung von ihr und hat ihre Pflege aufgegeben, weil seine glückliche Ehe darüber aus dem Leim zu gehen drohte. Die arme Frau konnte es nicht vertragen, daß er sich einem Weibe, von dem er offenbar mit viel Interesse sprach, so ausschließlich widme u[nd] war gewiß auf nichts anderes als auf die Inanspruchnahme ihres Mannes durch eine Fremde eifersüchtig.[384]

Die „wahre" Geschichte, die Freud von Anna O. und Breuer erzählte, sollte sich mit den Jahren anreichern, bis sie Ende der 20er Jahre in Gesprächen mit seinem späteren Biographen und mit Marie Bonaparte ihren dramatischen Höhepunkt erreichte:

> Freud hatte ihm (ebenso wie Marie Bonaparte) unter vier Augen anvertraut, daß Breuer für Bertha Pappenheim eine starke Gegenübertragung entwickelt habe, die nicht nur die Eifersucht seiner Frau weckte, sondern am Ende der Behandlung auch in eine Pseudocysesis (oder hysterische Geburt) mündete, dem logischen Abschluß einer „Phantomschwangerschaft". Erschreckt durch die plötzliche Offenbarung der sexuellen Natur von Berthas Krankheit, hypnotisierte Breuer sie erst, um sie zu beruhigen, ehe er „entsetzt" das Weite suchte und mit seiner Frau auf eine zweite Hochzeitsreise fuhr, wo er ein reales Kind zeugte, während die unglückliche Bertha, von ihrem imaginären Geliebten im Stich gelassen, ihr unfruchtbares Mutterschaftsphantasma dadurch zu befriedigen versuchte, „zwölf Jahre als ‚Mutter' in einem Waisenhaus zu wirken".[385]

---

383 Vgl. G. Pollock, Berta Pappenheim: Addenda to the Case History. Journal of the American Psychoanalytic Association, Vol. 21, 1973, S. 328–332, insbes. S. 331: „[...] her loss of Breuer probably exacerbated her initial symptoms and those of the pathological mourning [...]"

384 Zit nach Mikkel Borch-Jacobsen, Anna O. zum Gedächtnis, S. 51.

385 Ders., Anna O. zum Gedächtnis, a.a.O., S. 40; 1914 hält Freud fest: „Ich habe nun starke Gründe zu vermuten, daß Breuer nach der Beseitigung aller Symptome die sexuelle Motivierung dieser Übertragung an neuen Anzeichen entdecken mußte, daß ihm aber die allgemeine ‚Natur' dieses Phänomens entging, daß er hier wie von einem ‚untoward event' betroffen, die Forschung abbrach. Er hat mir hiervon nie direkte Mitteilung gemacht, aber zu verschiedenen Zeiten Anhaltspunkte genug gegeben, um diese Kombination zu rechtfertigen." (Sigmund Freud, Gesammelte Werke [hrsg. von Anna Freud et alii], London: Imago Publ. 1940–1949, Band 10, S. 49, vgl. S. 3–16).
1925 hat sich Freuds Überzeugung verfestigt: „Ich verstand es lange nicht, bis ich gelernt hatte, mir diesen Fall richtig zu deuten und nach einigen früheren Bemerkungen von ihm den Ausgang seiner Behandlung zu rekonstruieren. Nachdem die kathartische Behandlung erledigt schien, hatte sich bei dem Mädchen plötzlich ein Zustand von ‚Übertragungsliebe' eingestellt, den er nicht mehr mit ihrem Kranksein in Verbindung brachte, so daß er sich bestürzt von ihr zurückzog." (Gesammelte Werke, a.a.O., Band 14, S. 51).
Die erste offizielle, noch sehr moderate Version findet sich in einer Vorlesung, die Freud 1909 an der Clark-University in Worcester/Mass. gehalten hat (Sigmund Freud, Gesammelte Werke, a.a.O., Band 8, S. 3–16). Hier findet sich auch der berühmte Vergleich zwischen dem Hysteriker und einem – fiktiven – Passanten, der noch heute beim gotischen Kreuz von

Die Geschichte der Anna O. ist länger geworden, über das ursprüngliche Omega hinaus. Die – zeitweilige – Heilung ist nicht das Ende, sondern es folgt:

Phase E: die Scheinschwangerschaft der Patientin.
Phase F: der Abbruch der Behandlung.
Phase G: die (romantische) Flucht Breuers nach Venedig und parallel dazu die Einweisung der Patientin in ein angesehenes, fern gelegenes Sanatorium. Eine Geschichte, die ein böses Ende nimmt, schmerzhaft für einen Typus von Narrativen, die wie jene der Politik unter dem Zwang stehen positiv zu schließen.

Was sich auf den ersten Blick wie die brutale Zerstörung der Glaubwürdigkeit eines historischen Narrativs ausnimmt, das bedeutet indes auf den zweiten dessen Bekräftigung. Die von Freud hinzugefügten Handlungsphasen sind wenigstens im Ansatz imstande, die meisten der sechs merkwürdigen Tatsachen, zu erklären:

- Den Extremismus der psychischen Reaktion (1) mit der ödipalen Fixierung der Tochter an den Vater.
- Die Beziehung zum Arzt (4) als eine diese sexuell bestimmte Tochter-Vater-Beziehung wiederholende Übertragung.
- Die merkwürdige Begegnung mit der englischen Gesellschafterin und deren Hund (6) als eine verdeckte Geschichte, die etwas über eine phantasierte oder reale sexuelle Beziehung des Vaters zu einer anderen Frau verrät.
- Die Bewußtseinsspaltung (2) und die Benutzung der englischen Sprache (3) als Folge des Eifersuchtsdramas, das vor dem Tod und der Erkrankung des Vaters einsetzt.

Was von Breuers Geschichte blieb, das war die *talking cure*, deren Gesetzmäßigkeiten Breuer falsch eingeschätzt hatte, indem er die sexuelle Konstellation, die Übertragung und Gegenübertragung und die daraus erklärbare Spaltung übersah.[386]

Der amerikanische Psychoanalytiker Thomas S. Szasz beschreibt das Breuer zugeschriebene Dilemma als ein spezifisches Übersetzungsproblem:

> It was this psychotherapeutically homeostatic situation between patients and doctors which Breuer disturbed. He initiated the translation of the patient's hysterical body language into ordinary speech. But Breuer soon discovered that this was not at all like deciphering Egyptian hieroglyphes. The marble tablet remained unaffected by the translator's efforts, but the hysterical patient did not. [...]

Charing Cross stehen bleiben würde, um über Königin Eleanor zu trauern wie ihr Gemahl, der ihr dieses letzte Denkmal gesetzt habe. In der Vorlesung wird Breuer am Anfang ausdrücklich als der Initiator des psychoanalytischen Diskurses gewürdigt, um am Ende abgewertet und symbolisch ermordet zu werden. Zur symbolischen Ermordung Breuers anhand des Falles „Anna O.", vgl. auch Gisela Steinlechner, Fallgeschichten, a.a.O., S. 160.

386 Albrecht Hirschmüllers Version lautet folgendermaßen: Breuer „erriet, daß Berthas Mutismus psychologisch motiviert war. Sie war vom Vater gekränkt worden und hatte beschlossen, nicht mehr nach ihm zu fragen. Breuer zwang sie nun, vom Vater zu sprechen, und damit war der völlige Mutismus durchbrochen. Aber eigentümlicherweise konnte Bertha sich jetzt nur in englischer Sprache äußern." (Albrecht Hirschmüller, Physiologie und Psychoanalyse, a.a.O., S. 142 f).

> But once these inhibitions were lifted – or as we might say, once the translation was effected – it became necessary for the therapist to deal with the new situation: a sexually aroused attractive woman, rather than a pitifully disabled patient.
> Breuer as we know, could not cope with this new situation and fled from it. Freud, however, could, and thereby established his just claim to scientific greatness.[387]

Das psychoanalytische Narrativ ist gerettet, mehr noch in seiner – Freuds – Version erst richtig bestätigt. Freilich zu Lasten Breuers, der als ein schlechter Interpret und „Detektiv" und als ein Mann mit moralisch zweifelhafter Qualität wegkommt. Hätte Breuer – so lautet die Pointe dieser variierten Geschichte über Anna O. – Freuds Prämissen befolgt, dann wäre die kathartische Kur positiv angeschlagen und hätte jenen Erfolg gebracht, der ihr in Wirklichkeit versagt geblieben war. Die vier nachfolgenden, aus der Feder Freuds stammenden, literarisch gechliffenen Fallgeschichten („Frau Emmy v. N[...], 40 Jahre, aus Livland", „Miß Lucy R., 30 J", „Katharina", „Frl. Elisabeth von R.") sind nicht zuletzt als implizite Korrekturen der ersten Fallgeschichte zu lesen. Hier spielt ödipale, prä- und postödipale Sexualität nunmehr eine exklusive Rolle, sei es in der Verführungsszenerie Katharinas oder in dem unterdrückten sexuellen Begehren der englischen Gouvernante Lucy R. Liest man die stilistisch, thematisch und intentional völlig inkompatible Geschichte von Breuers Anna O. in diesem neuen Sinn, dann ergibt sie von selbst jene Freudsche Version des Narrativs, die Freud und seine Schüler expliziert und episch ausgeschmückt haben. Die Geschichte verändert ihren Sinn durch den Kontext, in den sie gestellt ist.

Es gibt nunmehr ein modifiziertes Narrativ, das die Bedeutung der Geschichte y, die X Z erzählt, feststeht. Und jeder X kennt die Bedeutung seiner/ihrer jeweiligen Geschichte, seiner Lebensgeschichte, weil er/sie den Grundmythos kennt, der in der zweiten Geschichte (und ihren Varianten, auf die ich hier nicht eingehen kann) seine volle Bedeutung entfaltet und das psychoanalytische Narrativ zum einen zu einem unendlichen Text werden läßt, zum anderen aber als das vielleicht wirkungsmächtigste Narrativ dieses Jahrhunderts auf diesem symbolischen Feld erweist, das sich von anderen darin unterscheidet, daß es das Narrativ moderner und postmoderner „Lebensromane" wird.

Der psychoanalytische Diskurs basiert auf einem Narrativ, nicht nur wegen der Einlagerung des ödipalen Mythos, der freilich eine radikale Umkehrung erfährt. Aus der Machtangst des Herrschers, des Canettischen Potentaten, seine Macht zu verlieren,[388] und der Krise der Ordnung in einer vormodernen Opfer-Gesell-

---

387 Thomas S. Szasz, The Concept of Transference as a Defence for the Analyst, International Journal of Psycho-Analysis, Vol. 44, 1963, S. 438 f.

388 Elias Canetti, Masse und Macht, Frankfurt/Main: Fischer 1980, S. 255–258, 268–273: „Am eigentümlichsten ist die Beziehung des Machthabers zu seinem Nachfolger. Wenn es um die Dynastie geht und der Nachfolger sein Sohn ist, wird die Beziehung zu diesem doppelt schwierig. Es ist natürlich, daß der Sohn ihn überlebt, wie jeder Sohn, und es ist natürlich, daß der Sohn die Passion fürs Überleben früh in sich steigert – er soll selbst Machthaber werden. Beide haben jeden Grund einander zu hassen. Ihre Rivalität, die von ungleichen Voraussetzungen ausgeht, steigert sich eben an dieser Ungleichheit zu besonderer Schärfe." (a.a.O., S. 269).

schaft[389] erwächst die uneingestandene, verdrängte Wunsch-Angst von Söhnen und Töchtern, den jeweils gegengeschlechtlichen Elternteil sexuell zu vereinnahmen. Freud selbst begeht mit dieser Geschichte einen symbolischen Mord, der ihn noch viele Jahre später dazu bewegen wird, die Straßenseite zu wechseln, als er sich unversehens seinem früheren Vater-Freund Breuer gegenübersieht, den er in der zweiten Geschichte der Anna O. zu seinem täppisch-unbeholfenen Vorläufer degradiert hatte.

Starke Dichter nennt der amerikanische Literaturtheoretiker Harold Bloom solche Autoren, die ihre Vorgänger beseitigen, um mit der Mutter, der Kunst, sich begatten zu können. Freuds Mutter war die Psychoanalyse, und der zweifelnde Vater, der Freud im Wege stand, war Breuer. Freud kann im Sinne Blooms als ein starker Autor gedacht werden.[390]

Bleiben die zwei Versionen der Geschichte. Waren an Breuers Narrativ die Leerstellen auffällig, so in jenem Freuds, daß alles so lückenlos aufgeht. Es fügt sich alles zu rund. Seit den 50er-Jahren hat auch im Kreis der Adepten die Einsicht eingesetzt, daß Freuds Version des Gründungsmythos so wenig stimmt wie die Breuers. Freuds Narrativ ist – wie unbewußt auch immer – eine literarische Komposition. Die Scheinschwangerschaft, ein wirkungsvolles dramatisches Element in Freuds Narrativ, stimmt ebensowenig wie die angebliche zweite Hochzeitsreise und das Datum der Geburt der Tochter Breuers.

Zwei Versionen, zwei falsche Narrative, wie Mikkel Borch-Jacobsen meint:

> Das Problem besteht darin, daß dieser Prototyp, der durch seine Patientinnen unverzüglich und willfährig „bestätigt“ wird, niemals existiert hat außer in seinem Kopf (und später im Kopf von Breuer, den Freud scheinbar überzeugt hat, rückwirkend seine Neudeutung des Falles zu übernehmen). Nicht nur, daß Bertha Pappenheim am Ende der Behandlung von ihren Symptomen nicht geheilt war, Breuer selbst war zu diesem Zeitpunkt weit entfernt, die Geschichten, die seine Patientin ihm erzählte, als „traumatische Erinnerungen“ aufzufassen. Erst 1895, als es darum ging, den Fall von Bertha Pappenheim in Übereinstimmung zu bringen mit den anderen Fällen, die in den Studien zur Hysterie vorgestellt wurden, hat Breuer die „Phantasien“ seiner Patientin systematisch zu „Reminiszenzen schockierender und traumatischer Erlebnisse“ umgebogen […]

389 René Girard, Das Heilige und die Gewalt, a.a.O., S. 104–133. – Durch das Opfer, die Ausstoßung Ödipus, wird die Krise in Theben, die sich durch das Auftreten der Pest manifestiert, beseitigt, und die zürnenden Götter werden versöhnt. Das „Verdrängte“ ist – so lautet die These Girards – nicht „der Wunsch nach Vatermord und Inzest, sondern die Gewalt selbst – die Drohung der totalen Zerstörung, die durch den Mechanismus des versöhnenden Opfers gebannt und verdeckt wird.“ (a.a.O., S. 128), vgl. auch Kap. 4.2.

390 Harold Bloom, Einfluß-Angst. Eine Theorie der Dichtung (aus dem Amerikanischen von Angelika Schweikhart), Basel: Stroemfeld 1995 (= Nexus; 4), S.21: „[…] wirklich starke Dichter können nur sich selbst lesen […]“
Einschlägig ist Freuds wiederholte Abwehr, zum Beispiel Nietzsche zu lesen. Im Rahmen der Bloomschen Typologie wäre Freuds symbolischer Mord an Breuer (der übrigens kein Machthaber im Sinne Canettis war) mit der Formel der „tessera“ zu belegen: „als ob der Vorläufer nicht weit genug gegangen wäre.“ (Ders., a.a.O., S. 17). – Bloom unterlegt seinem Modell des „Streits zwischen starken Gleichen, Vater und Sohn“ die Freudsche Version des ödipalen Narrativs, das scheint mir aber nicht zwingend, und der Hinweis, daß die Mutter in diesem Dreieck die Kunst sei, halte ich für eine schwülstige Metapher mit geringer Aussagekraft, die zudem den Genie-Kult prolongiert.

> Ein schönes Beispiel für die Nachträglichkeit: Die Gründungsfabel der modernen Psychotherapie, die auf der Heilkraft der Erzählung und des Gedächtnisses beharrt, ist die tendenziöse Neuschreibung einer älteren Geschichte, die ihrerseits nur von fiktiven Erzählungen handelte. Im Herzen des modernen Mythos vom Gedächtnis findet sich eine falsche Erinnerung.[390a]

Borch-Jacobsens Enthüllungen ließen sich als die dritte Version des Narrativs begreifen: Es ist die Geschichte eines gigantischen Schwindels eines bzw. zweier ehrgeiziger Männer. Der eine von beiden zweifelt zwar an der sexualistischen Theorie des anderen, läßt es aber geschehen, daß eine wichtige Fallgeschichte „umgebogen“ wird. Im Gegenstz zum psychoanalytischen Narrativ von der Heilung durch Erzählen erwies sich das Narrativ in der Praxis als unwirksam. Wirksam ist die Psychoanalyse nicht wegen der faktischen Richtigkeit des von ihr präsupponierten und inszenierten Narrativs, sondern wegen der Macht der Simulation und der Mimesis. Sich in psychoanalytische Behandlung zu begeben, läuft darauf hinaus, eine Geschichte zu reproduzieren, deren Grundgeschichte bereits ein Mythos war. Aber das ist ein Problem: Denn wenn Ricœur Recht hat, dann sind Fallgeschichten historische Narrative, die auf eine reale Person und auf Ereignisse Bezug nehmen, die von beiden an dem quasi autobiographischen Inszenierungsspiel für real gehalten werden, auch wenn diese Wahrheitsfindung in einem mühsamen Prozeß ans Tageslicht gebracht werden muß – gegen die Macht der Verdrängung, gegen das Phantasma der Verführung usw.

Weil Borch-Jacobsens Geschichte in ihrer aufgeregten Übertriebenheit diese paradoxe Ambivalenz verfehlt, steht zu erwarten, daß weitere Geschichten über Anna O. ins Haus stehen. Borch-Jacobsens verwendet den Begriff des Mythischen sehr unspezifisch. Problematisch ist eben seine aufklärerisch-journalistische Konnotation des Begriffs „Mythos“, die diesen mit Schwindel und Legende gleichsetzt und dem detektivischen Rechercheur die Aufgabe zuweist, den Priestertrug aufzudecken. Ein tautologisches Unternehmen: etwas wird zum Mythos erhoben, um sodann entmythisiert zu werden. So ist Borch-Jacobsens Geschichte Anna O. aufschlußreicher für die Eigenart journalistischer Recherche (dazu zähle ich auch einen bestimmten Typus sozialwissenschaftlicher und ideologiekritischer Entlarvung) als für den Fall O., der trotz dieser Entlarvung im Dunkel bleibt. Mehr Plausibilität hat die Vermutung, daß Freud selbst im Kontext jenes Narrativs dachte, das er geschaffen hatte: Systemlogisch ist seine Version von verblüffender Schlüssigkeit, während Breuer, ähnlich wie Schnitzler, gegenüber dem Pansexualismus Freuds letztendlich skeptisch geblieben ist.

Viel entscheidender ist aber, daß der Erfolg des psychoanalytischen Feldes im Bereich des Symbolischen wie in der Lebenspraxis des modernen Individuums keineswegs davon abhängt, ob nun die Gründungsgeschichte in „Wahrheit“ ein Flop war oder nicht. Mindestens bliebe zu fragen, warum die Psychoanalyse, die mit einem prekären Fehlschlag begann, ein kulturell so erfolgreiches Unternehmen geworden ist. Daß dieser Fehlschlag lange verschwiegen worden ist, kann nicht der Grund sein; viel eher liegt er in der psychoästhetischen Qualität, wie sie dem Narrativ Freuds zugrundeliegt. Der Triumph des psychoanalytischen Narrativs in der modernen Kultur muß

390a Mikkel Borch-Jacobsen, Anna O. zum Gedächtnis, a.a.O., S. 68.

also damit zusammenhängen, wie mit dem therapeutischen Scheitern, das wohl eines der Diagnose einschließt, umgegangen worden ist. Weder der moralisierende Hinweis auf die Falschheit des Gründungsmythos noch auch die theoretische Qualität des psychoanalytischen Diskurses vermag den überwältigenden Erfolg des Freudschen Narrativs zu erklären.

Bedenkenswert an Borch-Jacobsens Geschichte „Anna O. zum Gedächtnis" ist hingegen ein anderer Begriff von Mythos, der in seinem Text mit dem vordergründig journalistischen verquickt ist und doch mit ihm konfligiert. In der Psychoanalyse wird der Mythos, der indes direkt Bezug nimmt auf den eigenen Lebensvollzug, im Sinne der Aristotelischen Ästhetik gedeutet, Im Zentrum des Mythos steht die Produktion des modernen Individuums. Oder wie es der amerikanische Theoretiker J.M. Bernstein formuliert: das psychoanalytische Narrativ ist das Narrativ einer säkularen Kultur, in der es darum geht, das durch Erzählung gewonnene Selbst zu repräsentieren.[391]

Ich möchte das thesenhaft skizzieren:

1. Entgegen Freuds eigenem Konservativismus leistet die *talking cure* Distanzarbeit von den Mächten der Tradition und ihrer Zentralinstanz von der Familie, Befreiung aus der ödipalen Verwicklungen. Symbolischer Mord an Vater und Mutter ist angesagt.
2. Weil die dramatisierte Erinnerung an die symbiotische Vereinigung primär sexuell gedacht wird, kommt der Sexualität eine entscheidende Bedeutung beim Prozeß der Emanzipation aus der vormodernen familial übermächtigen Welt zu. Die Sexualisierung ist der Motor einer konformistischen Individualisierung und stellt das Individuum, insbesondere das weibliche, in ein völlig neues Verhältnis zu sich selbst. Die latent bewußte Sexualisierung aller Lebensbereiche unterscheidet die moderne Welt von allen vormodernen Konstruktionen des Einzelnen wie des Insgesamt von Kultur und Gesellschaft. Vermutlich ist die Sexualität keineswegs nur eine konstante naturale Größe, sondern das entscheidende Mittel, mit Hilfe dessen das Individuum Distanz erzeugt, zu sich selbst und zu anderen. Insofern bedeutet die manifestierte Sexualität, als ein kulturelles Phänomen gesehen, im Grunde genommen eine Bestätigung der Zivilisationstheorie von Norbert Elias, freilich immer unter der Prämisse, daß sie nicht einfach als Durchbruch von Natur, sondern als kulturelles Mittel des individuellen Designs angesehen wird, als ein Medium, sich Geltung zu verschaffen, Ansprüche zu erheben, Bedürfnisse zu formulieren.[392]

---

391 Jay M. Bernstein, Self-knowledge as Praxis: Narrative und Narration in Psychoanalysis, in: Christopher Nash (Hrsg.), Narrative in Culture, a.a.O., S. 51–77.

392 Norbert Elias, Über den Prozeß der Zivilisation. Soziogenetische und psychogenetische Untersuchungen (2 Bde.), Band 2: Wandlungen der Gesellschaft. Entwurf einer Theorie der Zivilisation, Frankfurt/Main: Suhrkamp [4]1977, S. 369–391. – Elias' These von der zunehmenden Selbststeuerung der Psyche sowie seine generelle Auffassung, daß sich das Verhältnis von Bewußtem und Unbewußtem verschiebt, ist plausibel, aber die Diagnose, die ich hier formuliere, ist der von Elias diametral entgegengesetzt. Elias schreibt (a.a.O., S. 390): „Im

3. Weit über die Frage des psychischen Leidens hinaus kommt ein kulturelles Muster ins Spiel, das sich – um mit Foucault zu sprechen – als eine Sorge um sich selbst bezeichnen läßt, die Ausgangspunkt einer neuen Ethik ist, die radikal selbstbezogen ist, die von einem Individuum ausgeht, das seine „Identität" infolge einer zweiten Sozialisation durch psychologische „Initiation" konstruiert, durch eine Initiation, die die primäre Sozialisation durch die Familie relativiert oder im Hegelschen Sinn „aufhebt", d.h. aufgreift und überwindet. Die verschiedenen Techniken, die aus der Psychoanalyse bzw. parallel zu ihr entstanden sind, lassen sich als kulturelle Fertigkeiten begreifen, die das Individuum benötigt, um sich im symbolischen gewordenen Kosmos der (Post-)Moderne zurechtzufinden. Man könnte in diesem Zusammenhang auch von kultureller Alphabetisierung sprechen.
4. Die paradoxe Redeweise vom „Unbewußten" (über das sich angeblich nichts sagen läßt so wie über das Wittgensteinsche Mythische und das doch im Zentrum eine höchst geschwätzigen Diskurses steht) führt – schon seit dem Mesmerismus des 18. Jahrhunderts und der Romantik – zu einer Ausweitung von Diskursmöglichkeiten. Ist das symbolische Feld der Ethnologie das äußere Fremde, so das des modernen psychologischen Diskurses das innere Fremde, das Unheimliche, das hinter dem Vertrauten lauert. Dieses Unbewußte ist keineswegs eine rein naturale Größe, sondern kulturell codiert: sein Auftauchen hat insbesondere mit dem Prozeß zu tun, der mit der Formel der Säkularisierung beschrieben wird, und es ist ganz offenkundig, daß die Psychoanalyse dieses Unbewußte beeinflußt, das sich im theoretischen Diskurs wie in der kulturellen Praxis zumeist als ein Nicht-mehr-Bewußtes und Noch-nicht-Bewußtes erweist. Im Vorzimmer des Unbewußten sitzt die Psychoanalyse als Empfangsdame, die ihre Gäste einweist.[393]
5. Gleichzeitigt besetzt die Psychoanalyse das Unzugängliche schlechthin, das frühkindlich Unbewußte mit Sinn. Sein Narrativ weist den Königsweg in ein Gelände, das ansonsten verschlossen bliebe. Vom ethnologischen Außenbetrachter aus gesehen, muß diese Sinngebung des Sinnlosen nicht wahr sein, entscheidend wird, daß es eine solche Sinngebung gibt und daß sie kommonsensual ist. Jedes neu auftauchende Feld von Phänomenen, gerade von geheimnisvollen, bedarf der symbolischen – theoretischen oder künstlerischen – Besetzung. Ganz undenunziatorisch, durchaus im Sinn von Clifford Geertz, läßt sich die Psychoanalyse mitsamt ihren kulturellen Anschlußformen als dem religiösen Code zugehörig erweisen:

> Die befremdliche Unverständlichkeit bestimmter empirischer Ereignisse, die dumpfe Sinnlosigkeit heftiger und unerbittlicher Schmerzen und die rätselhafte Unerklärbarkeit

---

Laufe dieses Prozesses wird, um es schlagwortartig zu sagen, das Bewußtsein weniger triebdurchlässig und die Triebe weniger bewußtseinsdurchlässig." – Vor diesem Hintergrund wird das Sexuelle, d.h. der Körper zum Medium der Selbstinszenierung und Steuerung: Theatralisierung des Individuums im Gefolge moderner Medialitäten.

393 Mit der Beschreibung ihrer eigenen gesellschaftlichen und kulturellen Bedeutung tut sich die Psychoanalyse ähnlich schwer wie einstmals die Theorie des Marxismus. Eine nicht-naturalistische Interpretation des Unbewußten hat schon vor Jahren Mario Erdheim vorgelegt; vgl. Ders., Die gesellschaftliche Produktion von Unbewußtheit, a.a.O., Kap. 5.

> schreiender Ungerechtigkeit lassen gleichermaßen den beunruhigenden Verdacht aufkommen, daß die Welt, und damit das Leben der Menschen in der Welt, im Grunde vielleicht gar keine Ordnung aufweist.

Geertz verwendet den Terminus aber nicht in geringschätziger Absicht:

> Wer sich die religiösen Symbole zu eigen machen kann, hat – solange er es kann – eine kosmische Garantie dafür, nicht nur die Welt zu verstehen, sondern auch seine Empfindungen und Gefühle präzise definieren zu können [...][394]

6. Das psychoanalytische Narrativ bietet dem heimat- und traditionslos gewordenen, von kulturellen Mustern extrem abhängigen Individuum ein Design an, sich selbst zu generieren durch möglichst vollständige Anamnese. Dabei ist stillschweigend oder auch nicht vorausgesetzt, daß das menschliche Gedächtnis ein verfügbares Archiv ist, das durch retrospektives Erzählen erschlossen wird: das Phantasma eines vollständigen und verfügbaren Archivs der Erinnerung.[395] Daß es sich dabei um ein retrospektives, konstruierendes erfindendes Erzählen, um eine Sinngebung *post festum* handelt, hat der klassische psychoanalytische Diskurs Freuds stets umgangen, es gehört indes zur Eigenart des Narrativen (wenn man von der Möglichkeit vorausgreifenden Erzählens absieht, das in der Verwendung des Futur Perfekt indes die Zukunft als das schon Vergangene imaginiert). Erzählen, zumal das psychoanalytische, heilt nicht nur, sondern Erzählen stiftet Identität, eine Identität von zweiter eigener Hand. Das intime, retrospektive, autobiographische Erzählen ist es also, das aus „Es" „Ich" macht, ein Ich, das durch Geschichte erzeugt, imaginär ist, wie es die Lacan-Schule formuliert.

Es sei, so schreibt J.M. Bernstein, seit Rousseau eine Selbstverständlichkeit, daß das Selbst-Erzählte keine Repräsentation, sondern eine Konstruktion ist, die allenfalls das erzählende Selbst repräsentiert.

Explizit findet die Inszenierung des psychoanalytischen Narrativs nicht als öffentliches, sondern als intimes Ritual statt, dessen Spielregeln vorgegeben sind, wie der zeitliche Rahmen. Die Psychoanalyse ist das ernste Spiel des modernen Individuums schlechthin: „To enter into psychoanalysis is like undertaking to write a serious novel or to engage in radical policy activity"[396]. Im kathartischen Privattheater kommt es zu einer Verdichtung von quasi-literarischem Narrativ und dem (momentan stillgestellten) Lebensvollzug: Psychoanalyse heißt, in der Anwesenheit eines einzigen Zuschauer-Regisseurs erzählerisch seine eigene Lebensgeschichte zu erfinden und sie zugleich vorzuführen. Actus, Erzählung und Geschichte – die drei von Genette benannten Bedeutungsmöglichkeiten von „Erzählung" – fallen in der *talking cure* zusammen und erzeugen die Illusion von objektiver Authentizität. Nicht bloß der interpretatorische Rahmen, sondern das Grundmuster der Lebensgeschichte ist vorgegeben. Es ist die Standardversion der Psychoanalyse, die sich auf das Unbewußte als eine objektive Größe beruft – das ist der metaphysische Rest, der in der historischen Freudschen

394 Clifford Geertz, Dichte Beschreibung, a.a.O., S. 71 und S. 67.
395 Vgl. Konstanze Fliedl, Arthur Schnitzler. Poetik der Erinnerung, Wien: Böhlau 1997 (= Literatur in der Geschichte, Geschichte in der Literatur; 42), S. 28 ff.
396 Jay M. Bernstein, Narrative in Psychoanalysis, a.a.O., S. 69.

Psychoanalyse steckt und der sie so unwiderleglich macht und jedweden Einwand als Verdrängung entlarvt. Insofern hat Borch-Jacobsen mit seinem anklägerischen Kommentar recht: Jede Psychoanalyse bedeutet die „Wieder-Holung“ des psychoanalytischen Gründungsmythos in Gestalt der Freudschen Version der Geschichte von Anna O. Darüber hinaus die Wieder-Holung eines merkwürdig mutierten echten Mythos, der psychologisiert und erotisiert aus der Perspektive des Vaters in die des Sohnes rückt und der dem psychoanalytischen Narrativ – in scheinbar so undramatischen, „postischen“ Zeiten – seine ernste und tragische Note verleiht.

Die Kritik am linearen Erzählen, wie sie die Literatur der klassischen Moderne und in ihrem Gefolge auch die Lacansche Psychoanalyse impliziert, bezieht sich auf zweierlei: Sie dementiert den zum Teil aus dem naturwissenschaftlichen Diskurs herrührenden Szientismus und Objektivismus des psychoanalytischen Diskurses und weist szientistische und realistische Deutungen der Psychoanalyse zurück. Zum zweiten aber rührt die Kritik am Erzählen, wie Benjamin sie nostalgisch vornimmt, nicht so sehr daher, daß dem Erzählen der Boden entzogen sei, weil es nicht mehr zeitgemäß wäre und somit nicht mehr dem ästhetischen Imperativ der Avantgarde genüge, sondern vielmehr aus der Allgegenwart des Erzählens zur Stiftung bruchloser, linearer Identität. Diese Identität zu durchkreuzen, sie zu hinterfragen und ihr gewalttätiges Potential freizulegen, darin scheint mir die eigentliche Leistung dieses Mißtrauens zu liegen: Korrektiv jenes Kitsches zu sein, der in den psychologischen und neoreligiösen Kult(ur)en produziert wird, dieser Gestus, der glaubt, des „Unbewußten“ harmonisch habhaft geworden zu sein.

Heute, wo die Psychoanalyse *common sense* bis ins germanistische Proseminar hinein geworden ist und Begriffe wie Verdrängung, Trauma, Trauerarbeit, Kompensation, Symptom usw. gedankenlos in der Sprache des Alltags umherschwirren, ist derlei kritische Reflexion mehr denn je vonnöten.

Dabei tritt indes eine Paradoxie zutage, die der *common sense* zum Verstummen bringt: Kulturwissenschaftlich wissen wir, daß unsere Narrative, Texte und Codes kulturelle „Erfindungen“ und radikalem Wechsel unterworfen sind. Im Lebensvollzug hingegen gehen wir davon aus, daß unsere Texte „stimmen“. Kulturwissenschaft bedeutet: hinter den Code des *common sense* zurückgreifen, der das Konstruierte unserer Kultur, Makrophänomene wie Zeit und Gedächtnis eingeschlossen, neutralisiert. Der psychoanalytische Patient wird auch weiterhin nicht sagen: Ich lege mich jetzt auf die Couch und erzähle Ihnen vor dem Hintergrund einer antiken Geschichte die Gründungsgeschichte der Psychoanalyse mitsamt ihrem *plot*, daß die Erfindung „meiner“ Autobiographie (auf der Folie des psychoanalytischen Gründungsmythos) meine psychischen Probleme verbessert, weil sie mir eine einigermaßen stabile Identität ermöglicht. Selbst wenn der skeptisch-relativistische, postmoderne Zeitgenosse – er oder sie – das weiß, wird er oder sie ihr bzw. sein durchaus serielles „Privattheater“ mit Aristoteles und Freud als kathartisches Privattheater erleben. Es ergeht ihm wie George Steiner[397]: Er bringt seine Sinn-Ergriffenheit angesichts der eigenen Dichtung

397 George Steiner, Von realer Gegenwart. Hat unser Sprechen Inhalt? München: Hanser 1990.

nicht mit jener Skepsis zusammen, die uns die Dekonstruktion lehrt. Das Leben ist doch kein Roman. Der *common sense* lügt nicht nur, sondern verweist auf eben jenes Außen, das in jedweder Literatur im Spiel ist.

Die Geschichte der Anna O. hat noch ein anderes, aufschlußreiches Ende, ein Ende, das freilich nicht in das psychoanalytische Narrativ mit all seinen Varianten paßt. Die erste psychoanalytische Patientin wurde später als Sozialarbeiterin in Frankfurt tätig, sie wurde eine – wie man damals sagte – engagierte Frauenrechtlerin und publizierte nebenbei auch Märchengeschichten. Breuers Biograph Albrecht Hirschmüller vermutet, daß es solche und ähnliche waren, die sie Breuer, dem ersten Erzähler ihrer Lebensgeschichte, im hypnotischen Rapport mitgeteilt hat. Aber das wissen wir nicht. Es bleibt einiges im Dunklen, auch in der Geschichte der Bertha Pappenheim. Über die psychoanalytische Kur, die die Basis für den psychoanalytischen Grundmythos bildete, hat sie sich übrigens beharrlich ausgeschwiegen.

Sie war, obschon eine gute Erzählerin (im Unterschied zu allen anderen „ersten" Patientinnen) offenkundig nicht analysefähig. Sie hat an der orthodoxen jüdischen Religiosität, am Gesetz des Vaters festgehalten und den symbolischen psychoanalytischen Vater verworfen. 1891 schrieb sie in einem Gedicht:

> Mir ward die Liebe nicht –
> Drum leb ich wie die Pflanze,
> Im Keller ohne Licht.[398]

Im „Bilderbuch ohne Bilder", in dem der Mond, der romantische Planet des Unbewußten, in einen narrativen Rapport zu einem einsamen „blutarmen Teufel" tritt, heißt es zum zweiundzwanzigsten Abend:

> Ich sah, sagte der Mond, ein kleines Mädchen weinen über die Schlechtigkeit der Welt. Es hatte die schönste Puppe geschenkt bekommen, so zart und rein, daß sie bestimmt nicht geschaffen war, Böses zu ertragen.[399]

Aber der Mond ist kein allwissender Erzähler, auch wenn er überall in die geheimen Winkel menschlichen Lebens schaut wie der Erzähler der „Nachtwachen". Er verweigert sich programmatisch, ein perfekter Detektiv zu sein, der über eine große „bürokratisch-enzyklopädische" Kartei verfügt. Das impliziert auch die Absage an ein „Dispositiv der Macht".[400]

> [...] Das Licht des Mondes entschleiert nicht jegliches Geheimnis der Sterblichen. Durch den unendlichen Luftraum sah ich nieder auf jagende Wolken. Ich sah große Schatten über die Erde eilen.[401]

Das erste psychoanalytische Erzähltraining mißlang ganz offenkundig. Die Analysandin verweigerte sich der ihr angebotenen Interpretation ihrer Lebensgeschichte. Sie wählte anderes narratives Material, das ihr eine weibliche Identität ermöglichte und zugleich dem Vater gegen die ödipale Geschichte die Treue hielt. Die Feministin als

398 Albrecht Hirschmüller, Physiologie und Psychoanalyse, a.a.O., S. 369 f.
399 Hans Christian Andersen, Bilderbuch ohne Bilder, Leipzig o. J., S. 43.
400 Gisela Steinlechner, Fallgeschichten, a.a.O., S. 57 f.
401 Hans Christian Andersen, Bilderbuch ohne Bilder, a.a.O., S. 59.

gute Tochter ihres Vaters. An der Wirkungsmächtigkeit des psychoanalytischen Narrativs ändert dies wenig. Mit der Psychoanalyse befinden wir uns mitten in der Manufaktur moderner und postmoderner Selbsterzeugung. Heilung bedeutet auch: seine Lebensgeschichte neu zu erzählen, neu zu ordnen, ihr einen anderen Sinn zu geben, den eigenen „Fall" von der (noch nicht) eigenen Jugend her aufzurollen. Am Endes des Prozesses wird dem Menschen ein neues Gewand verpaßt. Freilich kontrastiert die Ansicht, es käme hauptsächlich darauf an, daß jemand „seine" Geschichte erzählen könne, um „wer" zu sein, mit dem ursprünglichen Pathos der Wahrheitssuche: daß nämlich durch die archäologische Freilegung des Unbewußten die „Wahrheit" ans Licht kommt. Dies scheint jedenfalls jenes Moment des psychoanalytischen Diskurses zu sein, der nicht umstandslos im postmodernen Relativismus aufgeht. Offenkundig hat die Psychoanalyse selbst jene Tendenz zur Auflösung allzu glatter Kohärenzen ereilt. Es läßt sich auch außerliterarisch nicht mehr so linear erzählen. Vielleicht ist diese Tendenz einer fragilen, temporären Subjektivität, die keinen sicheren Halt mehr hat, indes selbst das Resultat einer modernen Kulturtechnik: ein Effekt des psychoanalytischen Geschichten-Erzählens.[402]

402 Vgl. hierzu auch noch einmal Wolfgang Kraus, Das erzählte Selbst, a.a.O., S. 245: „Erst die ‚alltägliche Dissoziation' [...] die Identitätsstrategie der geringen Integration und des losen Verbundes vieler Identitätsprojekte – macht die Kohärenzerfahrung möglich."

9. Das heroische Narrativ: Hermann und die Deutschen

Wenn ein Forschungsgebiet schier uferlos wird, wie das im Fall des Nationalismus ganz offenkundig der Fall zu sein scheint, dann helfen zur Orientierung nur mehr zwei Prinzipien, jenes der diskriminierenden Auswahl und das der Typologie. Vielleicht läßt sich zeigen, daß sich die Tausende von Publikationen über den Nationalismus, der lange Zeit kaum mehr als eine historische Erblast erschien, die uns das 19. Jahrhundert beschert hat, auf einige wenige Grundtypen zurückführen lassen. Dabei soll weniger auf den formalen Apparat der narrativen Strukturanalyse zurückgegriffen, sondern vielmehr dem verschiedenen disziplinären und transdisziplinären Blickwinkel das Hauptaugenmerk geschenkt werden. Es steht zu vermuten, daß sich die vorgeschlagene typologische Zuordnung entlang der Unterscheidung zwischen Geistes-, Sozial- und Kulturwissenschaften beschreiben läßt. Im geisteswissenschaftlichen Paradigma, etwa im Gefolge der Berlin-Schule, wird der Nationalismus im Geflecht einer Geschichte der Ideen verortet, etwa im Gegeneinander von westlicher Zivilgesellschaft und östlicher Gemeinschaft, sozusagen im diskursiven Kontrast von Montesquieu und Herder. David Miller beschreibt das Dilemma jener geisteswissenschaftlichen Beschäftigung recht eindrucksvoll, wenn er die Versuche Revue passieren läßt, Differenzierungen im Feld des Nationalismus vorzunehmen:

> Berlin's characterization [...] does [...] bring out what it is about the idea of nationalism that makes many people shy away and look for some other term to express their commitment to nationality. „Nationalism“ conjures up the idea of nations as organic wholes, whose constituent parts may properly be made to subordinate their aims to common purposes, and the idea that there are no ethical limits to what nations may do in pursuit of their aims, that in particular they are justified to use force to promote national interests at the expense of other peoples. Nationalism then appears both an illiberal and a belligerent doctrine, and people of a liberal and pacific disposition who nevertheless attach value national allegiances will search for some other term to describe what they believe in. Not everyone has taken this way out. An alternative is to draw distinctions between different kinds of nationalism, and then to argue that one of these is defensible while the other or others are not. In the vein it is common to contrast a desirable „Western“ form of nationalism with an undesirable „Eastern“ form, although different writers make this distinction in different ways, and draw the line between East and West in different places.[403]

Ein Problem der ideengeschichtlichen Betrachtung ist ihre geringe Distanz zu ihrem Thema. Auf eine eher unreflektierte Art schreibt sie den Diskurs fort, den sie

403 David Miller, On nationality, Oxford: Oxford UP 1995, S. 8.

beschreibt. Diese Sichtweise ist – salopp gesprochen von Renan bis zu Plessner – die im ideengeschichtlichen und politischen Diskurs vorherrschende. Die Geschehnisse zwischen 1933 und 1945 scheinen den geistigen Schlagabtausch zwischen Montesquieu und Herder endgültig zugunsten des französischen Aufklärers entschieden zu haben. Indes macht allein der postkoloniale Diskurs, wie er in den *Cultural Studies* betrieben wird, deutlich, daß die Vorstellung vom friedlichen demokratischen Nationalismus der Westmächte brüchig ist und daß der Universalismus unter bestimmten historischen Bedingungen durchaus zur Rechtfertigung von Unterdrückung, Diskriminierung und Gewaltanwendung dienen kann, die die „Zivilisierten" gegenüber den „Minder-Zivilisierten" ausüben. Umgekehrt sind auch in den aufgeklärten westlichen Nationalismus phantasmatische und organische Ideen von der besonderen Mission der *grande nation* oder des weißen Mannes eingepflanzt, die nur scheinbar mit dem aufgeklärten Selbstbild vereinbar sind.[404]

Die zweite Herangehensweise ist soziologisch-funktionalistisch: sie wird am anschaulichsten von dem hier bereits diskutierten Werk Ernest Gellners repräsentiert. Sie sieht im Nationalismus in ironischer Replik auf die Marxsche Globalisierungsthese den entscheidenden Motor für die Modernisierung der Gesellschaft nach dem „Tod Gottes" und dem Zusammenbrechen der *ancien regimes*. Der Nationalismus erscheint als ideologisch rückständige geistige Formation, die im Sinn der Hegelschen List der Vernunft einem progressiven Zweck dient. Der Nationalismus erlaubt die Vereinheitlichung moderner Administration, Schulwesen, eine gemeinsame Öffentlichkeit (Zeitung, Medien) und erleichtert die Durchsetzung der kapitalistischen Produktionsweise, die mit dem alten Partikularismus nicht vereinbar ist. Dieser Ansatz erklärt freilich nicht, warum die Moderne sich eines solch archaischen, quasi mythisch-religiösen Komplexes bedient, wie es der Nationalismus offenkundig darstellt.

Den dritten Zugang würde ich als kulturwissenschaftlich bezeichnen. Er ist dadurch charakterisiert, daß er im Gegensatz zum soziologischen Funktionalismus das nationalistische Narrativ, das in der Verquickung von Artenvielfalt und Stereotypie durchaus strukturale Verwandtschaft mit dem Proppschen Zaubermärchen aufweist,[405] in seiner medialen und symbolischen Eigenart ernst nimmt und zugleich, anders als der geisteswissenschaftliche Zugriff, seinen kulturellen „Ort" und seine spezifische „Funktion" ins Blickfeld rückt. Die kulturwissenschaftliche Interpretation, die zugleich medientheoretisch wie auch „ethnologisch" ist, stellt sich der Frage, warum moderne Gesellschaften sich durch nationale Narrative als „*imagined communities*" konstituieren. Als Paradigmen möchte ich Autoren wie Anderson und Girard benennen, die auf sehr verschiedene Weise die Logik symbolischer Vergemeinschaftung beschreiben. Während Anderson die medialen Voraussetzungen des nationalistischen Narratives hellsichtig beschreibt, kann mit Girard das Fortwirken mythischer Logik (in Gestalt des Opfers) in modernen Gesellschaften beschrieben werden.

---

404 Homi K. Bhabha, Die Verortung der Kultur, a.a.O.; vgl. die Rezension des Verfassers in: Süddeutsche Zeitung vom 17./18.2.2001 (Wochenendbeilage).

405 Dazu Material und Literatur bei Eva Reichmann (Hrsg.), Narrative Konstruktion nationaler Identität, St. Ingbert: Röhrig 2000.

Die Analyse des doppelten – göttlichen wie menschlichen – Königs, wie sie auf unterschiedliche Weise Marc Bloch und Ernst Kantorowicz vorgelegt haben, erweist sich als ein wichtiger Ausgangspunkt, die Transformation mittelalterlicher in moderne Gesellschaften zu begreifen.

An einem entscheidenden Punkt unterscheidet sich die kulturwissenschaftliche Herangehensweise von der geistes- sowie von der sozialwissenschaftlichen. Sie stellt die Frage nach der Vergemeinschaftung von Menschen auf einer generellen Ebene, als ein Problem, das sich für eine kleine Ethnie wie die heute 10 000 Menschen umfassende der Hopi-Indianer prinzipiell genauso stellt wie für 150 Millionen Russen, wenn es darum geht, kollektive Identität und ein gemeinsames symbolisches raumzeitliches Kontinuum zu konstruieren.[406]

Der kulturwissenschaftliche Ansatz unterscheidet sich aber noch an einem anderen Punkt von den beiden anderen: Er begreift den Nationalismus nicht ausschließlich und nicht vornehmlich als ein ideologisches Phänomen des 19. Jahrhunderts, als ein Produkt eben Herders und der deutschen Romantik[407], sondern als das Ergebnis einer sehr viel längerfristigeren Entwicklung. Im Falle Andersons ist es die Buchtechnik, die zu Anbeginn der Neuzeit die Schaffung großer symbolischer Räume ermöglicht. Zeitung und Romane sind mediale Genres, die es erlauben, anonyme Massen in Kommunikation zu bringen und sie symbolisch zu vergesellschaften.

Wenn im folgenden eine speziell deutsche Variante des nationalistischen Narrativs analysiert wird, nämlich die Geschichte von Arminius, der darin zum ersten Deutschen mutiert, dann nicht zuletzt deshalb, weil Deutschland gerade im geisteswissenschaftlichen Diskurs über den Nationalismus als dessen Heimstatt gilt. Wir werden dabei gewiß nicht auf geistes- und sozialwissenschaftliche Einsichten verzichten, aber doch eine vertraute Vorstellungen nachhaltig in Frage stellen, etwa jene These vom romantischen Debüt des Nationalismus als Kontrastbildung zur französischen Revolution.

Rein historisch besehen erweist sich die weitverbreitete Annahme als unhaltbar, wonach der deutsche (und im Anschluß daran der europäische) Nationalismus (mit Ausnahme Frankreichs und Englands) als eine Reaktionsbildung auf die französische Revolution zu verstehen sei. Sie ist am überzeugendsten von Isaiah Berlin vertreten worden. Seine Argumentation basiert auf zwei Überlegungen: Die französische Revolution und die moderne Nationswerdung in Frankreich standen unter dem Signum des Universalismus und Kosmopolitismus. Deutschland als nachfolgende und verspätete Nation konnte sich zur Konstitution seiner Staatswerdung nicht auf diesen universalistischen Code berufen, denn dieser war spätestens seit 1789 als identitäts-

406 Andre Gingrich/Carmen Nardelli/Johannes Ortner, Zeitliche Vielfalt: Wie in Kulturen der Welt mit der Zeit umgegangen wird, in: Wolfgang Müller-Funk (Hrsg.), Zeit. Mythos, Phantom, Realität (Katalog zur Oberösterreichischen Landesausstellung Wels), Wien: Springer 2000, S. 39–64.

407 Vgl. z.B. Alain Finkielkraut, Die Niederlage des Denkens, Reinbek bei Hamburg: Rowohlt 1989, S. 35–41, 49 und 97; Julia Kristeva, Étrangers à nous-mème, Paris: Fayard 1988; deutsch: Fremde sind wir uns selbst (aus dem Französichen von Xenia Rajewsky), Frankfurt/Main: Suhrkamp, S. 193–198.

stiftendes Merkmal von der *grande nation* besetzt. Deshalb mußten die deutschen Intellektuellen bei der Erfindung ihrer Nation zu einem partikularistischen Code greifen: zu Herders Volksgeist. Nicht zuletzt bezog dieser seine Legitimation aus den schrecklichen Ereignissen der jakobinischen *terreur*.[408]

Abgesehen davon, daß gerade in der radikalen jakobinischen Phase der französischen Revolution nationalistische Momente im Spiel gekommen sind, kann man zeigen, daß der mit Geschichte operierende, nationalistische Code im Deutschland des 18. Jahrhunderts bereits voll ausgebildet war. So bezeichnet Kleists Text „Hermannsschlacht", dem im Bereich der Literatur nicht selten die Rolle eines Initials zugeschrieben wird, nicht etwa den Beginn eines „klassisch" gewordenen nationalistischen Narrativs, sondern gewissermaßen einen vorläufigen Schluß- und Höhepunkt.

Die Ineinssetzung von Nationalismus und Romantik steht in einem unübersehbaren Gegensatz zum programmatischen Selbstverständnis der historischen Romantik selbst. Die Romantik stellt ihrer ganzen inneren Logik nach und nicht bloß in ihren frühromantischen Anfängen die einzige nennenswerte nicht-nationalistische und universalistische Strömung im Deutschland der Moderne dar. Zugleich sticht ihre Gespaltenheit im Hinblick auf die moderne gesellschaftliche Entwicklung ins Auge. Zum ersten Mal wird der Gegensatz von ästhetischer und gesellschaftlicher Moderne in ihrer ganzen Dynamik sichtbar. Zu erwähnen sind auch Tiecks und Schlegels Konzept von Weltliteratur (das an Goethes anschließt) sowie ihr politischer Universalismus. Der protestantismuskritische Impuls und seine anti-nationalistischen Implikationen gehören in diesen Zusammenhang. Dies kommt programmatisch darin zum Ausdruck, daß die Romantik den Namen des (imaginierten) Fremden, des Romanischen nämlich, in sich trägt, ihn gleichsam evoziert.

Wenigstens im deutsch-protestantischen Kontext ist der neuzeitliche Nationalismus ein Produkt des Zeitalters der Aufklärung, jenes intellektuellen Geschehenszusammenhangs, innerhalb dessen die christliche Ordnung der Dinge einigermaßen endgültig in Frage gestellt wurde. Das nationalistische Narrativ avanciert dabei zum historischen Nachfolger der politischen Konstruktion der „zwei Körper des Königs" (Kantorowicz):

> Das 18. Jahrhundert markiert in Westeuropa nicht nur die Morgenröte des Zeitalters des Nationalismus, sondern auch die Abenddämmerung religiöser Denkweisen. Das Jahrhundert der Aufklärung, brachte auch seine eigene, moderne Dunkelheit mit sich. Mit dem Verfall der Religiosität verschwand das Leid, in das der Glaube eine Ordnung gebracht hatte, keineswegs. Der Zusammenbruch des Paradieses macht den Tod willkürlich und überführt jeden Erlösungsgedanken der Absurdität. Notwendig wurde somit eine Umwandlung des Unausweichlichen in Kontinuität, der Kontingenz in Sinn. Wie wir sehen werden, waren (und sind) nur wenige Dinge hierzu geeigneter als die Idee der Nation. Auch wenn man die Nationalstaaten weithin als „neu" und „geschichtlich" versteht, so kommen die Nationen, denen sie den politischen Ausdruck verleihen, immer aus unvordenklicher Vergangenheit und, noch wichtiger, schreiten in eine grenzenlose Zukunft [...] Meiner Auffassung nach ist der Nationalismus nur zu

408 Isaiah Berlin, Der Nationalismus (aus dem Englischen von Johannes Fritsche), Frankfurt/ Main: Hain 1990; Ders., Nationalismus, „Volksgeist". Die universale Kultur und der Pluralismus der Lebensweisen, in: Lettre International H. 15, Berlin 1991, S. 6–9.

> verstehen, wenn man ihn nicht in eine Reihe mit bewußt verfochtenen Ideologien stellt, sondern mit den großen kulturellen Systemen, die ihm vorausgegangen sind und aus denen – und gegen die – er entstanden ist.[409]

Der Konnex von Nationalismus und Romantik ist abweichend vom *main stream* als ambivalent zu bestimmen: Mit der Romantik eröffnen sich Perspektiven, den neuzeitlichen Nationalismus als ein Krisensymptom der Politik und des Politischen überhaupt zu begreifen. Die *Neue Mythologie* ist über das Ästhetische hinaus als ein Denkmodell zwischen Tradition und Revolution, zwischen der Politik des *ancien régime* und dem Nationalismus der Massen zu bestimmen. Historisch läßt es sich als das ausgeschlossene, seinerzeit historisch Unmögliche, womöglich auch Verfrühte beschreiben.

Nach 1800 ist hingegen eine diskursive Koalition einer sekundären Romantik mit dem sich aktualisierenden und radikalisierenden deutschen Nationalismus merkbar, der schon zuvor latent ausgebildet ist. Diese intellektuelle Konstellation hat einen präzisen Ort: die Leerstelle, die Utopie der *Neuen Mythologie*. Der deutsche Nationalismus, der diese Leerstelle historisch erfolgreich verdeckt, greift – um ein symbolisches Datum zu wählen – seit 1806 auf den älteren diskursiven Fundus der aufklärerischen Epoche zurück und konstituiert sich als europäischer Prototyp in einem mythischen Gewand.[410]

Das Ironische am Nationalismus ist – so scheint es wenigstens auf den ersten Blick – seine Universalität, die, will man nicht den Nationalismus auf Stammesfehden und kollektiv wirksame Feindbildproduktion reduzieren, freilich historisch und kulturell eingrenzbar ist. Von diesen unterscheidet er sich durch zwei historische Voraussetzungen: Nationalismus als politische Diskursform und als literarisches Narrativ wird wirksam in Frontstellung zu einer spezifisch christlichen Ordnung des Heiligen und zu einem gesellschaftlich verankerten Universalismus. Was programmatisch jedweden Universalismus negiert, entpuppt sich an entscheidender Stelle als universaler als jedweder – alte wie neue – Universalismus, gegen den der neuzeitliche Nationalismus stets Einspruch erhoben hat. Verblüffend ist die Austauschbarkeit jenes rhetorisch so wirksamen und theoretisch so anspruchslosen Nationalismus und seiner Konfigurationen:

> Erhebet nur eure Blicke, Kameraden! sehet an euren erbarmenswerten Zustand, eure entheiligten Tempel, eure Töchter der Wollust von Barbaren preisgegeben, eure geplünderten Häuser, eure verwüsteten Felder, euch selbst als unselige Sklaven! Wäre es nicht endlich Zeit, das unerträgliche Joch abzuschütteln, das Vaterland zu befreien? Legt alles Ungriechische ab, schwingt die Fahnen, schlagt das Kreuz, und ihr werdet überall siegen und das Vaterland und die Religion von der Beschimpfung der Gottlosen retten.

---

409 Benedict Anderson, Kulturelle Wurzeln, in: Elisabeth Bronfen/Benjamin Marius/Therese Steffen (Hrsg.), Hybride Kulturen. Beiträge zur anglo-amerikanischen Multikulturalismusdebatte, Tübingen: Stauffenburg 1997, S 33 f.

410 Vgl. zu diesem Themenkomplex das Mythos-Kapitel im vorliegenden Buch. Der Nationalismus ist in der philosophischen Mythos-Diskussion – mit Ausnahme der Arbeiten von Manfred Frank und Cornelia Klinger – eher eine Leerstelle geblieben, z.B. in: Christoph Jamme, „Gott an hat ein Gewand", a.a.O. oder auch in der Anthologie von Karl Heinz Bohrer (Hrsg.), Mythos und Moderne, a.a.O.

> Wer von euch, edle Griechen, wird das Vaterland nicht freudig von seinen Banden befreien wollen?[411]

Variationen eingeschlossen, läßt sich dieser flammende Aufruf des in russischen Diensten stehenden griechischen Adligen Alexander Ypsilanti verallgemeinern. Auch ein tschechischer oder italienischer Nationalist des 19. Jahrhundert oder ein deutscher Aufklärer des 18. Jahrhundert hätte so und ähnlich gesprochen haben können. Die Adressaten und die apostrophierten Feinde: Die Namen wechseln, die rhetorische Struktur bleibt *grosso modo* dieselbe. Oder anders ausgedrückt: Es scheint so etwas wie ein durchgängiges „Narrativ"[412] und eine entsprechende Tropologie[413] des Nationalismus zu geben, mag sich der Kontext des neuzeitlichen Nationalismus auch verschieben. Was hier interessiert, ist nicht so sehr eine ideologiekritische Bestandsaufnahme des Phänomens, die eine klügere Außensicht impliziert und doch sehr schnell in Argumentationsnotstand gerät. Außer acht bleibt auch die in Geschichts- und Politikwissenschaft gepflegte Unterscheidung zwischen einem „ungesunden", übertriebenen Nationalismus und einem berechtigten „normalen" Nationalbewußtsein. Zweifelsohne durften sich die flammenden Aufrufe der griechischen, polnischen und anderer Nationalrevolutionäre anno 1830 und anno 1848 der intellektuellen Sympathien in ganz Europa gewiß sein. Übrigens ist der Nationalismus, dessen Geschichtsmächtigkeit, wie Berlin scharfsinnig bemerkt hat, kaum jemand vorhergesagt hat[414], von den politischen Kräften, die sich dem Projekt der Erneuerung und des Fortschritts verschrieben haben, nur selten theoretisch oder gar praktisch-politisch bedacht oder wie bei Marx als bloßes Transitorium behandelt worden.[415]

---

411 Zit. nach Peter Alter, Nationalismus, Frankfurt/Main: Suhrkamp 1985. – Alters vor 1989 erschienenes Buch unterscheidet typologisch „Risorgimento-Nationalismus", „Reform-Nationalismus", „integralen Nationalismus" und als dessen Übersteigerung den Nationalsozialismus. Politkwissenschaftlich erscheint eine solche Differenzierung plausibel, kulturtheoretisch betrachtet führt sie indes dazu, die strukturellen Gemeinsamkeiten zu unterschlagen, damit auch die Gewalttätigkeit, die dem nationalistischen Gründungsakt zugrundeliegt.

412 Zur Diskussion vgl. Brian Mc Hale, Postmodernist Fiction, London/New York 1987; Christopher Nash (Hrsg.), Narrative in Culture, a.a.O.

413 Hayden White, Auch Klio dichtet, a.a.O.

414 Isaiah Berlin, Nationalismus, Volksgeist, a.a.O., S. 6–9.

415 Karl Marx/Friedrich Engels, Manifest der kommunistischen Partei (1848), in Studienausgabe, a.a.O., Band 2, S. 59–87. – Die Argumentationslinie verläuft so: Das Bürgertum hat im Gefolge der Revolutionierung der ökonomischen Verhältnisse die Gesellschaft zentralisiert. Der Nationalstaat ist somit eine ökonomische Notwendigkeit geworden. Ab einem bestimmen Punkt in der Entwicklung der Produktivkräfte werden die national organisierten Volkswirtschaften dysfunktional. Das Proletariat als neues Subjekt der Geschichte wird die nationale Beschränkung der Ökonomie überwinden und an deren Stelle eine internationale gesellschaftliche Assoziation setzen. Stalin war ein nationalistischer Revisionist und Trotzki – in seinem Irrtum über die Kurzlebigkeit des Nationalismus – ein orthodoxer „Marxide". Erwähnt wird diese Argumentationslogik aber weniger aus philosophisch-politischer Nostalgie, sondern vielmehr weil ihre Anziehungskraft ungebrochen ist: Die diversen Globalisierungs- und Medientheorien (mit dem Internet oder dem *cyborg* als neuem „Subjekt") verkünden abermals das Ende des Nationalismus und den Anbruch einer globalen Welt.

Nun läßt sich durchaus darüber diskutieren, ob nicht bestimmte politische Aufstände, die unter dem Vorzeichen des Nationalismus gestanden haben, aus einer freilich dezidiert nicht-nationalistischen Perspektive ihre moralische Berechtigung gehabt haben, während andere nationale Erhebungen das schiere Gegenteil implizieren. Worum es hier geht, ist aufzuzeigen, daß all diese Nationalismen, die am Anfang der Nationswerdung stehen, eine gemeinsame Struktur haben und daß zwischen dem scheußlichen Nationalismus eines SA-Mannes oder eines Tschetniks und dem noblen Nationalismus eines *risorgimento*-Nationalisten wohl ein moralischer, aber kein „diskurslogischer" Unterschied besteht. Was Ypsilanti und Karadzic trennt, sind nicht zuletzt: 175 Jahre. Als die griechischen Partisanen Griechenland befreiten, brannten überall die Moscheen und Bazare. Es fand sich nur niemand, der damals (oder auch danach) dagegen Einspruch erhoben hätte. Daß solches nationale Befreiungspathos nunmehr mit Einspruch rechnen muß, hat damit zu tun, daß der Nationalismus, der seit den Tagen Ypsilantis eine breite Blutspur hinterlassen hat, in einem flagranten Gegensatz zu den manifestierten und institutionalisierten Konzepten der westlichen Menschenrechtsgesellschaft steht.

Das Narrativ des Nationalismus, hier am unverdächtigen Beispiel eines positiv codierten Befreiungsnationalismus vorgeführt, umfaßt im wesentlichen folgende Merkmale:

1. Es beinhaltet einen Begriff von „Freiheit" (und Unfreiheit), der inhaltlich eigentümlich leer ist. Weder ist im Narrativ des Nationalismus ein positives gesellschaftspolitisches, „ideologisches" Ziel (Emanzipation, Problematisierung von Herrschaft und Gewalt, Zivilgesellschaft) formuliert, noch wird der propagierte Freiheitskampf theoretisch anspruchsvoll legitimiert: Freiheit ist die Freiheit und Autonomie vom Fremden, vom ethnisch Anderen, den das Narrativ erst in seinem binären Code konstruiert (Wir und Die). Darin eingeschlossen ist – rein diskurslogisch – die „radikale" politische Position, wonach die Diktatur, die unter dem Vorzeichen der eigenen Ethnie steht, in jedem Fall einer demokratischen Fremdherrschaft vorzuziehen sei. Überhaupt ist es die Kompromißlosigkeit des nationalen Diskurses, die strukturlogisch im Widerspruch zum liberalen Ideal des Ausgleichs und der Vorläufigkeit steht.
2. Das Problem von Herrschaft rückt nur insoweit ins Blickfeld, als es sich um eine Fremdherrschaft handelt. Wenn die Fremden (die Türken, die Franzosen, die „Römlinge", die habsburgischen Völkerkerkermeister, die Juden usw.) vertrieben sind, erledigt sich das Problem von Herrschaft wie von selbst. Das Problem von Herrschaft ist ein fremdes, exterritoriales. Was jedweder Nationalismus imaginiert, ist das Bild einer im Doppelsinn unentfremdeten Gemeinschaft. Dazu bedarf es eines Moments, das in der Moderne auch in anderen Bereichen strukturbildend wird: des Rückgriffs, der „Revolution" auf das Frühere, womöglich sogar Archaische, in dem es keine Fremdherrschaft und keine entfremdete Herrschaft gibt. Die nationale Revolution ist eine Revolution, die die Rückkehr zu einem herrlichen Anfang imaginiert.

3. Zur Logik nationalistischer Mobilisierung gehört die Rhetorik des Unaufschiebbaren, des Notstandes, wie es bei Ypsilanti im Bild der totalen Versklavung, der Vergewaltigung der eigenen Frauen sowie der geplünderten Häuser und der verwüsteten Felder aufscheint. Das Bild, das die diversen slawischen Nationalismen nach 1866 von der K. u. K. Monarchie gezeichnet haben – der „Völkerkerker" – liegt ganz auf derselben Ebene. Es ist nicht überflüssig zu erwähnen, daß diese nationalistischen Phantasmen der vermeintlich anstehenden Selbstauslöschung keineswegs der historischen Realität entsprechen. Ganz im Gegenteil. Ohne die *ancien régimes* im Nachhinein zu verklären, läßt sich behaupten, daß beispielsweise die Stellung der Griechen im Osmanischen Reich, obzwar machtpolitisch peripher, durchaus eine privilegierte war: Die Religionsausübung war ebenso gewährleistet wie die gesellschaftliche Machtausübung auf regionaler Ebene. Nicht zuletzt rekrutierte sich aus der griechisch-orthodoxen Bevölkerung jene zunehmend mächtige Schicht von Menschen, die Einfluß in Handel und Wirtschaft besaßen.[416]
Das dramatische und programmatische Bild, das der jeweilige Nationalismus von der „fremden" Herrschaft entwirft, muß keineswegs mit der historischen Realität übereinstimmen. Diese auffällige Differenz produziert keine Irritation, mindert nicht die historische Schubkraft des nationalistischen Narrativs, sondern steigert sie sogar noch.
4. Ganz offenkundig wird die Nation weiblich imaginiert. Der von Fremden verletzte und geschundene, unschuldige und wehrlose Volkskörper ist feminin. Die der Wollust der Barbaren preisgegebenen „Töchter" stehen für diese real wirksame, kollektive Imagination des Politischen. Ins Zentrum rückt das Phantasma, daß der wollüstige Fremde es ist, der den Körper der eigenen Frau nimmt und vergewaltigt: Kastrationsangst und Furcht vor sexueller Depotenzierung. Das Zentrum des nationalistischen Phantasmas ist sexuell und die Konstruktion der neuzeitlichen Gemeinschaft als eines zu bewahrenden weiblichen Körpers erklärt auch die Freisetzung gewaltiger affektiver Energien: Die nationale Leidenschaft ist ein psychodynamisches Faktum. Der männliche Körper konstituiert sich – lange vor Faschismus und Nationalsozialismus[417] – an der Grenze des wehrlosen weiblichen: als Wall und Mauer. Die Renaissance des sieghaften Helden.
5. Der Fremde ist derjenige, der den „eigenen Körper": die Frau, die Erde und das fruchtbare Feld besetzt hält. Diese Okkupation ist allein schon als barbarischer „Akt" zu werten. Die offensichtliche Überlegenheit des Fremden kann nun verschiedene Ursachen haben: Die Zuschreibung des Barbarischen, im vorliegenden Kontext eine rhetorische Tautologie des Fremden, ist naheliegend und sie impli-

---

416 Das konzediert auch Peter Alter, der dem „Risorgimento"-Nationalismus (ähnlich wie auch Ernest Gellner) eine positive gesellschaftliche Rolle zuweist. Vgl. Alter, Nationalismus, a.a.O., S. 30

417 Klaus Theweleits Buch Männerphantasien analysiert insofern nicht einen historischen Ausnahmefall, vielmehr läßt sich der Nazismus im doppelten, schrecklichen und zugleich ironischen Sinn als eine „Summa" des Nationalismus bezeichnen. – Vgl. Klaus Theweleit, Männerphantasien, Frankfurt: Stroemfeld Roter Stern 1986.

ziert den Trost, daß der Bedränger der eigenen Frau moralisch und kulturell primitiv ist und gerade diesem Umstand, dieser zivilisatorischen Unterlegenheit, seine zeitweilige Überlegenheit verdankt. Oder aber – und das wäre die durchgängig deutsche Variante – der bedrohliche Fremde wird als zivilisatorisch überlegen angesehen; doch diese Eigenschaft wird gegen ihn gekehrt: Er ist wollüstig, dekadent, ohne Ideale, künstlich, luxuriös, zynisch, ohne wahre Religion – auch hier muß die militärische und herrschaftspolitische Überlegenheit der als fremd markierten Macht zu einem moralischen Manko umgedeutet werden. Zwar verschafft ihm seine zivilisatorische Überlegenheit zeitweilig Vorteile, aber *á la longue* schlägt dieser Vorteil um; weil die männliche Kampfbereitschaft durch diese Verweichlichung untergraben wird.

6. Es gilt in einem Akt von Selbstreferenz das von den „Barbaren" zum Schweigen gebrachte patriotische Narrativ wieder in Umlauf zu bringen, ihm Geltung zu verschaffen und es möglichst lückenlos durchzusetzen. Der jeweilige Aufruf ist insofern tautologisch: Er ist der „Aufruf" des Narrativs selbst, das nach und nach eine symbolische Ordnung und ein nationales Gedächtnistheater etabliert. Der Anruf ist stets einer, der aus der Vergangenheit kommt und an die Gegenwart appelliert. Durch diese kollektive Gedächtnisarbeit wird nach dem siegreichen *risorgimento* Dauer erzeugt:

> Nun, Herrmann, höre zu, und merke mit Bedacht,
> Warum dein Vater dich in diesen Hayn gebracht.
> Sohn, wo dich Hitz und Mut zu edlen Thaten tragen;
> So laß dir deine Pflicht von diesen Bildern sagen
> Sey groß und hebe dich in dieser Helden Zahl.
> Hier prangt Thuiskons Bild, hier Mannus Ehrenmal
> In diesen ist zuerst der deutsche Muth entglommen;
> Durch sie sind Großmut, Treu und Ruh auf uns gekommen.
> Der Trieb, der Flachheit flieht, nicht weiche Sitten liebt,
> Nichts von Gesetzen weis, und doch die Tugend übt;
> Der Ehrgeiz, frey zu seyn, und nie verkauft zu leben,
> Ist uns von ihnen her, in unsre Brust gegeben.[418]

Diese Version eines deutsch-nationalistischen Narrativs datiert aus dem Jahre 1740 und stammt von einem namhaften Dramatiker der deutschen Frühaufklärung, Johann Elias Schlegel. Der Text ist aus mehrerlei Gründen aufschlußreich: Da ist einmal das frühe Datum einer antifranzösischen und antiuniversalistischen Textur; überdies scheint das Narrativ dem Publikum anno 1740 bereits vertraut zu sein, der Autor setzt die Kenntnis über den ersten heroischen „Deutschen" offensichtlich voraus. Johann Elias Schlegel selbst räumt dem Stück eine herausragende Bedeutung in seinem Œuvre ein, spiegelt es doch gleichsam die Haltung, die hinter dem Schaffen eines Autors steht, der sich in eigenständiger Auseinandersetzung mit Opitz, dem Wächter und Protagonisten der einen deutschen Sprache, darum bemüht, in Analogie zu anderen europäischen Kulturen eine deutsche Nationalliteratur zu schaffen: „Herrmann. Ein Trauerspiel" ist die dezidierte Ausbreitung dieses Programms. Die

418 Johann Elias Schlegel, Werke, Erster Theil (hrsg. von Johann Heinrich Schlegeln), Kopenhagen und Leipzig: Mumme 1771, S. 313.

Entstehung einer kanonisierbaren neuhochdeutschen Literatur und die Stiftung eines nationalistischen Narrativs im „Herrmann“ fallen zusammen.[419]

Zwar weist auch schon dieser frühe Hermann formal wie inhaltlich Strukturen des Mythischen auf, programmatisch operiert sein Verfasser hingegen mit der Geschichte als Argument. Wie nach ihm Möser und Klopstock führt er die römisch-lateinischen Quellen über den Arminius an, den er – wie diese auch – in einem Akt von nachträglicher Aneignung zum ersten deutschen Helden macht, zum ersten, der es wagt, sich gegen die Herrschaft des und der Fremden aufzulehnen. Aus einem germanischen Provinzialherrn in römischen Diensten wird im „Tigersprung“ (Benjamin) der erste Deutsche, Hermann, der dadurch deutsch wird, daß er alles Fremde, Undeutsche, „Römische“, ausmerzt.

In dieser frühaufklärerischen Version des Arminius-Stoffs, den man alles in allem als eine erste mehr oder minder unkritische Arbeit an einem deutschen Zentralmythos bezeichnen kann, sind all die Momente im Spiel, die in dem Manifest des griechischen Fürsten Ypsilanti hundert Jahre später hervortreten werden: der unspezifische Begriff von Freiheit, die Ineinssetzung von Herrschaft mit Fremdherrschaft, die Rhetorik des Notstandes, das Weibliche des gemeinsamen und zugleich heldisch umstrittenen Körpers, der durch Thusnelde, die Frau des Rebellen Herrmann repräsentiert wird, die dieser ihrem Vater, dem Römerfreund Segest, geraubt hat. Stets ist der weibliche Körper in Gefahr, in die Hände der Gegner zu fallen. Und schließlich setzt der Text das nationalistische Narrativ, dieses in der „Geschichte des Vaterlandes so wichtige Sujet“[420], in Kraft, indem er es als Theaterstück auf- und vorführt.

Aufschlußreich ist die zitierte Eingangspassage: Hermanns Kampf um Deutschland beginnt als eine quasi-religiöse Einweihung im Angesicht vorbildhafter germanischer, d.h. nicht-christlicher Götter, deren Altar nicht in einer Kirche steht, sondern in die als frei imaginierte Landschaft, den „Hain“ verpflanzt ist. Deren Bilder, die Hermann in sein individuelles Gedächtnis einbeziehen soll, nehmen ihn, als religiösen Initianden, gleichsam in die Pflicht. In ihnen ist das kollektive Imaginäre auskristallisiert. Es gehört zur ästhetischen Strategie der Verdoppelung, daß es den Rezipienten ins theatralische Spiel einbezieht: So wie Hermann das Narrativ der gesetzlosen, mutigen deutschen Götter in sich trägt, so soll der zeitgenössische Leser dieses nationale Weihespiel in sich integrieren und dessen Rituale nachzuvollziehen. Das Religiöse entsteht aus dem Theater, so bedarf auch das nationalistische Narrativ des Dramatischen.[421]

Die nationalistische Tendenz wird sich in den nachfolgenden Arbeiten am Hermann-Stoff noch steigern – von Mösers vergleichsweise unbedeutendem Stück (1751,

419 Vgl. die ideologiekritisch orientierte Studie von Hans Peter Herrmann/Hans-Martin Blitz/Susanna Moßmann, Machtphantasie Deutschland. Nationalismus, Männlichkeit und Fremdenhaß im Vaterlandsdiskurs deutscher Schriftsteller des 18. Jahrhunderts, Frankfurt/Main: Suhrkamp 1996.

420 Johann Elias Schlegel, Hermann. Ein Trauerspiel, Vorbericht, a.a.O., Erster Teil, S. 285.

421 Zum Zusammenhang von Religion und Drama vgl. René Girard, Das Heilige und die Gewalt, a.a.O., S. 134.

in Wien aufgeführt) bis zu Klopstocks blutorgiastischem Szenodram „Hermanns Schlacht".[422] Für den Frühaufklärer Schlegel war die zivilisatorische Überlegenheit der Römer noch ein schmerzhaftes und delikates theoretisches Faktum; damit mag auch zusammenhängen, daß Segest, der unfreiwillige Schwiegervater Hermanns, dessen zeitweilig ebenbürtigen dramatischen Antipoden abgibt. Segest plädiert für ein gesetzliches Leben der „Deutschen" im Rahmen der römischen Jurisdiktion und der römischen Zivilisation und tritt für ein friedliches Zusammenleben ein. Mit Segest kommt eine dramatisch durchaus wirkungsvolle Gegenposition zum nationalistischen Narrativ zu Wort. Daß seine Position der kulturellen Mischung und des friedlichen Miteinanders letztendlich verworfen wird, steht freilich auch im „Herrmann"-Stück von 1740 außer Streit; bei Möser, einem veritablen Aufklärungsschriftsteller, und in Klopstocks martialischem Stück sind die romtreuen Verwandten Hermanns zu einem Popanz zusammengeschrumpft: sie fungieren im binären Code des nationalistischen Narrativs als abscheuliche Verräter, die von der nationalen Gemeinschaft, die die Logik der Opfergesellschaft reinstalliert, auszumerzen sind.

Klopstocks „Hermanns Schlacht", das der Autor als ein „Bardiet", als einen bardischen Gesang für die Schaubühne, apostrophiert, ist von Anfang an als ein nationales Weihespiel konzipiert.[423] Ort der Handlung ist ein druidischer Opferplatz. Dort befinden sich die Priester, voran der Druide Benno, Barden, die zum Kampf anstacheln, Opferknaben und Siegmar, der greise Vater des deutschen Helden, kein dynastischer Herrscher. Die religiöse Opferstätte, erhaben über dem eigentlichen Schlachtfeld gelegen, ist nicht nur der Schauplatz, von dem aus – medial gesprochen – live über das unsichtbar bleibende Geschehen des mörderischen Krieges berichtet wird, vielmehr bildet sie den internen Bezugspunkt, das Binnenzentrum eines trotz allen Gemetzels innerlich wie äußerlich spannungsarmen Stückes. Es deutet das kriegerische Geschehen als eine quasi-religiöse Handlung. „Das schöne Blut der Schlacht"[424], vor allem das der Fremden, aber auch das eigene, das aufzusaugen merkwürdigerweise den „Müttern und Weibern" obliegt, weist unmißverständlich darauf hin, daß die imaginierte Nationalreligion auf der Logik des eigenen wie des fremden Opfers beruht. Mana, Thuiskon und Wodan, die Götter der Germanen-Deutschen, fordern ihren Blutzoll. Als Belohnung winkt die Einschreibung in das Gedächtnistheater der Walhalla. Damit korrespondiert die Bereitschaft zum Tod der keuschen deutschen Männer, „die lieber sterben als leben". Deshalb geht der altersschwache Siegmar, der Vater Hermanns, in die Schlacht, um sich

422 Klopstocks gesammelte Werke in vier Bänden (hrsg. von Franz Muncker), Stuttgart o.J., S. 33. – Der Titel „Hermanns Schlacht" hebt anders als der zusammengezogene bei Kleist („Hermannsschlacht") die Außergewöhnlichkeit des gewalttätigen Gründers des Deutschtums hervor. Demgegenüber pathetisiert Kleist das Kollektive der Unternehmung, das in Hermann seinen Ausdruck findet.

423 Klopstock, An den Kaiser, a.a.O., S. 35 f.

424 Ders., Hermanns Schlacht, a.a.O., S. 43: „Sauget, Mütter und Weiber, das schöne Blut der Schlacht!" – Nebenbei bemerkt eine perverse Umkehrung: die Frauen, die Säugung gewähren (in Gestalt der Muttermilch), werden zu Saugenden, wobei das Blut jener ganz besondere Saft zu sein scheint, den die Männer hervorbringen und an dem das weibliche Geschlecht „saugt".

hernach todeswund an den Altar zu schleppen, der das eigentliche Schlachtfeld ist. Und umgekehrt. Zugleich aber ist das Blut der Fremden und ihr Feldzeichen, der römische Adler, das größte Opfer, das den germanisch-deutschen Göttern dargebracht wird. Folgerichtig fordert Benno, der Oberpriester, am herrischsten den Blutzoll ein, etwa, wenn es darum geht, die Verräter, d.h. jene Germanen, die für die Römer gekämpft haben, hinzurichten.

Die blutige Schlacht ist der Kern des Gottesdienstes, keineswegs einer konkreten Notwehrsituation eines bedrängten Volkes entsprungen. Durch die Schlacht konstituiert sich eine Gemeinschaft des Blutes, sie ist die *conditio sine qua non*, der von den nationalen Göttern geforderte Preis. Es handelt sich um eine gesetzlose Gemeinschaft, die durch Blut und Askese zusammengehalten wird, eine in ihrem Kern militärische Gesellschaft mit einem Führer und einer Schar von gleichberechtigten Kriegern. Die Bardenkunst, Text und Gesang, Spiegelbild des Dramas sorgt für den emotionalen Zusammenhalt des Volkskörpers, der weiblich imaginiert im männlichen Kampf hervortritt. Klopstocks Bardiet ist die effektvolle dramatische Affirmation dessen, was René Girard als „Gründungsgewalt" bezeichnet hat.[425]

Das Narrativ des Nationalismus ist binär: Es kann nur Freund oder Feind, Landsleute oder Fremde geben. Wer diese Logik zu durchbrechen sucht, ist ein Verräter, der außerhalb der Kriegs- und Blutsgemeinschaft gestellt wird. Der Feind aber ist – auch das klang schon im Vorläufer-Stück von Johann Elias Schlegel an – dekadent, verweichlicht, tierisch und wollüstig. So singen die Kriegschöre in der zweiten Szene des nationalen Weihespiels:

> Entartet, Romulus Enkel, und gleicht
> bei dem Wollustmahle dem Tier![426]

Vor diesen Entarteten gilt es, den kollektiven, weibliche Volkskörper zu schützen. Der Kampf für dessen Integrität schließt Sexualität als Wollüstigkeit aus; und die Absage an diese verschafft einen moralischen Luxus, ein Hochgefühl, das wiederum den Vernichtungswillen potenziert. Die spezifisch deutsche Variante des universalen nationalistischen Narrativs mag in eben jener Verschränkung liegen: protestantische Außenweltaskese bei innerweltlich-nationaler, nicht sublimierter Aggressionsbereitschaft.

Unverkennbar liegt hier eine mehrfach codierte Feindbild-Konstruktion vor: der Feind, das ist der gesamte römische Komplex, aber auch das ludovicanische, „entartete" Frankreich des *dixhuitiéme*. In diesem Diskurs fallen Zivilisation und Dekadenz tendenziell zusammen. Immerhin darf man nicht vergessen, daß die nationale Leidenschaft ausreichte, daß im aufgeklärten Göttingen die Bücher des „Französling" Wieland, des nationalen Abweichlers und geistigen Verräters, verbrannt wurden, eine beklemmende Vorschau auf Kommendes.

In dieser Konstruktion des Politischen wird zugleich dem Universalismus des Kaisertums eine verdeckte, wiewohl rabiate Absage erteilt, auch wenn der Autor von „Hermanns Schlacht" sich bemüßigt gefühlt hat, seinem antirömischen Werk eine

425 René Girard, Das Heilige und die Gewalt, a.a.O., S. 9–61.
426 Klopstock, Hermanns Schlacht, a.a.O., S. 49.

Eloge an den römisch-deutschen Kaiser voranzustellen. Das mag Taktik und Kalkül entsprungen sein, unironisch ist es freilich nicht; denn wenn dieses blutrünstige Weihespiel etwas durchstreicht, dann ist es die politische Ordnung des gekrönten Oberhauptes der weltlichen Christenheit, das in seiner körperlichen Duplizität Sakrales und Weltliches vereint. Schluß gemacht wird auch mit der genuin christlichen Überzeugung (und das ist überraschend im Falle des Autors des „Messias", der später mit seiner Ode „Sie und nicht wir!" zum „Barden" der Revolution von 1789 wurde), daß sich mit dem Tode Christi das Opfer, die funktionale und organisierte Gewalt einer Sozietät, wenigstens tendenziell von selbst erledigt hat. Soweit wenigstens der Anspruch; daß dennoch nach dem Kreuzestod im Namen Christi Blut geflossen ist, stellt das Zentrum der christlichen Botschaft in Frage: Entweder war nämlich die Menschheit, die sich Christenheit nannte, nicht genuin christlich oder – wie es ein Albigenser in Nikolaus Lenaus gleichnamige dramatischer Balladendichtung formuliert – der Kreuzestod Christi ist vergeblich gewesen.[427]

Eine derart radikale, eminent politische Deutung des Christentums ist der Theologie im Gefolge Luthers fremd geblieben. Ganz offenkundig wird die christliche Botschaft als untauglich für die Konstruktion des Politischen nach dem *ancien régime*, nach dem Tod des Königs angesehen. Weil dem so ist, kommt es zu einem Rückgriff, der mehr ist als bloß ein historischer: Mit dem historischen Projekt des Nationalismus wird noch einmal der Versuch unternommen, das Opfer zur Grundlage staatlichen Lebens zu machen und diesem ein körperliches Fundament zu geben, das nicht mehr jenes des *corpus Christi* ist. Das ist die prekäre Seite des nachaufklärerischen „Heidentums". Dabei gerät dieser moderne Versuch politischer Gemeinschaftsstiftung zwangsläufig in Gegensatz zu diversen menschenrechtlichen Konzepten einer politischen Aufklärung, die man als Universalismus nach dem Tod Gottes etikettieren könnte und die stets von der Frage des transzendenten kulturell-religiösen Rahmens von politischen Gemeinschaften abstrahiert haben, diese übersehen, von ihnen abgesehen haben. Nicht umsonst spielt das nationalistische Narrativ in keiner der neuzeitlichen Utopien eine entscheidende Rolle. Dieses Absehen im philosophisch-politischen Diskurs mag entscheidend dazu beigetragen haben, daß der Nationalismus im 19. Jahrhundert zu einer mächtigen, wiewohl inhaltsleeren Ideologie oder zu einer Industriereligion geworden ist, die kaum einer der Denker im 18. und noch zu Anfang des 19. Jahrhunderts vorhergesagt hatte.[428]

Man kann die Bedeutung des Umstandes, daß sich – gegen den erbitterten Widerstand häretischer Strömungen – in der katholisch verfaßten Kirche das Dogma vom menschlich-göttlichen Doppelcharakter von Jesus Christus nach zähem Kampf durchgesetzt hat, nicht hoch genug veranschlagen. Weder die These, daß Jesus nur

427 Nikolaus Lenau, Die Albigenser, in: Ders., Werke in einem Band, Berlin und Weimar: Aufbau 1975, S. 263 (Nachtgesang): „Jener Tod hat nicht verfangen wollen, Gott soll wieder in Gewittern grollen."

428 Zur Irrelevanz des Nationalismus als Idee vgl.: Ernest Gellner, Nations and Nationalism, London: Blackwell 1983; deutsch: Nationalismus und Moderne (aus dem Englischen von Meino Bünung), Berlin: Rotbuch 1991, S. 181.

Mensch, noch, daß er nur Gott (und sein irdischer Leib bloßer Schein) gewesen sei, hatte zu einer Konstruktion des Politischen geführt, wie sie uns – mehr oder minder – geläufig ist. Zwar ist die Konstruktion der politischen Gemeinschaft im Sinne eines *corpus* älter als das kanonisierte und dogmatisierte Christentum, aber erst mit der zweifachen Gestalt Jesu Christi eröffnet sich die Möglichkeit, die Welt des Sakralen und die Welt des Politischen in einer Weise aufeinander zu beziehen, die eine systematische Sakralisierung des Profanen und – in Umkehrung – eine Profanisierung des Sakralen ermöglicht. Seit Ernst Kantorowicz spricht man in diesem Zusammenhang von den zwei Körpern des Königs.

Ausgangspunkt ist, wie Kantorowicz nahelegt, die Konstruktion der Kirche, die sich als mythischer Leib Christi begreift, deren Oberhaupt und Stellvertreter der Papst/Bischof ist, während der *corpus verum* des Herrn im Ritual des Abendmahles gegenwärtig ist, dem Zentralgeheimnis, um das herum sich Kirche organisiert.

Kirche und weltliche Macht haben, so legt es Kantorowicz nahe, um die Stellvertreterschaft und Repräsentanz dieses doppelten Leibes Christi rivalisiert. Dabei hat das Papsttum nach und nach für sich Symbole politisch-irdischer Macht reklamiert, während der Kaiser zunehmend auf die sakrale Qualität seines politischen Amtes rekurriert hat:

> Zwischen den geistlichen und weltlichen Führern der christlichen Gesellschaft hat ständig ein Austausch von Insignien, politischen Symbolen, Prärogativen und Ehrenrechten stattgefunden. Der Papst zierte seine Tiara mit einer goldenen Krone, legte sich das kaiserliche Purpur um und ließ sich bei Prozessionen in Rom das Reichsbanner vorantragen. Der Kaiser trug unter der Krone eine Mitra, zog sich päpstliche Schuhe und andere Stücke aus der Kleidung des Pontifex an; auch ließ er sich wie ein Bischof bei der Krönung einen Ring reichen.[429]

Die darin zum Ausdruck kommende, nie ganz unprekäre Querverbindung zwischen Kirche und Staat beruht bis zur Reformation darauf, daß zwischen der religiösen und der politischen Gemeinschaft kein prinzipieller Unterschied besteht. Beide fallen tendentiell ineins. So konnten sich beide – Papst und Kaiser – mit Fug und Recht als Stellvertreter Christi auf Erden ansehen, was im Investiturstreit einen vorläufigen Höhepunkt erreicht hat. Dabei mußte der Papst danach trachten, seine auch irdische Vorrangstellung gegenüber dem Kaiser, dem König von Rom, hervorzuheben. Dieser wiederum war bestrebt, den Papst und seine jeweiligen Repräsentanten auf ihr religiöses Amt zu beschränken und sich gleichzeitig im Sinne einer heiligen Ordnung als Gott-König in seinem jeweiligen Herrschaftsrayon zu etablieren.

Schon um 1100 scheint das Dogma von den zwei Körpern des christlichen Königs im Bewußtsein der Menschen fest verankert, wie ein politisch-theologischer Traktat eines unbekannten normannischen Klerikers zeigt. Darin heißt es:

> Die Macht des Königs ist die Macht Gottes. Diese Macht ist nämlich Gott von Natur aus zu eigen, dem König aber nur durch die Gnade, und was immer er tut, tut er nicht einfach als Mensch, sondern als jemand, der durch die Gnade Gott und Christus geworden ist.[430]

---

429 Kantorowicz, Nationalismus und Moderne, a.a.O, S. 205.
430 Ders., a.a.O., S. 69.

Das neutestamentarische Geschehen verändert die Stellung des Königs grundlegend:

> Nach dem Kommen Christi auf Erden, nach seiner Himmelfahrt und Erhöhung zum Christus der Herrlichkeit erfuhr folgerichtig auch das irdische Königsamt eine Veränderung; es erhielt eine passende Funktion in der Ökonomie des Heils. Die Könige des Neuen Bundes waren nicht mehr die Vorläufer Christi, sondern seine Schatten und Nachahmer. Der christliche Herrscher wurde zum *christomimetes*, buchstäblich Schauspieler und Darsteller Christi, das lebende Bild des Zweinaturen-Gottes auf der irdischen Bühne, auch im Hinblick auf die beiden unterscheidbaren Naturen.[431]

Wie Kantorowicz in seiner Studie überzeugend nachweist, wurde sowohl juristisch als auch politisch zwischen dem natürlichen, sterblichen und dem göttlichen, unsterblichen Körper des Königs und so auch zwischen Königsbesitz und Privatbesitz sorgfältig unterschieden. Die absolute Loyalität gilt dem göttlichen König, der sich in einer lückenlosen Abfolge stets aufs Neue in einem menschlichen König gleichsam reinkarniert. Diese Ordnung des Politischen besitzt zwar eine tiefere Verankerung in der Ordnung des Heiligen, aber das führt dazu, daß jede politische Krise zugleich eine der religiösen Ordnung nach sich zieht, wie Shakespeares prominentes Königsdrama „Richard II“ sinnfällig macht.

Richard, der gesalbte Stellvertreter des Herrn, sucht einen gefährlichen Streit zwischen zwei seiner *pairs* dadurch zu schlichten, daß er beide in die Verbannung schickt. Das ist zunächst im Sinn der *raison d'état* plausibel, denn jedwede auf privater Rache und Fehde beruhende Auseinandersetzung stellt eine Gefährdung der politischen Ordnung dar. Aber Richard ist keineswegs uneigennützig, er möchte den Besitz des einen, Bolingbrokes, an sich reißen, und auch sonst wird im Verlauf des Dramas sichtbar, daß Richard selbst persönlich viel zum Unmut gegen sich beigetragen hat. Die Verbannung seines Rivalen Bolingbrokes ist stilles Eingeständnis dieser Verfehlung: Korruption, Günstlingswirtschaft, das Wissen um die Beseitigung eines politischen Gegners. Der *Mensch* Richard hat also durchaus gefehlt. Der Aufstand aber, den Bolingbroke anzettelt, richtet sich zwangsläufig gegen das *König*tum selbst, und die erzwungene Absetzung Richards wird vom Klerus als ein Sakrileg gewertet. Richard wiederum, machtlos und zum Spielball seiner Gegner geworden, identifiziert sich mit der Rolle, die sich für den weltlichen Stellvertreter Christi in dieser Situation ziemt: mit der des verratenen Christus, der sein Kreuz auf sich nimmt. Der Bürgerkrieg als Aufstand gegen die göttliche Ordnung provoziert eine Krise mehr der sakralen als der profanen Ordnung und er wird – wie ein geistlicher Würdenträger prophezeit – böse Folgen zeitigen. Es ist schiere Notwendigkeit, daß am Ende der entthronte König als die absolute Unmöglichkeit in dieser sakralen Ordnung des Politischen ermordet wird; er muß zum Verschwinden gebracht werden, nicht, weil er die Macht des Usurpators noch zu bedrohen vermöchte, sondern um das Sakrileg vergessen zu machen, das mit seiner im Rahmen einer transzendenten Ordnung unmöglichen Abdankung begangen worden ist. Es konnte sich ja auch gegen den neuen Machthaber richten, der mit seinem Akt seine eigene Herrschaftsbasis unterminiert.

---

431 Ders., a.a.O., S. 68.

Getilgt werden muß die Erinnerung, daß der entthronte König einmal die Inkarnation des Göttlichen gewesen ist. Niemals geht es – weder im englischen Bürgerkrieg des nachfolgenden Jahrhunderts noch in der französischen Revolution – darum, nur den natürlichen Körper des Königs zu treffen, seine reale Enthauptung muß auf die Ermordung des symbolischen und göttlichen Königs bezogen werden. Das ist der Gründungsakt der modernen politischen Ordnung, der in „Hermanns Schlacht" ausgespart bleibt. In seiner radikalsten Version läuft er darauf hinaus, den Stellvertreter Christi ebenso zu ermorden wie sein Vorbild. Klopstock hegt nämlich keinen Zweifel daran, daß sich Hermanns Schlacht auch gegen den römischen Gott-König Augustus richtet, der durchaus als vorchristliche Version des Königs mit dem gedoppelten Körper angesehen werden kann.[432] Dieses Prinzip wird in sämtlichen theatralischen Versionen des Hermann-Stoffes außer Kraft gesetzt. So ist die „Gründungsgewalt" des modernen Nationalismus eine doppelte: Ermordung des symbolischen Gott-Königs und Krieg gegen dessen Anhänger. Insofern folgt die französische Revolution mit ihrer Trias – Hinrichtung des Königs, *terreur,* Krieg – dieser Logik, und insofern laßt sich Klopstocks Stück auch als eine deutsch-national zugespitzte Vorwegnahme des Geschehens nach 1789 deuten.

Die Gewalt bedroht und setzt die politische Ordnung. In diesem Zwiespalt ortet der französische Philosoph René Girard die Gewalt, jene Gewalt, die den Tätern wie eine fremde, äußere Macht anmutet. Die Gewalt, nicht selten wie eine Seuche erfahren, bedroht den Bestand der menschliche Gemeinschaft. Sie hat im Bereich des Politischen verschiedene Namen: Rache, Fehde, Bürgerkrieg. Zu ihrer Brisanz gehört, daß sie nicht enden will.[433]

Gesellschaft und Gewalt unterliegen, wie Girard es nennt, der Selbstverkennung. Weil die Gewalt als eine fremde, eskalierende „Naturmacht", als Verhängnis für das soziale Zusammenleben erfahren wird, muß sie im Rahmen einer transzendenten heiligen Ordnung bearbeitet werden. In Girards Analyse wird das Opfer, das Gott als dem Abstraktum einer imaginären gemeinschaftlichen Ordnung schlechthin gebracht wird, im Sinn einer Ersatzhandlung verstanden. Das Opfer unterbindet den Kreislauf einer rächenden Gewalt. Es bringt die Gewalt zum Stillstand, indem es andernorts Gewalt in dosierter Form ritualisiert und verordnet. Die unkontrollierte Gewalt wird mittels einer heiligen, stellvertretenden Macht gebannt, die die am Streit Beteiligten nicht selbst zum Objekt der Gewalt macht. Das Heilige funktioniert im Umgang mit der Gewalt wie die Homöopathie. Zugleich aber legitimiert es die Gewalt an einem Unbeteiligten, Tier oder Mensch.[434]

> Das Heilige ist all das, was den Menschen gerade deshalb so gut beherrscht, weil er sich fähig glaubt, es zu beherrschen. Das Heilige ist also unter anderem, aber erst in zweiter Linie, die Gewitter, Waldbrände, Epidemien, die eine ganze Bevölkerung niederstrekken. Es ist aber vor allem und in viel verdeckterer Weise die Gewalt der Menschen selbst, jene Gewalt, die dem Menschen äußerlich ist und inzwischen mit allen anderen

432 Kantorowicz, Nationalismus und Moderne, a.a.O., S. 458.
433 Rene Girard, Das Heilige und die Gewalt, a.a.O., S. 27.
434 Ders., Das Heilige und die Gewalt, a.a.O., S. 23.

> Kräften gleichgesetzt wird, die von außen auf den Menschen einwirken. Es ist die Gewalt, die Seele und Herz des Heiligen ausmacht.[435]

Wenn das Religiöse zerfällt, dann droht eine neuerliche Eskalation einer entdifferenzierten und entdifferenzierenden Gewalt, die zugleich die kulturelle Ordnung unterminiert. Aus der Krise der antiken Opfergesellschaft entsteht das Gerichtswesen: eine andere Form der Sublimation von Gewalt, in der die Vergeltungsmaßnahme „von einer auf ihrem Gebiet souveränen und kompetenten Instanz ausgeübt wird". Dies gelingt durch die Externalisierung der Macht in Gestalt einer autonomen Rechtsprechung.[436]

Einen besonderen Stellenwert nimmt in Girards Überlegungen das Christentum ein. Dieses durchbricht strukturell die Opfer-Logik in zweifacher Weise: zum einen dadurch, daß sich Gott autoritativ selbst zum Menschenopfer, zum Stellvertreter des wertfreien Objekts von Gewalt, macht. Konzeptuell ist das der Umstand, daß Gott sich selbst als Unschuldiger in Menschengestalt opfert: das letzte unüberbietbare Opfer. Zum anderen aber enthüllt es den Sündenbock-Mechanismus, indem es die Opferlogik radikalisiert, damit decouvriert und potentiell überwindet. Im Gottesopfer wird der Mechanismus des Sündenbocks sichtbar gemacht und freigelegt.

Der Ort des Christentums wäre – und das macht seine Sonderstellung aus – die Entheiligung im Kern des Heiligen selbst, eines Heiligen, das sich selbst verkennt und das zugleich den Menschen vom Alptraum der Gewalttätigkeit zu befreien trachtet. In den religiösen Interpretationen werde die Gründungsgewalt verkannt, deren Existenz aber bekräftigt, während in modernen säkularen Interpretationen des Politischen deren Existenz verkannt werde. Eine heterodoxe Interpretation des Christentums könnte beides verbinden: die Erkennung der „Gründungsgewalt" wie deren Anerkennung. Nur dadurch könnte diese – so die optimistische Variante eines pessimistischen Denkens – überwunden werden, indem sie als die je eigene Möglichkeit anerkannt wird, die sich gesellschaftlich reproduziert. Daraus folgt aber auch, daß das Ende der heiligen Ordnung als solche nicht eine Befreiung von individueller und kollektiver Gewalt bedeutet. Zur Ambivalenz des Girardschen Befundes gehört auch, die

> Moderne im allgemeinen und in der heutigen Zeit im besonderen (als A.d.V.) eine neue Krise des Opferkults zu definieren, die in vielerlei Hinsicht analog zu den früheren Krisen verläuft. Nachdem wir mehr als jede andere Gesellschaft aus dem Heiligen aufgetaucht sind, bis zu jenem Punkt aufgetaucht sind, wo wir die Gründungsgewalt „vergessen" und sie gänzlich aus den Augen verlieren, lindern wir sie wieder. Die wesenhafte Gewalt kommt in spektakulärer Weise wieder auf uns zu, und zwar nicht nur auf der Ebene der Geschichte, sondern auf der Ebene den Gewissens.

So bleibt das, was Girard als „Gründungsgewalt" bezeichnet, auch in der modernen Gesellschaft als Bedrohung aktuell:

> Die hochtrabenden Streitgespräche über den Tod Gottes und des Menschen haben nichts Radikales an sich; sie bleiben theologisch und sind folglich dem Opfergedanken im weiten Sinn verpflichtet. Insofern verdecken sie hier die ganz konkrete und keines-

---

435 Ders., Das Heilige und die Gewalt, a.a.O., S. 51.
436 Ders., Das Heilige und die Gewalt, a.a.O., S. 29.

wegs philosophische Frage nach der Rache; es ist ja die endlose Rache, die wie gesagt, nach dem Gottesmord auf den Menschen zurückzufallen droht.[437]

Beide Exkurse erlauben es, das moderne Drama von Hermann, der Deutschland in Blut und Gewalt begründet, in seinen verschiedenen Varianten – jenseits einer ideologiekritischen Analyse, deren exterritoriale Position Vorzug und entscheidendes Manko zugleich ist – in eben jene moderne Krise des Politischen zu stellen, die mit der Emanzipation vom Heiligen verbunden ist. Bei allem Schrecken über Klopstocks Bardiet, bei aller Opakheit gegenüber der Gründungsgewalt läßt sich ein Moment erschreckender Hellsichtigkeit ausmachen. Klopstocks modernen Germanen-Deutschen steht zu ihrer gewalttätigen Selbstkonstituierung kein König mit zwei Körpern zur Verfügung, der zutiefst mit dem göttlichen Opfer verbunden ist, vertritt er doch als souveräne Gewalt das christliche Opfer und leitet daraus seine Autorität ab, wenn er Recht spricht.

Daß das absurde Gottesopfer auch für eine moderne Konstruktion des Politischen konstitutiv sein konnte, kommt dort nicht in den Sinn, wo die christliche Religion protestantisch zur unverbindlichen, politisch dysfunktionalen Privatsache erklärt ist. Wo das Heilige zerfällt, kehrt die Gewalt in ihrer Wesenhaftigkeit zurück. Zum Vorzug des Klopstockschen Theaters gehört, daß es wie alles Theater aus dem Religiösen erwächst, in dem freilich Gott als Hüter einer Ordnung des Heiligen für tot erklärt ist.[438] Es gegen den affirmativen Strich zu lesen, bedeutet, die Gründungsgewalt der modernen Nation freizulegen. Die zirkuläre Logik der Gewalt tritt wieder in Erscheinung, und die heidnisch-germanische Talmireligion des Blutes und des Bodens, die in ihrer affirmierten Gesetzlosigkeit so manche Ähnlichkeit mit dem Bild des edlen naiven Wilden hat, ist ihre moderne Attrappe. Nationalismus meint Einverständnis mit der Wiederkehr der Gewalt: Ihr Opfer ist vor allem das Fremde, das sich aus dem Horizont imaginärer und realer Schlachtordnungen ergibt. Die Schlacht, die dabei geschlagen wird, hat einen doppelten Charakter: Sie ist der Kampf gegen die bisherige Ordnung des christlich-römischen Gott-Königs und sie impliziert zugleich eine Gewalt, die Partikularität konstituiert, indem sie Partikularität erzeugt.

Es ist vor allem der Fremde in den eigenen Reihen, der für die Gemeinschaft als bedrohlich erfahren wird, weil er sich gemein macht mit den Fremden draußen: der Verräter, der Kollaborateur. Nationalismus bedeutet Opferkult jenseits des traditionellen Heiligen, dessen Ersatzbildung das nationale Gedächtnis wird, in das die Glieder der Volksgemeinschaft initiiert werden. Er schließt staatliche Rache und Terror in einer bisher nie dagewesenen Quantität und Qualität nicht aus, wie die beiden Totalitarismen, die seit 1789 sichtbar geworden sind, zeigen: der „linke“ Terror vom Jakobinismus bis zum Gulag, der ohne die Annahme eines gefährlichen, letztendlich nationalen Außenfeindes im Inneren des staatlichen Organismus ebenso-

437 Ders., Das Heilige und die Gewalt, a.a.O., S. 474, 41.

438 „Hermanns Schlacht“ ist religionsphilosophisch betrachtet der Gehorsam gegenüber Wodan; ebenso auffällig wie das Verschwinden des christlichen Horizonts ist nämlich der penetrante Ruf nach dem Opfer: in den eigenen Reihen, aber auch im Hinblick auf das fremde „Schlachtopfer“. Der Nationalismus in seiner rabiatesten Version setzt die Christologie – das letzte Opfer war Gott in menschlicher Gestalt – außer Kraft.

wenig auskommt wie der „rechte" Nationalismus. In dieser Konstruktion des Politischen ist strukturell kein Platz für den Anderen. Im Nationalsozialismus hat diese permanente Gründungsgewalt ihre schrecklichste und kongenialste Synthese erfahren. Er hat das Phantasma nicht erfunden, wohl aber mit heroischer Unerschrockenheit und „Keuschheit" vollzogen: nicht symbolisch auf der Bühne, sondern real – in der Geschichte.

Im Rahmen einer exemplarischen Analyse des nationalen Narrativs ist es nun an der Zeit, die politische Theologie der Romantik in Augenschein zu nehmen: das berühmte Fragment Novalis' über die Christenheit und seine frühen politischen Aphorismen. Sie können im Gefolge von Kantorowicz und Girard als symptomatische wie analytische Dokumente einer Krise des Politischen nach dem Tod des einen universalen Gottes und seiner irdisch-politischen Stellvertreter gelesen werden:

> Ein einstürzender Thron ist, wie ein fallender Berg, der die Ebene zerschmettert und da ein totes Meer hinterläßt, wo sonst ein fruchtbares Land und lustige Wohnstätte war.[439]

Damit ist die chokhafte Grunderfahrung einer ganzen Generation ins Bild gesetzt: ein einstürzender Thron und ein abgeschlagener Kopf, das Ende einer Ordnung, aus der das Heilige längst entwichen war, das diese in den Augen der Gemeinschaft legitimierte. Für Novalis ist dieses Geschehen der Schlußpunkt eines langfristigen Zerfallsprozesses einer einheitlichen Ordnung, deren interne Geschichte Novalis in Form eines Märchens Revue passieren laßt. Nicht der Kaiser, sondern der Papst und seine „Zunft" gelten dabei als irdisch-himmlische Repräsentanten einer friedlichen universalen Welt. Das ist rückwärtsgewandte Utopie und überhöhte Rekonstruktion des Selbstbildes dieser heiligen Ordnung selbst.[440] Ihre utopische Qualität rührt vom gegenwärtigen Zustand, der einer der Krise, des Krieges, der Eskalation von Gewalt, des politischen Legitimationsverlustes ist. Protestantismus, Wissenschaft und Aufklärung sind die geschichtlichen Mächte, die den Zerfall dieser alten Ordnung bewirkt haben und die dem modernen Glaubenskrieg und danach den nationalistischen Krieg hervorgebracht haben. Novalis plädiert für eine neue, postaufklärerische Ordnung, die den ewigen Frieden im Sinne Kants herstellt und der Gewalt ein Ende bereitet:

> Wie wurden unsere Kosmopoliten erstaunen, wenn ihnen die ewige Zeit des Friedens erschiene und sie die höchst gebildetste Menschheit in moralischer Form erblickten?[441]

Worum es – insbesondere im Christenheits-Fragment – geht, ist ein sowohl nachaufklärerischer wie in gewisser Weise auch nachchristlicher Universalismus, der sich an den Universalismus des mystischen Körpers der Christenheit erinnert und zugleich dem Projekt des Ewigen Friedens verpflichtet ist. In der Rezeption dieses

---

439 Novalis,Werke. Studienausgabe (hrsg. von Gerhard Schulz), München: Beck ²1981, S. 355. – Damit ist der Kern des Romantisierungs-Prinzips benannt: phantasmatische Aufladung der Realität als ästhetisches Konstruktionsprinzip wie als epistemologischer Imperativ.

440 Ders., Werke, a.a.O., S. 356.

441 Ders., Werke, a.a.O., S. 357.

Textes ist nicht selten der Schlußteil des Traktates unberücksichtigt geblieben. Zwar läßt sich der erste Teil, wenn man ihn – wie zumeist geschehen – als Realiengeschichte mißversteht, als eine unkritische Verklärung von Papsttum, Orden und Jesuiten kritisieren, aber der selten zitierte Schluß macht deutlich, daß eine Rückkehr zu dieser alten heiligen Ordnung als unmöglich und auch gar nicht als wünschenswert angesehen wird. Zum Zeitpunkt der Abfassung des Textes ist es ungewiß, ob es nach der napoleonischen Intervention überhaupt noch einen Papst geben wird. Rom ist – zum zweiten Mal in der Geschichte – eine Ruine, Fragment einer Erinnerung.

Was Novalis vorschwebt, ist offenkundig eine christlich imprägnierte Version der *Neuen Mythologie*, eine Version nach dem Tode des göttlichen Königs, an dessen Stelle ein Künstler-König tritt, der die Gesellschaft formt, so wie einen englischen Garten. Die Bedeutung des Christentums hat sich durch das romantische Projekt radikal verschoben: Der historische Katholizismus mit seiner Verehrung des Christusknaben, der Mutter und der Heiligen ist lediglich eines von drei poetischen Momenten. Demgegenüber treten die Freude an jedweder Religion sowie die symbolisch-medialen Qualitäten des Christentums in den Vordergrund, das das Irdische zum Symbol des Himmlisch-Ewigen macht. Wie alle *Neue Mythologie* aus dem Umfeld von Idealismus und Romantik gilt auch hier das Primat der Synthese, einer Synthese, die hier von vornherein als ästhetisch und schöpferisch gedacht ist: diese neue Ordnung, die sowohl aufgeklärt wie heilig ist, wird von den Deutschen zuwege gebracht werden. Sie stellt eine Synthese aus Religion und Wissenschaft, aus Monarchismus und Republik dar. Und weil sie unter einem freilich neuartigen christlichen Vorzeichen steht, bleibt die politische Gemeinschaft eines friedlichen Europas der *corpus Christi*, sein mystischer Leib. Das Volk ist nun der mystische Souverän und der König sein Stellvertreter: „Bedarf der mystische Souverän nicht, wie jede Idee, eines Symbols, und welches Symbol ist würdiger und passender als ein liebenswürdiger Mensch?"[442] Während alle anderen Bürger in einem merkwürdigen protosozialistischen Etatismus als Staatsbeamte eines toleranten pan(en)theistischen Gemeinwesens[443] eingestuft werden, ist der König davon ausgenommen, weil er eben die andere – mystische – Seite menschlicher Sozietät verkörpert und repräsentiert. Daß er als Ideal herausgehoben ist, hat aber noch einen anderen Sinn: Er konfiguriert als Vorbild einer nach Selbstvervollkommnung strebenden Menschheit. Der kommende Mensch und der kommende Gott.

Novalis' Konstruktion des Politischen ist in mancher Hinsicht überraschend scharfsinnig; denn in der Tat kann man die moderne repräsentative Demokratie als eine Synthese von „Monarchie" und „Republik" bezeichnen. Den meisten modernen

---

442 Ders., Werke, a.a.O., S. 374: „Die Zeit muß kommen, wo politischer Entheism und Pantheism als notwendige Wechselglieder aufs innigste verbunden sein werden."

443 „Diese politische Quadratur des Zirkels" (Ders., Werke, a.a.O., S. 364), den „rohen Eigennutz" mit dem Allgemeininteresse des Staates zu verknüpfen, nimmt Novalis mit seinen Aphorismen in Angriff. Daß die repräsentative Seite des Staates monarchisch sein muß, hängt damit zusammen, daß Novalis in der Familie ein gelungenes Modell sieht, Eigennutz und Gemeinsinn, Individualisierung und kollektiven Zusammenhalt zu vereinbaren.

Demokratien steht ein symbolischer Monarch, ein konstitutioneller König einer historischen Dynastie oder ein temporärer Wahlkönig vor, der den mystischen Souverän, das Volk, repräsentiert.[444]

Ferner ist die moderne Demokratie ein ausbalanciertes System, in dem Dauerhaftes, Nicht-zur-Abstimmung-Stehendes sich mit dem Beweglichen und Dynamischen, das Novalis dem Demokratismus nachgesagt hat, die Waage hält. Auch die These, wonach das moderne Staatswesen auf kunstvolle Weise eigennützige Interessen austariert und diese sich nutzbar macht, mutet eigentümlich aktuell an.

Die Vorstellung hingegen, daß der Repräsentant des mystischen Souveräns nicht bloß ein moralisches Vorbild, sondern gleichsam ein Gesamtkünstler zu sein hat, hat sich einerseits als wenig tragfähig andererseits als verhängnisvoll erwiesen. Dieses Modell des königlichen Künstlers, das zuletzt bei Peter Handke ein wenig atemberaubendes *remake* erfahren hat,[445] dementiert die Kategorie des Politischen und transformiert dieses ins Ästhetische: Politik wird zum Problem ästhetischer Bildung und Konstruktion. Es ersetzt den unbehaglichen politischen Kompromiß durch die atemberaubende Schönheit von Synthesen. Die ästhetische Konzeption von Politik ist, wo sie politische Wirklichkeit geworden ist, tendenziell totalitär.[446]

Die ästhetische Politik ist der Kern jedweder „Neuer Mythologie“: die alte Mythologie sollte für die Kunst wie für das Gemeinwesen einen scheinbar natürlichen Rahmen, eine Grenze schaffen, innerhalb derer sich die Kunst, die eigentliche wie die Staatskunst, entfalten kann. Die Neue Mythologie unterliegt einem Paradox: sie schafft sich künstlich wie von selbst durch die Kunst, der sie umgekehrt einen neuen Rahmen gibt.[447] Höchst unwahrscheinlich, daß diese Neue Mythologie jemals politisch tragfähig sein würde. In Wahrheit aber existierte bereits ein Kandidat für die Neue Mythologie, der die Stelle der alten Ordnung des Heiligen, nach dem Tod Gottes und der Hinrichtung seines Stellvertreters einnehmen sollte: das Narrativ des Nationalismus.

Die romantische *Neue Mythologie* ist von ihren Programmatikern Schelling, Schlegel, Novalis nur selten forciert und reflektiert auf die Welt der Politik bezogen worden. Das gilt auch für den in Deutschland so beliebten Mythos-Diskurs, der diesen als geistiges Produkt mißversteht und seine handgreifliche Seite unterschlägt. Dieses deutsche idealistische Mißverständnis des Politischen, das so andauernd und nachhaltig wirksam gewesen ist, basiert auf einer Reihe von letztlich unhaltbaren Annahmen:

1. Die von Novalis im Anschluß an Schleiermachers Reden über die Religion prophezeite Renaissance eines universal gedachten Religiösen, das der Religions-

444 Maurice Godelier, Das Rätsel der Gabe, a.a.O., S. 290: „Es ist nicht mehr der Körper des Pharao, der Körper eines Gottes, es ist der eines Volkes, das vom Präsidenten der Republik provisorisch vertreten wird, das sich in ihm (dem Unveräußerlichen, A.d.V.) verkörpert.“

445 Peter Handke, Zurüstungen für die Unsterblichkeit. Ein Königsdrama, Frankfurt/Main: Suhrkamp 1997. – Zwei königliche Söhne und eine Erzählerin stehen im Zentrum eines gesprächigen Unternehmens, dessen Ziel die Rettung des Utopischen im Märchen ist.

446 Novalis, a.a.O., S. 367: „Ein wahrhafter Fürst ist der Künstler [....] Der Stoff des Fürsten sind die Künstler; sein Wille ist sein Meißel[.]“

447 Vgl. Karl-Heinz Bohrer, Friedrich Schlegels Rede über Mythologie, in: Ders. (Hrsg.), Mythos und Moderne, a.a.O., S. 52–82.

kritik der Aufklärung standhalten und zugleich im Sinne einer Rehabilitierung des Heiligen gesellschaftlich relevant werden könnte, hat nicht stattgefunden.

2. Als illusorisch hat sich auch die Vorstellung herausgestellt – und sie spielte schon bei der Rehabilitierung des Heiligen, die eine vornehmlich ästhetische war, eine prominente Rolle –, daß die Kunst eine neue verbindliche gemeinschaftliche Ordnung etablieren könnte. Das beinhaltete schon damals eine Überforderung ihrer Möglichkeiten. Was sie gleichwohl vermochte, war, der unbemerkten Neuen Mythologie des Nationalismus, die sich lange nicht als Mythologie wahrgenommen hat, einen entsprechenden Rahmen zu liefern. Die sekundäre Romantik führt tatsächlich in den Nationalismus, und sie macht die mythischen Strukturen, die bei einem Klopstock, Johann Elias Schlegel und Möser noch implizit waren und im Sinn einer Realhistorie der Deutschen mißverstanden wurden, explizit: Die romantische Neue Mythologie impliziert in mancher Hinsicht weniger eine Gegenwelt zur vorangegangenen historischen Aufklärung, als vielmehr eine inhaltliche und formale Korrektur. Sie möchte im Anschluß an Schiller die großen Ziele der Aufklärung – den ewigen Frieden und den Fortschritt der Menschheit – im Ästhetischen verankern. Sie transformiert – kritisch, aber auch affirmativ – die Aufklärung in den Mythos. Wie diese verkennt sie die Existenz dessen, was Girard als „Gründungsgewalt" bezeichnet hat. Nicht durch die Restitution der alten heiligen Ordnung, wohl aber durch die Etablierung einer ästhetisch konzipierten neuen, in der Staat zum Märchen wurde, soll sich das Problem der Gewalt ein für allemal erledigt haben. Wiewohl die Romantik *post festum* als der vielleicht bedeutendste deutsche Beitrag zur Weltliteratur angesehen werden darf, muß diese „Heilige Revolution" (Hermann Timm) der Romantik als gescheitert angesehen werden.

Die Gewalt konnte nicht von der Tagesordnung gestrichen werden, und jener Prozeß, der schon vor der französischen Revolution begonnen hat und in dessen Gefolge es zur Bildung von Nationalstaaten auf einer heimlich mythologischen und afterreligiösen Grundlage kam, hat sich im 19. Jahrhundert fortgesetzt und eine neue theoretische wie praktische Zuspitzung erfahren. Wahrscheinlich hat das Scheitern der Revolutionen von 1848, die Schelling als Wiederkehr des verrückt machenden Dionysos voraus gedeutet hat,[448] den Ausbruch der in ihr angelegten Gewalt zeitlich verzögert: jener unvorstellbaren Gewalttätigkeiten in der ersten Hälfte des 20. Jahrhunderts – das freudig vergossene Schlachtenblut und die Massenopferung des imaginierten Fremden. Im Zusammenhang mit der Judenvernichtung vom Holocaust, vom Brandopfer, zu sprechen, läuft darauf hinaus, die nationalistische Opferlogik zu prolongieren, die dem Mythos eben durch das Opfer Realität zu verschaffen

448 Friedrich W. J. Schelling, Philosophie der Mythologie (1842), in: Ders., Ausgewählte Schriften, a.a.O., Band 6, S. 294 f. – Dionysos bekommt in dieser politischen Theologie die Rolle des (bewußtseinsenthobenen) Zerstörers (des listigen Instrumentes fast im Sinne Hegels), wobei auch der späte „konservative" Schelling diesem Zerstörungswerk, das in die Beschränkung des (zu allmächtigen) Staates münden werde, bei allem Vorbehalt, Positives abgewinnen kann.

sucht. Bereits Schelling hat in der Auseinandersetzung mit Gottfried Hermann unter Hinweis auf die Realität des Opfers darauf verwiesen, daß der Mythos nicht ein Schwindel sein könnte:

> Hermanns Theorie wäre gewiß ganz vortrefflich, wenn die Mythologie nie anders als auf dem Papier existiert hätte, oder eine bloße Schulübungen gewesen wäre. Was wollte sie aber antworten, wenn man sie an die unnatürlichen Opfer erinnerte, welche die Völker ihren mythologischen Vorstellungen gebracht haben? [...] Konnte aus [...] so unschuldigen Voraussetzungen viel Schlimmes entstehen?[449]

Nicht der Panentheismus, der Novalis und seinem binnenromantischen Widersacher Schelling noch 1842 in seiner Einleitung zu einer „Philosophie der Mythologie" vorgeschwebt war, wurde historisch auf die Tagesordnung gesetzt, sondern jener Nationalismus, den Schelling mit dem Polytheismus in Verbindung gebracht hatte. Schelling hat nämlich – ohne daß ihm die Parallelität zur eigenen Gegenwart in den Sinn gekommen wäre – die Entstehung der frühen Ethnien und die Genese des Polytheismus in unmittelbaren Zusammenhang gebracht. Schelling sieht den Mythos als ein strukturell polytheistisches „gemeinschaftliches Ganzes von Vorstellungen", das nicht der Willkür unterliegt:

> Nun frage ich Sie aber, ob der Hellene noch Hellene, der Aegypter noch Aegypter ist, wenn wir seine Mythologie hinwegnehmen. Also hat er seine Mythologie weder von andern angenommen noch sie selbst erzeugt, nachdem er Hellene oder Aegypter war, er wurde Hellene erst mit dieser Mythologie, damit daß diese Mythologie ihm wurde.[450]

Der Überwindung dieses Polytheismus durch einen Panentheismus bildet die Pointe der Schellingschen Überlegungen, die ironischerweise die Perspektive des Christenheits-Fragments wiederholen, die der junge naturphilosophisch-spinozistische Schelling so sehr verworfen hatte.

Das romantische Projekt hat den Nationalismus, der schon vor Kleist und Wagner als theatralisches Weihespiel seine Premiere erlebt hatte, verändert. Es hat dem nationalistischen Narrativ in einen geeigneten Rahmen gefaßt, ihm ein ästhetisches Design geliefert und seine politischen Energien symbolisch aufgeladen. Das ist der Weg, der vom protestantischen Aufklärer Klopstock zum „Klassizisten" Kleist und zum Sekundärromantiker Richard Wagner führt. Dabei hat der Verlauf des Krieges von 1792–1815, der als Kampf zwischen Republik und alten Monarchien begonnen hatte, ebenso eine Rolle gespielt wie das Scheitern jenes politischen Projekts der

449 Ders., Historisch-kritische Einleitung in die Philosophie der Mythologie (1842), a.a.O., S. 92. – Bei der Opferung der Fremden, wie sie schon bei Klopstock anvisiert ist, handelt es sich um eine nicht bloß moralische Perversion: Denn im mythischen Kontext ist das Opfer ein freiwilliges, das auch von dem/der zu Opfernden außer Streit steht. Oder anders ausgedrückt: die maschinell betriebene Vernichtung des eurpäischen Judentums war kein „Holocaust", kein „Brandopfer" im religiösen Sinn.
Schelling, a.a.O., S.97, 75; Band 6, S. 173: „Die Mythologie ist mit ihren letzten Wurzeln., [...] in das Urbewußtseyn der Menschen selbst eingewachsen." Die mythologischen Vorstellungen sind „Erzeugnisse eines vom Denken und Wollen unabhängigen Processes [...]" (a.a.O., Band 5, S. 204).

450 Ders., a.a.O., S. 177: „Aber mit dem Christenthum war eine Religion entstanden, die den Polytheismus nicht mehr bloß ausschloß, wie er vom Judentum ausgeschlossen war[.]"

Neuen Mythologie und der Heiligen Revolution, das eine intellektuelle Episode blieb. Wie schon die Reaktion des preußischen Königs auf den ersten Teil der Novalisschen politischen Aphorismen zeigt, fand sich kein König, der den symbolisch-ästhetischen Repräsentanten und Märchenmonarchen für den mystischen Souverän im Rahmen einer königlichen Republik und eines universalen, a-nationalen Europa spielen wollte. Der zweite Teil der Aphorismen fiel gar – nach der ungnädigen Aufnahme des ersten durch den König – der Zensur zum Opfer.[451]

Wie sich heute – nach der gewaltsamen Gründung des modernen Nationalstaates – die politische Ordnung erhält und begreift, laßt sich nur hypothetisch beantworten. Es scheint, daß die moderne politische Gemeinschaft doppelt imaginär und symbolisch besetzt ist: als partikulare, „besondere" Nationen mit Geburtstagen, Heroen, Staatsheiligen und Barden und als Zivilgesellschaft, deren Werte national unspezifisch sind, und die sich als Ausschnitt eines mundanen Universums versteht. Diese ist global und zielt in ihrem menschenrechtlichen Pathos darauf ab, die Logik des Opfers und den Kreislauf der Gewalt ein für alle Mal zu durchbrechen. Der erste Volkskörper imaginiert sich als so alt wie möglich, der andere ist in Wirklichkeit älter und hat seine realgeschichtlichen Wurzeln etwa in der patrizialen städtischen Demokratie des Mittelalters und in traditionell verbürgten Stadtrechten.

Die moderne Demokratie hat zwei Volkskörper oder, was dasselbe ist, einen, der doppelt codiert ist: historisch wie logisch stehen sie – was 1848 verdeckt blieb – in einem höchst antagonistischen Verhältnis zueinander. Der eine ließe sich als ein quasi mythischer, nach-christlicher, weiblich imaginierter Körper beschreiben, der andere als ein mystischer Körper, in den der *corpus verum* des Herrn eingeschrieben ist: geschlechts-, raum- und zeitlos, ein ewiger Körper. Die Menschwerdung Gottes hat bewirkt, daß der Mensch – nicht bloß der König – seinen Leib als göttlich erfahren hat. Etwas davon klingt im Pathos der Menschenrechte noch nach und wahrscheinlich haben jene Kritiker Recht, die mutmaßen, daß sich die Menschenrechte nicht rational oder wissenschaftlich begründen lassen, sondern eine Erbschaft sind, die uns eine spezifisch christliche Ordnung des Heiligen hinterlassen hat. Analytisch besehen hat Nietzsche mit seiner verächtlichen Engführung von Demokratie und Christentum Recht gehabt.[452]

Hans Blumenberg, der in seinem Buch „Die Arbeit am Mythos" noch am ehesten die politische Dimension des Mythos durchscheinen läßt, hat davon gesprochen, daß man einen, aber nicht den Mythos zu Ende bringen könnte. Selbst das ist fraglich. Der

451 Gerhard Schulz, in: Novalis Studienausgabe, a.a.O., S. 753.
452 Friedrich Nietzsche, Nachgelassene Fragmente, Herbst 1877 10(77), Kritische Studienausgabe (hrsg. von Giorgio Colli und Mazzino Montinari), München [Berlin/New York]: dtv 1967–77, Band 12, S. 499 f. – Die drei „Elemente", die Nietzsche im „entnatürlichten", „bionegativen" Christentum (so seine Sichtweise) verankert sieht – die „Unterdrückten", „Mittelmäßigen" sowie die „Unbefriedigten und Kranken aller Art" – sind in einer freilich modifizierten Weise in der modernen Demokratie maßgeblich: „die Demokratie ist das vernatürlichte Christentum".

moderne Nationalismus, in die Struktur des Mythischen eingekleidet, ist bis heute in unsere politischen Ordnungen eingeschrieben, auch wenn sich seine Lautstärke zuweilen und an manchen Orten gedämpft haben mag. Arbeit am Mythos, jenseits des leichtfertigen journalistischen Wortgebrauchs, der den Mythos mit der Legende verwechselt, ist gerade im Bereich des Politischen ein schwer abzuweisendes Gebot.

10. Erzählen und Erinnern. Zur Narratologie des kulturellen und kollektiven Gedächtnisses

Man muß schweigen können. Nicht alles aussprechen, was geschah. Es geschieht mit uns viel zu viel Schreckliches. Nur einige müssen darüber sprechen, andere müssen darüber schweigen.

Péter Esterházy[453]

Das folgende Kapitel[454] verbindet zwei theoretische Konzepte, die insbesondere im Kontext der deutschsprachigen Kulturwissenschaften nicht oft miteinander verknüpft worden sind: Theorien des Narrativen[455] und des kulturellen Gedächtnisses. Dabei geht es vor allem darum, daß alle Formen des Gedächtnisses explizit oder implizit auf retrospektiven, das heißt zeitverschobenen Narrativen basieren, die den unüberbrückbaren Zwiespalt zwischen Erzählzeit (Zeit der Erzählung) und erzählter Zeit (Zeit der Handlung) zu überwinden trachten. Wenn Gedächtnis und Erinnerung Schlüssel zum Verständnis des Selbst darstellen, dann bewirkt und erzeugt jedwede Form von Identität das Unmögliche. Sie überbrückt die Differenz zwischen dem Akt der Erinnerung und den erinnerten Ereignissen, Empfindungen und Eindrücken.

Traditionelle Konzepte des Gedächtnisses und des Erinnerns versuchen, diese prinzipielle Differenz im Erinnern zu vergessen. Im Unterschied zum praktisch-politischen Bereich, der – so wenigstens das Selbstbild – mit rationaler Entscheidungsfindung zu tun hat, haben wir theoretisch betrachtet keine Wahl zwischen Vergessen und Erinnern. Beide sind nur die zwei Seiten ein und derselben Medaille.[456] Traditionelle Kulturen bevorzugen die Idee vom ewigen Bestand der Symbole und Zeichen, wohingegen intellektuelle Avantgarden in modernen Gesellschaften (wie moderne und postmoderne Subjektivität insgesamt) die Tendenz haben, Zeichen und Symbole auszulöschen und auf einem (vermeintlichen) Nullpunkt neu zu beginnen.[457] Das traditionelle Konzept des monumentalisierten Gedächtnisses verhindert und unter-

453 Gespräch mit dem Verfasser, Budapest, April 2004.

454 Erweiterte Fassung von: Wolfgang Müller-Funk, Erzählen und Erinnern. Zur Narratologie des kollektiven Gedächtnisses, in: Vittoria Borsó/Christoph Kann (Hrsg.), Geschichtsdarstellung. Medien – Methoden – Strategien, Köln: Böhlau 2004, S. 145–165.

455 Mieke Bal, Narratology. Introduction to the Theory of Narrative, Toronto: TUP 1997.

456 Harald Weinrich, Lethe – Kunst und Kritik des Vergessens, München: Beck 1997.

457 Renate Lachmann, Kultursemiotischer Prospekt, in: Anselm Haverkamp/Renate Lachmann (Hrsg.), Memoria. Erinnern und Vergessen, München: Fink 1993.

bindet den offenen und ungewissen Prozeß des Wieder-Erinnerns, der nicht länger an der Vorstellung einer beständigen und verläßlichen Lagerung fixer Bestände festhält, so wie wir dies von der Bibliothek oder von einem Mega-Computer oder von Gott annehmen. Gott, so lautet die metaphysische Prämisse, vergißt nämlich niemals.

Die Metaphern des Speicherns und Sammelns können als Selbstschutz vor jenem Unheimlichen verstanden werden, das Sigmund Freud im Anschluß an Schelling und an E.T.A. Hoffmanns Erzählung „Der Sandmann" untersucht hat. Speichern und Sammeln scheinen eine fixierte und verläßliche Existenz für ein Erinnerungssubjekt zu verbürgen, das sich in seiner Identität ungeachtet des Wandels der Zeit sicher und bewahrt fühlt. Das Konzept eines mehr oder weniger vollkommenen Gedächtnisses und die Idee eines konstanten, verläßlichen und vollständigen Subjekts, das sein oder ihr eigener Herr ist, bedingen sich wechselseitig. Wenn man das Konzept des Gedächtnisses als eines Speicherraums, in dem nichts verloren geht, aufgibt, dann muß man sich auch von der Idee eines starken und stabilen Subjekts verabschieden. Der Auftritt des Unheimlichen ist das unmittelbare Ergebnis dieser Entwicklung, die die Menschen in der Moderne an sich erprobt haben, zumindest seit Goya und Hoffmann. Der vorromantische Maler und der spätromantische Dichter konfrontieren sich selbst mit ihren gebrochenen Identitiäten und mit den monströsen Erscheinungsbildern, die die verläßlichen Weggefährten moderner Subjektivität sind. Insofern bilden Konstruktivität und Diskontinuität, die in die Struktur des Erinnerns eingeschrieben sind, das stärkste Argument zugunsten der Idee eines fragmentierten Subjekts. In ihrer Kritik an Assmanns Konzept des kulturellen Gedächtnisses hat Vittoria Borsò im Gefolge von Derridas Überlegungen zur „differance" das Medium des Gedächtnisses als einen Raum der Möglichkeit bestimmt, der nur durch eine bestimmte Form des Erinnerns aktualisiert werden kann.[458] Demzufolge ist Zeit stets in das Medium kulturellen Erinnerns eingeschrieben, das als ein konstanter, aber diskontinuierlicher Prozeß der Aktualisierung beschrieben werden kann. Er setzt stets beim Moment des Erzählens und Wiedererzählens ein. Oder anders ausgedrückt: Erzählen und Erinnern sind zwei Aspekte des gleichen kulturellen Komplexes und der sie bedingenden Komplexität von Kultur. Medien lassen sich als Formen begreifen, die eben nicht bloß den Inhalt von Narrativen wiedergeben und repräsentieren, sondern diesen auf unterschiedlichste Weise hervorbringen.[459] Der Unterschied zwischen Libeskinds jüdischem Museum (und in gewisser Weise gilt dies auch für seinen freilich zunehmend abgeschwächten Entwurf für den *Ground Zero*) und Eisenmans eher traditionellem Monument versinnbildlicht eine unterschiedliche rhetorische Struktur der Wahrnehmung und eine Differenz in der Art des Erinnerns.

Kultur als der Produktionsort und symbolischer Raum von Identität und Differenz kann als ein dynamisches Ineinander von mehr oder weniger hierarchischen, mani-

---

458 Vittoria Borsò, Gedächtnis und Medialität: Die Herausforderung der Alterität, in: Vittoria Borsò/Gerd Krumeich/Bernd Witte (Hrsg.), Medialität und Gedächtnis, Stuttgart: Metzler 2002, S. 23–53.

459 Vgl. auch hierzu: Herbert Hrachovec, Wolfgang Müller-Funk, Birgit Wagner (Hrsg.), Kleine Erzählungen, Wien: Turia&Kant 2004, S. 7–10.

festen oder latenten Narrativen verstanden werden, die nicht bloß einen retrospektiven, sondern auch einen prospektiven oder teleologischen Aspekt enthalten. Narrative beschreiben den Modus der Weltgestaltung, der Gestaltung einer Welt der „symbolischen Formen“[460]. Bereits Giambattista Vico hat diese symbolischen Formen der Kultur auf zwei Ebenen analysiert, einer diachronen und einer synchronen. Erstere ist im Akt der symbolischen Ritualisierung im Begräbnis gegenwärtig, letztere im Akt der symbolischen Ritualisierung in der Ehe.[461] Jede Kultur kann als eine symbolische und narrative Gemeinschaft aufgefaßt werden, die die Toten mit einschließt (mit denen sie eine historische Einheit bildet), und die zugleich jene menschlichen Beziehungen in rekurrenten, langlebigen Formen symbolisiert, die synchrone Einheit verbürgt.

Die Differenzen zwischen den Kulturen und der Wandel in der jeweiligen Kultur gehen mit dem Wechsel der symbolischen und narrativen Formen einher. Die Pointe liegt nicht darin, zu sagen, daß es keine ‚Realität‘ gibt – Schmerz, Tod, Krieg, Hunger, Ausbeutung[462] –, sondern daß diese Realität nur durch die spezifischen Narrative und durch ihre Auftritte in ganz spezifischen Medien und Genres zu begreifen ist. Weil dem so ist, kann das ästhetische Urteil als ein Teil einer kritischen Theorie begriffen und in diese reintegriert werden, die davon ausgeht, daß eine Lücke zwischen dem memorierten Ereignis und dem allgemeinen kulturellen Muster der Erinnerung besteht. Ein „kulturalistischer“ Ansatz, der Politik und Natur in Kultur auflöst,[463] ist dagegen aus zwei Gründen irreführend. Auf der einen Seite verwandelt er die ‚Realität‘ in Kultur (es gibt nichts anderes als Kultur), auf der anderen Seite löscht er die Kategorie politischer Reflexion, die eine unhintergehbare Voraussetzung für jedwede Art von kritischer Theorie bleibt, damit aber auch jede Art von reflexiver Wende in den Kulturwissenschaften.

Verschiedene Kulturen entwickeln also unterschiedliche Modi und Konzepte oder Selbstbeschreibung, Selbstreflexion, verschiedene symbolische Muster und Markierungen. Im Fall der Shoah erweisen sich die Auflösung der Realität dieses Ereignisses und das Beiseiteschieben politischer Reflexion als besonders unattraktive Optionen, insbesondere für das kritische Denken im deutschsprachigen Raum. Die Diskussion der vergangenen Jahre, wie man die Shoah erinnern und repräsentieren soll, basiert auf der realen Existenz der nazistischen Konzentrationslager. Aber im Gegensatz zu früheren Vergangenheitsdebatten wird zum ersten Mal systematisch der Zusammenhang zwischen Ästhetik und Politik, zwischen Erinnern und Erzählen diskutiert.

Jede Erforschung der eigenen Kultur kann als eine Form der Selbstbeschreibung gelesen werden, da die Beschreibung immer schon ein Teil dessen ist, was beschrieben wird. Im Unterschied zur traditionellen Analyse von Politik und Gesellschaft gründet sich dieser Typus von „*Cultural Studies*“ – ich bevorzuge mit Mieke Bal den Terminus „Kulturanalyse“[464] – auf einer kritischen Sichtweise der eigenen Kultur,

460 Ernst Cassirer, Philosophie der symbolischen Formen, a.a.O., vgl. Kap. 3 dieses Buches.
461 Vgl. Friedrich Kittler, Eine Kulturgeschichte der Kulturwissenschaft, a.a.O., S. 19–43.
462 Vgl. Geoffrey Hartman, 2000, Das beredte Schweigen der Literatur, a.a.O., S. 32 f.
463 Terry Eagleton, Was ist Kultur? Eine Einführung, a.a.O., Kap. 1.
464 Mieke Bal, Kulturanalyse, a.a.O., Kap. 1; vgl. Wolfgang Müller-Funk, Kulturtheorie, a.a.O., Kap. 1.

ihrer Verhaltensformen, ihrer Erzählweisen. Die bevorzugte Sichtweise ist die eines virtuellen Fremden, z.B. eines Besuchers, eines Mitglieds einer Emigrantenkultur oder eines Ethnologen. Wenn Lichtenberg schrieb, daß der Mann, der Kolumbus entdeckte, eine schlechte Entdeckung machte, dann eröffnete dieser Essayist und freie Poet der deutschen Spätaufklärung einen Perspektivenwechsel.[465] Ich vermute, daß die meisten der Aufsätze und Bücher, die im Kontext der englischen *Cultural Studies* und postkolonialen Theorie geschrieben worden sind, den von Lichtenberg beschriebenen spiegelverkehrten Standpunkt einnehmen. Aber anders als Lichtenbergs Indianer sind ihre Erben mittlerweile imstande, ihre Geschichten über den Zusammenhang von kultureller Differenz, Macht und Herrschaft selbst zu erzählen. Die Werke von Homi K. Bhabha, Stuart Hall und Edward Said sind Exempel für diese Form kritischer „westlicher" Narration aus der Perspektive eines realen Außenseiters, der nun nicht mehr die Ankunft der Fremden bei sich betrachtet, sondern sie bei jenen selbst aus ‚hybridem' Blick in Augenschein nimmt.

In Abgrenzung zu ethnozentrischen Selbstversicherungen, wonach z. B. die Habsburger Monarchie der Archetyp eines multikulturellen Europas war, die Globalisierung im Hafen von Lissabon begann, Griechenland die Wiege Europas ist, das Vereinigte Königreich den anderen Völkern Zivilisation brachte, gibt es heute im Gefolge der kulturellen Wende einen unvermeidlichen intellektuellen – akademischen wie nicht-akademischen – Standard, der besagt, daß nur ein selbstkritischer Modus ethnologischer Beobachtung ein adäquates ‚Medium' für Forschung im Bereich der Kulturwissenschaften darstellt. Methodisch mögen die Kulturwissenschaften differieren, und zwar nicht zuletzt im Hinblick auf die unterschiedliche kulturelle Erfahrung, der sie entstammen. Nichtsdestotrotz bedarf jeder Typus von Kulturwissenschaften für die kulturelle Selbstanalyse einer generellen Eigenschaft von Kultur: ihrer *Alterität*. Wenn es nur eine Kultur gäbe, würden die Kulturwissenschaften in ihrer Pluralität zwangsläufig verschwinden.

Die hypothetische Begegnung zwischen Europa und der Neuen Welt, die Lichtenberg in seinem paradoxen Aphorismus schildert, ist niemals zum Generalthema deutscher inter- oder intrakultureller Erfahrungen geworden. Die Versuche der Deutschen, ein Kolonialreich aufzurichten, scheiterten kläglich. Die Deutschen und die Österreicher waren niemals *Meerschäumer*, sondern *Landtreter*.[466] Aber ihr Kolonialismus, wie auch der anderer Europäer, die von den ambivalenten Bildern des Exotismus angezogen waren, hatte mehr oder weniger – vom kurzen kolonialen Zwischenspiel im Wilhelminismus abgesehen – ein innerkontinentales Gepräge, das auf traditionellen Konzepten von Beherrschung und Kolonisierung beruhte, insbesondere gegenüber den weniger „zivilisierten" slawischen Völkern.

Das Ende des Zweiten Weltkrieges markiert das unwiederbringliche Ende dieses Systems von politischer und kultureller Hegemonie. Es war die Einmaligkeit der

465 Wolfgang Müller-Funk, Erfahrung und Experiment. Studien zu Theorie und Geschichte des Essayismus, a.a.O., S. 104–135; Georg Christoph Lichtenberg, Schriften und Briefe, Sudelbücher, hrsg. von Wolfgang Promies, München: Hanser 1968, S. 183 ff, Bd. II, S. 168.

466 Carl Schmitt, Land und Meer. Eine weltgeschichtliche Betrachtung, Stuttgart: Klett-Cotta 1993, 3. Aufl.

Shoah, der technisch betriebenen Tötung von sechs Millionen Juden während Hitlers Krieg für die *Weltherrschaft*, der – freiwillig oder unfreiwillig, nicht sofort und nicht uneingeschränkt – diesen kulturellen Code der Deutschen und anderer deutschsprachiger Völker außer Kraft setzte. Es handelt sich dabei nicht um das Ergebnis eines kollektiven Unbewußten im Sinne Freuds, sondern um den Effekt einer fundamentalen Fixierung, die das neue Narrativ nach der Shoah charakterisiert. Dieses arbeitet wie eine fortlaufende Matrix: alle politischen Ereignisse müssen auf die dunklen Seiten der deutschen Vergangenheit bezogen und im Hinblick auf sie interpretiert werden. Die äußere Beobachterperspektive, die für die Kulturwissenschaften von entscheidender Bedeutung ist, wird nun von dem/der Überlebenden der Shoah eingenommen. Das mag eine Vereinfachung sein, aber sie ist hilfreich. Im Vergleich dazu nahmen die englischen und amerikanischen *Cultural Studies* ihren Ausgangspunkt von der kritischen Debatte über Kolonialismus und Post-Kolonialismus:

> The determining condition of what we refer to as post-colonial studies is the historical phenomenon of colonialism, with its range of material practices and effects, such as transportation, slavery, displacement, emigration, and racial and cultural discrimination.[467]

Demgegenüber standen die intellektuellen Debatten in Deutschland und – zeitverschoben – in Österreich im Schatten der Shoah: als einer politischen, theoretischen, und vor allem als einer moralischen Herausforderung. Die deutschen Kulturwissenschaften basieren so auf dem zentralen Nachkriegs-Narrativ der Deutschen und – bis zu einem gewissen Grad – auch der Österreicher: der Shoah. Die deutsche post-nationalsozialistische Kultur ist selbst ein interessantes Forschungsfeld für die Kulturwissenschaften, zeigt es doch den radikalen Wandel kollektiver Erinnerung eines politischen Kollektivs. Mehr noch, es wird offenbar, daß und wie die Deutschen eine spezifisch jüdische Form des Erinnerns in ihre eigene Kultur integriert haben. Damit ist nicht nur gemeint, daß die Geschichte und das Schicksal der europäischen Juden gewissermaßen Teil des kollektiven Gedächtnisses geworden sind. Das allein ist schon bemerkenswert genug. Darüber hinaus unterminiert diese Einbeziehung der anderen Geschichte und der Geschichte des Anderen die traditionelle Form des kollektiven Gedächtnisses eines modernen Nationalstaates, der generell eine Erfolgsgeschichte repräsentiert und eine scharfe Grenze zwischen Innen und Außen konstruiert.

Aber diese Integration bedeutet nicht nur eine Anerkennung schmerzhafter und peinlicher Ereignisse im kollektiven Gedächtnis, sondern beinhaltet auch eine nicht ganz unproblematische Aneignung der Form und der Struktur eines distinkt jüdischen kollektiven Gedächtnisses. Die Struktur des traditionellen jüdischen Gedächtnisses ist mythisch: es impliziert historisch die Fähigkeit einer virtuellen Gemeinschaft (und jedes einzelnen Mitglieds) in der Diaspora, den wahren Anfang und die zentralen Ereignisse ihrer Geschichte jederzeit ins Bewußtsein zurückzurufen. Es gibt keinen gegenwärtigen Punkt, der nicht ins kollektive Gedächtnis eingebettet wäre.[468]

Das kollektive Gedächtnis der Shoah bringt deshalb eine spannungsgreiche Beziehung zwischen Tradition und Moderne, zwischen Mythos und Aufklärung hervor.

---

467 Bill Ashcroft/Gareth Griffiths/Helen Tiffin (Hrsg.), The Postcolonial Reader, a.a.O., S. 7.
468 Yosef Yerushalmi/Zakhor Hayim, Jewish History and Jewish Memory, New York 1989.

Politische ‚Progressivität' beruht in den deutschsprachigen Ländern auf einem Konzept von Gedächtnis, das vom kategorischen Imperativ des Erinnerns bestimmt ist; dieses Konzept von Gedächtnis ist jedoch seiner ganzen Struktur nach prämodern. Das Pathos des pseudo-mythischen kollektiven Gedächtnisses der Deutschen aus dem 19. Jahrhundert wird durch ein mythisches ersetzt, das im Hinblick auf das Schicksal des jüdischen Volkes pathetisch ist. Dieses Schicksal ist einerseits einmalig, aber anderseits ein Paradigma für all den nachfolgenden Schrecken: es erinnert uns an Gewalt, Unterdrückung, Haß, Beherrschung und Leiden in der Geschichte ganz allgemein. Es impliziert einen kritischen Blick auf die Geschichte und beinhaltet eine messianische Botschaft, die Walter Benjamin aus Klees Bild des *Angelus Novus* entwickelt hat:[469] Das Gesicht des Engels ist auf die Vergangenheit gerichtet. Ganz im Gegensatz zu den traditionellen Historikern, die die Geschichte als eine Serie von Ereignissen rekonstruieren, sieht sich dieser Engel der Geschichte mit einer einzigen Katastrophe konfrontiert. Er möchte die toten Opfer der Geschichte zurück ins Lebens bringen und die zerstörten Teile wieder zusammenfügen. Aber da weht ein Sturm vom Paradies, der ihn in die Zukunft treibt.

In seiner Kritik an den damals vorherrschenden Konzepten von Geschichte und Fortschritt hat Benjamin Jahre vor der Endlösung bereits ein Konzept des Erinnerns formuliert, das auf eigenwillige Weise zum Mythos zurückkehrt. Die Bezugnahme auf Klee ist dabei programmatisch. Sie setzt die Vorstellung voraus, daß nur die Kunst und insbesondere die ästhetische Moderne imstande sind, Mythos und Moderne dadurch miteinander zu versöhnen, daß der Mythos eine kritische Bedeutung erhält und in ein Medium verwandelt wird, das gegenüber der Geschichte widerständig ist. Die ‚klassische' ästhetische Moderne im Stile Kafkas und Klees kann man von daher als eine ganz spezifische „Arbeit am Mythos"[470] ansehen, die sich unter modernen Umständen und in einer nachmythischen Welt vollzieht. Selbst die nachmythische Welt besitzt ihre ganz eigenen Mythen.

Die Shoah ist in der Tat von vielen führenden deutschen Intellektuellen (ursprünglich auch von Walser) als der zentrale Ursprung ihres Landes interpretiert worden. Die Bundesrepublik, das ist das Land nach Auschwitz. Die Shoah ist der negative Mythos Deutschlands. Wenn man einem Fremden die Geschichte des gegenwärtigen Deutschland erzählen will, muß man mit der Shoah beginnen. Dies läßt sich an den nach 1989 entstandenen Monumenten zeigen, die ganz dramatisch im Kontrast zu den imperialen Denkmälern von 1871 stehen: Das raffinierte „benjaministische" jüdische Museum von Daniel Libeskind[471] und das Holocaust-Mahnmal nahe dem *Reichstag*, der selbst auf ironische Weise von Norman Foster dekonstruiert worden ist, stellen die einzigen relevanten Denkmäler des postmodernen kulturellen Gedächtnisses in Deutschland dar.

---

469 Walter Benjamin, Illuminationen. Ausgewählte Schriften 1, Frankfurt/Main: Suhrkamp 1977, S. 255.

470 Hans Blumenberg, Arbeit am Mythos, a.a.O., vgl. Kap. 4.2 dieses Buches.

471 Bernhard Schneider/Daniel Libeskind. Jüdisches Museum Berlin, München: Prestel 1999. Andrew Benjamin, Present Hope. Philosophy, Architecture, Judaism, London: Routledge 1997, S. 103–118.

Berlin selbst ist eine vergangene Zukunft, sichtbar wie unsichtbar die Ruine eines kurzlebigen untergegangenen Imperiums, das auf den großen Erzählungen von Fortschritt, Sieg und Erfolg beruhte. Seine Standbilder der Erinnerung, der *Reichstag*, das *Brandenburger Tor* oder die *Gloriette,* haben ihre Bedeutung vollständig verändert. Sie sind nicht länger Manifestationen der Macht, sondern Erinnerungsstücke einer Zukunft, die vergangen ist. Sie haben ihre materielle Beschaffenheit nicht verändert (von Fosters Adaptation des Reichstags einmal abgesehen), aber ihre memorative Bedeutung hat sich gewandelt. Sie können nunmehr als Fragmente im Sinn der romantischen Ironie gelesen werden: als Teile, die sich dem Ganzen widersetzen – übrigens ganz in Übereinstimmung mit Adorno, wie Benjamin ein Erbe der deutschen Romantik, wonach diese Strukturen Monumente des Unwahren sind.

Libeskinds (leeres) Museum bedient sich Benjamins messianischen Narrativs, das seinen Anfang jenseits der Dichotomie einer transzendenten und einer säkularen Geschichte nimmt. Im Unterschied zu traditionellen Monumenten, die Ereignisse allegorisierend vors Auge stellen, gibt es hier nichts zu sehen. Die Shoah, der (bislang) größtmögliche Horror der Geschichte bleibt unsichtbar. Es gibt nichts, was es (wieder) zu erkennen gäbe. Der Besucher befindet sich in einem Labyrinth, in einer Unterwelt, in der Welt von Benjamin, Kafka und Dante, aber ohne ein Bild, das Bedeutung erzeugt. Gleichzeitig bezieht sich die Struktur des Gebäudes auf die Realität, es ist gleichsam wie ein Stadtplan, der die Plätze, Straßen und Areale bezeichnet, in denen die ermordeten und verschwundenen Juden von Berlin vor der Shoah gelebt haben. In dieser ambitionierten und hermetischen Architektur wird der kategorische Imperativ permanenter Erinnerung modifiziert, nicht zuletzt deshalb, weil es sich hier um ein subjektives und aktives Erinnern handelt, das sich vom traditionellen Konzept des Lobpreises toter Männer und Frauen unterscheidet.

Demgegenüber ist Eisenmans nahe dem Reichstag gelegenes Holocaust-Mahnmal, das einer Totenstadt ähnelt, ungeachtet einer gewissen impressiven Kraft im Hinblick auf die Form der kollektiven Erinnerung sehr viel traditioneller. Womöglich kommt hier der Unterschied zwischen dem Terminus Shoah (Verschwinden) und dem Holocaust (Brandopfer) zum Tragen; beide Termini implizieren unterschiedliche narrative Konzepte. Der Begriff der Shoah unterstellt die Möglichkeit eines transnationalen Erinnerns an einen Schrecken, der unaussprechbar und nur subjektiv nachvollziehbar ist. Die Vorstellung des Holocaust bezieht sich viel mehr auf ein nationales kollektives Gedächtnis (im Falle der Deutschen auf einen negativen Nationalismus), das vollständig und objektiv ist. Eisenmans zentrale Idee ist es, – wie bei Kriegerdenkmälern – die Namen aller ermordeten Juden aufzulisten. Sein Projekt ist monumental in seiner Form, vor allem aber auch auf Grund seiner Größe, ein riesiges Feld kollektiven Erinnerns. Es ist wie eine Art Friedhof im Zentrum von Berlin. Es ist kein Zufall, daß das Holocaust-Mahnmal, nicht aber Libeskinds sublimes Museum, hitzige politische und intellektuelle Diskussionen darüber hervorgerufen hat, auf welche Weise die Deutschen ihre Vergangenheit erinnern sollen und in welchem Maße die Shoah Teil des kollektiven Gedächtnisses der Deutschen sein kann und sein soll. Es war die Debatte um das Berliner Holocaust-Mahnmal, die schließlich zur Intervention des deutschen Schriftstellers Martin Walser führte, der die Idee permanenter Symbolisierung der Erinnerung heftig und leidenschaftlich kritisierte, die er als ‚negativen Nationalismus' bezeichnet hat.[472] Längst ist Walser der Prototyp eines Autors geworden, der seine Funktion offenkundig darin sieht, die gesellschaftlichen Übereinkünfte der politischen Korrektheit im Hinblick auf das kollektive Gedächtnis der Deutschen zu unterminieren. Der ‚Fall Grass', das späte Einbekenntnis eigener Verstricktheit in die nationalsozialistische Vergangenheit, die indes durch literarische Publikationen zuvor schon vorweggenommen worden war, liest sich da wie eine logische Folge. Worum es dabei geht, ist die Erzählung des Nationalsozialismus, das Narrativ der Shoah, an einem zentralen perspektivischen Punkt zu verschieben: die Alterität, der Einbezug des fremden Blicks im Sinne Benjamins ist es, der zunehmend aus dem Blick gerät, der verstörend und inkompatibel wird – Walsers literarische Verteidigungsrede der nationalsozialistischen Mutter in *Der springende Brunnen* macht das beredt.

Sein Roman *Tod eines Kritikers,* ein Schlüsselroman über den jüdischen Kritiker Marcel Reich-Ranicki, entfaltet einen bemerkenswerte Doppeldeutigkeit der Rede, eine Uneigentlichkeit des Sprechens, die mit Ironie ganz und gar nichts zu tun hat. Offiziell bestreitet der Autor, sich antisemitischen symbolischen Materials zu bedienen, aber gleichzeitig bezieht sich der Roman auf die traditionellen, nunmehr versteckten Narrative des häßlichen Juden.[473] Walser mag an einigen Punkten Recht haben mit seiner Kritik am Monumentalismus der deutschen Gedächtniskultur, aber er ist unfähig, seine Kritik ohne Ressentiment gegen die Opfer und ihre Nachkommen vorzutragen. Das ist, was ich als Walsers Falle bezeichnen möchte, eine Falle, in die er selbst geraten ist und die er seinem Lesepublikum stellt.

Die von Walser beargwöhnten Monumente sind fragmentierte Phänomene in einer postmodernen Spaßgesellschaft, die auf Vergeßlichkeit, Geschwindigkeit und kursorisches Vergnügen setzt. All das symbolisiert Berlins neuer *Potsdamer Platz* mit seinen postmodernen, neu-historistischen Geschäftsmeilen und der Vergnüglichkeits-Architektur von Mercedes und Sony, gar nicht weit weg vom Holocaust-Gedächtnisfeld. Diese Bauten, Manifestationen einer programmatisch künstlichen Architektur, sind im Kontrast dazu temporäre Plätze, Orte völligen Vergessens. Hier herrscht ein ganz anderer kategorischer Imperativ: das Glück des Vergessens. Denn das Glück beruht auf dem Vergessen. Die strukturell pathetische Kultur offiziellen Gedenkens an die Shoah („Erinnert Euch") kontrastiert auffällig mit der „unerträglichen Leichtigkeit des Seins" (Kundera) der sie umgebenden kulturellen Stadtlandschaft. Die Topographie des neuen, fragmentierten Stadtzentrums von Berlin führt einigermaßen unerbittlich den scharfen Gegensatz zweier kategorischer Imperative vor, die prinzipiell unvereinbar aber gleichzeitig unabweislich sind. Die Alternative zwischen Vergessen und Erinnern ist in jedem Fall falsch. Wir haben nicht die Wahl zwischen einem von beiden. Wir mögen auf der Notwendigkeit des Erinnerns bestehen, aber die jungen Menschen, die vergnügt durch das neue Stadtzentrum von Berlin flanieren, haben das unbestreitbare Recht, ihr Leben ohne eine alles überschattende Vergangenheit zu beginnen, die nicht länger eine selbst erlebte Vergangenheit ist.

---

472 Frank Schirrmacher (Hrsg.), Die Walser-Bubis-Debatte, Frankfurt/Main: Suhrkamp 1999.
473 Martin Walser, Tod eines Kritikers. Roman, Frankfurt/Main: Suhrkamp 2002.

Der ‚negative Nationalismus' dieser Erinnerungskultur enthält ein sehr spezielles Narrativ, das die Verbrechen des eigenen Nationalismus, des ‚Makro-Subjekts' Deutschland, durch die perfektesten und wohl artikuliertesten Gesten des Erinnerns zu überbieten trachtet. Diese haben etwas von symbolischer Kompensation an sich: die perfekte kollektive Tötung wird mit perfektem Erinnern kompensiert. Es liegt auf der Hand, daß Deutschlands Beschäftigung mit der Shoah sich von der all seiner Nachbarn unterscheidet. Bis zum heutigen Tage haben die Deutschen und cum grano salis auch die Österreicher unter dem Fluch gelebt, als Erben Hitlers eingestuft zu werden. Es gibt einen *double bind* in diesem Urteil: Der negative Nationalismus mit seinem permanenten Erinnern wie auch der ‚positive' Nationalismus, der für ein gewisses Vergessen der Verpflichtung eintritt, die mit der Shoah einhergeht, bestätigten beide auf ihre Weise das kritische Urteil von Deutschlands und Österreichs europäischen Nachbarn. Es bleibt eine offene politische und kulturelle Frage, ob sich die ‚dialektisch' entspannten Beziehungen zwischen Erinnern und Vergessen – es gibt kein Erinnern ohne Vergessen und kein Vergessen ohne Erinnern – im Falle des kollektiven Gedächtnisses in Deutschland und Österreich entwickeln und frei entfalten können. Vermutlich werden beide Länder bis auf weiteres mit dem Zynismus und der Scheinheiligkeit des offiziellen Gedenkens leben müssen, das wenig mit dem erreichten Reflexionsniveau zu tun hat. Schwer zu sagen, was politisch gefährlicher ist: offizielles Vergessen oder offizielles Gedenken. Denn beide Optionen tendieren dazu, die Vergangenheit zu löschen: sei es durch Ausschließung, sei es durch den Versuch, sie zu kontrollieren und zu prädeterminieren, wie sie in das kulturelle Gedächtnis von heute und morgen Eingang finden soll. Unter bestimmten Bedingungen kann ein internationaler Gerichtshof beispielsweise als eine Institution verstanden werden, die die Perspektive von Klees Engel einnimmt. Aufmerksam und sensibel für die Verbrechen der Vergangenheit, ist ein solches Projekt, das nicht einseitig auf die Vergangenheit fixiert bleibt, eine angemessenere Form des Erinnerns als jedwede monumentale Architektur.

Jede Kultur ist auf das Widerspiel von Erinnern und Vergessen gegründet. Vergessen bedeutet nämlich nicht automatisch ein unwiederbringliches Löschen des Gedächtnisses, sondern generiert ein latentes Gedächtnis, das grundsätzlich reaktiviert werden kann. Deshalb ist es auch nicht weiter verwunderlich, daß der Diskurs über Gedächtnis, Erinnern und Vergessen eine zentrale Rolle in den deutschsprachigen *Kulturwissenschaften* spielt, obschon er nicht ausschließlich auf die Shoah konzentriert ist. Es ist kein Zufall, daß es ein Ägyptologe, Jan Assmann, war, der Forschungsprojekte zum kollektiven und kulturellen Gedächtnis ins Leben rief.[474] Ägypten ist, im Unterschied zur jüdischen Erinnerungskultur, ein harmloser, aber fruchtbarer Forschungsgegenstand. Zweifelsohne kann das alte Ägypten mit seiner ungebrochenen Genealogie von Herrschern und seiner Monumentalarchitektur als ein Musterfall für den Mechanismus des kulturellen Gedächtnisses und darüber hinaus als ein vorzügliches Beispiel für eine ‚kalte Kultur' (Lévi-Strauss), die auf

474 Aleida Assmann, Erinnerungsräume. Formen und Wandlungen des kulturellen Gedächtnisses, München: Beck 2000; Jan Assmann, Das kulturelle Gedächtnis. Schrift, Erinnerung und politische Identität in frühen Hochkulturen, München: Beck 1992.

Schriftlichkeit basiert, angeführt werden. Diese Kultur ist kalt, weil sie über ein *Surplus* an kollektivem Erinnern verfügt, das mythisch ist, d.h. eine implizite, unausgesprochene Barriere gegen kulturellen Wandel errichtet.

Die Assmann-Schule hat ihre Konzepte des Erinnerns in kritischer Auseinandersetzung mit den Ideen des französischen Soziologen Maurice Halbwachs entwickelt. In Abgrenzung von Bergson, Blondel und Proust analysierte Halbwachs die sozialen Bedingungen und Voraussetzungen des Erinnerns. Die Pointe seiner Argumentation besteht darin, daß er das Soziale als transzendentale Voraussetzung für das Gedächtnis ansieht (ganz analog zu Kants Argument, daß Zeit und Raum die transzendentalen Voraussetzungen für die menschliche Vernunft bilden). Halbwachs' zentrales Argument läuft darauf hinaus, daß das soziale Gedächtnis nicht etwa neben einem privaten Gedächtnis existiert, sondern daß alle persönliche Erinnerung nur in einem sozialen Rahmen realisierbar ist. Der französische Soziologe bezeichnete diesen als das kollektive Gedächtnis, als ein Gedächtnis der Zeitgenossen, das vornehmlich auf Mündlichkeit gegründet ist, ein Gedächtnis, auf das sich jeder persönliche Erinnerunsgakt bezieht, ein Gedächtnis, das mit dem Tod seiner Proponenten, der Generation von Zeitgenossen, erlischt. Dieses kulturelle Kurzzeitgedächtnis existiert maximal rund achtzig Jahre. Konsequenterweise traf er einen klaren Unterschied zwischen Gedächtnis und Geschichte.[475] Das Konzept des kulturellen Gedächtnisses, wie es Jan und Aleida Assmann mit anderen Forschern entwickelt haben, hebt sich von jenem Halbwachs' insofern ab, als er die Idee eines kulturell generierten gemeinsamen Gedächtnisses mit einer langen zeitlichen Dauer einführt. Im Unterschied zu dessen kollektivem Gedächtnis ist jenes von Assmann in Texten, Ritualen, Monumenten und anderen ‚objektiven' Manifestationen der Kultur festgehalten und ritualisiert, die Generationen ihres Entstehens überdauern. Es ist ganz offenkundig, daß Halbwachs sich vornehmlich auf jene Sorte von Gedächtnisleistungen bezieht, die man im Deutschen als Erinnerungen bezeichnet, wohingegen die Assmann-Schule auf jene Akte des Gedenkens Bezug nimmt, die Kultur als eine dauerhafte Entität etablieren. Keines der beiden rückt die narrativen Strukturen des Erinnerns und Gedenkens ins Blickfeld. Zugleich ist unübersehbar, daß die Theorie der kollektiven Erinnerung auf einem gemeinsamen Rahmen von Erzählungen basiert, die es dem Individuum, sofern es Mitglied der Generationsgemeinschaft ist, gestattet, ‚authentische' Erinnerung zu realisieren. Das zentrale Medium des kollektiven Gedächtnisses ist die mündliche Erzählung. Demgegenüber wird das kulturelle Gedächtnis bei Jan Assmann, der sein Konzept in seinem eigenen Forschungsgebiet, der Ägyptologie, entwickelt hat, durch das Medium der Schrift gestiftet und gründet sich auf einer bestimmten Anzahl von nicht-persönlichen, objektiven Ereignissen. Das spezifische Format des Mediums und das Material Stein bringen einen ganz spezifischen Typus von Narrativ und Erinnerungsmodus hervor: den Mythos. Er geht mit der Idee von Zeitlosigkeit und Ewigkeit einher. Er löscht da die paradoxe Kontinuität von zeitlicher Diskontinuität. Der Mythos stellt ein Narrativ ohne Referenz zur Ebene der

475 Maurice Halbwachs, La mémoire collective, édition critique établie par Gérard Namer, Paris 1997 [1950]. Pierre Nora, Realms of memory: rethinking the French past, translated from French by Arthur Goldhammer, Vol. 1. Conflicts and Divisions, New York 1996.

erzählten Zeit dar und verhält sich nicht selbstreferentiell im Hinblick auf sie. Er tilgt das aktive und subjektive Moment des Erinnerns in der Einzigartigkeit des zeitlichen Augenblicks des Da-Seins des (vermeintlich) Erinnerten.

Das kulturelle Gedächtnis ist ganz offenkundig ‚schwächer' in seiner phänomenologischen Bedeutung als die persönliche, sozial eingebettete Erinnerung. Insofern Halbwachs die Mechanismen persönlichen Erinnerns ins Auge faßt, ist sein kollektives Erinnern mit einer kollektiven Imagination verbunden: Daher können wir die erinnernde Gemeinschaft als ein Mega-Subjekt begreifen, dessen Teil wir zugleich sind. Auf diese Weise werden historische Erfahrungen persönliche. Und umgekehrt. Es ist ganz offensichtlich, daß die deutsche Debatte über Gedächtnis und Erinnerung, der die deutschen Kulturwissenschaften entscheidende Anstöße verdanken, just zu dem Zeitpunkt einsetzte, als das kollektive Gedächtnis im Sinne Halbwachs', das kollektive Erinnerungsgefüge der Zeitgenossen, zu verblassen begann, weil Opfer, Täter und Zeitzeugen und mit ihnen ihre persönlich formatierten Erinnerungen aus ganz natürlichen Gründen (Tod) zu verschwinden begannen. Es läßt sich behaupten, daß Assmanns kulturelles Gedächtnis den Platz der zeitgenössischen Erinnerungsmatrix einnehmen wird. In mancher Hinsicht ist dies zum einen gewiß möglich: Wir sind imstande, die Erfahrungen der Toten in verschiedenen Medien der Erinnerung (Film, Archiv, Tonband) zu monumentalisieren. Aber zum anderen ist diese Anstrengung vergeblich; es gibt eine gewisse Grenze, die nicht überschritten werden kann. In mancherlei Hinsicht bekommt die Erinnerung eine metaphorische Bedeutung: ritualisierte Erinnerung im Sinne des kulturellen Gedächtnis gestattet es mir, mich an Ereignisse, die nicht Teil meines ohnehin immer unzuverlässigen und unsicheren, aber nichtsdestotrotz persönlichen Gedächtnisses sind, zu ‚erinnern', d.h. mit ihnen mnemotechnisch zu verfahren, als wären sie ‚eigene' Erinnerungsdaten. Es postuliert eine Form von Gedenken von Dingen, auf die ich mich nicht persönlich beziehen kann. Insofern ist Halbwachs' klare Unterscheidung zwischen einem persönlich gestützten und sozial etablierten kollektiven Gedächtnis sehr viel sensibler für die Differenzen zwischen Erinnerung und monumentalisiertem Gedächtnis, das außerstande ist, die Erfahrungen der toten Zeitgenossen zu erhalten.

Es ist nicht ganz leicht, den Unterschied zwischen *Erinnerung* und *Gedächtnis* zu bestimmen.[476] Offenkundig meint *Erinnerung* die spontane, unwillentliche Wiederkehr persönlicher Ereignisse, schmerzhafter, lustvoller und peinlicher Begebenheiten, während *Gedächtnis* auf die rationale willentliche Anstrengung zielt, all unsere mentalen Kapazitäten aufzubieten: Wissen, Information und kulturelle Techniken. Jeder kennt den schmerzlichen Augenblick, wenn wir uns nicht an das Detail eines Ereignisses, den Namen einer Person oder eines Platzes erinnern können, an dem wir gewesen sind. Ganz zweifellos sind für mich, einen Österreicher, der nach dem zweiten Weltkrieg geboren wurde, die Ereignisse des ‚Dritten Reiches' Teil meines ‚kulturellen Gedächtnisses', jedoch sind sie nicht Teil meines unzuverlässigen, aber persönlichen Gedächtnisses.[477]

476 Vgl. Kap. 4.1. in diesem Buch.
477 Aleida Assmann, Erinnerungsräume, a.a.O., S. 31.

So besehen ist der Unterschied zwischen kollektiver Erinnerung und kulturellem Gedächtnis ein tiefliegender. Man kann ihn mit der Beziehung zwischen erinnertem Leben und Mythos in vormodernen Gesellschaften vergleichen. Der Mythos beginnt stets dort, wo das erinnerbare Leben endet. Die Funktion von Mythen, von spezifischen dominanten Narrativen in der jeweiligen Kultur, ist enorm. Mythen gestatten es einer Kommunität als sozio-kulturelle Entität zu überleben, indem sie eine mehr oder minder friedliche Abfolge von Generationen gewährleistet, ja mehr noch sie konstituiert. Mythische Gemeinschaften sind Gesellschaften, die dazu tendieren, die Differenz zwischen den beiden Arten von Gedenken einzuebnen. Die ganze Lebenserfahrung wird auf die großen Erzählungen des Mythos bezogen. Im Gegensatz dazu werden die Differenzen zwischen den zwei Gedächtnisarten und der Wechsel der Generationen in modernen, nicht-traditionellen Gesellschaften manifest: Es gibt hier einen Kampf der Generationen darum, die Muster des gemeinsamen, nicht-personalen Gedächtnisses festzulegen.

Offensichtlich existieren einige interessante strukturelle Ähnlichkeiten zwischen monumentalisiertem kulturellem Gedächtnis und Mythos. Beide suggerieren Langlebigkeit, Dauer, gefrorene Zeit, vor allem aber die Idee, daß es ein und nur ein Verständnis des jeweiligen großen monumentalen Narrativs geben kann. Das *kulturelle Gedächtnis* in der westlichen Welt ist stets in Kategorien des Raumes ausgedrückt und metaphorisiert worden: als Bibliothek (Augustinus), als Amphitheater (wie in der Renaissance) oder – im Deutschen – als ein Speicher (im Zeitalter des Computers). Der Raum symbolisiert kontinuierliche Existenz, Überleben. Alles hier ist gesichert und geschützt, nichts wird verschwinden.

Sowohl der traditionelle Mythos als auch die modernen nationalen und nationalistischen Narrative beruhen auf einer zentralen Abstraktion und Analogie. Sie konstruieren Gemeinschaften als virtuelle Körper (Leiber), und das aus einem ganz simplen Grund: nur der Körper ermöglicht uns persönliche Erfahrungen und Gefühle und verleiht unserer Identität emotionale Dichte. Der imaginäre Körper (Leib) erhält den Status eines Makro-Subjekts, das eine spezielle Beziehung zu meinem persönlichen, ganz individuellen Mikro-Körper hat: Ich imaginiere das Ganze der auf Kultur gestützten Nation leiblich, als meinen Körper, in den der virtuelle Körper der Nation gleichsam inkarniert ist. Nur diese nahe, unheimliche, intrinsische Beziehung, der die totalitären Bewegungen des 20. Jahrhunderts eine geradezu physische und unheimlich reale Gestalt verliehen haben, machen jene ‚irrationale' Identifizierung des Ich mit ‚seinem' Land nachvollziehbar, die weit über die Mitgliedschaft in einer Zivilgesellschaft hinausgeht. Das kulturelle Gedächtnis ist der Effekt derselben Abstraktion, die auf die menschliche Fähigkeit zurückzuführen ist, Identität in narrativen Strukturen zu verankern.

Es gibt jedoch ein unübersehbares Problem mit der Monumentalisierung und der Repräsentation in Medien. Während Zeitgenossen spielend die spezifischen Medien des Erinnerns (Fotos, Monumente, Autobiographien) dekodieren können, tun sich spätere Generationen damit schwer, sofern sie nicht über Kommentare und Interpretationen verfügen. Ohne diese Erklärungen bleibt das kulturelle Gedächtnis so stumm wie die Grabsteine anderer Familien, an denen ich auf dem Weg zu meinem Familiengrab vorübergehe. Deshalb ist die Idee von Objektivität eine Täuschung, eine Illusion, so wie das Konzept der still gestellten Zeit, die im Monument eingeschlossen ist.[478] Im Gegensatz zu traditionellen Gedächtnis-Konzepten betonen die moderne wissenschaftliche Forschung wie auch die postmoderne Philosophie den dynamischen Aspekt des Erinnerns, das sich in fortdauerndem Zustand des Wandels befindet. Das persönliche Gedächtnis ändert sich, damit aber auch die Bilder und Sichtweisen, die Tableaus der Erinnerung und des narrativen Komplexes, auf dem die Erinnerung beruht. Ganz offensichtlich sind Gedächtnis und Erinnerung keine Phänomene des Raumes, sondern solche der Zeit. Womöglich markiert dies den Unterschied zwischen dem jüdischen Konzept des Erinnerns als eines fortlaufenden, niemals abschließbaren Aktes des Erinnerns im Sinne eines unendlichen Textes und der traditionellen westlichen Idee, Gedächtnis in einem zeitlich fixierten Raum abzuspeichern und zu sichern. Das Gedächtnis ist, wie Renate Lachmann ausführt, kein passiver Speicher oder ein Reservoir, sondern ein komplexer Mechanismus zur Produktion von Texten.[479] Ich möchte, in Ergänzung zu Lachmanns semiotischem Ansatz, hinzufügen, daß diese ‚Texte' eine doppelte zeitliche, narrative Komponente beinhalten. Aufgrund dieser dynamischen Qualitäten ist das Verhältnis zwischen Erinnern und Vergessen niemals statisch. Ohne Vergessen kein Erinnern. Das Vergessen erzeugt ein latentes, im Augenblick inaktives Gedächtnis, das durch einen Prozeß reaktiviert werden kann, den Lachmann als „Resemiotifizierung kultureller Zeichen" bezeichnet. Insbesondere im Hinblick auf die deutsche Kultur nach der Shoah gibt es eine Tendenz, das Vergessen als eine Form von moralisch unakzeptabler *Verdrängung* der Vergangenheit zu stigmatisieren. Aber im Grunde genommen ist Vergessen Teil des ‚produktiven' Prozesses funktionaler Differenzierung: Es gibt auf der einen Seite ein informatives Gedächtnis und auf der anderen Seite ein sehr kreatives, das neue ästhetische und ethische Formen hervorbringt, die das Erinnern als einen dynamischen Prozeß erweisen, das traditionelle Gedächtnismedium-Monument.

Lachmann beschreibt zwei extreme Versionen der kulturellen Erinnerung. Die traditionelle bevorzugt die *Unlöschbarkeit* von Zeichen, die andere, progressive, avantgardistische hingegen präferiert die *Löschbarkeit*. So besehen schließt die politische Opposition zwischen Links und Rechts in Deutschland einen bemerkenswerten Widerspruch mit ein. Normalerweise argumentiert die Linke gegen ein traditionelles Verständnis von Erinnerung. Im Gegensatz dazu beharrt die Majorität der Linken in den Medien vor allem im Hinblick auf die Shoah auf einem mehr oder minder konventionellen Konzept von Erinnerung. Auf der anderen Seite gibt es bei der deutschen Rechten – vermutlich handelt es sich dabei um die schweigende Mehrheit – eine Tendenz, der Neutralisierung der Shoah das Wort zu reden und sie im inaktiven Teil des kulturellen Gedächtnisses abzuspeichern (und damit wegzuspeichern). Beide Positionen scheinen mir einigermaßen unbefriedigend, weil sie beide die unauflösbare Verbindung zwischen Vergessen und Erinnern, wie sie unter den Bedingungen einer post-traditionellen Gesellschaft bestehen, auflösen. Keine moderne Gesellschaft ist ohne eine Selbstreferenz denkbar, die auf einem gemeinsamen Erinnern gründet, noch

478 Dies., a.a.O., S. 55–62.

479 Renate Lachmann, Kultursemiotischer Prospekt, in: Anselm Haverkamp/Renate Lachmann (Hrsg.), Memoria. Erinnern und Vergessen, München: Fink 1993, S. XVII–XVIII.

ist es mehr möglich, eine bestimmte Form von Kultur mit Hilfe eines monumentalisierten kulturellen Gedächtnisses zu konservieren. Was postmoderne Gesellschaften ausmacht, ist der Umstand, daß das Gedächtnis, welches für eine lange Zeit der Garant für Stabilität schlechthin war, sich verflüssigt und dynamisiert. Wir können nicht über die kommenden Generationen Kontrolle ausüben, wie sie die Shoah erinnern werden, auch deshalb, weil wir die historischen Ereignisse nicht kennen, die zum Bezugspunkt späteren Erinnerns werden könnten. Was mir vorschwebt, ist ein narrativer Perspektivenwechsel, der die Widersprüche zwischen politischem Inhalt und problematischer Form des Erinnerns sichtbar macht.

Solch ein narratologischer Perspektivenwechsel in Kulturwissenschaften bedeutet nicht automatisch ein komplettes Vergessen. Stattdessen würde die Shoah, die nicht den einzigen Rahmen der deutschen Kultur darstellt, in den Zustand eines mehr und mehr latenten Narrativs einrücken. Gleichzeitig gewinnt es aber eine sehr viel allgemeinere Bedeutung und wird Quelle für ein kreatives ethisches und ästhetisches Erinnern, aber es wäre nicht länger der zentrale Fokus deutscher Kultur und Politik.

An dieser Stelle ist es vielleicht angebracht, zu Libeskinds (leerem) Jüdischem Museum zurückzukehren. Es stellt solch ein *tertium datur* zwischen zwei extremen Varianten von Erinnerungspolitik auf der Linken und auf der Rechten dar. Es imaginiert Gedächtnis als einen Raum. Aber dieser Raum ist ein Labyrinth, das Assoziationen, Kommentare, Interpretationen hervorruft. Auch wenn es heute – leider – als ein mehr oder weniger traditionelles Museum funktioniert, ist es als traditionelles Monument ganz sinnlos. Es nimmt Bezug auf Benjamin und Celan, aber auch E.T.A. Hoffmann: auf Benjamin, wie wir gesehen haben, als den Protagonisten eines modernen jüdisch-deutschen messianischen Denkens, das eine aktive Erinnerung an die Opfer der Geschichte in Gang setzt, auf E.T.A. Hoffmann als den Autor des Unheimlichen, den Hegel verdammt und den Freud wiederentdeckt hat, und auf Celan als den Proponenten der klassischen Moderne, der zugleich die Perspektive des Opfers, des Fremden im Eigenen verkörpert.[480] Benjamin, Hoffmann und Celan dienen als moderne Begleiter durch die Hölle des Erinnerns, aber auch als Bezugspunkte. Es gibt einen Platz für einen nicht-jüdischen Schriftsteller, eben Hoffmann, dem wir literarische Meisterwerke über die innere Zerrissenheit des Subjekts und über das Nicht-Rationale verdanken. Die Shoah mit Hoffmann als einem Begleiter bei der Reise der Erinnerung in ihre labyrinthische Hölle zu lesen, dürfte unser Verständnis von ihr verändern. Wir werden mit dem Gedanken konfrontiert, daß dieses unheimliche Imaginäre sich in einer schrecklichen historischen Macht etablieren kann und nicht nur in der Welt der Fiktion. Celan wiederum, der Autor der berühmten *Todesfuge*, kann als ein illustratives Beispiel gelten, das Unmögliche zu tun: Indem er Auschwitz erinnert, wird er zu Libeskinds Vergil, der den philosophierenden Architekten ermutigt, sich an der Shoah mit den Mitteln der Architektur abzuarbeiten, so wie Celan das auf paradoxe Weise mit seinen Worten und seinen Gedichten getan hat, die niemals mimetisch die Ereignisse beschreiben, sondern sich auf den elementaren Horror beziehen, der unsere Möglichkeit des Verstehens übersteigt.

480 Alain Badiou, Politik der Wahrheit, hrsg. von Rado Riha, Wien: Turia&Kant 1997.

An einem wichtigen Punkt gibt es einen scharfen Kontrast zwischen Libeskinds Museum und einigen Versionen der Postmoderne. Er bestreitet den Gegensatz zwischen Ethik und Ästhetik. Der Ausgangspunkt der Shoah ist ganz zweifellos ein ethischer. Um diesen ethischen Anspruch zu erfüllen, um dieser Erinnerung an die Auslöschung von Millionen unschuldig ermordeter Menschen zu entsprechen, bedarf es einer ambitionierten Ästhetik, die dem ethischen Anliegen angemessen ist.

In einer solchen ethischen Ästhetik der Genauigkeit tritt die Form als ein ethischer Schlüsselbegriff zutage, mehr noch als Voraussetzung für ein Verständnis eines Ereignisses, das Kants *sensus communis* übersteigt. Dieses Museum ist Andrew Benjamin zufolge eine „Architektur der Hoffnung"[481], auch wenn es nicht möglich ist, die Shoah in ein traditionelles affirmatives Narrativ der Hoffnung zu integrieren. Es geht weit über das traditionelle politische Narrativ der Nation hinaus. Man kann sich beispielsweise kaum auf Hegels trickreiche Erzählung über die List der Vernunft, eine besonders hintersinnige Variante der *grand recits* von Lyotard (1979), beziehen, wonach sich die Vernunft ihren Weg durch die Geschichte bahnt, indem sie sich der schlimmen und grausamen Eigenschaften der Menschen bedient. Das war Hegels Interpretation des *grand terreur* während der Französischen Revolution, die dem Weltgeist Platz schuf, den Hegel in Jena in der Gestalt von Napoleon erblickte.[482] Ich komme zum Anfang meiner Ausführungen zurück und gelange zu folgender Schlußfolgerung: Die deutsche Transformation des kulturellen Gedächtnisses, womöglich in der modernen europäischen Geschichte einzigartig, führt uns den dynamischen Aspekt von Erinnerung und Erinnern vor Augen, die Möglichkeit von narrativem Wandel, den Wechsel von Identität. Aber die Gefahr eines solchen radikalen moralischen und kulturellen Experiments ist im Hinblick auf Deutschlands kollektive Erinnerung durch das Problem gesteigert, daß die Shoah ein so überwältigendes Ereignis darstellt. Anders als Adorno möchte ich behaupten, daß es sehr wohl möglich ist, Gedichte über Auschwitz zu schreiben (so wie es Celan tat). Lyrik, die sich durch keine Prosa (Roman, Historiographie) ersetzen läßt, nimmt den leeren Platz zwischen Sprache und Erfahrung ein.

Von daher ist moderne Poesie, Lyrik im speziellen, ein Grenzphänomen am Rand von Ästhetik und Moral; sicher gibt es auch einige Narrative über Auschwitz, vielleicht sogar *grand recits*, aber es ist unmöglich, das Narrativ der Shoah, das in jedem Fall eine Ablehnung eines automatischen kulturellen Fortschritts beinhaltet, mit traditionellen nationalen Narrativen und anderen ethnischen Narrativen zu versöhnen, die immer schon als Erfolgsgeschichten organisiert waren, das heißt als Geschichten mit einem mehr oder minder mythischen bzw. geheimnisvollen Anfang, Schwierigkeiten und Problemen in der Mitte und einem glücklichen Ende. Solche Geschichten enthalten Schufte und produzieren Helden. Es sind Geschichten der Emanzipation, der moralischen Besserung mit klaren Oppositionen, wer sich drinnen und wer sich draußen befindet. Verglichen mit der Identität der meisten ihrer europäischen Nachbarn, ist die deutsche in mancher Hinsicht einzigartig. Sie hat das

481 Andrew Benjamin, Present Hope, London: Routledge 1997, S. 103–118.
482 Hans Blumenberg, Arbeit am Mythos, a.a.O., vgl Kapitel 4.2. in diesem Buch.

„Glück" des Mangels. Das heißt, daß die Deutschen nicht länger über eine einzige kompakte nationale Geschichte verfügen, von der sie besessen wären. Aber der Preis, den sie für diesen Mangel zu entrichten haben, ist schwer abzuschätzen. Auf dem Gebiet der modernen Literatur – sozusagen von Lorca bis Gombrowicz – ist es unstrittig, daß diese naiven quasi-mythologischen Narrative, die noch immer die Köpfe und die Leiber vieler Menschen in vielen Ländern besetzt halten, zu Ende gehen. Aber wir wissen auch, daß keine Form von Aufklärung stark genug ist, um Dinge zum Verschwinden zu bringen. Insofern enthält Deutschlands Besonderheit ein Risiko, aber auch eine Chance.

Im Unterschied zu der oft wiederholten und wenig bedachten Behauptung, daß der Rechtspopulismus in Österreich in seiner erfolgreichen Periode zwischen 1986 und 2003, der ganz unzweifelhaft Spuren der nationalsozialistischen Vergangenheit in sich trug und trägt, das Ergebnis einer *Verdrängung* im Sinne Freuds darstelle oder daß die Shoah im deutschen und österreichischen Schul-Unterricht vernachlässigt würde, möchte ich die These wagen, daß dieser Populismus eine aufsässige und konträre Antwort auf den Anspruch darstellt, daß auch die Österreicher mit Auschwitz belastet bleiben müssen. Es drückt sich darin, wie verquer auch immer, die Sehnsucht aus, den moralischen Pariah-Status abzuschütteln und eine ganz „normale" Nation zu werden. Diese Art von unmöglichem und paradoxem Vergessen ist eingebettet in eine Strategie der Normalisierung. Diese ist erfolgsversprechend, weil die Subjekte des Halbwachsschen Gedächtnisses, aus puren biologischen Gründen, mehr und mehr abhanden kommen. Andererseits profitierte dieser Populismus von einer wohlgemeinten kollektiven Erinnerungspolitik, die die Komplexität der narrativen Form des Gedächtnisses mißversteht und sich der Shoah für oberflächliche tagespolitische Zwecke bedient. Können wir eine Erinnerung an die Shoah wirklich mit einer Gedächtnispolitik versöhnen, die als eine unkomfortable Schuldverhängung erlebt wird und die so tendenziell kontraproduktiv wird?

Es gibt ein starkes Verlangen, den Diskurs von Scham und Schuld zu vermeiden, weil er unerträglich schmerzlich erscheint. Scham bedeutet per defintionem die Weigerung, darüber zu sprechen, einen symbolischen Akt des Schweigens. Die Vermischung von Scham und Kollektivschuld ist nicht selten kritisiert worden, aber sie ist nicht zuletzt eine Konstruktion der Nation als eines gemeinsamen Körpers, als eines Makro-Subjekts, das fixe Grenzen wie unser eigener Körper hat. Es gibt in Österreich ein starkes Verlangen, eine ganz normale Nation zu sein, sowohl im Gegensatz zu den Deutschen als auch in Übereinstimmung mit ihnen, eine ganz normale Nation wie die anderen. In einem Gespräch in der Wochenzeitung *Die Zeit* erklärte der frühere Vorsitzende der Freiheitlichen Jörg Haider angesichts der Bildung der ersten ÖVP/FPÖ-Regierung, daß die permanente Beschäftigung mit der Vergangenheit typisch für die Deutschen sei. Der Österreicher habe demgegenüber eine ganz andere Mentalität. Der Österreicher käme zu dem Punkt, wo er sich sagt: die Angelegenheit ist ausreichend diskutiert worden.[483]

---

483 Werner Perger, Interview mit Jörg Haider, Die Zeit, Hamburg, 2000, Vol. 6. Internet: www.diezeit.de

Dieses programmatische Bekenntnis eines mittlerweile fast historisch gewordenen Politikers verdient einen Kommentar. Es unterscheidet sich von anderen Äußerungen zu diesem Thema allein schon in seiner unverhohlen aggressiven Tonlage. Der Autor legt nahe, daß die Österreicher selbst Opfer sind, eine populäre Version eines inoffiziellen Narrativs, das innerhalb des Rechtpopulismus und Rechtsextremismus weit verbreitet ist. Er bestätigt den Sachverhalt, daß wir in Zeiten leben, in denen jeder gern ein Opfer sein möchte, selbst der Rassist oder der Revisionist. Paradoxerweise ist dieses umgedrehte Argument mit einer Erzählung verbunden, die ansonsten dem linken Modernismus zugehörig ist, dem Narrativ, das von dem Pathos beseelt ist, daß die Zukunft viel wichtiger ist als die Vergangenheit, dieser reaktionäre, albtraumhafte Ort, den man seit der Aufklärung so schnell wie möglich zu verlassen trachtet. Haiders Argumentation zugunsten der Zukunft mag zu einem Gutteil vorgeschoben sein, aber in seinem Kern ist sie letztendlich doch echt. Heutzutage halten die dynamischen konservativen und rechtspopulistischen Parteien jenen Platz besetzt, der zuvor von der Linken eingenommen wurde. Haiders modernistischer Vorschlag, sich mit den gegenwärtigen Problemen zu beschäftigen und sich um die Zukunft zu kümmern, ohne den verstörenden Blick von Klees Engel, scheint auf den ersten Blick moderner zu sein als der Blick zurück im Zorn.

Libeskinds Museum ähnelt einer Insel in einer postmodernen Welt, die das *hinc et nunc* für sich hat und die jedwede Sentimentalität hinsichtlich der Vergangenheit im Namen einer schönen neuen Zukunft von sich weist. Insofern spielt sich die Debatte über das kollektive Gedächtnis nach wie vor in einem kulturellen Kontext ab, der – abgesehen von dem merkwürdigen Phänomen eines so erfolgreichen wie fragilen postmodernen Rechtspopulismus – nicht gerade einen differenzierten Umgang mit Erinnern und Vergessen begünstigt, wie ihn Libeskinds Projekt nahelegt, einer der ganz wenigen und raren Versuche, sich an den Komplexitäten des Erinnerns förmlich abzuarbeiten.

Der rechtspopulistische Bedarf nach Normalisierung, der sich – so könnte eine Zwischenbilanz des Niedergangs der Freiheitlichen Partei Österreichs lauten – zugleich bestätigt und widerlegt hat, macht die Reziprozität zwischen Kultur und Politik, zwischen Erinnerung und Identitätskonstruktion sichtbar. Deutschland und in diesem Fall auch Österreich stellen exzellente Forschungsfelder dar, um die Mechanismen von Erinnerung und Gedächtnis zu begreifen. Die Pointe ist, daß es keine Notwendigkeit gibt, einen bestimmten narrativen Hintergrund ausdrücklich zu deklarieren, auf dem Politik stets beruht. Ich vermute, daß die wichtigsten Narrative stets latent sind.[484] Sie werden manifest im Falle des symbolischen Kampfes um Vergessen und Erinnern, eines Widerstreites, der in deutschsprachigen Ländern, vielleicht auch in anderen Ländern, aufgehört hat. Das kulturelle Gedächtnis ist im Hinblick auf die Shoah noch immer aktiv, und es besteht keine Gefahr und keine Aussicht, daß die Shoah einen vergessenen Teil unseres Gedächtnisses darstellen könnte.

Wenn *common sense* bedeutet, daß man nicht gezwungen ist, das Narrative der Shoah in jedem Augenblick explizit zu machen, dann müßte eine solche positive

484 Vgl. Kapitel 5 dieses Buches.

‚Normalisierung' weder aggressiv vorgetragen noch exzessiv eingefordert werden. Latentes Erinnern verschwindet nicht, es büßt auch nicht an Kraft ein etwa im Vergleich zum erzwungenen Erinnern und Vergessen. Die hitzigen Debatten, die in den vergangenen Jahren über die Shoah in den deutschsprachigen Ländern geführt worden sind, machen sinnfällig, daß bislang keine Normalisierung eingetreten ist. Sie sind Indikatoren für den Kampf um Bedeutung, der oftmals auf der Ebene der unproduktiven Alternative von Vergessen und Erinnern geführt wird.

Die Konzentration auf das Erinnern als solches, das heißt auf den Inhalt, ist charakteristisch für den Diskurs über das öffentliche Gedächtnis. Beide Seiten sind dabei, grob gesprochen, in dem zu Erinnernden gefangen, unfähig, eine konstruktive Beziehung zu ihm jenseits der illusionären Alternativen herzustellen oder aufzubauen: entweder die Vergangenheit durch fortwährendes Erinnern im Namen der Gerechtigkeit still zu stellen oder ihr im Namen der Freiheit zu entrinnen trachten. Aber weder das eine noch das andere Projekt kann wirklich funktionieren.

Das erste Konzept ist kontraproduktiv im Hinblick auf das formulierte Ziel, weil es langfristig Erinnerungsüberdruß und Sehnsucht nach Vergessen erzeugt. Aber auch das zweite ist nicht zielführend, denn es führt – wie der Wunsch spontan zu sein – zum Gegenteil. Das Verlangen nach Vergessen bewirkt ein schmerzhaftes Erinnern, das wie im Falle des österreichischen Rechtspopulismus – die Akteure wie deren symbolische Opfer können sich ändern, die Struktur bleibt dieselbe – eine bestimmte und unvermeidliche Form von Aggressivität einschließt, die von sich selbst auf den Anderen projiziert wird. Es geht darum, eine bestimmte Aufmerksamkeit gegenüber der narrativen Form der Erinnerung voranzutreiben. Diese könnte eine unbefangene Beziehung zur Zukunft eröffnen und würde nicht länger von der „Furie des Verschwindens" (Hegel) und den Albträumen der Vergangenheit heimgesucht. Solch eine Beziehung, die auch traditionelle Konzepte von nationaler Identität überwindet, besinnt sich auf die Form des Gedächtnisses. Die ästhetische Moderne hat ein ganzes Bündel neuer Formen entwickelt. Gut möglich, daß sie ihr pathetisches Selbstverständnis als ein Projekt der Weltveränderung eingebüßt hat. Aber die Kunst – Literatur, Architektur, Film – läßt uns imstande sein, uns eine spezifische Form von Freiheit vorzustellen – auch gegenüber dem zu Erinnernden.

Während der rein theoretische reflexive Perspektivenwechsel sehr schnell in eine Angelegenheit von rein ästhetischer Interpretation umschlagen kann, reichen die Implikationen für einen narrativen Ansatz sehr viel weiter, auch im Hinblick auf die schwierigsten und irritierendsten Bereiche in der europäischen Kultur und Politik von heute. Freuds Annäherung an das Thema, nicht selten für vordergründig politische Zwecke instrumentalisiert, könnte sich auch heute als hilfreich erweisen. Es ist nicht das Ereignis als solches, das entscheidend ist, von Belang ist vielmehr, daß das Subjekt gerade auf Grund seiner Fragmentiertheit und Fragilität imstande ist, sich ihm gegenüber so zu verhalten, daß es ein neues Leben beginnen kann, ohne die Vergangenheit leugnen zu müssen. Dazu bedarf es Erzählungen, in denen der Zeitpunkt und die Fokalisierung des Erzählens zum symbolischen Dreh- und Angelpunkt werden. Das Eingangszitat von Peter Esterházy macht sinnfällig, daß es ein Schweigen gibt, das kein Verschweigen, sondern ein potentielles, wissendes Zuhören ist. Esterházy, der nach der Fertigstellung seiner fragmentierten Familiensaga *Harmonia Cælestis*[485] feststellen mußte, daß sein geliebter Vater ein Informant des kommunistischen Geheimdienstes gewesen war, sieht in der Literatur ein Medium, das das Unmögliche bewerkstelligt: eine ‚Dialektik' des Schweigens und Sprechens.

485 Péter Esterházy, Harmonia Cælestis, Berlin 2003.

11. Geschlecht als narrative Identitätskonstruktion[486]

Von 1792 bis 1796 führte der Marquis von Maillet in St. Fargeau 120 km nördlich von Paris auf seinem Schloß Experimente durch, die das Wesentliche des Lebens extrahieren sollten.
Er versuchte es anfangs mit dem Lebenselixier, hatte auch Glück, etwas zu finden. Es war ein roter Stoff, den er nicht halten konnte, der sich also nicht festigte, sich sofort wieder auflöste.
Er ging wegen der Flüchtigkeit des Stoffes davon aus, das Lebensprinzip gefunden zu haben, denn Prinzipien werden auch oft wieder vergessen und sich ebenso flüchtig wie dieser rote Stoff.
Er versuchte, dies Prinzip zu festigen, es gelang ihm nicht. Um zu verstehen, was dieser rote Nebel sei, versuchte er, sich ihn vorzustellen als etwas, was ihn ganz durchdringt und begab sich damit an die Experimente. Ende 1796 sollte ihm der Durchbruch gelingen.
Der Marquis von Maillet versuchte, in seinen Experimenten das Rot als ihn umfassende, ablaufende Materie zu begreifen, und er extrahierte daraufhin ohne Schwierigkeiten einen festen dünnen, roten Faden.
Es war der rote Faden, der durch sein Leben führte.[487]

Diese Geschichte, aus dem „Museum der unerhörten Dinge" des Berliner Künstler-Schriftstellers Roland Albrecht entliehen, ist von einiger Raffinesse, eine Geschichte, die wahr sein könnte und die doch nicht wahr sein kann. Sie führt uns eine Diskursformation und eine *episteme* vor, die man mit Michel Foucault als „Klassifizieren" bezeichnen kann, die, wie Foucault schreibt, von einer „frischen Neugier" zeugt, die „die Wissenschaften vom Leben wenn nicht entdecken, so doch zumindest ihnen eine bis dahin unbekannte Breite und Präzision geben ließ."[488] Die Logik dieses diskursiven Formation wird im „Museum der unerhörten Dinge" auf die Spitze getrieben, wenn das Lebenselixier, das noch die deutsche Romantik und Naturphilosophie in ihren Bann schlug,[489] der Innenvorgang, die Erfahrung des

486 Das vorliegende Kapitel stellt eine erweiterte Version des folgenden Textes dar: Wolfgang Müller-Funk, Der gerissene Faden. Narration – Identiät – Ipseität. In: Sigrid Nieberle/ Elisabeth Strowick (Hrsg.), Narration und Geschlecht. Texte – Medien – Episteme, Köln: Böhlau 2006, S. 159–176.

487 www.museumderunerhoertendinge.de.

488 Michel Foucault, Die Ordnung der Dinge [1966]. Aus dem Französischen von Ulrich Köppen, Frankfurt/Main: Suhrkamp 1971, S. 165.

489 Dietrich von Engelhardt, Naturwissenschaft und Gesellschaft im 19. Jahrhundert oder die Spannung von Freiheit und Verantwortung in der Sicht der Naturforscher, in: Gian Franco

lebendigen Selbst, im quasi-chemischen Experiment objektiviert und substanziell ausgefällt wird. Das naturalistische Mißverständnis des „Lebensprinzips", des „Lebenszusammenhangs" (Dilthey), das in den naturwissenschaftlichen Szientismus bis heute eine gewisse Rolle spielt, ist denkbar in einer diskursiven Welt, in der Natur- und Geisteswissenschaften noch ungeschieden sind. Der experimentierende Marquis beschäftigt sich ganz offenkundig mit sich selbst, mit seiner Identität, und was er am Ende in Händen hält, einen dünnen, aber gleichwohl festen Faden, das verweist auf einen anderen Diskurs, dem das Jahrhundert anhängt: die Neugierde für sich selbst, die in einer autobiographischen Welle ihren Niederschlag findet. Denn diese zeichnet sich dadurch aus, daß sie aus pulverisierten Elementen einen narrativen Faden konstruiert, der durch den Dschungel des labyrinthischen Lebens führt und dabei die Festigkeit eines vermeintlich authentischen Selbst zum Vorschein bringt, das sich am Ende im Anfang findet: als das Selbst, das seinen wahren Kern in sich findet. Es ist die Zeitkunst des Erzählens, die die disparaten und kontingenten Ereignisse und Momente des Lebens kontinuierlich zusammenfügt und so Identität – und das heißt hier so viel wie Selbstverständlichkeit, Evidenz – generiert. Der listige Erzähler, der auf die Rolle des Vergessens beim Weben des roten Fadens anspielt, erweist sich als ein verschwiegener Theoretiker des Narrativen. Seine Geschichte berichtet davon, wie Identität erzeugt wird, durch eine *Konstruktion* des Selbst, die sich vergißt und so vergegenständlicht. Die Geschichte führt uns das Konstruktionsprinzip des Erzählens in einem Erzählexperiment vor, das unsere Kategorien von wahr und falsch durcheinanderwirbelt. Alle Geschichten von Identitäten sind in gewisser Weise illusionär und lügenhaft; und diese Selbstverkennung ist ein integraler Bestandteil von ihnen. Der Marquis de Maillet existiert nur, solange von ihm erzählt wird, wie er sich selbst konstituiert: ohne Erzählung kein Selbst und keine Identität. Aber weil das Knüpfen des Fadens zeitlicher Natur ist und retrospektiv vonstatten geht, besteht ein unkündbarer Zusammenhang zwischen Erzählen, Erinnern und Dasein als Selbst. Wobei die Paradoxie unaufhebbar ist, daß es eines zentrierenden Fokus bedarf, um erzählen, das heißt narrative Fäden spinnen zu können; umgekehrt ist dieses Selbst nur „da", weil dieses narrative, prinzipiell abrufbare, latent bewußte bzw. unbewußte Reservoir vorhanden ist. Filme wie Alain Resnais' *Hiroshima, mon amour*, David Lynchs *Mulholland Drive*, in dem sich die Ereignisse wie in einer Möbiusschleife drehen, und Kaurismäkis *Der Mann ohne Vergangenheit* führen eindrucksvoll vor, wie Erinnerungsverlust und Selbstverlust Hand in Hand gehen. Daß das Thema von Gedächtnis und Erinnerung heute in Kunst, Film und Wissenschaft eine derart prominente Rolle spielt, mag mit einer latenten Panik zusammenhängen, wir könnten in einer atemberaubend schnellen Zeit unserer Identität verlustig gehen. Dieser elementare Schrecken des Einzelnen wie ganzer Gemeinschaften mag dazu geführt haben, markante Narrative zu materialisieren oder gar zu monumentalisieren, um wie der Marquis einen festen Faden in der Hand zu halten, der die Pulverisierung unseres Selbst verhindert. Der – immer schon medialisierte – rote

Frigo, Paola Giacomoni, Wolfgang Müller-Funk (Hrsg.), Pensare la natura. Dal Romanticismo all'ecologia, Milano: 1998, S. 45–62.

Faden wäre also ein kulturelles Halteseil, die immer schon bedrohte Identität in einem Webrahmen zu fassen zu kriegen. Der rote Faden repräsentiert und dekonstruiert die Vorstellung eines unverrückbaren Subjektes, wie es für die klassischen abendländische Episteme so charakteristisch gewesen ist.

Besonders in den angelsächsischen Kulturwissenschaften taucht Identität unter einem gänzlich verschobenen Gesichtspunkt auf. Die Trias von Ethnizität, Klasse und Genus (*race*, *class* und *gender)* bezieht Identität von vornherein auf einen kulturellen Rahmen und fokussiert die geschlechtliche, soziale und kulturellen Herkunftsgeschichten, ihre Überlagerungen, Überschneidungen. Identität ist hier von vornherein als eine Konstruktion begriffen; es geht nicht darum, sich – wie im Falle des Marquis – mit sich selbst zu identifizieren (und sich seiner/ihrer Unverrückbarkeit zu vergewissern), sondern mit einem Anderen, das selbst und fremd, in jedem Fall aber kontingent bleibt. Identität ist, weil scheinbar an keine objektiven, naturalen Parameter gebunden, veränderbar und zugleich multiplizierbar: so entsteht ein *patchwork*, ein Muster von sich durchkreuzenden Identitäten auf den verschiedensten Ebenen, die – so die Utopie hinter den angelsächsischen Kulturstudien, den *Cultural Studies* – die verhärteten Identitäten mitsamt ihrer fatalen Neigung der Fremdbildproduktion aufbrechen. Wir sind verschiedene Ichs, das Fremde, Andere in uns tragend und integrierend. Der geschlechtliche und ethnische Hybrid, das, was man klassischerweise als Minderheit bezeichnet, wird auf Grund seiner/ihrer Mehrfachcodierung zum privilegierten Subjekt, das die traditionell moderne harte ethnische und sexuelle Identitätspolitik transzendieren soll: Herr und Frau Amerikaner als eine neue Hybridrasse, die infolge ihrer radikalen Künstlichkeit nicht länger für sexuelle und rassische Diskriminierung anfällig wäre. Die Kehrseite solcher implizit oder auch explizit vorgetragener Konzepte ist indes, daß sie jenen Kulturalismus der Politik reproduzieren, der stets für den Nationalismus so eigentümlich war: die kulturelle Option und Präferenz für die aus dem klassischen rassistischen und patriarchalischen Diskurs Ausgeschlossenen dreht den Spieß lediglich um und bedeutet daher keinen Ausstieg aus dem Spiel klassischer Identitätspolitik.

Wie die Debatte um Judith Butlers Buch *Gender troubles* zeigt, gibt es noch einen anderen Einwand gegen jenen kulturellen Anarchismus und seinen Kampf gegen traditionelle Identität, und er führt uns zu einer weiteren, gleichsam dritten Dimension des Komplexthemas Identität. Die Kontrahentinnen in der innerfeministischen Debatte um und über die Geschlechteridentität machten nämlich pragmatisch geltend, daß der im Namen des Kampfes gegen eine repressive Identitätspolitik ausgerufene Verzicht auf die klassische Identität von Weiblichkeit und auf die Frau als Subjekt zwangsläufig eine emanzipatorische feministische Politik unterlaufe, da Politik eben ein solches klar definiertes Subjekt benötige. Ich möchte hier nicht auf Argumente für und wider eine solche Position eingehen, wichtig erscheint mir an dieser Stelle zu bemerken, daß Theoretikerinnen wie Sheila Benhabib sich ganz offenkundig auf die philosophische Diskursgeschichte über Identität bezogen haben, in der die englischen Philosophen wie Hume und Locke eine prominente Rolle spielten. In seinem Buch *Treatise on Human Nature* (1739) stellt Hume sich und seinem Publikum die folgende bohrende Frage:

> Was verschafft uns eine derart starke Neigung, aufeinanderfolgende Wahrnehmungen mit einer Identität zu überlagern und anzunehmen, wir befänden uns im Verlaufe unseres gesamten Lebens im Besitz einer unwandelbaren und ununterbrochenen Existenz?[490]

Hume führt nun aus, daß ohne eine solche starke Annahme Handeln und Interaktion undenkbar wären. Erst ein inneres Relais wie das Selbst bildet einen Bezugsrahmen für Wahrnehmung und Erinnerung, konstituiert Welt in der wiederholenden Begegnung, macht uns für unser Gegenüber verfügbar. Im klassischen Diskurs über Identität ist von vornherein ein moralischer Imperativ eingeschrieben. Identität verbürgt Beständigkeit und das heißt soziale Verläßlichkeit. Diese Beständigkeit ist durch die *condition humaine* gegeben. Paul Ricœur zufolge, auf den ich noch zu sprechen komme, kristallisiert sich diese in zwei ethisch amalgamierten Phänomenen aus: Charakter und Versprechen. Identität hat also nicht nur eine ‚selbstische', sondern eine alteritäre und soziale Funktion: denn ohne Beständigkeit und Treue kann es auch keine stabilen sozialen Beziehungen geben. So ist die Identität keineswegs nur eine repressive Einschreibung der Gesellschaft, sondern stellt auch einen wesentlichen Ermöglichungsgrund unseres Handelns und Zusammenlebens dar. Es ist die Beständigkeit eines Menschen, die ihn zu einem moralischen Subjekt macht. Ein transitorisches, erinnerungsloses Subjekt wäre dieser Argumentation zufolge strukturell verantwortungslos, man könnte es nie auf eine Aussage, eine Verpflichtung und ein Versprechen festlegen, eben weil es dieses Selbst nicht mehr ist, das es zum Zeitpunkt der getroffenen Aussage, der eingegangenen Verpflichtung, des gegebenen Versprechens gewesen ist. Mit strukturell verantwortungslos meine ich, daß diese Verantwortlichkeit sich nicht einem willentlichen Dementi verdankt, sondern im Extremfall dem Umstand, daß diese Verpflichtung gegenüber dem anderen vergessen ist. So untersteht das Vergessen auch unter diesem Aspekt einer radikalen Ambivalenz: Freiheit von der Vergangenheit und Aufkündigung von sozialen Beziehungen.

Locke hat eine überaus subjektivistische Konzeption von Identität vertreten, die diese – *sameness with itself* – als Produkt und Prozent von Reflexion, Erinnerung und Vergleich begreift. Die Philosophie hat einen eigentümlichen *faible* für skurrile und schrullige Grenzfälle, die als Härtetest für die theoretische Triftigkeit der eigenen philosophischen Konzeption angeführt werden. Wie steht es etwa mit einem Prinzen, dessen Gedächtnis man in den Körper eines Flickschusters transplantiert hat? Locke vertritt getreu seiner Konzeption die Position, daß die Identität des betreffenden Individuums noch immer eine „prinzliche" wäre. Der Haken bei der Sache ist nur, ob dieses Selbstverständnis von seiner sozialen Außenwelt geteilt wird und ihm im Extremfall nicht den Aufenthalt in eine psychiatrischen Anstalt einträgt, wo die Betreuer dem armen Narren – zu seiner Beruhigung – seine prinzliche Identität vermeintlich bestätigen.[491]

490 David Hume, Ein Traktat über die menschliche Natur, Hamburg: Meiner 1973, S. 326 ff. Vgl. Paul Ricœur, Das Selbst als ein Anderer, München: Fink 1996, S. 158 ff.

491 John Locke, Versuch über den menschlichen Verstand, 2 Bde., Hamburg: Meiner 1981 u. 1988. Vgl. die Diskussion des Beispiels in: Paul Ricœur, Das Selbst als ein Anderer, a.a.O., S. 155–157.

Das Fallbeispiel, dem Grenzfälle aus der Psychiatrie (multiple Persönlichkeit, Schizophrenie), aus der Medizin (Alzheimer) oder der Esoterik hinzuzufügen wären, macht deutlich, daß Identität kein einfaches, sondern ein höchst wechselhaftes und vielschichtiges Problem darstellt. Es beinhaltet eine Innen- und eine Außenseite, die nicht zur Deckung kommen bzw. nicht zur Deckung kommen müssen. In abgeschwächter Form sind wir stets in der gespaltenen Situation, daß wir uns als Prinzen oder Prinzessin identifizieren und als Flickschuster oder häßliche Entlein wahrgenommen werden. Und *vice versa*. Es kann aber auch sein, daß der Druck von außen so stark ist, daß wir am Ende die Fremdzuschreibung zur eigenen Identität machen (postkoloniale Situation). Diese Gespaltenheit von Identität macht auch erklärlich, warum Konzepte des Mit-sich-selbst-identisch-Seins so attraktiv erscheinen: es enthält das Versprechen, daß Selbst und Fremdansicht der Identität nach langen Abenteuern und Irrfahrten endlich zur Deckung gekommen sind.

Der rote Faden der Identität, der Kontinuität und Unverwechselbarkeit gewährleistet, ist immer davon bedroht zu zerreißen. Zur Paradoxie des Phänomens gehört, daß die Identität, die hartnäckig auf ihre Selbstgenügsamkeit pocht, unliebsam von der Fragilität, Fragmentarität und Konstruktivität von Identität eingeholt wird, während umgekehrt die utopische Hoffnung, sie wie einen Ballast abzuwerfen, um auf diese Weise radikal unabhängig zu werden, unvermeidlich zu neuen Identitätsbildungen und -zwängen führt.

Wer vom Selbst spricht, der muß – so der Stand der Diskussion – stets auch von dessen Anderem sprechen: von der Vorgängigkeit des Anderen: dieses Andere kann die verschiedensten Gestalten annehmen:

- die Vorgängigkeit des Anderen, ohne den ich keine Identität erlangen kann (Emmanuel Levinas, Waldenfels)
- das unbewußte Andere in mir, das unbewußte Ich etwa im Sinne der Psychoanalyse Jacques Lacans
- die jeweils andere Identität und die Identität des Anderen, die mir die Relativität, die Fremdbezüglichkeit jedweder Identität vor Augen führt
- die Gespaltenheit der Identität selbst in ihrem Innen- und Außenaspekt, wie sie das Beispiel des Prinzen in Flickschustergestalt vor Augen führt.

Paul Ricœur, ein hermeneutischer Poststrukturalist und der wohl bedeutendste Philosoph eines narrativen Konzeptes von Identität, hat in seinem Buch *Das Selbst als ein Anderer* (1990) – der französische Titel lautet *Soi-même comme un autre* – in Abgrenzung von der philosophischen Tradition vorgeschlagen, zwei inkompatible, das heißt nicht auseinander ableitbare Aspekte von Identität zu unterscheiden. Der französische Theoretiker, der für eine reflexive Vermittlung des Subjekts gegenüber einer unmittelbaren Position des Subjekts plädiert, unterscheidet im Anschluß an das Lateinische, aber auch an wichtige europäische Sprachen zwei sich bedingende, aber eben nicht identische Momente von Identität:

1. Identität im Sinne des lateinischen Demonstrativpronomens und Reflexivpronomina (soi, self, se, sí mismo, selbst): Selbstheit (Ipseität)

2. Identität im Sinne des lateinischen Demonstrativpronomens idem: Identität, Selbigkeit (engl: he/she is the same)
3. Identität als komplexe dialektische Verschränkung von Selbstheit und Selbigkeit: Identität im weiten, komplexen, d.h. zusammengesetzten Sinn, wie sie in der Formel des Mit-sich-selbst-ident[isch]-Seins zum Ausdruck kommt.[492]

Für das Verständnis von Ricœurs Konzept des Selbst ist die Auffassung, daß Identität personal und narrativ ist, das heißt der Zeitlichkeit unterliegt.

In gewisser Weise bedeutet Identität das, was sich dem Wandel in der Zeit widersetzt: Stabilität, Dauer.

Während die Selbigkeit (die Identität im engeren Sinn) eine Beständigkeit in der Zeit, einen Gegensatz zum Differenten, Veränderlichen und Wandelbaren repräsentiert, verwirft Ricœur ausdrücklich die (metaphysische) Idee, daß Selbstheit einen „unwandelbaren Kern der Persönlichkeit" in sich trägt. Sie ist vielmehr eine symbolisch leere Instanz, die für den personalen, d.h. narrativen Aspekt jedoch unverzichtbar ist. So steht dem *Wer* der innenbestimmten Ipseität das *Was* der außenbestimmten Identität gegenüber. Wobei Innen und Außen – jedenfalls Ricœur zufolge – nicht mit der Differenz von Psyche und Physis zusammenfallen. Die symbolische Leere der Selbstheit ist so tautologisch wie der jüdische Gottesname Jahwe, der in der Bibelexegese wahlweise mit „Ich bin, der ich bin" bzw. „Ich bin, der ich sein werde" übersetzt wird.

Denn die Idem-Identität, die *Selbigkeit*, resultiert aus dem Vergleich, aus der quantitativen wie der qualitativen Identität. Bei der quantitativen oder numerischen Identität steht die Einzigkeit und Unverwechselbarkeit einer Person zur Disposition, bei der qualitativen Identität die größtmögliche Ähnlichkeit in der Zeit. Aber die Tücke liegt im Detail: wir würden ein Auto, bei dem sämtliche Teile ausgetauscht wurden, immer noch als dasselbe Auto bezeichnen. In diesem Fall bleibt die Organisation des kombinatorischen Systems erhalten. Identität ist stets Kampf gegen die Zeit, die Wandel und Veränderung mit sich bringt und Identität bedroht.

Aber auch unser Körper und unsere Psyche unterliegen einem steten Wandel. Klassische Identitätskonzeptionen bewältigen dieses Problem dadurch, daß sie dem betreffenden Organismus *Wandel als Eigenschaft* zuschreiben: einem Baum ebenso wie einem Menschen und einem Schmetterling. Deshalb betrachten wir so verschiedene Lebewesen wie Kind, Erwachsener und Greis nicht als drei, sondern als ein und dieselbe Person. Wir tun dies, indem wir eine klassisch strukturierte Geschichte erzählen: eine Geschichte, in der es um Entwicklung, Entfaltung und Wandel geht, in der sich Identität vollzieht. Geschichten sind jene geniale Erfindung, die Wandel und Beständigkeit ausbalancieren und so Identität mit der Zeit versöhnen. Klassische Entwicklungsromane und Autobiographien tun dies in der Form, daß sie das Ende als Erfüllung eines Anfangs beschreiben. Im ersten Band von Elias Canettis autobiographischem Werk *Die gerettete Zunge* heißt es demgemäß programmatisch:

> Alles was ich später erlebt habe, war in Rustschuk schon einmal geschehen.[493]

492 Paul Ricœur, Das Selbst als ein Anderer, a.a.O., S. 26–38.
493 Elias Canetti, Die gerettete Zunge, München: Hanser 1977, S. 9.

Die nachfolgenden Lebensabschnitte erweisen sich als Spiegelungen frühkindlichen Erlebens, als ein Spiel von Ähnlichkeiten, die scheinbar wie von selbst Verbindung und Sinn stiften: der Großvater-Patriarch wird zum Sinnbild des Machthabers, die Feuersbrunst in einem Nachbarhaus zu einem kleinen Vorspiel des Justizpalastbrandes in Wien anno 1927, das Verhalten der Menschen bei der Erscheinung des Kometen wird zur ersten Epiphanie der Masse, die Wolfsmaske des Vaters beim *Purim*-Fest als erster Beleg für Canettis These vom Menschen als Verwandlungswesen usw. So bilden kindliche Erlebnisse und intellektuelles Leben eine schier nahtlose – zu nahtlose – Einheit.

Aber die Bedrohung, die die Zeit für die Identität darstellt, ist Ricœur zufolge nur dann behoben, „wenn man ein der Ähnlichkeit und der ununterbrochenen Kontinuität der Veränderung zugrundeliegendes Prinzip der Beständigkeit in der Zeit annehmen kann", die Beständigkeit ist kein Substrat und keine Substanz:

> Läßt sich eine Form der Beständigkeit in der Zeit mit der *Wer*-Frage verbinden, insofern diese sich auf keinerlei *Was*-Frage reduzieren läßt? Eine Form der Beständigkeit in der Zeit, die die Antwort auf die Frage. „Wer bin ich?" darstellen würde?[494]

In *Das Selbst als ein Anderer* tauchen dabei zwei Phänomene auf, die für personale Identität konstitutiv sind. Das ist zum einen der *Charakter* und zum anderen *das gehaltene Wort*. Charakter definiert der Autor von *Das Selbst als ein Anderer* mit Blick auf das Widerspiel von Ipseität und Identität folgendermaßen:

> Unter Charakter verstehe ich [...] die Gesamtheit der Unterscheidungsmerkmale, die es ermöglichen, ein menschliches Individuum zu reidentifizieren. Durch seine deskriptiven Züge [...] faßt er numerische und qualitative Identität, unterbrochene Identität und Beständigkeit in der Zeit zusammen.[495]

Im Charakter, der Selbigkeit der Person, wird die Selbstheit von der Selbigkeit gleichsam überlagert und überdeckt:

> Selbst noch als zweite Natur ist mein Charakter ich, ich selbst ipse, aber dieses ipse kündigt sich als ein idem an.[496]

Der Charakter als das ‚Was' des ‚Wer' hat eine Geschichte und damit eine narrative Unterlage. Er bewährt und verändert sich im Laufe des erzählten Geschehens, die erfahrenen Begebenheiten sind in ihn gleichsam eingeritzt. In dieses Was gehen jene sekundäre Identitätsbildungen ein, die die Selbigkeit zu einer Komposition von Identitäten machen, Identifikation mit Anderem, mit Werten und Normen, Idealen und Vorbildern oder Helden, in denen sich Individuen aber auch abstrakte Kollektive wie Gemeinschaften wiedererkennen. Es sind im Kern jene Identitäten, um die die angelsächsischen *Cultural Studies* kreisen.

Drückt der Charakter die Deckung der Fragestellung des Idem und des Ipse aus, so ist das Versprechen durch den größtmöglichen Abstand zwischen der Beständigkeit des Selbst und der Unbeständigkeit des Selbigen gekennzeichnet. Es geht hier ausschließlich um das Wer. Über die „Selbst-Ständigkeit" läßt sich also sagen, daß sie sich – soweit

---

494 Paul Ricœur, Das Selbst als ein Anderer, a.a.O., S. 147.
495 Ders., a.a.O., S. 148.
496 Ders., a.a.O., S. 151.

analog zum Charakter – nicht in die „Dimension der Dinge“ einschreiben läßt. Seiner ganzen Struktur nach stellt das Einhalten des Versprechens eine Herausforderung an die Zeit dar. Ich kann meine Neigungen, meine Meinungen, ja meine sekundären Identitäten ändern, aber ich bleibe dabei. Die Treue zu sich selbst und gegenüber dem anderen hängt nicht von der Starrheit meiner Selbigkeit, meiner Idem-Identität ab:

> Die eigentliche ethische Rechtfertigung des Versprechens genügt sich selbst. Sie ergibt sich aus der Verpflichtung, die Institution der Sprache zu bewahren und dem Vertrauen, das der Andere in meine Treue setzt, zu entsprechen.[497]

Die Fabelkomposition gestattet es, Dauer und Zeitlichkeit, Beständigkeit und Wandel miteinander zu verschränken; dies kann auf höchst unterschiedliche und unterschiedlich komplizierte Weise geschehen. Und unterscheidet nicht nur literarische Stile, Genres und Medien, sondern womöglich auch Kulturen, Binnen- und Subkulturen. Die Fabelkomposition gestattet prinzipiell die Integration von

- Verschiedenheit
- Veränderung und Veränderlichkeit
- Diskontinuität
- Unbeständigkeit
- Kontingenz

Pointiert formuliert läßt sich sagen, daß wir erzählen, *weil* es Kontingenz und *weil* es Diskontinuität gibt. Ohne das Spannungsverhältnis zwischen der Beständigkeit des Individuums und der Zeit bedürfte es keines Erzählens. Und ohne narrative Strukturierung von Identität wäre das Leben von entsetzlicher Langeweile.

Bereits in seinem dreibändigen Werk *Zeit und Erzählung* hat sich Ricœur ausführlich mit der strukturalistischen Erzählanalyse (Greimas, Propp u.a.) auseinandergesetzt und sich an zwei entscheidenden Punkten von dieser abgesetzt: im Gegensatz zum Strukturalismus der 1960er und 1970er Jahre betont er die zentrale Bedeutung des Zeitlichen und verwirft zugleich die einseitige Präferierung der Handlungsfunktion gegenüber dem Handelnden, wie sie bereits in Propps Morphologie nahegelegt wurde, so als wären die Personen als reine Aktanten bloße Erfüllungsgehilfen und Funktionäre vorgegebener und vorgängiger Handlungsfunktionen. Demgegenüber insistiert er auf der „Korrelation zwischen Handlung und der Figur“. Die Konfiguration wird zu einem aktiven Moment, das zwischen Kohärenz und Diskordanz vermittelt. Dadurch, daß die Figur handelt, realisiert sie ihre unverwechselbare Identität und bringt die beiden Momente der Beständigkeit (Charakter, Versprechen), damit aber auch die Selbstheit und die Selbigkeit in eine dialektische Beziehung. Die Erzählung ist es, die die Einheit des Lebenszusammenhangs konstituiert und gewährleistet. Gegen die zünftige Literaturwissenschaft bezieht Ricœur die Position des nicht-professionellen, d.h. nicht-philologischen oder nicht-literaturtheoretischen Lesers, wenn er die halbwahre Behauptung aufstellt, daß „Theater- und Romanfiguren […] Menschen wie wir“ seien.[498] Aber damit gelingt ihm eine

497 Ders., a.a.O., S. 154,
498 Ders., a.a.O., S. 185.

kulturelle Funktionsbestimmung der Literatur unter den Bedingungen einer modernen Gesellschaft:

> In diesem Sinne erweist sich die Literatur als ein weiträumiges Laboratorium für Gedankenexperimente, in denen die Variationsmöglichkeit narrativer Identität auf den Prüfstand der Erzählung gestellt werden. Der Gewinn dieser Gedankenexperimente besteht darin, daß sie die Differenz zwischen den beiden Bedeutungen von Beständigkeit in der Zeit ersichtlich machen, und zwar dadurch, daß sie deren wechselseitiges Verhältnis variieren.[499]

Im Gegensatz zur Alltagserfahrung ist der Variationsspielraum in der literarischen Fiktion (also doch eine Differenz zum realen Leben).[500] In der Welt des Literarischen arbeiten sich die beiden Beständigkeiten, Charakter und Versprechen, förmlich aneinander ab. Dabei tritt in der literarischen Moderne die Erfahrung des Identitätsverlustes zutage, der Hand in Hand mit einer Krise des Erzählens geht. Insofern sind die Krisenerfahrung des „Mannes ohne Eigenschaften" und die Struktur des Romanes, der immer davon bedroht ist, in einen diskursiven Essay umzuschlagen, zwei Seiten ein und derselben Medaille. Identitätsverlust definiert der französische Philosoph seinem Konzept entsprechend als „Entblößung der Selbstheit durch den Verlust der sie unterstützenden Selbigkeit".[501] Die nachklassischen Identitätsmodelle, wie sie in manchen kulturwissenschaftlichen Konzepten präferiert werden, wären demnach nicht so sehr der automatische Ausdruck von Globalisierung und kulturellem Austausch, sondern die Folge einer modernen Disposition, eben jener „Entblößung der Selbstheit", die sich höchst provisorisch mit unterschiedlichen „Selbigkeiten" verbinden kann.

Die moderne Identitätskrise schafft so – und das hat Bernhard Waldenfels in seinem Buch *Der Stachel des Fremden* ausgeführt – auch gewisse Chancen, einen Zugewinn an Freiheit und Offenheit auf Kosten stabiler Identität.[502] Sofern diese Offenheit als Gefahr gesehen wird bzw. mit sozialer, politischer oder kultureller – realer wie eingebildeter – Bedrohung einhergeht, schlägt diese Offenheit in ihr Gegenteil um: Identitätspolitik – ethnisch, sprachlich, sexuell und religiös – stellt den Versuch dar, die entblößte Selbstheit symbolisch zu bedecken: was nur auf Kosten der kulturellen Aufrüstung gegen den Anderen möglich ist.

Es ist höchst aufschlußreich, Ricœurs philosophisches Konzept narrativer Identität mit kulturwissenschaftlichen Fragestellungen zu konfrontieren. Dabei tritt zutage, daß sich die Frage von Identität auf einer viel grundlegenderen und wenn man so will existenzielleren Ebene stellt als im kulturwissenschaftlichen Diskurs. Eine philosophische Vertiefung dürfte den Kulturwissenschaften, die methodisch ohnehin auf wackligen Beinen stehen, nicht schlecht anstehen. Die Phänomenologie, die entscheidende Beiträge zum Thema der Alterität geliefert hat, könnte dabei eine Alternative zu

499 Ders., a.a.O., S. 182.
500 Vgl. ders., a.a.O., S. 192: das Techno-Imaginäre bezieht sich dabei auf die Selbigkeit, die literarische Fiktion auf die Selbstheit.
501 Ders., a.a.O., S. 185.
502 Bernhard Waldenfels, Der Stachel des Fremden, Frankfurt/Main: Suhrkamp 1990, S. 15–71.

einem radialen Konstruktivismus und Kulturalismus sein, der den Menschen zum Schöpfer beliebiger Identität zu machen sucht, der sich – gestützt auf die Neuen Medien – seine Identität analog zu kosmetischen Verfahren selbst verschafft und zurechtschneidert.

Selbstredend provoziert Ricœur aber auch kulturwissenschaftlichen Einspruch. Es läßt sich etwa fragen, ob seine Konzeption des ethisch autonomen Individuums, das sich durch Charakter und Versprechen erweist, nicht selbst kulturell spezifisch ist und dem Typ des modernen westlichen Individuums beiderlei Geschlechts entspricht. Aber wenn das Erzählen universal ist, wie Frederic Jameson und Roland Barthes behauptet haben, dann liegt es nahe, das Widerspiel von Selbst und Selbigkeit als eine anthropologische Konstante zu begreifen, der keine kulturelle Formation entgehen kann und die sich das einzelne menschliche Lebewesen nicht aussuchen kann. Dann aber ist es nahe liegend, das ethisch in die Narration eingelagerte Moment selbst als tendenziell universal zu bestimmen.

Kulturen könnten sich demgemäß dadurch unterscheiden, ob und wie sie Ipseität und Identität miteinander verbinden und inwieweit die Gespaltenheit des Selbst überhaupt zum Problem wird. Moderne Gesellschaften – so ließe sich vermuten – unterscheiden sich von vormodernen Formen der Vergesellschaftung durch die „Entblößung des Selbst“, die die Chance zur Emanzipation, aber auch die Gefahr des Rückfalls in starre Identität in sich bergen. In keinem Fall können sich die Kulturwissenschaften der Frage nach dem Verhältnis von Universalität und Partikularität entziehen – das Thema von Identität, Ipseität und Narration ist hierfür ein schlagendes Beispiel.

An zwei Punkten möchte ich Ricœurs Konzept immanent ergänzen und korrigieren. Ich bin mir nicht sicher, ob *Charakter* und *Versprechen* wirklich die einzigen Beständigkeiten sind, die potentiell Beständigkeit in der Zeit gewährleisten. Mehr noch: es scheint zweifelhaft, ob derlei Beständigkeit nicht selbst durchaus relativ und fragil ist. In jedem Fall scheint sie mit einer *condition humaine* verquickt zu sein, die bei Locke zentral ist und die Ricœur erstaunlicherweise unterschlägt: die sich stets an einem fortlaufenden Zeitpunkt erneuernde Erinnerung. Wer sein Erinnerungsvermögen, das Vermögen, seine Lebensgeschichte narrativ an einem roten Faden aufzuhängen, eingebüßt hat, ist weder imstande ein Versprechen zu halten (weil er es eben vergessen hat), noch kann er sich als einen Charakter bestimmen, der der Dialektik von Wandel und Beständigkeit unterliegt. Erstaunlicherweise deshalb, weil die menschliche Erinnerung, die nicht nur Gedanken, sondern auch Gefühlseindrücke – Angst, Gerüche, Empfindungen – bewahrt, selbst narrativ und nicht digital strukturiert ist. Narration und Erinnerung sind unentrinnbar aufeinander bezogen.

Das bringt mich zu meinem zweiten Punkt: In seiner, wie mir scheint, berechtigten Kritik am klassischen Strukturalismus und dessen tendenzieller Vernachlässigung des Temporären, das im Ablauf der Fabel als Konfiguration und Identitätsbildung erscheint, blendet diese Phänomenologie des Narrativen eine zentrale zeitliche Dimension des Narrativen aus: den Akt des Erzählens selbst, der in der literarischen Erzähltheorie zu Recht stets besonderes Augenmerk geschenkt worden ist. In gewisser Weise läßt sich nämlich behaupten, daß der Erzähler, diese oftmals unsichtbare

Mittlerinstanz zwischen den Figuren und den Lesern, selbst die wichtigste Figur ist, die von einem bestimmten Zeitpunkt – und das heißt retrospektiv – Anfang und Ende des roten Fadens setzt. Zu Recht hat Mieke Bal gegen traditionelle Erzähltheorien konstatiert, daß dieser Erzähler stets als Ich spricht.[503] Er repräsentiert – mit Ricœur gesprochen – jenes leere, aber unverzichtbare Ipse, das erzählt, um sich symbolisch durch Selbigkeit anzureichern und auf diesem Wege eine höchst fragile Identität zu generieren. Das ist umso wichtiger im Hinblick auf die überwältigende Majorität nicht-literarischer Narrative, Erzählungen des Alltags, in den Medien, vor Gericht, in Medizin und Psychiatrie, am Stammtisch und im Kaffeehaus – die beinahe samt und sonders Ego-Dokumente, d.h. unreflektiert ego- und ethnozentrische Narrative sind.

Ob die Figur des Erzählers oder der Erzählerin manifest ist, ob sie über eine ganz spezifische Stimme verfügt oder hinter den Stimmen der von ihr geschaffenen Figuren verschwindet, generiert gewaltige ästhetische und rhetorische Unterschiede, ändert hingegen nichts am Grundsachverhalt der Zentralität der Figur des Erzählenden, die immer auch eine erinnernde ist. Die Stimme dieses Selbst kann von Anfang an eine bestimmte Tonlage besitzen, dann identifizieren wir sie als die Stimme eines Mannes oder einer Frau, eines Unterdrückten, einer Hybriden, eines Berufsstandes usw. In diesem Fall ist das Selbst von vornherein auf ein primäres oder sekundäres Idem verpflichtet: es identifiziert sich mit einem Anderen, das größer ist als er oder sie. Aber zwangsläufig ist es nicht, daß dieses Ipse, das die Geschichte seiner Identität erzählt, indem es über jene anderer berichtet, selbst symbolisch markiert ist. Dem marxistischen Literaturtheoetiker Terry Eagleton folgend, würde ich argumentieren, geschieht dies, wenn bestimmte primäre oder sekundäre Selbigkeiten zur Disposition stehen, hinterfragt oder unterdrückt werden, wenn es in jener heiklen Zwischenwelt von Kultur und Metapolitk wichtig ist, daß der Maler ein Schwarzafrikaner, das fragliche Liebeslied bretonisch oder ein Poem lesbisch ist.[504] Sofern die lesbische Lyrik, das bretonische Liebeslied und die schwarzafrikanische Malerei selbstverständlich sind, treten die großen Themen, die kulturelle Symbolisierung provozieren, wieder in den Mittelpunkt, um die, wie Clifford Geertz meint, alle Kulturen kreisen: Liebe, Hunger, Sexualität, Not, Angst, Gewalt, Einsamkeit.[505]

Kommen wir noch einmal zum Prinzen, der in der leiblichen Hülle des Flickschusters steckt. Er hat ein doppeltes Problem: zum einen ist er vor die schmerzliche Frage gestellt, was er ist: ein Prinz oder ein Flickschuster. Sodann sieht er sich vor das leidige Problem gestellt, daß er, wie immer er sich entscheidet, ein Problem mit seiner sozialen Umwelt hat. Denn wie jedwede Identität bedarf auch die seine einer Bestätigung durch den und die anderen. Sie kann ihm in beiden Fällen verweigert werden, je nachdem in welchem sozialen Kontext und kulturellem Milieu er sich befindet. Im einen Fall riskiert er, als Hochstapler oder – schlimmer – als Irrer im Sinne des Foucaultschen Dispositivs behandelt und ausgeschlossen zu werden, aber auch im

503 Mieke Bal, Narratology. Introducton to the Theory of Narrative, 2nd edition, Toronto: TUP 1997

504 Terry Eagleton, Was ist Kultur? Eine Einführung, a.a.O., S. 171.

505 Clifford Geertz, Dichte Beschreibung. Frankfurt/Main: Suhrkamp 1983, S. 43.

Kreis der Flickschuster dürfte er sich auf Grund seines prinzlichen Erzählvermögens schwer tun.

Identitätskonflikte ähnlicher Art (wobei der Identitätskontrast nicht unbedingt die krasse soziale Dimension besitzen muß wie der zwischen Prinz und Flickschuster, die aber gleichwohl eine dramatische Dimension besitzen) finden sich heutzutage im Bereich von Sexus und Geschlecht, etwa bei Phänomenen wie der Transsexualität. Eine Arbeitsgruppe am Institut für Neue Deutsche Literatur und Medien der Universität Kiel hat in diesem Zusammenhang ein Sample von Filmen analysiert, die sich mit diesem Problem beschäftigen. Einer dieser Filme ist Michael Hoffmanns *Soapdish/ Lieblingsfeinde – eine Seifenoper* (USA 1990/91):

> Am Ende von *Soapdish* wird zur räumlichen Ausgrenzung eine *zusätzliche Kennzeichnung* eingeführt: Auf der Off-Off-Bühne in Florida tritt Montana unter ihrem früheren männlichen Vornamen auf, Milton. Damit wird deutlich, daß sie als Frau nicht anerkannt ist, daß das Auftreten als Frau als Schwindel und Betrug gesetzt ist; d.h. das Geschlecht kann man nicht ändern, man ist, was man war. Deutlich wird dies an der Reaktion von David, dem Produzenten: Den ganzen Film über ist er ‚scharf' auf Montana; mit dem Wissen um die frühere Identität ist seine Reaktion auf sie ein Würgen; die Identität wie die Attraktion hängt damit von den Genitalien ab, von den ursprünglichen; sie steuern die ‚Zuneigung'.[506]

Im September 1989 wandte sich eine bekannte österreichische Schriftstellerin mit den folgenden Worten an die Öffentlichkeit:

> Statt wie bisher Jutta Schutting heiße ich nach Erledigung letzter Formalitäten ab jetzt Julian Schutting.[507]

Auch die Geschichte einer diskontinuierlichen Identität läßt sich dank der leeren Ipseität zu einer identitätsstiftenden Erzählung formieren, zu einer Geschichte, in der das Selbst sich retrospektiv mit der männlichen Selbigkeit identifiziert und den Bruch im Sinn einer dramatischen Hinwendung zur eigentlichen Identität deutet. Es gibt ein Selbst, das die Geschichte zu erzählen vermag, wie aus einem Mann eine Frau und aus einer Frau ein Mann geworden ist. Und umgekehrt. Gewiß, der alte rote Faden der narrativ erzeugten Identität ist gerissen; aber es steht ein neuer zur Verfügung, an dem sich die abgelaufenen Ereignisse des Lebens neu auffädeln lassen:

> Ich habe von Kindheit an gewußt, daß ich kein Mädchen bin.
> Der Name ‚Jutta' ist mir immer fremd gewesen.
> Ich habe mich nie daran gewöhnen können, einen weiblichen Vornamen zu tragen, es war mir ganz seltsam.[508]

Die Geschichte, die Schutting erzählt, ist eine vergleichsweise konventionelle, durchaus mit jener des Flickschusters vergleichbar, der seine wahre prinzliche Identität verkündet, oder jener des Gnostikers, der verkündet, daß sein wahres Selbst einer anderen Welt angehört, die er vergessen hatte und die er – angerufen von ihr –

506 Hans Krah und Britta Madeleine Woitschig, Medienwissenschaft/Kiel: Berichte und Papiere 1, 1999: Bilder von Transsexuellen!? Ein Workshop, ISSN 1615-7060

507 In: Salzburger Nachrichten vom 11. 9. 1989, zit. nach: Gerhard Zeillinger, Die Kindheit und der Kindheitstopos. Untersuchungen zur Biographie und Poetik des österreichischen Schriftstellers Julian (Jutta) Schutting, Diss., Wien 1992, S. 304.

508 Zit. nach: Gerhard Zeillinger, ebd.

erinnert. Es ist die Geschichte einer wahren Identität; das Leben, das erzählbar bleibt, ist eines, das über eine schmerzhafte Selbst-Entfremdung gleichsam zur wahren Identität führt. So ist die Entblößung des Selbst, das durch keine Identität be- und gedeckt ist, nur von kurzer Dauer.

Schutting, der unter weiblichem Vornamen die Geschichte des Vaters und unter männlichem Vornamen den Tod der Mutter erzählt, ist ein verschwiegener Autor, der sich – höchst altmodisch – davor scheut, diese gerissene Lebensgeschichte direkt literarisch auszugestalten oder – soll man nicht doch im Zeitalter der „Ökonomie der Aufmerksamkeit“[509] sagen – auszuschlachten. Der lakonischen Stellungnahme in den „Salzburger Nachrichten“ und einigen Interviews folgte kein Roman, der die Geschichte eines Selbst erzählt, das seine geschlechtliche Selbigkeit verändert hat. Es dürfte ein Bündel von Gründen geben, warum Schutting um diesen zentralen Themenkomplex seines Lebens einen literarischen Bogen schlägt: Angst vor falschem Ruhm, Scham, das altmodische Insistieren auf dem Recht einer eigenen Intimsphäre. Möglicherweise läßt sich im literarischen Bogen um die eigene Lebensgeschichte mehr über die ganz spezifische Sicht von Liebe und Sexualität sagen als durch eine dramatische Autobiographie. Hinzu kommt, daß Schutting seinen äußeren, auch namentlich verbürgten Geschlechtswandel, der heutzutage sehr viel seltener ist als der umgekehrte – die Transformation äußerlich männlicher in eine weibliche Identität –, nicht als Entsolidarisierung mit Frauen verstanden wissen will.

Gleichwohl hat die komplizierte sexuelle Identität, die offenkundig und im Gegensatz zur heute grassierenden Hybriden-Romantik eine schmerzhafte – individuell wie sozial – ist, Spuren hinterlassen, so etwa, wenn der Ich-Erzähler des autobiographischen Prosatextes über die letzten Wochen der Mutter vom Krankenhaus-Personal als „Frau Schutting“ apostrophiert wird. Hier kommt noch einmal die Dialektik von Identität zum Tragen: zur Identität gehört immer, daß sie von der sozialen Umgebung akzeptiert und bestätigt wird. Die operative Geschlechtsumwandlung stellt zwar – unvollkommen – die äußerliche Identität von Innengefühl, Namenswahl und körperlichen Sexualmerkmalen her, aber die Spuren der eigenen Lebensgeschichte, 52 Jahre als eine Frau gegolten zu haben, holt einen immer wieder ein. Die Operation läßt sich auch – nicht ausschließlich – als ein Versuch begreifen, die neue Identität bestätigt zu bekommen. Im Märchen muß der Frosch seine Behauptung, ‚eigentlich‘ ein Prinz zu sein, durch ‚Metamorphose‘ in die entsprechende Gestalt beweisen.

Es gibt weitere Spuren, die die gebrochene Identität im Werk von Schutting hinterlassen hat. Gerhard Zeillinger hat überzeugend auf die sprachliche Sensibilität Schuttings hingewiesen, deren tiefe Ursache er in der Erfahrung sieht, einen falschen Namen zu tragen. Pointiert formuliert heißt, in einer sprachlich allmächtigen Welt zu leben, immer schon: falsche Namen zu tragen, die mit dem Selbst nichts zu tun haben.

Aber es gibt meiner Ansicht nach noch ein weiteres Charakteristikum, in der die komplizierte Lebensgeschichte Jutta Julian Schuttings ihren Niederschlag gefunden

509 Georg Franck, Ökonomie der Aufmerksamkeit, München: Hanser 1998.

hat. In Lyrik und Prosa Schuttings spielen Liebe und Erotik eine auffällig zentrale Rolle. Diese erscheint häufig geschlechtsunspezifisch und suggeriert, daß es letztendlich nur eine Sexualität gibt, die von Mann und Frau geteilt wird. Eine sehr bezeichnende und interessante Konstruktion von Stimme und Fokus entwickelt Schutting in dem Dialog *Rohübersetzung. Mondscheiniges über die Liebe* (1999). Es geht nicht um einen Dialog, in dem sich Mann und Frau gegenübertreten und nahekommen, vielmehr haben „Herr und Frau, mittleren Alters" eine „Niederschrift" „frisch entdeckt", die sie „selber gewesen sind": ihrer beider „Rohübersetzung". Wer spricht und wer sieht? Die eindeutig zuordenbare Stimme bzw. der Standort des Erzählens wird immer wieder zugunsten einer polyphonen Stimmlichkeit mit dauernden perspektivischen Wechseln aufgehoben, aufgelöst. Zentrales Stilmittel dieser Uneindeutigkeit ist die indirekte Rede, die sich dadurch auszeichnet, daß sie immer zwei zu Wort kommen läßt. Die radikale Inversion der Wortstellung unterstreicht die radikale Künstlichkeit und die beabsichtige Provisorik der „Niederschrift":

> Und was wäre das?
> Moment – ja, etwas über eine Ananas: verliebt
> Sie sich habe ihn in [...]
> Als er eine Ananas zu zerschneiden,
> vorgebeugt dasaß, Zigarette Mund im –
> über eine Ananas gebeugt, ein Tortenmesser
> dabei in der Hand, er ihr zum ersten Mal
> sei schön erschienen, getan habe weh,
> jeder auch Schnitt
> ganz heftig ihn sie habe während Hinein-
> schneidens seines in sich gespürt,
> ein jeder Schnitt unverlierbar
> ein Schmerzaugenblick.[510]

Daß in dieser manieristischen und bis zu einem gewissen Grad antiquierten Textur das Tableau der zerschnittenen Ananas gleichsam als Metapher und als erotisches Substitut für den Geschlechtsakt steht, liegt auf der Hand. Die indirekte Rede liefert Bestätigung und Einverständnis: der Mann, der die Ananas schält, wird als Liebhaber imaginiert und so in seiner Identität bestätigt. Das Betrachten der Szene wird zur – so das utopische Wunschbild – einträchtig geteilten Sexualität, in der Lust und Schmerz gemeinsam wahrgenommen werden. Das Tableau kann so aus männlicher wie aus weiblicher Perspektive wahrgenommen, empfunden, erfahren, gefühlt werden.

Was Julian Schutting hier programmatisch vorführt, ist aber nicht ein Sonderfall; was den Text auszeichnet, ist, daß er eine Möglichkeit von Literatur explizit macht: gleichsam ein Maskenspiel von Identitäten. Literatur ist – unter den gegebenen kulturellen Umständen – ein fiktiver Raum, in dem mit Identität experimentiert werden kann, ein Raum, in dem sich der Autor oder die Autorin, der bzw. die gottähnlich in seinem/ihrem Imperium obwaltet, sich beliebig in Figuren verwandeln kann und der die Lesenden dazu einlädt, ihm/ihr zu folgen. Eine komplexe sexuelle

510 Julian Schutting, Rohübersetzung. Mondscheiniges über die Liebe. Ein Dialog, Graz: Styria 1999, S. 8 f.

Identität wie jene Schuttings mag dafür besonders sensibilisieren, aber prinzipiell ist dieses geschlechtsüberschreitende Identitätsspiel immer möglich. Als gegenwärtige Beispiele möchte ich den Roman von Siri Hustvedts und die Romane der niederländischen Erzählerin Margriet de Moor erwähnen, die beide mit männlichen Erzählern operieren. So hat der Ich-Erzähler in Hustvedts Roman, ein Kunsthistoriker, einen beredeten Namen: William Wechsler, der direkt auf den Wechsel der Genus-Perspektive hinweist, auf den Tatbestand, daß eine Autorin eine durchaus private Geschichte zweier Ehepaare aus dem männlichen Blick entwirft.[511] Margriet de Moor wiederum wechselt in ihrem Roman *Erst grau dann weiß dann blau* mehrmals den Erzähler, läßt gleichsam alle Beteiligten zu Wort kommen, den Mann, die Frau und jene geheimnisvolle Erzählerfigur, die neutral und namenlos bleibt, sich nicht zu erkennen gibt, die bevorzugteste Stimme seit dem modernen Realismus des 19. Jahrhunderts.[512]

Der Erzähler, ob implizit oder explizit, in jedem Fall ein entblößtes Selbst, das literarisch spielt, ist immer schon die eigentliche, oftmals verschwiegen Hauptfigur, der Joker des Autors. Indem er Identitäten vorführt und die Identität wechselt, liefert er für die Lesenden gleichsam kulturelle Gebrauchsanweisungen. Wir sind von der Literaturwissenschaft – einigermaßen plausibel – sozialisiert und habitualisiert, uns auf den Text und seine Intertextualität zu konzentrieren. Dem entspricht die Position des unwahrscheinlichsten Lesers, des philologischen und literaturtheoretischen. Aus der Perspektive der Kulturwissenschaften, die nach Ort und Funktion von Film, Medien und auch Literatur in der Kultur fragen, nimmt sich das ganz anders aus. Hier scheint Literatur tatsächlich als ein Laboratorium, als ein symbolisches Feld, in dem neue narrative Identitäten erprobt, inszeniert und vorgestellt werden. Die Kulturwissenschaften müssen sich daher primär mit dem wahrscheinlichen – männlichen oder weiblichen – Rezipienten befassen. Wenn Autorinnen wie Hustvedt oder de Moor den Geschlechtsakt aus der Perspektive und mit der Stimme des Mannes beschreiben, dann kündet das – vielleicht anders als bei Ingeborg Bachmann – von einer selbstverständlichen Neugier und dem Wunsch, in die andere Geschlechtlichkeit einzudringen, sie von innen her nach zu spüren, sie symbolisch zu verarbeiten, ja sie sich bis zu einem gewissen Grad zueigen zu machen, so wie ja schon männliche Autoren des 19. Jahrhunderts – Stendhal, Balzac, Fontane, Tolstoi – dies umgekehrt getan haben. Die Bedingung der Möglichkeit solchen Maskenspiels ist aber jene gedoppelte Identität, in der sich ein entblößtes Ipse aufs immer Neue mit verschiedenen Identitäten bedeckt. Es widerspricht auch einer weit verbreiteten These des Feminismus der 70er und 80er Jahre, wonach Weiblichkeit (und auch Männlichkeit) immer nur aus der eigenen Geschlechtsperspektive erschlossen werden kann. In jedem Fall bedeutet dies – auf einem sehr zentralen und intimen Feld – eine Veränderung, für die der Name kultureller Wandel ein blasses Wort ist.

Literatur, Film und Bildende Kunst sind heute kulturelle Orte, in denen dieses Überschreiten von Identitäten erprobt wird, in denen eine Frau einen männlichen

511 Siri Hustvedt, Was ich liebte, Reinbek: Rowohlt 2003.
512 Margriet de Moor, Erst grau dann weiß dann blau, München: Hanser 1996.

Blick, eine männliche Stimme, ein Mann einen weiblichen Blick einnehmen und eine weibliche Stimme annehmen kann. Die Geschlechtsumwandlung erfolgt hier symbolisch und doch löst sie nicht jedwede Selbst-Orientierung auf, die für ein gemeinsames, persönliches wie politisches, Handeln maßgeblich ist, in diesem Fall im Bereich des Geschlechtlichen. Um Identitätswechsel symbolisch zu formatieren, bedarf es ganz bestimmter Formen von Erzählungen, die diesen Wandel und Wechsel signifikant machen, ihm einen sekundären Sinn zuweisen. Vermutlich ist sexuelle Identität nicht beliebig modellierbar, aber noch wichtiger ist, daß die sexuelle Varianz nicht die Frage kulturell geschaffener Identität aus der Welt schafft. Das ist auch der Grund, warum Terry Eagleton am Ende seines Buches über die Dimension der Kultur von der Notwendigkeit einer gemeinsamen Kultur spricht und einen gewissen Partikularismus in den Cultural Studies sowie in diversen postmodernen Parallelkulturen mit Skepsis kommentiert. Daß es Identität, als Ipse und Idem, nicht ‚gibt', sondern daß sie gewissermaßen kulturell ‚gemacht' wird, bedeutet nicht, daß sie irrelevant wäre. Ganz im Gegenteil, ist sie eine kulturelle Gegebenheit *kat' exochen*. Wir sind Münchhausen-Subjekte und Menschen, die mit roten Fäden operieren und operieren müssen. Dies ist Teil unserer Realität. Die Konstruktion von Identität wird somit zur unhintergehbaren Voraussetzung politischen Handelns. Oder anders ausgedrückt, Erzählungen, die sich stets im Spannungsverhältnis von Ipse und Idem bewegen, schaffen Realität:

> Indem dieser Faden nun außerhalb von ihm war, spürte er schlagartig eine große Unsicherheit, eine Verwirrung, und begriff augenblicklich, was er extrahiert hatte und löste den Faden wieder auf, um seine Sicherheit wiederzuerlangen. In seiner Panik goß er etwas zu wenig der auflösenden Flüssigkeit in das Reagenzglas, so daß ein klein wenig Pulver dieses Fadens zurückblieb. Anfang 1796 beschrieb er dieses Experiment, behielt das Reagenzglas mit dem Pulver und baute ein Modell des roten Fadens, den er extrahiert hatte.
> Da ihn dieses Experiment sehr erschütterte, gab er seine Forschungen auf.
> 1808 starb der 68jährige verarmt auf seinem Schloß in St. Fargeau.[513]

513 Vgl. Anm. 487.

12. Dramatische Kehre, absolutes Finale: Zur narrativen Struktur der Apokalypse

Die Apokalypse ist ein zentrales Narrativ abendländischer Kultur, ja man könnte dieses spezifisch „Abendländische", wie das Jacob Taubes getan hat, gerade mit Bezug auf das Apokalyptische bestimmen, wobei Taubes das Judentum letztendlich darin eingeschlossen ansieht, oder genauer und umgekehrt: das Christentum im Judentum.[514] Nicht zuletzt markiert die große Erzählung jenen Aufbruch in die Zukunft, der auch als ein Ausbruch aus dem Reich des Mythischen verstanden werden kann. Gerade deshalb ist es, in seiner Grenzlage innerhalb und außerhalb des Mythischen, für das Verständnis der komplizierten Beziehung zwischen Mythos und Moderne von geradezu aufregender Bedeutung.

Dem entspricht seine allgegenwärtige, multimediale und ubiquitäre Verbreitung: in den Texturen abendländischer Philosophie jenseits der Bibel und ihrer Kommentare, in der Ikonographie des Abendlandes von Albrecht Dürer bis Anselm Kiefer, in den Ideologien des 20. Jahrhunderts und in jener Welt des *comic strip* und der Neuen Medien, die auf eigentümliche Weise die ins Märchenhafte übersteigerte binäre Struktur von Gut und Böse, die auf problematische Weise in das apokalyptische Narrativ eingeschrieben ist, reproduziert und somit die eigentümliche Affinität der jeweils neuesten ästhetisch-expressiven Medien für das Archaischste sinnfällig macht.

Der Mythos ist ein ganz spezifisches Narrativ, das Identität verläßlich sicherstellt, indem es die eigene kleine auf eine große und umfängliche bezieht, auf die einer Gemeinschaft, die um ihre genealogischen Anfänge weiß. Dieser einzigartige Anfang der (Noch-)Nicht-Zeit muß verläßlich wiederholt werden, und dieses gemeinsame Ritual ist zugleich ein kollektiver Akt gemeinschaftlichen Erinnerns. In der Zeit des Kalenderjahres muß die Vorzeit, von der das mythische Narrativ berichtet, wiederholt werden.

Mythen sind Geschichten vom Ursprung und sie zeigen zugleich damit, was Mythen sind:

---

514 Jacob Taubes, Die Streitfrage zwischen Judentum und Christentum. Ein Blick auf ihre unauflösliche Differenz, in: Ders., Vom Kult zur Kultur (hrsg. von Aleida und Jan Assmann, Wolf-Daniel Hartwich, Winfried Menninghaus), München: Fink 1996, S. 85–98.
In kritischer Auseinandersetzung mit Buber und Rosenzweig insistiert Taubes darauf, daß die Differenz zwischen Judentum und Christentum trotz dieser Verschränkung, wie sie in der Moderne und insbesondere nach der Shoah sichtbar wird, fortbesteht: „Die Emanzipation hat für die jüdische Gemeinschaft die Türen zur abendländischen Kultur geöffnet; doch diese Kultur beruht auf christlichen Symbolen." (Ders., a.a.O., S. 97).

> Die Substanz des Mythos liegt weder im Stil noch in der Erzählweise oder der Syntax, sondern in der Geschichte, die darin erzählt wird.[515]

Bereits Schelling hat in seiner „Philosophie der Mythologie" vom selbstredenden „tautegorischen" Charakter des Mythos gesprochen,[516] davon also, daß der Mythos eine permanente Selbstthematisierung beinhaltet, die um den „unendlichen Mangel an Seyn" kreist und als eine Wahrheit in sich anzusehen ist. Der Philosoph Günther Anders beschreibt diese „primäre" Leerstelle in einer kosmologischen Humoreske folgendermaßen:

> Der Gott Bamba hatte bereits seit beträchtlichen Äonen gethront, als es ihm klar zu werden begann, daß er es lange nicht mehr würde aushalten können. Er war der Einzige, das war. Von niemandem gekannt, von niemandem geliebt, von niemandem bestätigt, echolos herumzuexistieren, das war mehr, als was selbst ein Gott sich zumuten konnte. Die Ohren dröhnten ihm von Stille und Ewigkeit...
> Dann packte ihn Angst..., weil er plötzlich die unausdenkbare Möglichkeit vor sich sah, daß der Umschlag seines leeren Seins in die Leere des Nichtseins eines Tages endgültig sein könnte; daß Frau Nu, die uralte Göttin der Mißgunst und der Leere, die Gelegenheit seines Absinkens einmal dazu benützen würde, um ihn wortlos und so, als wäre er nie dagewesen, in der Tiefe zurückzubehalten und den Triumph der Alleinherrschaft von neuem auszukosten. Irgend etwas hatte er also zu unternehmen, irgend etwas, um diesem Triumph zuvorzukommen, in Gang zu setzen. Und er wußte sogar, was. Er sah es bereits vor sich. Denn Bilder sind ja Kinder des Mangels. Und was nottut, das erträumt man ja. Immer sah er also das Gleiche vor sich: Das Ding, das Ihm geweiht war; das Ding, das Ihn liebte, das Ihn rühmte, Ihn hielt und unterhielt. Sogar einen Namen hatte er dem Ding schon gegeben. „Welt" wollte er es nennen."[517]

Die Schöpfung als Notwehr gegen das andrängende Nicht-Sein, als Ausbruch aus göttlicher Langeweile und Einsamkeit: Die ironische Identifikation mit dem Schöpfergott und der verqueren kosmischen Ausgangssituation erfolgt aus dem Geist der Entmythologisierung und läßt doch die existentielle Logik des mythischen Geschehens intakt, darin besteht der Witz der Andersschen Geschichte, die ihre Nähe zu Schelling und zur Existenzphilosophie schwerlich zu verleugnen vermag.[518]

---

515 Claude Lévi-Strauss, Strukturale Anthropologie, a.a.O., S. 231; Vgl. Peter Gendolla, Zeit, a.a.O., S. 10.

516 Friedrich Wilhelm Joseph Schelling, Ausgewählte Schriften, Historisch-kritische Einleitung in die Philosophie der Mythologie (1842), in: Ders., Ausgewählte Schriften, (hrsg. von Manfred Frank), Frankfurt/Main: Suhrkamp 1985, Band 5, S.13–104.

517 Günther Anders, Erzählungen. Fröhliche Philosophie, Frankfurt/Main: Suhrkamp 1978, S. 7.

518 Über den besonderen Zusammenhang der Mythenbildung in der phantastischen, bes. der SF-Literatur, die sich struktural an den klassischen Mythen im Gemisch mit Übermenschen- und Avatar-Vorstellungen orientieren vgl. bes. Linus Hauser, Wurmgott Heilbringer. Der techno-theologische Messiasgedanke in Frank Herberts „Wüstenplanet"-Romanen, in: Heyne Science Fiction Magazin, 12 (1985), 133–169 und Ders., Held und kosmischer Reisender. Science Fiction, Neomythos und Neue Religiosität, in: Wolfgang Jeschke (Hrsg.): Das Science Fiction Jahr #9. Ein Jahrbuch für den Science Fiction Leser, Ausgabe 1994, München 1994, 509–572. – Der Professor für Katholische Theologie an der Universität Giessen hat den Begriff „Neomythos" geprägt, der in gewissem Umfang mit dem „Kunstmythos" von Blumenberg kongruent ist. Vgl. Hans Blumenberg, Arbeit am Mythos, a.a.O., 192ff.
Vgl. außerdem Robert Reilly (Hrsg.), The Transcendent Adventure. Studies of Religion in Science Fiction/Fantasy, Westport: Greenwood Press 1985 (= Contributions to the Study of Science Fiction and Fantasy; 12); Guy Lardreau, Fiction philosophiques et science-fiction. Récréation philosophique, Arles: Actes Sud, 1988.

Mythos, das bedeutet für den nachmythischen Menschen, sich die Gegensätze, wie sie der binäre Code der Sprache in das Bewußtsein der Menschen eingräbt, vor Augen zu führen: Licht und Dunkel, Oben und Unten, Himmel und Erde, Mann und Frau, Sonne und Mond, Flüssiges und Festes. Der kosmogonische Mythos erzählt, wie aus einer uranfänglichen Einheit Vielheit entsteht. Sein Plot lautet: Ich erzähle, wie alles anfing. Am Anfang war.

Geschichte und Mythos werden nicht selten als Gegensatz gedacht, doch indem der Mythos Zeit entbindet und konstituiert, enthält er die Möglichkeit der Geschichte als Aus- und Aufbruch in sich. Die zeitliche Abfolge ist es, die den Mythos zu einem Text mit einer narrativen Struktur mit einer linearen Abfolge von Geschehnissen macht. So hat Aristoteles den Mythos rein formal bestimmt und mit der Erzählung gleichgesetzt.[519] Zwar läßt sich das Spätere vor dem Früheren erzählen, aber die Ordnung der Dinge ist nicht beliebig umkehrbar: Die sieben Schöpfungstage der Genesis bringen das markant zum Ausdruck.

Geschichte heißt zunächst einmal: Entlassen-Sein aus einer Anfänglichkeit, der Mythos beläßt es zumeist beim post-histoire zeitloser Zeit:[520] Das, was kosmogonisch geschehen ist, liegt hinter der kollektiv das mythische Geschehen erinnernden Menschheit, die nunmehr in einer gestreckten Gegenwärtigkeit lebt. Der kosmogonische Prozeß, den der Mythos beschreibt, ist abgeschlossen. Was sich wiederholt, ist die zyklische Erinnerung, die die Erzählgemeinschaft konstituiert:

> [...] die Mythen erinnern ständig daran, daß grandiose Ereignisse auf der Erde stattgefunden haben und daß diese „ruhmvolle" Vergangenheit sich teilweise zurückgewinnen läßt. Die Nachahmung des paradigmatischen Gestern hat auch einen positiven Aspekt: der Ritus zwingt den Menschen, seine Grenzen zu transzendieren, sich neben die Götter und die mythischen Heroen zu stellen, um ihre Taten zu vollbringen. Direkt oder indirekt führt der Mythos zu einer „Erhöhung" des Menschen.[521]

Der Mythos ist im Sinne Fryes ein Narrativ, in dem der Protagonist seine Umgebung und also den Leser überragt. Das Besondere am apokalyptischen Narrativ ist nun, daß es keinen eigentlichen Helden kennt. Darüber hinaus sprengt es den strukturkonservativen Charakter des Mythos insofern, als es nicht den verlorengegangenen

---

In zahlreichen SF-Romanen vertauschen Menschen und Götter die Rollen. Während Götter mit den klassischen Prädikaten der Allwissenheit, Allgegenwart und Ewigkeit der „tödlichen" Langeweile unterliegen (womit sie eben keine Götter mehr sind, da ein Gott-Konzept an die Vorstellung der Selbstgenügsamkeit gebunden bleibt) und an existentiell-existentialistischem Ekel und Überdruß leiden, machen sich Menschen in der kurzweiligen, ereignishaften Geschichte zu den wahren Göttern.

519 Ich verweise hier auf die Analyse von Paul Ricoeur, in Ders., Zeit und Erzählung, a.a.O., Band 1, S. 54–86.

520 Friedrich Wilhelm Joseph Schelling, Historisch-kritische Einleitung in die Philosophie der Mythologie (1842), a.a.O., Band 5, S. 29: „Poesie ging nicht voraus, wenigstens nicht wirkliche, und Poesie hat auch die ausgesprochene Göttergeschichte nicht hervorgebracht, keins geht dem andern voraus, sondern beide sind das *gemeinschaftliche Ende eines frühern Zustandes, eines Zustandes der Entwickelung und des Schweigens.*"

521 Mircea Eliade, a.a.O., S. 143.

Anfang erinnert und den Faden der Erzählung von dorther aufnimmt, sondern als es auf ein noch nie dagewesenes Ende einer heilsamen Geschichte verweist, die kathartischen Schrecken durchläuft, um zuguterletzt in einer dramatischen Wende im Superfinale, im Ende aller Enden zu münden. An diesem Ende tritt – so der Name der Apokalypse – die Wahrheit, ἀλήδεια, die radikale Unverborgenheit, zu Tage.

Das Ende ist auch ein Ende aller Geheimnisse. Durch diese Struktur konnte dieses unerhörte Narrativ, das Jacob Taubes zu Recht von den mythischen Narrativen abgegrenzt hat, zum Inbegriff der revolutionären Erzählung des Abendlandes werden, in dem kein Stein auf dem anderen bleibt und die Welt radikal neu wird, bzw. eine ganz neue Welt entsteht, die bisher nie gewesen ist: sowohl der Kommunismus als auch der Nationalsozialismus (aber auch das Versprechen Amerikas, eine ganz andere Welt, ein neues Jerusalem zu sein) tragen das apokalyptische Narrativ in sich.[522]

Strukturell bietet der Mythos latent einen Ausgang aus der ihm eigentümlichen Abgeschlossenheit an, der Geschichte im emphatischen Sinn eröffnet: die Rückkehr in die Nichtgeschichte. Am Ende stünden dann – in freilich neuer Perspektive – der Anfang als die Überwindung der im kosmogonischen Prozeß ausgebildeten Gegensätze. Die christlich-jüdische Heilsgeschichte mitsamt ihren Vorläufern und gnostischen Parallelbildungen beschreibt eine solche Figur, die im übrigen vom infiniten Fortschritt, vom Vorstoß in unbekannte Regionen des Nicht-für-möglich-Gehaltenen zu unterscheiden ist.

Der klassische mythische Erzähler ist einer, der im Nachhinein, vom Ende her, erzählt, wie alles anfing. Wie alles Erzählen ist auch das mythische genetisch: „[…] in allem, was ein organisch Werdendes ist, wird der Anfang erst am Ende klar."[523] Wenn auch unklar bleibt, woher sein Wissen und die Voranfänglichkeit und Uranfänglichkeit der Welt und ihrer Erscheinungen stammen, so ist seine Erzählperspektive unproblematisch. Erzählt wird immer, wenn das Geschehen zu seinem Ende gekommen ist. Deshalb bedarf die Erzählposition im mythischen Umfeld keiner expliziten Markierung und Legitimation.

522 Zum Fortleben apokalyptischer und gnostischer Strömungen in der Neuzeit vgl. Eric Voegelin, Die politischen Religionen, München: Fink 1993, S. 38–41, vgl. auch für den jüdischen Kontext: Evelyn Goodman-Thau, Zeitbruch. Zur messianischen Grunderfahrung in der jüdischen Tradition, Berlin: Akademie-Verlag 1995, vor allem das Kapitel „Messianismus als religiöse Anthropologie", a.a.O., S. 129–192.
Vgl. außerdem zum Fortleben gnostischer Denkkategorien innerhalb etablierter Philosphien in ihrem eigentümlichen Schwanken zwischen Revolution und Metaphysik: Michael Pauen, Dithyrambiker des Untergangs. Gnostizismus in Ästhetik und Philosophie der Moderne, Berlin: Akademie Verlag 1994. – Pauen bietet eine differenzierte Untersuchung gnostischer Diskursfelder und Kategorien von wirkungsmächtigen Denkern wie Augustinus und Plotin angefangen über das MA bis zu Bloch, Adorno und Heidegger. In diesem Zusammenhang ist besonders von Interesse der Zweite Teil (Gnostizismus in Ästhetik und Philosophie der Moderne). Vgl. auch Ders., Pessimismus. Geschichtsphilosohie, Metaphysik und Moderne von Nietzsche bis Spengler, Berlin: Akademie Verlag 1997. – Pauen verfolgt hier denselben skopos, allerdings in einer breiteren „Grammatik des Denkens", die über gnostizistische Züge hinausgeht.
523 F.W.J. Schelling, Einführung in die Philosophie der Mythologie (1842), a.a.O., Bd. 6, S. 292.

Auf den ersten Blick sieht es so aus, als ob der „Mythos“ vom Ende der Welt ein Spiegel, ein Pendant eben jenes klassischen Mythos vom Anfang aller Dinge wäre, wie er formal, auf seine bare Struktur reduziert, auch in der modernen physikalischen Kosmogonie, der Urknalltheorie, vorliegt. Wer zum Ende hin erzählen will, der hat es ungleich schwerer, obschon Anfang und Ende jene beiden Punkte sind, zwischen die jede Erzählung gespannt ist: Auch das sogenannte offene Ende etwa in der *short story* der Nachkriegszeit impliziert ein Ende, im Zweifelsfall außerhalb des fixierten Textes. Sie rechnet mit einem aktiven Leser, der die Geschichte selbst an ein Ende bringt.

Die thematische Konzentration auf das Ende schlechthin führt zu einer entscheidenden Umkehrung: Die abendländische Heilsgeschichte, wenn sie denn überhaupt einen Mythos darstellt, ist ein Zukunftsmythos, der beschreibt, wie am Ende der Zeiten die Welt wieder ganz und heil wird. Mit Zukünftigkeit und Telos, strukturellen Möglichkeiten erzählten Daseins in der Welt, kommt ein Moment ins Spiel, das traditionelles Erzählen überschreitet und zugleich den Horizont des Zukünftigen öffnet, so wie sich für den apokalyptischen Johannes, das „Medium“ der Offenbarungsbotschaft, immer wieder der Himmel auftut und Gottes Herrlichkeit offenbar wird.

Es gibt eigentlich keinen Erzähler, der über das absolute Ende zu berichten vermag (übrigens eine Crux jeder rückblickenden Autobiographie), von einem Ende, das kein Danach mehr kennt, wie es einer der unzähligen Engel in der Johannes-Apokalypse verkündet: „daß hinfort keine Zeit mehr sein soll“ (Offenbarung 10, 6).

Das Abendland hat eine Meistererzählung hervorgebracht, deren Pointe darin besteht, daß nach ihr keine Erzählung, kein Erzählen mehr möglich ist, weil es keine Zeit mehr gibt. Die Zeit bildet jedoch die Voraussetzung für das Erzählen, für die Abfolge von Handlungssequenzen. Weil das so ungeheuerlich ist, muß auch die Geschichte vom Ende der Zeiten und dem Ende allen Erzählens so monströs und superlativisch ausfallen. Was im Sinne einer literarischen Wertung problematisch an der Johannes-Apokalypse erscheint, die Redundanz, der Überschuß an Handlungen (die katastrophale Vernichtung der Erde und ihrer Bewohner findet gleich dreimal mit unterschiedlichem symbolischem Inventar statt), die unzähligen Attribute Gottes, der himmlischen Heerscharen und ihrer teuflischen Widersacher, die fast mathematische Markierung des Raumes und seiner Grenzen, die unübersichtliche Zahl übrigens (im Gegensatz zum klassischen Mythos der ja eine manische Benennungswut entfaltet, um die Welt, von der er erzählt, in Besitz zu nehmen) namenloser Engelswesen und Monstren, die rein formal eine Atmosphäre des Irrealen und der Entwirklichung der Welt stiften, das manische Spiel mit der Zahl (der Sieben, der Vier, der Zwölf) und der Analogismus, das ästhetisch-rhetorische Überschäumen, all das wird zum Indiz für das Unwahrscheinlichste, das möglich wird: das Ende der Zeiten, die Rettung von Außen.

Der Plot der Geschichte, deren Ausgangspunkt erst am Ende erzählt wird, die Herrschaft Babylons, ist vergleichsweise simpel und hat durchaus Verwandtschaft nicht zuletzt mit dem Zaubermärchen, das der russische Formalist Vladimir

Propp[524] in den 1920er Jahren auf seine formalen Bedingungen hin untersucht hat: Auf der Welt herrscht eine Macht des Bösen, die durch die „Hure Babylon" allegorisiert und symbolisiert (der Leser hat die Wahl) wird: Sie steht für die maximale Selbstbezüglichkeit einer gottvergessenen Menschheit, die es nur auf materielle Güter, Repression, Unterdrückung und schrankenlose Sinnlichkeit abgesehen hat. Die eigentliche Sünde besteht aber nicht so sehr in den diversen sinnlichen Ausschweifungen als solchen, sondern in dem irrigen Glauben, daß die Heimat des Menschen auf Erden ist. Die Gottvergessenheit, die Aufgabe des Vorbehalts gegen die Welt ist der eigentliche Frevel, die Sünde wider Gott. Vielleicht ist – Indiz dafür wäre die weibliche Markierung Babylons, die sich jedem hingibt und keine Schranken kennt – die symptomatische Krise, von der die Vision ihren Ausgangspunkt nimmt, auch eine Krise der „Entgrenzung", wie dies René Girard genannt hat: Bilder einer bedrohten bzw. zerstörten sozialen Ordnung, in der die traditionellen Unterschiede nicht mehr gelten, ein Zustand, der von Krankheiten, Naturkatastrophen und Epidemien begleitet wird.[525]

Symptomatisch ist diese Krise, weil sie auf eine Umkehr, auf eine Wiederkehr, auf eine Umwälzung („Revolution") verweist. Das Narrativ der Apokalypse folgt durchaus dem berühmten Vers Hölderlins:

> Wo aber Gefahr ist, wächst das Rettende auch.[526]

Die Gefahr in der aktualisierten Deutung des apokalyptischen Geschehens durch Hölderlin ist die Gottferne, die durch die Visionen des Sehers auf Patmos, das heißt auch durch die Macht der Worte und der Zeichen am Himmel gebannt wird. Mitten und gerade in der Finsternis tritt der schwer zu fassende Gott in Erscheinung. Die Finsternis ist gleichsam die dunkle Folie, in die die rettende Schrift der apokalyptischen Erzählung eingeschrieben ist:

> Still ist sein Zeichen
> Am donnernden Himmel.[527]

So stimmt der moralische Niedergang dieser imperial-babylonischen Welt die Minderheit jener Menschen, die nicht in dem sündigen Zustand der Hure Babylons leben, fast heiter und froh. Sie ist wie ein verabredetes Zeichen zwischen Gott und seinen „Knechten".

Johannes ist ein expliziter, d.h. persönlich hervortretender Erzähler, der Rechenschaft ablegt über sein Wissen und über seine unmögliche Erzählposition. Das prophetische Sprechen steht nur für die Verlegenheit eines in Erzählung gefaßten Daseins: das Ende, hier das absolute Ende einer kollektiv gedachten Menschheit, vorwegzuneh-

---

524 Vladimir Propp, Die Bedeutung von Struktur und Geschichte bei der Untersuchung des Märchens (übersetzt von Linde Birk und Karl Eimermacher), in: Ders., Morphologie des Märchens, Frankfurt/Main: Suhrkamp 1975, S. 215–239.

525 René Girard, Das Heilige und die Gewalt, a.a.O., S. 62–103.

526 Friedrich Hölderlin, Patmos. Dem Landgrafen von Homburg, in: Friedrich Hölderlin, Sämtliche Werke und Briefe (hrsg. von Jochen Schmidt), Frankfurt/Main: Deutscher Klassiker Verlag 1992, S. 350.

527 Ders., Patmos, a.a.O., S. 356.

men. Diese künstliche, simulierte, real unmögliche Erzählperspektive des Johannes wie aller Propheten ist die des zweiten Futurs. Johannes erzählt, was geschehen sein wird. Und er rechtfertigt diese vorweggenommene Geschichte des absoluten Endes dadurch, daß er einen allwissenden Erzähler ins Spiel bringt: Gott selbst und seine Konfiguration in Jesus Christus.

Während die Engel als mediale Instanzen wirksam sind, die das futurische Geschehen vom Himmel auf die Erde transportieren, wird der visionär träumende Apokalyptiker zum Medium im innermenschlichen Kontext. Er, der Empfänger himmlischer Nachrichten (Offenbarungen), ist der Sender einer Botschaft, die sich explizit an einen Empfänger richtet, an sieben christliche Gemeinden in Asien. Die Heilsgeschichte ist hier so konzipiert, daß sie sich nicht potentiell an alle Menschen richtet, sondern nur an einen klar bezeichneten Teil.

Johannes gibt auch den Ort des himmlischen Empfangs an: die Insel Patmos, von der aus er seine Botschaft, seinen „Mythos" an die sieben Gemeinden, die wiederum *pars pro toto* für die damalige judenchristliche Welt stehen, die sich unter der Herrschaft der „Hure Babylon" befindet.

In Analogie zu Vladimir Propps strukturaler Analyse des Zaubermärchens lassen sich folgende Geschehenselemente des ursprünglichen apokalyptischen Narrativs festhalten:

1. Ausgangspunkt ist, daß Gesetze und Verbote übertreten worden sind. Die Person, die dies betrifft, ist ein kollektives Subjekt, die Menschheit, die offenkundig in zwei Hälften zerfällt, in jenen gefährdeten, bedrohten Teil, der noch – wenn auch inkonsequent – an den Geboten des himmlischen Vaters festhält und in jene Majorität, die diese in ihrer Selbstherrlichkeit offenbar mißachtet. Nur dieser kleinere Teil der Menschheit ist Opfer und Gegenstand der Rettungsaktion durch einen Helfer, der mit entsprechenden machtvollen Zuschreibungen ausgestattet ist: Er hat eine mächtige Stimme, weißes Haar, seine Füße sind aus goldenem Erz und ein scharfes Schwert entfährt seinem Mund, das noch einmal die Macht seines Wortes dokumentiert.
2. Der Bote dieses namenlosen Gebieters, der mit Jesus Christus identifiziert werden kann, der Apokalyptiker von Patmos, verliest die an die sieben Gemeinden von Ephesus, Smyrna, Pergamon, Thyatia, Sardes, Philadelphia, Laodicea verfaßten Mahnbriefe des göttlichen Auftraggebers.
3. Zum erstenmal nimmt Johannes Einsicht in eine Welt, die sowohl nachzeitig wie jenseitig ist: Er sieht den prächtigen Thron Gottes umgeben von 24 kleinen Thronen und vier märchenhaften immerwachen Augenwesen („sie waren außenherum und inwendig voll Augen, und sie hatten keine Ruhe, Tag und Nacht"), die zum Teil an irdische Lebewesen erinnern (Löwe, Stier, Mensch, Adler). Die Fülle der Zuschreibungen ist ein Indiz für das Überwältigende des finalen Wunders und signalisiert das alle Vorstellungskraft Übersteigende. Dem Lamm, ebenfalls als Schimäre imaginiert, ist es vorbestimmt, das geheimnisvolle Buch der Zukunft zu entsiegeln, das wiederum eine katastrophische Sequenz im Futur Perfekt vorwegnimmt: Der Leser des Textes erfährt, was geschehen sein wird. Das Buch der

sieben Siegel ist Teil einer raffinierten Spiegelungstechnik: Es ist das Buch im Buch, die Handlung in der Handlung: Im ersten Kapitel („Siegel") kommt es zum Auftritt des sieghaften Helden (Reiter mit weißem Pferd und Krone, der Held, vergleichbar mit dem Zaubermärchen), im zweiten begegnen wir einer rächenden Gestalt (feuerrotes Pferd), im dritten einem Richter (schwarzes Pferd), im vierten dem Tod als Instanz der Vernichtung und der Hölle (fahles Pferd), im fünften haben die Seelen der geretteten Märtyrer ihren Auftritt, im siebten Kapitel nimmt die Katastrophe ihren Lauf. Der katastrophische Geschehensablauf (Sequenz) wird angehalten (Retardierung). 144 000 Menschen, je 12 000 aus den 12 Stämmen Israels (die freilich nunmehr auch die Vielfalt der ganzen Welt und ihrer Völkerschaften versinnbildlichen), deren Gesichter zuvor von einem Engel mit einem Zeichen versehen worden sind (die Markierung ist nebenbei bemerkt ein durchgängiges Handlungsmotiv im Zaubermärchen), versammeln sich um den Thron Gottes, vertauschen den Platz auf der kosmischen Bühne mit dem im himmlischen Zuschauerraum, erst dann wird das siebte Siegel geöffnet, das wiederum bestimmte Katastrophenszenarien (Sintflut, Sodom) wiederholt und die klassischen Plagen (Donner, Blitz, Erdbeben, Verbrennen der Erde, Vergiftung des Meeres, das sich mit Blut füllt, Vertilgung der Lebewesen, Heuschrecken) zitiert. Im 11. Kapitel wird das Ende der Zeiten verkündet, was in der Logik der Erzählung nicht daran hindert, das Katastrophenszenario noch einmal zu wiederholen: Diesmal sind es nicht die Posaunentöne des Himmels, die sich unten, auf der Erde, der Handlungsbühne, zu terrestrischen Katastrophen auswachsen, sondern Schalen des Zorns, die über die Rest-Menschheit ausgegossen werden, die ihrem Unheil und ihrer Vernichtung entgegensehen.

4. Nun erst kommt es in diesem übersteigerten Geschehen zum ersten Finale (12. Kapitel). Ort der Handlung ist diesmal der Himmel. Ein „Weib mit der Sonne bekleidet", den Mond unter ihren Füßen, tritt auf (als Maria identifizierbar, aber nicht benannt), das von einem Riesendrachen bedroht wird, der am Ende vom Engel Michael besiegt wird. Der Kampf wird auf der Erde wiederholt und führt zum Untergang Babylons. Der böse Gegenspieler wird im Abgrund festgebunden und es herrscht Jubel bei der himmlischen Zuschauerschar, die in Erwartung eines neuen Himmels und einer neuen Erde ist. Dem Motiv, daß der Held die gerettete Prinzessin heiratet, entspricht das ewige Einvernehmen zwischen Gott und den Menschen, die seine „Knechte" sind, ein neuer Bund, Einheit zwischen Mensch und Gott. „Die Romane endigen gern", wie Friedrich Schlegel einmal formuliert hat, „wie das Vaterunser anfängt: mit dem Reich Gottes auf Erden."[528]
5. Das Motiv der Wiederholung wird ein letztes Mal eingesetzt, denn nach tausend Jahren wird sich der böse Gegenspieler losreißen, am Ende jedoch besiegt, wiederum ein aus dem Zaubermärchen (und mittlerweile auch aus etlichen Erfolgsfilmen) bekanntes Motiv der Verlängerung der Erzählung, die noch einmal für Hochspannung sorgt, indem sie das glückliche Ende scheinbar noch einmal in Frage stellt und dadurch den triumphalen Ausklang steigert.

528 Friedrich Schlegel, Schriften zur Literatur, a.a.O., S. 8.

6. Was die Apokalypse von den Proppschen Zaubermärchen unterscheidet, ist neben dem Einsatz an ästhetischen Mitteln eine ausgefeilte Erzählerperspektive, die offenkundig zum einen die unmögliche Erzählsituation des dem Ende vorgreifenden Erzählers bedenkt, zum anderen aber den rhetorischen Appell an die apokalyptische Erzählgemeinschaft einschließt. Der Erzähler ist es auch, der dafür einsteht, daß das Wunder Teil einer Realität ist und nicht dem Sprachspiel des Märchens entspringt.

Allein die strukturelle Anlage der apokalyptischen Erzählung macht ihre psychoästhetische Wirksamkeit begreiflich.

1. Sie allegorisiert und verdichtet das Heilsgeschehen zu einem Menschheitsdrama mit durchaus kathartischer Wirkung.
2. Indem sie eine Privilegierung des Leserschaft vornimmt, verspricht sie dieser exklusiv einen Anspruch auf Heil und auf die Aufdeckung aller Geheimnisse dieser Welt.
3. Sie erzählt, wie die Schwächeren und Bedrückten dank externer und exterrestrischer Helfer siegreich aus der Auseinandersetzung mit den bösen, bedrückenden Mächten hervorgehen, für die es kein Erbarmen und keine Gnade gibt; ihnen wird sogar die Erfüllung des Wunsches zu sterben verweigert.
4. Indem sie die subjektiv oder objektiv ungünstigste Situation als Zeichen für die Wende, den *turning point* wählt (eine beliebte Technik epischen Erzählens), wird die Verzweiflung in Erwartungsenergie umgepolt.
5. Indem die Nähe des zeitlichen Endes verheißen wird, erfolgt eine historische Privilegierung des apokalyptisch gestimmten Menschen. Wie Hans Blumenberg am Beispiel des nazistischen Endzeitdenkens gezeigt hat, kommt dabei – bewußt oder auch nicht – der Wunsch ins Spiel, das eigene Lebensende und das Weltende zusammenzudenken. Mein Tod fällt mit dem Ende der Welt und dem Ende der Zeiten zusammen: die Auserwähltheit ist immer auch eine zeitliche.

> Nicht überlebt werden zu können, ist der Trost, der an der Mitteilung hängt, man würde zwar – wie ohnehin durch den Tod – verlieren müssen, was man an der Welt und in der Welt hat – aber in und mit dem Verlust aller. Nun wäre dies immer noch kein Inbegriff von Hoffnung, hätten nicht Apokalypsen ihren Zusammenhang mit negativen Bewertungen, ja mit Dämonisierungen der bestehenden Welt, die nur die eine Lösung zuzulassen scheinen: den Untergang. Er würde, was auch immer auf ihn folgt, jedenfalls keinen Zuwachs an Unerträglichkeit bringen.[529]

6. Indem sie die Entsiegelung aller Geheimnisse beinhaltet, hält sie eine absolute Gewißheit nicht nur des Heils, sondern der Beschaffenheit der Welt bereit. Der französische Philosoph Jacques Derrida betont im Gegensatz zur einseitigen umgangssprachlichen Bedeutung der Apokalypse als einer globalen Menschheitskatastrophe das Pathos der Wahrheit, das im hebräischen Wort „gala" wie im griechischen Wort „apokalyptein" steckt: eine durchaus sexuell konnotierte Enthüllung und Entdeckung des bislang Verborgenen (zum Beispiel des Geschlechts-

---

529 Hans Blumenberg, Lebenszeit und Weltzeit, Frankfurt/Main: Suhrkamp ^{2}1986, S. 78 f.

teils). Derrida geht soweit zu behaupten, daß das abendländische Verständnis von Wahrheit untrennbar mit dem apokalyptischen Denken verknüpft sei.

> Die Wahrheit selbst ist das Ende, die Bestimmung, daß die Wahrheit sich enthüllt, ist die Vollendung des Endes. Die Wahrheit ist das Ende und die Instanz des jüngsten Gerichts. Die Struktur der Wahrheit wäre hier also apokalyptisch, und aus diesem Grunde gibt es keine Apokalypse, die nicht wieder Wahrheit der Wahrheit wäre.[530]

Die apokalyptische Erzählung ist eine dramatische und forcierte Version christlich-abendländischer Heilsgeschichte. Nicht alle Versionen der abendländischen Eschatologie besitzen ein derart pointiertes Finale. Die Amtskirche ist nicht selten vor der revolutionären Absage an die Welt, der radikale Gegenüberstellung von Gut und Böse, sowie dem Ausmaß der Katastrophe in der apokalyptischen Erzählung zurückgeschreckt und hat sie dadurch zu entschärfen getrachtet, daß sie spätestens seit Augustinus[531] das Heilsgeschehen, wie es die Apokalypse bildreich beschwört, transformierte: in ein innerseelisches Geschehen verwandelte.

In diesem Sinne war auch Robert Musil ein augustinischer Denker, als er den katastrophischen Geschehnissen in diesem Jahrhundert, die wieder und wieder in der narrativen Folie eines apokalyptischen Geschehens dargestellt worden sind (von Carl Orffs „De temporum fine commoedia“ bis Thomas Manns „Doktor Faustus“), ein inneres tausendjähriges Reich entgegengesetzt hat; die sexuell gefärbte, inzestuöse *unio mystica* des Geschwisterpaares Ulrich/Agathe, die „letzte Liebesgeschichte, die es überhaupt geben kann“[532]:

> Sie wußte nicht, warum sie damit den Namen des Tausendjährigen Reiches verband. Es war ein gefühlshelles Wort und war beinahe faßbar wie ein Ding, blieb aber dem Verstand unklar. Deshalb konnte sie mit dieser Vorstellung umgehen, wie wenn das tausendjährige Reich in jedem Punkt anbrechen könnte. Es wird auch das Reich der Liebe genannt, das wußte Agathe ebenfalls; doch erst als letztes dachte sie daran, daß beide diese Namen schon seit den Zeiten der Bibel überliefert werden und das Reich Gottes auf Erden bedeuten, dessen nahe bevorstehender Anbruch in völlig wirklicher Bedeutung gemeint ist [...]. „Man muß sich darin ganz still betragen“, sagte ihr eine Eingebung. „Man darf keinerlei Verlangen Platz lassen; nicht einmal dem, zu fragen. Auch der Verständigkeit muß man sich entäußern, mit der man Geschäfte besorgt. Man muß seinen Geist aller Werkzeuge berauben, und daran hindern, wie ein Werkzeug zu dienen. Das Wissen ist von ihm abzutun und das Wollen; der Wirklichkeit, und des Begehrens, sich ihr zuzuwenden, muß man sich entschlagen. Ansichhalten muß man, bis Kopf, Herz und Glieder lauter Schweigen sind. Erreicht man so aber die höchste Selbstlosigkeit, dann berühren sich schließlich Außen und Innen, als wäre ein Keil ausgesprungen, der die Welt geteilt hat...!“[533]

---

530 Jacques Derrida, Apokalypse (aus dem Französischen von Michael Wetzel), Wien: Böhlau 1985 (= Edition Passagen; 3), S. 64, vgl. S. 15.

531 Aurelius Augustinus, Vom Gottesstaat. Aus dem Lateinischen von Wilhelm Thimme, München 1991 (2 Bde.), Band 2, S. 584, S. 598–629.

532 Robert Musil, Der Mann ohne Eigenschaften, a.a.O., S. 1094: „Und gleich darauf dachte sie (Agathe, A.d.V.): ‚Er wird keine andere Frau nach mir lieben, denn dies ist keine Liebesgeschichte mehr; das ist überhaupt die letzte Liebesgeschichte, die es geben kann.‘ Und sie fügte hinzu: ‚Wir werden wohl eine Art letzte Mohikaner der Liebe sein!‘ “

533 Ders., Der Mann ohne Eigenschaften, a.a.O., S. 1233 f.

In der mystischen Zeiterfahrung wird das Heilsgeschehen individualisiert und als innere Erfahrung vorweggenommen. Bezeichnet der *Kreis* die mythische Zeiterfahrung und der *Vektor*, die gerichtete Linie, die geschichtliche Zeiterfahrung, so der *Punkt* die Erfahrung jedweder mythischer Zeitlosigkeit, die jene der eigentlich unvorstellbaren Ewigkeit vorwegnimmt.[534] Psychodynamisch besehen schwächt die punktuelle mystische Erfahrung den linearen apokalyptischen Erwartungsdruck, weshalb die Kirche sich geschichtlich mit Mystikern sehr viel leichter getan hat als mit den chiliastisch-revolutionären Strömungen, die aus ihr entsprungen sind und das Dasein der weltlich-heimatlich gewordenen Kirche *expressis verbis* in Frage stellen.

Je mehr sich die Kirche als weltliche Macht etablierte, desto entschiedener verabschiedete sie sich von einem dezidierten Ende der Zeiten. Gleichzeitig aber, und dies beschreibt Jakob Taubes in seiner „Abendländischen Eschatologie" verlagerte sich das Heilsgeschehen ganz auf die Zeitachse: Das ganz Andere jenseits der Geschichte, das Ende der geschichtlichen Zeit, befindet sich in einem räumlichen Diesseits und ist ein mehr oder minder weit entfernter Zeitpunkt in der Zukunft. Der Fortschrittsglauben seit dem 18. Jahrhundert ist eine völlig abgeschwächte Form der Heilsgeschichte: Mit dieser hat er nur die Idee gemeinsam, daß die Geschichte ein gerichteter, auf ein Ziel hin orientierter Prozeß ist, der freilich unabschließbar bleibt und der schon rein strukturell *nicht* – wie modifiziert auch immer – an den Anfang zurückführt, sondern immer weiter von ihm forttreibt.

Demgegenüber weist die klassische messianische Erzählung jene Struktur aus, wie sie etwa die Kabbalistik des Isaak Luria im 16. Jahrhunderts ausgebildet hat:

> In den drei großen Symbolen ist dieser neue Mythos Lurias konzentriert, in der Rede vom *Zimzum* oder der Selbstbeschränkung Gottes, von der Schebira oder dem Bruch der Gefäße, und vom *Tikkum*, der harmonischen Ausgestaltung, aber auch Ausbesserung und Restauration des Makels der Welt, der sich vom Bruch herleitet [...]. Die Kabbalisten sagen es nicht direkt; aber es ist implizite in ihrer Symbolik gelegen, daß dieses Zurücktreten des göttlichen Wesens in sich selbst eine tiefste Form des Exils, der Selbstverbannung ist. Im Akt des *Zimzum* werden die richtenden Gewalten, die in Gottes Wesen in unendlicher Harmonie mit den „Wurzeln" aller andern Potenzen vereinigt waren, gesammelt und an einen Punkt, eben in jenem Urraum, konzentriert, aus dem sich Gott zurückzieht. Die Idee der immer weiter fortschreitenden Ausscheidung und Ausschmelzung dieser richtenden Gewalten, in denen das Böse letzten Endes schon in Gott mitgesetzt ist, bestimmt bei Luria selbst den esoterischen Charakter des folgenden Prozesses als einer Reinigung des göttlichen Organismus von den Elementen des Bösen.[535]

So ist im jüdisch-christlichen Bezugssystem das Spezifische an der Geschichte, daß sie von vornherein eine Heilsgeschichte ist, die sowohl Mensch wie Gott betrifft. An Lurias kabbalistischer Geheimlehre wird auch die Grundstruktur der Erzählung vom

---

534 Es ist evident, daß derart punktuelle Ewigkeitserfahrung und -antizipation selbstverständlich nicht auf die christliche Religionskultur beschränkt ist, sondern sich auch im Buddhismus, Islam (Sufismus) und anderen Religionen findet.

535 Gershom Scholem, Zur Kabbalah und ihrer Symbolik, Frankfurt/Main: Suhrkamp 1973, S. 148 f.

Ende der Dinge deutlich, insbesondere jene Dreiteilung, die so charakteristisch für das abendländische Denken ist, die sich in Joachim von Fiores Lehre von den drei Reichen ebenso findet wie in Hegels Dialektik, dessen Triade (These, Antithese, Synthese) auch den Begründer des wissenschaftlichen Sozialismus nachhaltig beeinflußt hat. Die Apokalypse beschreibt vor dieser triadischen Grundstruktur nur den letzten Akt eines Heilsgeschehens, das eine Geschichte zwischen Gott (dem Weltgeist, der Geschichte) und den Menschen darstellt, eine Geschichte, in der Gott das Alpha und das Omega ist, der Gott des Anfangs und des Endes:

- *Anfang der Dinge* (Akt der Schöpfung)
- *Geschichte* (Vervielfältigung, Verselbständigung, Drama der Freiheit, Vergänglichkeit Entzweiung, Loslösung, Emanzipation)
- *Ende der Zeiten* (Wiederherstellung der Einheit, Ende der Geschichte)

Jede Erzählung, jede narrative Anordnung läßt sich als raumzeitliches Kontinuum beschreiben: Sie ist in ein bestimmtes raumzeitliches Umfeld eingelassen, das ihre Entstehung ermöglicht, und sie wird in historische Kontexte integriert, in denen das Narrativ wieder aufgegriffen, variiert und neu erzählt wird. Die Möglichkeit, das irdische Dasein als ein menschheitserlösendes Drama zu erzählen, ist in die Struktur des Mythos eingeschrieben und in die ihn inszenierende gesellschaftlichen Praxis, das Ritual, eingebaut. Der magischen Wiederholung des Anfangs kommt eine heilende Kraft zu. Wie alles Erzählen ist auch das mythische „erlösend“ und wirkt befreiend. Mythen sind überaus wirksame Sinngebungsinstrumente, deren treibendes, aber zumeist verschwiegenes Motiv es ist, Neues abzuwehren, das als eine Bedrohung der durch den Mythos gegebenen Ordnung angesehen wird. Um den Kreis des Mythischen zur Linie und damit zur unkontrollierbaren Zukunft hin zu öffnen, bedarf es ganz bestimmter religiöser, politischer und kultureller Bedingungen. Im Nachhinein muß es wie ein ungemeiner Zufall erscheinen, daß die Menschheit jemals aus dem Kreis mythischer Auffassungen herausgetreten ist, die über etliche Jahrtausende unsere emotionale und mentale Befindlichkeit geprägt haben (so unwahrscheinlich wie der Umstand, daß die Menschen in die Welt der modernen Naturwissenschaften eingetreten sind). Wie wirksam das Zeit- und Weltempfinden des Mythischen gewesen ist, läßt sich allein an seiner bloßen Dauer ermessen; im Vergleich dazu nimmt sich unsere moderne Weltauffassung, die, bei aller Fortdauer des Mythischen in der Moderne, einen Außenblick auf die mythische Welt eröffnet, lächerlich kurz aus. Oder um ein anderes anschauliches Beispiel zu geben: Wie unendlich fremd muß den „heidnischen“ Menschen der hellenistischen Zeit, den Stoikern, Epikureern und Pyrrhonikern in ihrer durchaus geschichtslosen „Sorge um sich“ (Foucault)[536] das aufgeregte, hysterische Treiben jener ersten Christen angemutet haben, deren sehnlichster Wunsch es war, nicht nur die ersten, sondern auch die letzten Christen auf Erden zu sein (woraus sich auch ihr asketisches und sexualfeindliches Gebaren erklären mag, galt es doch, alle sozialen Ver-

536 Michel Foucault, Sexualität und Wahrheit (übersetzt von Ulrich Raulff und Walter Seitter), Frankfurt/Main: Suhrkamp 1989 (3 Bde.), Band 2: Der Gebrauch der Lüste, S. 7–45.

bindungen mit der bestehenden Welt aufzukündigen, statt neue einzugehen, wie sie Ehe und Kinder mit sich bringen).

Der englische Kulturhistoriker Norman Cohn, der sich über Jahrzehnte mit Phänomenen wie Chiliasmus, Messianismus und apokalyptischem Denken beschäftigt hat, unternimmt in seinem 1993 erschienen Buch[537] den Versuch, diesen Einbruch heilsgeschichtlichen Denkens in die Welt statisch-mythischen Denkens zu beleuchten. Cohn nimmt die ägyptische Welt und ihren mythologischen Kosmos zum Ausgangspunkt. Es handelt sich dabei um eine politische Theologie, in deren Mittelpunkt die Angst vor dem Chaos steht. Die geordnete Welt ist, nach ägyptischer Auffassung, aus dem Urchaos, aus dem finsteren Urgewässer entstanden, und es besteht die Gefahr, daß sie wieder in diese Welt der Unordnung zurückversinken muß. Um dies zu verhindern, bedarf es der Maat, des gerechten Ausgleichs, der Harmonie und Gerechtigkeit. Der Begriff hat Norman Cohn wie auch Jan Assmann[538] zufolge seinen Bedeutungshof mit den Jahrhunderten erweitert. Im Kern geht es um den Erhalt eines fragilen Gleichgewichts und um die Abwehr des Neuen. Der Pharao und seine Beamten gelten als die Garanten dieser weisen gesellschaftlichen Ordnung. Infolge des mythischen Kontextes ist der ägyptische Herrscher ein Gottkönig. Aber gerade wegen der beanspruchten Göttlichkeit des Herrschers ist dessen Position labil und gefährdet, durch Naturkatastrophen wie durch den Krieg: „Für eine ethnozentrische Gesellschaft gab es keine nachhaltigere Bestätigung der Ordnung der Welt als den Sieg im Krieg."[539] Wenn dieser ausbleibt, muß die herrschende Klasse nicht bloß aus zynischem Machtkalkül, sondern aus Systemzwang diese Niederlage vergessen machen oder in einen Sieg ummünzen. Oder siegreiche Schlachten gar erfinden, die den königlichen Helden in eine heroische Linie mit den Göttern stellen. Cohn erwähnt aber noch einen anderen strukturellen Ausweg aus diesem Dilemma einer frühen politischen Theologie:

> Diese Sicht Pharaos und seiner Rolle war derart fraglos, daß nicht einmal die Eroberung durch eine fremde Macht sie umstürzen konnte. Im Gegenteil, jeder ausländische König, der in Ägypten zur Herrschaft gelangte, wurde als wahrer Pharao angesehen, wenn er bereit war, sich die pharaonischen Titel zuzulegen und den Göttern Ägyptens zu dienen. Sowohl der persische Eroberer Kambyses als auch Alexander der Große waren einsichtig genug, sich dem zu fügen. Die ausländischen Regenten, die diese Erwartungen nicht erfüllten, wurden als Werkzeuge des Chaos abgestempelt: ihre Regierungen bedeuteten eine vorübergehende Abwesenheit Pharaos und der Maat, einen vorübergehenden Sieg des Chaos.[540]

Wie aber wenn ein kleines Gottkönig-Reich, eingezwängt zwischen mächtigen Nachbarn, von diesen bedrängt, unterworfen und geknechtet wird? Dies war der Fall

---

537 Norman Cohn, Cosmos, Chaos and The World to Come. The Ancient Roots of Apocalyptical Faith, New Haven: Yale UP 1993; deutsch: Die Erwartung der Endzeit – Vom Ursprung der Apokalypse (aus dem Englischen von Peter Gillhofer und Hans-Ulrich Möhring), Frankfurt/Main: Insel 1997.

538 Jan Assmann, Ma'at. Gerechtigkeit und Unsterblichkeit im Alten Ägypten, München: Beck 1990.

539 Norman Cohn, Die Erwartung der Endzeit, a.a.O., S. 34.

540 Ders., Die Erwartung der Endzeit, a.a.O., S. 37 f.

Israels. Warum aber überlebte Jahwe diese Kette von Niederlagen, während seine königlichen Emissäre längst ihrer politischen Macht verlustig gegangen waren? Wie läßt sich im Rahmen einer traditionellen politischen Theologie der immer spürbarere Niedergang Israels nach dem 7. Jahrhundert vor Christi Geburt erklären, die schließlich in der vollständigen „Demütigung" (Cohn) endete? Die Erklärung, die die „Jahwe allein"-Bewegung in der zweiten Hälfte des siebten vorchristlichen Jahrhunderts formulierte, machte aus der Not eine Tugend, brach aber damit, zunächst wohl ganz unbeabsichtigt, mit herkömmlichen Weltbildern:

> Wie, wenn der Schutzgott Jahwe sein Volk dafür strafte, daß es ihm die ausschließliche Verehrung verweigerte? Für manche besaß der Gedanke unwiderstehliche Überzeugungskraft, ja er bereitete einer völlig neuen Theodizee den Weg. Jahwe war so ein großer Gott, daß er die Geschicke ganzer Völker lenken konnte – und er benutzte seine Macht, um sein Volk zu demütigen. Die Könige von Assyrien und Babylon, die doch so überwältigend und mächtig wirkten, waren nichts als Werkzeuge, mit denen er die Israeliten bestrafte. Außerdem hatten die Israeliten es nicht besser verdient: einerlei welches Unglück sie ereilte, es wurde als ein weiterer Beweis für Jahwes Gerechtigkeit wie auch seine Macht hingestellt. Das war etwas Neues. Ständig wiederholte göttliche Bestrafung, verhängt ganz explizit für die ständig wiederauftretende nationale Apostasie – eine solche Deutung der politischen Ereignisse und des Laufs der Geschichte hat in den anderen Kulturen der Alten Welt nicht ihresgleichen.[541]

Dieses Erklärungsmodell macht plausibel, warum Jahwe immer wieder vor den falschen Göttern warnt; es sind nicht selten jene der größeren, militärisch überlegenen Völker. Ursache und Wirkung sind gleichsam vertauscht: Die vernichtenden militärischen Niederlagen und die gänzliche Unterwerfung des Volkes Israels (Babylonische Gefangenschaft) legt in traditionellen Weltbildern die Übernahme der Götter der siegreichen Völker nahe. In der biblischen Deutung wird jedoch der Abfall von Gott zur Ursache der verheerenden Niederlagen, die als Bestrafung des Gottesvolkes gedeutet werden. Von der politischen Theologie der Apokalypse ist man an dieser Stelle nicht mehr weit entfernt.

Dazu bedarf es indes noch einer zweiten Handlungssequenz: der Aussicht, daß die Prüfungen und Leiden irgendwann einmal ein Ende haben werden und am Horizont der Zukunft ein rettender Gottkönig, der Messias, erscheint, der von einem Gott gesandt wird, der nicht nur straft und züchtigt, sondern am Ende der Zeiten auch erlösen will. Die Idee des kosmischen Weltenkampfes zwischen den guten und den bösen Mächten hat, wie Cohn meint, in babylonischer Zeit Eingang in das jüdische Denken gefunden. Die extreme Polarisierung zwischen Gut und Böse spiegelt die mythische Vorliebe für das Kontrastive wider, für die Entstehung der Gegensätze aus einem einheitlichen Uranfang. Gut und Böse ist eine binäre Opposition so wie männlich und weiblich, Licht und Dunkel, Ordnung und Chaos, Oben und Unten, Wasser und Erde usw. Die scharfe Frontstellung erlaubt massenpsychologisch gesehen eine mobilisierende Feindbildung; auch in der einstigen Weltreligion des Zarathustra, die einen strukturell ähnlichen Bruch mit der indischen Kosmogonie der Veden vollzog wie das Judentum mit der ägyptischen politischen Theologie, hat

541 Ders., Die Erwartung der Endzeit, a.a.O., S. 219.

dieser übrigens im Zoroastrismus zumeist weit entfernte Endkampf stets zwei Dimensionen: Er verweist auf ein Telos, ein Ziel einer kollektiven Menschheitsgeschichte (den Sieg des guten Gottes Ahura Mazda über Angra Mainyu), dieser Kampf zwischen Gut und Böse spielt aber auch im Alltag des gläubigen Zarathustra-Anhänger eine maßgebliche Rolle: Jede gute Tat ist ein kleiner Sieg im Kampf des guten gegen den bösen Gott. Von außen besehen wird deutlich, wie viel Religion mit politischer Pädagogik gemein hat.

Wie alles Erzählen und wie alle überlieferten Texte, so lebt auch das heilsgeschichtlich-apokalyptische Narrativ davon, daß es wieder und wieder erzählt, stets aufs Neue variiert und modifiziert wird. So werden die raumzeitliche Unbestimmtheit und die Vieldeutigkeit des Geschehens in der apokalyptischen Textur des Johannes in den unruhigen Jahrhunderten seit 1200 zum Ausgangspunkt eines erstaunlichen geistig-religiösen „Recyclings". Die Entschlüsselung des Drachens, der apokalyptischen Reiter und der Hure Babylons wechseln je nach Ort und Zeit. Schon bei Johannes ist etwa die Bezeichnung der babylonischen Hure zum einen ein Erinnerungsverweis auf die babylonische Gefangenschaft der Juden, zum anderen aber auf das römisch-spätantike Imperium. Andere jeweils den Zeitumständen passende Zuschreibungen werden folgen: Für Joachim von Fiore ist der stauffische Kaiser der Satan, für die Reformatoren avanciert der römische Papst systemlogisch zum Anti-Christ, die Hure Babylon wird zur symbolischen Folie für den Kommunismus des 20. Jahrhunderts („Das Reich des Bösen") wie für den verhaßten Kapitalismus des 19. Jahrhunderts, der eine breite Blutspur von Kolonialkrieg, Repression, Ausbeutung und Vernichtung hinterläßt, aber doch einer neuen heilen Welt (dem Sozialismus) den Weg bahnen soll. Im 19. Jahrhundert wird der Jude im Lager der (extremen) Rechten zum heimlichen Regenten und Satan dieser Welt. Sowohl die russischen Pogromtschiks als auch die deutschen Nationalsozialisten sahen es als ihre moralisch-„religiöse" Pflicht an, dieses Übel aus der Welt zu schaffen. Die heroische Auserwähltheit und die Größe der heilsgeschichtlichen Aufgabe, die nicht ohne Verdrehung und Manipulation (Rassenwahn) vom Volk Israels auf die deutsche Herrenrasse übertragen wird, scheint jener kollektiven Untat der Shoah den Weg gebahnt zu haben. In gewisser Weise stand der Nationalsozialismus in perverser Weise unter dem Bann messianischen Denkens, eine böse Umkehr der Dinge, die kaum gedacht wird. Auch im Hinblick auf seine Affinität für apokalyptisch-heilsgeschichtliche Erzählmomente ist der Nationalsozialismus der falsche Bruder des Sozialismus gewesen, wie es der eigenwillige Marxist Alfred Sohn-Rethel einmal genannt hat. Aber auch der reale Sozialismus, insbesondere in Gestalt des Stalinismus, der für seinen heilsgeschichtlichen Weg zum Kommunismus über Berge von Leichen ging (angefangen von Kapitalisten, über Kulaken bis zu allen Arten von Abweichlern), hat eine bestimmte Interpretation und Erzählweise der Heilsgeschichte nachhaltig desavouiert. Während das historische Israel Niederlagen erlitt, an denen es sich aufzurichten trachtete, bedeutete der Stalinismus ein systembedingtes, selbstproduziertes Leid, dessen Kompensation im Kommunismus zunehmend hohl und unglaubwürdig anmutete.

Norman Cohns kritischer Vorbehalt (wie auch jener Karl Löwiths)[542] haben indes damit entscheidend zu tun. Aber selbst dieser vernichtende Zugriff auf das apokalyptische Denken ist, wie das Werk von Jakob Taubes und Walter Benjamin vor Augen führt, nicht imstande, die Dignität des messianischen Grundgedankens und ihrer Geschichtsphilosophie endgültig zu diskreditieren: das Eingedenken unabgegoltenen Unrechts und Unheils, die Hoffnung auf Überwindung, auf Transzendenz des Unerträglichen.

Während Löwiths, Voegelins und Cohns Annäherungen an das eschatologische, d.h. endzeitliche Denken (in der Spannbreite von der Apokalyptik über die Gnosis und die häretischen Bewegungen des Mittelalters bis zu den „Mythen" des 19. und 20. Jahrhunderts) skeptisch grundiert sind, verfolgt der in Wien geborene Religionsphilosoph Jacob Taubes wie vor ihm Gershom Scholem und Walter Benjamin eine an Heidegger, Kierkegaard und dem deutschen Idealismus orientierte Lesart, die letztendlich das messianische Denkens angesichts der vulgären und prekären Verdrehungen rekonstruiert und rehabilitiert. Taubes ordnet dem jüdisch-christlichen Endzeitdenken den Vorrang der Zeit vor dem Raum und den des Ohres vor dem Auge zu, während er das griechisch-hellenistische Denken mit dem Primat des Sehens und des Raumes identifiziert.

Erst mit dem jüdisch-christlichen Denken erlangt Zeit für die Menschen ihre volle Bedeutung: Zeit als Geschichte, das heißt als ein Phänomen, das auf ein Ende des Kollektivsubjekts Menschheit hin ausgerichtet ist. Der Begriff der Offenbarung drückt Schelling zufolge „ein Geschehen, einen Vorgang in der Zeit" aus, ein „actuelles Verhältnis".[543] In der „Einsinnigkeit" und „Nichtumkehrbarkeit" gründet der Sinn der Zeit wie der des Lebens. Nicht nur bedingt die Zeit die Geschichte, sondern umgekehrt enthüllt sich das Wesen der Zeit erst in der Geschichte:

> Die Zeit entsteht, wenn die Ewigkeit des Ursprungs verloren und die Ordnung der Welt dem Tode verfallen ist. Die Zeit ist der Fürst des Todes, wie die Ewigkeit der Fürst des Lebens ist. Das Ineinander und Auseinander von Tod und Leben vollzieht sich in der Geschichte.[544]

Die Geschichte ist also der Schauplatz des Kampfes, an dessen Ende der Tod und die Zeit überwunden werden. Aber die Geschichte ist nicht sinnlos, sondern ein Drama der Freiheit. Nur durch den Eintritt in die Geschichte, den Ab-Fall von Gott ist Freiheit möglich, zugleich aber ist die Ewigkeit das Element der Freiheit, der Freiheit von der zeitlichen Beschränkung. Diese absolute Freiheit, wie sie die apokalyptische Erzählung philosophisch impliziert, ist im Abendland auf dreifache Weise thematisiert worden, als theistisch-transzendente Metaphysik (Gott und die Welt), die die

542 Norman Cohn, Die Sehnsucht nach dem Millennium. Apokalyptiker, Chiliasten und Propheten im Mittelalter (aus dem Englischen von Eduard Thorsch), Freiburg: Herder 1970; Karl Löwith, Weltgeschichte und Heilsgeschehen. Die theologischen Voraussetzungen der Weltgeschichte, Stuttgart: Kohlhammer 1953 (= Urban Taschenbücher; 2); Eric Voegelin, Wissenschaft, Politik und Gnosis, München: Kösel 1959.

543 F.W.J. Schelling, Historisch-kritische Einleitung, a.a.O. Bd. 5, S. 151.

544 Jacob Taubes, Abendländische Eschatologie, München: Matthes & Seitz 1991 (= Batterien; 45), S. 4; vgl. auch: Massimo Cacciari, Zeit ohne Kronos. Essays (übersetzt von Reinhard Kacianka), Klagenfurt: Ritter 1986, S. 15–38.

absolute Freiheit in ein Jenseits der endlichen Varianten der Freiheit verlegt, als pantheistisch-immanente Schau wie im Deutschen Idealismus (Gott in der Welt), der Gott, Vernunft und Welt miteinander verschmilzt und als atheistisch-materialistische Geschichtsauffassung, in der sich der kreatürlich-gebrechliche Mensch selbst zum „Absoluten" aufschwingt (Gott wird in der Welt).

Immer aber bleibt die Geschichte der Schauplatz, auf dem sich der Mensch offenbart, deswegen nennt Taubes auch die Offenbarung „das Subjekt der Geschichte": „Der Weg des Menschen in der Zeit ist die Geschichte als Offenbarung des Menschen".[545]

Bei Taubes handelt es sich um eine Geschichte, die politisch und religiös imprägniert ist. Insofern nimmt er auch die radikalen ideologischen und vulgären Vereinnahmungen der Apokalypse zurück. Das Ende der Zeit bleibt ein unabdingbarer Bezugspunkt für eine Geschichte, in der der Mensch, als spirituelles wie als politisches Wesen, Freiheit realisiert. Taubes' Apokalyptiker ist ein kosmischer Revolutionär, dessen Welt stets eine ganz andere, jenseitige ist. Diese radikal gedachte Freiheit ist aber nur möglich, indem sich der apokalyptische Mensch sowohl von Gott abgrenzt, seinen eigenen Weg geht und zugleich wie der Gnostiker, der davon ausgeht, daß die Welt nur von einem bösen, mindestens aber einem eigenmächtigen Schöpfer geschaffen worden sein kann, auf seinem prinzipiellen Vorbehalt gegenüber der Welt beharrt:

> Die Apokalyptik verneint die Welt in ihrer Fülle. Das Gesamt der Welt umklammert die Apokalypse negativ. Gesetz und Schicksal sind die Grundfesten des Kosmos. Kosmos aber bedeutet seit der Antike immer harmonisches Gefüge. Weil aber im Kosmos Ordnung und Gesetz herrscht, weil das Schicksal oberste Macht im Kosmos ist, *deshalb*, so schließt die Apokalypse in ungeheurer Umkehrung, ist der Kosmos die Fülle des Schlechten. Die Welt ist eine Totalität, welche sich abgrenzt gegen das Göttliche, eine Selbst-ständigkeit Gott gegenüber. Die Welt ist das Gegengöttliche und Gott ist das Gegenweltliche. Gott ist in der Welt unbekannt und fremd. Indem Gott in der Welt erscheint, ist er für die Welt neu [...].
> Die Apokalyptik ist revolutionär, denn sie schaut die Wende nicht in unbestimmter Zukunft, sondern ganz nahe. Darum ist apokalyptische Prophetie zukünftig und doch ganz gegenwärtig. Das telos der Revolution bindet die chaotischen Gewalten, die sonst alle Formen und die gesetzten Grenzen überschreiten würden. Auch Revolution hat ihre Formen und ist „in Form", gerade wenn sie erstarrte Formen, die Positivitäten der Welt erschüttert. Das apokalyptische Prinzip enthält in sich eine gestalt-zerstörende und eine gestaltende Macht vereinigt. Je nach Situation und Aufgabe tritt eine der beiden Komponenten hervor, keine aber darf fehlen. Fehlt das dämonisch zerstörende Element, so kann die erstarrte Ordnung, die jeweilige Positivität der Welt nicht überwunden werden. Wenn aber im zerstörenden Element nicht der „neue Bund" durchscheint, so sinkt die Revolution unvermeidlich ins leere Nichts.[546]

Die Apokalypse ist die radikalste Version der abendländischen Vorstellung, daß die Geschichte auf ein Ziel gerichtet ist, das den Zustand der jeweiligen Gegenwart übersteigt. Bei Taubes ist dieses Telos die Voraussetzung für Geschichte als einem zeitlich gerichteten, sinnvollen Phänomen. Begriffe wie Post-Moderne und Post-Histoire haben so besehen eine ganz und gar nicht triviale Bedeutung: Sie meinen auf verschiedene Weise einen Zustand der Menschheit, die nicht länger in angespannter

545 Jacob Taubes, Abendländische Eschatologie, a.a.O., S. 7.
546 Ders., Abendländische Eschatologie, a.a.O., S. 10.

heilsgeschichtlicher Erwartung lebt, sondern die die Geschichte als Heilsgeschehen hinter sich gelassen hat, ohne daß das rettende messianische Ende eingetreten wäre. Daß Taubes ein vehementer Gegner der Postmoderne war, läßt sich bereits aus seiner „Abendländischen Eschatologie" ablesen, denn für ihn ist auch Freiheit an die Geschichte geknüpft, denn die Geschichte ist jener metaphysisch gedachte Raum, in dem der Mensch überhaupt Freiheit erwirken kann. Das Ende der Geschichte bedeutet für Taubes daher auch das Ende der Freiheit, einer Freiheit, die freilich so überspannt ist wie sein Geschichtsbegriff.

Ernst Bloch war einer der ganz wenigen Marxisten und Intellektuellen der Weimarer Republik, der den Nationalsozialismus nicht bloß als schieren Reflex auf die Interessen des Spätkapitalismus gesehen hat, nicht als etwas Exterritoriales, sondern als eine fatale Erbschaft abendländischen Denkens. Ihm fiel der religionsgeschichtliche Vorlauf des Terminus vom „Dritten Reich" 1930 ins Auge. Oberflächlich besehen kam die Dreizählung von der Abfolge des alten (römisch-deutschen) Kaiserreiches, des Wilhelminischen und des nun kommenden dritten nationalsozialistischen Reiches ins Auge. Aber schon die Heil-Rufe der Nazis legten einen unbedachten religiösen Hintergrund nahe, den Bloch denn auch freigelegt hat:

> Vor allem aber werden am „Dritten Reich" uralte Bilder rezent [...], leichter pervertierbare, desto erstaunlicher funkelnde. Der Terminus „Drittes Reich" hat fast alle Aufstände des Mittelalters begleitet oder wie man es damals nannte: das „Reich des dritten Evangeliums" – es war ein leidenschaftliches Fernbild und führte ebensoviel Judentum wie Gnosis mit sich, ebensoviel Revolte der Bauernkreatur wie vornehmste Spekulation. Nach dem Evangelium des Vaters im Alten Testament, nach dem Evangelium des Sohnes im Neuen kommt das dritte Evangelium, als das des Heiligen Geistes: so hatte der Abt Joachim von Fiore im XIII. Jahrhundert, ja bereits Origines, der Kirchenvater, die bessere Zeit verkündet, und so war die Weissagung in den Bauernkriegen lebendig geblieben. Heute lebt davon nur die Phrase, doch im selben Maß wie die Not in den alten Schichten gestiegen ist, auch wie Bierdunst explosibel wurde, hat die Phrase gezündet, und ein Geisterzug pervertierter Erinnerungen zieht durch das halbproletarische „Volksgedächtnis".[547]

Diese Passage aus dem Werk eines marxistischen Theoretikers verdient einen Kommentar. Zum einen macht er die Wirksamkeit eines latent bewußten kulturellen Gedächtnisses geltend, in dem Symbolkomplexe und Narrative als Medium wie als „Message" wirksam sind. Indem Bloch den Nationalsozialismus als eine wie auch immer „pervertierte" Fortführung des „Mythos vom Dritten Reich" des Joachim ansieht, stellt er ihn in einen Kontext mit einem Narrativ, das am Anfang der geistig-politisch unruhigen Jahrhunderte (von 1200–1517) steht und dem die Funktion eines Initials zukommt. Ernst Benz, einer der einschlägigen Joachim-Forscher, hat in diesem Zusammenhang von der „Ideologie der beginnenden Neuzeit" gesprochen.[548] Der Nationalsozialismus steht, wie sein symbolisches und narratives Inventar zeigt, auf eine merkwürdige Weise in der Tradition der neuzeitlichen Revolutionen.

---

547 Ernst Bloch, Erbschaft dieser Zeit, Frankfurt/Main: Suhrkamp 1962, S. 63.

548 Ernst Benz, Ecclesia spiritualis. Kirchenidee und Geschichtstheologie der franziskanischen Reformationen, Stuttgart: Kohlhammer 1934, S. 1–48.

Es ist nicht ganz sicher, wann Joachim von Fiore, dessen Leben im Dunklen liegt, seine visionäre Erleuchtung erlebt hat. Einer Legende zufolge soll ihm die Erleuchtung zu seinem Hauptwerk während einer Pilgerreise nach Jerusalem gekommen sein: auf dem Berg Tabor (eine Gruppe von radikalen tschechischen Spiritualen und Revolutionären wird der auf einer Anhöhe gelegenen Stadt, in der sie ihren radikalkommunistischen Gottesstaat errichten, den Namen Tabor geben und sich selbst als Taboriten bezeichnen). Joachim und all die revolutionären spirituellen Bewegungen, die ihm nachfolgen werden, reaktivieren und variieren ganz bestimmte prophetisch-apokalyptische Erzählungen – von Moses bis zum Apokalyptiker Johannes – aus dem biblischen Kontext und nehmen darin ganz bestimmte Positionen ein. Nie also geht es um eine rein theoretische Aufnahme von Ideen, sondern auch um die Übernahme und Modifikation von Lebenshaltungen: gegenüber rein theoretischen Texten haben Narrative den Vorteil, das sie beides transportieren: Theorie und Lebensvollzug. Sie vermitteln geistige Haltungen und geben bestimmte Rollen vor, die durchgespielt werden.

Indem Joachim den prophetischen Diskurs fortsetzt, tritt er ein in die erzählerische Welt der Bibel. Um 1190 verläßt er das Kloster der Zisterzienser im Tal von Corazzo, dessen Abt er zuvor gewesen war, und steigt hinauf ins Sila-Gebirge, um dort eine Einsiedlergemeinschaft zu gründen, „den Keim eines neuen, strengen Ordens“[549] der vom Geist der Visionen des Joachim erfüllt ist. Der Berg ist der klassische Topos medialer Eingebung. Der Berg ist ein erhabener und privilegierter, gottnaher und menschenferner Ort: Technisch gesprochen gibt es dort den besten und ungestörten Empfang. Die zeitliche Vorausschau wird durch die räumliche Supervision versinnbildlicht.

Wie Johannes, der erste apokalyptische Erzähler, so teilt auch sein spiritueller Nachfolger die Umstände seiner in die Zukunft gerichteten Erzählung der Menschheitsgeschichte mit. Nicht zufällig fällt der Zeitpunkt, als Joachim die für seine Vorstellungswelt so entscheidende Frage der Trinität durch höhere Eingebung zu lösen imstande ist, auf Pfingsten, das Fest des Heiligen Geistes, den der in den Himmel auffahrende Gottessohn den Menschen hinterlassen hat.

Die Offenbarung des Heiligen Geistes im Kloster Casa Mari hat sich wohl zwischen 1190 und 1195 abgespielt, und sie sollte folgenreich für die Geschichte des Abendlandes sein, das mit dieser Offenbarung in die Neuzeit einzutreten begann. Die Vision des strengen Asketen Joachim, dessen Vorliebe für die Johanneische Apokalypse möglicherweise mit seiner Kenntnis des orthodoxen Christentums zusammenhängt, das er auf seiner Pilgerfahrt nach Jerusalem kennengelernt hatte, sollte sich als folgenreich erweisen. Joachim löste das Geheimnis der Trinität dadurch, daß er diese auf die menschheitliche Heilsgeschichte projizierte. Joachim gibt der Heilsgeschichte eine trinitarische Struktur, die zugleich die drei Aspekte der Zeit wiedergibt: Vergangenheit – Gegenwart – Zukunft. Die drei Seiten des einen Gottes werden in einer von

549 Herbert Grundmann, Neue Forschungen über Joachim von Fiore, Marburg: Simons 1950 (= Münsterische Forschungen; 1), S. 47.

Zahlenspekulationen, Symbolismus und Analogie gesättigten grandiosen Spekulation zu drei aufeinanderfolgenden Stadien im Geschichtsverlauf:

> Endlich gibt es drei Weltzustände (Status) [...], den ersten, in dem wir unter dem Gesetz waren, den zweiten, in dem wir uns jetzt befinden, in der Gnade; den dritten, den wir in Bälde erwarten, in noch reicherer Gnade, denn Gnade gab er uns über Gnade, Glaube für die Liebe und beide gleicherweise (Johannes 1.16). Der erste Status war in der Wissenschaft, der zweite zum Teil in der Weisheit, der dritte in der Fülle des Wissens. Der erste Zustand im knechtlichen Dienst, der zweite im Sohnesdienst; der dritte in der Freiheit. Der erste in den Plagen, der zweite im Werk, der dritte in der Kontemplation. Der erste in der Furcht, der zweite im Glauben, der dritte in der Liebe. Der erste ist der Zustand der Knechte, der zweite der der Freien, der dritte der der Freunde. Der erste der Knaben, der zweite der Jünglinge, der dritte der der Greise. Der erste beim Sternenlicht, der zweite in der Morgenröte, der dritte in der Helle des Tages. Der erste bringt Nesseln hervor, der zweite Ähren, der dritte Weizen. Der erste Wasser, der zweite Wein, der dritte Öl [...]. Daher gehört der erste Status zum Vater, der der Schöpfer von Allem ist. Der zweite (Status) gehört zum Sohn, der sich gewürdigt hat, Fleisch anzunehmen, damit er darin fasten und leiden könne, um so den Zustand des ersten Menschen zu erneuern, der gefallen war, indem er aß. Der dritte (Status) gehört zum heiligen Geist, von dem der Apostel sagte (2. Kor. 3.17): „Wo der Geist des Herrn ist, da ist Freiheit."[550]

Die Geschichte, die als eine zwischen Gott und Mensch gedacht ist, hat nun eine entscheidende Facette hinzubekommen. Nicht nur treibt die Geschichte, das Ergebnis menschlichen Eigensinns und Abfalls von Gott, auf ein kathartisches und erlösendes Ende hin, sondern sie ist auch ein stufenweiser Aufstieg zu Gott, der freilich durch dramatische Einbrüche und Auftritte von zahlreichen Anti-Christ-Gestalten (in der Epoche ist dieser Widersacher der römisch-deutsche Kaiser Friedrich II, der sich indes selbst als eine Erlöserfigur im Sinn der apokalyptischen Erzählung konfiguriert) geprägt ist. Bis zu Joachim und auch noch bei Augustinus gibt es keine menschliche Entwicklung im Fortgang der Geschichte zwischen kosmischem Anfang und erlösendem Ende: Phasen von Gottferne und Gottnähe, von Abfall und Rückkehr, von Vergessen und Wiedererinnerung lösen einander ab, bis dann am Ende der Zeiten und dank der solitären Tat des Gottmenschen Jesus Christus die Geschichte sich durch die endzeitliche Erlösung auflöst. Bei Joachim wird zum erstenmal in aller Klarheit die Idee einer humanen wie übrigens auch göttlichen Entwicklung im Verlauf einer in ihrer Entfaltungslogik festgelegten Geschichte ausgesprochen: Die Geschichte ist eine der Freiheit, der Freiheit zu Gott. Das Maß des menschlichen Zugewinns drückt sich im Abstand aus, der zwischen Sklaven und Sohn, zwischen diesem und dem erwachsenen freien Mann, zwischen Gehorsam, Gnade und Liebe besteht. An die Stelle des blinden Gehorsams tritt die Gnade und später die Liebe aus freien Stücken. Die Geschichte wird hier zum ersten Mal eine Geschichte der Freiheit und einer zunehmenden Vergeistigung, einem Abschied von der materiellen Welt. Eine aufsteigende Linie der Geschichte wird sichtbar, die später bei durchaus gottfernen Denkern wie Comte und Marx ihre Fortsetzung finden sollte.

Das Denken des frommen und gelehrten Apokalyptikers Joachim, und das ist bereits den theologischen Widersachern seiner Zeit aufgefallen, enthält ein revolutionäres

---

550 Ders., Neue Forschungen über Joachim von Fiore, a.a.O., S. 82 f.

Ferment, das gegen die Kirche selbst gewendet werden kann und nach dem Tod des Abtes von Fiore auch gegen diese gewendet worden ist. In seiner fast nach Belieben verlängerbaren analogischen Reihe entspricht dem ersten Reich des Vaters das Alte Testament, der Alte Bund und die Synagoge, dem zweiten Reich das Neue Testament, der Neue Bund (Abendmahl) und die römisch-petrinische Kirche, dem dritten Reich entspricht der heilige Geist – aber welche Form der Verbindung zwischen Gott und Mensch und welche Form der Kirchlichkeit existiert in diesem neuen Zeitalter? Aus dem Postulat eines neues, dritten Gottesreiches mußte fast zwangsläufig die revolutionäre Forderung nach einer neuen Form von Kirche formuliert werden. Die römische Papstkirche war der legitime Ausdruck des zweiten Reiches, aber sie steht beim Eintritt in die neue Zeit nicht mehr im Einklang mit den geschichtlichen Gegebenheiten – so die naheliegende Schlußfolgerung der nachfolgenden franziskanischen Spiritualen. Indem sich Joachim an der Schwelle zweier Zeiten sah, am Ende des Zweiten und vor dem Beginn des Dritten Reiches, das er auf 1260 ansetzte, konnte er Loyalität und Veränderungswillen miteinander verbinden. Alles hatte seine Zeit. Man kennt solche Argumente aus säkularen Geschichtsdoktrinen wie dem Marxismus; dort wird die Legitimität etwa der bürgerlich-kapitalistischen Gesellschaft auf ein bestimmtes Stadium im Verlauf der Geschichte beschränkt. Joachim starb nicht als Häretiker, wohl aber wurden jene Schriften über die Drei-Reiche-Lehre nach seinem Tod auf den päpstlichen Index gesetzt. Jakob Taubes hat Joachims geistesgeschichtliche Position, seine Loyalität gegenüber dem Papst mit Hegels Treue zum preußischen König verglichen: Die franziskanischen Spiritualen, die Joachims Lehren radikalisieren und verbreiten werden (und zeitweilig in Franz von Assisi die Lichtgestalt des Dritten Reiches sehen), entsprächen in diesem Vergleich den Junghegelianern (bis zu Marx), die den politisch zahmen philosophischen Meisterrevolutionär überbieten.[551]

In einer Hinsicht erweist sich Joachim, der die Zukunft des Weltverlaufs und seine Zielrichtung aus erhöhter Perspektive erfahren hatte, im Vergleich zu seinem endzeitlichen Denkverwandten Hegel, dessen Geist-Geschichte der Welt eines endzeitlich geprägten schwäbischen Pietismus entsprang, als radikal: Er sah die Beschaffenheit der neuen Welt vor dem Ende der Zeiten, er sah das Kommen eines Engelspapstes im Zentrum einer neuen vergeistigten Welt: Einer Welt, in der es nicht nur Klöster gibt, sondern die selbst ein Kloster und nur ein Kloster ohne weltlichen Außenraum ist, ein Kloster, das in strenger Hierarchie und in Analogie zur Siebenzahl von Schöpfung und Apokalypse sieben verschiedene sakrale Räume (Oratoria) beherbergt.

Joachims Vision einer idealen Welt nimmt wesentliche Momente vorweg, die für die nachfolgenden neuzeitlichen Utopien eines Morus, Bacon und Campanella so charakteristisch sind, dabei tritt als unbeabsichtigtes Nebenprodukt der eigentumslose, kommunistische Charakter dieses Dritten Reiches hervor. Dieser ergibt sich weniger aus einem sozialrevolutionären Impetus, den man Jahrhunderte später bei Taboriten und Wiedertäufern antreffen wird, sondern allein aus der radikalen Absage

551 Jacob Taubes, Abendländische Eschatologie, a.a.O., S. 90–98.

an eine Welt des Komforts, des Reichtums und des Genusses. So wenig wie möglich zu sich nehmen und zu besitzen, wird zum Zeichen der Gottnähe in einer Gesellschaft, in der die programmatische Armut tendenziell egalitär verteilt wird. Wenn man so will, steckt darin ein gerütteltes Maß an Realitätssinn: Kommunismus ist der adäquate Verteilungsmodus einer programmatisch auf Armut eingestellten Gesellschaft, die das Leben in der jenseitigen Welt einübt und vorwegnimmt. Von ihrem Ausgangspunkt war die Geburt des neuzeitlichen revolutionären Denkens asketisch. Und die Freiheit, von der Taubes spricht, war so radikal und absolut gedacht, daß sie auch eine Freiheit von den Bedürfnissen des Körpers und der Welt beinhaltet. Als eine Arche Noah hat Joachim die Welt als Kloster konzipiert,[552] gerüstet für das nun nicht länger aufgeschobene Ende, das mit der Sintflut schon in die Heilsgeschichte hereinleuchtete, mit Menschen, die gerüstet sind, von der Vielfalt der materiellen Welt Abschied zu nehmen, und die sich nach einem Heiligen Geist sehnen, der sie, der Differenz und Vielfalt der Körperlichkeit ledig, in seine abstrakte und unifizierende Einheit einschließt: Die Vergeistigung, die zunehmende Entmaterialisierung war das eigentliche Ziel, das sich für die apokalyptische Erzählgemeinde am Ende der Zeiten enthüllt und das sich durch die technische Welt mit ihrer Tendenz zu Mathematisierung und Entmaterialisierung, wie sie sich etwa im Computer seinen jüngsten Niederschlag gefunden hat. Marshall Mc Luhan, der Guru des Neuen Medienzeitalters, war ein gläubiger Katholik, der in den Medien eine Bestätigung dafür gesehen hat, daß wir in die Ära des Heiligen Geistes eingetreten sind. Mc Luhan geht davon aus, daß die psychische Konvergenz, die durch die elektronischen Medien ermöglicht wird,

> could create the universality of the consciousness forseen by Dante when he predicted that the men would continue as no more than broken fragments until they were unified into an inclusive consciousness. In a Christian sense, this is merely a new interpretation of the mystical body of Christ; and Christ after all, is the ultimate extension of man [...]. I expect to see the coming decades transform the planet into an art form; the new man, linked in a cosmic harmony that transcends time and space, will [...] himself [...] become an organic art form. There is a long road ahead, and the stars are only way stations, but we have begun the journey.[553]

Entgegen aller Beteuerungen vom Ende einer Geschichte, die in all ihren Varianten (religiösen wie säkularen) ein zielgerichtetes Geschehen hin zu einer entmaterialisierten zweiten, spirituellen anderen Welt impliziert, wird die Fortdauer der Heilsgeschichte im Kern der modernsten Technik sichtbar: in den Neuen Medien wie in der Biotechnologie.

---

552 Joachim von Fiore, Das Reich des heiligen Geistes (übersetzt von Rose Birchler, hrsg. von Alfons Rosenberg), Bietigheim: Turm Verl. 1977, S. 133–148.

553 Zit. nach: Mark Dery, Escape Velocity. Cyberculture at the End of the Century, London: Hodder & Stoughton 1996.

Nachwort

So wie sich die Struktur der Welt auch nicht, um ein prominentes Bild von Roland Barthes[554] aufzugreifen, aus der Gestalt einer Saubohne ablesen läßt, so kann auch nicht die Kultur aus der bzw. den Narrativen „hergeleitet“ werden. Weder von ihrer „objektiven“ Seite (als Sprache, Recht, Sitte, Kunst, Religion, Möbel und Tracht)[555] noch von ihrer „subjektiven“ Seite (als Kulturtechniken in einer Gesellschaft) geht Kultur im Begriff des Narrativen auf. Aber wenn die Bedeutungen der Artefakte und Sprechlagen oder die Frage von Identität ins Spiel kommen, dann ist die Bezugnahme auf narrative Konstruktionen einigermaßen unvermeidlich, auf epische Konstruktionen, die selbstverständlich gesetzt und vorausgesetzt sind. Ihre Explizierung erfolgt nicht zuletzt im Hinblick auf den Anderen, genauer den fremden Anderen[556], für den die jeweiligen Narrative einer gegebenen Kultur unselbstverständlich sind. So erweist die Bezugnahme auf den fremden Anderen die epistemologische Grundvoraussetzung für kulturwissenschaftliches Tun als solches. Die Fokussierung von Interkulturalität geht also nicht dem kulturwissenschaftlichen Tun voraus, sondern ist diesem inhärent: Kulturwissenschaft bedarf des fremden Anderen und mehr noch einer Hermeneutik, die sich ihres prekären, ungewissen Status zwischen Verstehen und Nichtverstehen bewußt ist. Denn nur die Gestalt des Fremden, der Erklärungsbedarf abnötigt, rechtfertigt die ansonsten unbeweisbare Behauptung, daß das Nichtverstehen auf die Existenz von nicht-thematisierten Narrativen der fremden Kultur basiert. In diesem Sinn verschränken sich in einer narrativen Theorie der Kultur strukturalistische und „posthermeneutische“ Momente.

Auch wenn die Meditation über Saubohnen nicht die Struktur der Welt erschließt und man vermutlich nicht alle Erzählungen aus einer einzigen Urform destillieren kann, hat die strukturale Analyse, auch wenn man guten Grund hat, ihrem szientistischen Gestus und ihrem Hyperrationalismus zu mißtrauen, noch immer ein Para-

---

554 Roland Barthes, S/Z, a.a.O., S. 7; François Dosse, Geschichte des Strukturalismus, a.a.O., Bd. 2, S. 78.

555 Georg Simmel, Weibliche Kultur, in: Ders., Aufsätze und Abhandlungen 1901–1908, a.a.O., S. 64–66.

556 Oft wird der Fremde mit dem Anderen gleichgesetzt. Wie die Phänomenologie des Anderen (Levinas, Sartre, Waldenfels) deutlich macht, ist die Figur des Anderen im Unterschied zum Fremden hingegen nicht von vornherein kulturell markiert. Im Gegenteil: Der Andere ist eine universale Figur, die mir in der eigenen Kultur begegnet, zunächst unter Absehen aller spezifischen Differenz.

digma, das – mehr als der Poststrukturalismus – für kulturwissenschaftliches Forschen relevant ist. Dies gilt vor allem im Hinblick auf den anthropologischen Aspekt. Auch wenn wir heute gegenüber essentialistischen und substantialistischen Konzepten mißtrauisch sind, dann setzt doch die Redeweise vom Narrativen oder von der Kultur – gegen einen stillschweigenden, aber weitverbreiteten Kulturalismus – voraus, daß auf einem entsprechend abstrakten Niveau, die Slumkultur von Mexiko, das Wien der Jahrhundertwende und die Trobiander gewisse Gemeinsamkeiten aufweisen, die es gestatten, alle drei als „Kulturen“ mit einer je eigenen Logik und Dynamik zu beschreiben. Dasselbe gilt für den Begriff des Narrativen: Davon zu sprechen, heißt mehr oder weniger stillschweigend davon auszugehen, daß Menschen üblicherweise (sofern also z.B. ihre kognitiven Funktionen nicht beeinträchtigt sind) in der Lage sind, Geschichten zu erzählen, Lebensgeschichten und kollektive Narrative und daß diese Narrative strukturelle Gemeinsamkeiten aufweisen und daß es zugleich eine unverwechselbare Art und Weise gibt, in der einzelne Kulturen Geschichten erzählen. Aus der Fülle all dieser Erzählungen läßt sich gewiß keine Urerzählung destillieren, von der aus betrachtet die historisch realisierten sich als Variationen bestimmen lassen. Aber alle Kulturen und ihre Narrative weisen eine „Familienähnlichkeit“ auf, die es gestattet, von Kultur und vom narrativen Komplex zu sprechen. In einer philosophischen Setzung bedeutet die Universalität des Narrativen indes auch, daß der Mensch sich kulturübergreifend selbst als ein Wesen begreift, das handelnd in der Welt ist, wobei die Rolle, die er darin einnimmt, beträchtlich variiert.

Die Rechtfertigung einer narrativen Theorie der Kultur kann sich demgemäß nicht mehr auf einen exklusiven Erklärungsanspruch berufen. Oder anders gesagt: Es kann durchaus andere, kompatible und inkompatible Theorien von Kultur geben. Diese kommen in dem Buch zur Sprache, insofern sie aus der Perspektive einer narrativen Theorie von Kultur von Belang sind. Hinzuweisen ist aber darauf (und auch in der Bibliographie angeführt), daß es mittlerweile diverse Einführungen sowohl in die anglo-amerikanischen *Cultural Studies* als auch in die Kulturwissenschaften gibt, die dem Informationsbedürfnis der deutschsprachigen Leser Rechnung tragen und die Hintergründe für den vielzitierten *cultural turn* erhellen.

In diesem Sinn und gegen das Bild der Saubohne gesprochen ist die vorgelegte Theorie eine „schwache“ Theorie. Sie rechtfertigt sich nicht zuletzt dadurch, daß sie Bekanntes, in diesem Fall also Phänomene der Kultur, in eines neues, unbekanntes perspektivisches Licht rückt. Diese Verschiebung und Verfremdung der Sichtweise wäre jenes Neue und Andere, das eine narrativische Theorie von Kultur theoretisch legitimiert, denn durch diese Verschiebung entsteht gleichsam manchmal verblüffend neue Einsicht. Daß die Wissenschaft uns die Welt vertraut macht, ist nämlich nur die eine Seite der Medaille, die andere ist, daß sie uns in die Fremde führt, in diesem Fall in die Fremde der „eigenen“ Kultur.

Mit dieser Verschiebung mag auch zusammenhängen, daß die fiktionale Literatur, die in den vergangenen Jahrzehnten stets der beliebteste Gegenstand hermeneutischer, aber auch strukturalistischer Erzähltheorien gewesen ist, in dem vorliegenden Buch sozusagen programmatisch zu kurz gekommen ist, ausgespart blieb, damit aber auch die raffinierten Erzähllagen, die nicht zuletzt den Kernbestand des Fiktionalen in der Literatur bilden: Im Gegensatz zu den unzählbaren Gebrauchserzählungen übersteigen viele exklusiven und expliziten literarischen Narrative das eigentlich Menschenmögliche. Der olympische, gottgleiche Erzähler, der noch die intimsten Regungen „seiner" Figuren kennt, ist nur das bekannteste Beispiel für einen Realismus, der auf einem völlig phantasmatischen, d.h. „unrealistischen" Erzählkonzept aufruht.

Der Verzicht auf die Beispiele aus der Literatur bedeutet zweifelsohne eine Einbuße methodischer Raffinesse im Hinblick auf die intelligente Traktierung von Texten. Sie wird indes wettgemacht durch narrative Erschließung non-literarischer Bereiche, die von entscheidender Bedeutung für Kultur und Politik sind: Psychoanalyse, Geschlecht, Religion, kollektive Erinnerung und moderne politische Gemeinschaftskonstruktionen, Geld und Medien sind allemal Bereiche, die für die Befindlichkeit von Kulturen von Belang sind.

Die Pointe des vorgelegten Konzeptes liegt freilich in der systematischen, von Autoren wie Geertz, Erdheim und Eliot gestützten Annahme, daß die wichtigsten Narrative, die eine Kultur bestimmen und in ihr bestimmend sind, aus unterschiedlichen Gründen zumeist unausgesprochen bleiben, in ihrem Formbestand abgeblaßt sind und jeweils ihrer epischen Auferstehung harren. Dieses Unbewußte in der Kultur ist in relevanten, symbolischen Bereichen ein latent Bewußtes, das heißt kein strukturell Verschlossenes, sondern ein prinzipiell Abrufbares. So setzen auch die aktualisierten Erzählungen immer schon andere voraus, auf die sie sich „intertextuell"[557] beziehen, auch wenn sie sich dieser Beziehung nicht bewußt sind. Literatur wie auch andere Genres der Kunst lassen sich demnach als die sichtbaren und expliziten Formationen einer Kultur begreifen, jene Massive, die aus dem Meer des Unbewußten herausragen und zugleich unsere moderne oder auch postmoderne *condition humaine* ermöglichen: die Reflexion unserer eigenen Befindlichkeit. Denn die Interpretation der sichtbaren Erzählungen gestattet auch eine Rekonstruktion der unsichtbaren Bestände der kulturellen Formationen.

So käme gerade der Literatur, der geschriebenen, aber auch der filmischen, jene Bedeutung zu, die narrativen Bestände einer Kultur kritisch ab- und aufzurufen, zu hinterfragen und wiederzubeleben. Vielleicht ist es eine zu optimistische Sicht der Dinge, davon auszugehen, daß die Artefakte der sog. Hochkultur ihr offensichtliches Manko, Marginalisierung im Rahmen einer populistischen Massenkultur, durch einen höheren Grad an Intensität, Innovation und reflektorischer Intelligenz wettmachen.

557 Zum Beitrag der Intertextualität zur Kulturtheorie vgl.: Graham Allen, Intertextuality, London: Routledge 2000, S. 7.

Bibliographie

ADORNO, Theodor W.: Noten zur Literatur (hrsg. von Rolf Thiedemann), Frankfurt/Main: Suhrkamp 1958

AGGER, Ben: Cultural Studies as Critical Theory, London: The Falmer Press 1992

AHLEFELDT, Yvonne-Patricia: Göttliche Kinder: die Kindheitsideologie in der Romantik, Paderborn: Schöningh 1996

ALLEN, Graham: Intertextuality, London: Routledge 2000

ALTER, Peter: Nationalismus, Frankfurt/Main: Suhrkamp ^{4}1993

ANDERS, Günther: Mensch ohne Welt. Schriften zur Kunst und Literatur, München: Beck 1984

ANDERS, Günther: Erzählungen. Fröhliche Philosophie, Frankfurt/Main: Suhrkamp 1987

ANDERSEN, Hans Christian: Bilderbuch ohne Bilder, Leipzig o. J

ANDERSON, Benedict: Kulturelle Wurzeln, in: Elisabeth Bronfen/Benjamin Marius/Therese Steffen (Hrsg.), Hybride Kulturen. Beiträge zur anglo-amerikanischen Multikulturalismusdebatte, Tübingen: Stauffenberg 1997, S. 31–58

ANDERSON, Benedict: Imagined Communities: Reflections on the Origin and Spread of Nationalism, Revisited and Extended Version, London: Verso 1991; deutsch: Die Erfindung der Nation. Zur Karriere eines erfolgreichen Konzepts (aus dem Englischen von Christoph Münz und Benedikt Burkhard), erweiterte Neuausgabe, Frankfurt: Campus 1996

APPELSMEYER, Heide/BILLMANN-MAHECHA, Elfriede (Hrsg.): Kulturwissenschaft. Felder einer prozessorientierten wissenschaftlichen Praxis. Weilerswist: Velbrück 2001

ARENDT, Hannah: Vita activa oder Vom tätigen Leben, München: Piper ^{2}1981

ARISTOTELES: Poetik (hrsg. von Manfred Fuhrmann), Stuttgart: Reclam 1982

ARNOLD, Markus/FISCHER, Roland (Hrsg.): Studium Integrale, Wien: Springer 2000 (= iff texte; 6)

ASENDORF, Christoph: Super constellation – Flugzeug und Raumrevolution. Die Wirkung der Luftfahrt auf Kunst und Kultur der Moderne, Wien: Springer 1997

ASSMANN, Aleida/FRIESE, Heidrun (Hrsg.): Identitäten, Frankfurt/Main: Suhrkamp 1998 (= Erinnerung, Geschichte, Identität; 3)

ASSMANN, Aleida: Erinnerungsräume. Formen und Wandlungen des kulturellen Gedächtnisses, München: Beck 1999

ASSMANN, Aleida: Zeit und Tradition. Kulturelle Strategien der Dauer, Köln: Böhlau 1998

ASSMANN, Aleida: Einführung in die Kulturwissenschaft. Grundbegriffe, Themen, Fragestellungen, Berlin: Erich Schmidt 2006

ASSMANN, Jan: Ma'at. Gerechtigkeit und Unsterblichkeit im Alten Ägypten, München: Beck 1990

AUGÉ, Marc: Orte und Nicht-Orte. Vorüberlegungen zu einer Ethnologie der Einsamkeit (aus dem Französischen von Michael Bischoff), Frankfurt: Fischer 1994

AUGUSTINUS, Aurelius: Bekenntnisse (eingeleitet und übertragen von Wilhelm Thimme), München: dtv ^{7}1994

AUGUSTINUS, Aurelius: Vom Gottesstaat (aus dem Lateinischen von Wilhelm Thimme), München: dtv 1991 (2 Bde.)

AULINGER, Barbara: Die Gesellschaft als Kunstwerk. Fiktion und Methoden bei Georg Simmel, Wien: Passagen 2001

BACHELARD, Gaston: La poetique de l'éspace, Paris: 1957, deutsch: Poetik des Raumes. Aus dem Französischen von Kurt Leonhard, Frankfurt/Main: Fischer 1987

BACHMANN-MEDICK, Doris (Hrsg.): Kultur als Text. Die anthropologische Wende in der Literaturwissenschaft, Frankfurt/Main: Fischer 1996

BACHMANN-MEDICK, Doris: Cultural Turns. Neuorientierungen in den Kulturwissenschaften, Reinbek: Rowohl 2006
BACHTIN, Michail M.: Formen der Zeit im Roman. Untersuchungen zur historischen Poetik [1975] (hrsg. von Edward Kowalski, aus dem Russischen von Michael Dewey), Frankfurt/Main: Fischer, 1989
BACHTIN, Michail M.: Die Ästhetik des Wortes (hrsg. von Rainer Grübel, aus dem Russischen von Rainer Grübel und Sabine Reese), Frankfurt/Main: Suhrkamp 1979
BACHTIN, Michail M.: Formen der Zeit im Roman. Untersuchungen zur historischen Poetik (hrsg. von Edward Kowalski und Michael Wegner, aus dem Russischen von Michael Dewey), Frankfurt/Main: Fischer 1989
BACKHAUS, Jürgen G./STADERMANN, Hans-Joachim (Hrsg.): Georg Simmels Philosophie des Geldes ein Jahrhundert danach, Marburg: Metropolis 2000
BADIOU, Alain: Manifest für die Philosophie (aus dem Französischen von Jadja Wolf und Eric Hoerl), Wien: Turia&Kant 1998
BADIOU, Alain: Über Metapolitik (aus dem Französischen und Englischen von Heinz Jatho), Zürich: diaphanes 2003
BAECKER, Dirk, Wozu Kultur? Berlin: Kadmos 2000
BAL, Mieke: Introduction to the Theory of Narrative, 2nd edition, Toronto: University of Toronto Press 1997
BAL, Mieke: Kulturanalyse, hrsg. von Thomas Fechner-Smarsly und Sonja Neef. Aus dem Englischen von Joachim Schulte, Frankfurt/Main: Suhrkamp 2002
BARTHES, Roland: L'aventure sémiologique, Paris: Édition du Seuil 1985; deutsch: Das semiologische Abenteuer (aus dem Französischen von Dieter Hornig), Frankfurt/Main: Suhrkamp 1988
BARTHES, Roland: Le plaisir du texte, Paris: Édition du Seuil 1973; deutsch: Die Lust am Text (aus dem Französischen von Traugott König), Frankfurt/Main: Suhrkamp [8]1999
BARTHES, Roland: Mythologies, Paris: Édition du Seuil 1957; deutsch: Die Mythen des Alltags, Frankfurt/Main: Suhrkamp 1982
BARTHES, Roland: Système de la mode, Paris Édition du Seuil 1981 (= Points; 147: essais); deutsch: Die Sprache der Mode (aus dem Französischen von Horst Bühmann), Frankfurt/Main: Suhrkamp 1985
BARTHES, Roland: S/Z. Essais, Paris: Édition du Seuil 1970 (= Tel Quel); deutsch: S/Z (übersetzt von Jürgen Hoch), Frankfurt/Main: Suhrkamp 1975
BASSLER, Moritz (Hrsg.): New Historicism. Literaturgeschichte als Poetik der Kultur. Tübingen, Francke
BATESON, Gregory: Mind and Nature. A Necessary Unity. Toronto: Bantham Books 1980; deutsch: Geist und Natur. Eine notwendige Einheit (aus dem Englischen von Hans Günter Holl), Frankfurt/Main: Suhrkamp 1982
BAUDRILLARD, Jean: Les stratégies fatales, Paris: Grasset 1983 (= Biblio/Essai; 5); deutsch: Die fatalen Strategien. Mit einem Anhang von Oswald Wiener (aus dem Französischen von Ulrike Bockskopf und Ronald Vouillié), München: Matthes und Seitz 1991
BEIERWALTES, Werner: Selbsterkenntnis und Erfahrung der Einheit. Plotins Enneade V 3. Text, Übersetzung, Interpretation, Erläuterungen, Frankfurt/Main: Klostermann 1991
BEIERWALTES, Werner: Deus est esse – esse est deus. Die onto-theologische Grundfrage als aristotelisch-neuplatonsiche Denkstruktur, in: Ders., Platonismus und Idealismus Frankfurt/Main: Klostermann 1972 (= Philosophische Abhandlungen; 40), S. 5–82
BELL, Michael: How Primordial is Narrative, in: Christopher Nash, Narrative in Culture. The Use of Storytelling in the Sciences, Philosophy and Literature, London: Routledge 1990, S. 172–198
BENDA, Julien: Le trahison des clercs, Paris: Grasset 1927; deutsch: Der Verrat der Intellektuellen (aus dem Französischen von Arthur Merin, mit einem Vorwort von Jean Amery), Frankfurt/Main: Fischer 1988
BENDER, John/WELLBERY, David E.: Chronotypes. The Construction of Time, Stanford: Stanford UP 1991
BENJAMIN, Andrew: Present Hope. Philosophy, Architecture, Judaism, London: Routledge 1997
BENJAMIN, Walter: Schriften (hrsg. von Theodor W. Adorno und Gretel Adorno), Frankfurt/M: Suhrkamp 1974 und 1977 (2 Bde.)
BENTHALL, Jonathan: Disasters, Relief and the Media, London: Tauris 1995

BENZ, Ernst: Ecclesia spiritualis. Kirchenidee und Geschichtstheologie der franziskanischen Reformationen, Stuttgart: Kohlhammer 1934

BERDING, Helmut (Hrsg.): Myhtos und Nation., Frankfurt/Main: Suhrkamp 1996 (= Studien zur Entwicklung des kollektiven Bewußtseins in der Neuzeit; 3)

BERLIN, Isaiah: Der Nationalismus (aus dem Englischen von Johannes Fritsche), Frankfurt/Main: Hain 1990 (Anton Hain; 8)

BERLIN, Isaiah: Nationalismus, „Volksgeist". Die universale Kultur und der Pluralismus der Lebenswelten, in: Lettre International. Europas Kulturzeitung, H. 15, Berlin 1991, S. 6–9

BERNSTEIN, Jay M.: Self-knowledge as Praxis: Narrative und Narration in Psychoanalysis, in: Christopher Nash (Hrsg.), Narrative in Culture. The Uses of Storytelling in the Sciences, Philosophy and Literature, London: Routledge 1990, S. 51–77

BHABHA, Homi K.: The Location of Culture, London: Routledge 1994; deutsch: Die Verortung der Kultur. Mit einem Vorwort von Elisabeth Bronfen (deutsche Übersetzung von Michael Schiffmann und Jürgen Freudl), Tübingen: Stauffenburg 2000 (= Stauffenburg discussion; 5)

BHABHA, Homi K.: Nation and Narration, London: Routledge 1990

BICHSEL, Peter: Der Leser – Das Erzählen. Frankfurter Poetik-Vorlesungen, Neuwied: Luchterhand 1982

BLAKE, William: The Lamb, in: The Oxford Anthology of English Literature (hrsg. von Harold Bloom und Lionel Trilling), New York: Oxford UP 1973

BLAU, Herbert: The Audience, Baltimore: Johns Hopkins UP 1990

BLOCH, Ernst: Das Prinzip Hoffnung, Frankfurt/Main: Suhrkamp 1959 (3 Bde.)

BLOCH, Ernst: Erbschaft dieser Zeit, Frankfurt/Main: Suhrkamp 1962

BLOOM, Harold: The Anxiety of Influence. A Theory of Poetry, London: Oxford UP 1975; deutsch: Einfluß-Angst. Eine Theorie der Dichtung (aus dem amerikanischen Englisch von Angelika Schweikhart), Basel: Stroemfeld 1995 (= Nexus; 4)

BLOOM, Harold: Shakespeare, Die Erfindung des Menschlichen (aus dem Englischen von Peter Knecht), Berlin: Berlin Verl. 2000

BLUMENBERG, Hans: Die Lesbarkeit der Welt, Frankfurt/Main: Suhrkamp 1981

BLUMENBERG, Hans: Die Legitimität der Neuzeit, Frankfurt/Main: Suhrkamp ^{3}1984 (4 Bde.)

BLUMENBERG, Hans: Schiffbruch mit Zuschauer: Paradigma einer Daseinsmetapher, Frankfurt/Main: Suhrkamp 1997

BLUMENBERG, Hans: Lebenszeit und Weltzeit, Frankfurt/Main: Suhrkamp ^{2}1986

BLUMENBERG, Hans: Arbeit am Mythos, Frankfurt/Main: Suhrkamp ^{3}1984

BOAS, Franz: Race, Language and Culture (1940), Chicago: Univ. of Chicago Press 1982

BÖHME, Hartmut/SCHERPE, Klaus R. (Hrsg.): Literatur- und Kulturwissenschaften. Positionen, Theorien, Modelle, Reinbek: Rowohlt 1996

BÖHME, Hartmut/MATUSSEK, Peter/MÜLLER, Lothar, Orientierung Kulturwissenschaft. Was sie kann, was sie will, Reinbek: Rowohlt 2000

BOHRER, Karl Heinz (Hrsg.): Mythos und Moderne. Begriff und Bild einer Rekonstruktion, Frankfurt/Main: Suhrkamp 1983

BOOTH, Wayne: The Rhetoric of Fiction, Chicago: University of Chicago Press 1961

BORCH-JACOBSEN, Mikkel: Lacan. Le maitre absolu, Paris: Flammarion 1990; deutsch: Lacan. Der absolute Herr und Meister (aus dem Französischen von Konrad Honsel), München: Fink 1999

BORCH-JACOBSEN, Mikkel: Souvenirs D'Anna O. Une Mystification Centenaire, Paris: Aubier 1995; deutsch: Anna O. zum Gedächtnis. Eine hundertjährige Irreführung (aus dem Französischen von Martin Stingelin), München: Fink 1997

BORSÒ, Vittoria/ KRUMEICH, Gerd/ WITTE, Bernd (Hrsg.): Medialität und Gedächtnis. Interdisziplinäre Beiträge zur kulturellen Verarbeitung europäischer Krisen, Stuttgart: Metzler 2002

BORSÒ, Vittoria/KANN, Christoph (Hrsg.): Geschichtsdarstellung. Medien – Methoden – Strategien, Köln: Böhlau 2004

BREMOND, Claude: Logique du récit, Paris: Édition du Seuil 1973

BREUER, Josef/FREUD, Sigmund, Studien über Hysterie, Frankfurt/Main: Fischer 1991

BROCH, Hermann: Geist und Zeitgeist. Essays zur Kultur der Moderne (hrsg. von Paul Michael Lützeler), Frankfurt/Main: Suhrkamp 1997

BROMLEY, Roger: Lost Narratives. Popular Fictions, Politics and Recent History, London: Routledge 1988

BROMLEY, Roger: Narratives for a New Belonging. Diasporic Cultural Fictions, Edinburgh: Edinburgh UP 2000

BROMLEY, Roger/GÖTTLICH, Udo/WINTER, Carsten (Hrsg.): Cultural Studies. Grundlagentexte zur Einführung, Lüneburg: zu Klampen 1999

BRUNER, Jermome S.: Vergangenheit und Gegenwart als narrative Konstruktion. Was ist gewonnen und was verloren, wenn Menschen auf narrative Weise Sinn bilden? In: Jürgen Straub (Hrsg.), Erzählung, Identität und historisches Bewußtsein. Die psychologische Konstruktion von Zeit und Geschichte., Frankfurt/Main: Suhrkamp 1998 (= Erinnerung, Geschichte, Identität; 1), S. 46–80

BUBER, Martin: Zwiesprache. Traktat vom dialogischen Leben, Heidelberg: Schneider 1978

CACCIARI, Massimo: Zeit ohne Kronos. Essays (übersetzt von Reinhard Kacianka), Klagenfurt: Ritter 1986

CALLINICOS, Alex: Reflections on the Philosophy of History, Cambridge: Blackwell 1995

CANETTI, Elias: Die gerettete Zunge. Geschichte einer Jugend, München: Hanser 1977

CANETTI, Elias: Masse und Macht, Frankfurt/Main: Fischer 1981

CASSIRER, Ernst: Philosophie der symbolischen Formen (1953), Darmstadt: Wiss. Buchgesellschaft, ^{10}1994 (5 Bde.)

CASSIRER, Ernst: An Essay on Man. An Introduction to a Philosophy of Human Culture, New Haven: Yale UP 1944, deutsch: Versuch über den Menschen. Einführung in eine Philosophie der Kultur, Frankfurt/Main: Fischer 1990

CASTORIADIS, Cornelius: L'institution imaginaire de la societé, Paris: Édition du Seuil, 1975; deutsch: Gesellschaft als imaginäre Institution. Entwurf einer politischen Philosophie (übersetzt von Horst Brühmann), Frankfurt/Main: Suhrkamp 1984

CHOMSKY, Noam: Syntactic Structures, The Hague/S'Gravenhage: Mouton 1957

COHN, Norman: Cosmos, Chaos and The World to Come. The Ancient Roots of Apocalyptical Faith, New Haven: Yale UP 1993; deutsch: Die Erwartung der Endzeit – Vom Ursprung der Apokalypse (aus dem Englischen von Peter Gillhofer und Hans-Ulrich Möhring), Frankfurt/Main: Insel 1997

COHN, Norman: Die Sehnsucht nach dem Millennium. Apokalyptiker, Chiliasten und Propheten im Mittelalter (aus dem Englischen von Eduard Thorsch), Freiburg: Herder 1970

COMETA, Michele/COGLITORE, Roberta/ MAZZARA, Federica (Hrsg.): Dizionario degli studi culturali. Roma: Meltemi 2004

CONRAD, Christoph /KESSEL, Martina (Hrsg.): Kultur & Geschichte. Neue Einblicke in eine alte Beziehung, Stuttgart: Reclam 1998

CORRADINI, Richard: Zeit und Text. Studien zum Tempus-Begriff des Augustinus, Wien: Oldenbourg 1997 (= Veröffentlichungen des Institus für Österreichische Geschichtsforschung; 33)

CREUZER, Friedrich: Symbolik und Mythologie der alten Völker, Leipzig Darmstadt: Carl Wilhelm Leske ^{2}1819

CSÁKY, Moritz/MANNOVÁ, Elena (Hrsg.): Collective Identities in Central Europe in Modern Times, Bratislava: Slovak Academy of Sciences 1999

CSÁKY, Moritz/ FEICHTINGER, Johannes/PRUTSCH, Ursula (Hrsg.): Habsburg postcolonial. Gedächtnis – Erinnerung – Identität, Innsbruck: Studien-Verlag 2003

CULLER, Jonathan: On deconstruction. Theory and Criticism after Structuralism, New York: Routledge & Kegan Paul 1982, deutsch: Dekonstruktion. Derrida und die poststrukturalistische Literaturtheorie (übersetzt von Manfred Momberger), Reinbek: Rowohlt 1988

CURRIE, Mark: Postmodern Narrative Theory, Basingstoke: Macmillan 1998

DANTO, Arthur C.: After the End of Art, Princeton New York: Princeton UP 1997; deutsch: Das Fortleben der Kunst (aus dem Englischen von Christiane Spelsberg), München: Fink 2000

DANTO, Arthur C.: Beyond the Brillo Box. The Visual Arts in Post-historic Perspective, New York: Farrar 1992; deutsch: Kunst nach dem Ende der Kunst (aus dem Englischen von Christiane Spelsberg), München: Fink 1996

DECKER, Hannah S.: The Choice of a Name. „Dora" and Freud's Relationship with Breuer. Journal of the American Psychoanalytic Association, Vol. 30, Nr. 1, 1982, S. 113–136

DE LAURETIS, Theresa: Alice doesn't: Feminism, Semiotics, Cinema, London: Macmillan 1983

DELMINIO, Giulio Camillo: L'Idea del Teatro e altri scritti di retorica, Venedig (1550), Neuausgabe: Torino: Ed. RES 1990 (= Alethes; 1)

De Man, Paul: Autobiographie als Maskenspiel, in: Ders.: Die Ideologie des Ästhetischen (hrsg. von Christoph Menke, aus dem Amerikanischen von Jürgen Blasius), Frankfurt/Main: Suhrkamp 1993, S. 131–146

Derrida, Jacques: De la Grammatologie, Paris: Minuit 1967; deutsch: Grammatologie (aus dem Französischen von Hans-Jörg Rheinberger und Hanns Zischler), Frankfurt/Main: Suhrkamp ^{4}1992

Derrida, Jacques: Apokalypse (aus dem Französischen von Michael Wetzel), Wien: Böhlau 1985 (Edition Passagen; 3)

Dery, Mark: Escape Velocity. Cyberculture at the End of the Century, London: Hodder & Stoughton 1996

Dosse, François: Histoire du structuralisme, Paris: Éd. La Découverte 1991 u. 1992 (2 Bde.); deutsch: Geschichte des Strukturalismus (aus dem Französischen von Stefan Barmann), Hamburg: Junius 1996 u. 1998 (2 Bde.)

Dünne, Jörg/Günzel, Stephan (Hrsg.): Raumtheorie. Grundlagentexte aus Philosophie und Kulturwissenschaften, Frankfurt/Main: Suhrkamp 2006

Dux, Günther: Die ontogenetische und historische Entwicklung des Geistes, in: Dux, Günther/Wenzel, Ulrich (Hrsg.), Der Prozeß der Geistesgeschichte. Studien zur ontogenetischen und historischen Entwicklung des Geistes, Frankfurt/Main: Suhrkamp 1994

Dux, Günther: Die Zeit in der Geschichte. Ihre Entwicklungslogik vom Mythos zur Weltzeit, Frankfurt/Main: Suhrkamp ^{2}1998

Eagleton, Terry: The Idea of Culture, Oxford: Blackwell 2000. Deutsch: Was ist Kultur. Eine Einführung (aus dem Englischen von Holger Fliessbach), München: Beck 2001

Eco, Umberto: Sei passeggiate nei boschi narrativi, Milano: R.C.S. Libri & Grandi Opere SpA 1994; deutsch: Im Wald der Fiktionen. Sechs Streifzüge durch die Literatur (deutsch von Burkhart Kroeber), München: Hanser 1994

Eliade, Mircea: Aspects du mythe, Paris: Gallimard 1963 (= Idées; 32); deutsch: Mythos und Wirklichkeit (aus dem Französischen von Eva Moldenhauer), Frankfurt/Main: Insel 1988 (= Gesammelte Werke in Einzelausgaben / Mircea Eliade; 7)

Elias, Norbert: Über den Prozeß der Zivilisation. Soziogenetische und psychogenetische Untersuchungen, Frankfurt/Main: Suhrkamp ^{3}1977 (2 Bde.)

Eliot, T.S.: Towards the Definition of Culture, London: Faber & Faber 1948 u. 1962

Ellenberger, Henri: The Discovery of the Unconscious. The History and Evolution of Dynamic Psychiatry, New York: Basis Books 1970; deutsch: Die Entdeckung des Unbewußten. Geschichte und Entwicklung der dynamischen Psychiatrie von den Anfängen bis zu Janet, Freud, Adler und Jung, Zürich: Diogenes 1985

Engelmann, Jan (Hrsg.): Die kleinen Unterschiede. Der Cultural Studies-Reader, Frankfurt/Main: Campus 1999

Erdheim, Mario: Die gesellschaftliche Produktion von Unbewußtheit. Eine Einführung in den ethnopsychoanalytischen Prozeß, Frankfurt/Main: Suhrkamp 1984

Filozofski Vestnik, Volume XIX, 2/1998. End of Certainty? Fin de certitude? Ende der Gewißheit? Hrsg. von Vojislav Likar und Rado Riha (Philosophisches Institut der Slowenischen Akademie der Wissenschaften), Ljubljana: Filosofski institut ZRG SAZU 1998

Finkielkraut, Alain: Die Niederlage des Denkens, Reinbek: Rowohlt 1989

Flasch, Kurt: Augustin. Einführung in sein Denken, Stuttgart: Reclam 1980

Flasch, Kurt: Was ist Zeit? Augustinus von Hippo, das XI. Buch der Confessiones. Text, Übersetzung, Kommentar, Frankfurt/Main: Klostermann 1993

Fleischer, Michael. Kulturtheorie. Systematische und evolutionäre Grundlagen, Oberhausen: Athena 2001

Fliedl, Konstanze: Arthur Schnitzler. Poetik der Erinnerung, Wien: Böhlau 1997 (= Literatur in der Geschichte, Geschichte in der Literatur; 42)

Fludernik, Monika: Towards a „Natural“ Narratology, London: Routledge 1996

Foucault, Michel: L'archéologie du savoir, Paris: Gallimard 1969; deutsch: Die Archäologie des Wissens (übersetzt von Ulrich Köppen), Frankfurt/Main: Suhrkamp 1973

Foucault, Michel: Histoire de la sexualité, Paris: Gallimard 1976–1984; deutsch: Sexualität und Wahrheit (übersetzt von Ulrich Raulff und Walter Seitter), Frankfurt/M: Suhrkamp 1989 (3 Bde.)

FOUCAULT, Michel: Schriften zur Literatur (aus dem Französischen von Karin von Hofer und Anneliese Botond), Frankfurt/Main: Fischer 1988

FOUCAULT, Michel: L'Ordre du Discours. Leçon inaugurale au Collège de France prononcée le 2 décembre 1970, Paris: Gallimard 1971; deutsch: Die Ordnung des Diskurses. Inauguralvorlesung am Collège de France, 2. Dezember 1970, Berlin: Ullstein 1982

FOUCAULT, Michel: Botschaften der Macht (hrsg. von Jan Engelmann), Stuttgart: Deutsche Verlags-anstalt 1999

FRANCK, Georg: Ökonomie der Aufmerksamkeit, München: Hanser 1998

FRANK, Manfred: Die Unhintergehbarkeit von Individualität, Frankfurt/Main: Suhrkamp 1986

FRANK, Manfred: Der kommende Gott. Vorlesungen über die Neue Mythologie, Frankfurt/Main: Suhrkamp 1982

FREUD, Sigmund: Gesammelte Werke (hrsg. von Anna Freud et alii), London: Imago Publ. 1940–1949

FREUD, Sigmund: Der Witz und seine Beziehung zum Unbewußten, Frankfurt/Main 1999 (Band VI der Gesamtausgabe)

FREY, Hans Jost: Der unendliche Text, Frankfurt/Main: Suhrkamp 1990

FRISBY, David: Georg Simmel, London: Routledge 2002

FRÜHWALD, Wolfgang/JAUSS, Hans-Robert/KOSSELECK, Reinhart/MITTELSTRASS, Jürgen/STEINWACHS, Burkhart: Geisteswissenschaften heute. Eine Denkschrift, Frankfurt/Main: Suhrkamp 1991

FRYE, Northrop: Anatomy of Criticism. Four Essays, Princeton: Princeton UP 1957

FUKUYAMA, Francis: Das Ende der Geschichte. Wo stehen wir? München: Kindler 1992

GANE, Mike (Hrsg.): Roland Barthes, London: Sage 2004

GEBAUER, Gunter/WULF, Christoph: Mimesis. Kultur – Kunst – Gesellschaft, Reinbek: Rowohlt 1992

GEERTZ, Clifford: The Interpretation of Cultures. Selected Essays, New York: Basic Books 1993; deutsch: Dichte Beschreibung. Beiträge zum Verstehen kultureller Systeme (übersetzt von Brigitte Luchesi und Rolf Bindemann), Frankfurt/Main: Suhrkamp 1983

GEHLEN, Arnold: Über kulturelle Kristallisation, in: Ders., Studien zur Anthropologie und Soziologie, Neuwied: Luchterhand 1963, S. 311–328, (= Soziologische Texte; 17); nachgedruckt (in Auszügen) in: Wolfgang Welsch (Hrsg.), Wege aus der Moderne. Schlüsseltexte der Postmoderne-Diskussion, Weinheim: VCH-Verlags-Gesellschaft, Acta Humaniora 1988, S. 133–143

GEKLE, Hanna: Tod im Spiegel. Zu Lacans Theorie des Imaginären, Frankfurt/Main: Suhrkamp 1996

GELLNER, Ernest: Nations and Nationalism, Oxford: Blackwell 1983; deutsch: Nationalismus und Moderne (aus dem Englischen von Meino Bünung), Berlin: Rotbuch 1995

GELLNER, Ernest: Wittgenstein, Malinowski and the Habsburg Dilemma, Cambridge: Cambridge UP 1998

GENDOLLA, Peter: Zeit. Zur Geschichte der Zeiterfahrung; vom Mythos zur „Punktzeit", Köln: DuMont 1992

GENETTE, Gerard: Nouveau discours du récit, Paris: Édition du Seuil 1983; deutsch: Die Erzählung (aus dem Französischen von Andreas Knop), München: Fink [2]1998

GENETTE, Gerard: Mimologiques – Voyage en Cratylie, Paris: Editions du Seuil 1976; deutsch: Mimologiken. Reise nach Kratylien (aus dem Französischen von Michael von Killsich-Horn), Frankfurt/Main: Suhrkamp 2001

GIBSON, Andrew: Towards a Postmodern Theory of Narrative, Edinburgh: Edinburgh UP 1996

GIESEN, Bernhard: Die Intellektuellen und die Nation. Eine deutsche Achsenzeit, Frankfurt/Main: Suhrkamp 1993

GINGRICH, Andre/NARDELLI, Carmen/ORTNER, Johannes: Zeitliche Vielfalt: Wie in Kulturen der Welt mit der Zeit umgegangen wird, in: Wolfgang Müller-Funk (Hrsg.), Mythos. Zeit. Mythos, Phantom, Realität. Katalog zur Oberösterreichischen Landesausstellung Wels 2000, Wien: Springer 2000, S. 39–64

GINZBURG, Carlo: Spurensicherung. Wissenschaft auf der Suche nach sich selbst, Berlin: Wagenbach 1995

GINZBURG, Carlo: Die Wahrheit der Geschichte. Rhetorik und Beweis (aus dem Italienischen von Wolfgang Kaiser), Berlin: Wagenbach 2001

GIRARD, Rene: La violence et sacré (1972), Paris: Grasset 1987; deutsch: Das Heilige und die Gewalt (aus dem Französischen von Elisabeth Mainberger-Ruh), Frankfurt/Main: Fischer 1992

GODELIER, Maurice: L'énigme du don, Paris: Fayard 1996; deutsch: Das Rätsel der Gabe. Geld, Geschenke, heilige Objekte (aus dem Französischen von Martin Pfeiffer), München: Beck 1999

GOETHE, Johann Wolfgang: Die Wahlverwandtschaften, in: Sämtliche Werke in 18 Bänden, Zürich: Artemis & Winkler 1977

GOODMAN-THAU, Evelyn: Zeitbruch. Zur messianischen Grunderfahrung in der jüdischen Tradition, Berlin: Akademie Verl. 1995

GRAESER, Andreas: Ernst Cassirer, München: Beck 1994

GREENBLATT, Stephen: Verhandlungen mit Shaespeare. Innenansichten der englischen Renaissance (aus dem Amerikanischen von Robin Cackett), Frankfurt/Main: Fischer 1993

GROYS, Boris: Logik der Sammlung, München: Hanser 1997

GRUNDMANN, Herbert: Neue Forschungen über Joachim von Fiore, Marburg: Simons 1950 (= Münsterische Forschungen; 1)

GÜNTHER, Dorothea: Schöpfung und Geist. Studien zum Zeitverständnis Augustins im XI. Buch der Confessiones, Amsterdam: Rodopi 1993 (= Elementa; 58)

HABERMAS, Jürgen: Der philosophische Diskurs der Moderne. Zwölf Vorlesungen, Frankfurt/Main: Suhrkamp 1985

HALBWACHS, Maurice: La Memoire collective, Paris: Presses Univ. de France 1950; deutsch: Das kollektive Gedächtnis (aus dem Französischen von Holde Lhoest-Offermann), Stuttgart: Enke 1967

HALBWACHS, Maurice: Les cadres sociaux de la mémoire, Paris: Alcan 1925; deutsch: Das Gedächtnis und seine sozialen Beziehungen (übersetzt von Lutz Goldstücker), Frankfurt/Main: Suhrkamp 1985

HANDKE, Peter: Die Fahrt im Einbaum oder Das Stück zum Film vom Krieg, Frankfurt/Main: Suhrkamp 1999

HANDKE, Peter: Zurüstungen für die Unsterblichkeit. Ein Königsdrama, Frankfurt/Main: Suhrkamp 1997

HARDY, Barbara: Towards a Poetics of Fiction: An Approach through Narrative, in: Novel, 2, 1968, S. 5–14

HARRÉ, Rom: Narrative in Scientific Discourse, in: Christopher Nash (Hrsg.), Narrative in Culture. The Uses of Storytelling in the Sciences, Philosophy and Literature, London: Routledge 1990, S. 81–101

HÁRS, Endre/MÜLLER-FUNK, Wolfgang/ OROSZ, Magdolna (Hrsg.): Verflechtungsfiguren und Intermedialität in der Kultur Österreich-Ungarns. Budapester Studien zur Literaturwissenschaft 1, Frankfurt/Main: Peter Lang/Europäischer Verlag der Wissenschaften 2003

HÁRS, Endre/MÜLLER-FUNK, Wolfgang/REBER, Ursula/ RUTHNER, Clemens (Hrsg.): Zentren, Peripherien und kollektive Identitäten in Österreich-Ungarn, Tübingen: Francke 2006 (Kultur – Herrschaft – Differenz 9)

HARTMAN, Geoffrey: The Fateful Question of Culture, New York: Columbia UP 1997; deutsch: Das beredte Schweigen der Literatur. Über das Unbehagen an der Kultur (aus dem Englischen von Frank Jakubzik), Frankfurt/Main: Suhrkamp 2000

HASSAN, Ihab: Pragmatism, Postmodernism and Beyond, in: Heide Ziegler (Hrsg.), The End of Postmodernism: New Directions. Stuttgart Seminar in Cultural Studies, Stuttgart: Metzler 1993, S. 11–30

HAVERKAMP, Anselm/LACHMANN, Renate (Hrsg.): Memoria. Erinnern und Vergessen, München: Fink 1993

HEGEL, G.W.F.: Vorlesungen über die Philosophie der Geschichte, in: Werke in zwanzig Bänden (hrsg. von Eva Moldenhauer und Karl Markus Michel), Frankfurt/Main: Suhrkamp 1970

HELBIG, Jörg (Hrsg.): Intermedialität. Theorie und Praxis eines interdisziplinären Forschungsgebiets, Berlin: Erich Schmidt 1998

HEINRICH, Klaus: Anthropomorphe. Zum Problem des Anthropomorphismus in der Religionsphilosophie, Basel: Stroemfeld Roter Stern 1986 (= Dahlemer Vorlesungen / Klaus Heinrich; 2)

HÉRAULT DES SÉCHELLES, Marie-Jean: Theorie des Ehrgeizes (übersetzt und mit einem Nachwort versehen von Henning Ritter), München: Beck 1997

HERRMANN, Friedrich-Wilhelm von: Augustinus und die phänomenologische Frage nach der Zeit, Frankfurt: Klostermann 1992

HERRMANN, Hans Peter/BLITZ, Hans-Martin/MOSSMANN, Susanne: Machtphantasie Deutschland. Nationalismus, Männlichkeit und Fremdenhaß im Vaterlandsdiskurs deutscher Schriftsteller des 18. Jahrhunderts, Frankfurt/Main: Suhrkamp 1996

HEYDEBRAND, Renate von/WINKO, Simone: Einführung in die Wertung von Literatur. Systematik – Geschichte – Legitimation, Paderborn: Schöningh 1996 (= UTB für Wissenschaft. Uni-Taschenbücher; 1953: Literaturwissenschaft)

HIRSCHMÜLLER, Albrecht: Physiologie und Psychoanalyse in Leben und Werk Josef Breuers, Bern: Huber 1978 (= Jahrbuch der Psychoanalyse. Beiheft; 10)

HOFFMANN, E.T.A.: Werke (hrsg. von Hans Mayer), Frankfurt/Main: Insel 1967 (4 Bde.)

HÖLDERLIN, Friedrich: Sämtliche Werke und Briefe (hrsg. von Jochen Schmidt), Frankfurt/Main: Deutscher Klassiker-Verlag 1992

HÖRISCH, Jochen: Gott, Geld und Glück. Zur Logik der Liebe in den Bildungsromanen Goethes, Kellers und Thomas Manns, Frankfurt/Main: Suhrkamp 1983

HORKHEIMER, Max/ADORNO, Theodor W.: Dialektik der Aufklärung. Philosophische Fragmente, Frankfurt/Main: Fischer 1971

HRACHOVEC, Herbert/MÜLLER-FUNK, Wolfgang/WAGNER, Birgit (Hrsg.): Kleine Erzählungen. Narrative im medialen Wandel, Wien: Turia & Kant 2004

HUME, David: Ein Traktat über die menschliche Natur, Hamburg: Meiner 1973

HUSTVEDT, Siri: Was ich liebte, Reinbek: Rowohlt 2003

HUTCHINSON, John: Modern Nationalism, London: Fontana 1994

INNIS, Harold A.: Kreuzwege der Kommunikation. Ausgewählte Texte (hrsg. von Karlheinz Barck), Wien: Springer 1997

JAEGER, Friedrich/LIEBSCH, Burkhard/RÜSEN, Jörn/STRAUB, Jürgen (Hrsg.): Handbuch der Kulturwissenschaften, Stuttgart: Metzler 2004

JAMME, Christoph: „Gott an hat ein Gewand“. Grenzen und Perspektiven philosophischer Mythos-Theorien der Gegenwart, Frankfurt/Main: Suhrkamp 1991

JOACHIM VON FIORE: Das Reich des Heiligen Geistes (hrsg. von Alfons Rosenberg, übersetzt von Rose Birchler), Bietigheim: Turm Verlag 1977

JONES, Ernest: Das Leben und Werk von Sigmund Freud, Bern: Huber 1960–1962 (3 Bde.)

JÜNGER, Friedrich Georg: Gedächtnis und Erinnerung, Frankfurt/Main: Klostermann 1957

KAMPER, Dietmar: Zur Geschichte der Einbildungskraft, München Wien: Hanser 1981

KAMPER, Dietmar/WULF, Christoph (Hrsg.): Lachen – Gelächter – Lächeln, Frankfurt/Main: Syndikat 1986

KANITSCHEIDER, Bernulf: Das Weltbild Albert Einsteins, München: Beck 1988

KARPE, Richard: The Rescue Complex in Anna O.'s Final Identity, Psychoanalytical Quarterly, Vol. 30, 1961, S. 1–27

KEREKES, Amália/ MILLNER, Alexandra/PLENER, Peter/RÁSKY, Belá (Hrsg.): Leitha und Lethe. Symbolische Räume und Zeiten in der Kultur Österreich-Ungarns, Tübingen: Francke 2004 (= Kultur – Herrschaft – Differenz; 6)

KERZ-RÜHLING, Ingrid: Die psychoanalytische Erzählung. Zum Problem der Objektivität, in: Psyche, J. 43, 1989, H. 4, S. 307–330

KINTZELÉ, Jeff/SCHNEIDER, Peter (Hrsg.): Georg Simmels „Philosophie des Geldes“, Frankfurt/Main: Hain 1993

KITTLER, Friedrich: Eine Kulturgeschichte der Kulturwissenschaft, München: Fink 2000

KITTLER, Friedrich A.: Aufschreibesysteme 1800/1900, München: Fink 1987

KLINGER, Cornelia: Flucht, Trost, Revolte. Die Moderne und ihre ästhetischen Gegenwelten, München: Hanser 1995

KLINGER, Cornelia/MÜLLER-FUNK, Wolfgang (Hrsg.): Das Jahrhundert der Avantgarden, München: Fink 2004

KLOPSTOCK, Friedrich Gottlob: Gesammelte Werke in vier Bänden (hrsg. von Franz Muncker), Stuttgart: Klett Cotta ca. 1885

KNORR-CETINA, Karin D.: The Manufacture of Knowledge. An Essay on the Constructivist and Contextual Nature of Science, Oxford: Pergamon Pr. 1981

KOCH, Gertrud: Der Engel des Vergessens und die black box der Faktizität – Zur Gedächtniskunst in Claude Lanzmanns Film Shoah, in: Anselm Haverkamp/Renate Lachmann (Hrsg.), Memoria. Vergessen und Erinnern, München: Fink 1993, S. 67–77 (= Poetik und Hermeneutik; 15)

KOENNE, Christa: Die Chemie und ihr Einfluß in einer Entscheidungsgesellschaft, in: Markus Arnold/ Roland Fischer (Hrsg.), Studium Integrale, Wien: Springer 2000 (= iff texte; 6), S. 67–76

KRISTEVA, Julia: Étrangers à nous-mème, Paris: Fayard 1988; deutsch: Fremde sind wir uns selbst (aus dem Französischen von Xenia Rajewsky), Frankfurt/Main: Suhrkamp, 1989

KRAUS, Wolfgang: Das erzählte Selbst. Die narrative Konstruktion von Identität in der Spätmoderne, Pfaffenweiler: Centaurus-Verlags-Gesellschaft 2000 (= Münchner Studien zur Kultur- und Sozialpsychologie; 8)

KUBLER, George: The Shape of Time. Remarks on the History of Things, New Haven: Yale UP 1962

KUNDERA, Milan: Die Unsterblichkeit (aus dem Tschechischen von Susanna Roth), München: Hanser 1990

LACAN, Jacques: Funktion und Feld des Sprechens und der Sprache in der Psychoanalyse. Bericht auf dem Kongreß in Rom am 26. und 27. September 1953 im Istituto di Psicologia della Università di Roma (aus dem Französischen von Klaus Laermann), in: Ders.: Schriften, Band 1, Freiburg/Br.: Walther 1973, S. 71–169

LANSER, Susan Sniader: The Narrative Act: Point of View in Prose Fiction, Princeton: Princeton UP 1981

LARDREAU, Guy: Fiction philosophiques et science-fiction. Récréation philosophique, Arles: Actes Sud 1988

LEITER, Markus: S/Z – Roland Barthes' Absage an den Hardcore-Strukturalismus oder das Deklarieren von „Schmuggelware" und daraus sich ergebende (mögliche) Konsequenzen für Kulturwissenschaften und Cultural Studies, Seminararbeit, Wien 2000

LEJEUNE, Philippe: Le pacte autobiographique, Paris: Édition du Seuil 1975; deutsch: Der autobiographische Pakt (aus dem Französischen von Wolfram Bayer und Dieter Hornig), Frankfurt/ Main: Suhrkamp 1994

LENAU, Nikolaus: Werke in einem Band, Berlin und Weimar: Aufbau 1975

LEROI-GOURHAN, Andre: La geste et la parole, Paris: Michel 1974 u. 1977 (2 Bde.); deutsch: Hand und Wort. Die Evolution von Technik, Sprache und Kunst (aus dem Französischen von Michael Bischoff), Frankfurt/Main: Suhrkamp 1980

LÉVI-STRAUSS, Claude: Anthropologie structurale, Paris: Plon 1958; deutsch: Strukturale Anthropologie (übersetzt von Hans Naumann), Frankfurt/Main: Suhrkamp 1977 (2 Bde)

LINK, Hannelore: Rezeptionsforschung: Eine Einführung in Methoden und Probleme, Stutgart: Fink 1976

LOCKE, John, Versuch über den menschlichen Verstand, Hamburg: Meiner 1981 u. 1988

LOTMAN, Yuri: Universe of the Mind. A Semiotic Theory of Culture. Introduction by Umberto Eco, Bloomington: Indiana UP 1990 (2000)

LÖWITH, Karl: Weltgeschichte und Heilsgeschehen. Die theologischen Voraussetzungen der Weltgeschichte, Stuttgart: Kohlhammer 1953 (= Urban-Taschenbücher; 2)

LUHMANN, Niklas: Die Kunst der Gesellschaft, Frankfurt/Main: Suhrkamp 1997

LUKÁCS, Georg: Die Theorie des Romans. Ein geschichtsphilosophischer Versuch über die Formen der großen Epik, Neuwied: Luchterhand 1971

LUTTER, Christina/REISENLEITNER, Markus: Cultural Studies, Wien: Turia & Kant 1998ff

LYONS, John: Noam Chomsky (deutsch von Hartmut Katz und Karl Held), München: dtv 1972

LYOTARD, Jean François: Moralités postmodernes, Paris: Galilée 1993; deutsch: Postmoderne Moralitäten (hrsg. von Peter Engelmann), Wien: Passagen 1998

LYOTARD, Jean François: La condition postmoderne (1979), Paris: Édition de Minuit 1994; deutsch: Das postmoderne Wissen. Ein Bericht (aus dem Französischen von Otto Pfersmann), Wien: Böhlau 1987 (= Edition Passagen; 7)

LYOTARD, Jean François: Lectures d'enfance, Paris: Éd. Galilée 1991; deutsch: Kindheitsslektüren (aus dem Französischen von Ronald Voullié), Wien: Passagen 1995

MACHO, Thomas: Die Erfindung der Haustiere, in: Gianfranco Frigo/Paola Giacomoni/Wolfgang Müller-Funk (Hrsg.), Pensare la natura. Dal Romanticismo all'ecologia, Milano: Guerini 1998, S. 317–337

MACINTYRE, Alasdair: After Virtue. A Study in Moral Theory, Notre Dame, Indiana: Univ. of Notre Dame Pr. 1981; deutsch: Der Verlust der Tugend. Zur moralischen Krise der Gegenwart (übersetzt von Wolfgang Rhiel), Frankfurt/Main: Campus 1992 (= Theorie und Gesellschaft; 5)

MARCUS, Steven: Freud and the Culture of Psychoanalysis. Studies in the Transition from Victorian Humanism to Modernity, Boston: Allen & Unwin 1994

MARQUARD, Odo: Lob des Polytheismus. Über Monomythie und Polymythie, in: Ders.: Abschied vom Prinzipiellen, Stuttgart: Reclam 1981, S. 91–116

MARTIN, Wallace: Recent Theories of Narrative, Ithaca: Cornell UP 1986

MARTINEZ, Matias/SCHEFFEL, Michael: Einführung in die Erzähltheorie. München: Beck 1999

MARX, Karl: Marx/Engels – Werke, Berlin/DDR: Dietz 1974 (39 Bde.)

MARX, Karl/ENGELS, Friedrich: Karl Marx – Friedrich Engels Studienausgabe (hrsg. von Irving Fetscher), Frankfurt/Main: Fischer 1966 (4 Bde.)

MCHALE, Brian: Postmodernist Fiction, London: Methuen 1987

MICHAELS, Axel: Wer nur eine Religion kennt, kennt keine. In: Frankfurter Allgemeine Zeitung vom 29.11.2000, Geisteswissenschaften, S. N 6

MILLER, David: On Nationality, Oxford: Oxford UP 1995

MOOR, Margriet de: Erst grau dann weiß dann blau, München: Hanser 1996

MULHERN, Francis: Culture/Metaculture, London: Routledge 2000

MÜLLER, Günther: Morphologische Poetik. Gesammelte Aufsätze (hrsg. von Elena Müller), Tübingen: Niemeyer ^{2}1974

MÜLLER-FUNK, Sabine: Speicherglas, Wien: Czernin 2006

MÜLLER-FUNK, Wolfgang: Erfahrung und Experiment. Studien zu Theorie und Geschichte des Essayismus, Berlin: Akademie-Verlag 1995

MÜLLER-FUNK, Wolfgang/RECK, Hans Ulrich (Hrsg.): Inszenierte Imagination. Beiträge zu einer historischen Anthropologie der Medien, Wien: Springer 1996

MÜLLER-FUNK, Wolfgang: Die unmögliche Nation. Innen- und Außenbetrachtung der österreichischen Identität, in: Ders., Die Enttäuschungen der Vernunft. Von der Romantik zur Postmoderne. Essays, Wien: Österreichischer Bundesverlag 1990, S. 153–162

MÜLLER-FUNK, Wolfgang: Junos Pfau. Studien zur Anthropologie des inszenierten Menschen, Wien: WUV 1999 (= Wiener Vorlesungen. Konversatorien und Studien; 8)

MÜLLER-FUNK, Wolfgang/ PLENER, Peter/RUTHNER, Clemens (Hrsg.): Kakanien revisited. Das Eigene und das Fremde (in) der österreichisch-ungarischen Monarchie, Tübingen: Francke 2002 (= Kultur – Herrschaft – Differenz 1)

MÜLLER-FUNK, Wolfgang/WAGNER, Birgit (Hrsg.): Eigene und andere Fremde. ‚Postkoloniale' Konflikte im europäischen Kontext. Wien: Turia & Kant 2005

MÜLLER-FUNK, Wolfgang: Niemand zu Hause. Essays zu Kultur, Gobalisierung und neuer Ökonomie, Wien: Czernin 2005

MÜLLER-FUNK, Wolfgang: Kulturtheorie. Einführung in Schlüsseltexte der Kulturwissenschaften, Tübingen: Francke/UTB 2006

MUSIL, Robert: Der Mann ohne Eigenschaften, Reinbek: Rowohlt 1978

NASH, Christopher (Hrsg.): Narrative in Culture. The Uses of Storytelling in the Sciences, Philosophy und Literature, London: Routledge 1990

NAUMANN, Barbara: Kulturen des symbolischen Denkens: Literatur und Philosophie bei Ernst Cassirer, in: Hartmut Böhme, Klaus R. Scherpe (Hrsg.), Literatur und Kulturwissenschaften, Reinbek: Rowohlt 1996, S. 161–186

NEUMANN, Gerhard/WEIGEL, Sigrid (Hrsg.): Lesbarkeit der Kultur. Literaturwissenschaft zwischen Kulturtechnik und Ethnographie, München: Fink 2000

NEUMANN, Uwe: Augustinus, Reinbek: Rowohlt 1998 (= Rowohlts Monographien; 50617)

NIEBERLE, Sigrid/STROWICK, Elisabeth (Hrsg.): Narration und Geschlecht. Texte – Medien – Episteme, Köln: Böhlau 2006

NIETZSCHE, Friedrich: Kritische Studienausgabe (herausgegeben von Giorgio Colli und Mazzino Montinari), Berlin: de Gruyter 1967–1977

NORA, Pierre: Zwischen Geschichte und Gedächtnis, Berlin: Wagenbach 1990 (= Kleine kulturwissenschaftliche Bibliothek; 16)

NOVALIS: Schriften. Historisch-kritische Ausgabe in vier Bänden, einem Materialienband und einem Ergänzungsband mit dem dichterischen Jugendnachlaß und weiteren, neu aufgetauchten Handschriften (hrsg. v. Richard Samuel/Hans-Joachim Mähl/Gerhard Schulz), Stuttgart: Kohlhammer 1965–1968 (6 Bde.)

NOVALIS: Werke, Studienausgabe (hrsg. von Gerhard Schulz), München: Beck ^{2}1981

NOZICK, Robert: The Examined Life. Philosophical Meditations, New York: Simon & Schuster 1989; deutsch: Vom richtigen, guten und glücklichen Leben (aus dem Amerikanischen von Martin Pfeiffer), München: Hanser 1991

NÜNNING, Ansgar (Hrsg.): Metzler Lexikon Literatur- und Kulturtheorie. Ansätze – Personen – Grundbegriffe, Stuttgart: Metzler 2001

NÜNNING, Ansgar (Hrsg.): Literaturwissenschaftliche Theorien, Modelle, Methoden. Eine Einführung, Trier: Wissenschaftlicher Verlag 1998

NÜNNING, Ansgar/ NÜNNING, Vera (Hrsg.): Konzepte der Kulturwissenschaften, Stuttgart: Metzler 2003

ONEGA, Susana/GARCÍA LANDA, José Angel (Hrsg.): Narratology. An Introduction, London: Longman ^{2}1999

O'NEILL, Patrick: Fictions of Discourse. Reading Narrative Theory, Toronto: Univ. of Toronto Pr. 1994

ORAIĆ-TOLIĆ, Dubravka: Das Zitat in Literatur und Kunst. Versuch einer Theorie (aus dem Kroatischen von Ulrich Dronske), Wien: Böhlau 1995

OTTO, Rudolf: Das Heilige. Über das Irrationale in der Idee des Göttlichen und sein Verhältnis zum Rationalen, München: Beck 1979

PAUEN, Michael: Dithyrambiker des Untergangs. Gnostizismus in Ästhetik und Philosophie der Moderne, Berlin: Akademie Verlag 1994

PAUEN, Michael: Pessimismus. Geschichtsphilosophie, Metaphysik und Moderne von Nietzsche bis Spengler, Berlin: Akademie Verlag 1997

PENCE, Jeffrey: After Monumentality: Narrative as a Technology of Memory in William Gass's The Tunnel, in: Journal of Narrative Theory 30.1., Winter 2000, S. 96–126

PFEIFFER, K. Ludwig: Das Mediale und das Imaginäre. Dimensionen kulturanthropologischer Medientheorie, Frankfurt/Main: Suhrkamp 1999

PIAS, Claus (Hrsg.): Kursbuch Medienkultur, Stuttgart: DVA 1999

PLATON: Sämtliche Werke (neu hrsg. von Ursula Wolf), Reinbek: Rowohlt 1994 (4 Bde.)

PLOTIN: Enneade IV. Wahrnehmung und Gedächtnis, in: Plotins Schriften (übersetzt von Richard Harder, neu bearbeitet und fortgeführt von R. Beutler und W. Theiler), Bd. IVa, Hamburg: Meiner 1956 (= Meiners Philosophische Bibliothek; 214a)

PLOTIN: Enneade V 9. Geist Ideen und Seiendes, in: Plotins Schriften, a.a.O., Band Ia (= Meiners Philosophische Bibliothek; 211a)

PLOTIN: Enneade III 7. Über Ewigkeit und Zeit (hrsg. von Werner Beierwaltes), Frankfurt/Main: Klostermann 1967 (= Quellen der Philosophie; 3)

POLKINGHORNE, Donald E.: Narrative Psychologie und Geschichtsbewußtsein. Beziehungen und Perspektiven, in: Jürgen Straub (Hrsg.), Erzählung, Identität und historisches Bewußtsein, Frankfurt/Main: Suhrkamp 1998 (= Erinnerung, Geschichte, Identität; 1), S. 12–45

POLLOCK, G.: Berta Pappenheim: Addenda to the Case History. Journal of the American Psychoanalytic Association, Vol. 21, 1973, S. 328–332

POMIAN, Krzysztof: Der Ursprung des Museums. Vom Sammeln, Berlin: Wagenbach 1988 (= Kleine kulturwissenschaftliche Bibliothek; 9)

PRINZ, Wolfgang /WEINGART, Peter (Hrsg.): Die sog. Geisteswissenschaften: Außenansichten. Die Entwicklung der Geisteswissenschaften in der BRD 1954–1987, Frankfurt/Main: Suhrkamp 1991

PROPP, Vladimir: Morphologie des Märchens, hrsg. von Karl Eimermacher, München 1972, Frankfurt/Main: Suhrkamp 1975

PROPP, Vladimir: Die Bedeutung von Struktur und Geschichte bei der Untersuchung des Märchens (übersetzt von Linde Birk und Karl Eimermacher), in: Ders., Morphologie des Märchens, Frankfurt/Main: Suhrkamp 1975, S. 215–239

RANKE, Leopold: Deutsche Geschichte im Zeitalter der Reformation, Wien o. J

RECKWITZ, Andreas: Die Transformation der Kulturtheorien. Zur Entwicklung eines Theorieprogramms, Weilerswist: Velbrück 2000

REICHMANN, Eva (Hrsg.): Narrative Konstruktion nationaler Identität, St. Ingbert: Röhrig 2000

REILLY, Robert (Hrsg.): The Transcendent Adventure. Studies of Religion in Science Fiction/ Fantasy, Westport: Greenwood Press 1985 (= Contributions to the Study of Science Fiction and Fantasy; 12)

RICŒUR, Paul: Temps et récit, Paris: Édition du Seuil 1983–1985 (3 Bde.); deutsch: Zeit und Erzählung (aus dem Französischen von Rainer Rochlitz), München: Fink 1988–1991 (3 Bde.) (= Übergänge; 18)

RICŒUR, Paul: The question of proof in Freud's psychoanalytic writings, Journal of the American Psychoanalytical Association, Vol. 25, 1977, S. 835–871

RICŒUR, Paul: La métaphore vive, Paris: Édition du Seuil 1975; deutsch: Die lebendige Metapher, München: Fink 1986 (= Übergänge; 12)

RICŒUR, Paul: Soi-même comme un autre, Paris: Édition du Seuil 1990; deutsch: Das Selbst als ein Anderer (aus dem Französischen von Jean Greisch), München: Fink 1996 (= Übergänge; 26)

RICŒUR, Paul: Wege der Anerkennung. Erkennen, Wiedererkennen, Anerkanntsein (aus dem Französischen von Ulrike Bokelmann und Barbara Heber-Schärer), Frankfurt/Main: Suhrkamp 2006 (IWM-Vorlesungen)

RIESS, Marc: Medienkulturen, Wien: Sonderzahl 2002

ROSSI, Paolo: Clavis univeralis, Bologna: Il Mulino 1983 (= Saggi; 244)

ROTH, Joseph: Beichte eines Mörders erzählt in einer Nacht, in: Ders., Werke (hrsg. von Fritz Hackert), Köln: Kiepenheuer & Witsch 1991 (6 Bde.)

ROUSSEAU, Jean Jacques: Emil oder über die Erziehung (vollständige Ausgabe in neuer deutscher Fassung von Ludwig Schmidts), Paderborn: Schöningh [10]1991

RÜSEN, Jörn/GOTTLOB, Michael/MITTAG, Achim: Die Vielfalt der Kulturen, Frankfurt/Main: Suhrkamp 1998 (= Erinnerung, Geschichte, Identität; 4)

RUTHNER, Clemens: Kanon, Peripherie und Intertextualität des Marginalen am Beispiel der (österreichischen) Phantastik, Tübingen: Francke 2004

RUTHNER, Clemens/REBNER, Ursula/MAY, Markus (Hrsg.): Nach Todorov. Beiträge zu einer Definition des Phantastischen in der Literatur, Tübingen: Francke 2006

RUTSCHKY, Michael: Erfahrungshunger. Ein Essay über die siebziger Jahre, Frankfurt/Main: Fischer 1982

SCHAFER, Roy: The Analytic Attitude, New York: Basic Books 1983

SCHEFFER, Bernd: Interpretation und Lebensroman. Zu einer konstruktivistischen Literaturtheorie, Frankfurt/Main: Suhrkamp 1992

SCHELLING, Friedrich Wilhelm Joseph: Historisch-kritische Einleitung in die Philosophie der Mythologie (1842), in: Ders.: Ausgewählte Schriften in 6 Bänden (hrsg. von Manfred Frank), Frankfurt/Main: Suhrkamp 1985

SCHLEGEL, Friedrich: Schriften zur Literatur, Kritische Fragmente (hrsg. von Wolfdietrich Rasch), München: Hanser 1970

SCHLEGEL, Johann Elias: Werke, Erster Theil (hrsg. von Johann Heinrich Schlegeln), Kopenhagen Leipzig: Mumm 1761–1771 (5 Bde.)

SCHLÖGEL, Karl: Im Raume lesen wir die Zeit, München: Hanser 2005, Frankfurt/Main: Fischer 2006

SCHMIDT, Ernst August: Zeit und Geschichte bei Augustin. Vorgetragen am 14. Juli 1984, Heidelberg: Winter 1985 (= Sitzungsberichte der Heidelberger Akademie der Wissenschaften, Philosophisch-Historische Klasse; 3)

SCHMIDT, Siegfried J. (Hrsg): Gedächtnis. Probleme und Perspektiven der interdisziplinären Gedächtnisforschung, Frankfurt/Main: Suhrkamp 1991

SCHMIDT, Wilhelm: Auf der Suche nach einer neuen Lebenskunst. Die Frage nach dem Grund und die Neugründung der Ethik bei Foucault, Frankfurt/Main: Suhrkamp 1991

SCHMITT, Carl: Land und Meer. Eine weltgeschichtliche Betrachtung, Stuttgart: Edition Maschke 1993

SCHOLEM, Gershom: Zur Kabbala und ihrer Symbolik, Frankfurt/Main: Suhrkamp 1973

SCHOLES, Robert: Language, Narrative, and Anti-Narrative, in: W.J.T. Mitchell (Hrsg.), On Narrative, Chicago: Univ. of Chicago Pr. 1981, S. 200–208

SCHOLZ, Gunter: Zwischen Wissenschaftsanspruch und Orientierungsbedürfnis. Zu Grundlage und Wandel der Geisteswissenschaften, Frankfurt/Main: Suhrkamp 1991

SCHUTTING, Julian: Rohübersetzung. Mondscheiniges über die Liebe, Graz: Droschl 1999

SCHWEMMER, Oswald: Ernst Cassirer. Ein Philosoph der europäischen Moderne, Berlin: Akademie-Verlag 1997

SEDLMAYR, Hans: Verlust der Mitte. Die bildende Kunst des 19. und 20. Jahrhunderts als Symptom und Symbol der Zeit, Salzburg: Müller [10]1983

SEITTER, Walter: Physik der Medien. Materialien – Apparate- Präsentierungen, Weimar: Verlag der Geisteswissenschaften 2002
SIMMEL, Georg: Gesamtausgabe in 16 Bänden (hrsg. von Otthein Rammstedt), Frankfurt/Main: Suhrkamp 1995–1999
SLOTERDIJK, Peter: Kopernikanische Mobilmachung und ptolemäische Abrüstung. Ästhetischer Versuch, Frankfurt/Main: Suhrkamp 1987
SMITH, Barbara Herrnstein: Poetic Closure. A Study of How Poems End, Chicago: Univ. of Chicago Pr. 1968
SOHN-RETHEL, Alfred: Geistige und körperliche Arbeit, Frankfurt/Main: Suhrkamp 1972
SOKAL, Alan/BRICMONT, Jean: Eleganter Unsinn. Wie die Denker der Postmoderne die Wissenschaften mißbrauchen, München: Beck 1999
SPENCE, Donald: Narrative Truth and Historical Truth, New York: Norton 1982
SPENGLER, Oswald: Der Untergang des Abendlandes. Umrisse einer Morphologie der Weltgeschichte, München: dtv 1972
STADLER, Helga: Kann mann/frau Physik verstehen? In: Markus Arnold/Roland Fischer (Hrsg.), Studium Integrale (iff texte; 6), Wien: Springer 2000, S. 77–82
STANZEL, Franz K.: Theorie des Erzählens, Göttingen: Vandenhoeck & Ruprecht
STAROBINSKI, Jean: Psychoanalyse und Literatur der Psychoanalyse (1973) (aus dem Französischen von Eckhart Rohloff), Frankfurt/Main: Suhrkamp 1990
STEINER, George: Von realer Gegenwart. Hat unser Sprechen Inhalt? (aus dem Englischen von Jörg Trobitius), München: Hanser 1990
STEINLECHNER, Gisela: Fallgeschichten. Krafft-Ebing, Panizza, Freud, Tausk, Wien: WUV 1995 (= commentarii; 3)
STERN, Joseph Peter: On Realism, London: Routledge & Kegan Paul 1973; deutsch: Über literarischen Realismus, München: Beck 1983
STÜCKRATH, Jörn/ZBINDEN, Jürgen (Hrsg.): Metageschichte. Hayden White und Paul Ricœur. Dargestellte Wirklichkeit in der europäischen Kultur im Kontext von Husserl, Weber, Auerbach und Gombrich, Baden-Baden: Nomos 1997 (= Interdisziplinäre Studien / ZIF; 2)
SZASZ, Thomas S.: The Concept of Transference as a Defence for the Analyst, International Journal of Psycho-Analysis, Vol. 44, 1963, S. 438 f
TAUBES, Jacob: Die Streitfrage zwischen Judentum und Christentum. Ein Blick auf ihre unauflösliche Differenz, in: Ders., Vom Kult zur Kultur. Bausteine zu einer Kritik der historischen Vernunft. Gesammelte Aufsätze zur Religions- und Geistesgeschichte (hrsg. von Aleida und Jan Assmann, Wolf-Daniel Hartwich und Winfried Menninghaus), München: Fink 1996, S. 85–98
TAUBES, Jacob: Abendländische Eschatologie. Mit einem Anhang, München: Matthes & Seitz 1991 (= Batterien; 45)
THEWELEIT, Klaus: Männerphantasien. In einem Band, Frankfurt: Stroemfeld Roter Stern 1986
TIMM, Hermann: Die Heilige Revolution. Das Totalitätskonzept der Frühromantik. Schleiermacher, Novalis, Friedrich Schlegel, Frankfurt/Main: Syndikat 1978
VICO, Gianbattista: Die neue Wissenschaft über die gemeinschaftliche Natur der Völker (nach der Ausgabe von 1744 übersetzt und eingeleitet von Erich Auerbach. 2. Auflage mit einem Nachwort von Wilhelm Schmidt-Biggemann), Berlin: de Gruyter 2000
VIRILIO, Paul: Ästhetik des Verschwindens (aus dem Französischen von Marianne Karbe und Gustav Roßler), Berlin: Merve 1986
VOEGELIN, Eric: Die politischen Religionen, München: Fink 1993
VOEGELIN, Eric: Wissenschaft, Politik und Gnosis, München: Kösel 1959
WALDENFELS, Bernhard: Der Stachel des Fremden, Frankfurt/Main: Suhrkamp 1990
WASSERMANN, Jakob: Caspar Hauser oder die Trägheit des Herzens, München: dtv 1983
WATT, Ian: Der bürgerliche Roman. Aufstieg einer Gattung. Defoe – Richardson – Fielding [1957] (aus dem Englischen von Kurt Wölfel), Frankfurt/Main: Suhrkamp 1974
WEBER, Samuel M.: Rückkehr zu Freud. Jacques Lacans Ent-stellung der Psychoanalyse, Frankfurt/Main: Ullstein 1978
WEINRICH, Harald: Lethe – Kunst und Kritik des Vergessens, München: Hanser 1997
WHITE, Hayden: The Value of Narrativity in the Representation of Reality, in: W.J.T. Mitchell (Hrsg.), On Narrative, Chicago: Univ. of Chicago Pr. 1981, S. 1–23
WHITE, Hayden: The Content of the Form. Narrative Discourse and Historical Representation, Baltimore: Johns Hopkins UP 1987

WHITE, Hayden: Metahistory. The Historical Imagination in 19th Century Europe, Baltimore: Johns Hopkins UP 1983; deutsch: Metahistory. Die historische Einbildungskraft im 19. Jahrhundert in Europa (aus dem Amerikanischen von Peter Kohlhaas), Frankfurt/Main: Fischer 1991

WHITE, Hayden: Tropics of Discourse: Essays in Cultural Criticism, Baltimore: Johns Hopkins UP 1978; deutsch: Auch Klio dichtet oder Die Fiktion des Faktischen. Studien zur Tropologie des historischen Diskurses (aus dem Amerikanischen von Brigitte Brinkmann-Siepmann und Thomas Siepmann), Stuttgart: Klett-Cotta 1986 (= Sprache und Geschichte; 10)

WINDER, Ludwig, Die nachgeholten Freuden (1927), Wien: Zsolnay 1987

WOOLF, Virginia: Mrs. Dalloway (hrsg. von Morris Beja), Oxford: Blackwell 1996

WYSS, Beat: Trauer der Vollendung. Von der Ästhetik des Deutschen Idealismus zur Kulturkritik der Moderne, München: Matthes und Seitz 1985

YATES, Frances A.: Gedächtnis und Erinnern. Mnemonik von Aristoteles bis Shakespeare, Weinheim: VCH-Verlags-Gesellschaft 1990

ZIEGLER, Heide (Hrsg.): The End of Postmodernism: New Directions. Stuttgart Seminar in Cultural Studies, Stuttgart: Metzler und Carl Ernst Poeschel 1993

ZIEGLER, Heide (Hrsg.): Culture and Imagination. Stuttgart Seminar in Cultural Studies, Stuttgart: Metzler und Carl Ernst Poeschel 1995

ZIMA, Peter V.: Die Dekonstruktion. Erfahrung und Kritik, Tübingen: Francke/UTB 1994

ZIZEK, Slavoj: Die Pest der Phantasmen. Die Effizienz des Phantasmatischen in den neuen Medien (hrsg. von Peter Engelmann), Wien: Passagen 1997

Personenverzeichnis

Sachverzeichnis

Springer und Umwelt

ALS INTERNATIONALER WISSENSCHAFTLICHER VERLAG sind wir uns unserer besonderen Verpflichtung der Umwelt gegenüber bewusst und beziehen umweltorientierte Grundsätze in Unternehmensentscheidungen mit ein.

VON UNSEREN GESCHÄFTSPARTNERN (DRUCKEREIEN, Papierfabriken, Verpackungsherstellern usw.) verlangen wir, dass sie sowohl beim Herstellungsprozess selbst als auch beim Einsatz der zur Verwendung kommenden Materialien ökologische Gesichtspunkte berücksichtigen.

DAS FÜR DIESES BUCH VERWENDETE PAPIER IST AUS chlorfrei hergestelltem Zellstoff gefertigt und im pH-Wert neutral.